铁路职业技能鉴定丛书

电力机车制动钳工

主　编　王飞宽　刘华伟
主　审　李文红　李益民

西南交通大学出版社
·成　都·

图书在版编目（CIP）数据

电力机车制动钳工 / 王飞宽，刘华伟主编. —成都：西南交通大学出版社，2016.6

（铁路职业技能鉴定丛书）

ISBN 978-7-5643-4722-2

Ⅰ. ①电… Ⅱ. ①王… ②刘… Ⅲ. ①电力机车－车辆制动－钳工－职业技能－鉴定－自学参考资料 Ⅳ. ①U264.91

中国版本图书馆 CIP 数据核字（2016）第 129634 号

铁路职业技能鉴定丛书

Dianli Jiche Zhidong Qiangong

电力机车制动钳工

主编 王飞宽 刘华伟

责 任 编 辑	黄淑文
封 面 设 计	原谋书装
出 版 发 行	西南交通大学出版社 （四川省成都市二环路北一段 111 号 西南交通大学创新大厦 21 楼）
发行部电话	028-87600564 028-87600533
邮 政 编 码	610031
网 址	http://www.xnjdcbs.com
印 刷	四川森林印务有限责任公司
成 品 尺 寸	185 mm × 260 mm
印 张	39.5
字 数	983 千字
版 次	2016 年 6 月第 1 版
印 次	2016 年 6 月第 1 次
书 号	ISBN 978-7-5643-4722-2
定 价	108.00 元

《电力机车制动钳工》
编 委 会

主　　编　王飞宽　刘华伟

主　　审　李文红　李益民

编写组成员　王俊宇　付广增　刘　瑶
　　　　　董培军　刘　阳　杨　军

审核组成员　苏利军　邱子荣　康小平
　　　　　卢路云　淡鹏飞　张省伟

序

本系列《铁路职业技能鉴定丛书》的编写，按照“以职业活动为导向，以职业能力为核心”的指导思想，从工作实际和职业活动出发设计考核方式，使用模式型命题。试题开发基于目前神华集团铁路板块培训资料的欠缺、既有资料与实际运输生产脱节滞后的现状，立足生产实际，着力解决教育培训、技能鉴定与现场生产的矛盾，集科学、客观、适用、规范为一体，既可作为鉴定考试出题的资料库，也可作为广大员工晋升考试、自我提升的参考资料。

本系列丛书的出版，将改变神华集团铁路板块诸多工种参考书不完备、涉及知识陈旧、与生产实际结合不紧密的现状，势必会为公司教育培训、技能鉴定等工作质量提升乃至神华集团员工整体素质的提高增添新的动力。本系列丛书具有神朔特色，同时兼顾神华集团及铁路行业通用性，在编写时注重如下特点：

（1）遵循职业标准，立足科学性。

本系列丛书的编写以《国家职业标准》为依据，参考了大量职业鉴定培训教程及教材的相关资料。首先根据职业活动整体内在关系和科学性、可行性的原则，在各级别的鉴定范围内设置“操作技能考核内容结构表”，再根据“操作技能考核内容结构表”及《国家职业标准》中的“理论知识比重表”，按职业、分等级，进行逐级（层）细分，形成“操作技能鉴定要素细目表”及“理论知识鉴定要素细目表”，并作为编题的整体依据。

（2）反映实际水平，具备客观性。

根据《国家职业标准》，结合生产实际情况设置考评内容。为使试题的难度及对应鉴定点的内容深度能够真实反映被考评人员的实际水平，编写时既考虑了知识体系的完整性和内在关联性，又避免了导致知识内容远远超过职业活动要求的倾向，同时兼顾现实可行性、等级差异性、集合体现性（即同一等级的各个鉴定范围集合，必须能反映职业等级的操作技能要求范围和水平）。

（3）紧贴现场实际，保有适用性。

为了打破现有试题陈旧、跟不上日新月异的神华集团大发展的现状，丛书在考核职业（工种）相关知识的基础上，紧密结合新材料、新设备、新工艺、新技术的发展和应用，在内容上包含机务、车务、工务、供电、电务五大板块；在等级上根据《国家职业标准》，包含所有等级；在题型上涵盖了填空题、单选题、多选题、判断题、简答题、论述题等基本题型，并特别加入实操试题、理论知识模拟试题（并配有答案），方便鉴定培训考试出题，也便于员工自测，使丛书有颇为广泛的适用性。

（4）严守技术规程，具备规范性。

该系列丛书按照《职业技能鉴定国家题库网络开发技术规程》要求，合理设置题库结构、标准答案、评分说明等内容，为规范组建神华集团网络化考试系统及日常鉴定、培训考试提供动力的源泉。

丛书在编写的过程中，得到了神华集团职业技能鉴定指导中心全面细心的指导，得到了宝鸡铁路技师学院在本次校企合作中的鼎力支持，也得到了神华集团铁路板块各子公司在审核过程中给予的热情帮助，在此一并表示最诚挚的谢意！

本系列《铁路职业技能鉴定丛书》在编写过程中，难免有不妥之处，欢迎广大读者提出批评和建议，以便我们修订再版时完善，使之成为广大铁路职工的好帮手。

2016年1月

中国神华神朔铁路分公司教育培训中心

目　录

第一部分　初 级 工

【理论知识】……1
一、填空题……1
二、判断题……18
三、单项选择题……35
四、多项选择题……65
五、简答题……76
【理论知识答案】……79
一、填空题……79
二、判断题……83
三、单项选择题……85
四、多项选择题……88
五、简答题……89
【实作技能】……96
【模拟试卷】……129
电力机车制动钳工初级工理论知识试卷……129
电力机车制动钳工初级工理论知识试卷答案……133
制动钳工初级技能考试……134

第二部分　中 级 工

【理论知识】……143
一、填空题……143
二、判断题……161
三、单项选择题……179
四、多项选择题……210
五、简答题……218

【理论知识答案】…………221
一、填空题…………221
二、判断题…………225
三、单项选择题…………227
四、多项选择题…………229
五、简答题…………230
【实作技能】…………239
【模拟试卷】…………277
电力机车制动钳工中级工理论知识试卷…………277
电力机车制动钳工中级工理论知识试卷答案…………282
制动钳工中级工技能考试…………283

第三部分　高 级 工

【理论知识】…………294
一、填空题…………294
二、判断题…………311
三、单项选择题…………328
四、多项选择题…………359
五、简答题…………368
六、绘图题…………371
七、计算题…………373
【理论知识答案】…………374
一、填空题…………374
二、判断题…………378
三、单项选择题…………380
四、多项选择题…………383
五、简答题…………383
六、绘图题…………395
七、计算题…………399
【实作技能】…………402
【模拟试卷】…………440
电力机车制动钳工技高级工理论知识试卷…………440
电力机车制动钳工技高级工理论知识试卷答案…………444
电力机车制动钳工高级工技能考试…………446

第四部分　技　师

【理论知识】…… 457

一、填空题 …… 457
二、判断题 …… 471
三、单项选择题 …… 484
四、多项选择题 …… 510
五、简答题 …… 517
六、绘图题 …… 520
七、计算题 …… 521
八、论述题 …… 523

【理论知识答案】…… 525

一、填空题 …… 525
二、判断题 …… 528
三、单项选择题 …… 530
四、多项选择题 …… 532
五、简答题 …… 532
六、绘图题 …… 543
七、计算题 …… 548
八、论述题 …… 553

【实作技能】…… 569

【模拟试卷】…… 602

电力机车制动钳工技师理论知识试卷 …… 602
电力机车制动钳工技师理论知识试卷答案 …… 606
制动钳工技师技能考试试卷 …… 609

参考文献 …… 621

第一部分

初 级 工

【理论知识】

一、填空题

1. ________是铁路运输服务的优质程度及所要达到的效果。

2. 铁路职工应严格遵守规章制度和劳动纪律，杜绝违章违纪行为，消除隐患，确保货物和________安全。

3. 机车检修职工职业技能的提高，是推广电力方面的新技术、使用______的必要条件。

4. 检修职工上班时应着装规范，________，仪容端庄，举止文明，保持个人良好形象。

5. 用来测量零件尺寸的工具称为________。

6. ________是用来检测零件形状或安装位置的工具。

7. 测量 0.5 mm 以下的尺寸应使用__________等有副尺的量具。

8. ________是用来检验零件或量规，调整测量仪器、量具的尺寸的精密检验工具。

9. 厚薄规也称为________，是一种用于测量工件两表面间隙的薄片式量具。

10. 塞尺在使用前必须先清除塞尺和工件上的________。

11. 游标卡尺读数时视线应与_____垂直。

12. 游标卡尺如需固定读数时，可用________将游标固定在尺身上，防止滑动。

13. 普通游标卡用于测量工件的外形尺寸、内形尺寸和________。

14. 比例是图中图形与其实物相应_______的线性尺寸之比。

15. 同一物体的各视图应采用________，如某一视图采用不同的比例时，应在该视图的上方另行标注。

16. 不论采用原值比例还是放大比例或缩小比例所绘制的图样，图中的尺寸均应按物体的_______标注。

17. 凡是确定线段长度、圆和圆弧直径以及角度的大小尺寸都称为________。

18. 用特定单位表示线性尺寸的数值称为_______。

19. ________是指通过测量而获得的某一孔、轴的尺寸。

20. 在同一图形内，确定两部分图形之间或图形与基准之间相对位置的尺寸，称______尺寸。

21. 实际尺寸减去基本尺寸所得的代数差称为________。
22. 最大极限尺寸减去基本尺寸所得的代数差叫作_______。
23. 偏差是指某一尺寸减其基本尺寸所得的______。
24. 标准公差的数值由基本尺寸和________来决定。
25. 形状公差是指______实际要素的形状所允许的变动全量。
26. 形位公差分为形状公差和________。
27. 国家标准规定公差等级分为_____等级。
28. 位置公差指关联实际要素的位置对____所允许的变动全量。
29. 形状和位置公差带是由形状、大小、_______和位置 4 个要素所组成的。
30. 投射线通过物体向选定的面投射，并在该面上得到图形的方法叫作_______。
31. 根据投影法所得到的图形称为________。
32. 在投影法中，得到投影的面称为_______。
33. 在决定零件主视图投影方向时，应使主视图能反映零件较突出的________。
34. 当平面图形垂直于投影面时，其投影为_______________。
35. 几何体分为____________立体和曲面立体两类。
36. 用______________的方法，在投影面体系中投影，分别得到三个投影，称为物体的三视图。
37. 表面均为平面构成的体系称为________。
38. 相互平行的投射线与投影面垂直时的投影，称为_______。
39. 投射线相互平行的投影法称为__________。
40. 投射线汇交于一点的投影法称为__________。
41. 按中心投影法所得到的投影称为_______。
42. 相互平行的投射线与投影面倾斜时的投影，称为_______。
43. 主视图反映物体的长度和_____。
44. 俯视图反映物体的长度和_____。
45. 剖视图有全剖视图、_____视图、局部剖视图。
46. 画半剖视图时，以对称中心线为界，一半画成_______，另一半画成视图。
47. 用剖切面完全地剖开机件所得的剖视图，称为________。
48. 为了清晰表达物体的内部结构形状，假想用剖切面剖开物体，将处在观察和剖切面之间的部分移去，而将其余部分向投影面投影所得的图形称为______。
49. 表达整台机器或部件的工作原理、装配关系、连接方式及结构形状的图样称为_______。
50. 产品装配工艺过程包括准备阶段、装配阶段、_____阶段、检验阶段和试运转阶段。
51. 过渡配合是指可能具有间隙或者_______的配合。
52. 孔为最大极限尺寸而轴为最小极限尺寸时，装配后的孔、轴为最松的配合状态，称为________。
53. 孔的最小极限尺寸减轴的最大极限尺寸所得的差值为______过盈，是孔、轴配合的最紧状态。
54. 图线相交时，都以线段相交，而不应该是_______或间隔。

55. 实际绘图时，图线的首末端应是______，而不是点。

56. 按螺纹线______方向，螺纹分为左旋螺纹和右旋螺纹。

57. 由内螺纹和外螺纹组成螺纹副，起连接作用的叫连接螺纹，起__________作用的叫螺纹。

58. 螺纹连接按加工精度分_____、_____、_____三级。

59. 六角螺母按厚度可分为________和薄螺母。

60. 螺母的形状很多，常用的为六角螺母和______螺母。

61. 常用的键连接有平键、半圆键、导向键、滑键、______及切向键等连接。

62. 键连接主要用来连接轴与轴上的零件，以实现周向固定__________。

63. 螺旋弹簧是用线材绕制成的_______螺旋形的弹性元件。

64. 弹簧材料的选取主要取决于弹簧的______和工作条件。

65. 螺旋弹簧按载荷作用方式的不同，可分为压缩螺旋弹簧、拉伸螺旋弹簧和_______螺旋弹簧三种形式。

66. 轴承的功能是支承轴及轴上的回转件，以保证轴的________，减小轴与支撑件之间的摩擦。

67. _________轴承一般由内圈、外圈、滚动体及保持架4部分组成。

68. 向芯轴承主要承受________。

69. _________轴承只能承受轴向力。

70. 联轴器的功用是将两根轴连成一体，使其一同______并传递扭矩。

71. 台虎钳是用来夹持工件进行加工的常用必备工具，其规格是以________的长度来表示的。

72. 台虎钳有固定式和_______式两种。

73. 机床夹具按通用化程度不同可分为专用夹具、________和通用夹具。

74. 分度头是一种较精确的______工具。

75. 机器就是人工的物体组合，它的各部分之间具有一定的________，并能用来作出有效的机械功或转换机械能。

76. 运动副分为______和低副。

77. 齿轮啮合属于________运动副。

78. 在带传动中，最常用的胶带类型有平皮带和______。

79. 开口式传动用于两轴轴线_______且旋转方向相同的场合。

80. 交叉式传动用于两轴轴线平行且旋转方向_____的场合。

81. 螺旋传动是以内外螺纹组成的螺旋副传递运动和______的传动装置。

82. 链传动是由一个主动链轮，通过________带动从动链轮传递运动和动力的一种传动装置。

83. 齿轮传动能保证________传动比。

84. 齿轮传动是由________组成的传递运动和动力的一种装置。

85. 液压传动是以_______为工作介质，来传递动力和运动的一种传动方式。

86. 液压传动是指借助于处在_________内的液体的压力来传递动力及能量的。

87. 液压传动中液压缸或液压马达将液压能转换为_______，输出直线运动或旋转运动。

88. 液压传动中控制阀控制液体压力、________、流速和方向。

89. 锉刀按锉刀齿纹分为单齿纹和________两种。

90. 锉刀的构造由锉刀面、锉刀边、________和锉刀舌组成。

91. 锉刀按锉刀的齿距可分为粗锉、细锉、________三类。

92. 标准麻花钻头由钻柄部、颈部及________组成。

93. 钻孔时使用冷却液的目的，就是降低钻削温度以________切削用量。

94. 碳钢、铸钢、可锻铸铁钻孔时一般选用________冷却液。

95. 钳工是使用手工工具和一些机动工具（如钻床、砂轮机等）对工件进行______或对部件、整机进行装配的工种。

96. 钳工的__________包括划线、錾削、锯削、锉削、钻孔、扩孔、锪孔、铰孔、攻螺纹、套螺纹、矫正和弯形、铆接、刮削、研磨、机器装配调试、设备维修、测量和简单的热处理。

97. 锉削是一种从容的手工切削方法，锉削的______和效率取决于钳工的技艺。

98. 用锉刀从工件表面上锉掉多余的金属，使工件达到需要的尺寸、形状和表面粗糙度，这种加工方法叫作________。

99. 刀具的磨损过程包括三个阶段，即初期磨损阶段、正常磨损阶段和__________阶段。

100. 锯条一般用工具钢制成，也可以用________制作。

101. 锯条的选择应根据加工材料的________和锯削断面的大小来决定。

102. 细齿锯条适用于锯割硬材料或________的工件。

103. 工具钢或合金钢制成的锯条，需经________处理。

104. 錾子的楔角大小是根据材料的__________选择的。

105. 钳工工作范围内孔的加工，主要是指钻孔、扩孔和__________。

106. 用铰刀提高原有孔的尺寸精度和__________的加工，称为铰孔。

107. 铰孔时，铰刀不可以倒转，无论是机铰还是手铰，一律_____转着退出铰刀。

108. 为防止丝锥折断与损坏，要求攻丝前的底孔直径必须大于螺纹标准中规定的__________。

109. 在塑性材料上攻丝时，底孔直径等于螺纹直径减去_____。

110. 套丝时，板牙除对金属切削外，还对金属材料产生_____。

111. 研磨是通过研具用______从工件表面磨去一层极薄的金属的操作。

112. 研磨加工是用磨料通过研具对工件进行__________，它包含物理和化学两方面的综合作用。

113. 研磨可以减少表面粗糙度，能达到__________和改进工件的几何形状。

114. 研磨时工件表面粗糙度达不到要求的主要原因有磨料太粗、研磨液选用不当及研磨剂涂得_____而不均匀等。

115. 使用砂轮机时，被磨件若猛力冲撞砂轮，会出现砂轮________的危险。

116. 砂轮机主要由______、电动机和机体组成。

117. 砂轮机的旋转方向必须与指示牌上标明的旋转方向______。

118. 凡是用来直接或间接测出被测对象量值的计量装置统称为计量器具，俗称为_____。

119. 台虎钳是钳工用来________进行加工的常用必备工具。

120. 在钳台上安装台虎钳时，应使其固定钳身的钳口工作面处于钳台边缘_____，可夹持长条形工件。

121. 用刮刀在工件表面上刮去一层很薄的金属，以提高工件加工精度的操作叫作_____。

122. 刮削后的工件表面形成了比较均匀的微浅凹坑，创造了良好的__________，改善了相对运动零件之间的润滑情况。

123. 刮刀是刮削的必备工具，根据工件表面形状不同，刮刀可分为__________和曲面刮刀两类。

124. 刮研后的接触点数是以边长为______mm 的正方形方框来检查的。

125. 使用刮刀刮研工作物时，禁止用______擦拭刃上的屑末。

126. 电荷的有规则运动称为______。

127. 通常流过电阻的电流与电阻两端的电压成______，这就是欧姆定律。

128. 电阻元件的电压和_______的关系，称为电阻元件的伏安特性。

129. 导体阻碍电流通过的能力为_______。

130. 万用表是一种多电量、多量程的便携式_______仪表。

131. 兆欧表又称摇表，是一种专门用来测量_________的便携式仪表，在电气安装、检修和试验中，应用十分广泛。

132. 普通万用表可用来测量交直流电压、直流电流和______。

133. 磁感应强度是描述磁场中某点的磁场强弱和______的物理量。

134. 磁通是反映磁场中某个面上______情况的物理量，用 Φ表示。

135. 测电笔只能用在对地电压小于______V 的电路中。

136. 电阻用_____表示。

137. 通常金属材料分为黑色金属和__________两大类。

138. 通常以铁、铬和____为基或以它们为主而形成具有金属特性的物质，称为黑色金属。

139. 钢和铁的区分主要是根据含_______量的多少进行区分的。

140. 决定钢的性能最主要的元素是铁和_____。

141. 铁碳合金含碳量在 1.7% ~ 4.5%叫生铁，含碳量在 1.7%以下叫作_____。

142. 金属材料的物理性能主要包括密度、熔点、热膨胀性、导热性、________和磁性。

143. 金属材料传导热能的能力，称为________。

144. 金属材料对不同加工工艺方法的适应能力称为工艺性能，包括铸造性能、_______、焊接性能和切削加工性能等。

145. 金属材料利用锻压加工方法成型的难易程度称为___________。

146. 热处理是在用适当的方式对金属或工件进行______、保温和冷却以获得预期的组织结构和性能的工艺。

147. 钢的热处理按其形式可分为四种：淬火、回火、______及正火。

148. 将钢加热到 A_{c3} 或 A_{cm} 以上 30 ~ 50 °C 保温一定的时间后，再在空气中进行冷却的方法称为_________。

149. 将钢和铸铁加热到一定的温度，保温一定的时间后，再缓慢冷却的热处理方法称为______。

初级

150. 淬火后的钢重新加热到低于 A_1 的某一选定温度并保持一定时间，然后以适当的速度冷却的热处理工艺叫作______。

151. 含碳量小于________而不含有特意加入合金元素的钢称为碳素钢，简称碳钢。

152. 按钢的含碳量分类，分为低碳钢、______和高碳钢。

153. 按钢的用途分类，可分为结构钢和_________。

154. 以铁碳合金为基础再加上一种或多种元素炼成的钢称为_________。

155. 合金钢按用途分类分为合金结构钢、__________和特殊性能钢三类。

156. _________是用于制造机械零件和工程结构的钢。

157. W18Cr4V 是常用的一种__________，也称锋钢。

158. 合金工具钢是用于制造各种__________的钢。

159. 滑动轴承合金按基体分类有锡基、铜基、_______和铝基。

160. 锡基、铅基轴承合金属软基体轴承合金，也被称为_________合金。

161. 铁碳合金中含碳量大于 2.11%的合金称为________。

162. 钢的防腐方法有电镀、______和油漆。

163. 熔炼金属，制造铸型，并将熔融金属浇入铸型，凝固后获得一定形状、尺寸和性能金属零件毛坯的成型方法称为______。

164. 焊接是通过______或加压，或两者并用，并且用或不用填充材料，使焊件达到结合的一种方法。

165. 按焊接工艺特征分类可将焊接方法分为熔焊、______、钎焊三大类。

166. 切削运动是切削_________与工具相互接触切下多余金属的相对运动。

167. 刀具的标注角度是指刀具在_______参考系中的一组角度。

168.《劳动合同法》调整的劳动关系是一种人身关系和_________相结合的社会关系。

169. 用人单位对已经解除或者终止的劳动合同的文本，至少保存_____年备查。

170. 安全生产管理，坚持_________、预防为主的方针。

171. 从业人员有权拒绝__________和强令冒险作业。

172. 铁路的标准轨距为_______mm。

173. 窄轨铁路的轨距为 762 mm 或者______mm。

174. 保护和改善生活环境和______及防治环境污染和其他公害是环境保护的两个内容。

175. 设计开行时速______km/h 以上列车的铁路应当实行全封闭管理。

176. 高速铁路线路路堤坡脚、路堑坡顶或者铁路桥梁外侧起向外各______m 范围内禁止抽取地下水。

177. 通过道口车辆限界及货物装载高度（从地面算起）不得超过_______m，超过时，应绕行立交道口或进行货物倒装。

178. 通过道口车辆上部或其货物装载高度（从地面算起）超过________m 通过平交道口时，车辆上部及装载货物上严禁坐人。

179. 机车检修须坚持“四按”、“__________”记名检修的制度。

180. 辅修、小修范围由________负责编制并确定。

181. 机车检修“四按”是指按范围、按工艺、按“__________”及机车状态、按规定的技术要求。

182. 造成______人以上死亡的事故为特别重大事故。

183. 货运列车脱轨 60 辆以上的事故为______事故。

184. 制动就是指能够______产生列车减速力并控制这个力的大小，从而控制列车减速或阻止它加速运行的过程。

185. 人为地使运行中的机车或列车减速和停车，叫作_______。

186. 制动缸所产生的闸瓦压力，与该制动缸活塞推动力之比值，称为__________。

187. 施行制动时，使制动力分次增加，称为__________。

188. 施行制动后的缓解时，使制动力分次减小，直至消除，称为__________。

189. 列车动能的转移方式或制动力的获取方式称__________。

190. 当制动力大于轮轨之间的黏着力时，闸瓦将车轴抱死，使车轮在钢轨上发生滑动而不是滚动的现象称为_______。

191. 列车由施行制动开始，到完全停车为止，中间所行驶的距离称为__________。

192. 从司机将制动阀手柄移至制动位起至停车时止，列车行驶的全部距离叫作_______。

193. 制动作用沿列车长度方向由前向后逐次发生，其传递的快慢称为__________。

194. 制动作用沿列车的纵向由前向后依次发生，这一现象称为_______。

195. 机车_______是与列车运行方向相同并可以由司机需要调节的外力。

196. 摩擦力的方向与物体相对运动（或相对运动趋势）的方向______。

197. 摩擦系数是指两表面间的摩擦力和作用在其一表面上的垂直力之______。

198. 摩擦系数是指两表面间的摩擦力和作用在其一表面上的_______之比值。

199. 在黏着状态下轮轨间纵向作用力的最大值就称为_______。

200. 把黏着力与轮轨间垂直载荷之比称为_______。

201. 利用直流电机的可逆原理，使牵引电动机变为发电机运行，将电能消耗在制动电阻上，以此产生制动力，这种制动方式称为_________。

202. 制动机的发展，逐渐由原来的手制动机、直通式空气制动机发展到近代性能较完善的自动空气制动机和_________制动机等。

203. 如果空气制动机的型号一定，那么空气的压力与_____之间保持着一定的关系。

204. 在计算压力与容积的关系时，必须将______换算为绝对压力。

205. 一定质量的气体在温度 T 不变的情况下，它的压强 P 与体积 V 成_____。

206. 压力表所指示的压力，表示超过大气压力以上的压力，也叫作_________。

207. 将大气计算在内的压力，叫作_________。

208. 压力空气的绝对压力与体积的______为常量。

209. 缓解作用沿制动管长度方向由前向后逐次传播的速度称为__________。

210. 空气的压力波动沿制动管长度方向由前向后传播所形成的波，称为________。

211. 所谓空气波速是指_______的传播速度。

212. 当制动管减压速率低于某一数值范围时，制动机将不发生制动作用的性能，称为制动机的_________。

213. 常用制动时不发生紧急制动作用的性能，称为制动机的_______。

214. 制动机按照作用对象分为___________和机车制动机。

215. _________机构制动机只具有一次缓解性能，而不具备阶段缓解性能。

216. 车辆制动机是利用贮存在________内的压力空气作为制动动力的。

217. 车辆制动装置是由车辆________和车辆基础制动装置两部分组成。

218. 电磁涡流制动是利用电磁铁和电磁感应体相对运动，在感应体中产生涡流，将列车的动能转换成________并产生热量，达到制动的目的。

219. 在机车制动机操纵下，列车制动管以________的形式来控制车辆制动机的各种作用。

220. JZ-7 型机车制动机作用阀的作用是受分配阀或________的控制，使机车制动缸充气和排气，从而产生制动和缓解作用。

221. 在紧急制动时，内燃机车和电力机车的制动缸压力一般限定为______kPa。

222. 车辆制动机可分为______制动机和货车制动机两大类。

223. 货车按其用途可分为通用货车、专用货车和________三大类。

224. 实际发生作用的闸瓦压力值与理论计算出的闸瓦压力值的比值，称为基础制动装置的________。

225. 闸瓦紧压车轮阻止车轮转动的力量叫作________。

226. 摩擦因数就是摩擦力与闸瓦压力的______。

227. 为了简化________的计算,可采用计算列车每百吨重量所具有的换算闸瓦压力的方法进行列车制动力的计算。

228. 电力机车空气管路系统按其功能可分为________、制动机系统、控制管路系统和辅助管路系统 4 大部分组成。

229. 风源系统的作用是______、净化、贮备、调节控制压力空气。

230. SS_{4B} 型电力机车风源系统由________、压力控制器、总风缸、止回阀或逆流止回阀、高压安全阀、无负载启动电-空阀、空气干燥器、塞门及连接管等组成。

231. 主空气压缩机组用于生产______，供全车空气管路系统使用。

232. 总风缸是用来______压力空气的。

233. DJKG-A 型空气干燥器主要由滤清筒、干燥筒、再生风缸、电动排泄阀、截断塞门以及电动排泄阀______装置和连接钢管等组成。

234. ________是用于去除主压缩机组生产的压力空气中的油、水、尘及机械杂质等杂物。

235. 空气干燥器分为双塔式和________。

236. DJKG-A 型空气干燥器是一种________再生空气干燥器。

237. TAD-H 型空气干燥器干燥塔转换周期______s。

238. 总风的重联属于电力机车________系统的一个工作环节。

239. SS_{4B} 型电力机车每节车上都有______台空气压缩机。

240. 压力控制器是根据总风缸压力的变化，自动闭合或切断________电源。

241. 压力空气的________处理是由空气干燥器完成的。

242. 经过干燥净化处理后的________，进入两个串联的总风缸内贮存。

243. SS_{4B} 型电力机车当一台机车空气压缩机组出现故障后，可以由另一台机车通过____装置提供压力空气。

244. SS_{4B} 型电力机车采用________型压力控制器。

245. YWK-50-C 型压力控制器采用传感波纹管和大开距________开关。

246. YWK-50-C 型压力控制器采用________和大开距单断点开关。

247. YWK-50-C 型压力控制器最小切换差是不大于______kPa。

248. YWK-50-C 型压力控制器的设置是为了将________内压缩空气的压力控制在规定的压力范围内。

249. YWK-50-C 型压力控制器必须_______安装。

250. 为确保空气管路系统的安全，必须严格控制压力空气的______压力。

251. 高压安全阀的作用是确保__________压力不超过最大工作压力。

252. 高压安全阀调整时通过拧动________，达到整定压力值后用锁紧螺母背紧，再用专用止档定位，并加铅封标记。

253. DWTZ-70 机车辅助压缩机组由__________压缩机、管路系统、冷却器、再生风缸、安全阀、干燥器、加热器组件、电磁阀、细过滤器、空气过滤器、溢流阀、单向阀等组成。

254. SS_{4B} 型机车辅助压缩机采用的是立式、单缸、_____级压缩自然风冷式压缩机。

255. TZK1-50 型辅助压缩机采用_______电动机驱动。

256. BT-3.0/10A 型空气压缩机的最高停机温度是_________°C。

257. BT-3.0/10A 型空气压缩机采用__________供电方式。

258. BT-3.0/10A 型空气压缩机与电动机之间采用_______传动。

259. 螺杆式空气压缩机因其结构原理，压缩机本身没有________惯性力，压缩机在高速运转下非常平稳，因此具有很好的动力平衡特性。

260. SS_{4B} 型机车为了保证受电弓、主断路器、高压柜内转换开关、电-空接触器等电器的正常工作，设置了一套专为这些电器提供______压力的空气管路，即控制管路系统。

261. 控制管路系统作用是为了给_______电器提供稳定压力的空气管路。

262. SS_{4B} 型机车在正常运行时，由_______向控制管路系统提供风源。

263. SS_{4B} 型机车升弓时，控制风缸内的压力空气经______调压阀向受电弓风缸供风。

264. SS_{4B} 型机车控制管路系统中塞门 146 供给机车_____用风。

265. SS_{4B} 型机车辅助压缩机经______止回阀向辅助风缸充风。

266. 韶山型电力机车控制系统管路主要由______供风，库停后由控制风缸或辅助压缩机供风。

267. 升弓以后高压室和变压器室门均不能打开。如果要打开这些门，必须降弓并使保护电-空阀 287YV 失电后才能实现，这样就保证了人与_______的隔离。

268. SS_{4B} 型机车如果风压继电器 515KF 故障，可通过塞门_______切除。

269. 若在升弓时，______高压室或变压器室门没关好，则门联锁阀 37、38 不能开放升弓通路，压缩空气不能进入受电弓。

270. 调压阀______是为满足受电弓升弓提供压力空气并保证稳定供给而设备的。

271. 调压阀______是为满足高压柜气动电器提供压力空气并保证稳定供给而设备的。

272. 神华号交流机车控制管路系统主要由辅助压缩机、___________及其连接管路组成。

273. 神华号交流机车控制管路系统主要为受电弓、主断路器、__________开关等气动电气设备提供压缩空气。

274. 神华号交流机车正常运行时总风向控制管路系统供风，经 143______向受电弓供风。

275. 神华号交流机车总风缸内风压低于 480 kPa 而控制风缸内储存风压大于 700 kPa 时，可以开放_______利用控制风缸内储存的压缩空气进行升弓合闸操作。

276. 神华号交流机车 168 塞门是控制风缸______塞门。

277. 神华号交流机车总风缸与控制风缸内风压低于 480 kPa 时，辅助压缩机控制压力开关______动作，将受电弓扳键开关置升位，辅助压缩机开始泵风。

278. 神华号交流机车总风直接向辅助管路系统供风，为各______装置提供风源。

279. 机车撒砂为增加轮轨之间______，改善机车牵引和制动性能。

280. 机车撒砂器装置不仅能接受司机的控制，也能与________、防空转滑行及断钩保护配合作用。

281. 风动刮雨器由气动__________及雨刷两大部分组成。

282. 对新制成的制动软管水压强度试验压力为__________kPa。

283. 单车试验时，全车泄漏试验要求保压 1 min 制动管漏泄不得超过________kPa。

284. 机车空气管路系统的阶段试验主要项目为空气管路柜的漏泄和______________，以及机车落车前的全车管路与转向架管路的漏泄试验。

285. 制动机的性能试验，一般情况下客运机车列车制动管定压应调整到_________kPa。

286. 过充性能试验时，列车制动管压力应超过定压___________kPa，且制动缸压力不得缓解。

287. DK-1 型制动机紧急制动性能试验时，制动缸压力由零升至 400 kPa 的时间不大于______s。

288. DK-1 型制动机将小闸手柄由运转位移至制动位时，制动缸压力由 0 升至 280 kPa 的时间应不大于_____s，制动缸最高压力为 300 kPa。

289. DK-1 型制动机，将大闸、小闸手柄均置运转位，均衡风缸压力为_______________。

290. 机车产生紧急制动时，制动缸压力最高为__________kPa。

291. DK-1 型制动机列车充风性能试验时，当列车制动管定压为 600 kPa 时，列车制动管压力由零升至 580 kPa 的时间不大于_______s。

292. DK-1 型制动机重联性能试验时，将大闸手柄由运转位移到制动位减压后置于重联位，制动机应_______。

293. 空气管路柜绝缘强度检查使用 500 V 摇表，测量空气管路电气系统对地绝缘应大于______MΩ。

294. DK-1 型制动机空气位操纵时，53 调压阀压力应调整为________kPa。

295. 机车做无火回送时，低压安全阀应调整为________kPa。

296. SS_{4B} 型机车压力控制器 517KF 的动作值应为__________kPa（闭合），(900 ± 20) kPa（断开）。

297. 刮雨器作用良好，摆动均匀，__________及跳动现象。

298. 高、低音喇叭在总风压力大于________kPa 时，音色正常。

299. SS_{4B} 型机车分水滤气器采用__________型号。

300. 塞门按其功能可分为截断、排水与________等种类塞门。

301. 压力表种类规格随电子技术的不断发展相应增多，作为制动机的主要压力显示仪表仍选用_________压力表。

302. 压力表在测量过程中，仪表的指针不应有跳动和停滞现象，称为指针偏转的____性。

303. 电测压力表根据压力传感器输出电信号的形式，可分为_____型电测压力表。

304. SS_{4B}型机车选用的______型的电测压力表。

305. 塞门按其结构可分为研磨型及________两类塞门。

306. 制动软管风压试验，应将该连接器浸入水槽中、通入 600 kPa 的压缩空气保压_______min，各处不得漏泄。

307. 空气管路系统的布置必须兼顾__________、布线方案等机车其他系统，在总体布置许可条件下择优布置。

308. SS_{4B} 型机车每节布置有两个总风缸，上部第二总风缸容积为________L，下部第一总风缸容积为 290 L。

309. 机车整备时，应定期对总风缸________。

310. SS_{4B}型机车车内空气管路系统设备采用________布置方式。

311. SS_{4B}型机车将大闸手柄由运转位移至中立位，列车制动管压力下降每分钟不大于_______kPa，符合工艺标准。

312. 机车制动装置包括基础制动装置、____________和机车制动机。

313. 基础制动装置是执行对运行中的机车____________的一种机械装置。

314. 基础制动装置是由制动缸、杠杆传动系统、闸瓦间隙__________和闸瓦等组成。

315. 制动缸又称闸缸，是产生制动原力的部件，它受制动缸__________压力变化的控制而进行动作。

316. 制动传动装置是应用_______原理，将制动缸产生的制动原力放大一定的倍数后均衡地传递给各个闸瓦。

317. 闸瓦装置用于安装闸瓦，并调整闸瓦与____________间的工作角度。

318. _______闸瓦式基础制动装置的构造较为简单，适用于牵引吨位不大的机车、车辆，但这种制动装置在制动时使轴箱单侧受力，轴瓦易于偏磨。

319. 基础制动装置按照闸瓦的分布情况，可分为_______制动方式。

320. 基础制动装置按照作用对象，可分为________和单独式。

321. 单独式基础制动装置是由一个制动缸单独为一个_______提供制动原力。

322. SS_{4B} 型机车单缸制动器由制动箱体，杠杆和棘轮、制动缸、_________________、传动杠杆、闸瓦托和闸瓦等部件组成。

323. 单缸制动器特点是将制动单元各部件分别安装于__________，对精密部件实行全密封，以提高可靠性。

324. SS_{4B}型电力机车的基础制动装置均采用_________单元制动器，又称为单缸制动器。

325. SS_{4B}型机车采用 2.85 × 7 单缸制动器，每个转向架安装_____个制动器。

326. SS_{4B}型机车每个单缸制动器安装____块高摩合成闸瓦。

327. 单元制动器的制动杠杆（简称杠杆）用于传递________制动缸产生的制动原力。

328. 单缸制动器外观检查，防尘罩不得破损，闸瓦签作用可靠，调整螺栓齐全，脱钩杆作用良好无______，缸座不得有裂纹。

329. 当闸瓦磨耗间隙过大时，闸瓦间隙调整器将________减小过大的闸瓦间隙。

330. 闸瓦间隙调整器为了防止棘钩与棘轮齿面脱离，用________压紧棘钩。

331. 人工调整闸瓦间隙时，逆时针方向旋转闸瓦间隙调整器手轮，使闸瓦与车轮踏面之间的间隙__________。

332. 弹簧止轮器是通过调节螺杆和杠杆将蓄能制动器所产生的制动力传递到____上，以实现停放制动。

333. 蓄能制动器的制动倍率是_______。

334. SS_{4B}型机车单缸制动器的制动倍率为________。

335. 制动倍率的大小取决于________传动装置各杠杆的尺寸大小。

336. 实际闸瓦压力与理论闸瓦压力比值称为基础制动装置的___________。

337. 制动原力经制动传动装置传递到闸瓦上所形成的作用力称为____________。

338. 机车闸瓦总压力与机车总重量之比称为机车________。

339. 当今铁路运输的两大主题是_____________。

340. 高速列车制动必须具有足够大的制动_______和更灵敏的制动操纵控制系统。

341. 高速列车制动采用多种制动方式协调配合，普遍装有___________。

342. 磁轨制动属于_______制动制动方式。

343. 重载列车制动或缓解时发生强烈纵向动力作用的主要原因是制动或缓解作用的____性造成的。

344. 重载列车制动要保证有很高的__________和较高的缓解波速。

345. 盘形制动装置按照制动盘的安装位置可分为_______和轮盘式。

346. _________制动是在车轴上或在车轮辐板侧面装设制动盘,用制动夹钳将合成材料制成的两个闸片紧压在制动盘侧面，通过摩擦产生制动力。

347. ________通常应用于高速机车车辆上，其作用是防止在车轮滚动过程中轮轨之间纵向发生严重的相对滑动，以免造成车轮踏面严重擦伤。

348. 机车轮轨间纵向滑动主要有两种情况：一种是牵引空转，另一种是__________。

349. 防滑器分为机械式防滑器、电子式防滑器和__________防滑器等。

350. 当机车较长时间停留在轨道上，应对机车进行机械制动，以免机车发生溜车引起事故，这可用________装置来实现。

351. 手制动组装完毕后转动手轮时，各部件应动作灵活________现象。

352. DK-1 型电-空制动机采用电信号传递控制指令和________结构。

353. 电-空制动机是指以电信号作为控制指令，__________作为动力源的制动机。

354. DK-1 型电-空制动机具有________制动性能，以保证长大下坡道准恒速控制需要。

355. DK-1 型电-空制动机具有单独制动、________和辅助性能三种性能。

356. DK-1 型电-空制动机由电气线路和_________两部分组成。

357. DK-1 型电-空制动机的主要操纵机构是电-空制动控制器和__________。

358. 电-空制动屏柜又称为________。

359. DK-1 型电-空制动机的工作分为___________和___________两种工况。

360. _________是用来控制列车制动管的充风风源。

361. _________是用来根据均衡风缸的压力变化来控制列车制动管压力变化的。

362. 双阀口式中继阀由膜板活塞、供气机构、排气机构、顶杆、阀座、__________及其他零部件组成。

363. 中继阀过充柱塞左侧空间与__________管连通。

364. SS_{4B}型机车电-空制动控制器在中立位时，中继阀处于_______工作状态。

365. SS_{4B} 型机车电-空制动控制器在运转位时，中继阀处于______________工作状态。

366. 均衡风缸设置目的是以均衡风缸压力变化为标准参量，依此准确地控________减压量，从而达到准确控制列车制动力的目的。

367. 双阀口式中继阀呈自锁状态的条件是使___________与__________沟通。

368. 总风遮断阀的功用是适时的打开或关闭________到双阀口式中继阀的通路。

369. 总风遮断阀的工作过程包括两个动作状态，即_________状态。

370. SS_{4B} 型机车电-空制动控制器的操纵来控制列车制动管的压力变化，而控制机车________，实现机车的制动或缓解。

371. 109 型分配阀的主要特点是具有良好的稳定性、_____________________、工作风缸容积的选配性、制动缸压力的单独控制性。

372. 109 型分配阀由________、均衡部、紧急增压阀、安全阀及阀座等部分组成。

373. 109 型分配阀主活塞属于传感部件，用于感应主活塞________两侧的作用力之差，从而通过活塞杆带动滑阀、节制阀上下移动，以连通或切断相应气路。

374. 109 型分配阀主阀部的作用是根据________压力变化来控制容积室和作用管的充、排风。

375. 109 型分配阀均衡部是由空芯阀杆、供/排气机构和_________等组成。

376. 109 型分配阀均衡活塞下侧与_________连通。

377. 109 型分配阀均衡部空芯阀杆内侧与_______连通。

378. 109 型分配阀均衡部用于根据容积室和_________压力的增、减，来控制机车制动缸的充、排风。

379. 109 型分配阀供、排气机构用于控制机车________的充、排风气路。

380. 109 型分配阀当容积室压力升高时，__________向上移动带动空芯阀杆上移，从而开启供气阀口使总风向机车制动缸充风，实现机车的制动。

381. 109 型分配阀紧急增压阀主要由增压阀柱塞、增压阀柱塞套、增压阀______及密封圈等组成。

382. 109 型分配阀紧急增压阀用于__________时，使总风向容积室迅速充风，从而使机车制动缸压力迅速升高，以实现紧急制动。

383. 109 型分配阀局部减压作用可以增大制动波速，提高________制动的同时性，从而减小了列车制动的动力冲击作用。

384. 空气制动阀，俗称______，是 DK-1 型电-空制动机的操纵部件。

385. 空气制动阀有四个工作位置，按顺时针顺序依次是___________________。

386. 空气制动阀凸轮机构，用于随手柄转动而转动，以实现对作用柱塞阀和______微动开关的控制，并完成定位作用。

387. 空气制动阀制动位，作用凸轮有一个最大的______，作用柱塞在柱塞左侧弹簧反力作用下，右移到右极端位置。

388. 下压空气制动阀手柄时，推动顶杆下移并顶开________阀口，从而连通作用管向大气排风的气路，以实现机车的单独缓解。

389. 空气制动阀阀体部分主要包括电-空转换阀、作用柱塞阀及__________等。

初级

390. 电-空转换阀用于控制________________之间的转换，以实现 DK-1 型电-空制动机“正常运行-故障运行”的转换。

391. 机车在正常运行时，DK-1 型制动机空气制动阀电-空转换扳钮应置于________位。

392. DK-1 型制动机大闸或制动电路出现故障时，可将空气制动阀电-空转换扳钮置于________位，维持运行。

393. 空气制动阀作用柱塞用来间接控制均衡风缸或________的充、排风，以实现空气制动阀在空气位下控制全列车（或在电-空位单独控制机车）的缓解、制动与保压。

394. 接线座与_________是空气制动阀与 DK-1 型电-空制动机电气线路的联锁部件。

395. 空气制动阀定位柱塞是由定位柱塞和镶嵌在定位柱塞端部的______组成。

396. 空气制动阀电-空转换阀主要由电-空转换柱塞、电-空转换柱塞阀套、______机构及 O 形圈等组成。

397. 实施紧急制动的________减压速度远远大于常用制动的，同时也提高了空气波速和制动波速，缩短了动作时间。

398. 电动放风阀是接受__________得电或失电的控制，连通或关断列车制动管的放风气路，从而实施紧急制动。

399. DK-1 型电-空制动机设有______个电动放风阀。

400. 电动放风阀的工作过程包括_________状态和_________状态两个动作状态。

401. 为了防止紧急制动初期发生断钩事故，在电动放风阀上设置了__________在一定程度上避免了断钩事故的发生。

402. 紧急阀主要由活塞膜板、活塞杆、放风阀机构和__________等组成。

403. 紧急阀活塞杆轴向中心开一通孔，设有三个缩孔，________是在常用制动时，控制紧急室向制动管的逆流速度的。

404. 紧急阀活塞杆轴向中心开一通孔，设有三个缩孔，第三缩孔孔径是______。

405. 紧急阀的________机构是连通或切断列车制动管放风气路并联动微动开关 95SA 的执行部件。

406. 紧急阀的作用是在紧急制动时加快________的排风，提高紧急制动灵敏度和紧急制动波速。

407. 紧急阀的缓解状态顶杆不压缩微动开关，使其电路__________断开。

408. 紧急阀在常用制动状态下，紧急室内的压力空气经缩孔 I 向________逆流，直至两者的压力相等。

409. DK-1 型电-空制动机紧急制动后______s 内，不能实现缓解作用。

410. 电-空制动控制器，俗称______是 DK-1 型电-空制动机的操纵部件。

411. 电-空制动控制器主要由操纵手柄、凸轮轴组装、静触头组及__________等组成。

412. 电-空制动控制器_________组装是用于随操纵手柄进行同步转动，以控制和实现相应电路的闭合与断开。

413. 电-空制动控制器在______位，使列车缓解充风，以超过列车制动管定压 30 ~ 40 kPa 的充风速度快速充风缓解，机车保压。

414. 电-空阀是通过________来控制空气管路的连通或切断，从而实现远距离控制气动装置的电器。

415. 电-空阀按电磁铁的形式分为拍合式和________。

416. TFK_{1B} 型电-空阀的工作过程包括______________两个状态。

417. TFK_{1B} 型电-空阀阀杆行程是_________mm。

418. 闭式电-空阀是指作用原理为得时电-空阀上阀口关闭而下阀口______的电-空阀。

419. SS_{4B} 型机车采用的两通电-空阀的型号是______型。

420. SS_{4B} 型机车采用的三通电-空阀的型号是______型。

421. 每台 SS_{4B} 型机车采用了______个撒砂电-空阀。

422. SS_{4B} 型机车撒砂电-空阀输入口接总风管，输出口经止回阀与__________连接，排风口通大气。

423. SS_{4B} 型机车中立电-空阀输入口接总风管，输出口接____________管，排气口通大气。

424. SS_{4B} 型机车排风 1 电-空阀输入口接_________，输出口和排气口通大气。

425. SS_{4B} 型机车过充电-空阀输入口接_________，输出口接过充风缸管，排气口被堵。

426. DK-1 型电-空制动机检查电-空阀输入口接_____，输出口接均衡风缸管，排气口被堵。

427. SS_{4B} 型机车排风 2 电-空阀输入口被堵，输出口接_________管，排气口通大气。

428. SS_{4B} 型机车制动电-空阀输入口被堵，输出口与___________和缓解电-空阀 258YV 的排气口连接，排气口通大气。

429. SS_{4B} 型机车制动电-空阀______时，连通初制风缸和缓解电-空阀 258YV 排气口向大气排风的气路，得电时则切断该气路。

430. SS_{4B} 型机车缓解电-空阀输入口接总风管，输出口接____________管。

431. SS_{4B} 型机车重联电-空阀输入口接列车制动管，输出口接__________管，排气口被堵。

432. 停车制动电-空阀输入口接总风管，输出口与弹簧止轮器______连通，排气口通大气。

433. SS_{4B} 型机车紧急电-空阀输入口接_________，输出口与电动放风阀铜碗及膜板下侧连通，排气口通大气。

434. 电-空阀的额定电压是_________V。

435. 电-空阀的最小动作电压是_________V。

436. 重联阀主要由本-补转换阀部、重联阀部和_________________组成。

437. 重联阀本-补转换阀部设有_________________两个工作位置。

438. 重联阀在本机位时，切断重联阀活塞下侧与总风的通路，沟通重联阀活塞下侧与_____通路。

439. 重联阀在补机位时，连通_________与重联阀活塞下侧之间的气路。

440. 重联阀的重联阀部由重联活塞、活塞杆、重联阀弹簧、阀套、O 形圈、_________及止回阀弹簧等组成。

441. 重联阀的重联阀部的工作受___________阀部作用的控制，根据重联阀活塞上下两侧的作用力之差带动活塞杆上下移动，关闭或顶开止回阀口。

442. 重联阀制动缸遮断阀部主要由____________、活塞杆、遮断阀弹簧、遮断阀阀套、O 形圈及止回阀、止回阀弹簧等组成。

443. __________是为满足空气管路系统内不同气路整定压力并保证稳定的供给而设置的。

444. SS_{4B} 型机车采用_________型调压阀。

445. 调压阀的工作过程包括______和______两个状态。

446. 调压阀的调整方法是________旋转调整手轮为调高输出压力。

447. 安装调压阀时，应保证______向上。

448. 安装调压阀时，空气管路中压力空气的流动方向应与阀体上的______指向相同。

449. 压力开关是利用___________的压差而动作，实现电路的控制。

450. 风压继电器是利用___________与空气压力差进行动作，从而实现电路的控制。

451. 压力开关主要由气动部分和__________两部分组成。

452. 压力开关的工作过程包括缓解状态和__________两个工作状态。

453. 压力开关 208 与 209 结构相同，但其________不同。

454. 转换阀用来控制空气管路的__________，并保证良好的气密性和满足屏柜布置需要而设置的。

455. 转换阀主要由阀体、阀套、转换按钮、________和柱塞阀等组成。

456. 转换阀 154 设置在两个________之间，用来连通或切断相应的气路，以实现在不同工况下达到满意的初制动效果。

457. 分水滤汽器用来过滤压力空气中的__________，以保证压力空气的干燥、清洁。

458. 安装分水滤汽器是应______位置，排水阀向下。

459. 为使电路中的阻流二极管工作正常，除选择较高电压等级的二极管外，还采取了_____与二极管并联电路抑制保护措施。

460. 压敏电阻在额定电压作用下流过的电流，称为________。

461. 继电器是由执行机构和____________两部分组成。

462. 中间继电器在控制电路中作为逻辑传递的一个环节元件，用于增加__________、量值放大以及开闭逻辑状态转换。

463. 折角塞门主要由套口、芯体、弹簧、弹簧盖、螺钉、销子及______。

464. SS_{4B} 型机车设置了___________按钮检查列车制动管折角塞门开通状态。

465. TSG3-630/25 型受电弓主要由底架部分、铰链机构、弓头部分、传动机构和_______机构等组成。

466. TSG3-630/25 型额定工作电压是______kV。

467. TSG3-630/25 型受电弓最大升弓高度是_______mm。

468. TSG15B 型受电弓主要由底架、绝缘子和______机构组成。

469. TSG15B 型受电弓的额定工作电压是________kV。

470. TSG15B 型受电弓的最大工作高度是______mm。

471. TSG15B 型受电弓为了避免受电弓滑板到了最小磨耗极限后继续过度的磨耗，配备了________装置。

472. TSG15B 型受电弓通过调整气阀板上的________，调整受电弓的接触压力。

473. TSG15B 型受电弓通过调整气阀板上的单向节流阀______，调整升弓速度。

474. DK-1 型制动机是否需要自动补风作用是由_______转换开关控制。

475. DK-1 型制动机是否与列车安全运行监控记录装置自动停车功能、车长阀制动及列车分离保护进行配合是由______转换开关控制。

476. 转换开关 465QS 用于实现控制 DK-1 型电-空制动机是否与__________系统配合的转换功能。

477. 空-电联合转换开关 466QS 处于______时，空电联合制动发生作用，DK-1 型电-空制动机的电-空联锁性能将被切除。

478. 逆流止回阀 50 的作用是当第一总缸的压力高于第二总风缸时，该阀的阀芯上移后开放阀口大通路进入__________，继而供机车用风。

479. DK-1 型制动机具有__________和空气制动的协调配合性能。

480. SS_{4B} 型电力机车制动机的所有部件及管路______集中组合称为空气管路柜，也称气阀柜。

481. 无负载启动电-空阀用于在主空气压缩机启动之初，排放主空气压缩机出风管与_____之间的压力空气，以改善主空气压缩机的启动工况。

482. 分配阀安全阀是防止紧急制动时制动缸的压力过高，使其控制在规定的压力范围内，在无火回送时定为________kPa。

483. SS_{4B} 型机车在副台前方装设了实施紧急制动用的______按钮。

484. SS_{4B} 型机车轮缘喷脂电磁阀是接受________的控制，从而控制轮喷装置的喷脂气路。

485. 轮轨润滑系统是一种为减少轮缘和钢轨的磨耗而向轮缘自动喷射________的装置。

486. 缓冲阀是通过控制进、出__________的压缩空气流量来控制受电弓升、降弓动作的快慢。

487. 门联锁阀是一种______装置，与门联锁杆配合使用，构成一种安全保护装置。

488. SS_{4B} 型电力机车辅修时，检查紧急阀安装牢固，阀垫不得______，接头不得泄漏。

489. SS_{4B} 型电力机车辅修时，检查重联阀转换阀__________作用良好可靠。

490. SS_{4B} 型电力机车辅修时，检查空气制动阀安装牢固，阀垫无破损，座无漏风现象，转换_______齐全清晰。

491. SS_{4B} 型机车 DK-2 型电-空制动机的操纵部件是在 DK-1 型电-空制动机的基础上增加了______制动控制器。

492. SS_{4B} 型机车 DK-2 型电-空制动机采用______制动控制单元。

493. SS_{4B} 型机车 DK-2 型电-空制动机 EP 均衡模块是对均衡风缸风压进行______控制，制动系统失电时使均衡风缸排风。

494. 神华号交流机车 DK-2 型机车制动系统主要由 DK-2 型机车制动机和____________两部分组成。

495. 神华号交流机车 DK-2 型电-空制动机操作部件主要是制动控制器和________组成。

496. 神华号交流机车 DK-2 型电-空制动机制动显示屏可以实时显示制动控制单元 BCU__________及重联阀 93 的状态信息。

497. 神华号交流机车 DK-2 型电-空制动机空气位的操纵是通过操作司机台面上的______来实现。

498. 神华号交流机车 DK-2 型电-空制动机单缓按钮用于空气位时______机车制动。

499. 神华号交流机车 DK-2 型电-空制动机制动控制单元 BCU 由一块 PWM 板、一块输入板、两块_______、一块控制板、一块模拟板、一块电源板组成。

500. 制动控制单元 BCU 的 PWM 板主要提供______的 PWM 调制信号，用于驱动高速电磁阀。

二、判断题（正确的划“√”，错误的划“×”）

1. 铁路客货运输应充分体现“以人为本、诚信服务”的理念。(　　)
2. 铁路运输生产既要职工按照分工和要求，尽职尽责地做好本职工作，又要在系统领导下，互相帮助，主动配合，密切配合。(　　)
3. 检修职工的行为规则是遵章守纪。(　　)
4. 塞尺的最小测量尺寸一般为 0.01 mm。(　　)
5. 塞尺的最大测量尺寸一般为 3 mm。(　　)
6. 角尺是检验直角、划线及安装定位用的检验工具。(　　)
7. 游标卡尺在移动尺框时，活动要自如，不应有过松或过紧，可以有晃动现象。(　　)
8. 使用游标卡尺时为了获得正确的测量结果，可以多测量几次，即在零件的不同截面上的不同方向进行测量。(　　)
9. 游标卡尺可以作为测量工具，但不可以作为划线工具。(　　)
10. 游标卡尺是一种常用的中等精度量具，它的最高精度为 0.1 mm。(　　)
11. 同一物体的各视图必须采用同一比例。(　　)
12. 图样中标注的比例为 2∶1，表示图样的线性尺寸是实际机件相应的线性尺寸的 2 倍。(　　)
13. 标题栏的外框线用细实线绘出。(　　)
14. 图样中机件要素的线性尺寸与实际机件要素的线性尺寸之比称为比例。(　　)
15. 1.236 6 km 精确到米，表示为 12 366 m。(　　)
16. 尺寸公差是代数值。(　　)
17. 最大极限尺寸减去基本尺寸所得的代数差叫公差。(　　)
18. 最小极限尺寸减去基本尺寸所得的代数差为下偏差。(　　)
19. 标准公差确定公差带的位置。(　　)
20. 基本偏差确定公差带的位置。(　　)
21. 偏差时指某一尺寸减其基本尺寸所得的绝对值。(　　)
22. 形状公差和位置公差简称为形位公差。(　　)
23. 所谓基孔制，就是基本偏差为一定的孔的公差带与不同基本偏差的轴的公差带形成的各种配合的制度。(　　)
24. 误差是可以避免的，公差是可以控制的。(　　)
25. 用中心投影法得到的投影能反应物体的真实大小，因此在机械制图能采用。(　　)
26. 根据投影射线与投影面的角度不同，平行投影分两种：斜投影和正投影。(　　)
27. 曲面立体表面上去点的方法，不可利用辅助素线法和辅助平面法。(　　)
28. 两相交圆柱表面的公有线叫相贯线。(　　)
29. 零件主视图可以随意选择。(　　)
30. 斜视图是机件向不平行于任何基本投影平面投影所得的视图。(　　)
31. 从主视图的形成过程可以反映出视图间的“三等关系”。(　　)
32. 两点在空间的相对位置由两点的坐标来确定。(　　)
33. 广泛应用的三视图为主视图、俯视图、左视图。(　　)

34. 确定图形中线段间的相对位置的尺寸称为定形尺寸。(　　)

35. 剖视图、剖面图、局部放大图等都是为了清晰地表达零件的形状，结构。(　　)

36. 机械制图图样所用的单位是 cm。(　　)

37. 装配时，零件的清洗是一项很重要的工作。(　　)

38. 按照一定的技术要求，将零件连接或固定起来，使之成为产品的过程，称为装配。(　　)

39. 过盈配合的零件连接，一般不宜在装配后再拆下重装。(　　)

40. 由于孔、轴的尺寸不允许在各自公差带内变动，所以孔、轴的配合的间隙也是不允许变动的。(　　)

41. 螺纹是在圆柱表面上制成的螺旋线，没有内螺纹和外螺纹之分。(　　)

42. 相邻两牙在中径线上对应两点的轴向距离为螺距。(　　)

43. 螺纹的主要参数中螺距通常用 d 表示。(　　)

44. 螺栓由螺栓头和螺杆构成。(　　)

45. 平头平键在槽中轴向固定较好但槽在轴中引起的应力集中较大。(　　)

46. 工作时靠键与键槽的正面挤压传递运动和转矩。(　　)

47. 滚动轴承的代号，右起第一、二位数字表示轴承的内径。(　　)

48. 联轴器连接的两轴只有在机器运转后，通过拆卸方法才能使两轴分离。(　　)

49. 十字滑块联轴器是弹性元件挠性联轴器的一种。(　　)

50. 砂轮机主要由砂轮，电动机和机体组成。(　　)

51. 钳工在台虎钳上进行强力作业时，应使力量朝向台虎钳的活动钳身。(　　)

52. 在砂轮上磨削时，为了看清磨削情况，磨削时操作者应站在砂轮的正对面。(　　)

53. 砂轮机分为台式砂轮机和立式砂轮机。(　　)

54. 机构是一种用来传递与变换运动和力的可动装置。(　　)

55. 机器是一种执行机械运动装置，可用来变换和传递能量、物料和信息。(　　)

56. 两构件之间作面接触的运动副称为高副。(　　)

57. 两构件作点或线接触的运动副称为高副。(　　)

58. 低副比高副承载能力要小。(　　)

59. 低副不能传递较复杂的运动。(　　)

60. 皮带传动适用于两轴中心距较大的传动场合，工作时传动平稳无噪声，具有缓冲、吸振作用。(　　)

61. 平带传动的传动比为带轮的转速之比，与其直径成正比。(　　)

62. 螺旋传动缺点是由于螺纹产生较大的相对滑动，因而磨损大、效率低。(　　)

63. 螺母位移传动，多应用于进给机构等传动机构中。(　　)

64. 链传动是通过链条将具有特殊齿形的主动链轮的运动和动力传递到具有特殊齿形的从动链轮的一种传动方式。(　　)

65. 链传动能在高速、重载和高温条件下及尘土飞扬的不良环境中工作。(　　)

66. 链传动与带传动比较，它能保证准确的平均传动比，传递功率较大，且作用在轴和轴承上的力较小。(　　)

67. 齿轮传动噪声大，不适用于大距离传动，制造装配要求高。(　　)

68. 齿轮传动在传递的功率和速度范围较小。(　　)

69. 齿轮传动中其能保证瞬时传动比恒定，平稳性较高，传递运动不准确可靠。(　　)

70. 液体没有一定的几何形状，但却有几乎不变的体积。(　　)

71. 液体的压力中压强是指液体在静止状态下单位面积上所受到的作用力。(　　)

72. 液动机是液压系统的动力元件，是能量转换装置。(　　)

73. 液压控制阀是液压系统中的控制元件，它的作用是控制液压系统的液流方向、压力和流量。(　　)

74. 细锉刀用于锉软金属、加工余量大、尺寸精度等级低和表面粗糙度精度要求低的工件。(　　)

75. 锉削主要内容为锉削外平面和曲面，锉削内、外角和复杂的表面，锉削沟槽、孔眼和各种形状的配合表面。(　　)

76. 用麻花钻钻头钻孔时，一般钻硬性材料顶角磨得小，钻软性材料顶角磨得大。(　　)

77. 一般钻碳钢孔时，冷却润滑液的主要作用是冷却与润滑 。(　　)

78. 钳工是使用手工工具和一些机动工具（如钻床、砂轮机等）对工件进行加工或对部件、整机进行装配的工种。(　　)

79. 一些采用机械方法不适宜或不能解决的加工，都可由钳工来完成。(　　)

80. 锉削的工作范畴较广，在工件的内外表面、孔、沟槽及各种形状复杂的表面上，一般都能进行锉削加工。(　　)

81. 用 25 mm × 25 mm 的检查框检查刮削质量，细刮点子应达到 10 ~ 14 个。(　　)

82. 锉刀由碳素工具钢制成，并经淬硬处理，一般硬度在 82 ~ 87HRC 之间。(　　)

83. 锯条的分类，按其材料可分为工具钢锯条和合金钢锯条。(　　)

84. 锯条的规格用其两端的安装孔距锯齿数表示。(　　)

85. 锯条安装好后，不能有歪斜和扭曲否则锯削时易折断。(　　)

86. 为使凿削省力，錾子的楔角越小越好。(　　)

87. 制作錾子的材料，一般都用 T10A 工具钢。(　　)

88. 錾子头部有毛刺时，要及时磨掉。(　　)

89. 用麻花钻头钻孔时，一般钻硬性材料顶角磨得小，钻软性材料顶角磨得大。(　　)

90. 划线钻孔时，除划加工线外，还应划检查线。(　　)

91. 钻孔时，先钻一浅坑，然后再钻，其目的主要是看钻得偏不偏。(　　)

92. 当铰有纵向槽的孔时，要用螺旋槽铰刀。(　　)

93. 攻丝前，钻孔直径要比螺纹外径稍大些。(　　)

94. 铰孔完毕后，应按逆时针方向退出铰刀。(　　)

95. 粗研速度一般为 20 ~ 120 m/min，精研速度一般取 10 ~ 30 m/min。(　　)

96. 工件相对研具的运动，要尽量保证工件上各点的研磨行程长度完全相等。(　　)

97. 工件运动轨迹均匀地遍及整个研具表面，以利于研具均匀磨损。(　　)

98. 长度小于 50 mm 的较小工件磨削时，应用手虎钳或其他工具牢固夹住，不得用手直接握持工件。(　　)

99. 砂轮机的托板与砂轮的距离，一般应保持在 5 mm 之内，过大则可能造成磨削件被砂轮轧入而发生事故。(　　)

100. 使用砂轮机磨削时，操作者应站在砂轮侧面或斜侧面位置，不可面对砂轮。(　　)

101. 测量范围上限值和下限值的代数差称为量具的偏差。(　　)

102. 用钢尺测量工件时，可能由于尺上的刻线粗细不匀、尺在工件上的方位不对或测量者的视差等原因产生测量误差，因此，钢尺的测量精度较低。(　　)

103. 在虎钳上夹紧工件时，为保证夹得牢固，常套上长管手柄扳紧。(　　)

104. 用工装和夹具加工的第一个零件时，应进行严格的检查。(　　)

105. 三角刮刀的断面为三角形，刃尖角为 60°，在棱面上有纵槽不可用磨钝的三角锉改制。(　　)

106. 曲面刮刀常用的有三角刮刀。(　　)

107. 刮削时刮刀对工件既有切削作用又有挤压作用，因此经过刮削后的工作表面组织比原来致密，硬度不变。(　　)

108. 电压和电流本身是没有正值和负值之分。(　　)

109. 只有线性电阻元件才遵循欧姆定律。(　　)

110. 表示被介质分割的两个任何形状的导体，在单位电压作用下，容储电场能量能力的一个参数即为电容。(　　)

111. 兆欧表可用来测量阻值较大电阻的阻值。(　　)

112. 兆欧表测量前要先检查兆欧表是否完好，即在兆欧表未接上被测物之前，摇动手柄使发电机达到额定转速（120 r/min），观察指针是否指在标尺的“∞”位置。(　　)

113. 仪表保存时应特别注意环境条件，不放置在高温或潮湿的环境。(　　)

114. 磁场强度是一个常量。(　　)

115. 电路中两点之间的电位差称为电压。(　　)

116. 电压在电场力的作用下的定向运动称为电流。(　　)

117. 电流在导体中流动时，要受到一定的阻力，这种阻力称之为导体的电阻。(　　)

118. 密度小于 4.5 g/cm^3 的金属称为重金属。(　　)

119. 钢是以铁为主要元素，含碳量一般在 2%以下，并含有其他元素的材料。(　　)

120. 钢按化学成分分类可分为非合金钢、高合金钢和合金钢三大类。(　　)

121. 铁碳合金含硅量较高的为冶炼生铁。(　　)

122. 导热性能差的金属工件或坯件，加热或冷却时会产生内外温度差，导致内部不同的膨胀或收缩，产生应力变形或开裂。(　　)

123. 在体积相同的情况下，金属材料的密度越大，其质量越小。(　　)

124. 工艺性能直接影响零件加工后的工艺质量，是选材和制定零件加工工艺路线时必须考虑的因素之一。(　　)

125. 铸铁收缩不会影响尺寸，也不会使铸件产生缩孔、疏松、内应力、变形和开裂等缺陷。(　　)

126. 金属材料的切削加工性是金属材料机械性能之一。(　　)

127. 对钢进行热处理的目的是为了获得细小、均匀的奥氏体组织。(　　)

128. 退火处理是为了消除铸件或锻件中的残余应力，以防变形和开裂。(　　)

129. 正火与退火在冷却方法上的区别是：退火冷却较快，在空气中冷却，正火则是缓冷。(　　)

130. 回火对钢的性能影响，一般是随着回火温度的升高，强度、硬度降低，而塑性、韧性提高。(　　)

131. 退火是将钢件淬硬后加热到 Ac1 以下的某一温度，保温一定时间，然后冷却到室温的热处理工艺。(　　)

132. 含碳量大于 2.11%的铁碳合金称为碳素钢。(　　)

133. 碳钢是指 $W_c = 2.11\%$，并含有少量硅、锰、硫、磷等元素的铁碳合金。(　　)

134. 结构钢主要用于制造各种机械零件和工程结构件，其含碳量一般都大于 0.70%。(　　)

135. 工具钢主要用于制造各种道具、模具和量具。(　　)

136. 工具钢的含碳量一般都小于 0.70%。(　　)

137. 低碳钢、中碳钢、高碳钢是按照钢的质量分类的。(　　)

138. 钢中加入合金元素的目的是增加硬度、塑性和韧性。(　　)

139. 合金钢按用途分类，分为合金结构钢、合金调质钢和特殊性能钢。(　　)

140. 合金结构钢的牌号采用“含碳量 + 元素符号 + 数字”来表示。(　　)

141. 高速钢的热处理为淬火加二次高温回火。(　　)

142. 量具刃具钢的热处理一般为淬火加低温回火。(　　)

143. 广泛应用于低中速柴油机主轴承，曲柄销轴承，十字头轴承和轴系中间轴承的轴合金是铜基轴承合金。(　　)

144. 在滑动轴承材料中，铸铁通常只用作双金属轴瓦的表层材料。(　　)

145. 球磨铸铁比灰口铸铁韧性好。(　　)

146. 氧化处理（发蓝处理）广泛应用于机械零件、钟表零件、枪支等零件的防腐蚀。(　　)

147. 采用油脂保护防腐蚀方法是在金属表面涂以油漆层，形成保护膜，起到缓蚀作用。(　　)

148. 金属型铸造属于砂型铸造。(　　)

149. 液态金属在浇注后的冷却凝固过程中，形成的晶粒较粗大，又易产生气孔、缩孔和裂纹等缺陷，所以铸件的力学性能不如锻件高。(　　)

150. 被焊接物体必须是同种金属。(　　)

151. 气体保护焊属于压焊的一种方法。(　　)

152. 所有的金属都能气割。(　　)

153. 机械零件的切削加工主要是对其表面的加工。(　　)

154. 刀具在进给运动方向上相对于工件的位移量称为切削速度。(　　)

155. 在金属的切削加工过程中，工件上会形成二个不断变化的表面。(　　)

156. 刀具前角的大小，可根据加工条件有所改变，可以是正值，也可以是负值，而后角不能是负值。(　　)

157. 副偏角的大小影响工件的表面粗糙度 R_a 值。(　　)

158. 刀尖角度是刀具标注角度中的主要角度。(　　)

159. 用人单位发生合并或者分立等情况，原劳动合同继续有效。(　　)

160. 劳动合同终止后，用人单位应当在十日内为劳动者办理档案和社会保险关系转移手续。(　　)

161. 工伤人员在享有工伤社会保险后，不可再向本单位提出赔偿要求。(　　)

162. 特种作业人员未经专门的安全作业培训，未取得特种作业操作资格证书，上岗作业导致事故的，应追究生产经营单位有关人员的责任。(　　)

163. 一次事故中死亡 3～9 人的是特大生产安全事故。(　　)

初级

164. 托运人或者旅客根据自愿，可以办理保价运输，也可以办理货物运输保险；还可以既不办理保价运输，也不办理货物运输保险。(　　)

165. 对在铁路线路上行走、坐卧的，铁路职工有权制止并进行处罚。(　　)

166. 旅客车票、行李票、包裹票和货物运单是合同或者合同的组成部分。(　　)

167. 环境保护法适用于中华人民共和国领域和中华人民共和国管辖的其他海域。(　　)

168. 环境与资源保护法律责任的客体一般包括行为和物两种。(　　)

169. 禁止使用无线电台及其他仪器干扰铁路运营指挥无线电频率使用。(　　)

170. 铁路与道路交叉的无人看守道口应当按照国家标准设置警示标志，有人看守的道口可不设警示标志。(　　)

171. 隔离开关开闭作业时，必须执行一人操作一人监护制度。(　　)

172. 遇雷雨天气时，可以操作隔离开关。(　　)

173. 机车鉴定成绩分为优秀、良好、合格、不合格四个等级。(　　)

174. 机车履历本的填写应由专人负责。填写必须及时、准确、整洁，不得有漏项和缺项。(　　)

175. 造成 5 000 万元以上 1 亿元以下直接经济损失为特别重大事故。(　　)

176. 造成 2 人死亡未构成较大以上事故的，为一般 A 类事故。(　　)

177. 货运列车脱轨 6 辆以上 60 辆以下，并中断其他线路铁路行车 48 小时以上为重大事故。(　　)

178. 制动力是指制动过程中所形成的可以人为控制的列车减速力。(　　)

179. 由机车车辆制动装置产生的，通过轮轨黏着转化而成的阻碍列车运行的外力，称为制动。(　　)

180. 空气压缩机不属于空气制动装置的一部分。(　　)

181. 制动方式是指制动时列车动能的转移方式或制动力的获取方式。(　　)

182. 电阻制动和空气制动不可同时作用于机车制动。(　　)

183. 从列车闸瓦压上车轮产生制动作用时起，到列车完全停下来时为止列车走过的距离叫作制动距离。(　　)

184. 制动距离的长短，完全决定于制动力的大小。(　　)

185. 无论在什么运行速度下，均要求制动距离不超过 800 m。(　　)

186. 制动时，如机车车辆发生滑行现象，将会延长制动距离。(　　)

187. 列车制动管减压的传播速度叫作制动波速。(　　)

188. 制动时，列车制动管内的空气波速一般为 320 ~ 330 m/s。(　　)

189. 性能较好的制动机，紧急制动时的制动波速可达 280 m/s 以上。(　　)

190. 机车牵引力用符号 F 表示，计量单位为牛（N）。(　　)

191. 一个物体在另一个物体表面发生滑动时，接触面间产生阻碍它们相对运动的摩擦，称为滚动摩擦。(　　)

192. 增大有利摩擦的方法有：增大压力、增大接触面的粗糙程度、压力的大小等。(　　)

193. 滑动摩擦力是两物体相互接触发生相对运动而产生的。(　　)

194. 摩擦系数根据运动的性质，它可分为滑动摩擦系数和滚动摩擦系数。(　　)

195. 机车动轴上所承受的机车重量称为黏着重量。(　　)

196. 黏着系数和表面的粗糙度、接触面积的大小均无关。(　　)

197. 施行制动时，使制动力分次增加直至最大，称为阶段制动。(　　)

198. 施行制动后缓解时，使制动力分次减小直至消除称为阶段缓解。(　　)

199. 空气制动机具有向列车制动管充风时制动，列车制动管排风时缓解的特点。(　　)

200. pV = GRT 是克拉贝隆理想气体方程。(　　)

201. 在运算气体压力与容积的关系时，应将表压力值换算成绝对压力值。(　　)

202. 在温度不变的条件下，定量气体的体积与压力成反比。(　　)

203. 一定质量的气体在温度 T 不变的情况下，它的压强 P 与体积 V 成正比。(　　)

204. 压力表所指示的压力，即表示超过大气压力的压力叫作表压力。(　　)

205. 表压力是以绝对压力 100 kPa 为零点的压力。(　　)

206. 将大气压力计算在内的压力叫作绝对压力。(　　)

207. 等温过程变化前与变化后，其空气压力与体积的和相等。(　　)

208. 缓解波速不受空气波传播快慢、三通阀（分配阀）动作灵敏性及制动机性能好坏等因素的影响。(　　)

209. 国产 120 型控制阀的缓解波速已达到 150 m/s。(　　)

210. 空气波是一种机械波。(　　)

211. 制动波速是综合评定制动机性能的重要指标。(　　)

212. 制动波速越小，列车前、后部制动作用的同时性越好，有利于减轻制动时的纵向动力作用和缩短制动距离。(　　)

213. 要使制动机可靠地产生制动作用，除了要有一定的制动管减压量外，还需要一定的减压速率，两者缺一不可。(　　)

214. 当制动管减压速率达到一定数值范围时，制动机必须产生制动作用的性能，称为制动机的稳定性。(　　)

215. 制动机按作用对象可分为空气制动机、电-空制动机和真空制动机等。(　　)

216. 二压力机构制动机只具有一次缓解性能，而不具备阶段缓解性能。(　　)

217. 三压力机构制动机只具有一次缓解性能，而不具备阶段缓解性能。(　　)

218. 车辆制动机的主要部件是三通阀（或分配阀、控制阀），因此车辆制动机的名称通常也是根据三通阀、分配阀、控制阀的名称来命名的。(　　)

219. 104 型空气制动机具有一次缓解性能和阶段缓解性能。(　　)

220. 120 型空气制动机只具有一次缓解性能，而不具备阶段缓解性能。(　　)

221. 车辆制动机的制动作用是根据列车制动管的减压实现的制动作用。(　　)

222. 当司机在列车前端控制列车制动管充风或排风时，全列车制动管立即同时、同步地增压或减压。(　　)

223. 内燃机车和电力机车的制动缸压力与列车制动管减压量的比值一般设定为 2.5∶1。(　　)

224. 制动缸是产生制动原力的部件，受制动缸压力空气压力变化的控制而进行动作。(　　)

225. 我国现有各种车辆上大多采用自动空气制动机。(　　)

226. 实际计算闸瓦压力时，可以忽略制动传动效率对闸瓦压力的影响。(　　)

227. 闸瓦压力与制动传动效率成正比。(　　)

228. 电力机车控制管路系统按其功能可分为风源系统、制动机气路系统、控制气路系统和辅助气路系统 4 大部分。(　　)

229. 控制管路系统的作用是生产、贮备、调节控制压力空气。(　　)

230. 风源系统的作用是生产、贮备、调节控制压力空气，并向全车各气路系统提供所需的高质量的、洁净、稳定的压力空气。(　　)

231. 空气压缩机组用于生产具有较高压力的压力空气，供全车空气管路系统使用。(　　)

232. 总风缸内的压力空气经总风缸管供给制动机系统、控制气路系统、辅助气路系统和风源系统使用。(　　)

233. DJKG-A 型空气干燥器所有部件均集中安装在一个钢架上，构成一个完善的空气处理中心。(　　)

234. 当总风缸空气压力低于最小规定值时，自动闭合主空气压缩机电动机的电源电路，主空气压缩机恢复打风。(　　)

235. JKG1 型空气干燥器每个修程换修排污阀。(　　)

236. JKG1 型空气干燥器进、排气控制阀接受两个相应的二位三通电磁阀的控制，以操纵两个相应干燥塔的进气或排气。(　　)

237. TAD-H 型空气干燥器再生方式采用无热、常压的再生方式。(　　)

238. TAD-H 型空气干燥器最高工作压力是 1 030 kPa。(　　)

239. TAD-H 型空气干燥器再生耗气率 15% ± 3%。(　　)

240. 压力空气的使用属于电力机车风源系统的一个工作环节。(　　)

241. SS_{4B} 型电力机车压力空气的生产主要靠 4VF-3/9 型压缩机生产。(　　)

242. SS_{4B} 型电力机车如果主压缩机组出现故障，不可利用另一节机车上的主压缩机继续维持运行。(　　)

243. 总风缸压力空气低于最小规定值 750 kPa 时，主空气压缩机电动机的电源电路自动闭合，主空气压缩机恢复打风。(　　)

244. 压力控制器故障时，可通过塞门 139 切除，这时司机不可利用强泵风按钮操纵主压缩机组的启动与停转。(　　)

245. 主压缩机组生产的压力空气先经过一段较长的冷却管冷却后进入干燥器，在干燥器的滤清筒、干燥筒内进行干燥净化处理后，送入总风缸内贮存。(　　)

246. 电力机车压力空气贮存的两个总风缸是并联的。(　　)

247. 为适应铁路运输的高速和重载要求，SS_{4B} 型电力机车设置了重联功能。(　　)

248. 逆流止回阀能保证所有重联在一起的机车总风缸内压力空气压力一致，但会由于各机车用风量不同造成总风缸内压力空气压力不一致。(　　)

249. YWK-50-C 型压力控制器可当总风缸压力空气高于最小值时，自动闭合主空气压缩机电源电路，主空气压缩机恢复打风。(　　)

250. YWK-50-C 型压力控制器可以根据总风缸压力空气变化自动闭合或切断主空气压缩机电动机电源。(　　)

251. YWK-50-C 型压力控制器压力控制范围是 0 ~ 900 kPa。(　　)

252. 压力控制器的设置是为了将制动缸内压缩空气的压力控制在规定的压力范围内。(　　)

253. YWK-50-C 型压力控制器调整压缩空气不超过某一给定的压力范围时，应先调上限设定值，后调下限设定值。(　　)

254. 高压安全阀设置在每台空气压缩机出风口至止回阀之间的管路上。(　　)

255. 高压安全阀整定值由低向高调整时，逆时针旋转弹簧盒整定值增大，达到规定压力值时锁紧螺母背紧。(　　)

256. SS_{4B} 型机车辅助压缩机的排气量是大于 0.05 m^3/min。(　　)

257. SS 系列电力机车上必须设有辅助压缩机组。(　　)

258. BT-3.0/10A 型空气压缩机安全阀整定值为 1.05 MPa，并已铅封，不可随意拆调。(　　)

259. BT-3.0/10A 型螺杆空气压缩机空气滤清器，采用的是纸质过滤芯空气滤清器。(　　)

260. BT-3.0/10A 型空气压缩机采用 220 V 交流供电方式。(　　)

261. BT-3.0/10A 型空气压缩机选用交流电机传动基本没有弱点。(　　)

262. 螺杆空气压缩机零部件较少，几乎没有易损件，因此螺杆主机运转可靠，使用寿命长。(　　)

263. 控制风缸 102 的设置是为了由操作制动机而引起的压力波动时，稳定控制系统管路内的风压。(　　)

264. 140 塞门是控制管路的总塞门，可切断控制系统管路的风源。(　　)

265. SS_{4B} 型机车Ⅰ、Ⅱ号高压柜是由控制管路系统塞门 140、141 分别控制的。(　　)

266. SS_{4B} 型机车控制风缸为主断路器的供风通路是控制风缸 102-膜板塞门 97-塞门 145-分水滤气器 207-主断 4QF。(　　)

267. 为减轻辅助压缩机的工作量，缩短打风时间，应在开启辅助压缩机前，打开 97 塞门，关闭 169 排水阀。(　　)

268. 287YV 双电源送电的目的是：保证在被控制电源切断，而机车高压供电依然存在的情况下，287YV 仍得电，门联锁锁闭，各室门仍然打不开，达到确保人身安全的目的。(　　)

269. 主断路器 4QF 常闭联锁是升弓前确保后节车的主断路器处于断开状态，以免后节车在故障的情况下，如主断路器断不开，窜入高压电。(　　)

270. 风压继电器 517KF 是确保机车在重联的情况下，两节车的高压室和变压器室的门都关好，才能开通升弓的气路，保障人身安全。(　　)

271. 若在升弓时，任一高压室或变压器室门没关好，则门联锁阀 37、38 不能开放升弓通路，压缩空气不能进入受电弓。(　　)

272. 进入安装在门联锁阀 38 后的风压继电器 515KF 的压缩空气压力达到 450 kPa 时，将闭合本务节机车的升弓控制电路。(　　)

273. 受电弓升起后，保护电-空阀 287YV 将保持得电，门联锁阀 37、38 内压缩空气不能排出，高压室及变压器室各门均不能打开。(　　)

274. 控制管路系统中 51 调压阀作用是调整压力后，供给受电弓升弓用风的。(　　)

275. 神华号交流机车 102 控制风缸是用来存储压缩空气，在总风缸风压低时，提供控制管路系统用风，以减轻辅助压缩机组的负担。(　　)

276. 神华号交流机车总风经 143 安全联锁阀向主断路器供风，才能使主断路器正常闭合或断开。(　　)

277. 神华号交流机车控制风缸内储存的压缩空气经 97 塞门可以向受电弓、主断路器、受电弓高压隔离开关和机车高压隔离开关供风。(　　)

278. 神华号交流机车辅助压缩机产生的压缩空气经 143 安全联锁阀向受电弓供风。(　　)

279. 神华号交流机车辅助管路系统各辅助装置均由总风缸直接供风。(　　)

280. 电力机车撒砂时各撒砂装置是否撒砂与机车运行方向无关。( )

281. 机车撒砂器撒砂要适量，撒少了起不到作用，撒多了机车消耗不完，被后边的车辆轧到反而增大阻力。( )

282. 电力机车空气管路系统的试验一般分为单件试验、阶段试验和整机试验，试验检查的内容主要为动作性能和技术性能的检测。( )

283. 空气管路系统的主要部件在单件试验中检测不合格的部件严禁装车。( )

284. 机车空气管路系统的阶段试验就是为确保装车及阶段施工告一段落后的组装质量，并为顺利进行整机试验创造条件。( )

285. DK-1 型制动机进行缓解性能试验时，列车制动管定压为 600 kPa，将大闸手柄由制动位移至运转位，制动缸压力由 400 ~ 435 kPa 下降至 40 kPa 的时间不大于 11 s。( )

286. DK-1 型制动机，将大闸、小闸手柄均置运转位，制动缸压力为 450 kPa。( )

287. DK-1 型制动机，将大闸手柄置于紧急位，制动缸压力由零升到 400 kPa 的时间不大于 5 s。( )

288. DK-1 型制动机紧急后的单缓性能检查时，将小闸手柄移到缓解位并下压手柄，均衡风缸充到定压，制动缸压力应立即开始下降，并能到零。( )

289. 将大闸手柄由运转位移至制动位，待列车制动管减压后再将手柄置于重联位，均衡风缸、列车制动管应能保压。( )

290. 空气管路柜绝缘强度检查，试验前应短接空气管路柜上的压力传感器插头，并短接阻流板和电子时间继电器各接线柱。( )

291. 截断塞门关闭时的密封全靠芯与体的研磨密封，所以密封性不易保证。( )

292. 折角塞门用于沟通列车制动管路或连接重联机车的总风管路，所以其开通或截断状态可以随意改变。( )

293. 韶山型排水阀采用橡胶密封，具有气密性好，维修工作量小的优点。( )

294. 压力表在测量范围内任何位置上，用手指轻敲仪表外壳时，指针指示值的变动量不应超过允许基本误差绝对值的 10%。( )

295. SS_{4B} 型机车选用的是 YS-2 型的电测压力表。( )

296. 截断塞门只允许在 90°范围内转动。( )

297. 列车制动管、总风联管、平均管联管都应该在每个修程进行风压、水压试验。( )

298. 将制动机的所有部件（除司机室内的操作部件）及控制管路系统的附件等集中配置，可以简化管路，便于地面调试、方便检修。( )

299. 空气管路系统在电力机车上的要求远较其他类型机车多样化，除满足制动机性能外，必须考虑气动器械对压缩空气的特殊要求。( )

300. SS_{4B} 型机车总缸的安装布置方式为上下重叠横向布置。( )

301. 电-空制动屏按屏前布线、屏后布管的原则，将电线与管道有效的隔离。( )

302. DK-1 型制动机将大手柄由紧急位移至运转位，当列车制动管定压为 600 kPa 时，列车制动管压力由零升至 580 kPa 的时间不大于 9 s。( )

303. 机车制动装置包括基础制动装置和机车制动机组成。( )

304. 手制动装置是当机车较长时间停留在轨道上，应对机车进行机械制动，以免机车发生溜车引起事故，这可用手制动装置来实现。( )

初级

305. 手制动装置是执行对运行中的机车减速和停车的一种机械装置。(　　)

306. SS_{4B} 型机车基础制动装置为独立单元制动器，每台转向架第一根轴后、第二根轴前左右两侧车轮处均设置一个制动器。(　　)

307. 制动传动装置是利用气动传动，将制动缸产生的制动原力放大一定的倍数后均衡地传递给各个闸瓦。(　　)

308. 闸瓦制动的制动力是靠闸瓦和车轮踏面的摩擦产生的，闸瓦一般采用耐磨而硬度较低的含磷铸铁或高摩合成材料制成。(　　)

309. 单侧闸瓦式基础制动装置的构造较为简单，闸瓦单位面积上的压力较大，闸瓦磨耗量大，制动效果较差。(　　)

310. 组合式基础制动装置是由一个制动缸为若干个闸瓦装置提供制动原力。(　　)

311. 单缸制动器特点是将制动单元各部件分别安装于箱体内，对精密部件实行全密封，以提高可靠性。(　　)

312. 制动缸应做泄漏试验，当充气 600 kPa 时不准有泄漏，下降至 400 kPa 时，在 3 min 内泄漏$\ngtr$10 kPa。(　　)

313. 单缸制动器作用时各零部件的移动和转动必须平稳，不得卡滞，缓解后活塞应贴靠缸底。(　　)

314. 2.85×7 单缸制动器采用单向手动式闸瓦间隙调整器，即自动减小过大的闸瓦间隙. 而增大闸瓦间隙则需人工调整。(　　)

315. 检查闸瓦与踏面间隙为 6～9 mm，且间隙均匀。(　　)

316. 闸瓦间隙调整器只能将闸瓦间隙由大调小，不能将闸瓦间隙由小调大。(　　)

317. 人工调整闸瓦间隙时，直接顺时针或逆时针旋转调整手轮就可减小或增大闸瓦与车轮之间的间隙。(　　)

318. 为了使闸瓦上、下端间隙均匀，可用设置在闸瓦托上的调整螺栓调整闸瓦托的位置来实现调整闸瓦与踏面间隙的目的。(　　)

319. 蓄能制动器制动缸排风缓解，充风制动。(　　)

320. 弹簧止轮器的杠杆与制动器手轮之间间隙为 0.5～1.5 mm。(　　)

321. 列车的减速力包括列车制动力与列车运行阻力两部分。(　　)

322. 制动力是闸瓦作用于车轮的外力。(　　)

323. 基础制动装置同一般机械设备一样，传动效率越大越好。(　　)

324. 机车制动倍率表征机车制动能力的大小。(　　)

325. 为了提高铁路运输能力，货物列车一直向“重载列车”方向发展，旅客列车正向“高速列车”方向发展。(　　)

326. 高速列车制动的总目标是控制列车的制动距离，使它不随着列车速度的增大而增大的太多，应适当延长制动距离。(　　)

327. 磁轨制动属于黏着制动。(　　)

328. 盘形制动属于非黏着制动。(　　)

329. 涡流式轨道电磁制动属于非黏着制动。(　　)

330. 重载列车由于编组辆数众多，副风缸个数、列车制动管总容积之巨使列车初充风时间特别长，列车制动管减压、增压速度变慢。(　　)

331. 重载列车制动装置要有很高的制动波速和较高的缓解波速，以改善制动管充、排风的衰减问题。(　　)

332. 闸瓦制动比盘形制动制动平稳，几乎没有噪声。(　　)

333. 防滑器的作用就是在车轮即将发生滑行时及时动作，快速排出制动缸内的部分压力空气，使制动力迅速降至小于黏着力，以防止车轮滑行、维持轮轨间的黏着。(　　)

334. 车轮在钢轨上滚动的黏着状态实际上是一种“纯滚动”的状态。(　　)

335. 防滑器分为机械式防滑器、电子式防滑器和电-空控制防滑器等。(　　)

336. 手制动装置是用来实现机车或车辆减速制动的一种制动装置。(　　)

337. 手制动装置组装完毕后拉杆环应对中竖杠杆，确保动作灵活无卡滞。(　　)

338. DK-1 型制动机的基本作用原理是列车制动管充风制动机制动，列车制动管排风制动机缓解。(　　)

339. DK-1 型制动机具有列车分离保护功能，当列车断钩分离时自动产生紧急作用，切除机车动力源。(　　)

340. SS_{4B} 型机车制动机失电时，应产生紧急制动作用。(　　)

341. SS_{4B} 型机车有级位运行中产生紧急制动作用，能自动切除机车动力源。(　　)

342. SS_{4B} 型机车副司机操纵台设有手动放风塞门，当制动机失效时，可使用手动放风塞门直接排放制动管的压力空气，使列车紧急制动停车。(　　)

343. SS_{4B} 型机车副司机操纵台设有紧急停车按钮，当副司机发现有危及行车安全和人身安全的情况下，可直接按下紧急停车按钮使列车紧急制动停车。(　　)

344. DK-1 型电-空制动机由电气线路和制动装置两部分组成。(　　)

345. SS_{4B} 型机车门联锁阀安装在制动屏柜内。(　　)

346. SS_{4B} 型机车电动放风阀安装在制动屏柜内。(　　)

347. SS_{4B} 型机车空气位操纵电-空制动控制器可以控制、实施全列车的制动、缓解作用。(　　)

348. SS_{4B} 型机车电-空位可以通过操纵空气制动阀实施机车的单独制动与缓解。(　　)

349. 总风遮断阀是用来根据均衡风缸的压力变化来控制列车制动管压力变化的。(　　)

350. 双阀口式中继阀用来根据均衡风缸的压力变化来控制列车制动管压力变化的。(　　)

351. 中继阀的排气室与大气连通。(　　)

352. 中继阀活塞膜板左侧空间（称为中均室）与制动缸管连通。(　　)

353. DK-1 型电-空制动机设置了过充位操纵，以实现列车的快速充风。(　　)

354. SS_{4B} 型机车在正常运行过程中，电-空制动控制器在运转位中继阀处于充气缓解状态。(　　)

355. 均衡风缸设置目的是以均衡风缸压力变化为标准参量，依此准确地控制制动缸管减压量，从而达到准确控制列车制动力的目的。(　　)

356. 双阀口式中继阀活塞膜板两侧沟通，称为双阀口式中继阀处于自锁状态。(　　)

357. 总风遮断阀用于控制总风能否通往双阀口式中继阀的供气室，即控制制动管的供气风源。(　　)

358. 总风遮断阀是根据列车制动管压力变化，从而使遮断阀套带动遮断阀左右移动，开启或关闭遮断阀口。(　　)

359. 机车分配阀可以由电-空制动控制器的操纵来控制，也可以由空气制动阀的操纵来实现机车的单独控制。(　　)

360. 109 型分配阀稳定性的压力大小可以通过稳定弹簧来调整。(　　)

361. 109 型分配阀主阀部属于滑阀式空气阀。(　　)

362. 109 型分配阀主活塞属于传感部件，用于感应主活塞左右两侧的作用力之差，从而通过活塞杆带动滑阀、节制阀上下移动，以连通或切断相应气路。(　　)

363. 109 型分配阀主活塞杆属于传动零件，用于带动增压阀及滑阀等上、下移动。(　　)

364. 109 型分配阀主阀部的基本作用原理是根据均衡风缸管压力变化，使主活塞动作从而实现容积室和作用管的充、排风。(　　)

365. 109 型分配阀均衡部是由空芯阀杆、供-排气机构和稳定装置等组成。(　　)

366. 109 型分配阀均衡部供气室与总风缸连通。(　　)

367. 109 型分配阀均衡部空芯阀杆内侧与机车制动缸连通。(　　)

368. 109 型分配阀均衡部受列车制动管压力的控制。(　　)

369. 109 型分配阀均衡部用来控制机车制动缸的充、排风。(　　)

370. 109 型分配阀供排气机构用于控制机车作用管的充、排风气路。(　　)

371. 109 型分配阀当容积室压力升高时，主活塞向上移动带动空芯阀杆上移，从而开启供气阀口使总风向机车制动缸充风，实现机车的制动。(　　)

372. 109 型分配阀紧急增压阀有紧急制动状态和非紧急制动状态两种工作状态。(　　)

373. 109 型分配阀局部减压作用可以减小制动波速，提高全列车制动的同时性，从而减小了列车制动的动力冲击作用。(　　)

374. 空气制动阀凸轮机构包含有两个凸轮，分别是定位凸轮和制动凸轮。(　　)

375. 空气制动阀与制动系统中经调压阀 53 通过来的总风管（简称调压阀管）、列车制动管、均衡风缸管等 3 条管路连接基座。(　　)

376. 非操纵节空气制动阀手柄应在运转位并取出。(　　)

377. 空气制动阀作用凸轮用于根据其工作曲面的变化来控制定位柱塞阀的工作。(　　)

378. 空气制动阀的单独缓解阀是用于控制单独缓解机车制动缸压力的。(　　)

379. 空气制动阀阀体部分主要包括电-空转换阀、作用柱塞阀及定位凸轮等组成。(　　)

380. 空气制动阀在不同工况下时分别具有“小闸”和“大闸”的功能。(　　)

381. 空气制动阀电-空转换柱塞套轴向 4 个位置设有径向通孔，从左向右依次为均衡风缸管、a 管、调压阀管和 b 管。(　　)

382. 空气制动阀置于空气位时，转换柱塞右移至右端压缩微动开关接通 899-801 电路。(　　)

383. 空气制动阀作用柱塞阀用来间接控制均衡风缸充、排风，以实现空气制动阀在空气位下控制全列车的缓解、制动与保压。(　　)

384. 空气制动阀接线座主要由接线底板和接线端子等组成。(　　)

385. DK-1 型制动机空气制动阀在空气位时，电-空制动控制器处于通电状态。(　　)

386. 空气制动阀定位柱塞与作用凸轮的定位工作曲面相配合，实现空气制动阀手柄的定位作用。(　　)

387. 空气制动阀电-空转换阀属于柱塞式空气阀。(　　)

388. 紧急制动时的制动力大于常用制动时的制动力。(　　)

389. 电动放风阀是接受 257YV 得电或失电的控制，连通或关断列车制动管的放风气路，从而实施紧急制动。( )

390. 电动放风阀属于阀口式空气阀。( )

391. 当紧急电-空阀得电时，连通列车制动管经紧急电-空阀向电动放风阀膜板下侧充风，铜碗推动芯杆上移顶开放风阀口，实现全列车的紧急制动。( )

392. 为了防止紧急制动初期发生断钩事故，在电动放风阀上设置了紧急室在一定程度上避免了断钩事故的发生。( )

393. 紧急阀主要由活塞膜板、活塞杆、放风阀机构和定位机构等组成。( )

394. 紧急阀活塞杆轴向中心开一通孔，设有三个缩孔，第二缩孔是在充风缓解时，控制制动管向紧急室的充风速度的。( )

395. 紧急阀活塞杆轴向中心开一通孔，设有三个缩孔，第一缩孔孔径是ϕ1.8 mm。( )

396. 紧急阀微动开关采用双断点微动开关，代号为 210SA。( )

397. 电动放风阀用来接受制动管压力迅速下降的控制，经其动作后加速制动管的放风，提高制动波速，使紧急制动作用更可靠。( )

398. 当制动管压力升高时，紧急阀活塞膜板下侧压力上升的速度大于上侧的，关闭放风阀口，切断制动管的放风气路。( )

399. 紧急阀在常用制动状态下，紧急室内的压力空气经缩孔 I 向制动缸管逆流，直至两者的压力相等。( )

400. 当司机操纵电-空制动控制器时，通过控制相关电路的闭合与断开，来控制全列车制动系统进行制动、缓解与保压。( )

401. 电-空制动控制器有六个工作位置，按逆时针排列顺序为：紧急、重联、制动、中立、运转及过充位。( )

402. 电-空制动控制器重联位无控制作用受本务机车的控制。( )

403. 电-空制动控制器紧急位机车车辆紧急制动。( )

404. SS_{4B}型机车统一装用的螺管式电磁铁、立式安装的开式电-空阀。( )

405. TFK_{1B}型电-空阀工作过程，具有得电状态和失电状态两个工作过程。( )

406. TFK_{1B}型电-空阀阀，当励磁线圈得电时，励磁线圈所产生的电磁力推动动铁芯、芯杆、上阀门、阀杆、下阀门压缩弹簧下移，从而关闭上阀口，并开启下阀口，连通输出口与大气的气路。( )

407. TFK 型电-空阀与 TFK_{1B}型电-空阀的本质区别是排风口是否能集中引出。( )

408. TFK 型电-空阀可在排气口集中引出，并根据需要接管或加堵，供不同处所使用。( )

409. TFK_{1B}型电-空阀由于上阀门与滑道间有间隙，所以无法保证上气室的气密性。( )

410. 每台 SS_{4B}型机车采用了 1 个紧急制动电-空阀。( )

411. SS_{4B}型机车撒砂电-空阀输入口接总风管，输出口经止回阀与砂箱连接，排风口通大气。( )

412. SS_{4B}型机车中立电-空阀输入口接总风管，输出口接均衡风缸管，排气口通大气。( )

413. SS_{4B}型机车排风 1 电-空阀输入口接制动缸管，输出口和排气口通大气。( )

414. SS_{4B}型机车排风 1 电-空阀得电可以实现机车的缓解。( )

415. SS_{4B}型机车过充电-空阀输入口接列车制动管，输出口接过充风缸管，排气口被堵。( )

初级

416. 当电-空制动控制器置于“过充位”时，使其得电并连通总风向过充风缸充风的气路，以控制双阀口式中继阀动作，使列车制动管快速充风，并得到过充压力。(　　)

417. DK-1 型制动机检查电-空阀输入口接调压阀管，输出口接均衡风缸管，排气口被堵。(　　)

418. SS_1 型机车当按下“充气按钮”使其得电时，连通总风向均衡风缸充风的气路，以完成列车制动管折角塞门开通状态的检查。(　　)

419. SS_{4B} 型机车排风 2 电-空阀输入口被堵，输出口接初制风缸管，排气口通大气。(　　)

420. SS_{4B} 型机车 256YV 得电时，加快过充风缸的排风。(　　)

421. SS_{4B} 型机车制动电-空阀得电时，连通初制风缸和缓解电-空阀 258YV 排气口向大气排风的气路，得电时则切断该气路。(　　)

422. SS_{4B} 型机车缓解电-空阀输入口接总风管，输出口接过充风缸管。(　　)

423. SS_{4B} 型机车缓解电-空阀失电时，连通均衡风缸与初制风缸、制动电-空阀输出口的气路，均衡风缸向大气排风。(　　)

424. SS_{4B} 型机车 259YV 得电时，连通均衡风缸与过充风缸的气路，实现中继阀自锁。(　　)

425. 停车制动电-空阀输入口接总风管，输出口与弹簧止轮器作用管连通，排气口通大气。(　　)

426. DK-1 型制动机 94YV 得电时，连通总风向电动放风阀铜碗及膜板下侧充风的气路，以控制电动放风阀开放列车制动管的放风气路。(　　)

427. TFK_{1B} 型电-空阀的行程是 1.0 ± 0.1 mm。(　　)

428. 重联阀主要由本—补转换阀部、重联阀部和安全阀部组成。(　　)

429. 重联阀本—补转换阀部是一个柱塞式空气阀，操纵时直接将转换按钮转动 180°至所需的作用位置即可。(　　)

430. 重联阀在本机位时，切断总风联管与重联阀活塞下侧之间的气路，而连通重联阀活塞下侧与大气的气路。(　　)

431. 重联阀的重联阀部由重联活塞、活塞杆、重联阀弹簧、阀套、O 形圈、遮断阀及止回阀弹簧等组成。(　　)

432. 重联阀的重联阀部是根据重联阀活塞上下两侧的作用力之差带动活塞杆上下移动，关闭或顶开止回阀口，实现相应气路的连通和切断。(　　)

433. 重联阀制动缸遮断阀部主要由遮断阀活塞、活塞杆、遮断阀弹簧、遮断阀阀套、O 形圈及止回阀、止回阀弹簧等组成。(　　)

434. 调压阀 51 是设在通往空气制动阀的总风支管上。(　　)

435. 调压阀是为满足空气管路系统内不同气路整定压力并保证稳定的供给而设置的。(　　)

436. 当调压阀中央气室压力高于调整弹簧力时，膜板上凸，打开溢流阀，将多余的压缩空气排入大气，直至平衡为止。(　　)

437. 调压阀膜板上侧的作用力大于下侧作用力时，调压阀处于溢流状态。(　　)

438. 安装调压阀时，空气管路中压力空气的流动方向应与阀体上的箭头指向相同。(　　)

439. 安装调压阀时，保证调压阀风表向外，便于观看。(　　)

440. 风压继电器是利用上下气室的压差动作从而实现电路的控制。(　　)

441. 压力开关整定值一经设定无法调整。(　　)

442. 压力开关是根据上、下两侧的压力差动作，通过芯杆联动微动开关，以闭合或断开相应的电路。(　　)

443. 压力开关主要由气动部分和微动开关两部分组成。(　　)

444. 均衡风缸充风至定压时，压力开关膜板带动芯杆上移，压缩微动开关，从而控制相应的电路。(　　)

445. 压力开关 208 与 209 的整定值相同。(　　)

446. 压力开关 208 的芯杆直径比压力开关 209 的芯杆直径小。(　　)

447. SS_{4B} 型机车设有两个转换阀，代号为 153、154。(　　)

448. 神华号交流电力机车设有一个转换阀，代号为 153。(　　)

449. 转换阀主要由阀体、阀套、转换按钮、转换柱塞和柱塞阀等组成。(　　)

450. 转换阀 154 设置在两个初制风缸之间，货车位时连通两个初制风缸之间的气路。(　　)

451. 为提高压缩空气的清洁度，确保制动机的稳定性和可靠性，系统采用了分水滤气器对压缩空气进行二级滤清。(　　)

452. 分水滤气器主要由体、旋风叶、挡水板、外罩及过滤网等组成。(　　)

453. 为使电路中的阻流二极管工作正常，除选择较高电压等级的二极管外，还采取了压敏电阻与二极管并联电路抑制保护措施。(　　)

454. 中间继电器 452KA、453KA、电子时间继电器 454KT 单元电路，是用来实现 DK-1 型电-空制动机与列车分离保护配合的自动控制。(　　)

455. 标称电压的上限是由被保护设备的耐压来决定的，应使压敏电阻器在吸收过电压时将残压抑制在设备的耐压以下。(　　)

456. 继电器按执行机构的种类可分为有触点继电器和无触点继电器两种。(　　)

457. 继电器一般不直接控制主电路和辅助电路，其作用是在控制电路中的主令电器和执行电器之间进行逻辑转换及传递。(　　)

458. DK-1 型制动机是否与列车安全运行监控记录装置自动停车功能、车长阀制动及列车分离保护进行配合是由 465QS 转换开关控制。(　　)

459. 折角塞门截断或开通状态不能随意改变。(　　)

460. 列车行驶过程中，严禁按压“检查充气”按钮，以防发生过量供给。(　　)

461. TSG-630/25 型受电弓通过绝缘子固定在机车车顶上。(　　)

462. TSG-630/25 型受电弓传动风缸工作气压是 550 kPa。(　　)

463. TSG-630/25 型受电弓从 1.8 ~ 0 m 间降弓时间是 6 ~ 8 s。(　　)

464. TSG15B 型受电弓滑板与弓角一起形成一个框架结构，弓头结构精巧，部件尽可能的少，易维护。(　　)

465. TSG15B 型受电弓的额定工作风压是 500 kPa。(　　)

466. TSG15B 型受电弓的额定工作电流是 1000 A。(　　)

467. TSG15B 型受电弓滑板破裂、磨耗到限或管路泄漏时，自动降弓装置动作使主断路器紧急断开，从而防止受电弓在带电负载的情况下降弓。(　　)

468. TSG15B 型受电弓调整升降弓时间时，顺时针调整气阀板上的单向节流阀 DRS，受电弓的降弓时间减小，逆时针调整降弓时间增大。(　　)

469. DK-1 型制动机是否需要自动补风作用是由 464QS 转换开关控制。(　　)

470. 当自动停车装置有误动作故障时，可用钮子开关 463QS 切断电路，以保证制动机正常工作。(　　)

初级

初级

471. DK-1 型电-空制动机是否与电阻制动系统配合，是由转换开关 465QS 控制。(　　)

472. 空-电联合转换开关 466QS 处于 0 位时，空电联合制动发生作用，DK-1 型电-空制动机的电-空联锁性能将被切除。(　　)

473. 当第二总风缸的压力高于第一总风缸是，逆流止回阀阀芯在空气压力以及自重作用下，与阀体上的阀座更加密贴，关闭阀口。(　　)

474. SS_{4B} 型电力机车按压充气按钮，均衡风缸与列车制动管压力同时上升至超过定压 100 kPa，松开该按钮，均衡风缸与列车制动管压力停止上升，并略有下降。(　　)

475. SS_{4B} 型电力机车空气管路柜，集中安装了 DK-1 型电-空制动机除操作部件外的大部分部件。(　　)

476. SS_{4B} 型电力机车空气管路柜与控制管路的连接均在管路柜的底部，分别连通高压柜、主断路器、门联锁阀。(　　)

477. 无负载启动电-空阀采用 TFK_{1B} 型电-空阀，其进风口接放风管，出风口通大气。(　　)

478. 分配阀安全阀的功用是防止因容积室内压力过高而使机车出现滑行现象。(　　)

479. 分配阀安全阀由阀体、阀杆、阀及调整弹簧组成。(　　)

480. SS_{4B} 型机车紧急制动按钮是自复式按钮开关。(　　)

481. 紧急制动按钮是在学习司机发现有突发情况来不及通知司机，实施紧急制动的一种方式。(　　)

482. SS_{4B} 型电力机车采用二位三通轮缘喷脂电磁阀。(　　)

483. SS_{4B} 型电力机车轮轨润滑系统采用 HB-2 型电控器。(　　)

484. 缓冲阀是通过控制进、出电-空阀的压缩空气流量来控制受电弓升、降弓动作的快慢。(　　)

485. 两侧高压区的门关闭到位，才能转动门联锁杆到正确位置，门联锁才能正常的锁闭。(　　)

486. SS_{4B} 型电力机车小修时，换修紧急阀并进行八步闸试验应达到相应的技术要求。(　　)

487. SS_{4B} 型电力机车辅修时重联阀检查之一有：安装牢固，无漏风现象。(　　)

488. 空气制动阀段修装车后，应按五步闸试验方法试验并达到相应的技术要求。(　　)

489. SS_{4B} 型机车 DK-2 型电-空制动机的单独制动、缓解作用是由单制单缓电-空阀控制的。(　　)

490. SS_{4B} 型机车 DK-2 型电-空制动机 EP 均衡模块装有均衡模块总风风压检测口，用于人工检测经调压阀 55 调压后的总风风压值。(　　)

491. 神华号交流机车制动控制器是主要操作部件，主要功能是发送电信号指令到制动控制单元 BCU 或相应的电器元件上，为机车制动机提供自动制动和单独制动指令。(　　)

492. 神华号交流机车 DK-2 型电-空制动机制动显示屏具有以流量计的形式动态显示总风缸的充风流量值。(　　)

493. 神华号交流机车 DK-2 型电-空制动机制动显示屏具有单机、重联的设置功能。(　　)

494. 神华号交流机车 DK-2 型电-空制动机后备制动模式操纵后备制动阀可对全列车进行制动、保压和缓解。(　　)

495. 神华号交流机车 DK-2 型电-空制动机后备制动模式下列车制动管具有补风作用。(　　)

496. 神华号交流机车 DK-2 型电-空制动机后备制动模式操纵后备制动阀可对机车进行单独缓解。(　　)

497. 制动控制单元 BCU 的 PWM 板面板上编号为 A01 ~ A04 的指示灯（绿色灯）代表 4

路 DC24 V 的 PWM1 ~ PWM4 输出，灯亮表示有对应的 DC24 V 的 PWM 输出。(　　)

498. 制动控制单元 BCU 的 PWM 板面板上编号为 S1 ~ S8 的指示灯（绿色灯）中的 S1 ~ S4 指示灯代表电源板的 4 个钮子开关的位置，灯亮表示开关打到下方。(　　)

499. 制动控制单元 BCU 的输出板面板上编号为 A01 ~ A08 的指示灯（绿色灯）代表 8 路 DC110 V 的输出信号，灯亮表示有 DC110 V 开关量信号输出。(　　)

500. 制动控制单元 BCU 的模拟板用于高速电控阀和流量计的电流模拟信号的采集与处理。(　　)

三、单项选择题

1. (　　) 是铁路运输服务的优质程度及所要达到的效果。

A. 顾全大局　B. 热情服务　C. 服从领导　D. 团结互助

2. 检修职工在从事作业中，始终按照明文规定的各种行为规则，一丝不苟地完成生产作业的行为，这里面包括：遵章和 (　　) 两层意思。

A. 遵规　B. 敬老　C. 守纪　D. 爱幼

3. 检修职工应爱护铁路一切设施，不仅包含爱护公共财物的含义，而且是自身 (　　) 应该遵循的准则。

A. 利益关系　B. 职业道德　C. 职业习惯　D. 职业行为

4. 塞尺是用来检测两零件结合面之间的 (　　)。

A. 配合　B. 过盈　C. 间隙　D. 公差

5. 千分尺的分度值一般为 (　　) mm。

A. 0.005　B. 0.01　C. 0.02　D. 0.05

6. 直角尺常用于检验零部件平面间的 (　　)。

A. 平行度　B. 位置度　C. 对称度　D. 垂直度

7. 深度游标卡尺用于测量工件上 (　　) 的深度尺寸。

A. 沟槽和孔　B. 沟槽　C. 孔　D. 深度

8. 精度是 0.02 mm 的游标卡尺，读数精确 0.02 mm，即读数的末尾是 (　　) 的倍数。

A. 2　B. 0.2　C. 0.02　D. 0.01

9. 游标卡尺由主尺和附在主尺上能滑动的 (　　) 两部分构成。

A. 内侧量爪　B. 外测量爪　C. 紧固螺钉　D. 游标

10. 查看游标和主尺身的零刻度线是否对齐时，游标的零刻度线在尺身零刻度线右侧的叫作 (　　)。

A. 偏差　B. 误差　C. 正零误差　D. 负零误差

11. 游标卡尺是一种 (　　) 量具。

A. 较低精度　B. 较高精度　C. 中等精度　D. 精密

12. 同一物体的各视图应采用同一比例，如某一视图采用不同的比例时，应在该视图的 (　　) 另行标注。

A. 上方　B. 下方　C. 左上方　D. 右上方

13. 国家规定的画图放大比例是（　　）。
A. 1：2　B. 2：1　C. 1：1　D. 1：5
14. 标题栏应位于图纸的（　　）。
A. 左上角　B. 左下角　C. 右上角　D. 右下角
15. 标题栏的外框线用（　　）绘出。
A. 细实线　B. 细虚线　C. 粗实线　D. 粗虚线
16. 在同一图形内，确定两部分图形之间或图形与基准之间相对位置的尺寸，称为（　　）尺寸。
A. 定位　B. 标准　C. 放大　D. 固定
17. 在工件定位时，由于定位基准与设计基准不重合而产生一个相应的误差，这种误差叫作（　　）。
A. 定位基准位移误差　B. 基准不符误差　C. 制造误差　D. 装夹误差
18. 为了减少（　　），保证工件的加工精度，在选定基准时尽量做到基准重合。
A. 基准误差　B. 定位误差　C. 加工误差　D. 测量误差
19. 公差带由（　　）和基本偏差两个要素组成。
A. 标准公差　B. 形状公差　C. 位置公差　D. 公差带
20. 公差没有正负，是（　　）。
A. 代数值　B. 平均值　C. 常数　D. 绝对值
21. 尺寸偏差是（　　）。
A. 绝对值　B. 正值　C. 负值　D. 代数值
22. 跳动公差包括（　　）和全跳动。
A. 半跳动　B. 半圆度　C. 线轮廓度　D. 圆跳动
23. 圆度符号为（　　），是限制实际圆对理想圆变动量的一项指标。
A. ○　B. ◎　C. /○/　D. ∠
24. 形状公差中“⌒”代表（　　）。
A. 面轮廓度　B. 半圆度　C. 线轮廓度　D. 圆度
25. 形状误差是指零件上的点、线、面等几何要素在加工时可能产生的（　　）的误差。
A. 单一要素　B. 几何形状上　C. 实际要素　D. 表面上
26. 位置误差指零件上的结构要素在加工时可能产生的（　　）上的误差。
A. 相对位置　B. 绝对位置　C. 表面粗糙度　D. 偏差
27. 根据投影法所得到的图形称为（　　）。
A. 俯视图　B. 剖视图　C. 半剖视图　D. 投影
28. 用正投影的方法，在投影面体系中投影，分别得到三个投影，称为物体的（　　）。
A. 投影　B. 正投影　C. 三视图　D. 视图
29. 斜视图是机件向（　　）于任何基本投影平面投影所得的视图。
A. 不平行　B. 平行　C. 垂直　D. 不垂直
30. 表面由曲面或平面与曲面构成的体系称为（　　）。
A. 平面立体　B. 曲面立体　C. 平面　D. 曲面

31. 平面切割圆柱，当截平面平行于圆柱的轴线时，截交线是（　　）。
A. 圆　B. 直线　C. 点　D. 圆柱的两条素线

32. 平面切割圆柱，当截平面垂直于圆柱的轴线时，截交线是（　　）。
A. 圆　B. 直线　C. 点　D. 圆柱的两条素线

33. 三视图的形成中将物体置于三投影面体系中，按（　　）投影法分别向三个面投射，可以得到三视图。
A. 中心投影法　B. 正投影　C. 平行投影法　D. 斜投影

34. 三投影面体系由三个相互（　　）的投影面组成。
A. 平行　B. 相交　C. 垂直　D. 以上均有可能

35. 三视图中，主、俯视图遵循（　　）对应关系。
A. 长对正　B. 高平齐　C. 宽相等　D. 以上答案均正确

36. 三视图中，主、左视图遵循（　　）对应关系。
A. 长对正　B. 高平齐　C. 宽相等　D. 以上答案均正确

37. 三视图中，俯、左视图遵循（　　）对应关系。
A. 长对正　B. 高平齐　C. 宽相等　D. 以上答案均正确

38. 在零件图上用于确定其他点、线、面位置的基准，称为（　　）。
A. 定形尺寸　B. 定位尺寸　C. 基准　D. 设计基准

39. 两相交的剖切平面剖开零件，并将剖面旋转到某一基本投影面平行后，再投影得到视图的方法叫作（　　）。
A. 阶梯剖　B. 复合剖　C. 局部剖　D. 旋转剖

40. 假想用剖切面将物体的某处切断，仅画出该剖切面与物体接触部分的图形，称为（　　）。
A. 剖面图　B. 断面图　C. 半剖面图　D. 局部剖面图

41. 根据装配图确定轴的正确拆出方向，一般拆出总是从花键轴的（　　）开始。
A. 不通端　B. 小端　C. 大端　D. 花键端

42. 看装配图的第一步是先看（　　）。
A. 尺寸标注　B. 表达方法　C. 标题栏　D. 技术要求

43. 零件图的技术要求的标注必须符合（　　）的规定。
A. 工厂　B. 行业　C. 部颁　D. 国家标准

44. 过盈连接利用的是材料的（　　）在包容件和被包容件配合表面产生压力的原理。
A. 塑性　B. 刚性　C. 弹性　D. 韧性

45. 过渡配合是指可能具有间隙或（　　）的配合。
A. 过渡　B. 过盈　C. 过渡和过盈　D. 以上答案均不对

46. 国家标准对公差值进行了标准化，共设置了（　　）个公差等级。
A. 10　B. 20　C. 30　D. 40

47. 计算机绘图时，圆心出的中心线可以用（　　）代替。
A. 圆心符号　B. 点　C. 句号　D. 以上答案均不对

48.（　　）由于螺距小、螺旋升角小、自锁性好、除用于承受冲击震动或变载的连接外，不用于调整机构。

A. 粗牙螺纹　B. 管螺纹　C. 细牙螺纹　D. 矩形螺纹

49. 连接螺纹多采用截面形状为（　　）的螺纹。

A. 梯形　B. 矩形　C. 锯齿形　D. 三角形

50. 连接螺纹常用（　　）螺纹。

A. 左旋　B. 右旋　C. 任意方向　D. 以上答案均正确

51. 常用的螺纹连接件都以标准化，其形状和尺寸在国家标准中都有规定，使用时可按（　　）选择。

A. 等级　B. 形状　C. 标准　D. 尺寸

52. 键的磨损一般采取（　　）的修理办法。

A. 锉配键　B. 更换键　C. 压入法　D. 试配法

53. 螺旋弹簧的形式有很多种，可以分别简称为压簧、（　　）和扭簧。

A. 拉簧　B. 弹簧　C. 伸缩螺旋弹簧　D. 扭转螺旋弹簧

54. 能同时承受径向载荷和轴向载荷的是（　　）轴承。

A. 向心　B. 推力　C. 向心推力　D. 滚动

55. 轴承代号 205 表示其内径为（　　）。

A. 20 mm　B. 25 mm　C. 30 mm　D. 15 mm

56. 轴承精度等级中（　　）为最低级，而且在轴承代号中可省略。

A. C 级　B. D 级　C. E 级　D. G 级

57. （　　）联轴器的装配，在一定情况下应严格保证两轴的同轴度。

A. 滑块式　B. 凸缘式　C. 万向节　D. 十字沟槽式

58. 联轴器只有在（　　）时，用拆卸的方法才能使两轴脱离传动关系。

A. 机器运转　B. 机器停车　C. 机器反转　D. 机器正常

59. （　　）联轴器只有在工作时，允许两轴线有少量径向偏移和歪斜。

A. 凸缘式　B. 万向节　C. 滑块式　D. 十字沟槽式

60. 凸缘式联轴器装配时，首先应在轴上装（　　）。

A. 平键　B. 联轴器　C. 齿轮箱　D. 电动机

61. 砂轮机的托架与砂轮间的距离应保持在（　　）以内。

A. 2 mm　B. 3 mm　C. 4 mm　D. 5 mm

62. 在钻削夹具中，夹紧力的作用方向应与钻头轴线的方向（　　）。

A. 平行　B. 垂直　C. 倾斜　D. 相交

63. 在工件定位时，由于定位基准与设计基准不重合而产生一个相应的误差，这种误差叫作（　　）。

A. 定位基准位移误差　B. 基准不符误差　C. 制造误差　D. 装夹误差

64. 工件在长 V 形铁中定位，可限制（　　）自由度。

A. 3 个　B. 5 个　C. 4 个　D. 6 个

65. 工件在夹具中定位时，其定位点数多于所限制的 6 个自由度的称为（　　）。

A. 欠定位　B. 过定位　C. 不完全定位　D. 完全定位

66. 由两个或两个以上零件结合而成为机器的一部分就是（　　）。

A. 基本部件　B. 基准组件　C. 部件　D. 零件

67. 为保持油膜有足够的强度而不被挤破，从而保持良好的润滑状态，工作时负荷大的机器应选用（ ）润滑油。

A. 黏度高 B. 黏度低 C. 一般性 D. 黏度较低

68. 车轮在钢轨上滚动，车轮与钢轨形成的是（ ）运动副。

A. 高副 B. 低副 C. 转动副 D. 螺旋副

69.（ ）运动副的特点是单位面积所受压力较小，便于润滑，磨损较小，制造容易，能获得较高精度。

A. 高副 B. 低副 C. 转动副 D. 螺旋副

70.（ ）运动副的特点是接触面积小，单位面积受压力较大，易于磨损，寿命低，但能实现较复杂的运动。

A. 高副 B. 低副 C. 转动副 D. 螺旋副

71. 在传递动力过程中，为了保持一定的传动比，应先选用（ ）。

A. 皮带传动 B. 液压传动 C. 齿轮传动 D. 气压传动

72. 带传动机构装配后，要求两带轮的中间平面（ ）。

A. 重合 B. 平行 C. 相交 D. 错开

73. 机械传动采用带轮、齿轮、轴等机械零件组成的传动装置，来进行（ ）的传递。

A. 运动 B. 动力 C. 速度 D. 能量

74. 轮系中至少有一个齿轮连同它的几何轴线绕另一个齿轮几何轴线（ ）的轮系叫作周转轮系。

A. 移动 B. 旋转 C. 运动 D. 平移

75. 链传动的传动比，就是主动链轮的转速，与从动链轮的转速之比，与两链轮齿数成（ ）。

A. 正比 B. 反比 C. 无关 D. 以上答案均不正确

76. 链传动中，链的下垂以（ ）为宜。

A. 5%L B. 4%L C. 3%L D. 2%L

77. 链传动的损坏形式有链被拉长、链和链轮磨损、（ ）。

A. 脱链 B. 链断裂 C. 轴颈弯曲 D. 链和链轮配合松动

78. 与齿轮传动比较，涡轮、蜗杆传动的传动效率（ ）。

A. 低 B. 高 C. 一般 D. 高得多

79. 影响齿轮传动精度的因素包括（ ）、精度等级、齿轮副的侧隙、齿轮副的接触斑点。

A. 运动精度 B. 接触精度 C. 齿轮加工精度 D. 工作平稳性

80. 液压传动是依靠（ ）来传递动力的。

A. 油液内部的压力 B. 密封容积的变化

C. 活塞的运动 D. 油液的流动

81.（ ）是液压传动的基本特点之一。

A. 传动比恒定 B. 传动噪声大

C. 易实现无级变速和过载保护作用 D. 传动效率高

82. 国产液压油的使用寿命一般都在（ ）。

A. 3 年 B. 2 年 C. 1 年 D. 1 年以上

83. 液压系统中的液压泵属（　　）。

A. 动力部分　B. 控制部分　C. 执行部分　D. 辅助部分

84. 液压系统不可避免地存在（　　），故其传动比不能保持严格准确。

A. 泄漏现象　B. 热量损失　C. 流量损失　D. 压力损失

85. 液压系统中的压力大小决定于（　　）。

A. 油泵额定压力　B. 负载　C. 油泵流量　D. 油泵工作压力

86. 在液压系统中其安全保护作用的是（　　）。

A. 单向阀　B. 顺序阀　C. 节流阀　D. 溢流阀

87. 常用锉刀一般是用（　　）制造的。

A. 高速钢　B. 中碳钢　C. 高碳钢　D. 一般钢

88. 锉削较硬材料时应选用（　　）锉刀。

A. 粗锉　B. 硬锉　C. 细锉　D. 三角锉

89. 配锉公母合套时，一般应（　　）并为基准面。

A. 先锉好外表面　B. 先锉好内表面　C. 相互交换配锉　D. 任意

90. 标准麻花钻头的顶角为（　　）$\pm 2°$

A. 108°　B. 118°　C. 128°　D. 138°

91. 一般情况下钻精度要求不高的孔，加切削液的主要目的在于（　　）。

A. 冷却　B. 滑润　C. 便于清屑　D. 减小切屑抗力

92. 合金钢钻孔时一般选用（　　）冷却液。

A. 乳化液　B. 硫化油　C. 煤油　D. 干钻

93. 钳工是利用手持工具对夹紧在钳工工作台虎钳上的工件进行（　　）或对部件、整机装配的工种。

A. 加工　B. 切削　C. 装配　D. 调试

94. （　　）不属于钳工的基本操作。

A. 辅助性　B. 切削性　C. 装配性　D. 可操作性

95. 锉刀的粗细规格是按锉刀齿距大小来表示的，（　　）号锉纹表示粗锉刀。

A. 1　B. 2　C. 3　D. 4

96. 锉纹是锉刀的（　　）有规则排列的图案。

A. 锉齿　B. 主锉纹　C. 辅锉纹　D. 底锉纹

97. 锉刀锉纹有单齿纹和（　　）两种。

A. 双齿纹　B. 交叉齿纹　C. 混合齿纹　D. 通用齿纹

98. 锯条的粗细是以（　　）长度内的齿数表示的。

A. 15 mm　B. 20 mm　C. 25 mm　D. 35 mm

99. 锯割硬材料或切面较小的工件，应该用（　　）锯条。

A. 硬齿　B. 软齿　C. 粗齿　D. 细齿

100. 锯割时，锯弓的起锯角约为（　　）。

A. 10°　B. 15°　C. 20°　D. 25°

101. 锯条安装根据工件材料及厚度选择合适的锯条，安装在锯弓上，锯齿应（　　），松紧应适当，一般用两个手指的力能旋紧为止。

A. 向后 B. 向左 C. 向右 D. 向前

102. 常用錾子的材料一般都是（ ）。

A. 硬质合金钢 B. 高速钢 C. 优质碳素钢 D. 碳素工具钢

103. 錾子头部工作时经常受锤头击打，因此必须具有适当的硬度，硬度一般在（ ）。

A. 25 ~ 30 HRC B. 30 ~ 35 HRC C. 35 ~ 40 HRC D. 40 ~ 45 HRC

104. 进行錾削时，錾子的切削角随錾子与錾削平面间夹角的（ ）。

A. 增大而减小 B. 减小而增大 C. 不变 D. 减小而减小

105. 一般钻碳钢孔时，用冷却润滑液的作用是（ ）。

A. 冷却为主 B. 润滑为主 C. 冷却、润滑兼并 D. 清洗为主

106. 攻盲孔时，一般钻孔深度为所需螺孔深度加上（ ），其中 d 为螺纹外径。

A. $0.3d$ B. $0.5d$ C. $0.7d$ D. $0.9d$

107. 攻丝时，当丝锥切入 1 ~ 2 扣后，必须（ ）。

A. 检查是否乱扣 B. 检查螺纹表面粗糙度

C. 直攻到底 D. 检查丝锥是否歪斜

108. 在圆杆上套丝时，圆杆直径应（ ）螺纹公称直径。

A. 小于 B. 大于 C. 等于 D. 略大于

109. 研磨剂常用的磨料有氧化物磨料、碳化物磨料和（ ）三大类。

A. 氧化铬磨料 B. 陶瓷磨料 C. 金刚石磨料 D. 白刚玉磨料

110. 使用砂轮磨削时，操作者应站在砂轮机的（ ）位置。

A. 径向面 B. 正前方 C. 侧面和斜侧面 D. 远离砂轮

111. 量具的参数从不同角度反映了量具的（ ），也是选用量具的依据。

A. 功用和性能 B. 作用 C. 特点 D. 原理

112. 台虎钳的丝杆、螺母和其他活动表面都要经常保持清洁，加油润滑（ ）。

A. 防止锈蚀 B. 保持润滑 C. 保证转动灵活 D. 防止损坏

113. 细刮平面用 25 mm × 25 mm 的检查框内点子数为（ ）。

A. 6 ~ 10 个 B. 10 ~ 14 个 C. 14 ~ 20 个 D. 20 ~ 25 个

114. 精刮时，刮刀的顶端角度应磨成（ ）。

A. 92.5° B. 95° C. 97.5° D. 75°

115. 刮刀精磨须在（ ）进行。

A. 油石 B. 粗砂轮 C. 细砂轮 D. 细砂纸

116. 原始平板的刮削必须是先进行正刮研后，再进行对角刮研，其目的是为了（ ）。

A. 增加接触点数 B. 纠正对角部分的扭曲

C. 使接触点分布均匀 D. 纠正凹心

117. 刮削中，采用正研往往会使平板产生（ ）。

A. 平面扭曲现象 B. 研点达不到要求 C. 一头高一头低 D. 凹凸不平

118. 在刮削时，为了刮去工件表面大块的稀疏研点，进一步改善工件不平的现象，称为（ ）。

A. 粗刮 B. 细刮 C. 半精刮 D. 精刮

119. 电压和电动势都是（ ），但在分析电路时，和电流一样，也说它们具有方向。

A. 标量 B. 常量 C. 矢量 D. 以上答案均不正确

120. 和欧姆定律没有直接关系的是（　　）。

A. 电压　B. 电流　C. 电阻　D. 材质

121.（　　）是导线内通过交流电流时，在导体的内部及其周围发生交变磁通，导线的磁通量与生产此磁通的电流之比。

A. 电容　B. 电感　C. 电压　D. 电阻

122. 电感和电容对交变电流的阻碍作用的大小不但跟电感、电容本身有关，还跟交流电的频率有关，下列说法正确的是（　　）。

A. 电感是通直流、阻交流，通高频、阻低频

B. 电容是通直流、阻交流，通高频、阻低频

C. 电感是通直流、阻交流，通低频、阻高频

D. 电容是通交流、隔直流，通低频、阻高频

123. 关于电阻、电感、电容对电流作用的说法正确的是（　　）。

A. 电阻对直流电和交流电的阻碍作用相同

B. 电感对直流电和交流电均有阻碍作用

C. 电容器两极板间是绝缘的，故电容支路上没有电流通过

D. 交变电流的频率增加时，电阻、电感、电容的变化情况相同

124. 兆欧表是用来测量（　　）的。

A. 高值电阻　B. 低值电阻　C. 绝缘电阻　D. 击穿电压

125. 万用表在使用完毕后，应将选择开关置（　　）挡。

A. 电流　B. 电阻　C. 直流电压最高档　D. 交流电压最高档

126. 磁路是磁场中（　　）通过的路径。

A. 电流　B. 磁感线　C. 电压　D. 磁力线

127. 接触器是一种自动的（　　）开关，适用于远距离频繁地接通或断开交、直流主电路及大容量控制电路。

A. 闸刀　B. 转换　C. 电阻式　D. 电磁式

128. 电线接地时，人体距离接地点越近跨步电压越高，距离越远跨步电压越低，一般情况下距离接地体（　　），跨步电压可以看成是零。

A. 10 m 以内　B. 20 m 以内　C. 30 m 以内　D. 35 m 以内

129. 被电击的人能否获救，关键在于（　　）。

A. 触电的方式　B. 人体电阻的大小

C. 触电电压的高低　D. 能否尽快脱离电源和施行紧急救护

130. 地铁轨道通常是由锰钢制成的，锰钢属于（　　）。

A. 金属材料　B. 复合材料　C. 合成材料　D. 无机非金属材料

131. 工业用的金属材料可分为（　　）两大类。

A. 黑色金属和有色金属　B. 铁和铁合金　C. 钢和铸钢　D. 铁和钢

132. 铸铁与碳钢的区别在于有无（　　）。

A. 莱氏体　B. 珠光体　C. 铁素体　D. 莱氏体和珠光体

133. 钢的质量以（　　）来划分。

A. 碳含量　B. 锰含量　C. 硫磷含量　D. 硅含量

134. 金属材料的密度属于金属材料的（　　）。

A. 物理性能　B. 化学性能　C. 工艺性能　D. 机械性能

135. 金属材料受热时体积会增大，冷却时则收缩，金属的这种性能称为（　　）。

A. 导热性　B. 热膨胀性　C. 抗氧化性　D. 耐腐蚀性

136.（　　）是金属材料物理性能之一。

A. 导电性　B. 耐腐蚀性　C. 锻压性　D. 可焊性

137. 下列不属于金属的物理性能的是（　　）。

A. 热膨胀性　B. 导热性　C. 熔点　D. 耐腐蚀性

138. 衡量铸造性能的因素不包括（　　）。

A. 流动性　B. 收缩性　C. 偏析　D. 可焊性

139. 对于碳钢和低合金钢，焊接性主要同金属材料的（　　）有关。

A. 物理成分　B. 化学成分　C. 工艺性能　D. 力学性能

140. 金属材料弯曲后，表面将发生拉伸和压缩，其断面面积（　　）。

A. 增大　B. 保持不变　C. 缩小　D. 略有增大

141. 将钢在固态下通过加热、保温、冷却三个步骤使钢的（　　）发生变化获得所需性能的工艺称为热处理。

A. 质量特征　B. 强度　C. 特性　D. 组织结构

142. 任何一种热处理工艺都是由（　　）三个阶段所组成的。

A. 融化-冷却-保温　B. 加热-保温-冷却

C. 加热-融化-冷却　D. 加热-融化-保温

143. 热处理的目的是为了改善加工性能，消除内应力和为最终热处理作组织准备，包括正火、调质和（　　）。

A. 回火　B. 高频回火　C. 退火　D. 时效

144. 退火的目的是（　　）。

A. 提高硬度和耐磨性　B. 降低硬度，提高塑性

C. 提高强度和韧性　D. 改善加火组织

145. 正火后可得到（　　）组织。

A. 粗片状珠光体　B. 细片状珠光体

C. 球状珠光体　D. 片状 + 球状珠光体

146. 改善低碳钢的切削加工性，应采用（　　）处理。

A. 正火　B. 退火　C. 回火　D. 淬火

147. 淬火后的钢重新加热到低于 A1 的某一选定温度并保持一定时间，然后以适当的速度冷却的热处理工艺叫作（　　）。

A. 渗碳　B. 正火　C. 退火　D. 回火

148. 淬火后，再进行高温回火的处理方法，称为（　　）。

A. 回火　B. 退火　C. 渗碳　D. 调质

149. 为使钢获得高的韧性和足够的强度，一些重要零件要进行（　　）处理。

A. 退火　B. 正火　C. 调质　D. 低温回火

初级

150. 回火可分为三种，用于降低淬火钢的内应力和脆性，保持其高硬度和高耐磨性的回火称为（　　）。

A. 等温回火　B. 中温回火　C. 低温回火　D. 正火

151. 碳钢是（　　）元系。

A. 单　B. 二　C. 三　D. 四

152. 碳钢的含碳量一般应小于（　　）。

A. C% < 0.7%　B. C% < 0.9%　C. C% < 1.4%　D. C% < 0.8%

153. 普通、优质和高级优质碳素钢是按（　　）区别的。

A. 机械性能的高低　B. 磷、硫含量的多少

C. 硅、锰含量的多少　D. 碳含量的多少

154. 主要用于制造各种机械零件和工程结构件的是（　　）。

A. 工具钢　B. 结构钢　C. 优质钢　D. 高碳钢

155. 常温下，影响合金钢硬度的主要因素是（　　）。

A. 合金钢的含碳量　B. 合金钢中奥氏体颗粒的大小

C. 合金钢的含锰量　D. 合金钢中基体铁颗粒的分布情况

156. 合金元素总含量小于（　　）的钢，称为低合金钢。

A. 4%　B. 5%　C. 6%　D. 7%

157. 下列不属于合金钢按所含合金元素总含量分类的是（　　）。

A. 低合金钢　B. 中合金钢　C. 高合金钢　D. 耐热钢

158. 渗碳钢的钢号是（　　）。

A. 20　B. 45　C. 65Mn　D. 40S

159. 下列钢号（　　）是合金调质钢。

A. 20Cr　B. 40Cr　C. 65Mn　D. W18Cr4V

160. 高速钢具有很高的（　　）。

A. 韧性　B. 塑性　C. 耐蚀性　D. 硬度

161. 由锡、锑、铜三种元素冶炼成的轴承合金称为（　　）。

A. 铜基轴承合金　B. 铅基巴氏合金

C. 锡基巴氏合金　D. 铝基巴氏合金

162. 折角塞门、截断塞门体，一般采用（　　）铸造。

A. 可锻铸铁　B. 球墨铸铁　C. 灰口铸铁　D. 合金铸铁

163. 形状复杂、难于锻造，而又要求有较高强度和塑性，并承受冲击载荷的零件，可选用（　　）。

A. 灰口铸铁　B. 可锻铸铁　C. 球墨铸铁　D. 铸钢

164. 铁碳合金中含碳量大于（　　）的合金称为铸铁。

A. 0.11%　B. 2.11%　C. 3.11%　D. 3.24%

165. 从钢制部件上清除锈蚀的最佳方法是（　　）。

A. 机械方法　B. 电气方法　C. 化学方法　D. 清洗方法

166. 铸造时，型砂的退让性不好，会使铸件产生（　　）。

A. 砂眼　B. 气孔　C. 裂纹　D. 浇不足

167. 将（　　）浇注到具有与零件形状、尺寸相适应铸型型腔中，待冷却凝固，以获得毛坯或零件的生产办法，称为铸造。

A. 金属　　B. 液态金属　　C. 合金　　D. 液态合金

168. 液态合金本身的流动能力，称为合金的流动性，是合金主要铸造（　　）之一。

A. 性能　　B. 能力　　C. 特性　　D. 因素

169. 在下列几种焊接方法中，属于电弧焊的是（　　）。

A. 焊条电弧焊　　B. 电子束焊　　C. 激光焊　　D. 电阻焊

170. 焊接方法的种类很多，按照工艺特征可将其分为（　　）、压焊、钎焊三大类。

A. 气焊　　B. 熔焊　　C. 缝焊　　D. 对焊

171. 待加工表面和已加工表面垂直距离称为（　　）。

A. 切削深度　　B. 进给量　　C. 切削速度　　D. 切削厚度

172. 机械加工的基本切削原理与锉削加工原理（　　）。

A. 不相同　　B. 相同　　C. 完全不相同　　D. 有相同之处

173. 正在切削的切削层表面称为（　　）。

A. 未加工表面　　B. 待加工表面　　C. 加工表面　　D. 已加工表面

174. 刀具的前角、主后角和楔角之和（　　）。

A. 大于 90°　　B. 小于 90°　　C. 等于 90°　　D. 大于 45°

175. 影响刀具的锋利程度、减少切屑变形、减小切削力的刀具角度是（　　）。

A. 主偏角　　B. 前角　　C. 副偏角　　D. 刃倾角

176. 依据《劳动法》规定，劳动合同可以约定试用期。试用期最长不超过（　　）个月。

A. 12　　B. 10　　C. 6　　D. 3

177. 用人单位自（　　）起即与劳动者建立劳动关系。

A. 用工之日　　B. 签订合同之日

C. 上级批准设立之日　　D. 劳动者领取工资之日

178.《劳动合同法》调整的劳动关系是一种（　　）。

A. 人身关系　　B. 财产关系

C. 人身关系和财产关系相结合的社会关系　　D. 经济关系

179.《中华人民共和国安全生产法》自 2002 年（　　）起施行。

A. 10 月 1 日　　B. 11 月 1 日　　C. 12 月 1 日　　D. 9 月 1 日

180. 在国家安全生产管理体制中，工会行使（　　）职能。

A. 国家监察　　B. 行政管理　　C. 群众监督　　D. 安全检查

181. 在铁路运输安全中，问题最突出的是（　　）。

A. 货运安全　　B. 客运安全　　C. 设备安全　　D. 行车安全

182.《中华人民共和国铁路法》自（　　）起施行。

A. 1991-5-1　　B. 2004-5-1　　C. 2005-4-1　　D. 1995-9-1

183. 铁路的标准轨距为（　　）mm，新建国家铁路必须采用标准轨距。

A. 1 524　　B. 1 435　　C. 1 000　　D. 1 354

184. 国家铁路、地方铁路参加国际联运，必须经（　　）批准。

A. 铁路总公司　　B. 铁路局　　C. 省政府　　D. 国务院

185. 每年的 6 月 5 日是（　　）。

A. 世界环境日　B. 地球日　C. 土地日　D. 节约用电日

186. 环境污染损害赔偿提起诉讼的时效期间为（　　）年。

A. 2　B. 1　C. 3　D. 5

187.《铁路安全管理条例》于（　　）经国务院第 18 次常务会议通过。

A. 2013-7-24　B. 1995-5-24　C. 2010-4-1　D. 1991-9-21

188. 任何单位和个人不得擅自在铁路桥梁跨越处河道上下游各（　　）m 范围内围垦造田、拦河筑坝、架设浮桥或者修建其他影响铁路桥梁安全的设施。

A. 2 000　B. 1 500　C. 1 000　D. 500

189. 高速铁路线路路堤坡脚、路堑坡顶或者铁路桥梁外侧起向外各（　　）m 范围内禁止抽取地下水。

A. 180　B. 150　C. 200　D. 220

190. 行人持有长大、飘动等物件通过道口时，不得高举挥动，应与牵引供电设备带电部分保持（　　）m 以上距离。

A. 3　B. 2　C. 4　D. 2.5

191. 在电气化铁路附近施工、冲洗车辆时，保持水流与接触网带电部分有（　　）m 以上距离，防止触电事故发生。

A. 1　B. 2　C. 0.5　D. 2.5

192. 接触网导线折断下垂搭在车辆上或其他物品与接触接网接触时，列检和乘务人员不要进行处理，应保持（　　）m 以上距离同时对现场进行防护，并及时通知有关人员查处。

A. 1　B. 2　C. 5　D. 10

193. 机车（　　）人员是铁路公司对机车行使质量监督、技术认可和合格确认的代表。

A. 检修　B. 乘务　C. 技术　D. 验收

194. 机破应在机车回段后（　　）h 内进行分析，临修要定期组织分析。

A. 72　B. 24　C. 48　D. 12

195. 机车检修“三化”是指程序化、文明化、（　　）。

A. 自动化　B. 机械化　C. 电气化　D. 简单化

196. 造成（　　）的直接经济损失列为重大事故。

A. 1 亿元以上　B. 5 000 万以上 1 亿元以下

C. 1 000 万元以上 5 000 万以下　D. 500 万元以上 1 000 万以下

197. 一般事故的调查期限为（　　）。

A. 10 天　B. 20 天　C. 30 天　D. 60 天

198.（　　）就是指能够人为产生列车减速力并控制这个力的大小，从而控制列车减速或阻止它加速运行的过程。

A. 减速　B. 制动　C. 停车　D. 加速

199. 制动工况的顺利实施关键在于（　　）有效可靠的工作。

A. 制动系统　B. 空气管路系统　C. 辅助管路系统　D. 控制管路系统

200. 制动就是给物体施加一种人为阻力，去阻止物体的运动或运动趋势，这个阻力便是（　　）。

A. 制动系统　B. 制动　C. 制动力　D. 制动机

201. 能够确切的表示机车车辆制动能力的数据是（　　）。

A. 制动率　B. 制动倍率　C. 制动力　D. 制动功率

202. 我国规定制动距离指的是（　　）。

A. 常用制动距离　B. 最大减压量时的制动距离

C. 最小减压量时的制动距离　D. 紧急制动时的距离

203. 我国现行铁路货物列车及混合列车的计算制动距离规定为（　　）m。

A. 800　B. 1 000　C. 1 200　D. 1 400

204. 我国现阶段规定了货物列车及混合列车在平直道上的计算制动距离为（　　）。

A. 1 200 m　B. 800 m　C. 600 m　D. 900 m

205. 从司机将制动阀手柄置制动位时，到列车停下来为止所走过的距离叫作（　　）。

A. 空走距离　B. 制动距离　C. 有效制动距离　D. 标准制动距离

206. 从开始实行制动到全列车的闸瓦压上车轮这一瞬间，列车靠惯性力运行所走过的距离称为（　　）。

A. 制动距离　B. 空走距离　C. 有效制动距离　D. 标准制动距离

207. 设计机车时，考虑到运行安全、机车零部件强度和机车效率等因素而规定的机车最大速度，称为机车（　　）。

A. 构造速度　B. 持续速度　C. 极限速度　D. 制动限速

208. 机车在全负荷下，允许长时间运行的最低速度称为（　　）。

A. 机车构造速度　B. 机车持续速度　C. 制动限速　D. 速度

209. 列车在某一区段运行的速度称为（　　）。

A. 旅行速度　B. 构造速度　C. 技术速度　D. 限制速度

210. 由钢轨作用于动轮周上的切向外力（　　）即为机车轮周牵引力，简称机车牵引力。

A. 之和　B. 之差　C. 乘积　D. 常数

211. 滚动摩擦的大小用力偶矩来衡量且与（　　）成正比，比例系数叫作滚动摩擦系数。

A. 作用力　B. 滚动力　C. 接触面积　D. 正压力

212. 列车运行时，始终存在的阻力称为（　　）。

A. 列车运行阻力　B. 附加阻力　C. 基本阻力　D. 阻力

213. 在（　　）状态下，闸瓦摩擦面离开车轮踏面的距离叫闸瓦间隙。

A. 制动　B. 阶段缓解　C. 局部减压　D. 缓解

214. 列车在坡道上运行产生的阻力属于（　　）。

A. 基本阻力　B. 运行阻力　C. 附加阻力　D. 黏着力

215. 列车运行时，只在个别情况下才有的阻力叫（　　）。

A. 基本阻力　B. 启动阻力　C. 附加阻力　D. 混合阻力

216. 机车黏着系数的大小和下列（　　）选项无关。

A. 接触面积　B. 踏面和轨面的粗糙度

C. 动轮受力状态　D. 机车运行速度

217. 在列车运行过程中，一般（　　）同时施行空气制动和电阻制动，以防制动力过大，造成列车滑行。

A. 可以　B. 不可以　C. 根据情况而定　D. 以上答案均不正确

218. 使运动中的物体停止或减速，防止静止中的物体发生移动所采取的措施，都叫作（　　）。

A. 制动力　B. 制动机　C. 制动　D. 制动距离

219. 在温度不变的情况下，空气压力与容积之间的关系成（　　）。

A. 正比　B. 反比　C. 无关　D. 乘积

220. 操纵制动机进行缓解时，缓解作用沿制动管长度方向由前向后逐次传播的现象，称为（　　）。

A. 缓解　B. 缓解波　C. 缓解波速　D. 缓解作用

221. 由于空气波在传播过程中能量有（　　），所以空气波动强度实际上是逐渐减弱的。

A. 损失　B. 增加　C. 不变　D. 有时增加

222. 以物理量（　　）来衡量空气波传播的快慢。

A. 空气波速　B. 制动波　C. 制动波速　D. 缓解波速

223. 我国规定，列车制动管减压速率或漏泄应小于（　　）kPa/min。

A. 5　B. 10　C. 20　D. 40

224. 标记载重 61 t，装有 120 型制动机和高摩合成闸瓦的货车，当列车制动管定压为 600 kPa 时，空车位的每辆换算闸瓦压力为（　　）。

A. 280 kN　B. 350 kN　C. 240 kN　D. 210 kN

225. 盘形制动单元由膜板制动缸和（　　）两部分组成。

A. 制动盘　B. 闸片　C. 闸片间隙调整器　D. 空重车调整阀

226. 设有检查和维修铁路及其设备的车辆称为（　　）。

A. 维修车　B. 试验车　C. 特种车　D. 检验车

227. 国产空调双层客车装有盘形制动单元，其重车名义制动率为（　　）。

A. 27%　B. 30.6%　C. 38%　D. 40.5%

228. 车辆缓解时的排气声来源于（　　）。

A. 分配阀　B. 制动缸　C. 列车制动管　D. 副风缸

229. 制动缸活塞组装前，制动缸体内壁、活塞、皮碗必须涂抹（　　）。

A. 7057 硅脂　B. 89D 制动缸脂　C. 润滑油　D. 改性甲基硅油

230.《铁路技术管理规程》规定：旅客列车不准编挂关门车，在运行途中如遇自动制动机临时故障，在停车时间内不能修复时，准许挂（　　）辆，但列车最后 1 辆不得为关门车。

A. 1　B. 2　C. 3　D. 4

231. 缓解阀安装在客、货车的（　　）上。

A. 列车制动管　B. 副风缸　C. 制动缸　D. 分配阀

232. 基础制动装置的传动效率表征着（　　）空气压力的有效利用程度。

A. 制动缸　B. 副风缸　C. 工作风缸　D. 作用风缸

233. 一般说来，我国现有车辆的基础制动装置，客车是（　　）。

A. 单闸瓦式　B. 双闸瓦式　C. 多闸瓦式　D. 盘形、闸片式

234. 将制动缸活塞推力换算成闸瓦作用于车轮踏面上的压力称为（　　）。

A. 换算闸瓦压力　B. 实际闸瓦压力　C. 制动倍率　D. 制动效率

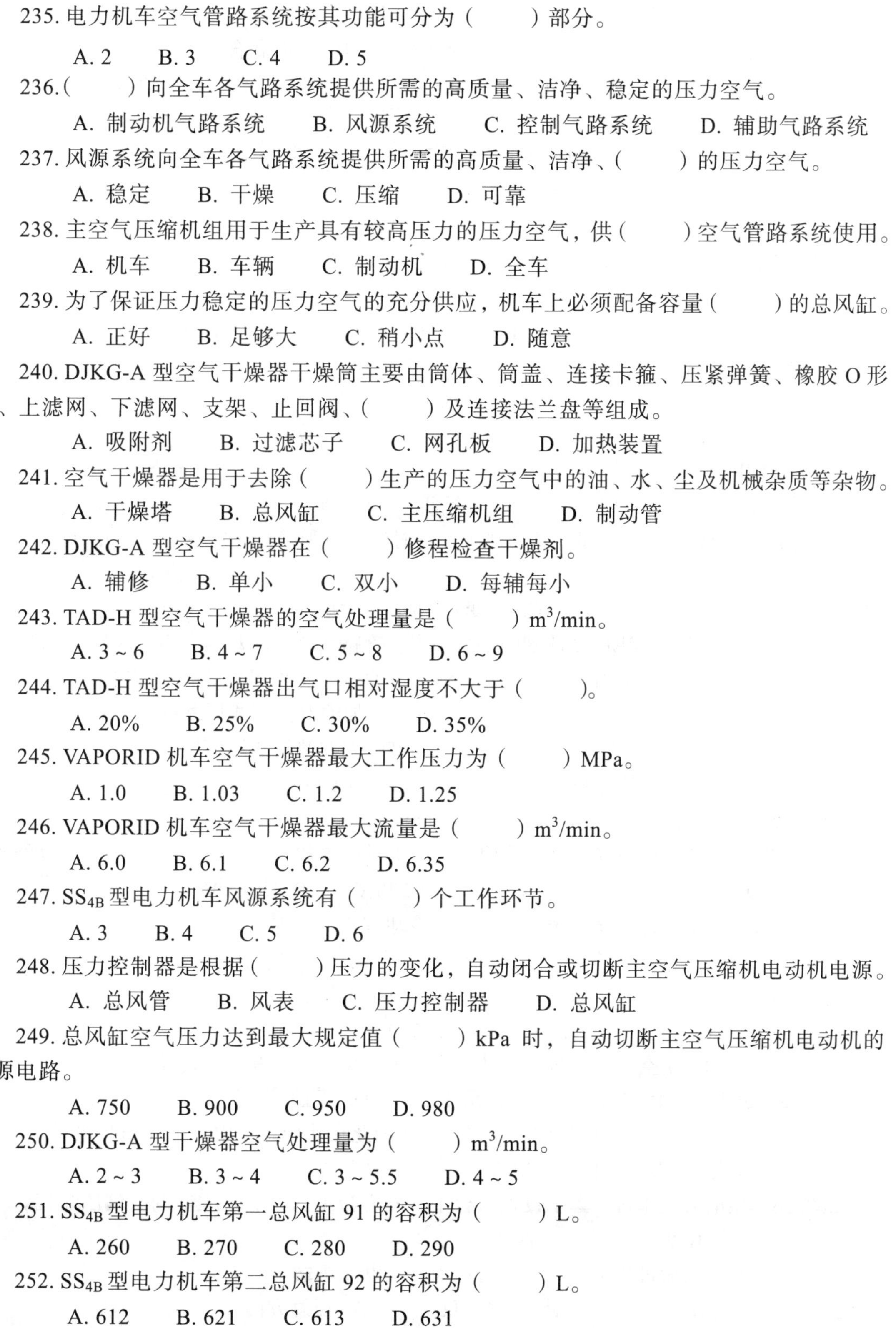

235. 电力机车空气管路系统按其功能可分为（　　）部分。

A. 2　B. 3　C. 4　D. 5

236.（　　）向全车各气路系统提供所需的高质量、洁净、稳定的压力空气。

A. 制动机气路系统　B. 风源系统　C. 控制气路系统　D. 辅助气路系统

237. 风源系统向全车各气路系统提供所需的高质量、洁净、（　　）的压力空气。

A. 稳定　B. 干燥　C. 压缩　D. 可靠

238. 主空气压缩机组用于生产具有较高压力的压力空气，供（　　）空气管路系统使用。

A. 机车　B. 车辆　C. 制动机　D. 全车

239. 为了保证压力稳定的压力空气的充分供应，机车上必须配备容量（　　）的总风缸。

A. 正好　B. 足够大　C. 稍小点　D. 随意

240. DJKG-A 型空气干燥器干燥筒主要由筒体、筒盖、连接卡箍、压紧弹簧、橡胶 O 形圈、上滤网、下滤网、支架、止回阀、（　　）及连接法兰盘等组成。

A. 吸附剂　B. 过滤芯子　C. 网孔板　D. 加热装置

241. 空气干燥器是用于去除（　　）生产的压力空气中的油、水、尘及机械杂质等杂物。

A. 干燥塔　B. 总风缸　C. 主压缩机组　D. 制动管

242. DJKG-A 型空气干燥器在（　　）修程检查干燥剂。

A. 辅修　B. 单小　C. 双小　D. 每辅每小

243. TAD-H 型空气干燥器的空气处理量是（　　）m^3/min。

A. 3～6　B. 4～7　C. 5～8　D. 6～9

244. TAD-H 型空气干燥器出气口相对湿度不大于（　　）。

A. 20%　B. 25%　C. 30%　D. 35%

245. VAPORID 机车空气干燥器最大工作压力为（　　）MPa。

A. 1.0　B. 1.03　C. 1.2　D. 1.25

246. VAPORID 机车空气干燥器最大流量是（　　）m^3/min。

A. 6.0　B. 6.1　C. 6.2　D. 6.35

247. SS_{4B} 型电力机车风源系统有（　　）个工作环节。

A. 3　B. 4　C. 5　D. 6

248. 压力控制器是根据（　　）压力的变化，自动闭合或切断主空气压缩机电动机电源。

A. 总风管　B. 风表　C. 压力控制器　D. 总风缸

249. 总风缸空气压力达到最大规定值（　　）kPa 时，自动切断主空气压缩机电动机的电源电路。

A. 750　B. 900　C. 950　D. 980

250. DJKG-A 型干燥器空气处理量为（　　）m^3/min。

A. 2～3　B. 3～4　C. 3～5.5　D. 4～5

251. SS_{4B} 型电力机车第一总风缸 91 的容积为（　　）L。

A. 260　B. 270　C. 280　D. 290

252. SS_{4B} 型电力机车第二总风缸 92 的容积为（　　）L。

A. 612　B. 621　C. 613　D. 631

253. 电力机车设置了（　　）功能，所有重联机车的总风缸相通。

A. 电控制　B. 重联　C. 总风压缩　D. 空电联合

254. YWK-50-C 压力控制器可以使总风缸压力空气的压力保持在规定的压力（　　）kPa 范围内。

A. 750 ~ 900　B. 700 ~ 900　C. 750 ~ 950　D. 700 ~ 950

255. YWK-50-C 压力控制器采用（　　）波纹管。

A. 温度传感　B. 电传感　C. 压力传感　D. 波传感

256. YWK-50-C 型压力控制器设定值误差是（　　）。

A. ± 10 kPa　B. ± 20 kPa　C. ± 30 kPa　D. ± 40 kPa

257. 总风缸内压缩空气的压力低于（　　）kPa 时，压力控制器自动接通空气压缩机组的控制电路，使空气压缩机投入运转。

A. 600　B. 750　C. 850　D. 900

258. 高压安全阀的作用是以免正常的压力控制装置失效后，能（　　）压力及报警，达到安全保护作用。

A. 保持　B. 增加　C. 自动降低　D. 排空

259. 高压安全阀整定值由低向高调整时，顺时针旋转弹簧盒整定值（　　），达到规定压力值时锁紧螺母背紧。

A. 减小　B. 增大　C. 不变　D. 增大或减小

260. DWTZ-70 机车辅助压缩机组由（　　）、管路系统、冷却器、再生风缸、安全阀、干燥器、加热器组件、电磁阀、细过滤器、空气过滤器、溢流阀、单向阀等组成。

A. 无油双活塞式压缩机　B. 加油双活塞式压缩机

C. 加油螺杆式压缩机　D. 无油螺杆式压缩机

261. SS_{4B} 型机车辅助压缩机的排气压力是（　　）kPa。

A. 700　B. 750　C. 800　D. 900

262. TZK1-50 型辅助空气压缩机采用（　　）供电电源。

A. DC120 V　B. DC110 V　C. DC220 V　D. DC48 V

263. SS_{4B} 型机车螺杆压缩机采用（　　）冷却方式。

A. 风冷　B. 水冷　C. 油冷　D. 自然

264. BT-3.0/10A 型空气压缩机采用（　　）供电电源。

A. DC48 V　B. DC110 V　C. AC220 V　D. AC380 V

265. BT-3.0/10A 型空气压缩机与电动机之间采用（　　）联轴器传动。

A. 齿形　B. 梅花节　C. 膜片式　D. 膜盘式

266. 压缩机在运转过程中润滑油会不断消耗，因此在使用过程中一定要随时注意（　　）。

A. 温度　B. 转速　C. 油位　D. 清洁度

267. SS_{4B} 型电力机车每节车上设置一台生产能力为（　　）m^3/min 的空气压缩机。

A. 1　B. 2　C. 3　D. 4

268. 螺杆空气压缩机按（　　）方向转动（从电动机端看）。

A. 顺时针　B. 逆时针　C. 反向　D. 任意方向

269. SS_{4B} 型机车控制管路系统主要由风压继电器、保护电-空阀、止回阀、辅助风缸、

（　　）、辅助压缩机组、调压阀、门联锁阀等组成。

A. 控制风缸　B. 总风缸　C. 工作风缸　D. 均衡风缸

270. SS_{4B}型机车总风缸压力空气经(　　)调压阀向高压柜转换开关和电-空接触器供风。

A. 51　B. 52　C. 53　D. 55

271. SS_{4B}型机车控制风缸供分、合主断路器的气路，经 145 塞门和（　　）进入主断路器风缸，为主断路器提供风源。

A. 108 止回阀　B. 106 止回阀　C. 52 调压阀　D. 207 分水滤气器

272. SS_{4B}型机车辅助压缩机供风时，经止回阀（　　）向主断路器供风管路供风。

A. 109 止回阀　B. 108 止回阀　C. 108 和 109 止回阀　D. 107 和 106 止回阀

273. 如果风压继电器（　　）故障，可通过 147 塞门切除。

A. 515KF　B. 516KF　C. 156KF　D. 155KF

274. 风压继电器 515KF 动作值是（　　）。

A. 500 kPa　B. 450 kPa　C. 160 kPa　D. 150 kPa

275. 受电弓升起后，保护电-空阀（　　）将保持得电，门联锁阀 37，38 内压缩空气不能排出，高压室及变压器室各门均不能打开。

A. 287YV　B. 247YV　C. 258YV　D. 254YV

276. 控制管路系统中总风经（　　）调压阀到保护电-空阀和门联锁阀，经过塞门到升弓电-空阀，升弓电-空阀得电后压缩空气进入受电弓风缸，受电弓升起。

A. 51　B. 52　C. 53　D. 55

277. 神华号交流机车控制管路系统主要由 140 总风塞门、108 止回阀、97 控制风缸塞门、102 控制风缸、143（　　）和 96 辅助压缩机等部件组成。

A. 主断路器供风塞门　B. 受电弓隔离塞门

C. 高压隔离开关供风塞门　D. 安全联锁阀

278. 神华号交流机车总风经 140 塞门、108（　　）和 97 塞门向控制风缸充风。

A. 塞门　B. 安全联锁阀　C. 止回阀　D. 测试塞门

279. 神华号交流机车控制风缸内储存的压缩空气经 97 塞门和（　　）向受电弓供风。

A. 安全联锁阀　B. 止回阀　C. 塞门　D. 调压阀

280. 神华号交流机车辅助压缩机采用自动控制方式，根据（　　）指令和辅助压缩机控制压力开关的状态自动控制辅助压缩机的启动，当风压满足要求后自动停止。

A. 辅助压缩机　B. 升弓　C. 按钮　D. 司机控制器

281. 神华号交流机车辅助管路系统包括撒砂管路、高低音喇叭管路、轮缘喷油器管路和（　　）管路。

A. 辅助压缩机　B. 受电弓高压隔离开关　C. 受电弓　D. 刮雨器

282. 机车撒砂为增加轮轨之间（　　），改善机车牵引和制动性能。

A. 摩擦力　B. 摩擦系数　C. 黏着　D. 制动率

283. 新造或厂修机车车辆空气系统漏泄量每分钟不应超过（　　）kPa。

A. 20　B. 10　C. 15　D. 5

284. 列车软管组成后，须进行水压强度试验，其水压为（　　）kPa。

A. 800　B. 900　C. 1 000　D. 700

初级

285. 新制动软管做水压试验时，软管外周直径超过原形（　　）即为不合格。

A. 4 mm　　B. 6 mm　　C. 8 mm　　D. 12 mm

286. 空气管路系统的阶段试验属于（　　）自检自测试验，不作交车依据。

A. 工艺性　　B. 标准性　　C. 必要性　　D. 不确定性

287. DK-1 型电-空制动机，列车制动管定压 600 kPa，均衡风缸减压 170 kPa 的时间为（　　）。

A. 5 ~ 7 s　　B. 6 ~ 8 s　　C. 7 ~ 9.5 s　　D. 不大于 11 s

288. 机车制动机在施行常用制动时，制动缸压力与列车制动管减压量之比值为（　　）。

A. 2∶1　　B. 2.5∶1　　C. 3∶1　　D. 3.5∶1

289. DK-1 型电-空制动机，当列车制动管定压为 600 kPa 时，制动缸压力由 400 ~ 435 kPa 下降至 40 kPa 的时间（　　）。

A. 7 s　　B. 6 ~ 8 s　　C. 不大于 11 s　　D. 不大于 8.5 s

290. DK-1 型电-空制动机将大闸、小闸手柄均置于运转位，作用管压力为（　　）。

A. 0 kPa　　B. 300 kPa　　C. 450 kPa　　D. 600 kPa

291. DK-1 型电-空制动机将大闸由运转位移到紧急位时，列车制动管在（　　）时间内降到零。

A. 1 s　　B. 2 s　　C. 3 s　　D. 4 s

292. DK-1 型电-空制动机紧急后的单缓性能检查，应将小闸手柄由运转位移到（　　）位。

A. 缓解　　B. 缓解位并下压手柄　　C. 中立　　D. 中立位并下压手柄

293. DK-1 型电-空制动机将大闸手柄由运转位移至制动位，待列车制动管减压后再将手柄置于重联位，制动缸压力为 250 kPa 时，重联机车制动缸压力应为（　　）kPa。

A. 250　　B. 250 ± 10　　C. 250 ± 15　　D. 250 ± 25

294. 按工频 1 300 V 对空气管路柜电气系统进行对地耐压试验，试验电压施加时间为（　　）min，试验中不得有击穿或闪络现象。

A. 1　　B. 1.5　　C. 2　　D. 2.5

295. 控制管路系统试验时，应开通控制系统中除吹扫塞门外的各塞门，调整两调压阀 51、52，使其输出压力均为（　　）。

A. 300 kPa　　B. 450 kPa　　C. 500 kPa　　D. 600 kPa

296. 国产韶山型电力机车使用（　　）排水阀。

A. EW 型　　B. SS 型　　C. D-1 型　　D. 球型

297. 机车使用的压力表允许基本误差为（　　）。

A. ±0.5%　　B. ±1.5%　　C. ±2.0%　　D. ±2.5%

298. SS_{4B} 型机车选用的（　　）型的电测压力表。

A. YS-P　　B. YS-3　　C. YS-2　　D. DY603

299. 折角塞门主要由手把、阀体及（　　）、弹簧、套口、螺钉、销子组成。

A. 阀芯　　B. 弹簧　　C. 弹簧座　　D. 阀杆

300. 总风联管风压试验时，应通入（　　）的压缩空气保持 5 min，各处不得漏泄。

A. 500 kPa　　B. 600 kPa　　C. 900 kPa　　D. 1 000 kPa

301. 总风联管水压试验时，应通入(　　)的水压保持 2 min，软管的膨胀不得超过 8 mm，并不得有显著的局部凸起或局部膨胀。

A. 600 kPa　B. 900 kPa　C. 1 000 kPa　D. 1 500 kPa

302. SS_{4B} 型电力机车，每台机车装有（　）个总风缸。

A. 1　B. 2　C. 3　D. 4

303.（　）是储存压缩后的压力空气，供各部使用。

A. 空气管路系统　B. 总风缸　C. 制动装置　D. 辅风缸

304. 空气管路柜内部结构紧凑，分（　）层布置。

A. 2　B. 3　C. 4　D. 5

305. DK-1 型电-空制动机列车充风性能试验时，当列车制动管定压为 600 kPa 时，列车制动管压力由零升至 580 kPa 的时间不大于（　）。

A. 7 s　B. 8.5 s　C. 9 s　D. 11 s

306. 机车制动装置是由基础制动装置、机车制动机和（　）组成。

A. 弹簧止轮器　B. 手制动装置　C. 制动缸　D. 单元制动器

307. 基础制动装置的作用是产生并传递制动（　），将其放大一定的倍数，传递到各个闸瓦并保证各闸瓦有较一致的闸瓦压力。

A. 推力　B. 倍率　C. 效率　D. 原力

308. SS_{4B} 型机车每个转向架设置（　）个单元制动器。

A. 2　B. 4　C. 6　D. 8

309. 单缸制动器的制动传动装置由制动缸活塞推杆、制动杠杆、（　）和闸瓦托杆等组成。

A. 可调传动杆　B. 缸体　C. 传动柱塞　D. 闸瓦

310. 单缸制动器的（　）是用来安装闸瓦的。

A. 闸瓦托　B. 闸瓦钎　C. 闸瓦托和闸瓦钎　D. 闸瓦间隙调整器

311. 我国东风 4 型内燃机车和大多数货车采用（　）制动方式。

A. 盘形　B. 组合式　C. 双侧　D. 单侧

312. 基础制动装置按照作用对象，可分为（　）和单独式。

A. 盘形　B. 组合式　C. 双侧　D. 单侧

313. SS 系列电力机车的基础制动装置均采用（　）单元制动器，又称为单缸制动器。

A. 独立箱式　B. 组合箱式　C. 盘式　D. 鼓式

314. 单缸制动器棘轮机构调整闸瓦间隙的作用应可靠，即闸瓦平均间隙超过（　）时应开始工作。

A. 4 mm　B. 5 mm　C. 6 mm　D. 7 mm

315. 检查单缸制动器闸瓦间隙调整器时，人为转动（　）应无卡滞，自动调节性能良好。

A. 传动螺杆　B. 传动螺母　C. 棘轮　D. 手轮

316. 在运行过程中，由于闸瓦磨耗等原因，闸瓦与车轮跳面之间的间隙越来越大，为了消除增大的间隙，在制动器中设置了（　）。

A. 调整螺杆　B. 调整螺母　C. 调整弹簧　D. 闸瓦间隙调整器

317. 闸瓦间隙调整器的直接作用是（　）。

A. 调整制动缸活塞行程　B. 直接调整闸瓦间隙
C. 调整制动倍率　D. 调整制动率

318. SS_{4B}型电力机车闸瓦间隙调整器的棘轮齿数是 30 个，其单齿调整量为（ ）mm。

A. 0.20　B. 0.22　C. 0.24　D. 0.26

319. 人工调整闸瓦间隙时，顺时针方向旋转闸瓦间隙调整器手轮，使闸瓦与车轮踏面之间的间隙（ ）。

A. 增大　B. 减小　C. 不变　D. 增大或减小

320. 神华号交流机车采用（ ）停放制动装置。

A. 手动　B. 空气制动　C. 空-电联合制动　D. 蓄能制动器

321. 蓄能制动器制动缸内的压力低于（ ）时，蓄能制动器进入制动工作状态。

A. 450 kPa　B. 500 kPa　C. 600 kPa　D. 680 kPa

322. 单缸制动器制动传动装置将制动原力放大一定倍数后传递到闸瓦上形成闸瓦压力，这个将制动原力放大的倍数，称为（ ）。

A. 制动率　B. 制动倍率　C. 制动效率　D. 传动效率

323. 基础制动装置的（ ）表征着制动缸空气压力的有效利用程度。

A. 制动率　B. 制动倍率　C. 制动效率　D. 传动效率

324. 机车（ ）表征机车制动能力的大小。

A. 制动率　B. 制动倍率　C. 制动效率　D. 传动效率

325. 机车（ ）是指机车单位重量所获得的闸瓦压力。

A. 制动率　B. 制动倍率　C. 制动效率　D. 传动效率

326. 高速列车的动能很大，要在不太长的制动时间和距离内将巨大的动能转移、消散必须具有足够大的（ ）和更灵敏的制动操纵控制系统。

A. 制动率　B. 制动功率　C. 制动力　D. 制动倍率

327. 摩擦式轨道电磁制动属于（ ）制动方式。

A. 黏着制动　B. 非黏着制动　C. 动力制力　D. 非动力制动

328. 重载列车是指利用加大车辆自身载重量和列车长度的方法，编组牵引重量达到或超过（ ）以上的列车。

A. 5 000 t　B. 6 000 t　C. 8 000 t　D. 10 000 t

329. 重载列车制动装置必须加强和改进每辆车的（ ）性能，增设局部增压性能，以改善制动管充、排风的衰减问题。

A. 初制动　B. 常用制动　C. 紧急制动　D. 局部减压

330. 盘形制动装置按照摩擦面配置的不同，制动盘可分为（ ）两类。

A. 单面盘和半圆盘　B. 双面盘和半圆盘

C. 单面盘和双面盘　D. 半圆盘和整圆盘

331. 高速列车的（ ）是防止车轮滚动过程中，轮轨之间纵向发生严重相对滑动的装置。

A. 撒砂器　B. 止轮器　C. 制动器　D. 防滑器

332. 当制动力大于轮轨之间的黏着力时，闸瓦将车轮抱死，使车轮在钢轨上发生（ ）现象。

A. 制动　B. 滑行　C. 滚动　D. 蛇行

333. SS_{4B}型机车手制动杠杆作用在第（ ）位轮对的制动器手轮上，以推动闸瓦托使闸瓦制动。

A. 1　B. 2　C. 3　D. 4

334. 机车手制动竖杠杆与制动器手轮之间间隙应在（　　）。

A. 1 ~ 2 mm　B. 1 ~ 3 mm　C. 2 ~ 3 mm　D. 2 ~ 4 mm

335. DK-1 型电-空制动机当电气线路发生故障时，由故障转换装置可将其转换为（　　）制动机使用，以维持机车运行。

A. 空气　B. 电-空　C. 真空　D. 电阻

336. DK-1 型制动机属于（　　）。

A. 空气制动机　B. 电-空制动机　C. 真空-空气制动机　D. 电阻制动机

337. DK-1 型电-空制动机失电时应产生（　　）作用。

A. 紧急制动　B. 常用制动　C. 初制动　D. 保压

338. 运行中的列车断钩分离时，制动机应产生（　　）作用。

A. 制动　B. 保压　C. 缓解　D. 紧急制动

339. DK-1 型电-空制动机由电气线路和（　　）两部分组成。

A. 制动装置　B. 手制动装置　C. 空气管路　D. 风源系统

340. SS_{4B} 型机车电-空制动屏柜主要安装有电-空阀、调压阀、总风遮断阀、分配阀、重联阀、电动放风阀和（　　）等阀类部件。

A. 紧急阀　B. 缓冲阀　C. 空气制动阀　D. 门联锁阀

341. DK-1 型电-空制动机电-空位是通过操纵（　　）实施全列车的制动与缓解。

A. 主台司控器　B. 副台司控器　C. 空气制动阀　D. 电-空制动控制器

342. DK-1 型电-空制动机空气位是通过操纵（　　）实施全列车的制动与缓解。

A. 主台司控器　B. 副台司控器　C. 空气制动阀　D. 电-空制动控制器

343.（　　）是操纵电-空制动控制器时的中间控制部件，用来控制列车制动管充、排风。

A. 总风遮断阀　B. 双阀口式中继阀　C. 电-空阀　D. 空气制动阀

344. 总风遮断阀是通过切断总风向（　　）的充风，来控制列车制动管的充风风源。

A. 电-空阀　B. 中继阀　C. 空气制动阀　D. 分配阀

345. 中继阀排气阀机构主要由（　　）、排气阀套、排气阀弹簧及 O 形圈等组成。

A. 排气阀　B. 排气柱塞　C. 排气柱塞套　D. 顶杆

346. 中继阀活塞膜板左侧空间与（　　）管连通。

A. 过充风缸　B. 列车制动管　C. 总风缸　D. 均衡风缸管

347. SS_{4B} 型机车电-空制动控制器在制动位，中继阀处于（　　）工作状态。

A. 缓解　B. 保压　C. 制动　D. 过充

348. 均衡风缸设置目的是以均衡风缸压力变化为标准参量，依此准确地控制（　　）减压量，从而达到准确控制列车制动力的目的。

A. 列车制动管　B. 作用管　C. 制动缸管　D. 平均管

349. 双阀口式中继阀活塞膜板两侧沟通，即均衡风缸与（　　）沟通，则无法在活塞膜板上形成有效作用力之差，从而不能打开其供、排气阀口，人们习惯地称双阀口式中继阀此时处于自锁状态。

A. 制动缸管　B. 列车制动管　C. 作用管　D. 平均管

350. 总风遮断阀由阀体、（　　）、阀座、阀套、弹簧等组成。

A. 遮断阀　B. 供气阀　C. 排气阀　D. 滑阀

初级

351. 总风遮断阀是根据（　　）压力变化，从而使遮断阀套带动遮断阀左右移动，开启或关闭遮断阀口。

A. 列车制动管　　B. 作用管　　C. 总风遮断阀管　　D. 均衡风缸管

352. DK-1 型电-空制动机的分配阀采用（　　）型机车分配阀。

A. 103　　B. 104　　C. 109　　D. 120

353. 109 型分配阀的主要特点是具有良好的稳定性、（　　）、工作风缸容积的选配性、制动缸压力的单独控制性。

A. 良好的安全性　　B. 紧急安定性

C. 失电制动性　　D. 制动力的不衰减性

354. 109 型分配阀主阀部的工作是通过滑阀座、滑阀和（　　）之间的相对移动，使它们各自的气孔、气槽相对应或相错位，来连通或切断相应气路的。

A. 截断阀　　B. 节制阀　　C. 供气阀　　D. 排气阀

355. 109 型分配阀主活塞杆属于传动零件，用于带动（　　）及滑阀等上、下移动。

A. 节制阀　　B. 增压阀　　C. 均衡阀　　D. 供气阀

356. 109 型分配阀主阀部的作用是根据（　　）压力变化来控制容积室和作用管的充、排风。

A. 均衡风缸　　B. 列车制动管　　C. 工作风缸　　D. 平均管

357. 109 型分配阀均衡部属于（　　）式空气阀。

A. 柱塞　　B. 截断　　C. 滑阀　　D. 阀口

358. 109 型分配阀均衡部供气阀上侧与（　　）连通。

A. 均衡风缸　　B. 工作风缸　　C. 总风缸　　D. 大气

359. 109 型分配阀容积室压力升高，总风向机车（　　）充风，实现机车的制动。

A. 均衡风缸　　B. 工作风缸　　C. 制动缸　　D. 过充风缸

360. 109 型分配阀供气阀与阀座间构成（　　），空芯阀杆上端与供气阀间构成排气阀口。

A. 容积室　　B. 供气阀口　　C. 供气室　　D. 中均室

361. 109 型分配阀均衡活塞属于（　　）部件，用于感应均衡活塞上、下两侧的作用力之差，从而带动空芯杆上下移动。

A. 动力　　B. 金属　　C. 非金属　　D. 传感

362. 109 型分配阀紧急增压阀属于（　　）空气阀。

A. 柱塞式　　B. 活塞式　　C. 滑阀式　　D. 遮断式

363. 109 型分配阀紧急增压阀上侧与（　　）连通。

A. 容积室　　B. 总风管　　C. 工作风缸　　D. 列车制动管

364. 109 型分配阀增压阀在阀套中上、下移动，由柱塞凹槽连通或切断总风向（　　）迅速充风的气路。

A. 工作风缸　　B. 增压室　　C. 容积室　　D. 局减室

365. 司机控制列车制动管减压时，由分配阀通过其自身（　　）性能的实现而自动产生的一定量的制动管减压量，称为局减作用。

A. 局部减压　　B. 初制动　　C. 初减压　　D. 制动

366. 空气制动阀俗称“小闸”，是 DK-1 型电-空制动机的操纵部件，在（　　）下单独控制机车的制动、缓解与保压。

A. 空气位　B. 电-空位　C. 运转位　D. 缓解位

367. 空气制动阀俗称“小闸”，是 DK-1 型电-空制动机的操纵部件，在（　）下控制全列车的制动、缓解与保压。

A. 空气位　B. 电-空位　C. 运转位　D. 缓解位

368. 空气制动阀的（　）位是手柄取出位。

A. 缓解　B. 运转　C. 中立　D. 制动

369. SS_{4B} 型机车空气制动阀有（　）个工作位置。

A. 2　B. 3　C. 4　D. 6

370. 空气制动阀定位凸轮是利用定位工作曲面与定位柱塞配合，实现（　）定位。

A. 转轴　B. 作用柱塞　C. 手柄　D. 定位柱塞

371. 空气制动阀单断点微动开关是受（　）的控制，以闭合或断开相应的电路。

A. 转换柱塞　B. 作用柱塞　C. 作用凸轮　D. 定位凸轮

372. 空气制动阀缓解位，（　）有一个最大的升程，作用柱塞克服柱塞左侧弹簧反力，左移到左极端位置。

A. 转换柱塞　B. 作用柱塞　C. 作用凸轮　D. 定位凸轮

373. 空气制动阀缓解位，（　）有一个最大的降程，使其与右侧对应微动开关脱离，微动开关常闭联锁连通了外接电路。

A. 转换柱塞　B. 作用柱塞　C. 作用凸轮　D. 定位凸轮

374. 空气制动阀转换柱塞置于电-空位时，接通了（　）电路。

A. 899-800　B. 899-801　C. 809-818　D. 801-803

375. 司机扳动空气制动阀电-空转换扳钮而使其（　）左右移动，并通过柱塞凹槽连通或切断相应气路。

A. 转换柱塞　B. 作用柱塞　C. 作用凸轮　D. 定位凸轮

376. 空气制动阀电-空转换柱塞套轴向 4 个位置设有径向通孔，从左向右依次为均衡风缸管、a 管、（　）和 b 管。

A. 调压阀管　B. 列车制动管　C. 作用管　D. 制动缸管

377. 空气制动阀置于电-空位时，调压阀管的最高压力是（　）kPa。

A. 300　B. 450　C. 500　D. 600

378. 空气制动阀转换柱塞置于空气位时，微动开关接通（　）线路。

A. 899-800　B. 899-801　C. 809-818　D. 801-803

379. 空气制动阀电-空位是通过控制（　）的压力变化，从而控制机车分配阀使机车实现制动、缓解与保压。

A. 均衡风缸管　B. 作用管　C. 调压阀管　D. 列车制动管

380. 空气制动阀作用柱塞阀由作用柱塞、作用柱塞阀套、作用柱塞（　）及 O 形圈等组成。

A. 定位凸轮　B. 定位装置　C. 弹簧　D. 阀座

381. SS_{4B} 型机车空气制动阀装有（　）个微动开关。

A. 1　B. 2　C. 3　D. 4

382. 司机操作空气制动阀时，联动（　　）改变 DK-1 型电-空制动机的工作电路，使其满足不同工况的需要。

A. 电-空阀　B. 电-空制动器　C. DKL 控制箱　D. 微动开关

383. 空气制动阀定位柱塞与（　　）的定位工作曲面相配合，实现空气制动阀手柄的定位作用。

A. 定位凸轮　B. 作用凸轮　C. 手柄座　D. 转轴

384. 空气制动阀定位机构用于电-空转换阀（　　）的定位。

A. 阀套　B. 转换柱塞　C. 联锁　D. 弹簧

385. 紧急制动时的（　　）减压量大于常用制动时的减压量，减小了由于空气波、和制动波传播过程中能量损失而造成的影响。

A. 均衡风缸管　B. 作用管　C. 列车制动管　D. 调压阀管

386. SS_{4B} 型电力机车，电动放风阀是接受（　　）得电或失电的控制，连通或关断列车制动管的放风气路，从而实施紧急制动。

A. 1YV　B. 94YV　C. 257YV　D. 264YV

387. 当紧急电-空阀得电时，连通（　　）经紧急电-空阀向电动放风阀膜板下侧充风，铜碗推动芯杆上移顶开放风阀口，实现全列车的紧急制动。

A. 均衡风缸管　B. 作用管　C. 列车制动管　D. 总风

388. 为了防止紧急制动初期发生断钩事故，在电动放风阀上设置了（　　）在一定程度上避免了断钩事故的发生。

A. 紧急室　B. 容积室　C. 初制风缸　D. 延时风缸

389. 紧急阀主活塞主要由上活塞、下活塞和（　　）等组成。

A. 放风阀　B. 橡胶膜板　C. 放风阀弹簧　D. 排气阀

390. 紧急阀活塞杆轴向中心开一通孔，设有三个缩孔，第二缩孔孔径是（　　）。

A. ϕ0.5 mm　B. ϕ1.0 mm　C. ϕ1.5 mm　D. ϕ1.8 mm

391. 紧急阀活塞杆轴向中心开一通孔，设有三个缩孔，（　　）是在紧急制动时控制紧急室向大气排风速度的。

A. 缩孔Ⅱ　B. 缩孔Ⅰ　C. 缩孔Ⅲ　D. 缩孔Ⅰ和Ⅲ

392. 紧急阀微动开关用来控制电路（　　）闭合与断开。

A. 899-801　B. 899-800　C. 863-862　D. 838-839

393. 紧急阀的作用是在紧急制动时加快（　　）的排风，提高紧急制动灵敏度和紧急制动波速。

A. 均衡风缸　B. 列车制动管　C. 制动缸管　D. 作用管

394. 紧急阀包括（　　）状态、常用制动状态和紧急制动状态 3 个工作状态。

A. 缓解　B. 局减　C. 制动后的保压　D. 初制动

395. 紧急阀在常用制动状态下，紧急室内的压力空气经缩孔Ⅰ向（　　）逆流，直至两者的压力相等。

A. 列车制动管　B. 均衡风缸管　C. 制动缸管　D. 大气

396. 当司机操纵电-空制动控制器时，通过控制相关电路来控制（　　）制动系统进行制动、缓解与保压。

A. 机车　B. 车辆　C. 全列车　D. 以上答案均正确

397. 电-空制动控制器（　）位，是手柄取出位。

A. 运转　B. 中立　C. 制动　D. 重联位

398. 电-空制动控制器应在（　）修程下车检修。

A. 单辅　B. 双辅　C. 单小　D. 双小

399. 电-空制动控制器在（　）位是列车正常运行中大闸手柄所处的位置，也是全列车充风缓解列车的位置。

A. 过充　B. 运转　C. 缓解　D. 重联

400. 电-空制动控制器在（　）位，是操纵列车常用制动时的工作位置。

A. 制动　B. 运转　C. 中立　D. 重联

401. 电-空阀按组装方式分为（　）两类。

A. 立式和开式　B. 卧式和闭式　C. 开式和闭式　D. 立式和卧式

402. 电-空阀按作用原理分为（　）两类。

A. 立式和开式　B. 卧式和闭式　C. 开式和闭式　D. 立式和卧式

403. TFK_{1B}型电-空阀得电状态上阀口关闭而下阀口打开，连通（　）的气路。

A. 输入口与大气　B. 输出口与大气　C. 输入口与输出口　D. 排气口

404. SS_{4B}型机车电-空制动器在制动位时，产生初制动的过程只中（　）电-空阀得电。

A. 257 VY　B. 253YV　C. 259YV　D. 94YV

405. DK-1 型电-空制动机系统电-空阀名称代号：中立电-空阀（　）。

A. 252YV　B. 253YV　C. 254YV　D. 94YV

406. DK-1 型电-空制动机系统电-空阀名称代号：缓解电-空阀（　）。

A. 252YV　B. 253YV　C. 254YV　D. 258YV

407. SS_{4B}型机车当电-空制动控制器操纵（　）时，使撒砂电-空阀得电完成自动撒砂，防止车轮在制动时滑行。

A. 缓解　B. 停车　C. 制动　D. 紧急制动

408. SS_{4B}型机车中立电-空阀输入口接总风管，输出口接（　）管，排气口通大气。

A. 总风遮断阀　B. 初制风缸　C. 列车制动管　D. 均衡风缸

409. 当 253YV 得电时，连通总风向（　）管充风的气路，关闭总风遮断阀口切断列车制动管的供气风源。

A. 总风遮断阀　B. 调压阀　C. 初制风缸　D. 均衡风缸

410. SS_{4B}型机车排风 1 电-空阀输入口接（　），输出口和排气口通大气。

A. 均衡风缸管　B. 列车制动管　C. 作用管　D. 制动缸管

411. 254YV 得电连通（　）向大气的排风气路，实现机车的缓解。

A. 均衡风缸管　B. 列车制动管　C. 作用管　D. 制动缸管

412. SS_{4B}型机车过充电-空阀输入口接（　），输出口接过充风缸管，排气口被堵。

A. 总风管　B. 列车制动管　C. 作用管　D. 制动缸管

413. 电-空制动控制器置于过充位时，（　）电-空阀得电连通总风向过充风缸充风的气路，以控制双阀口式中继阀动作，使列车制动管快速充风，并得到过充压力。

A. 258YV　B. 252YV　C. 256YV　D. 254YV

414. DK-1 型制动机检查电-空阀输入口接（　　），输出口接均衡风缸管，排气口被堵。

A. 总风管　B. 列车制动管　C. 遮断阀路　D. 调压阀管

415. SS_{4B} 型机车排风 2 电-空阀输入口被堵，输出口接（　　）管，排气口通大气。

A. 初制风缸　B. 列车制动管　C. 遮断阀路　D. 过充风缸

416. SS_{4B} 型机车制动电-空阀输入口被堵，输出口与（　　）和缓解电-空阀 258YV 的排气口连接，排气口通大气。

A. 初制风缸　B. 列车制动管　C. 遮断阀路　D. 过充风缸

417. SS_{4B} 型机车 258YV 得电时，连通总风向（　　）充风的气路，以实现列车制动管的正常充风。

A. 初制风缸　B. 过充风缸　C. 均衡风缸　D. 列车制动管

418. SS_{4B} 型机车缓解电-空阀输入口接总风管，输出口接（　　）管。

A. 初制风缸　B. 过充风缸　C. 均衡风缸　D. 列车制动管

419. SS_{4B} 型机车 259YV 得电时，连通均衡风缸与（　　）的气路，实现中继阀自锁。

A. 初制风缸　B. 过充风缸　C. 过充风缸　D. 列车制动管

420. SS_{4B} 型机车重联电-空阀输入口接列车制动管，输出口接（　　）管，排气口被堵。

A. 初制风缸　B. 均衡风缸　C. 过充风缸　D. 大气

421. 停车制动电-空阀输入口接（　　），输出口与弹簧止轮器制动缸连通，排气口通大气。

A. 总风管　B. 列车制动管　C. 制动缸管　D. 作用管

422. DK-1 型制动机 94YV 得电时，连通（　　）向电动放风阀铜碗及膜板下侧充风的气路，以控制电动放风阀开放制动管的放风气路。

A. 总风　B. 列车制动管　C. 均衡风缸管　D. 调压阀管

423. 韶山型电力机车电-空阀的额定风压是（　　）kPa。

A. 450　B. 500　C. 550　D. 600

424. 重联阀主要由本-补转换阀部、重联阀部和（　　）组成。

A. 主阀部　B. 副阀部　C. 制动缸遮断阀部　D. 安全阀部

425. 重联阀本-补转换阀部是一个（　　）阀，操纵时先将转换按钮向里推，然后再转动180°至所需的作用位置。

A. 滑阀式空气　B. 柱塞式空气　C. 阀口式空气　D. 手动操纵

426. 重联阀在补机位时，连通（　　）与重联阀活塞下侧之间的气路。

A. 总风联管　B. 平均管　C. 作用管　D. 制动缸管

427. 重联阀的重联阀部由重联活塞、活塞杆、重联阀弹簧、阀套、O 形圈、（　　）及止回阀弹簧等组成。

A. 遮断阀　B. 遮断阀活塞杆　C. 遮断阀弹簧　D. 止回阀

428. SS_{4B} 型机车用来调整通往空气制动阀压力的调压阀代号是（　　）。

A. 51　B. 52　C. 53　D. 55

429. SS_{4B} 型机车调压阀（　　）设在制动屏柜，用来调整均衡风缸的压力。

A. 51　B. 52　C. 53　D. 55

430. 调压阀通过（　　）调整输出压力。

A. 复原弹簧　B. 溢流阀　C. 调整手轮　D. 调整弹簧

431. 关于调压阀溢流孔排风不止的原因，下列说法错误的是（　　）。

A. 膜板破损　B. 进气阀拉伤　C. 调整弹簧断裂　D. 进气阀口拉伤

432. 调压阀膜板上侧的作用力大于下侧作用力时，调压阀处于（　　）状态。

A. 调压　B. 截止　C. 供气　D. 溢流

433. 调压阀出风口侧压力高于调整弹簧整定压力时，开启（　　）阀口，关闭进气阀口。

A. 排气　B. 止回　C. 遮断　D. 溢流

434. 调压阀出风口侧压力总是随（　　）压力的变化而变化。

A. 供风　B. 调整弹簧　C. 进气阀弹簧　D. 膜板

435. 调压阀安装时要保证（　　）向上。

A. 调整手轮　B. 调压风表　C. 进风阀口　D. 出风阀口

436. 压力开关与风压继电器均属于（　　）部件。

A. 电动电器　B. 气动电器　C. 机械动作　D. 电气组合动作

437. 风压继电器 516KF 是在（　　）修程下车检修。

A. 辅修　B. 单小　C. 双小　D. 中修

438. 风压继电器（　　）的作用是确保机车在重联的情况下，两节车的高压室和变压器室的门都关好，才能开通升弓的气路，保障人身安全。

A. 515KF　B. 516KF　C. 517KF　D. 4KF

439. 压力开关内部被膜板隔离为上、下两个气室，下气室与（　　）管连接，上气室与调压阀 55 的输出管连接。

A. 列车制动管　B. 均衡风缸　C. 作用管　D. 总风管

440. 压力开关主要由气动部分和（　　）两部分组成。

A. 安装座　B. 压力调整机构　C. 微动开关　D. 控制机构

441. 均衡风缸减压量达到压力开关的整定值时，膜板产生（　　）的压力差并带动芯杆脱离微动开关，以控制相应的电路。

A. 向上　B. 向下　C. 微动　D. 不动

442. 压力开关 208 的芯杆比压力开关 209 的芯杆直径（　　）。

A. 大　B. 小　C. 相同　D. 以上答案均不正确

443. 转换阀 153 是用来控制均衡风缸与电-空阀及（　　）之间气路的开通与关断。

A. 初制风缸　B. 中继阀　C. 压力控制器　D. 压力开关

444. SS_{4B} 型机车（　　）用来控制两个初制风缸 58（1）、58（2）之间的气路的开通与关断。

A. 转换阀 153　B. 转换阀 154　C. 电-空阀　D. 截断塞门

445. 转换阀主要由阀体、阀套、转换按钮、（　　）和柱塞阀等组成。

A. 转换柱塞　B. 转换活塞　C. 转换活塞杆　D. 偏心杆

446. 分水滤气器主要由体、旋风叶、挡水板、外罩及（　　）等组成。

A. 过滤网　B. 过滤芯子托架　C. 过滤元件　D. 网孔板

447. SS_{4B} 型机车（　　）修程更换分水滤气器。

A. 辅修　B. 单小　C. 双小　D. 中修

初级

448. 安装分水滤气器时应保证为（　　）位置，安装牢固无漏风现象。

A. 垂直　B. 水平　C. 向上　D. 向下

449. 中间继电器 452KA、453KA、电子时间继电器 454KT 单元电路，是用来实现 DK-1 型电-空制动机与（　　）系统配合的自动控制。

A. 自动停车装置　B. 电阻制动　C. 车长阀制动　D. 列车分离保护

450. 在直流电压条件下，压敏电阻器流过规定的电流时（一般规定为 1 mA），其端电压称为（　　）。

A. 额定电压　B. 试验电压　C. 标称电压　D. 通流电压

451. JZ15-44Z 型中间继电器有（　　）个常开触点。

A. 2　B. 4　C. 6　D. 8

452. DK-1 型电-空制动机系统（　　）转换开关采用的是 LW5 型万能转换开关。

A. 463QS　B. 464QS　C. 465QS　D. 466QS

453. 折角塞门基本结构与截断塞门相同，只是阀体形状及（　　）转动方式不同。

A. 阀芯　B. 阀套　C. 安装　D. 手把

454. 判断制动管折角塞门开通情况的方法是：按下检查充气按钮，直到列车制动管超过定压（　　）kPa，改按检查消除按钮。

A. 30　B. 40　C. 100　D. 200

455. TSG3-630/25 型受电弓铰链机构主要由下臂杆、上框架、推杆和（　　）等组成。

A. 平衡杆　B. 升弓弹簧　C. 阻尼器　D. 绝缘子

456. TSG3-630/25 型受电弓弓头部分由弓头和（　　）等组成。

A. 上转轴　B. 弹簧盒　C. 平衡杆　D. 升弓弹簧

457. TSG3-630/25 型受电弓最大允许运行速度是（　　）km/h。

A. 120　B. 170　C. 180　D. 200

458. TSG3-630/25 型受电弓降弓位保持力是（　　）N。

A. 60　B. 70　C. 80　D. 100

459. TSG3-630/25 型受电弓从 0 ~ 1.8 m 间升弓时间是（　　）。

A. 6 ~ 8 s　B. 5 ~ 7 s　C. 6 ~ 10 s　D. 小于 5.4 s

460. TSG15B 型受电弓的铰链机构和底架一起构成一个（　　）杆机构。

A. 一　B. 二　C. 三　D. 四

461. TSG15B 型受电弓的最高运行速度是（　　）km/h。

A. 120　B. 180　C. 200　D. 300

462. TSG15B 型受电弓的最小工作压力是（　　）kPa。

A. 400　B. 450　C. 500　D. 600

463. TSG15B 型受电弓滑板破裂漏风时，滑板腔的气压下降，（　　）阀打开，气囊及管路中的压缩空气排出，受电弓迅速降下。

A. 截止　B. 快排　C. 缓冲　D. 节流

464. TSG15B 型受电弓调整接触压力时，顺时针调整气阀板上的（　　），受电弓的接触压力增大，逆时针调整接触压力减小。

A. 截止阀　B. 快排阀　C. 节流阀　D. 调压阀

465. DK-1 型电-空制动机自动补风作用是由（　　）转换开关控制的。

A. 463QS　B. 464QS　C. 465QS　D. 466QS

466. 当自动停车装置有误动作故障时，可用钮子开关（　　）切断电路，以保证制动机正常工作。

A. 463QS　B. 464QS　C. 465QS　D. 466QS

467. 钮子开关（　　）用于切除电阻制动初减压。

A. 463QS　B. 464QS　C. 465QS　D. 467QS

468. 空电联合转换开关 466QS 有三个工作位置：0 位（　　）、I 位自动缓解空气制动和 II 位手动缓解空气制动。

A. 故障　B. 切除　C. 隔离　D. 电制动

469. 当重联机车间发生断钩时，(　　)总风缸内的压力空气因逆流止回阀的阀芯下落关闭了阀口的大通路，不能快速排入大气，只能经逆流小孔缓慢排入大气。

A. 第一　B. 第二　C. 重联机车　D. 以上答案均正确

470. SS_{4B} 型电力机车失电制动性能试验，断开电-空制动电源，列车制动管压力应按（　　）制动减压速度减压，并且制动缸压力上升。

A. 初减压　B. 单独　C. 紧急　D. 常用

471. SS_{4B} 型电力机车电-空联锁性能试验，列车制动管应减压（45 ± 5）kPa 制动缸压力上升，延时（　　）s 后列车制动管自动恢复定压。

A. 6 ~ 8　B. 8 ~ 10　C. 12 ~ 16　D. 20 ~ 28

472. SS_{4B} 型电力机车空气管路柜底层安装了（　　）和控制风缸。

A. 工作风缸　B. 均衡风缸　C. 过充风缸　D. 辅助风缸

473. SS_{4B} 型电力机车空气管路柜顶层左侧为（　　），右侧为辅助压缩机组。

A. 工作风缸　B. 均衡风缸　C. 过充风缸　D. 辅助风缸

474. SS_{4B} 型电力机车空气管路柜上层左侧安装了 DKL 控制箱，中间为压力传感器及双针压力表、辅助压缩机按钮，右侧安装了（　　）。

A. 中继阀　B. 重联阀　C. 电-空阀　D. 电动放风阀

475. 主空气压缩机启动后无负载启动电-空阀仍继续排空，延时（　　）s 后该电-空阀失电关闭排风口。

A. 1　B. 2　C. 3　D. 5

476. 机车运用状态时，分配阀容积室内压力达到（　　）kPa 时，低压安全阀开始喷气。

A. 300　B. 320　C. 450　D. 900

477. SS_{4B} 型电力机车每台机车装有（　　）个紧急制动按钮。

A. 1　B. 2　C. 3　D. 4

478. SS_{4B} 型机车轮缘喷脂电磁阀是接受（　　）的控制，从而控制轮喷装置的喷脂气路。

A. 电控器　B. 司控器　C. 微机柜　D. 压力控制器

479. 轮轨润滑系统主要由电气控制和（　　）两部分组成。

A. 传动机构　B. 机械执行　C. 压力控制　D. 压力装置

480. TSG3-630/25 型受电弓的控制机构包括电磁控制阀和（　　）。

A. 压力控制器　B. 调压器　C. 节流阀　D. 缓冲阀

481. 两侧高压区的门任何一扇未关好或未锁闭，（　　）阀不能向受电弓提供风源，受电弓就无法升起。

A. 门联锁　B. 缓冲　C. 电-空阀　D. 节流阀

482. SS_{4B}型电力机车辅修时，检查紧急阀（　　）接线牢固，作用良好。

A. 电-空阀　B. 微动开关　C. 电磁机构　D. 线圈

483. SS_{4B}型电力机车小修时，换修重联阀并做（　　）试验，符合本务和补机位的相应要求。

A. 单机　B. 低压　C. 高压　D. 八步闸

484. SS_{4B}型电力机车辅修时，检查空气制动阀插头及（　　）接线牢固，无松动脱落。

A. 微动开关　B. 压力开关　C. 插座　D. 转换阀

485. SS_{4B}型机车 DK-2 型电-空制动机应将空气制动阀转到空气位，调整 53 调压阀压力为（　　）kPa。

A. 300　B. 400　C. 450　D. 600

486. SS_{4B}型机车 DK-2 型电-空制动机单制调压阀 304 压力应调整为（　　）kPa。

A. 300　B. 400　C. 500　D. 600

487. SS_{4B}型机车 DK-2 型电-空制动机采用（　　）故障显示灯。

A. DC12 V　B. DC24 V　C. DC48 V　D. DC110 V

488. SS_{4B}型机车 DK-2 型电-空制动机 EP 模块的制动高速电-空阀和缓解高速电-空阀是采用（　　）控制电压控制。

A. DC12 V　B. DC24 V　C. DC48 V　D. DC110 V

489. 神华号交流机车 DK-2 型电-空制动机停放制动调压阀整定值为（　　）kPa。

A. 500　B. 550　C. 600　D. 650

490. 神华号交流机车 DK-2 型电-空制动机停放制动压力开关整定值为（　　）kPa。

A. 480　B. 500　C. 580　D. 600

491. 下列（　　）项不属于神华号交流机车 DK-2 型电-空制动机停放制动模块的部件。

A. 停放制动调压阀　B. 停放制动压力开关　C. 双向阀　D. 滤尘器

492. 下列（　　）项不属于神华号交流机车 DK-2 型电-空制动机制动缸控制模块的主要功能。

A. 根据系统指令控制制动缸风压　B. 实现预控风缸闭环控制

C. 实现停放制动施加与缓解　D. 电子分配阀和空气分配阀切换、机车单缓

493. 下列（　　）项不属于神华号交流机车 DK-2 型电-空制动机制动显示屏的功能。

A. 显示制动机操作的提示信息和故障信息

B. 提供机车号、时间日期、软件版本号的显示及设置功能

C. 单机、重联的设置功能

D. 单机自检、事件记录和传感器校准等列车诊断功能

494. 神华号交流机车 DK-2 型电-空制动机后备制动调压阀压力调整为（　　）kPa。

A. 300　B. 400　C. 500　D. 600

495. 下列（　　）项不属于神华号交流机车 DK-2 型电-空制动机后备制动阀连接通路。

A. 作用管　B. 均衡风缸管　C. 总风调压阀管　D. 排大气缩孔

496. 制动控制单元 BCU 的 PWM 板用于接收控制信号，将控制信号经过驱动、隔离，输出 DC（　　）电压信号驱动高速电-空阀，控制制动机的相应压力。

A. 5 V　　B. 12 V　　C. 24 V　　D. 48 V

497. 制动控制单元 BCU 的输出板用于 DC（　　）开关量信号的输出。

A. 12 V　　B. 24 V　　C. 48 V　　D. 110 V

498. 制动控制单元 BCU 的输入板面板上编号为 01 ~ 30 的指示灯（绿色灯）代表 30 路 DC（　　）的输入开关量信号，灯亮表示该信号输入正常。

A. 12 V　　B. 24 V　　C. 48 V　　D. 110 V

499. 制动控制单元 BCU 的模拟板面板上编号为 A01 指示灯亮，代表（　　）输入信号正常。

A. DC12 V　　B. DC24 V　　C. DC48 V　　D. DC110 V

500. 万吨编组试验时，与 OCE 通讯中的 A3 灯不亮，最可能的故障是（　　）。

A. 缓解电-空阀故障　　B. 总风低于 600 kPa

C. 控制板中的 MVB 网卡板故障　　D. 电源板故障

四、多项选择题

1. 铁路职工应以主人翁姿态积极参与经营管理，增强市场营销的意识，(　　)地组织货物运输。

A. 安全　　B. 快速　　C. 经济　　D. 便利　　E. 准时

2. 铁路运输生产既要职工按照分工和要求，尽职尽责地做好检修职工的本职工作，又要在统一领导下，(　　)。

A. 互相帮助　　B. 突出个人　　C. 亲密无间　　D. 主动配合　　E. 密切合作

3. 生产中为保证零件的加工质量，要对加工出来的零件按照要求进行（　　）进行测量，所使用的工具为量具。

A. 公差　　B. 尺寸精度　　C. 形状精度　　D. 位置精度　　E. 表面粗糙度

4. 钳工常用量具包括（　　）等。

A. 钢板尺　　B. 游标卡尺　　C. 千分尺　　D. 百分表　　E. 量块

5. 量块精度等级分为（　　）。

A. 4 级　　B. 3 级　　C. 2 级　　D. 1 级　　E. 0 级

6. 量具的种类根据其用途和特点可分为（　　）。

A. 万能量具　　B. 普通量具　　C. 常用量具　　D. 专用量具　　E. 标准量具

7. 游标卡尺一般有（　　）mm 最小读数值。

A. 0.01　　B. 0.02　　C. 0.10　　D. 0.05　　E. 0.20

8. 游标卡尺按量程分常用有（　　）mm。

A. 100　　B. 150　　C. 200　　D. 250　　E. 300

9. 高度游标卡尺由（　　）组成。

A. 测微螺杆　　B. 游标　　C. 测力装置　　D. 划线爪　　E. 测量爪

10. 测量方法的总误差包括（　　）。
A. 人为误差　B. 读数误差　C. 系统误差　D. 随机误差　E. 基本误差
11. 比例的标注方法正确的是（　　）。
A. 1∶2　B. 2∶1　C. A/1∶2　D. 1∶2/A　E. 1∶1
12. 尺寸的组成，图样上标注的每一个尺寸，一般由（　　）组成。
A. 尺寸界限　B. 代号　C. 尺寸线　D. 名称　E. 尺寸数字
13. 定向公差项目包含（　　）内容。
A. 平行度　B. 垂直度　C. 倾斜度　D. 弯曲度　E. 相交度
14. 定位公差项目包含（　　）内容。
A. 平行度　B. 同轴度　C. 位置度　D. 垂直度　E. 对称度
15. 公差带由（　　）组成。
A. 标准公差　B. 位置公差　C. 基本偏差　D. 位置误差　E. 形状误差
16. 位置公差包括（　　）。
A. 位置误差　B. 形状公差　C. 定向公差　D. 形状误差　E. 定位公差
17. 根据空间线段对三个投影面的不同位置，可分为（　　）三种。
A. 投影面平行线　B. 投影面垂直线　C. 投影面相交线　D. 投影面相贯线
E. 一般位置直线
18. 投影面平行线可分为（　　）三种。
A. 垂直线　B. 水平线　C. 侧平线　D. 正平线　E. 相贯线
19. 任何物体都具有（　　）三个尺寸。
A. 垂直　B. 长　C. 对角　D. 宽　E. 高
20. 三视图就是（　　）。
A. 主视图　B. 右视图　C. 俯视图　D. 左视图　E. 剖面图
21. 投影法可分为（　　）。
A. 水平投影法　B. 正投影法　C. 斜投影法　D. 平行投影法
E. 中心投影法
22. 平行投影分为（　　）。
A. 中心投影　B. 斜投影　C. 正投影　D. 垂直投影　E. 中心法投影
23. 主视图反映物体（　　）。
A. 上下　B. 左右　C. 前后　D. 正面　E. 反面
24. 剖视图按物体被剖切范围的大小可分为（　　）。
A. 旋转剖视图　B. 复合剖视图　C. 全剖视图　D. 半剖视图
E. 局部剖视图
25. 表达整台机器或部件的（　　）及结构形状的图样称为装配图。
A. 图形比例　B. 工作原理　C. 工作状态　D. 装配关系　E. 连接方式
26. 装配图表达了产品结构和设计思想，又是生产中（　　）的技术依据和准则。
A. 装配　B. 检验　C. 调试　D. 维修　E. 使用
27. 按照螺纹牙型，螺纹分为（　　）等。
A. 普通螺纹　B. 管螺纹　C. 矩形螺纹　D. 梯形螺纹　E. 锯齿形螺纹

28. 按螺纹线数，螺纹分为（　　）。
A. 普通螺纹　B. 管螺纹　C. 单线螺纹　D. 双线螺纹　E. 多线螺纹
29. 螺母的形状很多，一般常用的为（　　）。
A. 标准螺母　B. 六角螺母　C. 薄螺母　D. 开槽六角螺母　E. 圆螺母
30. 螺旋弹簧的形式有很多种，按载荷作用方式的不同，可分（　　）这几种形式。
A. 弯曲螺旋弹簧　B. 扭转螺旋弹簧　C. 伸缩螺旋弹簧　D. 压缩螺旋弹簧
E. 拉伸螺旋弹簧
31. 根据轴承中摩擦性质的不同，轴承可分为（　　）两大类。
A. 滑动轴承　B. 球轴承　C. 滚子轴承　D. 滚动轴承
E. 以上答案均不正确
32. 无弹性元件的挠性联轴器，其类型有（　　）等。
A. 刚性联轴器　B. 挠性联轴器　C. 十字滑块联轴器　D. 齿式联轴器
E. 万向联轴器
33. 钻床根据其结构和适用范围不同可分为（　　）。
A. 普通钻床　B. 台式钻床　C. 专用钻床　D. 立式钻床　E. 摇臂钻床
34. 常用螺旋传动有（　　）。
A. 专用螺旋传动　B. 特殊螺旋传动　C. 普通螺旋传动　D. 差动螺旋传动
E. 滚珠螺旋传动
35. 齿轮传动比和（　　）无关。
A. 主动齿轮转速　B. 模数　C. 齿数　D. 周节　E. 从动齿轮转速
36. 液压传动系统由（　　）组成。
A. 动力部分　B. 执行部分　C. 控制部分　D. 辅助部分　E. 操作部分
37. 液压传动系统中控制阀控制液体的（　　）。
A. 压力　B. 流量　C. 流速　D. 方向　E. 动力
38. 液压元件包括（　　）。
A. 动力元件　B. 执行元件　C. 控制元件　D. 辅助元件　E. 操作元件
39. 锉刀表面不应该有（　　）等缺陷。
A. 毛刺　B. 裂纹　C. 崩齿　D. 重齿　E. 跳齿
40. 锉削平面常用的有（　　）锉法。
A. 直锉法　B. 仿 O 形锉法　C. 仿 8 字形锉法　D. 交叉锉法
E. 混合锉法
41. 钳工可分为（　　）钳工。
A. 普通　B. 划线　C. 模具　D. 机修　E. 装配
42. 锯条按锯齿的形状，可分为（　　）三种。
A. 粗齿　B. 交叉式　C. 细齿　D. 斜式　E. 波浪式
43. 锯条可分为（　　）三种。
A. 粗齿　B. 中齿　C. 细齿　D. 斜齿　E. 交叉齿
44. 钳工工作范围内孔的加工主要包括（　　）。
A. 钻孔　B. 扩孔　C. 铰孔　D. 打眼　E. 攻丝

初级

45. 量具分为（　　）。

A. 主要量具　B. 辅助量具　C. 标准量具　D. 通用量具　E. 专用量具

46. 刮削用到的工具和辅料主要有（　　）。

A. 各种刮刀　B. 研磨剂　C. 多种形式的检验工具　D. 切削液

E. 显示剂

47. 刮削精度包括（　　）等。

A. 尺寸精度　B. 形状和位置精度　C. 接触精度　D. 贴合程度

E. 表面粗糙度

48. 按钢的脱氧程度不同，可分为（　　）。

A. 特殊镇静钢　B. 镇静钢　C. 半镇静钢　D. 沸腾钢　E. 一般镇静钢

49. 金属材料表现在物理范畴内的性质，主要有密度、熔点　（　　）等。

A. 膨胀点　B. 导热性　C. 导电性　D. 强度　E. 磁性

50. 根据金属材料在磁场中受到的磁化程度不同，可分为（　　）。

A. 铁磁材料　B. 金属材料　C. 顺磁材料　D. 非金属材料

E. 抗磁材料

51. 完全退火的目的是（　　）。

A. 降低硬度，改善切削加工　B. 细化组织　C. 提高硬度和强度

D. 防止过烧　E. 消除内应力

52. 回火的目的是（　　）。

A. 降低淬火内应力　B. 稳定钢件尺寸　C. 改善加工性

D. 改善切削加工性　E. 清除网状组织

53. 按钢的质量分类，根据钢中有害杂质磷、硫含量多少可分为（　　）。

A. 普通质量钢　B. 优质钢　C. 劣质钢　D. 高级质量钢

E. 特级质量钢

54. 碳素钢按冶炼的方法及设备分为（　　）。

A. 平炉钢　B. 结构钢　C. 转炉钢　D. 镇静钢　E. 电炉钢

55. 碳素钢按用途可分为（　　）。

A. 碳素结构钢　B. 碳素渗碳钢　C. 碳素工具钢　D. 特殊性能钢

E. 不锈钢

56. 按用途可将结构用钢分为（　　）。

A. 弹簧钢　B. 电工钢　C. 不锈耐酸钢　D. 特殊钢　E. 轴承钢

57. 铸铁可以分为（　　）。

A. 白口铸铁　B. 灰铸铁　C. 球墨铸铁　D. 蠕墨铸铁　E. 可锻铸铁

58. 下列属于特种铸造的方法有（　　）。

A. 熔模铸造　B. 壳型铸造　C. 陶瓷性铸造　D. 金属型铸造

E. 压力铸造

59. 焊接的加工方法具有（　　）等优点。

A. 节省金属　B. 减轻结构重量　C. 密封性好　D. 改善劳动条件

E. 提高产品质量

60. 焊接方法的种类很多，按照工艺特征可将其分为（　　）。

A. 熔焊　B. 气体保护焊　C. 压焊　D. 激光焊　E. 钎焊

61. 切削液有（　　）作用。

A. 冷却　B. 绝缘　C. 润滑　D. 清洗　E. 防锈

62. 制动力的大小与下述（　　）因素有关。

A. 制动缸内风压的大小　B. 制动缸活塞直径的大小　C. 制动倍率的大小
D. 闸瓦与踏面间摩擦系数的变化　E. 制动缸活塞行程的变化

63. 产生制动力的方法有很多种，目前铁路运输上普遍采用（　　）两大类制动系统。

A. 手制动　B. 动力制动　C. 摩擦制动　D. 闸瓦制动　E. 电磁制动

64. 下列选项中（　　）是增大有益摩擦的方法。

A. 增大接触面粗糙程度　B. 较小摩擦面粗糙程度　C. 增大压力
D. 减小压力　E. 化滚动摩擦为滑动摩擦

65. 克拉贝隆理想气体状态方程中与下列（　　）项有关。

A. 气体压力　B. 气体容积　C. 气体温度　D. 气体的摩尔数
E. 普适气体恒量

66. 下列（　　）是衡量制动机性能的重要指标。

A. 稳定性　B. 热安定性　C. 补偿性　D. 安定性　E. 灵敏度

67. 再生、电阻、液力制动方式都具有的特点是（　　）。

A. 强大的制动功率　B. 极好的高速性能　C. 很高的经济性
D. 很低的经济性　E. 极低的高速性能

68. 我国客车主要采用了（　　）型制动机。

A. 102　B. 104　C. F8　D. CK　E. 120-1

69. 电力机车空气管路系统按其功能可分为（　　）4 大部分。

A. 风源系统　B. 制动机气路系统　C. 控制气路系统　D. 辅助气路系统
E. 压缩机管路系统

70. 工作中，总风缸内的压力空气经总风缸管供（　　）使用。

A. 压缩机　B. 制动机系统　C. 风源系统　D. 控制气路系统
E. 辅助气路系统

71. DJKG-A 型空气干燥器滤清筒主要由筒体、（　　）等组成。

A. 筒盖　B. 连接卡箍　C. 网孔板　D. 过滤芯子　E. 过滤芯托架

72. SS_{4B} 型电力机车风源系统的工作可分为（　　）的工作环节。

A. 压力空气生产　B. 压力空气的压力控制　C. 压力空气的净化
D. 压力空气的贮存　E. 总风重联

73. YWK-50-C 型压力控制器特点是（　　）。

A. 敏感性高　B. 寿命长　C. 动作可靠　D. 故障率低　E. 免维护

74. TZK1-50 型辅助压缩机组由（　　）等组成。

A. 交流电动机　B. 直流电动机　C. 辅助空气压缩机
D. 三相异步交流电动机　E. 安装座

75. 交流电动机采用异步鼠笼型电机，其突出优点（　　）。
A. 制造、使用、维护方便　B. 运行可靠　C. 成本低廉　D. 重量轻
E. 变频启动方式

76. 为满足各种气动控制电器工作风压的不同要求，在控制管路系统中设置有（　　）调压阀。
A. 51　B. 52　C. 53　D. 55　E. 170

77. SS_{4B} 型机车在正常运行时，总风经塞门 140、止回阀 108 和（　　）向受电弓风缸供风。
A. 52 调压阀　B. 287YV 保护电-空阀　C. 门联锁阀　D. 143 塞门
E. 1YV 升弓电-空阀

78. SS_{4B} 型机车控制风缸供风升弓的气路，控制风缸内的压力空气经膜板塞门和（　　）向受电弓风缸供风。
A. 52 调压阀　B. 287YV 保护电-空阀　C. 门联锁阀　D. 143 塞门
E. 1YV 升弓电-空阀

79. SS_{4B} 型机车辅助压缩机供风时，经止回阀（　　）向受电弓升弓气路供风。
A. 109　B. 108　C. 107　D. 106　E. 49

80. 压力继电器 515KF 是确保机车在重联的情况下，两节车（　　）门都关好，才能开通升弓的气路，保障人身安全。
A. 高压室门　B. 低压室和变压器室的门　C. 高压室和制动柜门
D. 变压器室门　E. 机械室和制动柜门

81. 正常运行时，总风缸压力空气经过调压阀 51 之后有两条通路分别是（　　）。
A. 经塞门 141、142 供给Ⅰ、Ⅱ号高压柜　B. 膜板塞门 97
C. 经塞门 146 供给机车吹扫用风　D. 经塞门 145 供给机车吹扫用风
E. 调压阀 52

82. 神华号交流机车总风经控制管路系统可以向（　　）部件供风。
A. 控制风缸　B. 受电弓　C. 主断路器　D. 受电弓隔离开关
E. 机车高压隔离开关

83. 神华号交流机车辅助压缩机产生的压力空气可以向（　　）部件供风。
A. 控制风缸　B. 受电弓　C. 主断路器　D. 受电弓高压隔离开关
E. 机车高压隔离开关

84. 神华号交流机车辅助管路系统主要由（　　）等辅助管路及其相应的控制装置和控制塞门等组成。
A. 撒砂器　B. 高低音喇叭　C. 刮雨器　D. 轮喷　E. 辅助压缩机

85. 电力机车电动刮雨器由雨刷、雨刮电机、机盒、（　　）组成。
A. 雨刷转轴　B. 转轴安装固定轴套　C. 传动连杆机构　D. 操纵手柄
E. 操纵按钮

86. SS_{4B} 型电力机车的风源系统可分为（　　）等环节。
A. 主压缩空气的产生　B. 压力控制　C. 净化处理　D. 贮存
E. 总风的重联

87. 小修时应对（　　）软管装置进行风压、水压试验。

A. 总风联管　B. 列车制动管　C. 制动缸管　D. 平均管　E. 撒砂软管

88. 空气管路的布置原则（　　）。

A. 满足机车整机性能的要求　B. 与机车其他系统的协调统一

C. 选择最短布管路径　D. 便于操作、检查及维修

E. 满足美观与简练要求

89. 司机室管路布置的管道附件主要有（　　）。

A. 分水滤气器　B. 调压阀　C. 塞门　D. 刮雨器　E. 风笛

90. 电-空位操作时，将大、小闸手柄均置于运转位，各压力值应是（　　）。

A. 总风压力为 750 ~ 900 kPa　B. 作用管压力为定压　C. 列车制动管为定压

D. 制动缸压力为 0　E. 均衡风缸压力为定压

91. 机车制动装置包括（　　）部分。

A. 机车制动器　B. 基础制动装置　C. 机车制动机　D. 机车制动缸

E. 手制动装置

92. 基础制动装置是由（　　）组成。

A. 制动缸　B. 杠杆传动系统　C. 闸瓦间隙自动调整器　D. 手制动装置

E. 闸瓦装置

93. SS_{4B} 型机车制动器的特点是，制动单元各部件均安装在制动器箱体内外，在其内安装制动杠杆和闸瓦间隙自动调整器，其外安装（　　）。

A. 制动缸　B. 圆锥弹簧　C. 闸瓦托　D. 闸瓦　E. 闸瓦托吊杆

94. 单缸制动器的制动传动装置由（　　）等组成。

A. 可调传动杆　B. 制动缸活塞推杆　C. 制动杠杆　D. 闸瓦

E. 闸瓦托杆

95. 单缸制动器闸瓦装置包括（　　）等组成。

A. 闸瓦　B. 闸瓦托　C. 传动杠杆　D. 闸瓦定位装置　E. 闸瓦钎

96. 2.85 × 7 单缸制动器主要由（　　）等组成。

A. 手制动装置　B. 制动杠杆　C. 闸瓦装置　D. 制动缸

E. 闸瓦间隙调整器

97. 弹簧止轮器主要由杠杆、杠杆座、（　　）组成。

A. 蓄能制动器　B. 调节螺杆　C. 锁紧螺母　D. 复原弹簧

E. 复原弹簧支板

98. 制动力的大小与（　　）因素有关。

A. 制动缸内风压的大小　B. 制动缸活塞直径的大小　C. 制动倍率的大小

D. 闸瓦与踏面间摩擦系数的变化　E. 制动缸活塞行程的变化

99. 基础制动装置的传动效率与（　　）有关。

A. 缓解弹簧的反力　B. 制动缸活塞与缸壁间的摩擦力

C. 各传动装置的摩擦力　D. 闸瓦压力　E. 制动缸的直径

100. 衡量基础制动装置的基本技术参数是（　　）。

A. 制动缸直径　B. 制动倍率　C. 制动传动效率　D. 弹簧反力

E. 机车制动率

初级

101. 高速列车普遍采用（　　）等更为灵敏、迅速的制动操纵控制系统。

A. 电、空联合控制　B. 电控直通　C. 电磁直通　D. 微机控制

E. “五线制”控制

102. 盘形制动装置按照制动盘的形状可分为（　　）两类。

A. 单面盘式　B. 双面盘式　C. 整体盘式　D. 对半盘式　E. 轮盘式

103. 盘形制动单元由（　　）等组成。

A. 一个制动缸　B. 两个夹钳　C. 两块闸片　D. 两个闸片签

E. 一个制动盘

104. 手制动装置由手轮、链轮箱、横杠杆、拉伸弹簧、拉簧支板、定位板及（　　）等组成。

A. 小链轮　B. 大链轮装置　C. 位杆组成　D. 丝杆组成　E. 竖杠杆

105. DK-1 型制动机具有（　　）特点。

A. 减压量准确　B. 充风快、停车快　C. 结构简单、便于检修

D. 操纵手柄轻巧灵活　E. 司机室内无排风声减少了噪声污染

106. DK-1 型制动机具有（　　）辅助性能。

A. 列车折角塞门关闭的判断　B. 电阻制动和空气制动的协调配合

C. 列车分离保护　D. 与列车监控装置的配合　E. 紧急制动

107. DK-1 型制动机各组成部件按安装位置可分为（　　）。

A. 操纵台部分　B. 制动装置部分　C. 电-空制动屏部分

D. 手制动装置部分　E. 空气管路部分

108. SS_{4B} 型机车制动屏柜内装有（　　）风缸。

A. 初制　B. 工作　C. 过充　D. 均衡　E. 辅助

109. DK-1 型制动机对列车实施制动后的保压时，空气制动阀手柄移到（　　）位置可以单独缓解机车制动缸的压力。

A. 缓解位　B. 运转位　C. 缓解位下压手柄　D. 运转位下压手柄

E. 中立位下压手柄

110. 双阀口式中继阀和总风遮断阀通过阀座安装于制动屏柜上，经阀座与（　　）等空气管路连接。

A. 总风管　B. 制动管　C. 均衡风缸管　D. 过充风缸管

E. 总风遮断阀管

111. 双阀口式中继阀供气阀机构主要由（　　）等组成。

A. 供气阀　B. 供气阀套　C. 供气阀弹簧　D. 供气柱塞

E. O 形橡胶密封圈

112. 双阀口式中继阀各内部气路分别与（　　）气路连通。

A. 过充柱塞左侧空间与过充风缸管连通

B. 活塞膜板左侧空间（称为中均室）与均衡风缸管连通

C. 活塞膜板右侧及阀座中间的空间与制动管连通

D. 排气室与大气连通

E. 供气室与经总风遮断阀通过来的总风缸管连通

113. 双阀口式中继阀的工作过程包括（　　）动作状态。

A. 充气缓解　B. 制动　C. 制动后保压　D. 缓解后的保压

E. 紧急制动

114. 总风遮断阀由遮断阀盖、盖胶垫、遮断阀胶垫螺丝母、遮断阀体、阀座及（　　）组成。

A. 作用弹簧　B. 遮断阀套　C. 遮断阀　D. 遮断阀弹簧　E. 顶杆

115. 109 型分配阀的主要特点是（　　）。

A. 良好的稳定性　B. 良好的安全性　C. 工作风缸容积的选配性

D. 制动力的不衰减性　E. 制动缸压力的单独控制性

116. 109 型分配阀在（　　）修程下车检修。

A. 辅修　B. 一小　C. 二小　D. 一中　E. 二中

117. 109 型分配阀主阀部是由（　　）、滑阀、滑阀座、滑阀弹簧等部件组成。

A. 主活塞　B. 主活塞杆　C. 稳定装置　D. 节制阀　E. 节制阀弹簧

118. 109 型分配阀主活塞主要由（　　）等组成。

A. 节制阀　B. 下活塞　C. 橡胶膜板　D. 橡胶密封圈　E. 上活塞

119. 109 型分配阀主阀部的工作过程包括（　　）状态。

A. 缓解　B. 局减　C. 制动　D. 制动后保压　E. 紧急制动

120. 109 型分配阀均衡部主要由（　　）等部件组成。

A. 均衡活塞　B. 空芯阀杆　C. 供、排气机构　D. 稳定装置　E. 增压阀

121. 109 型分配阀均衡部（　　）空间与机车制动缸连通。

A. 均衡活塞上侧　B. 空芯阀杆外侧　C. 空芯阀杆内侧　D. 供气阀上侧

E. 供气阀导向杆上侧

122. 109 型分配阀均衡部的工作过程包括（　　）。

A. 缓解状态　B. 缓解后的保压状态　C. 制动状态　D. 制动后的保压状态

E. 紧急增压状态

123. 109 型分配阀供排气机构主要由（　　）及阀座等组成。

A. 供气阀　B. 阀杆套　C. 供气阀弹簧　D. 导向杆　E. 排气阀

124. 109 型分配阀均衡活塞主要由（　　）等组成。

A. 上活塞　B. 下活塞　C. 橡胶膜板　D. 增压阀柱塞　E. 橡胶密封圈

125. 109 型分配阀紧急增压阀主要由（　　）等组成。

A. 增压活塞　B. 增压阀柱塞　C. 增压阀柱塞套　D. 增压阀弹簧

E. 密封圈

126. 空气制动阀是由（　　）等组成。

A. 阀体部分　B. 凸轮盒部分　C. 均衡部　D. 主阀部　E. 阀座

127. 空气制动阀凸轮机构主要由（　　）等组成。

A. 定位柱塞　B. 顶杆　C. 定位凸轮　D. 转轴　E. 作用凸轮

128. 空气制动阀单独缓解阀主要由（　　）等组成。

A. 定位柱塞　B. 单独缓解阀　C. 单独缓解阀座　D. 单独缓解阀弹簧

E. 作用凸轮

129. 空气制动阀的电-空转换阀主要由（　　）等组成。
A. 电-空转换柱塞　B. 电-空转换柱塞阀套　C. 定位机构　D. O 形圈
E. 转轴

130. 空气制动阀作用柱塞阀属于柱塞式空气阀，主要由（　　）等组成。
A. 定位机构　B. 作用柱塞　C. 作用柱塞阀套　D. 作用柱塞弹簧
E. O 形圈

131. 电动放风阀主要由橡胶膜板、铜碗、（　　）等组成。
A. 芯杆　B. 芯杆套　C. 放风阀　D. 放风阀弹簧　E. 阀座

132. 紧急阀主要由（　　）等组成。
A. 活塞膜板　B. 活塞杆　C. 放风机构　D. 定位机构　E. 微动开关

133. 紧急阀放风机构主要有（　　）作用。
A. 连通或切断列车制动管的放风气路　B. 控制机车制动缸管的充、排风气路
C. 联动微动开关 3SA 的执行部件　D. 连通或切断作用管向大气排风的气路
E. 联动微动开关 95SA 的执行部件

134. 紧急阀动作状态包括（　　）。
A. 缓解状态　B. 缓解后的保压状态　C. 常用制动状态
D. 制动后的保压状态　E. 紧急制动状态

135. 电-空制动控制器主要由（　　）等组成。
A. 操纵手柄　B. 凸轮轴组装　C. 静触头组　D. 定位机构　E. 阀体部分

136. 电-空制动控制器在（　　）位，可以使车辆充风缓解。
A. 运转　B. 缓解　C. 中立　D. 重联　E. 过充

137. 电-空阀按作用原理，分为（　　）电-空阀。
A. 拍合式　B. 螺管式　C. 开式　D. 闭式　E. 立式

138. SS_{4B} 型机车电-空位操作时，大、小闸均在运转位时，下列（　　）电-空阀得电。
A. 253YV　B. 254YV　C. 256YV　D. 259YV　E. 258YV

139. SS_{4B} 型机车撒砂电-空阀的代号为（　　）。
A. 240YV　B. 241YV　C. 250YV　D. 251YV　E. 254YV

140. SS_{4B} 型机车只有当（　　）与（　　）电-空阀同时失电时，才能连通均衡风缸向大气排风的气路。
A. 253YV　B. 254YV　C. 257YV　D. 258YV　E. 259YV

141. 重联阀座连接的有四根管路分别为（　　）。
A. 作用管　B. 平均管　C. 总风联管　D. 制动缸管　E. 列车制动管

142. 重联阀转换阀部主要由转换按钮、阀套、柱塞、O 形圈、标示牌和（　　）等组成。
A. 偏芯杆　B. 弹簧　C. 弹性挡圈　D. 挡盖　E. 定位销

143. 重联阀重联阀部由重联活塞、O 形圈、（　　）等组成。
A. 止回阀弹簧　B. 活塞杆　C. 重联阀弹簧　D. 阀套　E. 止回阀

144. 重联阀制动缸遮断阀部主要由（　　）、遮断阀阀套、O 形圈等组成。
A. 遮断阀活塞　B. 活塞杆　C. 遮断阀弹簧　D. 止回阀　E. 止回阀弹簧

145. QTY 型调压阀主要由进气阀、进气阀弹簧、阀杆、(　　) 等组成。

A. 调整手轮　B. 一级调整弹簧　C. 二级调整弹簧　D. 膜板　E. 溢流阀

146. QTY 型调压阀弹簧有 (　　)。

A. 溢流阀弹簧　B. 一级调整弹簧　C. 二级调整弹簧　D. 排气弹簧

E. 进气弹簧

147. 压力开关主要由 (　　) 等组成。

A. 膜板　B. 芯杆　C. 导套　D. 微动开关　E. 调整弹簧

148. SS_{4B} 型机车 153 转换阀用来控制均衡风缸与 (　　) 之间气路的开通与关断。

A. 255YV　B. 258YV　C. 259YV　D. 压力开关 208　E. 压力开关 209

149. 153 转换阀主要由阀体、阀套及 (　　) 等组成。

A. 进气阀　B. 进气阀弹簧　C. 转换按钮　D. 偏芯杆　E. 柱塞阀

150. 451KA 中间继电器单元电路是用来实现 DK-1 型电-空制动机与 (　　) 配合的自动控制。

A. 自动停车功能　B. 电阻制动　C. 车长阀制动　D. 防空转保护功能

E. 列车分离保护

151. TSG3-630/25 型受电弓主要是由 (　　) 等组成。

A. 底架部分　B. 铰链机构　C. 弓头部分　D. 传动机构　E. 控制机构

152. TSG15B 型受电弓由底架、下臂杆、上框架、拉杆、平衡杆、弓头气阀板、绝缘子、绝缘软管、弓头电流连接组装底架电流连接组装及 (　　) 等组成。

A. 气囊组装　B. 阻尼器　C. 自动降弓装置　D. 传动风缸

E. 肘接电流连接组装

153. TSG15B 型受电弓自动降弓装置主要由 (　　) 等组成。

A. 快排阀　B. 截断阀　C. 试验阀　D. 节流阀　E. 压力开关

154. SS_{4B} 型电力机车断钩保护性能试验，开放手动放风塞门，应产生 (　　) 作用。

A. 列车制动管压力应快速降至零，并不得自动缓解

B. 制动缸最高压力升至 (450 ± 10) kPa

C. 机车自动撒砂

D. 列车制动管按常用制动减压速度减压，制动缸压力上升

E. 机车有级位断开主断路器

155. SS_{4B} 型电力机车空气管路柜下层安装了 (　　) 等部件。

A. 分配阀　B. 紧急阀　C. 电动放风阀　D. 重联阀　E. 保护电-空阀

156. 缓冲阀主要由 (　　) 等部件组成。

A. 调压阀　B. 节流阀　C. 截止阀　D. 快排阀　E. 快排阀弹簧

157. 门联锁阀主要由阀体、活塞杆、活塞和 (　　) 等部件组成。

A. 排气阀　B. 皮碗　C. 弹簧　D. 供气阀　E. 套管

158. SS_{4B} 型机车 DK-2 型电-空制动机是在 DK-1 型电-空制动机的基础上增加了单独制动控制器、制动控制单元 BCU、(　　) 和流量计及传感器等主要部件。

A. 单制调压阀　B. 单制单缓电-空阀　C. 切控阀　D. EP 均衡模块

E. 制动缸控制模块

159. SS_{4B}型机车 DK-2 型电-空制动机 EP 模块主要由制动高速电-空阀、缓解高速电-空阀、密封垫、(　　)和模块座等组成。

A. 保护电-空阀　B. 切控阀　C. 过滤芯　D. 控制缩堵　E. 传感器

160. 神华号交流机车 DK-2 型电-空制动机制动显示屏具有以风表和数值的形式显示(　　)压力值的功能。

A. 总风　B. 列车制动管　C. 均衡风缸　D. 辅助风缸　E. 前后制动缸

五、简答题

1. 简述游标卡尺的使用方法。
2. 什么叫标准公差?
3. 什么叫基本偏差?
4. 什么叫偏差、极限偏差、实际偏差?
5. 什么是形位公差?
6. 何为三视图，其投影规律是什么?
7. 什么是配合，什么是间隙、过盈、过渡配合?
8. 常用螺纹有哪几种，其特点是什么?
9. 简述轴承的功能。
10. 简述齿轮传动的特点。
11. 简述液压传动的原理。
12. 简述液压传动系统的组成。
13. 简述钻头的分类。
14. 什么是钳工?
15. 简述攻丝的注意事项。
16. 常见的研磨运动轨迹有哪些?
17. 怎样检查刮削的质量?
18. 如何选择兆欧表?
19. 什么是安全电压，我国安全电压是怎样规定的?
20. 金属的物理性能主要包括哪些?
21. 简述金属材料的工艺性能。
22. 什么是退火?
23. 退火的目的是什么?
24. 什么是正火?
25. 合金钢是如何分类的?
26. 合金工具钢与碳素工具钢相比有哪些优点?
27. 什么叫制动?
28. 什么叫缓解波?
29. 什么叫空气波?

30. 什么叫制动机的稳定性、安定性与灵敏度？
31. 简述 DJKG-A 型空气干燥器的作用。
32. 简述总风缸排水塞门排出水或白粉末状物质的原因。
33. 简述 YWK-50-C 型压力控制器的作用。
34. 简述 SS_{4B} 型机车压力控制器的安装与调整方法。
35. 简述神华号交流机车辅助压缩机的组成。
36. 简述 SS_{4B} 型机车控制风缸供风时的工作通路。
37. 简述神华号交流机车控制管路系统的作用。
38. 简述神华号交流机车辅助压缩机的供风通路。
39. 简述神华号交流机车辅助管路系统的组成。
40. 控制管路系统试验有哪些内容？
41. 简述风源系统的作用。
42. 简述机车空气管路系统总风总泄漏的检测方法及要求。
43. DK-1 型制动机试验时，由电-空位调整到空气位必须做哪些准备工作？
44. 简述截断塞门 A 型和 B 型的区别。
45. 简述远心集尘的安装部位及作用原理。
46. 什么叫压力表的零位偏差？
47. 什么叫压力表的来回差，有何要求？
48. 简述折角塞门的作用及安装要求。
49. 制动软管风、水压试验有哪些技术要求？
50. 简述电力机车空气管路的布置组成。
51. 简述基础制动装置的主要作用。
52. 简述 SS_{4B} 型机车单缸制动器的特点。
53. 简述人工调整闸瓦间隙的方法。
54. 简述弹簧止轮器的作用。
55. 什么叫制动倍率？
56. 简述基础制动装置的传动效率。
57. 简述制动率及其意义。
58. 简述高速列车制动的特点。
59. 与闸瓦制动相比，盘形制动的优点有哪些？
60. 简述防滑器的作用。
61. 简述机车手制动装置的作用。
62. SS_{4B} 型机车制动屏柜主要安装有哪些部件？
63. 简述双阀口式中继阀的基本作用原理。
64. 双阀口式中继阀由哪些部件组成？
65. 简述双阀口式中继阀制动状态的工作过程。
66. 简述双阀口式中继阀充气缓解状态的工作过程。
67. 简述设置均衡风缸的目的。
68. 简述双阀口式中继阀的自锁状态。

69. 简述总风遮断阀的基本作用原理。
70. 简述 109 型分配阀的主要特点。
71. 简述 109 型分配阀主阀部的作用。
72. 简述 109 型分配阀均衡部的作用。
73. 简述 109 型分配阀均衡活塞的组成。
74. 简述 109 型分配阀紧急增压阀作用。
75. 简述 109 型分配阀紧急增压阀的作用原理。
76. 简述空气制动阀的作用。
77. 空气制动阀主要由哪些部件组成?
78. 简述电-空转换阀的作用。
79. 简述电动放风阀的作用。
80. 简述紧急阀的作用。
81. 简述紧急阀的缓解状态的工作过程。
82. 简述紧急制动后 15 s 内，不能实现可靠缓解的原因。
83. 简述电-空制动器的作用。
84. 简述 SS_{4B} 型机车电-空制动控制器六个工作位置的作用。
85. 简述 TFK_{1B} 型电-空阀的得电工作状态。
86. 简述重联阀重联阀部的组成。
87. 简述调压阀的作用。
88. 简述 QTY 型调压阀的工作原理。
89. 简述转换阀的构造。
90. 简述分水滤气器的作用。
91. 简述 TSG3-630/25 型受电弓的组成。
92. 简述 TSG15B 型受电弓的气阀板的组成。
93. 简述 TSG15B 型受电弓自动降弓装置的作用。
94. 简述无负载启动电-空阀的作用。
95. 简述缓冲阀的作用。
96. 简述门联锁阀的作用。
97. 简述紧急阀车上重点作业质量标准。
98. 简述 SS_{4B} 型机车 DK-2 型电-空制动机 EP 模块的组成。
99. 简述神华号交流机车 DK-2 型电-空制动机转换空气位的方法。
100. 简述神华号交流机车 DK-2 型电-空制动机制动控制单元 BCU 的组成。

【理论知识答案】

一、填空题

1. 热情服务
2. 运输
3. 新设备
4. 佩戴标志
5. 量具
6. 检验工具
7. 卡尺、千分尺
8. 块规
9. 塞尺
10. 污垢和灰尘
11. 尺面
12. 紧固螺钉
13. 深度尺寸
14. 要素
15. 同一比例
16. 实际尺寸
17. 定型尺寸
18. 尺寸
19. 实际尺寸
20. 定位
21. 实际偏差
22. 上偏差
23. 代数差
24. 公差等级
25. 单一
26. 位置公差
27. 20
28. 基准
29. 方向
30. 投影法
31. 投影
32. 投影面
33. 形状特征
34. 一条直线
35. 平面
36. 正投影
37. 平面立体
38. 正投影
39. 平行投影法
40. 中心投影法
41. 中心投影
42. 斜投影
43. 高度
44. 宽度
45. 半剖
46. 剖视
47. 全剖视图
48. 剖视图
49. 装配图
50. 调试
51. 过盈
52. 最大间隙
53. 最大
54. 点
55. 线段
56. 绕行
57. 传动
58. A B C
59. 标准螺母
60. 圆
61. 楔键
62. 传递转矩
63. 空间
64. 用途
65. 扭转
66. 旋转精度
67. 滚动
68. 径向力
69. 推力
70. 旋转
71. 钳口
72. 回转
73. 组合夹具
74. 分度
75. 相对运动
76. 高副
77. 高副
78. 三角带
79. 平行
80. 相反
81. 动力
82. 链条
83. 恒定的
84. 齿轮副
85. 液体
86. 密封容器
87. 机械能
88. 流量
89. 双齿纹
90. 锉刀根
91. 油光锉
92. 工作部分
93. 提高
94. 乳化液
95. 加工
96. 操作技能
97. 质量
98. 锉削
99. 急剧磨损

初级

初级

100. 合金钢
101. 硬度
102. 小而薄
103. 淬火
104. 硬度
105. 铰孔
106. 表面粗糙度
107. 顺
108. 螺纹小径
109. 螺距
110. 挤压
111. 研磨剂
112. 微量切削
113. 精确的尺寸
114. 薄
115. 碎裂
116. 砂轮
117. 相符
118. 量具
119. 夹持工件
120. 之外
121. 刮削
122. 存油条件
123. 平面刮刀
124. 25
125. 手
126. 电流
127. 正比
128. 电流
129. 电阻
130. 电测
131. 绝缘电阻
132. 电阻
133. 方向
134. 磁场
135. 250
136. R
137. 有色金属
138. 锰
139. 碳
140. 碳
141. 钢
142. 导电性
143. 导热性
144. 锻压性能
145. 锻造性能
146. 加热
147. 退火
148. 正火
149. 退火
150. 回火
151. 2.11%
152. 中碳钢
153. 工具钢
154. 合金钢
155. 合金工具钢
156. 合金结构钢
157. 合金工具钢
158. 加工工具
159. 铅基
160. 巴氏
161. 铸铁
162. 发蓝
163. 铸造
164. 加热
165. 压焊
166. 刀具
167. 静止
168. 财产关系
169. 两
170. 安全第一
171. 违章指挥
172. 1435
173. 1000
174. 生态环境
175. 120
176. 200
177. 4.5
178. 2
179. 三化
180. 机务段
181. 机统－28
182. 30
183. 重大
184. 人为
185. 制动
186. 制动倍率
187. 阶段制动
188. 阶段缓解
189. 制动方式
190. 滑行
191. 制动距离
192. 全制动距离
193. 制动波速
194. 制动波
195. 牵引力
196. 相反
197. 比值
198. 垂直力
199. 黏着力
200. 黏着系数
201. 电阻制动
202. 电-空
203. 容积
204. 表压力
205. 反比
206. 表压力
207. 绝对压力
208. 乘积
209. 缓解波速
210. 空气波
211. 空气波
212. 稳定性
213. 安定性
214. 车辆制动机
215. 二压力
216. 副风缸

217. 制动机
218. 电磁涡流
219. 压力变化
220. 单独制动阀
221. 450
222. 客车
223. 特种货车
224. 传动效率
225. 摩擦力
226. 比值
227. 制动力
228. 风源系统
229. 生产
230. 主空气压缩机
231. 压力空气
232. 贮存
233. 防冻
234. 空气干燥器
235. 单塔式
236. 单塔无热
237. 80
238. 风源
239. 一
240. 主空气压缩机
241. 净化
242. 压力空气
243. 总风重联
244. YWK-50-C
245. 单断点
246. 传感波纹管
247. 70
248. 总风缸
249. 垂直
250. 最大
251. 总风缸
252. 弹簧盒
253. 无油双活塞式
254. 一
255. 直流
256. 110 ± 5
257. 三相交流
258. 联轴器
259. 不平衡
260. 稳定
261. 控制
262. 总风缸
263. 52
264. 吹扫
265. 107
266. 总风缸
267. 高压区
268. 147
269. 任一
270. 52
271. 51
272. 控制风缸
273. 高压隔离
274. 安全联锁阀
275. 97 塞门
276. 排水
277. 288KP
278. 辅助
279. 黏着（力）
280. 制动机
281. 传动装置
282. 1 000
283. 10
284. 动作性能试验
285. 600
286. 30 ~ 40
287. 5
288. 4
289. 定压 500 kPa（或 600 kPa）
290. 450 ± 10
291. 11
292. 保压
293. 0.8
294. 600
295. 180 ~ 200
296. 750 ± 20
297. 无卡滞
298. 500
299. QSL
300. 折角
301. 弹簧管
302. 平稳
303. 电流和电压
304. YS-3
305. 球形
306. 5
307. 车体结构
308. 612
309. 排水
310. 集中
311. 10
312. 手制动装置
313. 减速和停车
314. 自动调整器
315. 压力空气
316. 杠杆
317. 车轮踏面
318. 单侧
319. 单侧和双侧
320. 组合式
321. 闸瓦装置
322. 闸瓦间隙自动调整器
323. 箱体内外
324. 独立箱式
325. 4
326. 两
327. 放大
328. 卡滞
329. 自动
330. 条簧
331. 增大
332. 单缸制动器闸瓦

初级

初级

333. 0.9
334. 2.85
335. 制动
336. 传动效率
337. 闸瓦压力
338. 制动率
339. 高速和重载
340. 功率
341. 防滑器
342. 非黏着
343. 不同时
344. 制动波速
345. 轴盘式
346. 盘形
347. 防滑器
348. 制动滑行
349. 微机控制
350. 手制动
351. 无卡滞
352. 积木式
353. 压力空气
354. 空电联合
355. 自动制动
356. 空气管路
357. 空气制动阀
358. 空气管路柜（或气阀柜）
359. 电-空位（正常位）空气位（故障位）
360. 总风遮断阀
361. 双阀口式中继阀
362. 过充柱塞
363. 过充风缸
364. 保压
365. 充气缓解
366. 列车制动管
367. 列车制动管、均衡风缸
368. 总风
369. 关闭和开启
370. 分配阀
371. 制动力的不衰减性
372. 主阀部
373. 上下
374. 列车制动管
375. 均衡活塞
376. 容积室
377. 大气
378. 作用管
379. 制动缸
380. 均衡活塞
381. 弹簧
382. 紧急制动
383. 全列车
384. 小闸
385. 制动位、中立位、运转位、缓解位
386. 单断点
387. 降程
388. 单缓阀
389. 定位柱塞
390. 电-空位和空气位
391. 电-空
392. 空气
393. 作用管
394. 微动开关
395. 钢珠
396. 定位
397. 列车制动管
398. 紧急电-空阀（94YV）
399. 1
400. 紧急制动、非紧急制动
401. 延时风缸
402. 微动开关
403. 缩孔 I
404. ϕ1.0 mm
405. 放风阀
406. 列车制动管
407. 838—839
408. 列车制动管
409. 15
410. 大闸
411. 定位机构
412. 凸轮轴
413. 过充
414. 电磁力
415. 螺管式
416. 失电和得电
417. 1.0 ± 0.1
418. 开启
419. TFK_{1B}
420. TFK
421. 8
422. 撒砂器
423. 总风遮断阀
424. 作用管
425. 总风管
426. 总风管
427. 过充风缸
428. 初制风缸
429. 失电
430. 均衡风缸
431. 均衡风缸
432. 制动缸
433. 总风管
434. DC110
435. DC77 V
436. 制动缸遮断阀部
437. 本机位和补机位
438. 大气
439. 总风联通
440. 止回阀
441. 本-补转换
442. 遮断阀活塞
443. 调压阀
444. QTY

445. 供气、溢流
446. 顺时针
447. 调整手轮
448. 箭头
449. 上下气室
450. 整定弹簧
451. 微动开关
452. 制动状态
453. 整定值
454. 开通与关断
455. 偏芯杆
456. 初制风缸
457. 油分和水分
458. 垂直
459. 压敏电阻
460. 漏电流
461. 控制机构
462. 信号数量
463. 手把
464. 检查充气
465. 控制
466. 25
467. 2600
468. 铰链
469. AC30
470. 2 250
471. 自动降弓
472. 调压阀
473. DRH
474. 463QS
475. 464QS
476. 电阻制动
477. Ⅰ位
478. 第二总风缸
479. 电阻制动
480. 附件
481. 止回阀
482. 180 ~ 200
483. 紧急
484. 电控器
485. 润滑剂
486. 传动风缸
487. 气动
488. 破损
489. 转动灵活
490. 铭牌
491. 单独
492. BCU
493. 闭环
494. 基础制动装置
495. 后备制动阀
496. 钮子开关
497. 后备制动阀
498. 单缓
499. 输出板
500. 24 V

二、判断题

1. √
2. ×
3. √
4. ×
5. √
6. √
7. ×
8. ×
9. √
10. ×
11. ×
12. √
13. ×
14. √
15. ×
16. ×
17. ×
18. √
19. ×
20. √
21. ×
22. √
23. √
24. ×
25. ×
26. √
27. ×
28. √
29. ×
30. √
31. ×
32. √
33. √
34. ×
35. √
36. ×
37. √
38. √
39. √
40. ×
41. ×
42. √
43. ×
44. √
45. √
46. ×
47. √
48. ×
49. ×
50. √
51. ×
52. ×
53. √
54. √
55. √
56. ×
57. √
58. ×
59. √
60. √
61. ×
62. √
63. √
64. √
65. ×
66. √
67. √
68. ×
69. ×
70. √
71. √
72. ×
73. √
74. ×
75. √
76. ×
77. ×
78. √
79. √
80. √
81. √
82. ×
83. √
84. ×
85. √
86. ×
87. ×
88. √
89. ×
90. √
91. √
92. √
93. ×
94. ×
95. √
96. ×
97. √
98. √
99. ×
100. √
101. ×
102. √

103. ×
104. √
105. ×
106. √
107. ×
108. ×
109. √
110. √
111. ×
112. √
113. √
114. ×
115. √
116. ×
117. √
118. ×
119. √
120. ×
121. ×
122. √
123. ×
124. √
125. ×
126. ×
127. √
128. √
129. ×
130. √
131. ×
132. ×
133. √
134. ×
135. √
136. ×
137. ×
138. √
139. ×
140. √
141. ×
142. √
143. ×
144. ×
145. √
146. √
147. ×
148. ×
149. √
150. ×
151. ×
152. ×
153. √
154. ×
155. ×
156. √
157. √
158. ×
159. √
160. ×
161. ×
162. √
163. ×
164. √
165. ×
166. √
167. √
168. √
169. √
170. ×
171. √
172. ×
173. √
174. √
175. ×
176. √
177. √
178. √
179. ×
180. ×
181. √
182. √
183. ×
184. ×
185. ×
186. √
187. ×
188. √
189. √
190. ×
191. ×
192. √
193. ×
194. ×
195. √
196. ×
197. √
198. √
199. ×
200. √
201. √
202. √
203. ×
204. √
205. √
206. √
207. ×
208. ×
209. √
210. √
211. √
212. ×
213. √
214. ×
215. ×
216. √
217. ×
218. √
219. ×
220. √
221. √
222. ×
223. √
224. √
225. √
226. ×
227. √
228. ×
229. ×
230. √
231. √
232. ×
233. √
234. √
235. ×
236. √
237. √
238. ×
239. √
240. ×
241. √
242. ×
243. √
244. ×
245. √
246. ×
247. √
248. ×
249. ×
250. √
251. ×
252. ×
253. ×
254. √
255. ×
256. √
257. √
258. ×
259. √
260. ×
261. ×
262. √
263. ×
264. √
265. ×
266. √
267. ×
268. √
269. √
270. ×
271. √
272. ×
273. √
274. ×
275. √
276. ×
277. √
278. √
279. √
280. ×
281. √
282. ×
283. √
284. √
285. ×
286. ×
287. √
288. ×
289. √
290. ×
291. √
292. ×
293. √
294. ×
295. ×
296. √
297. √
298. √
299. √
300. √
301. √
302. ×
303. ×
304. √
305. ×
306. √
307. ×
308. √
309. √
310. √
311. ×
312. √
313. √
314. ×
315. √
316. √
317. ×
318. √
319. ×
320. √
321. √
322. ×
323. √
324. ×
325. √
326. √
327. ×
328. ×
329. √
330. √
331. √
332. ×
333. √
334. ×
335. ×
336. ×

337. √
338. ×
339. √
340. ×
341. √
342. √
343. √
344. ×
345. ×
346. √
347. ×
348. √
349. ×
350. √
351. √
352. ×
353. √
354. √
355. ×
356. √
357. √
358. ×
359. √
360. √
361. √
362. ×
363. ×
364. ×
365. ×
366. √
367. ×
368. ×
369. √
370. ×
371. ×
372. √
373. ×
374. ×
375. ×
376. √
377. ×
378. √
379. ×
380. √
381. ×
382. ×
383. √
384. √
385. ×
386. ×
387. √
388. √
389. ×
390. √
391. ×
392. ×
393. ×
394. √
395. √
396. ×
397. ×
398. √
399. ×
400. √
401. ×
402. √
403. √
404. ×
405. √
406. ×
407. √
408. √
409. √
410. ×
411. √
412. ×
413. ×
414. √
415. ×
416. √
417. ×
418. √
419. ×
420. ×
421. ×
422. ×
423. √
424. ×
425. ×
426. √
427. √
428. ×
429. ×
430. √
431. ×
432. √
433. √
434. ×
435. √
436. √
437. ×
438. √
439. √
440. ×
441. √
442. √
443. √
444. √
445. ×
446. ×
447. √
448. √
449. ×
450. √
451. √
452. ×
453. √
454. ×
455. √
456. √
457. √
458. ×
459. √
460. √
461. √
462. ×
463. ×
464. √
465. ×
466. √
467. √
468. √
469. ×
470. ×
471. √
472. ×
473. √
474. ×
475. √
476. ×
477. √
478. √
479. √
480. ×
481. √
482. √
483. √
484. ×
485. √
486. √
487. √
488. ×
489. √
490. ×
491. √
492. ×
493. ×
494. √
495. √
496. ×
497. √
498. ×
499. √
500. ×

三、单项选择题

1. B
2. C
3. D
4. C
5. B
6. D
7. A
8. C
9. D
10. C
11. C
12. A
13. B
14. D
15. C
16. A
17. B
18. B
19. A
20. D
21. D
22. D
23. A
24. C
25. B
26. A
27. D
28. C
29. A
30. B
31. D
32. A
33. B
34. B
35. A
36. B
37. C
38. D
39. D
40. B
41. A
42. C
43. D
44. C
45. B
46. B
47. A
48. C

49. D
50. B
51. C
52. B
53. A
54. A
55. B
56. D
57. B
58. B
59. B
60. D
61. B
62. A
63. B
64. C
65. B
66. C
67. A
68. A
69. B
70. A
71. C
72. A
73. D
74. B
75. B
76. D
77. B
78. A
79. C
80. B
81. C
82. D
83. A
84. A
85. B
86. D
87. C
88. C
89. A
90. B
91. A
92. A
93. A
94. D
95. A
96. A
97. A
98. C
99. D
100. B
101. D
102. D
103. C
104. D
105. A
106. C
107. D
108. A
109. C
110. C
111. A
112. A
113. B
114. C
115. A
116. B
117. A
118. B
119. A
120. D
121. B
122. C
123. A
124. C
125. D
126. B
127. D
128. B
129. D
130. A
131. A
132. C
133. A
134. A
135. B
136. A
137. D
138. D
139. B
140. B
141. D
142. B
143. A
144. B
145. B
146. A
147. D
148. D
149. C
150. C
151. B
152. C
153. B
154. B
155. A
156. B
157. D
158. A
159. B
160. D
161. C
162. A
163. D
164. B
165. A
166. C
167. B
168. A
169. A
170. B
171. A
172. B
173. C
174. C
175. B
176. C
177. A
178. C
179. B
180. C
181. D
182. A
183. B
184. D
185. A
186. D
187. A
188. C
189. C
190. B
191. B
192. D
193. D
194. A
195. B
196. B
197. A
198. B
199. A
200. C
201. A
202. D
203. A
204. B
205. B
206. B
207. A
208. B
209. C
210. A
211. D
212. C
213. D
214. C
215. C
216. A
217. B
218. C
219. B
220. B
221. A
222. A
223. C
224. D
225. C
226. A
227. B
228. A
229. B
230. A
231. B
232. A
233. B
234. A
235. C
236. B
237. A
238. D
239. B
240. A
241. C
242. D
243. A
244. D
245. B
246. C
247. C
248. D
249. B
250. C
251. D
252. A
253. B
254. A
255. C
256. D
257. B
258. C
259. B
260. A
261. C
262. B
263. A
264. D
265. B
266. C
267. C
268. A
269. A
270. A
271. D
272. D
273. A
274. D
275. A
276. B
277. D
278. C
279. A
280. B
281. D
282. C

283. B
284. C
285. C
286. A
287. B
288. B
289. D
290. A
291. C
292. B
293. D
294. A
295. C
296. B
297. D
298. B
299. A
300. C
301. D
302. D
303. B
304. C
305. D
306. B
307. D
308. B
309. A
310. C
311. D
312. B
313. A
314. C
315. D
316. D
317. B
318. A
319. B
320. D
321. C
322. B
323. D
324. A
325. A
326. B
327. B
328. C
329. D
330. C
331. D
332. B
333. B
334. C
335. A
336. B
337. B
338. D
339. C
340. A
341. D
342. C
343. B
344. B
345. A
346. D
347. C
348. A
349. B
350. A
351. C
352. C
353. D
354. B
355. A
356. B
357. D
358. C
359. C
360. B
361. D
362. A
363. D
364. C
365. A
366. B
367. A
368. B
369. C
370. C
371. D
372. C
373. D
374. B
375. A
376. C
377. A
378. A
379. B
380. C
381. B
382. D
383. A
384. B
385. C
386. B
387. D
388. D
389. B
390. A
391. C
392. D
393. B
394. A
395. A
396. C
397. D
398. D
399. B
400. A
401. D
402. C
403. C
404. B
405. B
406. D
407. D
408. A
409. A
410. C
411. C
412. A
413. B
414. A
415. D
416. A
417. C
418. C
419. D
420. B
421. A
422. A
423. B
424. C
425. D
426. A
427. D
428. C
429. D
430. C
431. C
432. C
433. D
434. B
435. A
436. B
437. D
438. A
439. B
440. C
441. B
442. A
443. D
444. B
445. D
446. C
447. D
448. A
449. B
450. C
451. B
452. D
453. D
454. C
455. A
456. B
457. B
458. D
459. A
460. D
461. C
462. A
463. B
464. D
465. A
466. B
467. C
468. B
469. B
470. D
471. D
472. A
473. D
474. C
475. C
476. C
477. B
478. A
479. B
480. D
481. A
482. B
483. D
484. C
485. D
486. A
487. D
488. B
489. B
490. A
491. D
492. C
493. C
494. D
495. A
496. C
497. D
498. D
499. B
500. C

初级

四、多项选择题

1. ABCD
2. ADE
3. BCDE
4. ABCDE
5. BCDE
6. ADE
7. BCD
8. ABCE
9. BDE
10. CDE
11. ABCE
12. ACE
13. ABC
14. BCE
15. AC
16. CE
17. ABE
18. BCD
19. BDE
20. ACD
21. DE
22. BC
23. AB
24. CDE
25. BDE
26. ABCD
27. ABCDE
28. CDE
29. BE
30. BDE
31. AD
32. CDE
33. BDE
34. CDE
35. BD
36. ABCD
37. ABCD
38. ABCD
39. ABCDE
40. AD
41. ABCDE
42. BDE
43. ABC
44. ABC
45. CDE
46. ACE
47. ABCDE
48. ABCD
49. ABCE
50. ACE
51. ABE
52. ABC
53. ABDE
54. ACE
55. AC
56. ABCDE
57. ABCDE
58. ABCDE
59. ABCDE
60. ACE
61. ACDE
62. ABCDE
63. BD
64. ACE
65. ABCDE
66. ADE
67. ABC
68. BC
69. ABCD
70. BDE
71. ABCDE
72. ABCDE
73. ABCD
74. BCE
75. ABCD
76. AB
77. ABCDE
78. ABCDE
79. CD
80. AD
81. AC
82. ABCDE
83. ABCDE
84. ABCD
85. ABCE
86. ABCDE
87. ABD
88. ABCDE
89. ABC
90. ACDE
91. BCE
92. ABCE
93. ACDE
94. ABCE
95. ABDE
96. BCDE
97. ABCDE
98. ABCDE
99. ABCE
100. BCE
101. BCD
102. BC
103. ABCE
104. ABCDE
105. ABCDE
106. ABCD
107. ACE
108. ABCD
109. ACDE
110. ABCDE
111. ABCE
112. ABCDE
113. ABCD
114. ABCD
115. ACDE
116. BCDE
117. ABCDE
118. BCDE
119. ABCDE
120. ABC
121. ABE
122. ABCD
123. ABCD
124. ABCE
125. BCDE
126. ABE
127. BCDE
128. BCD
129. ABCD
130. BCDE
131. ABCDE
132. ABCE
133. AE
134. ACE
135. ABCD
136. AE
137. CD
138. BCE
139. ABCD
140. CD
141. ABCD
142. ABCDE
143. ABCDE
144. ABCDE

145. ABCDE	149. CDE	153. ABCE	157. BCE
146. BCE	150. ACE	154. ABCE	158. ABCD
147. ABCD	151. ABCDE	155. ABCDE	159. ACE
148. ABCDE	152. ABCE	156. BDE	160. ABCE

五、简答题

1. （1）测量前应将卡尺擦干净，量爪贴合后，游标和主尺零线应对齐；（2）测量时，所用的测力应使两量爪刚好接触零件表面为宜；（3）测量时，防止卡尺歪斜；（4）在游标上读数时，避免视线误差。

2. 标准公差是由国家标准规定的，用以确定公差带大小的任一公差。国标规定，对于一定的基本尺寸，其标准公差共有 20 个公差等级。

3. 确定公差带相对于零线位置的上偏差或下偏差，一般为靠近零线的那个偏差叫基本偏差。

4. 偏差是指某一尺寸（实际尺寸、极限尺寸）减去基本尺寸所得的代数差；极限尺寸减去基本尺寸所得的代数差称为极限偏差；实际尺寸减去基本尺寸所得的代数差称为实际偏差。

5. 形位公差是形状公差和位置公差的简称：（1）形状公差是标准规定实际形状误差；（2）位置公差是关联实际要素的位置对基准所允许的变动量。

6. 用正投影的方法，在投影面体系中投影，分别得到三个投影，称为物体的三视图。三视图的投影规律是主视图与俯视图长对正，主视图与左视图高平齐，俯视图与左视图宽相等。

7. 基本尺寸相同的相互结合的孔和轴公差带之间的关系称为配合。（1）具有间隙（包括最小间隙等于零）的配合，称为间隙配合；（2）具有过盈（包括最小过盈等于零）的配合，称为过盈配合；（3）可能具有间隙或过盈的配合，称为过渡配合。

8. 常用螺纹有 4 种：三角螺纹、管螺纹、梯形螺纹、矩形。特点是：（1）三角螺纹根部较大，强度较高，螺纹面间摩擦力大，适用于用连接螺纹；（2）管螺纹是英制三角螺纹，一般用于管道连接；（3）梯形螺纹螺纹牙的剖面为等腰梯形，传动力大，用于各类丝杠；（4）矩形螺纹螺纹牙的剖面为矩形，应用较少。

9. 轴承的功能是支承轴及轴上的回转件，以保证轴的旋转精度，减小轴与支撑件之间的摩擦。根据轴承中摩擦性质的不同，轴承可分为滑动轴承和滚动轴承两大类。

10. 齿轮传动的特点：（1）齿轮传递的功率和速度范围很大；（2）传动比恒定，传动平稳、准确可靠；（3）传动效率高，寿命长；（4）齿轮的种类较多，能满足各种传动形式的需要。

11. 液压传动是以液体作为传动的工作介质，充满密封容积的液体受到挤压而产生压力，依靠密封容积的变化来传递运动，依靠液体内部的压力来传递动力的。

12. 一般液压传动系统除油液外，由下列几个部分组成：（1）动力部分——液压泵将机械能转换为液压能，给液压系统提供压力油源；（2）执行部分——液压缸或液压马达将液压能转换为机械能，输出直线运动或旋转运动；（3）控制部分——控制阀控制液体压力、流量、流速和方向；（4）辅助部分——输送液体、储存液体、过滤液体、密封等。

13. 钻头的分类：钻头有扁钻、中心钻、麻花钻、群钻、特殊用钻等几大类。

初级

14. 凡利用手工工具和钻床、砂轮等专用设备，对金属进行加工或对机器、零部件进行装配、调试的工种称为钳工。

15.（1）丝锥必须与工件表面垂直。（2）开始攻丝时要用一定压力，使丝锥咬进工件孔1～2圈后，应检查垂直度情况，然后均匀地转动铰手。（3）攻丝时，每下转1圈，倒退1/4圈，使切屑碎断后再攻。攻不通孔（盲孔）时，要经常将切屑退出孔外，防止切屑积住丝锥。（4）攻钢件及塑性大的材料时，要加润滑冷却液，提高丝锥寿命和攻丝质量。（5）攻丝过程，应将头、二、三丝锥交替使用以防丝锥折断。

16. 常见的研磨运动轨迹有：（1）直线研磨运动轨迹；（2）摆动式直线研磨运动轨迹；（3）螺旋式研磨运动轨迹；（4）8字形或仿8字形研磨运动轨迹。

17.（1）外观检查：刮好的平面，应有细致而均匀的网纹，不应有刮伤或刮刀深印；（2）检查点子数：点子数是刮削的主要指标之一，可用25 mm×25 mm的检查框检查，粗刮平面4～6个点子，细刮平面10～14个点子，精刮平面20～25个点子；（3）平直度检查：平直度用框式水平仪或千分表检查其平面的直线性状态。

18. 兆欧表的选择，主要是选择它的电压及测量范围：（1）高压电气设备绝缘电阻要求高，须选用电压高的兆欧表进行测试；低压电气设备内部绝缘材料所能承受的电压不高，为保证设备安全，应选择电压低的兆欧表。（2）选择兆欧表测量范围的原则是不使测量范围过多地超出被测绝缘电阻的数值，以免因刻度较粗而产生较大的读数误差。（3）还要注意有些兆欧表的起始刻度不是零，而是1 MΩ或2 MΩ，这种兆欧表不宜用来测量处于潮湿环境的低压电气设备的绝缘电阻，因为在这种环境中的设备绝缘电阻较小，有可能小于1 MΩ，在仪表上读不到读数，容易认为绝缘电阻为1 MΩ或为零值。

19. 人体不带任何防护设备接触带电体而不发生危险时，这个带电体的电压就是安全电压。我国规定 12 V 电压为安全电压，在空气干燥和条件较好的情况下，安全电压可提高到24 V或36 V。

20. 金属的物理性能主要包括密度、熔点、热膨胀性、导热性、导电性和磁性等。

21. 金属材料的工艺性能是指金属材料在经济条件下，完成各种加工的难易程度，也就是指金属材料是否易于加工成形的性能。

22. 退火是将钢加热到一定温度，保温一定时间，随后缓慢冷却（一般采用随炉冷却的方法）至室温，以获得接近于平衡状态组织的热处理工艺方法。

23. 退火的目的：（1）降低钢的硬度，提高钢的塑性，以便于进行切削加工和冷变形加工；（2）细化晶粒，均匀组织和成分，改善钢的性能，为以后的热处理做组织准备；（3）消除钢中的残余应力，防止变形和开裂。

24. 正火是将钢加热到A_{c3}或A_{ccm}以上，进行完全奥氏体化后，然后在空气中冷却，以获得接近于平衡状态组织的热处理工艺方法。

25. 合金钢的分类为：（1）按化学成分可分为低合金钢、中合金钢、高合金钢；（2）按质量分类可分为优质钢、高级优质钢、特级优质钢；（3）按用途分类可分为合金结构钢、合金工具钢、特殊钢。

26. 合金工具钢与碳素工具钢相比，具有淬透性好、耐磨性好、热硬度高、热处理变形小等优点。

27. 制动是指能够人为地产生列车减速力并控制这个力的大小，从而控制列车减速或阻止它加速运行的过程。

28. 司机操纵制动机进行缓解时，缓解作用沿列车制动管长度方向由前向后逐次传播的现象，称为缓解波。

29. 空气的压力波动沿列车制动管长度方向由前向后传播所形成的波，称为空气波。

30. 稳定性：当制动管减压速率低于某一数值范围时，制动机将不发生制动作用的性能，称为制动机的稳定性。安定性：常用制动时不发生紧急制动作用的性能，称为制动机的安定性。灵敏度：当制动管减压速率达到一定数值范围时，制动机必须产生制动作用的性能，称为制动机的灵敏度。

31. DJKG-A 型空气干燥器是利用干燥剂吸收压力空气中的水分并附有滤清装置过滤机械杂质，为机车与车辆提供干燥、清洁、稳定的压力空气供制动机和气动器械使用。

32.（1）电动排泄阀不动作，活性氧化铝呈现饱和状态；（2）活性氧化铝的加载弹簧压不紧，使活性氧化铝运动加剧。

33. YWK-50-C 型压力控制器的作用是为了将总风缸内压缩空气的压力控制在规定的压力范围内。

34. SS_{4B} 型机车压力控制器的安装与调整方法：（1）打开面板，将压力控制器垂直安装在安装板上，严禁用手拨动或用工具碰撞拨臂，以防改变性能。（2）旋下接头，将外径为 ϕ6 mm 的金属导压管的一端锡焊于接头体然后旋紧接头，使连接管密封，将被控压缩空气经导压管通入波纹管室。（3）将导线连接在接线端子上，机车上使用的压力控制器，导线应接 1 和 3 点。（4）复查安装是否妥贴，装好表盖，接通电源。（5）取下锁紧螺帽，用一字起旋动调节杆，使指针指在所需控制的下限设定值，然后拧紧锁紧螺帽。

35. 神华号交流机车辅助压缩机组由无油双活塞式压缩机、管路系统、冷却器、再生风缸、安全阀、干燥器、加热器组件、电磁阀、细过滤器、空气过滤器、溢流阀、单向阀等组成。

36. SS_{4B} 型机车控制风缸供风时的工作通路如下：

37. 神华号交流机车控制管路系统主要为受电弓、主断路器、高压隔离开关等气动电气设备提供压缩空气。

38. 神华号交流机车辅助压缩机的供风通路如下：

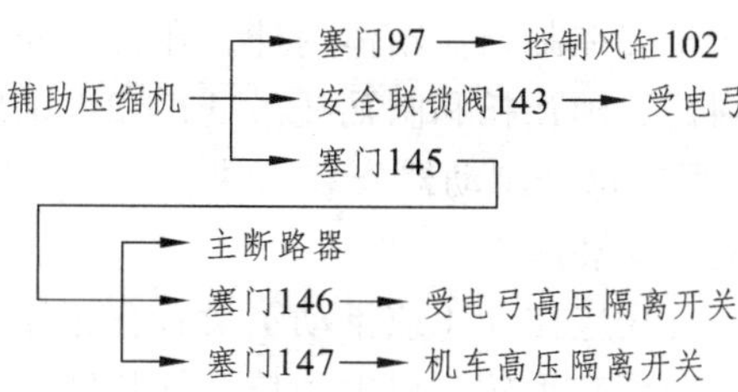

39. 神华号交流机车辅助管路系统主要由撒砂器、高低音喇叭、刮雨器和轮喷等辅助管路及其相应的控制装置和控制塞门等组成。

40.（1）动作性能试验；（2）辅助压缩机工作能力试验；（3）控制管路系统漏泄检查；（4）控制风缸保压检查。

41. 风源系统是机车空气管路系统的基础，它负责产生并提供全车气动器械及制动机所需洁净、干燥和稳定的压缩空气。

42. 机车各阀以及各塞门处于运行状态，总风缸压力升至 900 kPa 时，停止主压缩机组工作，待风压稳定后，空气管路系统的总泄漏量每分钟应不大于 10 kPa（测定时间不少于 3 min）。

43.（1）将操纵端空气制动阀上的电-空转换扳键移至空气位，并将手把移至缓解位；（2）将操纵端空气制动阀下方单独制动调压阀 53 调整其输出压力为列车制动管定压；（3）将电-空制动屏上的电-空转换阀 153 由正常位转向空气位。

44. A 型：手柄位置与管路平行为开通，垂直为关闭；B 型：手柄位置与管路平行为关闭，垂直为开通。

45. 远心集尘器装于列车制动管通往分配阀（或三通阀）的列车支管上，前面装有截断塞门。当打开塞门时，列车制动管的压缩气进入远心集尘器，在集尘器的空腔内产生旋转作用，造成离心力，使杂质从空气中分离出来并沉积于集尘器底部，以较干净的空气进入制动机。

46. 当按正常工作位置安放且其弹簧管内没有外加负荷时，有零位止销的表，指针应靠在止销上，且压住零位分度线，称为零位偏差。

47. 指针在升压与降压过程中，同一压力值的示值差即为来回差。其值不应超过允许基本误差的绝对值。

48. 折角塞门安装在列车制动管与制动软管之间，用以控制车辆之间列车制动管的通路，以及关闭列车尾部的通路和安全摘挂车辆。折角塞门安装后，向里倾斜 30°左右，其手柄与列车制动管成平行位置时为开通位，向外旋转 90°与列车制动管成垂直位置时为关闭位。

49.（1）新装软管或每经使用 3 个月后的软管，均应进行压力试验；（2）先在水槽内进行 600 ~ 700 kPa 风压试验，保持 5 min 无泄漏（表面或边缘发生的气泡在 5 min 内消失者允许使用）；（3）再进行 1 000 kPa 水压试验，保持 2 min 应无泄漏，且软管外径膨胀用卡尺测量，比原尺寸不得超过 8 mm，局部无凸起或膨胀变形；（4）试验后应作记录，并在软管上挂上试验日期牌。

50. 电力机车空气管路的布置一般由底架管路、转向架管路、司机室管路、压缩机管路、控制管路、干燥器管路以及空气管路柜、机车预布管、总风缸安装、压缩机组组装等组成。

51.（1）产生并传递制动原力；（2）将制动原力放大一定的倍数；（3）保证各闸瓦有较一致的闸瓦压力。

52.（1）制动单元各部件均安装在制动器箱体内外，在其内安装制动杠杆和闸瓦间隙自动调整器，其外安装制动缸，闸瓦、闸瓦托和闸瓦托吊杆；（2）采用活塞式制动缸，尺寸为 ϕ178 mm × 48 mm，高摩合成闸瓦，每个制动器安装两块；（3）组装好的制动器作为一个独立部件用螺栓连接在构架的制动器安装座上。

53. 人工调整闸瓦间隙时，首先应拉动（或推动）设置在箱体上的脱钩杆，使棘钩齿尖脱离棘轮轮齿。然后，逆时针方向旋转手轮，以缩短传动杆长度，使闸瓦与车轮踏面之间的间隙增大。反之，顺时针方向旋转手轮，减小闸瓦与车轮之间间隙。

54. 弹簧止轮器作为机车的停车制动装置，用来防止机车在停放时溜行。

55. 制动传动装置将制动原力放大一定倍数后传递到闸瓦装置，形成闸瓦压力，这个将制动原力放大的倍数，称为制动倍率。

56. 在制动时，制动缸活塞杆推力传递至闸瓦的过程中，需要克服缓解弹簧的反力，制动缸活塞与缸壁间的摩擦力，以及制动传动装置各销套间的摩擦力等，所以闸瓦所得到的实际闸瓦压力小于按上述杠杆原理计算的理论闸瓦压力。那么，实际闸瓦压力与理论闸瓦压力比值称为基础制动装置的传动效率。

57. 机车或车辆的闸瓦总压力与该车的总重量的比值叫制动率。制动率是确切地表示机车车辆制动能力的重要数据。

58.（1）多种制动方式协调配合，而且普遍装有防滑器；（2）列车制动操纵控制普遍采用了电控、电磁直通或微机控制电气指令式等更为灵敏、迅速的系统。

59.（1）可以大大减轻车轮踏面的热负荷和机械磨耗；（2）可按制动要求选择最佳“摩擦副”，制动盘可以设计成带散热筋的，旋转时使其具有半强迫通风的作用，以改善散热性能，适用于高速、重载列车；（3）制动平稳，几乎没有噪声。

60. 防滑器的作用是防止在车轮滚动过程中轮轨之间纵向发生严重的相对滑动，以免造成车轮踏面严重擦伤。

61. 机车手制动装置是用来实现机车停放制动的，当机车较长时间停留在轨道上，应对机车进行机械制动，以免机车发生溜车引起事故。

62. SS_{4B} 型机车电-空制动屏柜主要安装有电-空阀、调压阀、总风遮断阀、分配阀、重联阀、电动放风阀、紧急阀、转换阀、压力开关、初制风缸、工作风缸、过充风缸、均衡风缸、双针压力表、DKL 控制箱及各种塞门等。

63. 根据均衡风缸压力变化使作用在活塞膜板两侧的作用力之差产生变化，从而使活塞膜板带动顶杆左、右移动，顶开或关闭排气阀口或供气阀口以连通或切断列车制动管的排风或供风气路，实现列车制动管的充、排风。

64. 主要由膜板活塞、供气机构、排气机构、顶杆、阀座、过充柱塞及其他零部件组成。

65. 当均衡风缸压力减小时，活塞膜板左侧的压力下降，使其产生向左的作用力之差，因此活塞膜板带动顶杆左移，并压缩排气阀弹簧推动排气阀左移，从而打开排气阀口，则列车制动管向大气排风，同时，膜板右侧的压力空气经缩堵、排气阀口向大气排风。

66. 当均衡风缸压力增加时，活塞膜板左侧的压力升高。使其产生向右的作用力之差，因此，活塞膜板带动顶杆右移，并压缩供气阀弹簧推动供气阀右移，从而顶开供气阀口，则由总风遮断阀过来的总风缸压力空气经开启的供气阀口向列车制动管充风，同时总风经缩堵（$\phi1.0$）向活塞膜板右侧充风。

67. 均衡风缸设置目的是以均衡风缸压力变化为标准参量，依此准确地控制列车制动管减压量，从而达到准确控制列车制动力的目的。

68. 双阀口式中继阀活塞膜板两侧沟通，即均衡风缸与制动缸管沟通，则无法在活塞膜板上形成有效作用力之差，从而不能打开其供、排气阀口，人们习惯地称双阀口式中继阀此时处于自锁状态。

69. 根据总风遮断阀管压力变化，从而使遮断阀套带动遮断阀左右移动，开启或关闭遮

初级

断阀口，以连通或切断总风通往双阀口式中继阀供气室的气路。

70. （1）具有良好的稳定性；（2）制动力的不衰减性；（3）工作风缸容积的选配性；（4）制动缸压力的单独控制性。

71. 根据列车制动管压力变化来控制容积室和作用管的充、排风。

72. 根据容积室和作用管压力变化，控制机车制动缸的充、排风。

73. 109 型分配阀均衡活塞主要由上活塞、下活塞、橡胶膜板及橡胶密封圈等组成。

74. 紧急增压阀用于紧急制动时，使总风向容积室迅速充风，从而使机车制动缸压力迅速升高，以实现紧急制动。

75. 根据增压阀所受到的作用力之差，使增压阀在阀套中上、下移动，由柱塞凹槽连通或切断总风向容积室迅速充风的气路。

76. （1）电-空位，单独控制机车的制动、缓解与保压；（2）空气位，控制全列车的制动、缓解与保压。

77. 操纵手柄、凸轮机构、单独缓解阀、微动开关、接线座、转换柱塞、作用柱塞、定位机构及阀体等部件组成。

78. 电-空转换阀用于控制电-空位与空气位之间的转换，以实现 DK-1 型电-空制动机正常运行和故障运行的转换。

79. 电动放风阀是接受紧急电-空阀的控制，经其动作后，连通或关断列车制动管的放风气路，从而控制紧急制动的实施。

80. 紧急阀的作用是在紧急制动时加快列车制动管的排风，提高紧急制动灵敏度和紧急制动波速，同时接通列车分离保护电路，使列车紧急制动的作用更可靠。

81. 当列车制动管压力升高时，活塞膜板下侧压力上升的速度大于上侧的，即活塞膜板产生向上的作用力之差，并带动活塞杆上移至上端，关闭放风阀口，从而切断列车制动管的放风气路；同时，顶杆不压缩微动开关 95SA，使其断开电路 838—839。与此同时，列车制动管经缩孔Ⅰ、Ⅱ向紧急室缓慢充风，直至两者压力相等为止。

82. 因为缓解时，列车制动管是由总风经双阀口式中继阀的供气阀口得到充风的，而紧急制动后 15 s 内，紧急阀放风阀口开启所连通的列车制动管放风气路，大于双阀口式中继阀供气阀口开启所连通的列车制动管充风气路，所以，若此时进行缓解操纵，则列车制动管不能得到可靠充风，即制动系统不能实现可靠缓解。

83. 当司机操纵电-空制动控制器时，通过控制相关电路的闭合与断开，产生电信号，来控制全列车制动系统进行制动、缓解与保压。

84. （1）过充位：使列车缓解充风，以高出列车制动管定压 30 ~ 40 kPa 的充风压力快速充风缓解，机车保压；（2）运转位：机车车辆同时缓解；（3）中立位：机车车辆保压；（4）制动位：机车车辆制动；（5）重联位：无控制作用，受本务机车的控制；（6）紧急位：机车车辆紧急制动。

85. 当励磁线圈得电时，励磁线圈所产生的电磁力推动动铁芯、芯杆、上阀门、阀杆、下阀门压缩弹簧下移，从而关闭上阀口，并开启下阀口，连通输入口与输出口间的气路。

86. 重联阀的重联阀部由重联活塞、活塞杆、重联阀弹簧、阀套、O 形圈、止回阀及止回阀弹簧等组成。

87. 调压阀是为满足空气管路系统内不同气路整定压力并保证稳定的供给而设置的。

88. 根据膜板上、下两侧，调整弹簧与中央气室内压力空气之间的作用力之差，联动阀杆上下移动，开启或关闭进气阀口，以控制出风口处的空气压力保持某一数值。

89. 转换阀主要由阀体、阀套、转换按钮、偏芯杆、和柱塞阀等组成。

90. 分水滤气器用来过滤压力空气中的油分和水分，以保证压力空气的干燥、清洁，确保制动机的稳定性能和可靠地工作。

91. TSG3-630/25 型受电弓主要由底架部分、铰链机构、弓头部分、传动机构和控制机构等组成。

92. TSG15B 型受电弓的气阀板由升弓电磁阀、空气过滤器、调压阀、节流阀、安全阀和压力开关等组成。

93. TSG15B 型受电弓自动降弓装置的作用是受电弓滑板破裂、磨耗到限或管路泄漏时，气囊将通过快排阀排气，从而实现受电弓自动降弓。

94. 无负载启动电-空阀用于在主空气压缩机启动之初，排放主空气压缩机出风管与止回阀之间的压力空气，以改善主空气压缩机的启动工况。

95. 缓冲阀是通过控制进、出传动风缸的压缩空气流量，控制受电弓升、降弓动作的快慢。

96. 门联锁阀的作用是只有在两侧高压区的门关闭到位，才能转动门联锁杆到正确的位置，受电弓也只有在两个串联的门联锁阀已正常作用下获得风源而升起，一旦门联锁已作用，就无法再开动两侧高压区的门，从而确保在升弓条件下，任何人无法进入高压区，保障人身及设备安全。

97.（1）紧急阀安装牢固，阀垫不得破损，接头不得泄漏；（2）紧急阀微动开关接线牢固，作用良好；（3）换修紧急阀后应按八步闸试验标准试验，符合相应的技术要求。

98. SS_{4B}型机车 DK-2 型电-空制动机 EP 模块主要由制动高速电-空阀、缓解高速电-空阀、保护电-空阀、过滤芯、控制缩堵、密封垫和模块座等组成。

99. 神华号交流机车 DK-2 型电-空制动机转换空气位的方法：（1）司机室设置：将操纵节司机室后备制动模块上的后备制动塞门置打开位；（2）制动柜塞门设置：将操纵节制动柜上的转换阀 153 由正常位转到空气位；（3）低压电器柜设置：将操纵节低压电器柜“DK2 BCU”自动开关置断开位；（4）试闸：操作后备制动控制手柄，对机车进行制动和缓解，按压后备制动单缓按钮可以单缓机车制动。

100. 神华号交流机车 DK-2 型电-空制动机制动控制单元 BCU 由一块 PWM 板、一块输入板、两块输出板、一块控制板、一块模拟板、一块电源板组成。

初级

初级

【实作技能】

实作 1　电力机车制动钳工

一、准备通知单

1. 材料准备

序号	名称	规格	数量	备注
1	冷拔钢	ϕ12 mm×150 mm	1 根/人	适量

2. 设备准备

序号	名称	规格	数量	备注
1	钳台		1 台	
2	台虎钳		1 台	

3. 工具、量具准备

序号	名称	规格	数量	备注
1	划针		1 个	
2	锉刀	中扁锉	1 把	
3	板牙扳手	38 mm	1 把	
4	板牙	M12	1 个	
5	锯弓锯条	300 mm	1 副	锯条适量备用
6	游标卡尺	0～150 mm	1 把	精度 0.02
7	直钢尺	0～150 mm	1 把	

4. 图样（见图 1-1）

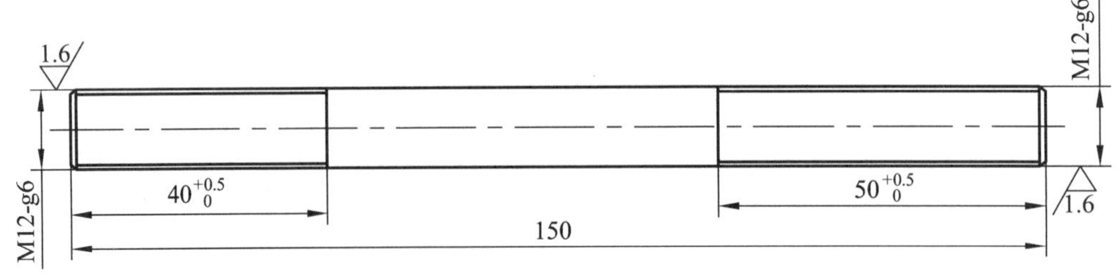

图 1-1

二、考核内容及要求

1. 考核内容：按图要求套螺纹

2. 分值：100 分

3. 考核时间

（1）准备时间 10 min，正式操作时间 50 min。

（2）规定时间内全部完成，每超时 1 min，从总分中扣 2 分；总超时 10 min，停止作业。

4. 工作时要求工件、工/量/卡具摆放整齐，正确使用工/卡/量具。

三、操作要领及要求

（1）在准备时间内，对材料、设备、工具、场地进行清点、检查，是否符合本题所给定的条件；

（2）划线：用划针画出螺纹终止线。

（3）锯切：注意留出锉削加工余量。

（4）锉削：使各加工面达规定技术要求。

四、操作安全注意事项

（1）操作时应穿戴工作服，做好必要的安全防护措施。

（2）必须按安全操作规程进行作业。

（3）工作完毕后，收放好工具、量具，擦洗设备、清理工作台及工作场所，精密量具应仔细擦净存放在盒子里。

五、考核评分标准

序号	项目	配分	考核内容及评分标准
1	准备工作	10 分	1. 按规定穿戴劳动保护用品，否则每项扣 5 分
			2. 材料、工具准备齐全，能满足本次考试需求，否则每少一件扣 5 分
2	操作技能	60 分	1. 尺寸精度 $40_{0}^{+0.50}$ mm 一项，超差扣 10 分
			2. 尺寸精度 $50_{0}^{+0.50}$ mm 一项，超差扣 10 分
			3. 两端螺纹不得出现烂牙，每出现一处扣 5 分
			4. 螺纹粗糙度 Ral.6μm（2 处/5 分），每处 Ra 值大 1 级扣 1 分
			5. 超过时间者，每分钟扣 2 分，总超时 10 min，停止作业
3	工具设备使用	20 分	1. 开工前不检查工、量具及设备，收工时不清理工作现场，每处扣 3 分
			2. 工/量具及设备使用不当，每处扣 3 分
			3. 工/量具脱落，每次扣 5 分
			4. 工具、量具使用、保养不当造成损坏，失格
4	安全生产及其他	10 分	1. 作业过程中发生人身轻伤及以上事故，失格
			2. 违章或违反安全事项，每处扣 5 分
			3. 违反考试纪律或不服从裁判自行中断考试，失格
			4. 工作场地不整洁，工件、工具摆放不整齐，每处扣 2 分
总成绩＝1＋2＋3＋4＝			

初级

实作 2　更换软管及试验软管的气密性

一、准备通知单：材料、工具准备

序号	名称	规格	数量	备注
1	列车制动管		1 根	经风压、水压试验合格
2	总风管		1 根	经风压、水压试验合格
3	平均管		2 根	经风压、水压试验合格
4	生料带		自定	满足需要
5	防尘堵		4 个	
6	白布		1 块	适量
7	肥皂水		适量	
8	毛刷		1 个	
9	专用扳手	55 mm、27 mm	各 1 把	

二、考核内容及要求

1. 考核项目：更换软管及试验软管的气密性

2. 分值：100 分

3. 考核时间

（1）准备时间 10 min，正式操作时间 15 min。

（2）规定时间内全部完成，每超时 1 min，从总分中扣 3 分；总超时 5 min 停止作业。

4. 正确使用工具。

三、检修技术标准

1. 各软管安装后，确保连接器角度正确。

2. 性能试验符合要求。

四、操作工序及要求

1. 拆装软管前确保各折角塞门在关闭位。

2. 拆下的软管和准备上车的软管分开摆放。

3. 安装软管时要确保连接器的角度正确。

4. 各软管装上防尘堵，打开折角塞门为试验做好准备。

5. 气密性试验。

（1）总风管气密性试验：用肥皂水检查不得有漏泄，检查结束后关闭其折角塞门。

（2）列车制动管气密性试验：给机车充风，待列车制动管达到定压后，用肥皂水检查列车制动管接头处不得有漏泄。试验结束，机车实施紧急制动，待列车制动管压力降到零后，关闭折角塞门。

（3）平均管气密性试验：用肥皂水检查平均管接头处不得有漏泄，检查结束后，关闭其折角塞门。

6. 拆下所有的防尘堵，将所有的软管用铁链挂起。

五、操作安全注意事项

1. 检修时应穿戴工作服，做好必要的安全防护措施。

2. 按检修规程进行检修。

3. 拆卸软管时，确保各折角塞门在关闭位。

4. 拆卸前，拆下所有的防尘堵，排净余风后才可作业。

5. 拆装软管时，必须站在渡板上，不得站在地沟边缘作业。

六、考核评分标准

序号	项目	配分	考核内容及评分标准
1	准备工作	10 分	1. 按规定穿戴劳动保护用品，否则每项扣 5 分
			2. 材料、工具准备齐全，能满足本次考试需求，否则每少一件扣 5 分
2	操作技能	70 分	1. 拆装、检查、试验方法正确，不当或错误每处扣 4 分
			2. 工序错误，每处扣 6 分
			3. 漏拆、漏检、漏修，每处扣 6 分
			4. 工具、部件脱落损伤，每处扣 4 分
			5. 口述内容有遗漏、错误，每处扣 4 分
			6. 工作中返工，每项扣 10 分
			7. 作业后未按要求恢复、整理，每处扣 3 分
			8. 工艺要求，质量不符合规定，每处扣 4 分
			9. 未试验扣 20 分，试验操作不当每处扣 5 分，试验不合格扣 15 分
			10. 超过时间者，每分钟扣 3 分，总超时 5 min，停止作业
3	工具设备使用	10 分	1. 开工前不检查工具及配件，收工时不清理，每处扣 3 分
			2. 工具使用不当，每处扣 3 分
			3. 工具脱落，每次扣 3 分
			4. 工具使用、保养不当造成损坏失格
4	安全生产及其他	10 分	1. 作业过程中发生人身轻伤及以上事故失格
			2. 违章或违反安全事项，每处扣 5 分
			3. 违反考试纪律或不服从裁判自行中断考试失格
			4. 工作场地不整洁，配件、工具摆放不整齐，每处扣 2 分
总成绩 = 1 + 2 + 3 + 4 =			

初级

实作 3　更换折角塞门及试验气密性

一、准备通知单：材料、工具准备

序号	名称	规格	数量	备注
1	折角塞门		1 个	
2	生料带		自定	满足需要
3	防尘堵		1 个	
4	白布		1 块	适量
5	肥皂水		适量	
6	毛刷		1 个	
7	专用扳手	55 mm	1 把	
8	管钳	300 mm	1 把	

二、考核内容及要求

1. 考核项目：更换折角塞门及试验气密性

2. 分值：100 分

3. 考核时间

（1）准备时间：5 min，正式操作时间 15 min。

（2）规定时间内全部完成，每超时 1 min，从总分中扣 3 分；总超时 3 min 停止作用。

4. 正确使用工具。

三、检修技术标准

1. 各部无泄漏，各作用位置作用良好。

2. 塞门安装角度正确，塞门口向里倾斜 30°。

3. 气密性试验符合要求。

四、操作工序及要求

1. 拆卸折角塞门时，先确认列车制动管内无压力空气，然后打开折角塞门排净余风。

2. 拆下列车制动软管，合理摆放。

3. 拆下折角塞门，在列车制动管丝扣处缠上生料带（生料带必须离管端大于 5 mm 处开始顺时针方向缠绕），装上备件，确保塞门口向里倾斜 30°。

4. 装上列车制动软管及防尘堵，关闭折角塞门。

5. 气密性试验。

（1）折角塞门关闭位气密性试验：给机车充风待列车制动管达到定压后，用肥皂水检查折角塞门接头与放风口不得有漏泄。

（2）折角塞门开通位气密性试验：给机车充风待列车制动管达到定压后，用肥皂水检查列车制动管与折角塞门接头处及放风口不得有漏泄。试验结束，机车实施紧急制动，待列车制动管压力降到零后，关闭折角塞门。

6. 拆下列车制动软管的防尘堵，将软管用铁链挂起。

五、操作安全注意事项

1. 检修时应穿戴工作服，做好必要的安全防护措施。

2. 必须按检修规程进行检修。

3. 拆卸折角塞门时，确保管内的余风排净。

4. 拆装软管时，必须站在渡板上，不得站在地沟边缘作业。

六、考核评分标准

序号	项目	配分	考核内容及评分标准
1	准备工作	10 分	1. 按规定穿戴劳动保护用品，否则每项扣 5 分
			2. 材料、工具准备齐全，能满足本次考试需求，否则每少一件扣 5 分
2	操作技能	70 分	1. 拆装、检查方法正确，不当或错误每处扣 4 分
			2. 工序错误，每处扣 6 分
			3. 漏拆、漏检、漏修，每处扣 6 分
			4. 工具、部件脱落损伤，每处扣 4 分
			5. 口述内容有遗漏、错误，每处扣 4 分
			6. 工作中返工，每项扣 10 分
			7. 作业后未按要求恢复、整理，每处扣 3 分
			8. 工艺要求，质量不符合规定，每处扣 4 分
			9. 未试验扣 20 分，试验操作不当每处扣 5 分，试验不合格扣 15 分
			10. 超过时间者，每分钟扣 3 分，总超时 3 min，停止作业
3	工具设备使用	10 分	1. 开工前不检查工具及配件，收工时不清理现场，每处扣 3 分
			2. 工具使用不当，每处扣 3 分
			3. 工具脱落，每次扣 3 分
			4. 工具使用、保养不当造成损坏失格
4	安全生产及其他	10 分	1. 作业过程中发生人身轻伤及以上事故失格
			2. 违章或违反安全事项，每处扣 5 分
			3. 违反考试纪律或不服从裁判自行中断考试失格
			4. 工作场地不整洁，配件、工具摆放不整齐，每处扣 2 分
总成绩 = 1 + 2 + 3 + 4 =			

初级

实作 4 球芯折角塞门检修及试验

一、准备通知单

1. 材料准备

序号	名称	规格	数量	备注
1	球芯折角塞门		1 个	待修
2	橡胶密封垫		自定	满足需要
3	球芯折角塞门零配件		2 套	良好
4	硅脂		适量	
5	清洗剂		适量	
6	白布		1 张	
7	毛刷		1 个	
8	清洗盘		1 个	
9	记名检修本		1 本	
10	中性笔		支	

2. 设备、工具、量具准备

序号	名称	规格	数量	备注
1	钳工工作台		1 台	
2	塞门分解组装试验台		1 台	
3	台钻		1 台	
4	钻头	ϕ3 mm、ϕ4 mm ϕ5 mm	各 1 个	
5	呆扳手	18 mm	1 把	
6	圆冲		1 把	
7	通针		1 只	
8	手锤		1 把	

二、考核内容及要求

1. 考核项目：球芯折角塞门检修及试验

2. 分值：100 分

3. 考核时间

（1）准备时间：10 min，正式操作时间 25 min。

（2）规定时间内全部完成，每超时 1 min，从总分中扣 2 分；总超时 5 min，停止作业。

4. 正确使用工、卡、量具。

5. 按要求填写检修记录。

三、检修技术标准

1. 各部无泄漏，各作用位置作用良好，塞门芯不许有拉伤，塞门手柄转动灵活，手柄挡作用很好。

2. 橡胶元件不许有老化、裂损、变形。

3. 各部件清洗清洁。

4. 转轴顶部开通线应清晰。

5. 性能试验符合要求。

四、操作工序及要求

1. 解体前检查

（1）外观检查折角塞门，应无裂损，开通线应清晰、准确。

（2）转动操纵手柄各位置，应灵活。

2. 解体

（1）卸下操纵手柄，使手柄与塞门分离。

（2）分解塞门体，检查塞门芯子工作面磨耗情况，不良处所作记录，重点检修。

（3）取出橡胶件，分解塞门芯、转轴。

3. 清洗

将解体后的零件，除橡胶件外（包括阀体）置油盘中，用清洗剂清洗。清洗后再用压缩空气吹扫干净，对塞门体内部必须认真吹扫，内部不得有残余油垢及异物。吹扫干净的零件按拆卸顺序依次摆放在洁净的工作台面上待查。

4. 检修

（1）塞门体：

① 塞门体无裂损，螺纹良好，体内清洁、干燥，无残余油垢及异物；

② 塞门体有裂纹或螺纹丝扣乱扣、体磨损严重应更换。

（2）球芯球体表面如有划痕、镀层脱落等影响性能的缺陷时应更换。

（3）更新橡胶密封垫和 O 形密封圈。

（4）转轴无变形、裂损，顶部开通线应清晰，无开通线应加工。

5. 组装

（1）球芯球体表面周围涂以适量的硅脂，然后装于塞门体的橡胶密封垫圈上，轴的 O 形密封圈涂适量的硅脂，并用螺栓平均紧固。

（2）塞门手柄安装插销后须牢固，不得用开口销或半截插销。

（3）塞门手柄与塞门体平行为开通位置。

6. 试验

（1）塞门装于试验台上，手柄置于开通位，堵住出口，通以 600 ~ 700 kPa 风压，在塞门体各接合处涂肥皂水，不得漏泄；然后将出口开通，将手柄开闭 4～5 次后关闭，以 600～700 kPa 风压试验，在通风口上涂上肥皂水，10 s 肥皂泡不破裂为合格。

（2）塞门手柄开闭作用应灵活。

五、操作安全注意事项

1. 检修时应穿戴工作服，做好必要的安全防护措施。

2. 必须按检修规程进行检修。

3. 在试验台上拆装配件时，首先关闭相应的截断塞门，排净部件及相应管路内的余压后再进行拆卸。

六、考核评分标准

序号	项目	配分	考核内容及评分标准
1	准备工作	10 分	1. 按规定穿戴劳动保护用品，否则每项扣 5 分
			2. 材料、工具准备齐全，能满足本次考试需求，否则每少一件扣 5 分
2	操作技能	70 分	1. 操作、检查、调整方法正确，不当或错误每处扣 4 分
			2. 工序错误，每处扣 6 分
			3. 漏拆、漏检、漏修，每处扣 6 分
			4. 零部件脱落损伤，每处扣 4 分
			5. 口述内容有遗漏、错误，每处扣 4 分
			6. 工作中返工，每项扣 10 分
			7. 作业后未按要求恢复、整理，检修记录漏填、错填，每处扣 2 分
			8. 按工艺要求，质量不符合规定，每处扣 4 分
			9. 未试验扣 20 分，试验操作不当每处扣 5 分，试验不合格扣 15 分
			10. 超过时间者，每分钟扣 2 分，总超时 5 min，停止作业
3	工具设备使用	10 分	1. 开工前不检查工、量具及设备，收工时不清理工作现场，每处扣 3 分
			2. 工、量具及设备使用不当，每处扣 3 分
			3. 工、量具脱落，每次扣 3 分
			4. 工具、量具使用、保养不当造成损坏失格
4	安全生产及其他	10 分	1. 作业过程中发生人身轻伤及以上事故失格
			2. 违章或违反安全事项，每处扣 5 分
			3. 违反考试纪律或不服从裁判自行中断考试失格
			4. 工作场地不整洁，工件、工具摆放不整齐，每处扣 2 分
总成绩＝1＋2＋3＋4＝			

实作 5 更换止回阀及试验气密性

一、准备通知单：设备、材料、工具准备

序号	名称	规格	数量	备注
1	台钳	>125 mm	1 台	
2	止回阀		1 个	
3	生料带		自定	满足需要
4	白布		1 块	适量
5	肥皂水		适量	
6	毛刷		1 个	
7	专用扳手	55 mm、60 mm	各 1 把	
8	管钳	300 mm	1 把	
9	呆扳手	16 ~ 18 mm	1 把	

二、考核内容及要求

1. 考核项目：更换止回阀及试验气密性

2. 分值：100 分

3. 考核时间

（1）准备时间：5 min，正式操作时间 20 min。

（2）规定时间内全部完成，每超时 1 min，从总分中扣 3 分；总超时 5 min 停止作业。

4. 正确使用工具。

三、操作工序及要求

1. 拆卸止回阀时，先关闭总风缸塞门 111，排净管路余风后方可作业。

2. 拧开接头螺母，拧松总风管卡子，取下止回阀。

3. 在钳台上将止回阀接头拧下。

4. 接头缠绕适量生料带后，装于备品止回阀上并紧固。

5. 装上止回阀紧固接头螺母（安装时，必须注意箭头方向与管路流向一致，且垂直安装），并紧固总风管卡子。

6. 气密性试验：压缩机处于工作状态时，用肥皂水检查各接头处不得有漏风现象。

四、操作安全注意事项

1. 检修时应穿戴工作服，做好必要的安全防护措施。

2. 必须按检修规程进行检修。

3. 拆卸止回阀时，确保其管路内的余风排净。

4. 气密性试验时，必须遵守压缩机打风安全注意事项。

五、考核评分标准

序号	项目	配分	考核内容及评分标准
1	准备工作	10分	1. 按规定穿戴劳动保护用品，否则每项扣5分
			2. 材料、工具准备齐全，能满足本次考试需求，否则每少一件扣5分
2	操作技能	70分	1. 拆装、检查方法正确，不当或错误每处扣4分
			2. 工序错误，每处扣6分
			3. 漏拆、漏检、每处扣6分
			4. 工具、部件脱落损伤，每处扣4分
			5. 口述内容有遗漏、错误，每处扣4分
			6. 工作中返工，每项扣10分
			7. 作业后未按要求恢复、整理，每处扣3分
			8. 工艺要求，质量不符合规定，每处扣4分
			9. 未试验扣20分，试验操作不当每处扣5分，试验不合格扣15分
			10. 超过时间者，每分钟扣3分，总超时5 min，停止作业
3	工具设备使用	10分	1. 开工前不检查工具及配件，收工时不清理现场，每处扣3分
			2. 工具使用不当，每处扣3分
			3. 工具脱落，每次扣3分
			4. 工具使用、保养不当造成损坏失格
4	安全生产及其他	10分	1. 作业过程中发生人身轻伤及以上事故失格
			2. 违章或违反安全事项，每处扣5分
			3. 违反考试纪律或不服从裁判自行中断考试失格
			4. 工作场地不整洁，配件、工具摆放不整齐，每处扣2分
总成绩＝1＋2＋3＋4＝			

实作 6　电力机车制动钳工

一、准备通知单

1. 材料准备

序号	名称	规格	数量	备注
1	止回阀		1 个	待修
2	橡胶密封垫		自定	满足需要
3	阀芯		1 个	良好
4	硅脂		适量	
5	清洗剂		适量	
6	白布		1 张	适量
7	毛刷		1 个	
8	清洗盘		1 个	
9	砂布	00 号	适量	
10	记名检修本		1 本	
11	中性笔		1 支	

2. 设备、工具、量具准备

序号	名称	规格	数量	备注
1	钳工工作台		1 台	
2	台钳	>125 mm	1 台	
3	风压试验台	900 kPa	1 台	
4	呆扳手	22 ~ 24 mm	1 把	
5	内径千分尺	25 ~ 50 mm	1 把	
6	外径千分尺	25 ~ 50 mm	1 把	
7	专用扳手	30 mm	1 把	
8	尖嘴钳		1 把	

二、考核内容及要求

1. 考核项目：止回阀检修及试验

2. 分值：100 分

3. 考核时间

（1）准备时间 10 min，正式操作时间 15 min。

（2）规定时间内全部完成，每超时 1 min，从总分中扣 2 分；总超时 5 min，停止作业。

4. 正确使用工/卡/量具。

5. 按要求填写检修记录。

三、检修技术标准

1. 各部无泄漏，各作用位置作用良好，阀芯不许有拉伤，阀套配合紧固无松动脱落，阀套工作面不得有偏磨、阶段磨。

2. 橡胶元件不许有老化、裂损、变形。

3. 各部件清洗清洁；

4. 阀芯有锈蚀、磨坑时，可用砂布打磨，阀芯与阀套磨耗量< 0.2 mm。

5. 性能试验符合要求。

四、操作工序及要求

1. 解体前检查：外观检查止回阀，阀体无破损，指示箭头清晰、正确，接口螺纹良好。

2. 解体：将止回阀放在钳台上夹好，卸下止回阀盖，取出阀芯。

3. 清洗：将解体后的各部件及阀体放入清洗盘中，用清洗剂清洗。清洗后再用压缩空气吹扫干净，对阀体内部必须认真吹扫，内部不得有残余油垢及异物。吹扫后的各部件用白布擦拭干净，按拆卸顺序依次摆放在洁净的工作台面上待查。

4. 检修

（1）阀体：

① 阀体无裂损，螺纹良好，体内清洁、干燥，无残余油垢及异物。

② 阀体有裂纹或螺纹丝扣乱扣、阀套磨损严重应更换。

（2）阀芯不得有偏磨、阶段磨，轻微锈蚀、麻坑可用砂布打磨处理，过量磨耗时更换。

（3）测量阀芯与阀套的配合间隙应小于 0.2 mm，超量时更换。

（4）检修好的各部件用干燥的压缩空气吹干，并用白布擦拭干净。

5. 组装：阀套、阀芯工作表面涂以适量的硅脂，然后将阀芯装入阀体内，上下拉动阀芯应动作灵活、无卡滞现象，装上阀盖并紧固。

6. 试验：将止回阀反方向安装在风压试验台的风源接头上试验，止回阀不得有漏风现象。

五、操作安全注意事项

1. 检修时应穿戴工作服，做好必要的安全防护措施。

2. 必须按检修规程进行检修。

3. 在试验台上拆装配件时，首先关闭相应的截断塞门，排净部件及相应管路内的余压后再进行拆卸。

六、考核评分标准

序号	项目	配分	考核内容及评分标准
1	准备工作	10 分	1. 按规定穿戴劳动保护用品，否则每项扣 5 分
			2. 材料、工具准备齐全，能满足本次考试需求，否则每少一件扣 5 分
2	操作技能	70 分	1. 操作、检查、调整方法正确，不当或错误每处扣 4 分
			2. 工序错误，每处扣 6 分
			3. 漏拆、漏检、漏修，每处扣 6 分
			4. 零部件脱落损伤，每处扣 4 分
			5. 口述内容有遗漏、错误，每处扣 4 分

续表

序号	项目	配分	考核内容及评分标准
2	操作技能	70 分	6. 工作中返工，每项扣 10 分
			7. 作业后未按要求恢复、整理，检修记录漏填、错填，每处扣 2 分
			8. 工艺要求，质量不符合规定，每处扣 4 分
			9. 未试验扣 20 分，试验操作不当每处扣 5 分，试验不合格扣 15 分
			10. 超过时间者，每分钟扣 2 分，总超时 5 min，停止作业
3	工具设备使用	10 分	1. 开工前不检查工/量具及设备，收工时不清理工作现场，每处扣 3 分
			2. 工/量具及设备使用不当，每处扣 3 分
			3. 工/量具脱落，每次扣 3 分
			4. 工具、量具使用、保养不当造成损坏失格
4	安全生产及其他	10 分	1. 作业过程中发生人身轻伤及以上事故失格
			2. 违章或违反安全事项，每处扣 5 分
			3. 违反考试纪律或不服从裁判自行中断考试失格
			4. 工作场地不整洁，工件、工具摆放不整齐，每处扣 2 分
总成绩 = 1 + 2 + 3 + 4 =			

实作 7 更换门联锁阀及试验气密性

一、准备通知单

设备、材料、工具准备。

序号	名称	规格	数量	备注
1	门联锁阀		1 个	
2	生料带		自定	满足需要
3	白布		1 块	适量
4	肥皂水		适量	
5	毛刷		1 个	
6	呆扳手	13 mm、27 mm、32 mm	各 1 把	
7	呆扳手	16 ~ 18 mm	2 把	

二、考核内容及要求

1. 考核项目：更换门联锁阀及试验气密性

2. 分值：100 分

3. 考核时间

（1）准备时间：5 min，正式操作时间 20 min。

（2）规定时间内全部完成，每超时 1 min，从总分中扣 3 分；总超时 5 min 停止作业。

4. 正确使用工具。

三、操作工序及要求

1. 松开连接风管螺母，拆下门联锁接头，放置整齐。

2. 卸下门联锁阀座固定螺栓，取下门联锁阀及座。

3. 将门联锁阀与座分离。

4. 将备品门联锁阀安装在座上，并紧固安装螺杆。

5. 将门联锁阀及座安装在车体上，并紧固固定螺栓。

6. 接头缠绕适量生料带后，装于门联锁阀上并紧固，装上连接风管并紧固。

7. 气密性试验：关好各高压室、变压器室门，拉下门联锁联杆，一人手按 287YV 使门联锁阀动作，另一人用肥皂水检查各接头处不得有漏风现象；使联锁阀反复动作，动作应灵活不得有卡滞现象。

四、操作安全注意事项

1. 检修时应穿戴工作服，做好必要的安全防护措施。

2. 必须按检修规程进行检修。

3. 试验时，必须将电钥匙收好，并在操纵台放置禁动牌，防止误动升弓。

五、考核评分标准

序号	项目	配分	考核内容及评分标准
1	准备工作	10 分	1. 按规定穿戴劳动保护用品，否则每项扣 5 分
			2. 材料、工具准备齐全，能满足本次考试需求，否则每少一件扣 5 分
2	操作技能	70 分	1. 拆装、检查方法正确，不当或错误每处扣 4 分
			2. 工序错误，每处扣 6 分
			3. 漏拆、漏检、每处扣 6 分
			4. 工具、部件脱落损伤，每处扣 4 分
			5. 口述内容有遗漏、错误，每处扣 4 分
			6. 工作中返工，每项扣 10 分
			7. 作业后未按要求恢复、整理，每处扣 3 分
			8. 工艺要求，质量不符合规定，每处扣 4 分
			9. 未试验扣 20 分，试验操作不当每处扣 5 分，试验不合格扣 15 分
			10. 超过时间者，每分钟扣 3 分，总超时 5 min，停止作业
3	工具设备使用	10 分	1. 开工前不检查工具及配件，收工时不清理现场，每处扣 3 分
			2. 工具使用不当，每处扣 3 分
			3. 工具脱落，每次扣 3 分
			4. 工具使用、保养不当造成损坏失格
4	安全生产及其他	10 分	1. 作业过程中发生人身轻伤及以上事故失格
			2. 违章或违反安全事项，每处扣 5 分
			3. 违反考试纪律或不服从裁判自行中断考试失格
			4. 工作场地不整洁，配件、工具摆放不整齐，每处扣 2 分
总成绩 = 1 + 2 + 3 + 4 =			

实作 8　门联锁阀检修及试验

一、准备通知单

1. 材料准备

序号	名称	规格	数量	备注
1	门联锁阀		1 个	待修
2	橡胶密封垫		自定	满足需要
3	皮碗		自定	良好
4	O 形密封圈		自定	良好
5	硅脂		适量	
6	清洗剂		适量	
7	白布		1 张	适量
8	毛刷		2 个	
9	清洗盘		1 个	
10	肥皂水		适量	
11	记名检修本		1 本	
12	中性笔		1 支	

2. 设备、工具、量具准备

序号	名称	规格	数量	备注
1	钳工工作台		1 台	
2	门联锁阀试验台		1 台	
3	钢直尺	150 mm	1 把	
4	棘轮扳手		1 把	
5	棘轮头	13 mm、18 mm	各 1 个	
6	呆扳手	16 ~ 18 mm	1 把	
7	一字螺丝刀	200 mm	1 把	
8	钢针		1 只	

二、考核内容及要求

1. 考核项目：门联锁阀检修及试验

2. 分值：100 分

3. 考核时间

（1）准备时间：10 min，正式操作时间 25 min。

（2）规定时间内全部完成，每超时 1 min，从总分中扣 2 分；总超时 5 min，停止作业。

4. 正确使用工、卡、量具。

5. 按要求填写检修记录。

三、检修技术标准

1. 各部无泄漏，各作用位置作用良好。

2. 橡胶元件不许有老化、裂损、变形。

3. 弹簧不许有严重锈蚀、断裂及永久变形。

4. 缸体活塞摩擦部不得有拉伤，圆柱度误差不大于 0.3 mm。

5. 各部件清洗清洁，各气路畅通。

6. 性能试验符合要求。

四、操作工序及要求

1. 解体前检查

外观检查门联锁阀，阀体无破损，接口螺纹良好。

2. 解体

拆下门联锁阀盖，拧下螺母，依次取出前压板、皮碗、后压板、弹簧、阀杆 O 形密封圈、套、阀杆。

3. 清洗

将解体后的各部件（除橡胶件外）及阀体放入清洗盘中，用清洗剂清洗。清洗后再用压缩空气吹扫干净，对阀体内部各孔须认真吹扫，内部不得有残余油垢及异物。吹扫后的各部件用白布擦拭干净，按拆卸顺序依次摆放在洁净的工作台面上待查。

4. 检修

（1）阀体：

① 阀体无裂损，螺纹良好，体内清洁、干燥，无残余油垢及异物；

② 阀体活塞工作面不得有拉伤、圆柱度误差不大于 0.3 mm；

③ 阀体有裂纹或螺纹丝扣乱扣、内工作面磨损严重应更换。

（2）阀杆、阀套、压板、弹簧不得有裂纹、损伤和变形现象。

（3）橡胶密封垫不得有老化、破损和严重变形，否则更换。

（4）更新皮碗、阀杆 O 形密封圈。

5. 组装

阀体内工作面涂以适量的硅脂，将阀杆装入阀体内，依次装入阀套、O 形密封圈、弹簧、后压板、皮碗（工作面涂适量的硅脂）、前压板用螺母紧固。用手压动活塞应动作灵活、无卡滞现象，装上阀盖并紧固。

6. 试验

（1）将门联锁阀安装在门联锁阀试验台上，接上风源，充入 500 kPa 风压，在升降压过程中，阀杆动作灵活、无卡滞，测量阀杆行程为 21 ~ 24 mm。

（2）用肥皂水检查各密封部位，不得有漏风现象。

五、操作安全注意事项

1. 检修时应穿戴工作服，做好必要的安全防护措施。

2. 必须按检修规程进行检修。

3. 在试验台上拆装配件时，首先关闭相应的截断塞门，排净部件及相应管路内的余压后再进行拆卸。

六、考核评分标准

序号	项目	配分	考核内容及评分标准
1	准备工作	10 分	1. 按规定穿戴劳动保护用品，否则每项扣 5 分
			2. 材料、工具准备齐全，能满足本次考试需求，否则每少一件扣 5 分
2	操作技能	70 分	1. 操作、检查、调整方法正确，不当或错误每处扣 4 分
			2. 工序错误，每处扣 6 分
			3. 漏拆、漏检、漏修，每处扣 6 分
			4. 零部件脱落损伤，每处扣 4 分
			5. 口述内容有遗漏、错误，每处扣 4 分
			6. 工作中返工，每项扣 10 分
			7. 作业后未按要求恢复、整理，检修记录漏填、错填，每处扣 2 分
			8. 工艺要求，质量不符合规定，每处扣 4 分
			9. 未试验扣 20 分，试验操作不当每处扣 5 分，试验不合格扣 15 分
			10. 超过时间者，每分钟扣 2 分，总超时 5 min，停止作业
3	工具设备使用	10 分	1. 开工前不检查工、量具及设备，收工时不清理工作现场，每处扣 3 分
			2. 工、量具及设备使用不当，每处扣 3 分
			3. 工、量具脱落，每次扣 3 分
			4. 工具、量具使用、保养不当造成损坏失格
4	安全生产及其他	10 分	1. 作业过程中发生人身轻伤及以上事故失格
			2. 违章或违反安全事项，每处扣 5 分
			3. 违反考试纪律或不服从裁判自行中断考试失格
			4. 工作场地不整洁，工件、工具摆放不整齐，每处扣 2 分
总成绩 = 1 + 2 + 3 + 4 =			

实作 9　制动屏柜细检及故障查找

一、准备通知单

1. 材料准备

序号	名称	规格	数量	备注
1	白布		1 张	适量
2	毛刷		1 个	
3	569 密封胶		1 瓶	
4	故障报活单		1 张/人	
5	中性笔		1 支	

2. 工具、量具准备

序号	名称	规格	数量	备注
1	呆扳手	5.5～32 mm	1 套	
2	一字螺丝刀	100 mm	1 把	
3	十字螺丝刀	100 mm	1 把	
4	活动扳手	300 mm	1 把	
5	管钳	300 mm	1 把	
6	检点锤		1 把	
7	万用表		1 块	
8	手电筒		1 把	

二、考核内容及要求

1. 考核项目：制动屏柜细检及故障查找

2. 分值：100 分

3. 考核时间

（1）准备时间：10 min，正式操作时间 40 min。

（2）规定时间内全部完成，每超时 1 min，从总分中扣 2 分；总超时 5 min，停止作业。

4. 设故障点 5 处，每处 4 分。

5. 正确使用工、量具。

三、检修技术标准

1. 各部件应符合重点作业质量标准。

2. 管路接头不得有松动，管路中心线不得歪斜，密封圈、垫圈、涨紧圈应齐全紧固。

3. 电压抑制器上电阻、压敏电阻二极管焊接牢固，无过热、变色、放电痕迹。

4. 电器部件安装及接线紧固，接线断股不得大于原截面的 10%。

5. 必须按照先外后内、从上到下、从左到右、从前到后的检查顺序依次检查。

四、操作工序及要求

1. 检查

（1）柜门检查：柜门锁动作灵活，锁闭作用良好；合页转动灵活不得有卡滞、裂损、开焊现象。

（2）柜内检查：

① 辅助风缸、辅助压缩机各安装螺丝齐全紧固。

② 制动控制单元 DKL 各插件紧固，显示指示灯齐全、各插试孔无损坏、各钮子开关闭合，断开功能应正确。

③ 电-空阀检查：电-空阀安装及接线紧固，接线断股不得大于原截面的 10%；电-空阀防尘帽齐全，阀垫与阀座安装紧固、阀杆动作灵活、无卡滞；测量线圈应无开路、短路现象，其直流阻值为 $938_{-41}^{+25}\,\Omega$；电压抑制器上电阻、压敏电阻二极管焊接牢固，无过热、变色、放电痕迹。

④ 压力传感器检查：压力传感器安装牢固，风管接头紧固。插头、插座插接良好。

⑤ 辅助压缩机按钮及双针压力表检查：按钮安装紧固，动作灵活无卡滞现象；双针压力表安装牢固，风管接头紧固，风表玻璃不得破裂。

⑥ 压力控制器、继电器及压力开关检查：压力控制器安装牢固，风管接头紧固，接线端紧固，动作值为 750 ~ 900 kPa。压力继电器安装牢固，风管接头无漏泄，微动开关不得破损、动作灵活、接线端紧固，整定值为 150 kPa。压力开关安装牢固，接线正确可靠，微动开关状态及作用应良好，接口无泄漏，208 整定压差值为 300 kPa，209 整定压差值为 490 kPa。

⑦ 阀类配件检查：依次检查 153、154 转换阀、总风遮断阀、中继阀、电动放风阀、紧急阀、分配阀、重联阀，各阀安装牢固，阀垫不得破损、老化，各排风口、安全阀不得漏风，否则更换；安全阀安装牢固，其整定值为 450 ± 10 kPa；分配阀放风塞门应良好；紧急阀微动开关接线牢固，作用良好；重联阀和转换阀转换按钮转动灵活，作用良好可靠。

⑧ 调压阀检查：依次检查 55、52、51 调压阀，调压阀安装方向正确，管接头应无漏泄，阀体及下盖、手轮应完好无裂纹，下盖紧固良好，压力表外罩，玻璃等应完好无裂纹；表盘正面朝外，以利使用，正常状态时，排风口不得有漏风现象。

⑨ 分别检查各接头不得有松动，漆封应完好。

（3）柜底层检查：检查控制风缸、工作风缸各安装螺丝紧固，各风管接头紧固，风缸体不得有变形和严重脱漆现象，排水堵安装紧固，不得有严重锈蚀。

（4）柜后部顶层检查：辅助压缩机、辅助风缸安装牢固，各接头紧固，辅助压缩机油位应在上、下刻线之间。

（5）插头插座检查：插座安装紧固，插头紧固，方插螺丝齐全紧固，不得有松动现象。

（6）风管接头检查：各风管接头紧固，漆封应完好，接头不得有松动脱出现象。

（7）风管卡子检查：各风管卡子齐全紧固，风管不得脱出卡子外。

2. 故障

检查发现假设故障做好记录，并填写在故障报活单内，要求字迹工整，语言简洁明了。

五、操作安全注意事项

1. 检修时应穿戴工作服，做好必要的安全防护措施。

2. 必须按检修规程进行检修。

3. 制动屏柜细检时，要确保在无电、无风、无压的状态下进行检查作业。

六、考核评分标准

序号	项目	配分	考核内容及评分标准
1	准备工作	5分	1. 按规定穿戴劳动保护用品，否则每项扣2分
			2. 材料、工具准备齐全，能满足本次考试需求，否则每少一件扣1分
2	操作技能	60分	1. 检查方法不当或错误每处扣4分
			2. 工序错误，每处扣4分
			3. 漏检每处扣5分
			4. 口述内容有遗漏、错误，每处扣3分
			5. 工作中返工，每项扣10分
			6. 作业后未按要求恢复、整理，每处扣3分
			7. 超过时间，每分钟扣2分；总超时5 min，停止作业
3	假设故障	20分	1
			2
			3
			4
			5
4	工具设备使用	5分	1. 开工前不检查工、量具，收工时不清理工作现场，每处扣1分
			2. 工、量具使用不当，每处扣1分
			3. 工、量具脱落，每次扣1分
			4. 工具、量具使用、保养不当造成损坏失格
5	安全生产及其他	10分	1. 作业过程中发生人身轻伤及以上事故失格
			2. 违章或违反安全事项，每处扣5分
			3. 违反考试纪律或不服从裁判自行中断考试失格
			4. 工作场地不整洁，工件、工具摆放不整齐，每处扣2分
总成绩＝1＋2＋3＋4＋5＝			

制动屏柜细检故障报活单

姓名： 考生编号：

序号	故障内容
1	
2	
3	
4	
5	

实作 10　螺杆空气压缩机的检查

一、准备通知单

1. 材料准备

序号	名称	规格	数量	备注
1	白布		1 张	适量
2	棉丝		适量	

2. 工具、量具准备

序号	名称	规格	数量	备注
1	一字螺丝刀	100 mm	1 把	
2	十字螺丝刀	100 mm	1 把	
3	检点锤		1 把	
4	万用表		1 块	
5	手电筒		1 把	

二、考核内容及要求

1. 考核项目：螺杆空气压缩机的外观检查

2. 分值：100 分

3. 考核时间

（1）准备时间：10 min，正式操作时间 30 min。

（2）规定时间内全部完成，每超时 1 min，从总分中扣 3 分；总超时 5 min，停止作业。

4. 正确使用工/量具。

三、检修技术标准

1. 各部件应符合重点作业质量标准。

2. 管路接头不得有松动、漏风现象。

3. 计时器安装及接线紧固，接线断股不得大于原截面的 10%。

4. 必须按照从左到右、从上到下的检查顺序，依次检查。

四、检查工序及要求

1. 冷却器检查：散热片间不得有异物、不得有严重损坏；各管路接头不得松动，不得有漏油现象。

2. 风机风筒检查：风筒各连接螺丝紧固不得有松动，风叶不得有破损、开焊现象。

3. 联轴器检查：橡胶梅花联轴结不得破损和严重老化，联轴器定位螺钉不得松动脱落。

4. 空气滤清器检查：滤清筒安装牢固，各扣环弹性良好、锁闭正常，滤清器清洁指示器安装紧固无破损，显示红色或箭头指向 7.5 kPa，应清扫滤芯，破损的应更换。

5. 进气阀检查：进气阀各安装螺丝紧固，安装座无漏油现象。

6. 油位计检查：油位计应安装紧固、显示管应清晰可见，有严重污垢的应更换，油位应在刻度线中间偏上。

7. 温度开关、安全阀、压力开关、温控阀检查。

① 安装牢固、不得有破损，温度开关和压力开关接线紧固，电缆不得有破损、裸露。

② 整定值：安全阀为 1 450 kPa；温度开关为 70 ~ 85 °C；压力开关为 300 kPa；温控阀为 110 ± 5 °C。

8. 计时器检查：显示器应显示正确，盖锁动作灵活、锁闭正常，盖合页转动灵活、无断裂开焊；接线不得有松动脱落，接线柱螺丝紧固。

9. 油过滤器、油细分离器检查：安装应紧固不得有漏油现象，不得有破损和严重变形。

10. 安装座检查：橡胶缓冲垫无严重老化，不得破损，各安装螺丝齐全紧固。

五、操作安全注意事项

1. 检修时应穿戴工作服，做好必要的安全防护措施。

2. 必须按检修规程进行检修。

3. 螺杆压缩机检查时，要确保在断电降弓的状态下进行检查作业。

六、考核评分标准

序号	项目	配分	考核内容及评分标准
1	准备工作	10 分	1. 按规定穿戴劳动保护用品，否则每项扣 5 分
			2. 材料、工具准备齐全，能满足本次考试需求，否则每少一件扣 5 分
2	操作技能	70 分	1. 检查方法不当或错误每处扣 4 分
			2. 工序错误，每处扣 6 分
			3. 漏检每处扣 6 分
			4. 工具脱落每处扣 3 分
			5. 口述内容有遗漏、错误，每处扣 4 分
			6. 工作中返工，每项扣 10 分
			7. 作业后未按要求恢复、整理，每处扣 3 分
			8. 工艺要求，质量不符合规定，每处扣 4 分
			9. 超过时间者，每分钟扣 3 分；总超时 5 min，停止作业
3	工具设备使用	10 分	1. 开工前不检查工具及配件，收工时不清理现场，每处扣 3 分
			2. 工具使用不当，每处扣 3 分
			3. 工具脱落，每次扣 3 分
			4. 工具使用、保养不当造成损坏失格
4	安全生产及其他	10 分	1. 作业过程中发生人身轻伤及以上事故失格
			2. 违章或违反安全事项，每处扣 5 分
			3. 违反考试纪律或不服从裁判自行中断考试失格
			4. 工作场地不整洁，配件、工具摆放不整齐，每处扣 2 分
总成绩 = 1 + 2 + 3 + 4 =			

实作 11 总风遮断阀的检修及试验

一、准备通知单

1. 材料准备

序号	名称	规格	数量	备注
1	总风遮断阀		1 个	待修
2	橡胶密封垫		自定	满足需要
3	遮断阀弹簧		自定	良好
4	作用弹簧		自定	良好
5	O 形密封圈		自定	各种型号、满足需要
6	硅脂		适量	
7	清洗剂		适量	
8	白布		1 张	适量
9	擦铜油		适量	
10	水砂纸		适量	
11	毛刷		2 个	
12	清洗盘		1 个	
13	肥皂水		适量	
14	记名检修本		1 本	
15	中性笔		1 支	

2. 设备、工具、量具准备

序号	名称	规格	数量	备注
1	钳工工作台		1 台	
2	DK-1 型试验台		1 台	
3	钢直尺	150 mm	1 把	
4	游标卡尺	0 ~ 150 mm	1 把	
5	内径千分尺	0 ~ 25 mm	1 把	
6	外径千分尺	0 ~ 25 mm	1 把	
7	内卡簧钳		1 把	
8	尖嘴钳		1 把	
9	呆扳手	14 ~ 17 mm	1 把	
10	活动扳手	300 mm	1 把	
11	钢针		1 只	

二、考核内容及要求

1. 考核项目：总风遮断阀的检修及试验

2. 分值：100 分

3. 考核时间

（1）准备时间：10 min，正式操作时间 20 min。

（2）规定时间内全部完成，每超时 1 min，从总分中扣 2 分；总超时 5 min，停止作业。

4. 正确使用工/卡/量具。

5. 按要求填写检修记录。

三、检修技术标准

1. 各部无泄漏，各作用位置作用良好。

2. 橡胶元件不许有老化、裂损、变形。

3.弹簧不许有严重锈蚀、断裂及永久变形，测量遮断阀作用弹簧为 63^{+1}_{-3} mm；遮断阀弹簧为 38^{+1}_{-3} mm。

4. 阀、套工作面不得有明显拉伤、阶段磨、偏磨，用内、外径千分尺测量各阀与套的配合尺寸符合要求，不许有过量磨耗，配合要求为：

遮断阀与套：直径 $\phi24$，其间隙 $\leqslant 0.15$ mm；

遮断阀套与体：直径 $\phi50$，其间隙 $\leqslant 0.18$ mm。

5. 各部件清洗清洁，各气路畅通。

6. 组装时，给 O 形密封圈、阀、套工作面均涂适量的硅脂。

7. 性能试验符合要求。

四、操作工序及要求

1. 解体前检查：外观检查总风遮断阀，阀体无破损，阀座无拉伤，各通气孔不得有堵塞现象。

2. 解体

① 拆下总风遮断阀螺盖；

② 拆下总风遮断阀盖紧固螺母，取下遮断阀盖，取出作用弹簧、活塞体；

③ 用卡簧钳取出卡圈，取出遮断阀及阀弹簧。

3. 清洗

将解体后的各部件（除橡胶件外）及阀体放入清洗盘中，用清洗剂清洗。清洗后再用 200 ~ 300 kPa 干燥的压缩空气吹扫干净，对阀体内部各孔必须认真吹扫，内部不得有残余油垢及异物。吹扫后的各部件用白布擦拭干净，按拆卸顺序依次摆放在洁净的工作台面上，待查。

4. 检修

（1）阀体。

① 阀体无裂损，阀套与体配合紧固、无松动脱落，阀体内壁不许有锈蚀、麻坑、拉伤等现象，否则应用白布涂上擦铜油磨修，尽量不使用水砂纸打磨。修理后，应清洗干净并用 200 ~ 300 kPa 干燥的压缩空气吹扫干净，用白布擦拭干净，无残余油垢及异物。

② 阀座不得有破损、拉伤，如有拉伤应磨修处理。

（2）外观检查各弹簧，不许有裂损、变形，弹性应良好。用游标卡尺测量弹簧自由高，遮断阀作用弹簧为 63_{-3}^{+1} mm；遮断阀弹簧为 38_{-3}^{+1} mm，如不符合要求需更新。

（3）外观检查各阀、套工作面不得有明显拉伤、阶段磨、偏磨。用内、外径千分尺测量各阀与套的配合尺寸，不许有过量磨耗，其标准为：

遮断阀与套：直径 ϕ24，其间隙≤0.15 mm；

遮断阀套与体：直径 ϕ50，其间隙≤0.18 mm。

（4）更新所有 O 形密封圈或密封件，其规格分别为：

遮断阀活塞大端 $\phi 50\times 3.5$ mm；

遮断阀活塞小端 $\phi 36\times 3.5$ mm；

遮断阀 $\phi 24\times 2.4$ mm。

（5）橡胶密封垫不得有老化、破损和严重变形，否则更换。

5. 组装

（1）装上所有的 O 形密封圈，O 形密封圈必须落入槽内，不得有翻拧，并有一定的紧余量。

（2）将遮断阀装成组件，手压遮断阀在套内能灵活动作、无卡滞现象；组装时给所有的 O 形密封圈和阀、套工作面涂适量的硅脂。

（3）依次按照与解体的相反次序组装。

6. 试验

（1）将总风遮断阀安装在 DK-1 型试验台上进行试验，其性能应符合要求。

（2）遮断性能试验：均衡风缸压力充至 600 kPa，列车制动管压力应不随均衡风缸压力上升而上升。

（3）开启性能试验：列车制动管压力应快速上升至 600 kPa。

（4）保压性能试验：列车制动管减压后保压，1 min 内列车制动管压力变化不大于 5 kPa，用肥皂水检查各密封部位，不得有漏风现象。

五、操作安全注意事项

1. 检修时应穿戴工作服，做好必要的安全防护措施。

2. 必须按检修规程进行检修。

3. 在试验台上拆装配件时，首先关闭相应的截断塞门，排净部件及相应管路内的余压后再进行拆卸。

六、考核评分标准

序号	项目	配分	考核内容及评分标准
1	准备工作	10 分	1. 按规定穿戴劳动保护用品，否则每项扣 5 分
			2. 材料、工具准备齐全，能满足本次考试需求，否则每少一件扣 5 分
2	操作技能	70 分	1. 操作、检查、调整方法正确，不当或错误每处扣 4 分
			2. 工序错误，每处扣 6 分
			3. 漏拆、漏检、漏测、漏修，每处扣 6 分
			4. 零部件脱落损伤，每处扣 4 分

续表

序号	项目	配分	考核内容及评分标准
2	操作技能	70分	5. 口述内容有遗漏、错误，每处扣4分
			6. 工作中返工，每项扣10分
			7. 作业后未按要求恢复、整理，检修记录漏填、错填，每处扣2分
			8. 工艺要求，质量不符合规定，每处扣4分
			9. 未试验扣20分，试验操作不当每处扣5分，试验不合格扣15分
			10. 超过时间者，每分钟扣2分；总超时5 min，停止作业
3	工具设备使用	10分	1. 开工前不检查工/量具及设备，收工时不清理工作现场，每处扣3分
			2. 工/量具及设备使用不当，每处扣3分
			3. 工/量具脱落，每次扣3分
			4. 工具、量具使用、保养不当造成损坏失格
4	安全生产及其他	10分	1. 作业过程中发生人身轻伤及以上事故失格
			2. 违章或违反安全事项，每处扣5分
			3. 违反考试纪律或不服从裁判自行中断考试失格
			4. 工作场地不整洁，工件、工具摆放不整齐，每处扣2分
总成绩＝1＋2＋3＋4＝			

实作12　压力开关检修及试验

一、准备通知单

1. 材料准备

序号	名称	规格	数量	备注
1	压力开关		1个	待修
2	橡胶模板	JY11-00-04	自定	
3	微动开关		自定	良好
4	橡胶密封垫	JY11-00-11	自定	
5	O形密封圈		自定	
6	硅脂		适量	
7	清洗剂		适量	
8	白布		1张	适量
9	水砂纸		适量	
10	毛刷		2个	
11	清洗盘		1个	
12	肥皂水		适量	
13	记名检修本		1本	
14	中性笔		1支	

2. 设备、工具、量具准备

序号	名称	规格	数量	备注
1	钳工工作台		1 台	
2	DK-1 型试验台		1 台	
3	钢直尺	150 mm	1 把	
4	游标卡尺	0 ~ 150 mm	1 把	
5	内径千分尺		1 把	
6	外径千分尺		1 把	
7	外卡簧钳		1 把	
8	呆扳手	8 ~ 10 mm	2 把	
9	呆扳手	5.5 ~ 7 mm	1 把	
10	十字螺丝刀	75 mm	1 把	
11	一字螺丝刀	75 mm	1 把	
12	钢针		1 只	
13	尖嘴钳		1 把	
14	专用工具		1 套	分解活塞模板

二、考核内容及要求

1. 考核项目：压力开关检修及试验

2. 分值：100 分

3. 考核时间

（1）准备时间 10 min，正式操作时间 30 min。

（2）规定时间内全部完成，每超时 1 min，从总分中扣 2 分；总超时 5 min，停止作业。

4. 正确使用工、卡、量具。

5. 按要求填写检修记录。

三、检修技术标准

1. 各部无泄漏，各作用位置作用良好。

2. 橡胶元件不许有老化、裂损、变形。

3. 模板压板不得有裂损、锈蚀、弯曲变形。

4. 用内、外径千分尺测量活塞杆外径、套内径，活塞与套配合间隙均不得大于 0.12 mm。

5. 各部件清洗清洁，各气路畅通。

6. 组装时，给 O 形密封圈、阀、套工作面均涂适量的硅脂。

7. 性能试验符合要求。

四、操作工序及要求

1. 解体前检查

外观检查压力开关无破损，座无拉伤，各通气孔不得有堵塞，铭牌清晰，微动开关不得有破损、烧损、动作灵活。

2. 解体

（1）拆下微动开关及其连线。

（2）拆开压力开关紧固螺栓，取下开关盖，抽出活塞膜板体。

（3）用专用工具压紧活塞压板，用卡簧钳拆下挡圈，取下压板、膜板。

（4）取下活塞杆上的O形圈及压力开关体上的风道密封圈。

3. 清洗

将解体后的各部件（除微动开关、橡胶件外）及阀体放入清洗盘中，用清洗剂清洗。清洗后再用200 ~ 300 kPa干燥的压缩空气吹扫干净，对阀体内部各孔必须认真吹扫，内部不得有残余油垢及异物。吹扫后的各部件用白布擦拭干净，按拆卸顺序依次摆放在洁净的工作台面上，待查。

4. 检修

（1）阀体：

① 阀体无裂损，阀套与体配合紧固、无松动脱落、阀体内壁不许有锈蚀、麻坑、拉伤等现象，否则应用白布涂上擦铜油磨修，尽量不使用水砂纸打磨，修理后，应清洗干净并用200 ~ 300 kPa干燥的压缩空气吹扫干净，用白布擦拭干净，无残余油垢及异物。

② 阀座不得有破损、拉伤，如有拉伤应磨修处理。

③ 各通风孔道应畅通，否则应清除堵塞物。

（2）外观检查活塞压板，不许有裂损、变形、锈蚀。

（3）外观检查活塞杆、套工作面不得有明显拉伤、阶段磨、偏磨。用内、外径千分尺测量活塞杆、套的配合尺寸，配合间隙不得大于0.12 mm。

（4）更新所有O形密封圈或密封件，其规格分别为：

O形密封圈ϕ36 × 3.5 mm（300 kPa）；

O形密封圈ϕ10 × 1.9 mm（480 kPa）；

膜板（JY11-00-04）；

过孔圈（JY11-00-11）密封垫。

（5）更新微动开关。

5. 组装

（1）在活塞杆上装上O形密封圈，要求必须落入槽内，不得扭曲，并涂适量硅脂；在开关盖的过风口装上密封垫，并涂适量硅脂。

（2）在活塞上放上膜板压板，用专用夹具夹紧后装上挡圈，在膜板上涂适量的硅脂。

（3）将活塞整体装入压力开关体内，装上压力开关盖，拧紧螺栓。

（4）安装微动开关。

6. 试验

（1）将压力开关安装在DK-1型试验台上进行试验，其性能应符合要求。

（2）压力开关208整定值为190 ~ 240 kPa，209整定值为≤20 kPa，微动开关接通、断开显示作用良好。

（3）用肥皂水检查各密封部位，不得有漏风现象。

五、操作安全注意事项

1. 检修时应穿戴工作服，做好必要的安全防护措施。

2. 必须按检修规程进行检修。

3. 在试验台上拆装配件时，首先关闭相应的截断塞门，排净部件及相应管路内的余压后再进行拆卸。

4. 试验时遵守有关操作规程。

六、考核评分标准

序号	项目	配分	考核内容及评分标准
1	准备工作	10分	1. 按规定穿戴劳动保护用品，否则每项扣5分
			2. 材料、工具准备齐全，能满足本次考试需求，否则每少一件扣5分
2	操作技能	70分	1. 操作、检查、调整方法正确，不当或错误每处扣4分
			2. 工序错误，每处扣6分
			3. 漏拆、漏检、漏测、漏修，每处扣6分
			4. 零部件脱落损伤，每处扣4分
			5. 口述内容有遗漏、错误，每处扣4分
			6. 工作中返工，每项扣10分
			7. 作业后未按要求恢复、整理，检修记录漏填、错填，每处扣3分
			8. 工艺要求，质量不符合规定，每处扣4分
			9. 未试验扣20分，试验操作不当每处扣5分，试验不合格扣15分
			10. 超过时间者，每分钟扣2分；总超时5 min，停止作业
3	工具设备使用	10分	1. 开工前不检查工/量具及设备，收工时不清理工作现场，每处扣3分
			2. 工/量具及设备使用不当，每处扣3分
			3. 工/量具脱落，每次扣3分
			4. 工具、量具使用、保养不当造成损坏失格
4	安全生产及其他	10分	1. 作业过程中发生人身轻伤及以上事故失格
			2. 违章或违反安全事项，每处扣5分
			3. 违反考试纪律或不服从裁判自行中断考试失格
			4. 工作场地不整洁，工件、工具摆放不整齐，每处扣2分
总成绩＝1＋2＋3＋4＝			

初级

实作 13 电动放风阀的检修及试验

一、准备通知单

1. 材料准备

序号	名称	规格	数量	备注
1	电动放风阀		1 个	待修
2	橡胶模板		自定	
3	夹芯阀		自定	良好
4	弹簧		自定	
5	擦铜油		适量	
6	硅脂		适量	
7	清洗剂		适量	
8	白布		1 张	适量
9	水砂纸		适量	
10	毛刷		2 个	
11	清洗盘		1 个	
12	肥皂水		适量	
13	记名检修本		1 本	
14	中性笔		1 支	

2. 设备、工具、量具准备

序号	名称	规格	数量	备注
1	钳工工作台		1 台	
2	DK-1 型试验台		1 台	
3	游标卡尺	0 ~ 150 mm	1 把	
4	呆扳手	13 ~ 15 mm	1 把	
5	呆扳手	16 ~ 18 mm	1 把	
6	一字螺丝刀	100 mm	1 把	

二、考核内容及要求

1. 考核项目：电动放风阀的检修及试验

2. 分值：100 分

3. 考核时间

（1）准备时间 10 min，正式操作时间 30 min。

（2）规定时间内全部完成，每超时 1 min，从总分中扣 2 分；总超时 5 min，停止作业。

4. 正确使用工、卡、量具。

5. 按要求填写检修记录。

三、检修技术标准

1. 各部无泄漏，各作用位置作用良好；

2. 橡胶元件不许有老化、裂损、变形；

3. 活塞不得有裂损、锈蚀、弯曲变形；

4. 用内、外径千分尺测量顶杆与套的间隙不大于 0.2 mm；

5. 各部件清洗清洁，各气路畅通；

6. 组装时，给橡胶模板与活塞涂适量的硅脂；

7. 性能试验符合要求。

四、操作工序及要求

1. 解体前检查

外观检查阀体无破损，阀座无拉伤，各通气孔不得有堵塞。

2. 解体

（1）用呆扳手拆下上盖紧固螺栓并取下上盖，取出放风阀弹簧、夹芯阀。

（2）用呆扳手拆下放风阀下盖，取下膜板、活塞。

3. 清洗

将解体后的各部件（除橡胶件外）及阀体放入清洗盘中，用清洗剂清洗。清洗后再用 200 ~ 300 kPa 干燥的压缩空气吹扫干净，对阀体内部各孔必须认真吹扫，内部不得有残余油垢及异物。吹扫后的各部件用白布擦拭干净，按拆卸顺序依次摆放在洁净的工作台面上，待查。

4. 检修

（1）阀体：

① 外观检查放风阀体、上、下盖，不许有裂损、变形；

② 阀座不得有破损、拉伤，如有拉伤应磨修处理；

③ 各通风孔道应畅通，否则应清除堵塞物。

（2）外观检查放风阀弹簧，不许有裂损、变形，弹簧座良好，用游标卡尺测量弹簧自由高为 58^{+1}_{-3} mm，否侧应更换。

（3）用内、外径千分尺检测顶杆与套的间隙不大于 0.2 mm。

（4）检查活塞不得有裂损、锈蚀、弯曲变形。

（5）更新夹芯阀和橡胶膜板。

5. 组装

（1）装上夹芯阀、放风阀弹簧，上盖孔对准弹簧，用紧固螺栓将上盖紧固。

（2）装入顶杆，装上铜活塞、膜板、下盖，手压膜板动作应灵活、无卡滞，然后用螺栓紧固。

6. 试验

（1）将电动放风阀安装在 DK-1 型试验台上进行试验，其性能应符合要求。

（2）漏泄试验：列车制动管压力升至 600 kPa 待压力稳定后 60 s 内下降不大于 5 kPa，用肥皂水检查各密封部位，不得有漏风现象；

（3）常用制动性能试验：常用制动不起紧急作用；

（4）紧急制动性能试验：列车制动管由 600 kPa 降至 0 kPa 的时间不大于 3 s。

五、操作安全注意事项

1. 检修时应穿戴工作服，做好必要的安全防护措施。

2. 必须按检修规程进行检修。

3. 在试验台上拆装配件时，首先关闭相应的截断塞门，排净部件及相应管路内的余压后再进行拆卸。

4. 试验时遵守有关操作规程。

六、考核评分标准

序号	项目	配分	考核内容及评分标准
1	准备工作	10 分	1. 按规定穿戴劳动保护用品，否则每项扣 5 分
			2. 材料、工具准备齐全，能满足本次考试需求，否则每少一件扣 5 分
2	操作技能	70 分	1. 操作、检查、调整方法正确，不当或错误每处扣 4 分
			2. 工序错误，每处扣 6 分
			3. 漏拆、漏检、漏测、漏修，每处扣 6 分
			4. 零部件脱落损伤，每处扣 4 分
			5. 口述内容有遗漏、错误，每处扣 4 分
			6. 工作中返工，每项扣 10 分
			7. 作业后未按要求恢复、整理，检修记录漏填、错填，每处扣 2 分
			8. 工艺要求，质量不符合规定，每处扣 4 分
			9. 未试验扣 20 分，试验操作不当每处扣 5 分，试验不合格扣 15 分
			10. 超过时间者，每分钟扣 2 分；总超时 5 min，停止作业
3	工具设备使用	10 分	1. 开工前不检查工/量具及设备，收工时不清理工作现场，每处扣 3 分
			2. 工/量具及设备使用不当，每处扣 3 分
			3. 工/量具脱落，每次扣 3 分
			4. 工具、量具使用、保养不当造成损坏失格
4	安全生产及其他	10 分	1. 作业过程中发生人身轻伤及以上事故失格
			2. 违章或违反安全事项，每处扣 5 分
			3. 违反考试纪律或不服从裁判自行中断考试失格
			4. 工作场地不整洁，工件、工具摆放不整齐，每处扣 2 分
总成绩＝1＋2＋3＋4＝			

【模拟试卷】

电力机车制动钳工初级工理论知识试卷

一、填空题（第 1 ~ 20 题。请将正确答案填入题内空白处。每题 1 分，共 20 分。）

1. _____是用来检验零件或量规，调整测量仪器、量具的尺寸的精密检验工具。

2. 研磨可以减少表面粗糙度，能达到__________和改进工件的几何形状。

3. 金属材料利用锻压加工方法成型的难易程度称为___________。

4. 铁碳合金中含碳量大于 2.11%的合金称为________。

5. 测电笔只能用在对地电压小于______V 的电路中。

6. 台虎钳是钳工用来________ 进行加工的常用必备工具。

7. 制动就是指能够______产生列车减速力并控制这个力的大小，从而控制列车减速或阻止它加速运行的过程。

8. 列车动能的转移方式或制动力的获取方式称__________。

9. 风源系统的作用是_____、净化、贮备、调节控制压力空气。

10. 为确保空气管路系统的安全，必须严格控制压力空气的______压力。

11. SS_{4B} 型机车辅助压缩机采用的是立式、单缸、_____级压缩自然风冷式压缩机。

12. BT-3.0/10A 型空气压缩机的最高停机温度是________ °C。

13. 神华号交流机车正常运行时总风向控制管路系统供风，经 143______向受电弓供风。

14. 机车产生紧急制动时，制动缸压力最高为__________kPa。

15. 机车制动装置包括基础制动装置、____________和机车制动机。

16. 盘形制动装置按照制动盘的安装位置可分为_______和轮盘式。

17. DK-1 型电-空制动机采用电信号传递控制指令和________结构。

18. DK-1 型电-空制动机由电气线路和_________两部分组成。

19. TSG15B 型受电弓的额定工作电压是________kV。

20. 神华号交流机车 DK-2 型电-空制动机操作部件主要是制动控制器和________组成。

二、单项选择题（第 21 ~ 30 题，每题 1 分，共 10 分。请将正确答案字母填入括号内）

21. 国家规定的画图放大比例是（　　）。
A. 1∶2　　B. 2∶1　　C. 1∶1　　D. 1∶5

22. 兆欧表是用来测量（　　）的。
A. 高值电阻　　B. 低值电阻　　C. 绝缘电阻　　D. 击穿电压

23. 待加工表面和已加工表面垂直距离称为（　　）。
A. 切削深度　　B. 进给量　　C. 切削速度　　D. 切削厚度

24. 在温度不变的情况下，空气压力与容积之间的关系成（　　）。
A. 正比　　B. 反比　　C. 无关　　D. 乘积

25. 高压安全阀的作用是以免正常的压力控制装置失效后，能（　　）压力及报警，达到安全保护作用。

A. 保持　　B. 增加　　C. 自动降低　　D. 排空

26. 列车软管组成后，须进行水压强度试验，其水压为（　　）kPa。

A. 800　　B. 900　　C. 1 000　　D. 700

27. DK-1 型电-空制动机紧急后的单缓性能检查，应将小闸手柄由运转位移到(　　)位。

A. 缓解　　B. 缓解位并下压手柄　　C. 中立　　D. 中立位并下压手柄

28. 人工调整闸瓦间隙时，顺时针方向旋转闸瓦间隙调整器手轮，使闸瓦与车轮踏面之间的间隙（　　）。

A. 增大　　B. 减小　　C. 不变　　D. 增大或减小

29. 空气制动阀俗称“小闸”，是 DK-1 型电-空制动机的操纵部件，在（　　）下控制全列车的制动、缓解与保压。

A. 空气位　　B. 电-空位　　C. 运转位　　D. 缓解位

30. SS_{4B} 型机车 DK-2 型电-空制动机单制调压阀 304 压力应调整为（　　）kPa。

A. 300　　B. 400　　C. 500　　D. 600

三、不定项选择题（第 31 ~ 40 题，每题 2 分，共 20 分。每小题备选答案中，有一个或一个以上符合题意的正确答案，请将相应字母填入题前括号内。每小题全部选对得满分，少选得 1 分，多选，错选，不选均不得分。）

31. 游标卡尺一般有（　　）mm 最小读数值。

A. 0.01　　B. 0.02　　C. 0.10　　D. 0.05　　E. 0.20

32. 按钢的质量分类，根据钢中有害杂质磷、硫含量多少可分为（　　）。

A. 普通质量钢　　B. 优质钢　　C. 劣质钢　　D. 高级质量钢　　E. 特级质量钢

33. SS_{4B} 型电力机车的风源系统可分为（　　）等环节。

A. 主压缩空气的产生　　B. 压力控制　　C. 净化处理　　D. 贮存

E. 总风的重联

34. 盘形制动单元由（　　）等组成。

A. 一个制动缸　　B. 两个夹钳　　C. 两块闸片　　D. 两个闸片签

E. 一个制动盘

35. DK-1 型制动机对列车实施制动后的保压时，空气制动阀手柄移到（　　）位置可以单独缓解机车制动缸的压力。

A. 缓解位　　B. 运转位　　C. 缓解位下压手柄　　D. 运转位下压手柄

E. 中立位下压手柄

36. 109 型分配阀的主要特点是（　　）。

A. 良好的稳定性　　B. 良好的安全性　　C. 工作风缸容积的选配性

D. 制动力的不衰减性　　E. 制动缸压力的单独控制性

37. 空气制动阀是由（　　）等组成。

A. 阀体部分　　B. 凸轮盒部分　　C. 均衡部　　D. 主阀部　　E. 阀座

38. SS_{4B}型机车电-空位操作时，大、小闸均在运转位时下列（　　）电-空阀得电。

A. 253YV　B. 254YV　C. 256YV　D. 259YV　E. 258YV

39. TSG3-630/25 型受电弓主要是由（　　）等组成。

A. 底架部分　B. 铰链机构　C. 弓头部分　D. 弓头部分　E. 控制机构

40. 神华号交流机车 DK-2 型电-空制动机制动显示屏具有以风表和数值的形式显示（　　）压力值的功能。

A. 总风　B. 列车制动管　C. 均衡风缸　D. 辅助风缸　E. 前后制动缸

四、判断题（第 41 ~ 60 题。请将判断结果填入括号中，正确的填“√”，错误的填“×”。每题 1 分，共 20 分。）

（　　）41. 钳工在台虎钳上进行强力作业时，应使力量朝向台虎钳的活动钳身。

（　　）42. 细锉刀用于锉软金属、加工余量大、尺寸精度等级低和表面粗糙度精度要求低的工件。

（　　）43. 机车动轴上所承受的机车重量称为黏着重量。

（　　）44. 当制动管减压速率达到一定数值范围时，制动机必须产生制动作用的性能，称为制动机的稳定性。

（　　）45. 主压缩机组生产的压力空气先经过一段较长的冷却管冷却后进入干燥器，在干燥器的滤清筒、干燥筒内进行干燥净化处理后，送入总内贮存。

（　　）46. 287YV 双电源送电的目的是：保证在被控制电源切断，而机车高压供电依然存在的情况下，287YV 仍得电，门联锁锁闭，各室门仍然打不开，达到确保人身安全的目的。

（　　）47. 神华号交流机车辅助管路系统各辅助装置均由总风缸直接供风。

（　　）48. 闸瓦制动比盘形制动制动平稳，几乎没有噪声。

（　　）49. SS_{4B}型机车有级位运行中产生紧急制动作用，能自动切除机车动力源。

（　　）50. DK-1 型制动机空气制动阀在空气位时，电-空制动控制器处于通电状态。

（　　）51. 紧急阀活塞杆轴向中心开一通孔，设有三个缩孔，第二缩孔是在充风缓解时，控制制动管向紧急室的充风速度的。

（　　）52. 电-空制动控制器重联位无控制作用受本务机车的控制。

（　　）53. TFK 型电-空阀可在排气口集中引出，并根据需要接管或加堵，供不同处所使用。

（　　）54. 分水滤气器主要由体、旋风叶、挡水板、外罩及过滤网等组成。

（　　）55. TSG-630/25 型受电弓传动风缸工作气压是 550 kPa。

（　　）56. 分配阀安全阀的功用是防止因容积室内压力过高而使机车出现滑行现象。

（　　）57. SS_{4B}型机车 DK-2 型电-空制动机 EP 均衡模块装有均衡模块总风风压检测口，用于人工检测经调压阀 55 调压后的总风风压值。

（　　）58. SS_{4B}型电力机车小修时，换修紧急阀并进行八步闸试验应达到相应的技术要求。

（　　）59. 神华号交流机车 DK-2 型电-空制动机后备制动模式操纵后备制动阀可对机车进行单独缓解。

（　　）60. SS_{4B}型电力机车采用二位三通轮缘喷脂电磁阀。

五、简答题（第 61 ~ 65 题。每题 6 分，共 30 分。）

61. 简述什么叫制动机的稳定性、安定性与灵敏度。

62. 简述折角塞门的作用及安装要求。

63. 简述双阀口式中继阀由哪些部件组成。

64. 简述门联锁阀的作用。

65. 简述神华号交流机车 DK-2 型电-空制动机转换空气位的方法。

电力机车制动钳工初级工理论知识试卷答案

一、填空题

1. 块规　2. 精确的尺寸　3. 锻造性能　4. 铸铁　5. 250
6. 夹持工件　7. 人为　8. 制动方式　9. 生产　10. 最大
11. 一　12. 110 ± 5　13. 安全联锁阀　14. 450 ± 10　15. 手制动装置
16. 轴盘式　17. 积木式　18. 空气管路　19. AC30　20. 后备制动阀

二、单项选择题

21. B　22. C　23. A　24. B　25. C
26. C　27. B　28. B　29. A　30. A

三、不定项选择题

31. BCD　32. ABDE　33. ABCDE　34. ABCE　35. ACDE
36. ACDE　37. ABE　38. BCE　39. ABCDE　40. ABCE

四、判断题

41. ×　42. ×　43. √　44. ×　45. √　46. √　47. √　48. ×　49. √　40. ×
51. √　52. √　53. √　54. ×　55. ×　56. √　57. ×　58. √　59. ×　60. √

五、简答题

61. 稳定性：当制动管减压速率低于某一数值范围时，制动机将不发生制动作用的性能，称为制动机的稳定性。

安定性：常用制动时不发生紧急制动作用的性能，称为制动机的安定性。

灵敏度：当制动管减压速率达到一定数值范围时，制动机必须产生制动作用的性能，称为制动机的灵敏度。

62. 折角塞门安装在列车制动管与制动软管之间，用以控制车辆之间列车制动管的通路，以及关闭列车尾部的通路和安全摘挂车辆。折角塞门安装后，向里倾斜 30°左右，其手柄与列车制动管成平行位置时为开通位，向外旋转 90°与列车制动管成垂直位置时为关闭位。

63. 主要由膜板活塞、供气机构、排气机构、顶杆、阀座、过充柱塞及其他零部件组成。

64. 门联锁阀的作用是只有在两侧高压区的门关闭到位，才能转动门联锁杆到正确的位置，受电弓也只有在两个串联的门联锁阀已正常作用下获得风源而升起，一旦门联锁已作用，就无法再开动两侧高压区的门，从而确保在升弓条件下，任何人无法进入高压区，保障人身及设备安全。

65. 神华号交流机车 DK-2 型电-空制动机转换空气位的方法：

（1）司机室设置：将操纵节司机室后备制动模块上的后备制动塞门置打开位；

（2）制动柜塞门设置：将操纵节制动柜上的转换阀 153 由正常位转到空气位；

（3）低压电器柜设置：将操纵节低压电器柜“DK2 BCU”自动开关置断开位；

（4）试闸操作后备制动控制手柄，对机车进行制动和缓解，按压后备制动单缓按钮可以单缓机车制动。

初级

制动钳工初级技能考试

请各位考生在考试前认真阅读此单，并按要求逐一做好各项准备工作。

考试说明：

1. 电力机车制动钳工初级技能考试包含三大项目：（1）钳工制作和钳工基础操作技能（任选一项）；（2）电力机车制动系统配件检查（必选一项）；（3）电力机车制动系统配件检修（必选一项）。

2. 电力机车制动钳工初级工技能考试总分为 100 分，技能考试三大项目各自的小计分也为 100 分，按百分比的原则进行汇总。考生得分 = 第（1）项目得分 × 30% + 第（2）项目得分 × 20% + 第（3）项目得分 × 50%。

制动钳工初级技能考试评分汇总表

准考证号：________ 姓名：________ 时间：________ 单位：________

考试项目 / 得分	基础操作技能（30%）	制动系统配件检查（20%）	制动系统配件检修（50%）
各项小计分			
考生汇总得分			

第一项目：制动钳工基础操作技能

考核项目：更换折角塞门及试验气密性

试题编码：605070601ABB00150901X

一、准备通知单：材料、工具准备

序号	名称	规格	数量	备注
1	折角塞门		1 个	
2	生料带		自定	满足需要
3	防尘堵		1 个	
4	白布		1 块	适量
5	肥皂水		适量	
6	毛刷		1 个	
7	专用扳手	55 mm	1 把	
8	管钳	300 mm	1 把	

二、考核内容及要求

1. 考核项目：更换折角塞门及试验气密性

2. 分值：100 分

3. 考核时间

（1）准备时间：5 min，正式操作时间 15 min。

（2）规定时间内全部完成，每超时 1 min，从总分中扣 3 分；总超时 3 min 停止作用。

4. 正确使用工具。

三、检修技术标准

1. 各部无泄漏，各作用位置作用良好。

2. 塞门安装角度正确，塞门口向里倾斜 30°。

3. 气密性试验符合要求。

四、操作工序及要求

1. 拆卸折角塞门时，先确认列车制动管内无压力空气，然后打开折角塞门排净余风。

2. 拆下列车制动软管，合理摆放。

3. 拆下折角塞门，在列车制动管丝扣处缠上生料带（生料带必须离管端大于 5 mm 处开始顺时针方向缠绕），装上备件，确保塞门口向里倾斜 30°。

4. 装上列车制动软管及防尘堵，关闭折角塞门。

5. 气密性试验：

（1）折角塞门关闭位气密性试验：给机车充风，待列车制动管达到定压后，用肥皂水检查折角塞门接头与放风口不得有漏泄。

（2）折角塞门开通位气密性试验：给机车充风，待列车制动管达到定压后，用肥皂水检查列车制动管与折角塞门接头处及放风口不得有漏泄。试验结束，机车实施紧急制动，待列车制动管压力降到零后，关闭折角塞门。

6. 拆下列车制动软管的防尘堵，将软管用铁链挂起。

五、操作安全注意事项

1. 检修时应穿戴工作服，做好必要的安全防护措施。

2. 必须按检修规程进行检修。

3. 拆卸折角塞门时，确保管内的余风排净。

4. 拆装软管时，必须站在渡板上，不得站在地沟边缘作业。

六、考核评分标准

序号	项目	配分	考核内容及评分标准
1	准备工作	10 分	1. 按规定穿戴劳动保护用品，否则每项扣 5 分
			2. 材料、工具准备齐全，能满足本次考试需求，否则每少一件扣 5 分
2	操作技能	70 分	1. 拆装、检查方法正确，不当或错误每处扣 4 分
			2. 工序错误，每处扣 6 分
			3. 漏拆、漏检、漏修，每处扣 6 分
			4. 工具、部件脱落损伤，每处扣 4 分

续表

序号	项目	配分	考核内容及评分标准
2	操作技能	70 分	5. 口述内容有遗漏、错误，每处扣 4 分
			6. 工作中返工，每项扣 10 分
			7. 作业后未按要求恢复、整理，每处扣 3 分
			8. 工艺要求，质量不符合规定，每处扣 4 分
			9. 未试验扣 20 分，试验操作不当每处扣 5 分，试验不合格扣 15 分
			10. 超过时间者，每分钟扣 3 分，总超时 3 min，停止作业
3	工具设备使用	10 分	1. 开工前不检查工具及配件，收工时不清理现场，每处扣 3 分
			2. 工具使用不当，每处扣 3 分
			3. 工具脱落，每次扣 3 分
			4. 工具使用、保养不当造成损坏失格
4	安全生产及其他	10 分	1. 作业过程中发生人身轻伤及以上事故失格
			2. 违章或违反安全事项，每处扣 5 分
			3. 违反考试纪律或不服从裁判自行中断考试失格
			4. 工作场地不整洁，配件、工具摆放不整齐，每处扣 2 分
总成绩 = 1 + 2 + 3 + 4 =			

七、评分人员要求

1. 热爱本职工作，遵守考评各项规则及要求。

2. 考评人员必须具有技师、高级专业技术职务及以上资格，同时经专门培训，熟悉鉴定工作。

3. 现场由监考、评分人及统计员构成。

4. 评分员必须回避考试现场，进入评判室做好准备，依据评分标准打分。

5. 统计员做好分数统计及保密工作，评分表不得有更改。

第二项目：电力机车制动系统配件检查

考核项目：螺杆空气压缩机的检查

试题编码：605070601ACB00150901X

一、准备通知单

1. 材料准备

序号	名称	规格	数量	备注
1	白布		1 张	适量
2	棉丝		适量	

2. 工具、量具准备

序号	名称	规格	数量	备注
1	一字螺丝刀	100 mm	1 把	
2	十字螺丝刀	100 mm	1 把	
3	检点锤		1 把	
4	万用表		1 块	
5	手电筒		1 把	

二、考核内容及要求

1. 考核项目：螺杆空气压缩机的外观检查

2. 分值：100 分

3. 考核时间

（1）准备时间：10 min，正式操作时间 30 min。

（2）规定时间内全部完成，每超时 1 min，从总分中扣 3 分；总超时 5 min，停止作业。

4. 正确使用工/量具。

三、检修技术标准

1. 各部件应符合重点作业质量标准。

2. 管路接头不得有松动、漏风现象。

3. 计时器安装及接线紧固，接线断股不得大于原截面的 10%。

4. 必须按照从左到右、从上到下的检查顺序，依次检查。

四、检查工序及要求

1. 冷却器检查：散热片间不得有异物、不得有严重损坏；各管路接头不得松动，不得有漏油现象。

2. 风机风筒检查：风筒各连接螺丝紧固不得有松动，风叶不得有破损、开焊现象。

3. 联轴器检查：橡胶梅花联轴结不得有破损及严重老化，联轴器定位螺钉不得松动脱落。

4. 空气滤清器检查：滤清筒安装牢固，各扣环弹性良好、锁闭正常，滤清器清洁，指示器安装紧固无破损，显示红色或箭头指向 7.5 kPa，应清扫滤芯，破损的应更换。

5. 进气阀检查：进气阀各安装螺丝紧固，安装座无漏油现象。

6. 油位计检查：油位计应安装紧固、显示管应清晰可见，有严重污垢的应更换，油位应在刻度线中间偏上。

7. 温度开关、安全阀、压力开关、温控阀检查：

① 安装牢固、不得有破损，温度开关和压力开关接线紧固，电缆不得有破损、裸露；

② 整定值：安全阀为 1 450 kPa；温度开关为 70 ~ 85 °C；压力开关为 300 kPa；温控阀为 110 ± 5 °C。

8. 计时器检查：显示器应显示正确，盖锁动作灵活、锁闭正常，盖合页转动灵活、无断裂开焊；接线不得有松动脱落，接线柱螺丝紧固。

9. 油过滤器、油细分离器检查：安装应紧固不得有漏油现象，不得有破损和严重变形。

10. 安装座检查：橡胶缓冲垫无严重老化，不得破损，各安装螺丝齐全紧固。

五、操作安全注意事项

1. 检修时应穿戴工作服，做好必要的安全防护措施。

2. 必须按检修规程进行检修。

3. 螺杆压缩机检查时，要确保在断电降弓的状态下进行检查作业。

六、考核评分标准

序号	项目	配分	考核内容及评分标准
1	准备工作	10 分	1. 按规定穿戴劳动保护用品，否则每项扣 5 分
			2. 材料、工具准备齐全，能满足本次考试需求，否则每少一件扣 5 分
2	操作技能	70 分	1. 检查方法不当或错误每处扣 4 分
			2. 工序错误，每处扣 6 分
			3. 漏检每处扣 6 分
			4. 工具脱落每处扣 3 分
			5. 口述内容有遗漏、错误，每处扣 4 分
			6. 工作中返工，每项扣 10 分
			7. 作业后未按要求恢复、整理，每处扣 3 分
			8. 工艺要求，质量不符合规定，每处扣 4 分
			9. 超过时间者，每分钟扣 3 分；总超时 5 min，停止作业
3	工具设备使用	10 分	1. 开工前不检查工具及配件，收工时不清理现场，每处扣 3 分
			2. 工具使用不当，每处扣 3 分
			3. 工具脱落，每次扣 3 分
			4. 工具使用、保养不当造成损坏失格
4	安全生产及其他	10 分	1. 作业过程中发生人身轻伤及以上事故失格
			2. 违章或违反安全事项，每处扣 5 分
			3. 违反考试纪律或不服从裁判自行中断考试失格
			4. 工作场地不整洁，配件、工具摆放不整齐，每处扣 2 分
总成绩 = 1 + 2 + 3 + 4 =			

七、评分人员要求

1. 热爱本职工作，遵守考评各项规则及要求。

2. 考评人员必须具有技师、高级专业技术职务及以上资格，同时经专门培训，熟悉鉴定工作。

3. 现场由监考、评分人及统计员构成。

4. 评分员必须回避考试现场，进入评判室做好准备，依据评分标准打分。

5. 统计员做好分数统计及保密工作，评分表不得有更改。

第三项目：电力机车制动系统配件检修

考核项目：总风遮断阀的检修及试验

试题编码：605070601ADA00150901X

一、准备通知单

1. 材料准备

序号	名称	规格	数量	备注
1	总风遮断阀		1个	待修
2	橡胶密封垫		自定	满足需要
3	遮断阀弹簧		自定	良好
4	作用弹簧		自定	良好
5	O形密封圈		自定	各种型号、满足需要
6	硅脂		适量	
7	清洗剂		适量	
8	白布		1张	适量
9	擦铜油		适量	
10	水砂纸		适量	
11	毛刷		2个	
12	清洗盘		1个	
13	肥皂水		适量	
14	记名检修本		1本	
15	中性笔		1支	

2. 设备、工具、量具准备

序号	名称	规格	数量	备注
1	钳工工作台		1台	
2	DK-1型试验台		1台	
3	钢直尺	150 mm	1把	
4	游标卡尺	0～150 mm	1把	
5	内径千分尺	0～25 mm	1把	
6	外径千分尺	0～25 mm	1把	
7	内卡簧钳		1把	

续表

序号	名称	规格	数量	备注
8	尖嘴钳		1 把	
9	呆扳手	14 ~ 17 mm	1 把	
10	活动扳手	300 mm	1 把	
11	钢针		1 只	

二、考核内容及要求

1. 考核项目：总风遮断阀的检修及试验

2. 分值：100 分

3. 考核时间

（1）准备时间：10 min，正式操作时间 20 min。

（2）规定时间内全部完成，每超时 1 min，从总分中扣 2 分；总超时 5 min，停止作业。

4. 正确使用工/卡/量具。

5. 按要求填写检修记录。

三、检修技术标准

1. 各部无泄漏，各作用位置作用良好。

2. 橡胶元件不许有老化、裂损、变形。

3. 弹簧不许有严重锈蚀、断裂及永久变形，测量遮断阀作用弹簧为 63^{+1}_{-3} mm，遮断阀弹簧为 38^{+1}_{-3} mm。

4. 阀、套工作面不得有明显拉伤、阶段磨、偏磨，用内、外径千分尺测量各阀与套的配合尺寸符合要求，不许有过量磨耗，配合要求为：

遮断阀与套：直径 $\phi 24$，其间隙 ≤ 0.15 mm；

遮断阀套与体：直径 $\phi 50$，其间隙 ≤ 0.18 mm。

5. 各部件清洗清洁，各气路畅通。

6. 组装时，给 O 形密封圈、阀、套工作面均涂适量的硅脂。

7. 性能试验符合要求。

四、操作工序及要求

1. 解体前检查

外观检查总风遮断阀，阀体无破损，阀座无拉伤，各通气孔不得有堵塞现象。

2. 解体

① 拆下总风遮断阀螺盖；

② 拆下总风遮断阀盖紧固螺母，取下遮断阀盖，取出作用弹簧、活塞体；

③ 用卡簧钳取出卡圈，取出遮断阀及阀弹簧。

3. 清洗

将解体后的各部件（除橡胶件外）及阀体放入清洗盘中，用清洗剂清洗。清洗后再用

200 ~ 300 kPa 干燥的压缩空气吹扫干净，对阀体内部各孔必须认真吹扫，内部不得有残余油垢及异物。吹扫后的各部件用白布擦拭干净，按拆卸顺序依次摆放在洁净的工作台面上，待查。

4. 检修

（1）阀体：

① 阀体无裂损，阀套与体配合紧固，无松动脱落，阀体内壁不许有锈蚀、麻坑、拉伤等现象，否则应用白布涂上擦铜油磨修，尽量不使用水砂纸打磨。修理后，应清洗干净并用 200 ~ 300 kPa 干燥的压缩空气吹扫干净，用白布擦拭干净，无残余油垢及异物。

② 阀座不得有破损、拉伤，如有拉伤应磨修处理。

（2）外观检查各弹簧，不许有裂损、变形，弹性应良好。用游标卡尺测量弹簧自由高，遮断阀作用弹簧为 63_{-3}^{+1} mm，遮断阀弹簧为 38_{-3}^{+1} mm，如不符合要求时需更新。

（3）外观检查各阀、套工作面不得有明显拉伤、阶段磨、偏磨。用内、外径千分尺测量各阀与套的配合尺寸，不许有过量磨耗，其标准为：

遮断阀与套：直径 $\phi 24$，其间隙 ≤ 0.15 mm；

遮断阀套与体：直径 $\phi 50$，其间隙 ≤ 0.18 mm。

（4）更新所有 O 形密封圈或密封件，其规格分别为：

遮断阀活塞大端　$\phi 50 \times 3.5$ mm；

遮断阀活塞小端　$\phi 36 \times 3.5$ mm；

遮断阀　$\phi 24 \times 2.4$ mm。

（5）橡胶密封垫不得有老化、破损和严重变形，否则应更换。

5. 组装

（1）装上所有的 O 形密封圈，O 形密封圈必须落入槽内，不得有翻拧，并有一定的紧余量。

（2）将遮断阀装成组件，手压遮断阀在套内能灵活动作、无卡滞现象；组装时给所有的 O 形密封圈和阀、套工作面涂适量的硅脂。

（3）依次按照与解体的相反次序组装。

6. 试验

（1）将总风遮断阀安装在 DK-1 型试验台上进行试验，其性能应符合要求。

（2）遮断性能试验：均衡风缸压力充至 600 kPa，列车制动管压力应不随均衡风缸压力上升而上升。

（3）开启性能试验：列车制动管压力应快速上升至 600 kPa。

（4）保压性能试验：列车制动管减压后保压，1 min 内列车制动管压力变化不大于 5 kPa，用肥皂水检查各密封部位，不得有漏风现象。

五、操作安全注意事项

1. 检修时应穿戴工作服，做好必要的安全防护措施。

2. 必须按检修规程进行检修。

3. 在试验台上拆装配件时，首先关闭相应的截断塞门，排净部件及相应管路内的余压后再进行拆卸。

六、考核评分标准

序号	项目	配分	考核内容及评分标准
1	准备工作	10分	1. 按规定穿戴劳动保护用品，否则每项扣5分
			2. 材料、工具准备齐全，能满足本次考试需求，否则每少一件扣5分
2	操作技能	70分	1. 操作、检查、调整方法正确，不当或错误每处扣4分
			2. 工序错误，每处扣6分
			3. 漏拆、漏检、漏测、漏修，每处扣6分
			4. 零部件脱落损伤，每处扣4分
			5. 口述内容有遗漏、错误，每处扣4分
			6. 工作中返工，每项扣10分
			7. 作业后未按要求恢复、整理，检修记录漏填、错填，每处扣3分
			8. 工艺要求，质量不符合规定，每处扣4分
			9. 未试验扣20分，试验操作不当每处扣5分，试验不合格扣15分
			10. 超过时间者，每分钟扣2分；总超时5 min，停止作业
3	工具设备使用	10分	1. 开工前不检查工、量具及设备，收工时不清理工作现场，每处扣3分
			2. 工/量具及设备使用不当，每处扣3分
			3. 工/量具脱落，每次扣3分
			4. 工具、量具使用、保养不当造成损坏失格
4	安全生产及其他	10分	1. 作业过程中发生人身轻伤及以上事故失格
			2. 违章或违反安全事项，每处扣5分
			3. 违反考试纪律或不服从裁判自行中断考试失格
			4. 工作场地不整洁，工件、工具摆放不整齐，每处扣2分
总成绩＝1＋2＋3＋4＝			

七、评分人员要求

1. 热爱本职工作，遵守考评各项规则及要求。

2. 考评人员必须具有技师、高级专业技术职务及以上资格，同时经专门培训，熟悉鉴定工作。

3. 现场由监考、评分人及统计员构成。

4. 评分员必须回避考试现场，进入评判室做好准备，依据评分标准打分。

5. 统计员做好分数统计及保密工作，评分表不得有更改。

第二部分

中 级 工

【理论知识】

一、填空题

1. ________是铁路运输服务的优质程度及所要达到的效果。

2. 铁路职工应严格遵守规章制度和劳动纪律，杜绝违章违纪行为，消除隐患，确保货物和________安全。

3. 机车检修职工职业技能的提高，是推广电力方面的新技术、使用_____的必要条件。

4. 检修职工上班时应着装规范、__________、仪容端庄、举止文明，保持个人良好形象。

5. 国家标准规定，同一张零件图上其公差只能选用______标注形式。

6. ϕ30T8 中基本尺寸为______。

7. ϕ30T8 中基本偏差为 T 的基轴制______配合的孔。

8. 当线段垂直于投影面时，它在该投影面上的投影长度重合为一点，这种性质称为________。

9. 两立体相交，其表面所产生的交线称为_______。

10. 正投影能真实反映物体的______和大小。

11. 三视图的位置关系中以主视图为主，左视图在主视图的_______。

12. 剖面图有移出剖面、________剖面。

13. 假想用剖切平面将零件的某处________，仅画出断面的图形，称为剖面图。

14. 在同类零件中，选取其中尺寸相当的零件进行装配，以达到配合要求的方法称为_______。

15. ________是指消除金属材料或工件的弯曲、不直和翘曲等缺陷的加工方法。

16. 手工矫正的工具有：加力工具、_______矫正工件的工具和检验工具。

17. 矫正金属线性材料的不平可采用_______。

18. 矫正是指_______金属材料或工件的弯曲，不直和翘曲等缺陷的加工方法。

19. 弯形的方法有两种，分别是______和热弯。

20. ________是使平直的板料、条料、棒料或管子弯制成所需要的曲线或角度。

21. 轴类零件在进行热校直时，首先应找出零件弯曲的__________，并在该处加热。

22. 用铰刀提高原有孔的尺寸精度和__________的加工，称为铰孔。

23. 零件表面微观不平的程度，称为_________。

24. 一般完整的标记由________、螺纹公差带、代号和旋合长度代号组成，中间用“—”分开。

25. 装配的组织形式有_______装配和移动装配。

26. 装配方法有互换装配法、__________、修配法、调整法四种。

27. 表示装配单元的划分及装配先后顺序的图称为装配单元系统图，这种图能简明直观地反映出产品的_________。

28. 任何零件都是由点、线、面构成的，这些点、线、面称为_______。

29. 直线度是表示零件上的直线要素实际形状保持______直线的状况，也就是通常所说的平直程度。

30. 单一实际要素的形状所允许的变动全量称为_________。

31. 关联实际要素的位置对基准所允许的变动全量称为_________。

32. 圆度是表示零件上圆的要素实际形状，与其_____保持等距的情况，即通常所说的圆整程度。

33. 图样中的尺寸一般以______为单位时，不许标注计量单位的代号或名称。

34. 孔轴公差带是由公差带大小和公差带位置两个独立的_______组成的。

35. 标注尺寸中不允许出现_______的尺寸链。

36. 尺寸偏差是_______值。

37. 尺寸公差是_______值。

38. 物体的真实大小应以图样上所注的尺寸数值为依据，与图形的大小及绘制的______无关。

39. 标注形位公差代号时，形位公差框格左起第二格应填写形位公差______及有关符号。

40. 由上、下偏差的两条直线所限定的一个区域称为_______。

41. 通过螺纹轴线剖面上的螺纹轮廓形状称为_______。

42. ______是指在圆柱表面或圆锥表面上，沿着螺旋线所形成的具有相同剖面的连续凸起和沟槽。

43. 相邻两牙在中径线上对应两点间的轴向距离称为_______。

44. 螺纹按用途分连接螺纹和_______螺纹两类。

45. 国家标准规定外螺纹的大径和螺纹终止线用_______表示，小径用细实线表示。

46. 螺纹升角与螺旋线的切线______，在螺纹的不同直径处螺纹升角各不相同。

47. 螺纹的最大直径，即与螺纹牙顶相重合的假想圆柱面的直径，在标准中定为________。

48. 螺纹样板也叫螺纹规，是用来检验一般螺纹的______的工具。

49. 传动螺纹中牙型有梯形、矩形、锯形及三角形等，可以传递_______的动力。

50. 圆柱销主要用作零件的_______。

51. 滚动轴承是将运转的轴与轴座之间的滑动摩擦变为____________，从而减少摩擦损失的一种精密的机械元件。

52. 推力滑动轴承主要承受________载荷。

53. 向心滑动轴承主要承受_________载荷。

54. 分度圆是齿顶圆与齿根圆之间的_______。

55. 齿轮是机械设备中常见的传动零件，它用于传递动力，改变轴的_______。

56. 蜗杆蜗轮用于______交错的两轴之间的传动。

57. 蜗杆蜗轮工作时蜗杆是_________件。

58. 联轴器的功用是将两根轴联成一体，使其一同旋转并传递________。

59. 机构是机器的重要组成部分，通常说的机械是机构和________的总称。

60. 机器有传递运动或转变运动形式的部分，这些部分称为_________。

61. 高副的显著特点是它能传递_________的运动。

62. 高副是点或线接触，在承受载荷时接触处的单位面积上的压力_______。

63. 在带传动中，由于传动带与带轮间总有滑动现象，所以不能保证_________的传动比。

64. 安装三角带时不应过松或过紧，过松了容易________，过紧了容易发热丧失弹性。

65. 普通 V 带是一种横断面为________的环形传动带，它适用于小中心距与大传动比的动力传递。

66. 螺旋传动是以内、外螺纹组成的________传递运动和动力的传动装置。

67. 链传动的传动比是主动链轮的转速与从动链轮的转速之比，与两链轮_______成反比。

68. 齿轮的分度圆直径等于_______和齿数的乘积。

69. 齿轮传动比就是主动齿轮与从动齿轮转速_______，与其齿数比成反比。

70. 齿轮传动是利用成对齿轮______来传递动力的一种装置。

71. 齿轮传动属于机械式的传动装置，靠两个齿轮的轮齿之间相互_________进行工作。

72. 转动零件的不平衡可以分为静态不平衡和_________不平衡两大类。

73. 能传递和缩小或放大力的机构称________机构。

74. 锉刀的规格分________规格和齿纹的粗细规格。

75. 先从一个方向进行顺向锉削，再转换一个方向对同一平面进行锉削，这种交替变换方向的锉法称为________锉法。

76. 平面刮刀用于刮削________或外曲面。

77. 使用刮刀刮研工作物时，禁止_______擦拭刃上的屑末。

78. 合理选用切削液，能有效地减少切削过程中的各种变形和________，改善散热条件，从而降低切削力、切削温度和刀具磨损。

79. 划线除要求划出的线条清晰均匀外，最重要的是要保证________准确。

80. 划线时，为保证加工面和不加工面间各点的距离相同所进行的调整，对加工余量合理地分配称为___________。

81. 只需要在工件的一个表面上划线后，即能明确表示加工界限的，称为______划线。

82. 平面划线要选择_______个划线基准，立体划线要选择三个划线基准。

83. 表面均为平面构成的体系称为___________。

84. 表面由曲面或平面与曲面构成的体系称为___________。

85. 用手锤击打錾子对金属进行切削加工叫作_______。

86. 用锯对材料和工件进行切断和锯槽的加工方法称为_______。

中级

87. 锯条在制造时，将全部锯齿按一定规律向左右错开，并排列成一定形状，称为______。

88. 用锉刀从工件表面上锉掉________的金属，使工件达到需要的尺寸、形状和表面粗糙度，这种加工方法叫锉削。

89. 锉削是一种精加工方法，锉削的尺寸精度最高可达__________mm 左右。

90. 常用的手锯有两种，一种是长度不能改变的________手锯，另一种是长度可以改变的调节式手锯。

91. 利用锯条锯断金属材料或在工件上进行切槽的操作称为________。

92. 锯割低碳钢、铸铁、铜、铝等宜选用_______锯条。

93. 顺锉法是顺着________方向对工件进行锉削的方法。

94. 交叉锉法是从两个_________方向对工件进行锉削。

95. 锉平两平面时，先要精密地锉好一个平面，然后再锉另一个平面，并用________检查它们的角度。

96. 铆接就是运用__________原理，使两物体紧密连接在一起。

97. 铆接按使用要求不同可分为活动铆接和___________。

98. 按铆接的方法不同可分为冷铆、热铆和___________。

99. 弹簧是利用材料的_______和本身的结构特点在工作时产生变形，把机械能或动能与变形能相互转换的一种机械零件。

100. 弹簧是一种弹性元件，它具有刚度小变形_______，在载荷作用下易产生较大弹性变形的特点。

101. 显示剂是用来显示工件的_________的。

102. 板的中间凸起的矫正方法应采用_________。

103. 条形材料的扭曲变形的矫正方法应采用__________。

104. 正确处理好研磨的___________是提高研磨质量的重要条件。

105. 分度头是一种较精确的_______工具。

106. 电钻是一种手提式电动工具，常用的有手枪式和_______两种。

107. 为了消除分度头中的蜗杆与蜗轮及齿轮之间的间隙，分度手柄只能向________方向摇动，以保证分度精度。

108. 工件每转 1 周时，刀具沿进给方向移动的________称为进给量。

109. 直接切除工件上的切削层，使之转变为切削，最后形成工件新表面的运动称为___________。

110. 在加工过程中，把工件安放在夹具上，使之与机床、刀具保持一个确定的相对位置，称为工件的________。

111. 切削运动是切削工具与工件间的相对运动，它包括主运动和________运动。

112. 二端网络的端口电压与端口电流之间的关系，称为二端网络的_______特性。

113. 串联电路的各电阻通过的电流_______。

114. 并联电路各电阻接在同一对节点之间，因而其_______相同。

115. 三相电源的对称三相正弦量达到最大值（或零值）的顺序称为_______。

116. 三相电源的端线与中线之间的电压称为_______电压。

117. 三相电源的端线与端线之间的电压称为_______电压。

118. 变压器是通过________把一个电路的交流电能或电信号向另一个电路传输的器件。

119. 变压器由无气隙的_________铁芯和绕在铁芯上的两个或两个以上相互绝缘的线圈构成。

120. SS_{4B}型机车主变压器铁芯为心式结构，采用性能优良的______硅钢片制成。

121. 接触器是一种自动的电磁式开关，适用于远距离频繁地接通和断开交、直流主电路及大容量______电路。

122. 中间继电器是将一个输入信号变成一个或多个______信号的继电器。

123. 时间继电器是一种______动作的控制电器。

124. 要求不停电就测量电流的场合，通常使用______电流表。

125. 金属材料在加工及使用过程中所受的外力称为________。

126. 物体受外力作用后所导致物体内部之间的相互作用力称为________。

127. 断裂前金属材料发生永久变形的能力称为______。

128. 晶体是其组成微粒（原子、离子或分子）呈_______排列的物质。

129. 非晶体是其组成微粒是_________堆积在一起的物质。

130. 金属由液体状态转变为晶体状态的过程称为______。

131. 钢和铸铁主要由铁和碳两种元素组成，统称为______合金。

132. 铁碳合金在固态时碳能溶解于铁的晶格中，形成______固溶体。

133. 奥氏体是_____铁中溶入碳和（或）其他元素构成的固溶体。

134. 铁素体与渗碳体的__________称为珠光体。

135. 常用热处理工艺可分为预备热处理和______热处理两类。

136. 钢的退火和正火通常被安排在工件毛坯生产之后，属于______热处理。

137. 退火的主要目的是为了降低钢的______，提高塑性和韧性，便于切削加工和冷冲压。

138. 将工件加热奥氏体化后以适当方式冷却获得马氏体或（和）贝氏体组织的热处理工艺，称为______。

139. 双液淬火接近理想冷却速度，减少了淬火______和变形或开裂倾向，适用于形状复杂工件的淬火工艺。

140. 工件淬火冷却到室温后，继续在一般制冷设备或低温介质中冷却的工艺称为________。

141. 冷处理和深冷处理的目的是为减少钢中残余________量，以获得最多的马氏体，以便提高硬度，稳定尺寸。

142. 表面热处理是指仅对工件______进行热处理以改变其组织和性能的工艺。

143. 表面淬火是通过快速加热使工件表层迅速达到淬火温度，而心部还未达到临界淬火温度时立即快速冷却，使其表层得到淬火组织而心部组织不变，以满足_________的性能要求。

144. 感应淬火是利用_________通过工件所产生的热量，使工件表面、局部或整体加热并快速冷却的淬火。

145. 锰能溶于铁素体和渗碳体中，使之_______强化，并能增加和细化珠光体，从而提高钢的强度和硬度。

146. 钢中常存的杂质元素_________是有害元素。

147. 硫存在钢中，会使钢产生_________。

148. 磷存在钢中，会使钢产生________。

149. 碳素结构钢是建筑及工程用________结构钢，用于制造一般结构件及普通机械零件。

150. 碳素工具钢均属于______特殊质量的非合金钢。

151. 合金______钢是用来制造承受强烈冲击载荷和摩擦磨损的零件。

152. 合金______钢是用来制造重载荷、耐冲击和具有良好综合力学性能的重要零件。

153. 高速工具钢可以磨出锋利的刃口，故有______之称。

154. 铸铁是一系列主要由铁、碳和_____组成的合金的总称。

155. 蠕墨铸铁是金相组织中石墨形态主要为______状的铸铁。

156. 黄铜是以铜为基体金属，由铜和_____组成的合金。

157. 铝青铜比黄铜和________有更好的耐蚀性、耐磨性和耐热性及更高的力学性能。

158. 纯铝的含铝量最少为__________，是一种银白色轻型金属。

159. 铝合金具有良好的_________和加工性，可以制造某些结构零件。

160. 金属腐蚀根据机理的不同，可分为_________腐蚀和电化学腐蚀。

161. 电化学腐蚀是因为不同金属在电解质中电极电位之差异，发生________的作用引起腐蚀。

162. 焊接方法按焊接工艺特征可将其分为熔焊、压焊、_______三大类。

163. 焊接方法的选择应根据焊件材料的焊接性能、材料______、焊缝长短和位置、生产的批量及产品的质量要求来确定。

164. 焊接时焊条除了朝熔池深度方向送进焊条和沿焊接方向均匀移动外，为使焊缝有一定宽度，焊条有时还应作适当的横向摆动，称为______方法。

165. 金属切削加工是利用______工具从毛坯上切除多余材料，从而使工件获得符合图纸要求的加工过程。

166. 金属切削加工的质量包括加工______和表面质量，它直接影响着产品的使用性能和寿命。

167. 刀具材料的硬度必须高于工件材料的硬度，一般要求常温下应在______以上。

168. 在钳台上安装台虎钳时，应使其固定钳身的钳口工作面处于钳台边缘之_____，可夹持长条形工件。

169.《劳动合同法》调整的劳动关系是一种人身关系和_________相结合的社会关系。

170. 用人单位对已经解除或者终止的劳动合同的文本，至少保存_____年备查。

171. 安全生产管理，坚持____________、预防为主的方针。

172. 从业人员有权拒绝__________和强令冒险作业。

173. 铁路的标准轨距为_______mm。

174. 窄轨铁路的轨距为 762 mm 或者__________mm。

175. 保护和改善生活环境和______及防治环境污染和其他公害是环境保护的两个内容。

176. 设计开行时速________公里以上列车的铁路应当实行全封闭管理。

177. 高速铁路线路路堤坡脚、路堑坡顶或者铁路桥梁外侧起向外各____m 范围内禁止抽取地下水。

178. 通过道口车辆限界及货物装载高度（从地面算起）不得超过______m，超过时，应绕行立交道口或进行货物倒装。

179. 通过道口车辆上部或其货物装载高度（从地面算起）超过______m 通过平交道口时，车辆上部及装载货物上严禁坐人。

180. 机车检修须坚持“四按”、“_______”记名检修的制度。

181. 辅修、小修范围由________负责编制并确定。

182. 机车检修“四按”是指按范围、按工艺、按“_________”及机车状态、按规定的技术要求。

183. 造成________人以上死亡为特别重大事故。

184. 货运列车脱轨 60 辆以上为________事故。

185. 制动机由原来的手制动机、直通式空气制动机发展到近代性能较完善的自动空气制动机和_______制动机等。

186. 高速列车是指运行速度为______km/h 以上的列车。

187. 制动过程必须具备两个基本条件，即实现能量转换和_______能量转换。

188. 制动系统是指能够产生______的列车减速力，以实现和控制能量转换的装置系统。

189. 当机车、车辆编组成列车后，其各自的制动系统相互联系而构成一个统一的制动系统为______制动系统。

190. 制动系统的设置目的是实现列车能够按照人的意志_______或准确停车。

191. 按照制动力形成方式的不同，制动方式可分为黏着制动和_______制动。

192. 制动力的形成是通过轮轨间的黏着来实现的制动，称为_______制动。

193. 不通过轮轨间的黏着来形成制动力的制动，则称为_______制动。

194. 制动机按控制方式和动力来源可分为空气制动机、电-空制动机和______制动机。

195. 制动系统的工作过程主要包括______、缓解与保压 3 个基本状态。

196. 直通式空气制动机当列车分离时，列车将______制动作用。

197. 自动空气制动机克服了_______空气制动机的致命弱点。

198. 空气制动机的作用动力和控制信号均为_______空气。

199. 自动空气制动机制动状态，当开通_______向制动缸充风的气路，随着压力空气充入制动缸，将推动制动缸活塞右移，最终使闸瓦压紧车轮产生制动作用。

200. 自动空气制动机制动系统缓解状态司机将制动阀手柄置于“______位”，压力空气经制动阀向列车制动管充风。

201. 自动空气制动机制动系统保压状态司机将制动阀手柄置于“中立位”，______列车制动管的充、排风通路，即列车制动管压力停止变化。

202. 自动空气制动机具有“列车制动管充风______，列车制动管排风制动”的工作机理。

203. 制动波的传播速度叫作________。

204. 列车在坡道上运行时，能保证在规定距离内紧急停车的制动初速，称为__________。

205. 由三通阀或分配阀在制动时引起的列车制动管压力下降的现象叫_________。

206. 局部减压可以提高列车制动管的_________，促使后部车辆迅速产生制动作用。

207. 以_________为动力的制动装置，称为空气制动机。

208. 缓解作用沿制动管长度方向由前向后逐次传播的现象，称为缓解波，其传播的速度称为_________。

209. 制动作用沿列车长度方向由前向后逐次发生，其传递的快慢称为_________。

210. 铁道车辆一般分为__________和货车两大类。

211. 撒砂的作用是为了增加轮轨间的___________。

212. 将制动缸空气压力转换并扩大一定的倍数变成闸瓦压力的机构，称之为__________装置。

213. 利用人力操纵产生制动作用的装置，叫作__________。

214. 制动时，当制动力大于轮轨黏着力时，车轮将会产生_______。

215. 气体被压缩的时候，压力增高，同时温度也增加；反之，使压缩空气膨胀时，压力降低，同时温度也下降，这叫______膨胀。

216. 气体温度压缩时不增高，膨胀时不降低，保持恒温，就叫______膨胀。

217. 列车制动管的______不同，其列车制动管最大有效减压量也不同。

218. 电力机车检修包括一般检查和________检修。

219. 我国蒸汽机车主要采用的是__________型空气制动机。

220. 我国电力机车主要采用的是__________型电-空制动机。

221. 我国内燃机车主要采用的是__________型空气制动机。

222. 我国货车空气制动机主要采用的是___________型三通阀。

223. 我国为适应长大货物列车开发的货车空气制动机是________型空气制动机。

224. 我国现有的客车空气制动机主要采用的是___________型分配阀。

225. 一辆车的两车钩内侧面距离（钩舌在闭锁位置）称为_________，单位为 m（米）。

226. 车辆最前位车轴和最后位车轴中心线间的水平距离叫__________。

227. 一个转向架（或二轴车）最前位车轴与最后位车轴中心线间的水平距离叫作______。

228. 车体两端支承处（如心盘）之间的水平距离叫车辆________。

229. 有转向架的车辆两心盘销中心线之间的距离叫作车辆___________。

230. 目前车辆产生制动力的方法主要有________和盘型制动两大类。

231. 风源系统的作用是生产、________、净化和调节控制压力空气。

232. BT-3.0/10A 型螺杆压缩机组利用风机______两端面的同轴止口，将电机和主机刚性地连接在一起，构成螺杆压缩机的主体结构。

233. BT-3.0/10A 型螺杆压缩机的运动机构主要是由______转子和转轴组成。

234. BT-3.0/10A 型螺杆压缩机的工作过程包括吸气过程、______及输送过程、压缩过程及喷油和排气过程。

235. BT-3.0/10A 型螺杆压缩机的排风量是______m^3/min。

236. BT-3.0/10A 型螺杆压缩机采用______冷却方式。

237. BT-3.0/10A 型螺杆压缩机换油时务必保证润滑油的品质符合规定要求，切忌混用不同的油或使用______油。

238. BT-3.0/10A 型螺杆压缩机更换润滑油时，必须同时更换_________，无论其是否达到正常更换时间。

239. 螺杆空压机润滑油的作用是冷却、润滑、密封和______。

240. 螺杆空压机安装在机车上时，应在两个相互______的方向校准水平，以避免机组处于永久性偏斜。

241. YWK-50-C 型压力控制器采用传感__________和大开距单断点开关。

中级

242. YWK-50-C 型压力控制器充分利用动触头和静触头组成的单断点大开距微动开关具有______开闭的特点而设计的。

243. YWK-50-C 型压力控制器差动旋钮上的数字以及调节杆和指针在标尺牌上数值仅表示上、下限设定_______的大小而非实际值。

244. 旋动调节杆，使指针指示下限 0.75 MPa，闭合空气压缩机按键，压力空气的压力上升，反复旋动调节杆，使总风缸内压力空气为________kPa 准时准确启动。

245. 逆流止回阀与空气压缩机出风管路上安装的_______外形很相似。

246. 逆流止回阀的盖为_____方体。

247. 机车重联时由于各机车用风量的差异，用风量小的机车的第二总风缸内压力空气将经逆流孔反向流出，补充用风量大的机车总风缸，保证了各_________正常运行时总风缸压力一致。

248. 高压安全阀压力调整时，调整作业完成后必须加_______标记。

249. 总风缸用来储存压力空气，供_____及其他风动装置使用。

250. TAD-H 型空气干燥器是由两个干燥塔交替工作的无热______式除湿净化装置。

251. TAD-H 型空气干燥器是一种清除压缩空气中水、油、______等杂质的装置。

252. TAD-H 型空气干燥器出气止回阀是防止总风缸压力空气向________倒流，且左右进风口由一小孔相连以使干燥空气进入再生干燥塔进行再生。

253. DJKG-A 型干燥器电动排泄阀由一个 TFK_{1B} 型电-空阀和一个______式排泄阀组成。

254. 干燥器消音器是为了消除干燥器在______排气时产生的尖锐刺耳的噪音而设置的。

255. 空气干燥器要求机车提供______根电源线。

256. 空气干燥器要求机车提供电源为 DC________的电源线。

257. 当空气压缩机运转时，饱和湿空气由空气压缩机出风口经过冷却管冷却后进入_______。

258. 空气压缩机停止运转时，控制电路使排泄电-空阀______。

259. DJKG-A 型干燥器设置电动排泄阀防冻装置的目的是为了防止管路和______冻结。

260. 空气干燥器更换干燥剂时应先关闭________塞门，排除干燥器内部余风后才可进行。

261. 韶山型电力机车两个容积不等的总风缸上下_______横向布置安装在主变压器后侧的变压器风机下方。

262. SS_{4B} 型机车在正常运行时，风源系统塞门 110 应处于______状态。

263. SS_{4B} 型机车在正常运行时，风源系统塞门 112 应处于______状态。

264. SS_{4B} 型机车在无火回送运行时，风源系统塞门 112 应处于______状态。

265. SS_{4B} 型机车在正常运行时，风源系统塞门 163 ~ 166 应处于______状态。

266. 在一定温度下，一定体积的空气里含有的水汽越少，则空气越_______。

267. 空气干燥的措施有三种方法，分别是冻结法、吸附法和_______法。

268. 4VF-3/9 型空气压缩机启动时，出风管上的启动电-空阀______将排除风管中的压缩空气，以消除启动时压缩机的气体背压。

269. 压缩机工作时产生的压缩空气经止回阀 47 和塞门______向第一总风缸供风，然后经塞门 112 向第二总风缸供风进行贮存。

270. 机车升弓后，人与高压室的隔离是靠门联锁和保护电-空阀______来实现的。

中级

271. 如果要打开高压室各门，必须______并使保护电-空阀失电才能实现。

272. SS_{4B} 型机车控制管路系统 141 塞门是控制经过调压阀调整的压力空气供______号高压柜的气动器械用风。

273. SS_{4B} 型机车控制管路系统中 143 塞门控制压缩空气进入升弓电-空阀______的通路。

274. 升弓电-空阀失电时，排出受电弓 1AP 风缸内的压缩空气，受电弓______。

275. SS_{4B} 型机车控制管路系统中正常运行时总风缸供风过程中止回阀 106 是______的。

276. 膜板塞门开放进行升弓合闸操作后，应该______启动压缩机组打风，尽快恢复正常运行工况。

277. 机车库停后，总风缸压力低于 450 kPa 时，可打开膜板塞门 97，利用______内贮存的压缩空气进行升弓及合闸操作。

278. 如果总风缸与控制风缸内风压均已经低于主断路器分合闸作业时的最低风压，此时可以利用______供风进行升弓及合闸操作。

279. 控制风缸内的风压可通过管路柜上的______压力表观察。

280. SS_{4B} 型机车辅助风缸 105 的压力也可以通过压力传感器______和司机室内电侧压力表 21SP 显示。

中级

281. 库停后辅助压缩机供风，辅助风缸起着稳定、贮存、______压缩空气的作用。

282. 为了方便乘务员操纵辅助压缩机组，SS_{4B} 型电力机车上每节设置了两个______的辅助压缩机按钮。

283. SS_{4B} 型电力机车每节车上设置了______个风喇叭俗称风笛。

284. 用撒砂来防止机车______或滑行是普遍采用的方法。

285. 空转发生时，机车______急剧下降，使列车速度降低，容易造成坡停和运缓。

286. 空转发生时，轮轨剧烈摩擦，造成车轮踏面和______的非正常磨耗，甚至造成轮箍松弛。

287. SS_{4B} 型电力机车上设有撒砂装置在每个转向架前、后____装有 8 个砂箱和撒砂器。

288. 机车撒砂器装置不仅能接受司机的控制，也能与______、防空转滑行及断钩保护配合作用。

289. 机车撒砂装置的作用是为了增加______间的黏着系数，提高牵引力和制动力，保证列车的行车安全。

290. 风喇叭用作行车讯号，分高音和低音两种，其结构除______长短不同外，其余完全相同。

291. SS_{4B} 型机车每节车上设置了______个高音喇叭和一个低音喇叭。

292. 当列车制动管减压速率低于某一数值范围时，制动机将不发生制动作用的性能，称为制动机的______。

293. 常用制动时不发生紧急制动作用的性能，称为制动机的______。

294. 双针压力表是将两套______的压力表结构安装于同一表框内，使一块表显示两种压力，这有利于安装及仪表台的布置。

295. 压力传感器作为压力检测仪表，用于工业测量和自动检测系统，测量液体、气体或蒸汽的压力，并将被测压力转换成电压或______信号输出。

296. 折角塞门用于机车前后两端，作为机车间或车辆间连接______使用或用于关闭列车尾部列车制动管的通路。

297. 软管连接器组成后应进行风压试验和______试验。

298. 平均管连接软管风压试验时，应通入______kPa 的压力空气。

299. 总风管连接软管水压试验时，先进行风压试验合格后再进行______kPa 的水压试验，应保持 2 min 无泄漏。

300. 机车选择管路系统接头时必须考虑，良好的______性，施工工艺的合理性，维护检修的简易及多次使用能力。

301. 门联锁阀是一种______装置，与门联锁杆配合使用，构成一种安全保护装置。

302. 门联锁保护阀 287YV 得电动作，开通了高压室________阀的气路，为升弓做好准备。

303. SS_{4B} 型机车高压室门未关，受电弓升起的原因是________安装不到位。

304. 管道滤尘器用来过滤压力空气中的灰尘、______等杂质，防止其进入制动机气动、电动部件中，而影响正常工作。

305. TSG15B 型受电弓的铰链机构包括下臂杆、上框架、拉杆和______构成一个四连杆机构。

306. TSG15B 型受电弓的弓头悬挂支撑由两个______扭矩元件和两个 V 形链接器构成。

307. TSG15B 型受电弓的自动降弓装置主要由安装在车顶的快排阀、截断阀、试验阀及气阀板的________组成。

308. TSG15B 型受电弓的升弓和降弓由______装置进行控制。

309. TSG15B 型受电弓的下降通过受电弓的______释放压缩空气进行控制。

310. TSG15B 型受电弓通过调整气阀板上的________，调整受电弓的接触压力。

311. TSG15B 型受电弓通过调节气阀板上的单向节流阀______，调整升弓速度。

312. HB-2 型轮缘喷脂装置是采用 HB-2 型________控制的自动喷射润滑剂的装置。

313. 轮缘喷脂装置安装喷嘴时，喷嘴顶部距轮缘中部圆弧处的距离为_________mm。

314. 手动喇叭控制阀是一种柱塞阀，主要由手把、连接板、柱塞套、_________和阀体等部件组成。

315. 手动喇叭控制阀通过阀体上的______个安装螺孔安装在司机台面板下方，仅露出手把于台面上方。

316. 基础制动装置是由制动缸、杠杆传动系统、___________________和闸瓦等组成。

317. 基础制动装置是执行对运行中的机车减速和____________的一种机械装置。

318. 机车较长时间停留在轨道上，应对机车进行机械制动，以免机车发生溜车引起事故，这可用________装置来实现。

319. 手制动组装完毕后转动手轮时，各部件应动作灵活________现象。

320. 单侧闸瓦基础制动装置制动时，闸瓦单位面积上的压力______，闸瓦磨耗量大，制动效果差。

321. 双侧闸瓦基础制动装置制动时，闸瓦单位面积上所受的压力较小，摩擦系数较____，制动效果较好。

322. SS_{4B} 型机车单缸制动器的制动倍率是______。

323. SS_{4B} 型机车闸瓦与踏面间隙是________mm。

中级

324. 闸瓦间隙过大时，单缸制动器闸瓦间隙调整器将______减小过大的闸瓦间隙。

325. 闸瓦装置用于安装闸瓦，并调整闸瓦与____________间的工作角度。

326. 制动缸充风时，在压力空气的作用下使活塞左移，从而推动闸瓦托左移，使闸瓦压在车轮踏面上产生______作用。

327. 单缸制动器的工作过程具有________和_________两种工作状态。

328. 制动缸排风时，活塞在缓解弹簧的作用下右移，从而带动闸瓦托右移，使闸瓦离开车轮踏面产生______作用。

329. 闸瓦定位装置的作用是______的固定闸瓦与车轮踏面的角度。

330. 机车或车辆的闸瓦总压力与该车的总重量的比值叫________。

331. 制动倍率的大小取决于制动_______装置各杠杆的尺寸大小。

332. 基础制动装置的传动效率表征着________空气压力的有效利用程度。

333. 一个制动缸所产生的实际闸瓦压力是理论闸瓦压力与制动传动效率的______。

334. 盘形制动可以大大减轻车轮踏面的________和机械磨耗。

335. 盘形制动装置的________使簧下重量及其引起的冲击振动增大，运行中还要消耗牵引功率，速度愈高，这种功率损失也越大。

336. “盘形 + 踏面”混合制动装置是一种较为可靠的制动装置，主要包括_______制动单元和盘形制动单元。

337. SFH-2 型防滑器是我国自行研制的，主要由一台控制主机、4 个速度传感器和___个防滑排气阀等组成。

338. 防滑器控制主机的控制判据包括转速差控制、角减速度控制、________控制。

339. 神华号交流机车轮盘制动装置主要由 JPXZ-1A 型盘形制动器、JPXZ-2A 型盘形动器、________组装、夹钳机构 4 部分组成。

340. JPXZ-2A 型盘形制动器带_______制动，它可在空气制动时提供制动力，也可在停放制动时提供停放制动力。

341. JPXZ-1A 型盘形制动器主要由制动缸部件、非自锁螺纹间隙调整机构、调整丝杆_____机构等组成。

342. JPXZ-2A 型盘形制动器是以 JPXZ-1A 型盘形制动器为基础结构，并在此基础增加了手柄组成、连接座、___________缸、楔块组成等几部分组成。

343. JPXZ-1A 型盘形制动器的工作行程是______mm。

344. JPXZ-1A 型盘形制动器的制动倍率是______。

345. JPXZ-2A 型盘形制动器的工作行程是______mm。

346. JPXZ-2A 型盘形制动器的缓解风压是______kPa。

347. SS_{4B} 型电力机车上设置____套完整的单端操纵制动系统，每节机车可以单独使用，并且通过重联装置使两节机车或多节机车重联运行。

348. DK-1 型电-空制动机制动减压量随着操纵手柄停留在________时间的增长而增加，直到过量减压量为止。

349. 制动机的操纵部件均设在司机台面的____侧，以适应我国铁路左侧行车的规定。

350. SS_{4B} 型电力机车_______电测压力表安装在学习司机台正前方，方便学习司机观察。

351. 学习司机台右侧装有手动喇叭控制阀，可以控制向前_________喇叭。

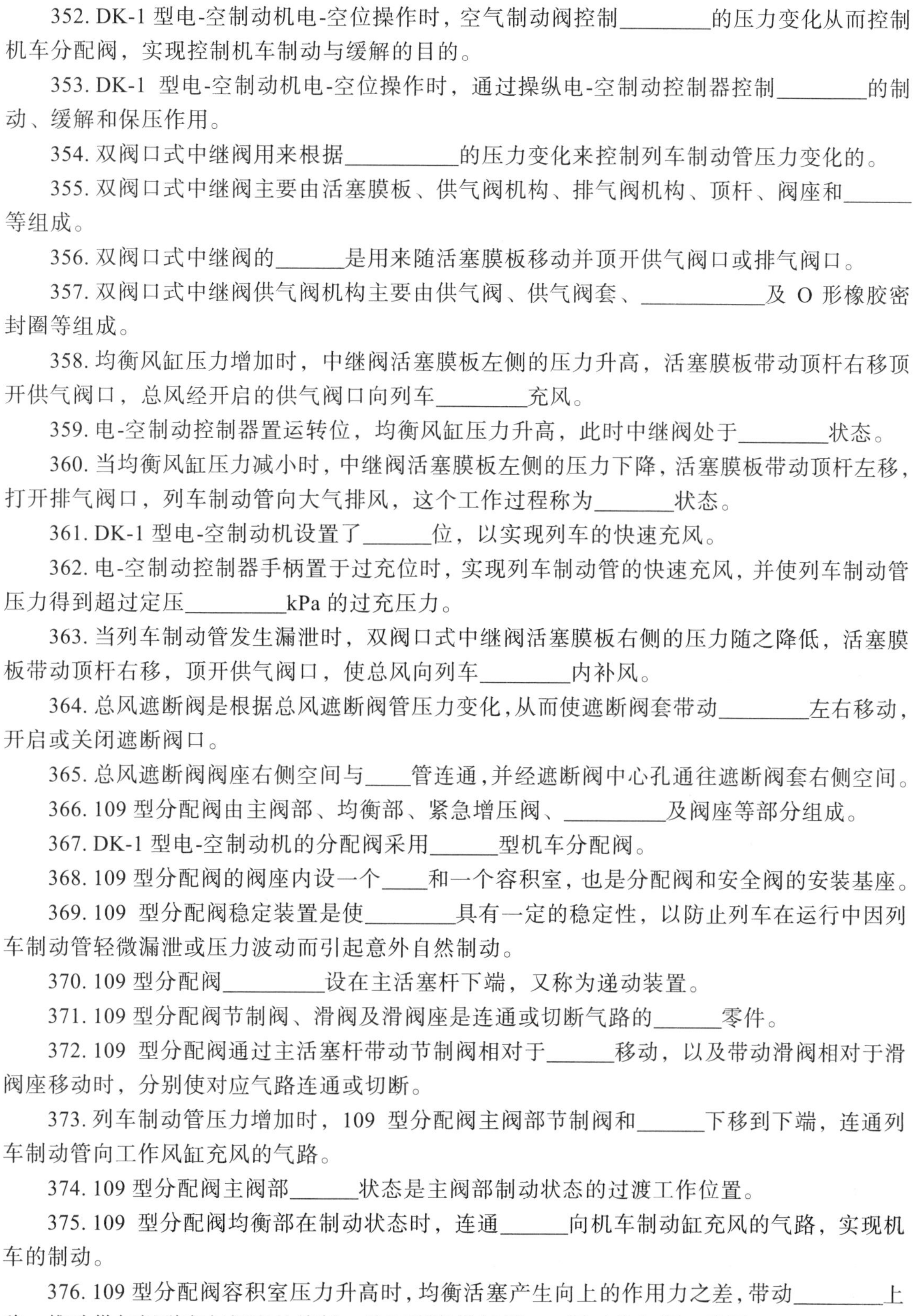

352. DK-1 型电-空制动机电-空位操作时，空气制动阀控制________的压力变化从而控制机车分配阀，实现控制机车制动与缓解的目的。

353. DK-1 型电-空制动机电-空位操作时，通过操纵电-空制动控制器控制________的制动、缓解和保压作用。

354. 双阀口式中继阀用来根据__________的压力变化来控制列车制动管压力变化的。

355. 双阀口式中继阀主要由活塞膜板、供气阀机构、排气阀机构、顶杆、阀座和______等组成。

356. 双阀口式中继阀的______是用来随活塞膜板移动并顶开供气阀口或排气阀口。

357. 双阀口式中继阀供气阀机构主要由供气阀、供气阀套、___________及 O 形橡胶密封圈等组成。

358. 均衡风缸压力增加时，中继阀活塞膜板左侧的压力升高，活塞膜板带动顶杆右移顶开供气阀口，总风经开启的供气阀口向列车________充风。

359. 电-空制动控制器置运转位，均衡风缸压力升高，此时中继阀处于________状态。

360. 当均衡风缸压力减小时，中继阀活塞膜板左侧的压力下降，活塞膜板带动顶杆左移，打开排气阀口，列车制动管向大气排风，这个工作过程称为_______状态。

361. DK-1 型电-空制动机设置了______位，以实现列车的快速充风。

362. 电-空制动控制器手柄置于过充位时，实现列车制动管的快速充风，并使列车制动管压力得到超过定压_________kPa 的过充压力。

363. 当列车制动管发生漏泄时，双阀口式中继阀活塞膜板右侧的压力随之降低，活塞膜板带动顶杆右移，顶开供气阀口，使总风向列车________内补风。

364. 总风遮断阀是根据总风遮断阀管压力变化，从而使遮断阀套带动________左右移动，开启或关闭遮断阀口。

365. 总风遮断阀阀座右侧空间与____管连通，并经遮断阀中心孔通往遮断阀套右侧空间。

366. 109 型分配阀由主阀部、均衡部、紧急增压阀、_________及阀座等部分组成。

367. DK-1 型电-空制动机的分配阀采用______型机车分配阀。

368. 109 型分配阀的阀座内设一个____和一个容积室，也是分配阀和安全阀的安装基座。

369. 109 型分配阀稳定装置是使________具有一定的稳定性，以防止列车在运行中因列车制动管轻微漏泄或压力波动而引起意外自然制动。

370. 109 型分配阀_________设在主活塞杆下端，又称为递动装置。

371. 109 型分配阀节制阀、滑阀及滑阀座是连通或切断气路的______零件。

372. 109 型分配阀通过主活塞杆带动节制阀相对于______移动，以及带动滑阀相对于滑阀座移动时，分别使对应气路连通或切断。

373. 列车制动管压力增加时，109 型分配阀主阀部节制阀和______下移到下端，连通列车制动管向工作风缸充风的气路。

374. 109 型分配阀主阀部______状态是主阀部制动状态的过渡工作位置。

375. 109 型分配阀均衡部在制动状态时，连通______向机车制动缸充风的气路，实现机车的制动。

376. 109 型分配阀容积室压力升高时，均衡活塞产生向上的作用力之差，带动________上移，推动供气阀脱离与阀座的接触，从而开启供气阀口，同时排气阀口关闭。

377. 109 型分配阀均衡部在缓解状态时，连通机车制动缸向大气排风的气路，实现_____的缓解。

378. 109 型分配阀容积室压力降低时，均衡活塞产生向下的作用力开启排气阀口，同时在________弹簧和制动缸原有空气压力作用下，供气阀口关闭。

379. 109 型分配阀当机车制动缸压力下降到与________压力平衡时，停止机车制动缸的排风，而呈缓解后保压状态。

380. 109 型分配阀呈缓解后的保压状态时，均衡活塞上产生一定的______的作用力之差，从而关闭排气阀口，但不足以顶开供气阀口，停止机车制动缸的排风。

381. 109 型分配阀机车制动缸压力上升到与________压力平衡时，从而停止机车制动缸的充风，呈制动后保压状态。

382. 109 型分配阀容积室的作用是为机车________的压力变化提供一个标准参量。

383. 109 型分配阀紧急增压阀上侧与___________连通。

384. 109 型分配阀紧急增压阀用于紧急制动时，使总风向________迅速充风，从而使机车制动缸压力迅速升高，以实现紧急制动。

中级

385. 109 型分配阀紧急增压阀根据增压阀所受到的作用力之差，使增压阀在阀套中上、下移动，由柱塞凹槽连通或切断______向容积室迅速充风的气路。

386. 实施紧急制动时，列车制动管急剧减压至零，紧急增压阀受到______的作用力上移至上端，由柱塞凹槽连通总风向容积室迅速充风的气路。

387. 109 型分配阀安全阀是用来限定紧急制动时容积室和作用管的最高压力为____kPa。

388. 空气制动阀主要由操纵手柄、阀体、转轴、定位凸轮、作用凸轮、作用柱塞、转换柱塞、定位柱塞、排风阀、联锁开关、________和管座等组成。

389. 空气制动阀在电-空位下，单独控制______的制动、缓解与保压。

390. 电-空位操作时，空气制动阀手柄置于缓解位，作用柱塞阀连通调压阀管与______管，b 管通大气的气路。

391. 电-空位操作时，空气制动阀手柄置于缓解位，空气制动阀开通了_________的排风气路，实现机车的单独缓解作用。

392. 电-空位操作时，空气制动阀手柄置于制动位，作用柱塞阀连通 a 管与大气、管与 b 管的气路。

393. 电-空位操作时，空气制动阀手柄置于制动位，作用凸轮有一个最大的______，作用柱塞在柱塞左侧弹簧反力作用下，右移到右极端位置。

394. SS_{4B} 型机车电-空位操作时，空气制动阀手柄置于运转位，微动开关 3SA2 闭合电路______。

395. 电-空位操作时，空气制动阀手柄置于中立位，_______柱塞切断所有气路。

396. 电-空位操作时，空气制动阀手柄置于中立位，微动开关 3SA1 闭合电路_________，微动开关 3SA2 切断电路 809—818。

397. 下压空气制动阀手柄时，推动______压缩单缓阀弹簧，并顶开单缓阀口，从而连通作用管向大气排风的气路，实现机车的单独缓解。

398. 空气制动阀电-空转换阀置于电-空位时，转换柱塞左移到左端，由柱塞凹槽连通_______与 b 管之间的气路。

399. 空气位操作时，空气制动阀手柄置缓解位，开通了________的充风气路，经中继阀动作使列车制动管充风，最终实现车辆缓解而机车保压。

400. 空气位操作时，空气制动阀手柄置制动位，开通了均衡风缸管→电-空转换阀→a 管→________阀→大气的通路，经中继阀动作使列车制动管排风。

401. 空气位操作时，作用柱塞处于______位置，调压阀管与均衡风缸管，以及均衡风缸管与大气的通路均被切断，实现全列车的保压。

402. 电动放风阀是用来接受________得电或失电的控制，经其动作后，连通或关断列车制动管的放风气路，从而控制紧急制动的实施。

403. 电动放风阀主要由橡胶膜板、芯杆、芯杆套、放风阀、放风阀弹簧、______和阀座等组成。

404. 电动放风阀上侧空间经阀体孔（ϕ25.4 mm）与__________连通。

405. 电-空制动控制器手柄置于紧急制动位时，使电动放风阀动作，连通列车________向大气放风的气路，实现紧急制动作用。

406. 电动放风阀在非紧急制动状态时，其切断列车制动管的放风气路，列车制动管的压力变化主要由____________控制，实现全列车制动系统的缓解、保压或常用制动。

407. 紧急阀活塞杆缩孔______是在常用制动时，控制紧急室向列车制动管逆流速度的。

408. 紧急阀活塞杆缩孔Ⅲ是紧急制动时，控制________向大气排风速度的。

409. 紧急阀活塞膜板上侧空间与______连通。

410. 紧急阀活塞模板下侧及放风阀弹簧侧的空间与__________连通。

411. 列车制动管压力升高时，紧急阀活塞膜板产生______的作用力之差，并带动活塞杆上移至上端，关闭放风阀口。

412. 紧急制动时，紧急阀活塞膜板带动活塞杆下移，压缩________弹簧而顶开放风阀口，从而连通列车制动管的放风气路。

413. 紧急制动时，紧急阀活塞膜板带动活塞杆下移，推动______下移并压缩微动开关95SA，闭合相应电路。

414. 常用制动时，紧急阀活塞膜板产生向下的作用力之差，并带动活塞杆下移，但不足以压缩放风阀弹簧而保持________关闭。

415. 电-空制动控制器是通过控制相关电路的闭合与断开产生________，控制全列车制动系统进行制动、缓解与保压。

416. SS_{4B} 型机车电-空制动控制器共设有六个工作位置，按逆时针排列顺序是过充、运转、中立、制动、重联及_______。

417. SS_{4B} 型机车电-空制动控制器过充位的作用是车辆快速缓解，机车______。

418. SS_{4B} 型机车采用________型电-空制动控制器。

419. 电-空阀是通过________来控制空气管路的连通或切断，从而实现远距离控制气动装置的电器。

420. 电磁铁在无电状态下，主气阀口处于关闭位置的电-空阀，称为______电-空阀。

421. 电-空阀线圈得电时，动铁芯下压______带动上阀门关闭，经阀杆使下阀门离开其阀座使下阀口打开，从而实现电控制空气通路的通断。

422. TFK_{1B} 型电-空阀的下气室与风源的连接口称为________。

中级

423. TFK_{1B}型电-空阀的工作过程包括______和______两个工作状态。

424. TFK 型电-空阀可根据需要_________，以实现三通的要求。

425. SS_{4B}型机车撒砂电-空阀的作用是实施紧急制动时，使其得电以完成______撒砂，防止机车车轮在制动时滑行。

426. 中立电-空阀的作用是操纵电-空制动控制器使其得电时，切断_________的列车制动管的供风风源。

427. DK-1 型电-空制动机 253YV 是指______电-空阀。

428. 排风$_1$电-空阀得电时，连通________向大气排风的气路，以实现机车的缓解。

429. DK-1 型电-空制动机过充电-空阀的代号是________。

430. DK-1 型电-空制动机检查电-空阀得电时，连通总风向_________充风的气路，以完成列车制动管折角塞门开通状态的检查。

431. DK-1 型电-空制动机排风$_2$电-空阀______时，加快过充风缸的排风。

432. DK-1 型电-空制动机制动电-空阀代号是______。

433. DK-1 型电-空制动机缓解电-空阀得电时，连通总风经调压阀向_________充风的气路，并使其得到定压。

434. DK-1 型电-空制动机重联电-空阀得电时，连通均衡风缸与列车制动管的气路，以实现中继阀______。

435. DK-1 型电-空制动机 94YV 是指______电-空阀。

436. 紧急电-空阀得电时，连通______向电动放风阀铜碗及膜板下侧充风的气路，以控制电动放风阀开放列车制动管的放风气路。

437. 机车段修时，外观检查电-空阀防尘帽齐全，阀垫与_______安装处不得漏风。

438. 机车段修时，检查电-空阀_______动作灵活、无卡滞现象。

439. 重联机车制动机的制动与缓解作用应与______机车制动机协调一致。

440. 重联运行中发生机车分离时，重联阀将自动保持________压力。

441. 重联阀制动缸遮断阀部是根据遮断阀活塞上下两侧的作用力之差带动活塞杆上下移动，关闭或顶开止回阀口，以切断或连通________与相应管路之间的气路。

442. 机车作为本务机车运行时，须将重联阀转换按钮置于______位。

443. 本务机车制动机进行制动、缓解时，本务机车制动缸的压力变化经________和机车间平均软管传入重联机车的平均管。

444. 重联阀置于补机位时，本补转换阀部连通________与重联阀活塞下侧之间的气路。

445. 运行中一旦机车间发生断钩分离，总风联管内压力迅速下降，制动缸遮断阀活塞在其弹簧作用下，带动活塞杆上移，关闭______阀口，从而遮断制动缸管。

446. 运行中一旦机车间发生断钩分离，重联机车重联阀由于总风联管压力空气下降，重联阀活塞在其上侧弹簧作用下，带动活塞杆下移，______止回阀，自动转到本机位。

447. DK-1 型电-空制动机在电-空位时，53 调压阀整定值应调整为______kPa。

448. SS_{4B}型电力机车 51 调压阀整定值为______kPa。

449. 调压阀是为满足空气管路系统内不同气路整定压力并保证______的供给而设置的。

450. 调压阀进风口输入压力空气时，压力空气经开启的进气阀口充向出风口侧，同时经小孔充入膜板下侧的______气室。

中级

451. 调压阀出风口侧压力高于调整弹簧整定压力时，膜板带动________上移，开启溢流阀口使多余的压力空气经溢流阀口排出。

452. 调压阀的调整方法是_______旋转调整手轮为调高输出压力，反之为调低输出压力。

453. DK-1 型电-空制动机，压力开关______是用来自动控制均衡风缸的过量减压量。

454. DK-1 型电-空制动机，压力开关 209 的整定值是_____kPa。

455. 压力开关由体、膜板、下盖、外罩、芯杆和_________等组成。

456. 压力开关根据膜板上、下两侧的压力差，带动______上下移动，以联动微动开关实现电路控制。

457. 均衡风缸减压并达到压力开关的整定值时，膜板产生向______的压力差，带动芯杆移动以控制相应电路。

458. 转换阀用来控制空气管路的___________，并保证良好的气密性和满足屏柜布置的需要。

459. 转换阀 154 用来控制两个初制风缸之间气路的开通与关断，以实现在不同工况下达到满意的________效果。

460. 旋转转换阀转换按钮置于相应工作位置时，________随之转动，并带动柱塞阀上下移动，以控制相应气路的通、断。

461. 旋转转换阀 154 置于货车位时，转换柱塞______移，由柱塞凹槽连通其进、出风管的气路。

462. 旋转转换阀 153 置于______位时，转换柱塞上移，由柱塞凹槽切断其进、出风管的气路。

463. 转换阀 154 串接在两个初制风缸中间，其转换按钮置于货车位或客车位，是根据列车制动管______来确定的。

464. 总风遮断阀溢风孔排风不止的原因是因为遮断阀_______损坏，使总风泄漏造成的。

465. 制动后的中立位，除中继阀本身故障原因外，还会因_________漏风造成双阀口中继阀排风口排风不止。

466. 空气管路系统的管道布置纵横交叉有序，在布置许可条件下选择______路径，以减少压力损失及保证性能。

467. SS_{4B} 型电力机车采用底架布管和______预布管结合方案。

468. 机车无动力装置主要由______止回阀和截断塞门两部分组成。

469. 机车无动力装置________是用来防止列车制动管向无动力机车总风缸充风时，因总风缸容积较大，使列车制动管压力骤然下降，而导致列车发生自然制动。

470. SS_{4B} 型机车紧急制动性能试验时，列车制动管由定压下降至零的时间不大于_____s。

471. SS_{4B} 型机车将电-空制动控制器手柄由紧急位移至运转位，列车制动管压力由零升至 580 kPa 的时间不大于______s。

472. SS_{4B} 型机车列车制动管和均衡风缸的气密性试验方法，是将电-空制动控制器手柄由运转位移至制动位，使列车制动管减压________kPa 后置于中立位保压。

473. SS_{4B} 型机车将电-空制动控制器手柄在制动位和中立位间移动，施行阶段制动，阶段制动作用应______正常。

474. DK-1 型电-空制动机列车制动管减压 40 ~ 50 kPa，制动缸压力应为________kPa。

475. DK-1 型电-空制动机将电-空制动控制器手柄由制动位移至过充位（小闸仍处运转位），列车制动管压力应超过定压________kPa，且制动缸压力不得缓解。

476. DK-1 型电-空制动机列车制动管定压为 600 kPa 时，均衡风缸减压 170 kPa 的时间为________s。

477. DK-1 型电-空制动机列车制动管定压为 600 kPa 时，制动缸压力由零升至 400～435 kPa 的时间为________s。

478. DK-1 型电-空制动机电-空制动控制器在运转位，将空气制动阀手柄由运转位移至制动位，制动缸压力由零升至 280 kPa 的时间不大于________s。

479. DK-1 型电-空制动机电-空制动控制器在运转位，将空气制动阀手柄在中立位与制动位间移动，阶段制动作用应________正常。

480. DK-1 型电-空制动机将电-空制动控制器手柄由运转位移至制动位，待列车制动管减压后置于重联位，列车制动管应________。

481. DK-1 型电-空制动机空气位，将空气制动阀手柄由中立位移回________位，并下压手柄，均衡风缸与列车制动管压力应能升至定压，制动缸压力缓解至零。

中级

482. DK-1 型电-空制动机辅助性能试验时，应将制动机恢复到________状态，并将电-空制动控制器、空气制动阀手柄置于运转位。

483. SS_{4B} 型机车无火回送性能试验前应将制动机调整到无火回送状态，并将电-空制动控制器置于________位，空气制动阀手柄置于运转位。

484. SS_{4B} 型机车 DK-2 型电-空制动机的自检功能主要是对均衡风缸压力、列车制动管压力、________压力值等进行检测。

485. SS_{4B} 型机车 DK-2 型电-空制动机自检过程中，司机室的制动机状态指示灯会一直____闪，当司机室的制动机状态指示灯停止闪烁，表示制动机单机自检结束。

486. SS_{4B} 型机车 DK-2 型电-空制动机故障代码________表示列车制动管不充风。

487. SS_{4B} 型机车 DK-2 型电-空制动机自检完成后自检功能会自动退出，制动控制单元 BCU 上的数码管显示__________。

488. SS_{4B} 型机车 DK-2 型电-空制动机故障代码________表示列车制动管泄漏每分钟超过 15 kPa。

489. SS_{4B} 型机车 DK-2 型电-空制动机单独制动性能试验时，制动缸压力由零升至________kPa 的时间不大于 4 s。

490. SS_{4B} 型机车 DK-2 型电-空制动机单独制动作用，是由________电-空阀控制实现机车的单独制动作用。

491. SS_{4B} 型机车 DK-2 型电-空制动机制动缸传感器的作用是采集________风压值。

492. 制动控制单元 BCU 采用智能化、模块化和________的设计思想，具有机车制动机模拟与逻辑控制功能。

493. 制动控制单元 BCU 采用________块输出板。

494. 制动控制单元 BCU 的输入板编号为 31 的指示灯（绿色灯）代表一路 DC________的输入开关量信号，灯亮表示该输入信号正常。

495. 制动控制单元 BCU 的控制板 B02 指示灯代表制动控制单元 BCU 的________信号，正常状态下将周期性闪烁。

496. 电源板提供制动控制单元BCU工作的DC______内部工作电源和DC24 V外供电源，具有过热和过流过压、欠压保护功能。

497. 神华号交流机车 DK-2 型电-空制动机列车制动管/均衡风缸控制模块的主要功能是控制________和列车制动管的压力。

498. 神华号交流机车制动缸控制模块的主要功能是根据系统指令控制制动缸风压，实现________风缸闭环控制、电子分配阀和空气分配阀切换、机车单缓等功能。

499. 神华号交流机车停放制动控制模块的主要功能是接受停放制动施加与缓解指令，实现_________的排气与充气。

500. 神华号交流机车停放制动控制模块双向阀的功能是取________压力与停放制动缸压力两者之间的较大值，防止停放制动力与机车制动力同时施加。

二、判断题（正确的划“√”，错误的划“×”）

1. 铁路客货运输应充分体现“以人为本、诚信服务”的理念。(　　)

2. 铁路运输生产既要职工按照分工和要求，尽职尽责地做好本职工作，又要在系统领导下，互相帮助，主动配合，密切配合。(　　)

3. 检修职工的行为规则是遵章守纪。(　　)

4. ϕ60f9 表示基本尺寸为ϕ60 mm、公差等级为 9 级、基本偏差是 f 的轴。(　　)

5. 当截平面倾斜于圆柱的轴线时，截交线为圆。(　　)

6. 当截平面平行于圆锥底面时，截交线为圆。(　　)

7. 当平面图垂直于投影面时，其投影为一个点。(　　)

8. 画在轮廓之内的剖面称为移除剖面。(　　)

9. 为了使得图形更加清晰，剖面图形中一般不画虚线。(　　)

10. 零件装配时，不需任何修配和调整就能顺利装配的性质称为互换性。(　　)

11. 相配合的主要零件和次要零件磨损后，一般是修复次要零件，更换主要零件。(　　)

12. 矫正平板用来做矫正工件的基准面。(　　)

13. 矫正时改变了工件的形状，但工件材料的性质不会发生变化。(　　)

14. 对于薄板中间凸起的矫正，不能直接锤击中凸部位。(　　)

15. 热弯管子时，应在管子内灌满砂子，用塞子堵住，并在塞子中间钻一个小孔。(　　)

16. 轴类零件进行热矫正时，应在弯曲的最低点加热。(　　)

17. 块规是一种广泛用于测量表面粗糙度的量具。(　　)

18. 表面粗糙度的数值越小，其表面越光滑平整。(　　)

19. 任何零部件都要求表面粗糙度越小越好。(　　)

20. Ml0-596g-S 中 Ml0 表示螺纹代号。(　　)

21. 调整法是在装配时零件不经修理、选择或调整即可达到装配精度的方法。(　　)

22. 分组选配法是在同类零件中，选取其中尺寸相当的零件进行装配，以达到配合要求的方法称为选配法。(　　)

23. 直线度符号为一短横线（－），是限制实际直线对理想直线变动量的唯一指标。(　　)

中级

24. 平面度符号为一平行四边形。(　　)

25. 公差没有正负，是绝对值。(　　)

26. 尺寸链中封闭环公差不等于各组成环公差之和。(　　)

27. 孔轴公差带是由“公差带大小”和“公差带的位置”两个独立的要素组成的。(　　)

28. 物体的每一尺寸，一般要标注多次，并应标注在反映该结构最清晰的图形上。(　　)

29. 尺寸偏差是代数值。(　　)

30. 在技术图样上尺寸数值的特定单位为毫米，一般可省略不写，若采用其他单位则必须注写单位。(　　)

31. 尺寸线的终端有箭头和斜线两种形式，同一张图样中可以采用多种尺寸线终端形式。(　　)

32. 一条螺旋线所形成的螺纹称为单线螺纹。(　　)

33. 两条螺旋线上的相邻两牙在中径线对应两点间的轴向距离称为导程。(　　)

34. 螺纹连接的方式有螺栓连接、双头螺柱连接和螺钉连接。(　　)

35. 螺距是螺纹相邻两个螺纹中径上对应点间的距离。(　　)

36. 普通螺纹按螺距分为粗牙和细牙螺纹两种。(　　)

37. 圆锥销装配后，要求大端不允许露出孔口表面，小端少量露出孔口表面。(　　)

38. 齿轮、带轮、轴承、联轴器等，常用轴肩、轴环、轴套来实现轴向固定。(　　)

39. 向心推力轴承只承受径向载荷，不承受轴向载荷。(　　)

40. 滚动轴承的游隙分径向游隙和轴向游隙。(　　)

41. 向心推力球轴承在安装调整时，应使外套比内套稍短。(　　)

42. 滚动轴承调整到完全消除间隙且有一定过盈量时，称为预紧。(　　)

43. 齿顶圆和齿根圆之间的径向距离用 h 表示。(　　)

44. 齿顶圆和齿根圆之间的径向距离为周节。(　　)

45. 蜗杆传动可以得到较小传动比，且结构紧凑，传动平稳，但传动效率比齿轮传动要低。(　　)

46. 联轴器分为刚性联轴器和挠性联轴器两类。(　　)

47. 刚性联轴器在安装和运转时，对两轴轴线同心度有一定限度要求。(　　)

48. 挠性联轴器允许两轴轴线在安装及运转时有一定限度的轴向位移、径向位移、角度位移和综合位移。(　　)

49. 机构是机器的重要组成部分。(　　)

50. 机构是机器和机械的总称。(　　)

51. 低副的接触面一般都是圆柱面和平面，不容易制造和维修。(　　)

52. 低副是滑动摩擦，摩擦损失比高副大，效率低，因此在机器和机构中常用滚动轴承来代替滑动轴承。(　　)

53. 皮带传动因打滑可以缓和冲击，但不能保证恒定传动比。(　　)

54. 带传动是依靠作为中间挠性件的带和带轮之间的摩擦力来传动的。(　　)

55. V 带传动不用设置张紧装置，也可以保持正常工作。(　　)

56. 螺旋传动时其移距 L 和转速 N 之间关系成正比。(　　)

57. 螺旋传动时其移距 L 和转速 N 之间关系为：$L = NS$。(　　)

58. 链传动安装和维护要求较高。(　　)

59. 链传动与齿轮传动比较,它不能在两轴中心距较大的情况下传递运动和动力。( )

60. 齿轮的传动比是主动齿轮与从动齿轮转速之比，与其齿数比成反比。( )

61. 齿轮传动适用于大距离传动，制造装配要求高。( )

62. 齿轮传动结构紧凑，工作可靠，可实现较大的传动比。( )

63. 两轴线相交的齿轮传动是直齿圆柱齿轮传动。( )

64. 两个配对斜齿轮组成的交错轴间的齿轮传动，称为交错轴斜齿轮传动。( )

65. 扁锉、方锉、三角锉等均属于普通截面锉。( )

66. 锉刀的规格分尺寸规格和齿纹的粗细规格。( )

67. 锉刀不可重叠，或者和其他工具堆放在一起。( )

68. 一般为了节省材料，刮刀仅刮头部用碳素工具钢，刀杆则用低碳钢制造。( )

69. 曲面刮刀常用的有三角刮刀。( )

70. 曲面刮刀用于刮削内曲面，如滑动轴承的孔等。( )

71. 在研磨加工中，润滑剂有促进氧化的作用。( )

72. 切削液防锈作用的好坏，取决于工件的材质和切削液的种类。( )

73. 切削液润滑作用的好坏与切削液的种类和切削温度有较大的关系。( )

74. 划线是机械加工的重要工序，广泛地用于成批量或小批量生产。( )

75. 借料划线，首先要知道待划毛坯的误差程度，确定要借料的方向和大小，以提高划线效率。( )

76. 划线时，找正和借料这两项工作是共同进行的。( )

77. 划线时都应从划线基准开始，而且尽量使划线基准与设计基准一致。( )

78. 找正时，若毛坯上有不加工表面时，不用对该面进行找正。( )

79. 划线不但能明确加工位置，而且能反映出加工余量。( )

80. 毛坯有两个以上不加工表面，应选择面积大、要求较高的表面作为主要找正依据。( )

81. 特殊工件划线时，合理选择划线基准、安放位置和找正面，是做好划线工作的关键。( )

82. 錾削多用于錾油槽，下板料及去除很少多余金属的精加工。( )

83. 錾削油槽时，连续錾切较间歇錾切平整，光滑。( )

84. 锯削速度和往复长度 锯削速度以每分钟往复 20 ~ 30 次为宜。( )

85. 锯削速度过快锯条容易磨钝,反而会降低切削效率,锯削速度太慢,效率不高。( )

86. 工件安装工件伸出钳口不应过长，防止锯削时产生振动。( )

87. 锉削的质量和效率取决于锉刀工作面的状况。( )

88. 锉削主要内容为锉削外平面、曲面、内角、外角、复杂的表面、沟槽、孔眼和各种形状的配合表面。( )

89. 单齿纹锉刀上的齿纹按不同方向排列。( )

90. 双齿纹锉刀上的齿纹是交叉排列的。( )

91. 锉削时检查平面度的方法通常采用刀口直尺或用透光法来检查锉削平面的平面度。( )

92. 起锯的方式有一种是从工件远离自己的一端起锯，称为远起锯。( )

93. 锯割是无论用哪一种起锯的方法，起锯角度都不要超过 25°。( )

94. 为使起锯的位置准确和平稳，起锯时可用左手大拇指挡住锯条的方法来定位。( )

95. 锯割管类工件时应不断改变方向，每一个方向只锯到管子的内壁切线为止。( )

中级

96. 在锯割软性材料或锯缝较长的工件时，为不使切屑堵塞，应选用细锯条。(　　)

97. 平面锉法适用于不太大的工件和最后精锉。(　　)

98. 交叉锉法效率低，只适合于锉削狭长平面和修整尺寸时应用。(　　)

99. 平面锉削时检查平面度的方法，可用钢直尺或刀口钢直尺以透光法来检查，以纵向、横向、两对角线方向，从间隙处透光的明暗、强弱程度来判定高低不平的程度。(　　)

100. 清除锉齿中的锉屑时，应用钢丝刷逆着齿纹刷拭，不得敲拍锉刀去屑或用嘴吹去锉屑。(　　)

101. 使用铆钉连接两件或两件以上的工件叫作铆接。(　　)

102. 铆接是一种柔性连接。(　　)

103. 弹簧是利用材料的弹性和本身的结构特点，在工作时产生变形，把机械能或动能与变形能相互转换的一种机械零件。(　　)

104. 调和显示剂时，粗刮时可调的干一些，精刮时调的稀一些。(　　)

105. 显示剂必须保持清洁，不得有污物，砂粒和铁屑混入以免损伤零件和检定工具的表面。(　　)

106. 伸张法是在平板上用锤击的方法或机械上用顶压的方法矫正棒料或条料。(　　)

107. 延展法用于矫正凹凸不平的板料和弯曲的条料。(　　)

108. 研磨外圆柱表面时，当研磨表面上形成 45°交叉网纹时，说明研磨环的往复运动速度适当。(　　)

109. 研磨内孔时出现孔锥，是操作不当造成的。(　　)

110. 万能分度头其规格是以主轴直径来表示的。(　　)

111. 分度头的使用按说明书规定装夹工作，不得超载使用。(　　)

112. 台钻可以进行锪孔、铰孔、和攻螺纹等加工工作。(　　)

113. 电钻使用前，须先空转 1 min，检查传动部分运转是否正常，如有异常，应先排除故障，运转正常后再使用。(　　)

114. 使用的钻头必须锋利，钻孔时不宜用力过猛，当孔将要钻穿时，应相应减轻压力，以防发生事故。(　　)

115. 机床上刀具的运动形式，称为主运动。(　　)

116. 进给运动是使工件的被切削层继续投入切削，逐渐加工出整个表面所需要的运动。(　　)

117. 整理电路和等效化简是两个相同的概念。(　　)

118. 串联电路各电阻的电压与其电阻值成反比。(　　)

119. 一个仅由电阻元件组成的无源二端网络，总可以找到一个与之等效的电阻，这个电阻叫作该网络的等效电阻，也叫输入电阻。(　　)

120. 电阻串联电路的等效电阻等于串联的各电阻之和。(　　)

121. 并联电路中各电阻的电流与其电导值成反比。(　　)

122. 三相四线制供电系统可向负载提供线电压和相电压两组不同的对称三相电压，而三线制只能提供线电压。(　　)

123. 对称三相四线制的低压标准是相电压为 380 V，线电压则约为 220 V。(　　)

124. 三相交流电路在工程上以黄、绿、红三种颜色分别作为 A、B、C 三相的标志。(　　)

125. 振幅相等、频率相同、相位彼此互差 120°的三个正弦电压源，即构成一组对称三相电源。(　　)

126. 三相三线制供电电路容许负载不对称，故中线必须可靠连接，不得在中线上安装开关和保险器，以防发生意外。(　　)

127. 实际变压器是有损耗、有漏磁通的，铁磁材料的磁导率也不是无穷大。(　　)

128. 接触器在自动控制系统中应用十分广泛，它与按钮配合可以实现远距离负载电路的通与断。(　　)

129. 选用接触器时，首先要考虑主触头的额定电压必须等于控制线路的额定电压。(　　)

130. 中间继电器的基本结构及工作原理与接触器基本相同，故称为接触器式继电器。(　　)

131. 延时继电器有两种工作方式，通电延时动作和断电延时动作。(　　)

132. 继电器触点的断流容量很小，一般不需要灭弧装置，其触头不能用于小电流的控制电路中。(　　)

133. 钳形电流表准确度较低，但它不需切断电路即能测量，因而应用很广泛。(　　)

134. 钳形电流表测量时不用估计被测电流的大小，可以选择较大的量程挡测量。(　　)

135. 钳形电流表测量完毕一定要把仪表的量程开关置于最大量程位置上，以防下次使用时，因疏忽大意未选择量程就进行测量，造成损坏仪表的意外事故。(　　)

136. 塑性是材料在循环应力和应变作用下，在一处或几处产生局部永久累积损伤，经一定循环次数后产生裂纹或突然发生完全断裂的过程。(　　)

137. 金属的蠕变是在规定温度及恒定力作用下，材料塑性变形随时间而增加的现象。(　　)

138. 液体金属的结晶过程是通过结晶形成（形核）和结晶长大（长大）两个基本过程进行的。(　　)

139. 金属化合物是合金中各组成原子按一定整数比结合而成的晶体相。(　　)

140. 金属面缺陷是在三维空间的两个方向上尺寸很小的晶体中呈面状的缺陷。(　　)

141. 铁素体是α铁中溶入一种或多种溶质元素构成的固溶体。(　　)

142. 钢中含碳量离共析成分越远，珠光体成分越多，而铁素体或二次渗碳体成分相应减少。(　　)

143. 铁碳合金相图中，共晶点的温度为 1148 °C，含碳量为 4.3%。(　　)

144. 铁碳合金相图中，共析点的温度为 727 °C，含碳量为 0.77%。(　　)

145. 含碳量低于 0.25%的碳钢，可用回火代替退火，以改善切削加工性能。(　　)

146. 工件在 250 ~ 500 °C 之间进行的回火，称为高温回火。(　　)

147. 化学热处理是将工件置于适当的活性介质中加热、保温，使一种或几种元素渗入它的表层，以改变其化学成分、组织和性能的热处理。(　　)

148. 淬透性是钢材的一种属性，是指钢淬火时获得奥氏体的能力。(　　)

149. 淬硬性是以钢在理想条件下淬火所能达到的最高硬度来表征的材料特性。(　　)

150. 等温淬火产生的淬火应力与变形极小，适用于大型复杂工件和弹簧零件的淬火工艺。(　　)

151. 冷处理和深冷处理一般在 0 °C 以下进行，一般适用于量具、精密零件的处理。(　　)

152. 感应淬火适用于单件和小批量生产及大型工件的热处理。(　　)

153. 感应淬火生产效率高，淬火层得到高硬度的细小马氏体组织，感应淬火具有工件变形小、裂纹倾向小等特点。(　　)

154. 渗碳是为提高工件表层的含碳量并在其中形成一定的含碳量梯度，将工件在渗碳介质中加热、保温，使碳原子渗入的化学热处理工艺。(　　)

155. 硅能溶于铁素体中使之固溶强化，从而提高其强度、硬度和弹性。(　　)

156. 硫在钢中是有益元素。(　　)

157. 磷在常温下能溶于铁素体中，使钢的强度、硬度提高，但使塑性、韧性显著降低，尤其在低温时表现最为突出。(　　)

158. 普通碳素钢和优质碳素钢的区别在于钢中含硫（S）、磷（P）的多少。(　　)

159. 低碳钢经热处理后，具有良好的综合力学性能，常用于制造齿轮、连杆、轴类零件。(　　)

160. 中碳钢塑性好、强度低，可制成薄板、深冲压制品、容器等。(　　)

161. 高级优质碳素工具钢含硫量不大于 0.020%，含磷量不大于 0.025%。(　　)

162. 合金工具钢和高速工具钢的牌号表示方法与合金结构钢相同。(　　)

163. 高锰钢易切削加工且铸造性能较好，故生产零件一般用铸造方法。(　　)

164. 合金调质钢多用来制造大、中截面承受交变载荷的零件。(　　)

165. 灰铸铁具有良好的铸造性、切削加工性、减磨性、减振性、缺口敏感性。(　　)

166. 灰铸铁与可锻铸铁相比具有较高的强度和韧性。(　　)

167. 球墨铸铁具有比灰铸铁有更高的强度、塑性和韧性，尤其是屈强比比碳钢还高，球墨铸铁的力学性能接近于非合金钢。(　　)

168. 纯铜的导电性和导热性比银好仅次于金，且有良好的抗磁性、耐腐蚀性。(　　)

169. 黄铜中锌的含量对组织与性能有很大影响，当锌的含量大于 45%时，塑性很差，强度降低，在生产中已无实用价值。(　　)

170. 铍青铜弹性好，耐蚀性高，具有良好的铸造性能和冷热压力加工性能。(　　)

171. 淬火、时效处理是强化铝合金的主要途径之一。(　　)

172. 铝合金可分为变形铝合金和铸造铝合金两类。(　　)

173. 金属的腐蚀绝大多数是由非电化学腐蚀引起的,非电化学腐蚀比电化学腐蚀快得多，危害性也更大。(　　)

174. 电化学腐蚀是至少包含一种电极反应的腐蚀。(　　)

175. 金属在潮湿空气中的在大气腐蚀属于非电化学腐蚀。(　　)

176. 低碳钢及低合金结构钢均具有良好的焊接性，一般情况下都可得到符合要求的焊接接头。(　　)

177. 焊接过程中，由于焊接接头处各部分温差很大，不均匀的受热和冷却导致胀、缩不均，是引起焊接热应力与变形的根本原因。(　　)

178. 气体保护焊是用空气作为电弧介质并保护电弧和焊接区的电弧焊。(　　)

179. 切削用量要素是切削加工过程中对切削速度、进给量和切削深度的总称。(　　)

180. 车削时，工件的旋转为进给运动，车刀的移动为主运动。(　　)

181. 合金工具钢适用于制造要求热处理变形小的手动或机动低速刀具。(　　)

182. 万用表属于钳工的常用工具。(　　)

183. 用人单位发生合并或者分立等情况，原劳动合同继续有效。(　　)

184. 劳动合同终止后，用人单位应当在十日内为劳动者办理档案和社会保险关系转移手

续。(　　)

185. 工伤人员在享有工伤社会保险后，不可再向本单位提出赔偿要求。(　　)

186. 特种作业人员未经专门的安全作业培训，未取得特种作业操作资格证书，上岗作业导致事故的，应追究生产经营单位有关人员的责任。(　　)

187. 一次事故中死亡 3～9 人的是特大生产安全事故。(　　)

188. 托运人或者旅客根据自愿，可以办理保价运输，也可以办理货物运输保险；还可以既不办理保价运输，也不办理货物运输保险。(　　)

189. 对在铁路线路上行走、坐卧的，铁路职工有权制止并进行处罚。(　　)

190. 旅客车票、行李票、包裹票和货物运单是合同或者合同的组成部分。(　　)

191. 环境保护法适用于中华人民共和国领域和中华人民共和国管辖的其他海域。(　　)

192. 环境与资源保护法律责任的客体一般包括行为和物两种。(　　)

193. 禁止使用无线电台及其他仪器干扰铁路运营指挥无线电频率使用。(　　)

194. 铁路与道路交叉的无人看守道口应当按照国家标准设置警示标志，有人看守的道口可不设警示标志。(　　)

195. 隔离开关开闭作业时，必须执行一人操作一人监护制度。(　　)

196. 遇雷雨天气时，可以操作隔离开关。(　　)

197. 机车鉴定成绩分为优秀、良好、合格、不合格四个等级。(　　)

198. 机车履历本的填写应由专人负责。填写必须及时、准确、整洁，不得有漏项和缺项。(　　)

199. 造成 5000 万元以上 1 亿元以下直接经济损失的事故为特别重大事故。(　　)

200. 造成 2 人死亡未构成较大以上事故的，为一般 A 类事故。(　　)

201. 货运列车脱轨 6 辆以上 60 辆以下，并中断其他线路铁路行车 48 小时以上为重大事故。(　　)

202. 直通式空气制动机的特点是列车制动管充风产生缓解作用，列车制动管排风实现制动作用。(　　)

203. 制动过程必须具备两个基本条件是实现能量转换和控制能量转换。(　　)

204. DK-1 型电-空制动机由电气线路和空气管理两部分组成。(　　)

205. 无论是机车还是车辆都具有相同的制动系统。(　　)

206. 衡量制动系统性能的优劣，主要是衡量制动机性能的好坏。(　　)

207. 在铁路运输中制动机是实现多拉、快跑、安全、正点，提高运输效率的保证。(　　)

208. 制动方式按对象可分机车制动机和车辆制动机。(　　)

209. 通过轮轨间的黏着来实现制动的方式，称为黏着制动。(　　)

210. 黏着制动时，可能实现的最大制动力不会超过黏着力。(　　)

211. 磁轨制动是使电磁铁以一定的吸力吸附在钢轨上，与钢轨摩擦而产生制动力。(　　)

212. 轨道涡流制动是将列车的动能转变为热能，然后通过钢轨逸散于大气的制动方式。(　　)

213. 磁轨制动中，因电磁铁与钢轨发生摩擦，所以属于黏着制动。(　　)

214. 轨道涡流制动中，电磁铁不与轨面接触，属非黏着制动。(　　)

215. 磁轨制动与轨道涡流制动均属黏着制动。(　　)

中级

216. 直通式空气制动机制动缸的充、排风不一定经过列车制动管来完成。(　　)

217. 直通式空气制动机在制动时，前部车辆的制动缸充风快，压力高而后部车辆的制动缸充风慢、压力低，从而造成较大制动冲击。(　　)

218. 直通式空气制动机自身的工作机理，使其在运用过程中，不存在弱点。(　　)

219. 自动空气制动机在铁路运输中，还没有得到广泛的运用。(　　)

220. 电-空制动机的工作原理是源于空气制动机的基本作用原理。(　　)

221. 自动空气制动机制动时关闭充气沟使副风缸内的压力空气能向列车制动管逆流。(　　)

222. 自动空气制动机克服了直通式空气制动机的“列车分离时，制动系统失去制动作用”的致命弱点。(　　)

223. 将制动阀手柄置于中立位，切断列车制动管的充、排风通路，使列车制动管既不排风也不充风，制动机呈保压状态。(　　)

224. 自动空气制动机具有“列车制动管充风制动，列车制动管排风缓解”的工作机理。(　　)

225. 制动作用沿列车长度方向的不同时性和不均匀性，是引起列车纵向冲动的主要原因。(　　)

226. 目前，国产 120 型控制阀的缓解波速已达到 200 m/s。(　　)

227. 制动作用的传播速度越大，越能适应长大列车的要求。(　　)

228. 车辆制动机是根据列车制动管的压力变化而动作的。(　　)

229. 传递制动原力，并将其扩大以后均匀分配给各个闸瓦的装置称为基础制动装置。(　　)

230. 将制动缸空气压力转换并扩大一定的倍数变成制动力的机构，称之为基础制动装置。(　　)

231. 闸瓦按材质可分为铸铁闸瓦和合成闸瓦。(　　)

232. 合成闸瓦按其摩擦系数的大小可分为低摩合成闸瓦、中摩合成闸瓦和高摩合成闸瓦三大类。(　　)

233. 制动机内压缩空气的膨胀，应属于断热膨胀，和等温膨胀毫无关系。(　　)

234. 如果使气体的温度压缩时不增高，膨胀时不降低，保持恒温，就叫作断热膨胀。(　　)

235. 气体压缩时，其温度将会增高。(　　)

236. 气体膨胀时，其温度将会下降。(　　)

237. 列车制动管的减压量范围不会受到相应的列车制动管最小、最大有效减压量的限制。(　　)

238. 三通阀在缓解位时，列车制动管通副风缸，制动缸通大气。(　　)

239. 机车上的空气压缩机不能工作时，不能做“机破”处理。(　　)

240. 制动装置是直接维系行车安全的因素，因此要加强日常的维护保养工作，保持良好的工作状态。(　　)

241. GK 型制动机是通过改变制动缸容积来实现空重车调整作用的。(　　)

242. 钢轨外侧之间的距离为轨距，标准轨距是 1 435 mm。(　　)

243. 机车车辆横断面最大容许尺寸所组成的轮廓图形，称之为铁路界限。(　　)

244. 所谓自动空气制动机是当列车分离时，各车辆能产生制动作用的制动机。(　　)

245. SS_{4B} 型电力机车的风源系统可分为主压缩空气的生产、压力控制、净化处理和总风的重联四个环节。(　　)

246. BT-3.0/10A 型螺杆压缩机组电机通过刚性联轴器与主机直联，从而带动主机定向旋转。(　　)

247. BT-3.0/10A 型螺杆压缩机组将电机和主机刚性地连接在一起，构成螺杆空压机主体结构，这种结构能简化装配程序，保证电机轴与主机轴的同轴度。(　　)

248. BT-3.0/10A 型螺杆压缩机的运动机构主要是由蜗轮蜗杆转子和转轴组成。(　　)

249. 压缩机底架与地板之间装有橡胶减震器，以消除主空气压缩机组高速运转引起的震动对机车的影响。(　　)

250. BT-3.0/10A 型螺杆压缩机阴阳转子在吸气终了时，两转子齿峰会与机壳封闭，此时空气在齿沟内封闭不再外流，即为封闭过程。(　　)

251. BT-3.0/10A 型螺杆压缩机润滑油的用量是 8.0 L。(　　)

252. BT-3.0/10A 型螺杆压缩机润滑油油耗量是 0.5 g/h。(　　)

253. BT-3.0/10A 型螺杆压缩机冷却系统风机蜗壳与电机、主机相连构成刚性主体，风机叶轮紧固在联轴节上。(　　)

254. BT-3.0/10A 型螺杆压缩机换油时将空压机运转，使油温上升，然后停机，以利排油。(　　)

255. BT-3.0/10A 型螺杆压缩机换油时必须同时更换油细分离器，无论其是否达正常更换时间。(　　)

256. 螺杆空压机应有足够大的安装空间，通风良好，一方面便于必要的维护，另一方面使吸气温度控制在设计范围内。(　　)

257. YWK-50-C 型压力控制器其规格为 750 ~ 900 kPa。(　　)

258. YWK-50-C 型压力控制器是根据被控压缩空气的压力上升或下降，使触头闭合或断开而达到压缩空气压力控制的目的。(　　)

259. 压力控制器调整压力范围时，应先调上限设定值后再调下限设定值。(　　)

260. YWK-50-C 型压力控制器根据压力控制器的使用情况，进行定期校对调整。(　　)

261. 调整压力控制器调节杆与差动旋钮，控制空气压缩机组的启动和停机，就能控制总风缸内压力空气的压力，使其保持在规定的范围内。(　　)

262. 逆流止回阀与止回阀的区别是止回阀的盖为四方体。(　　)

263. 机车断钩分离时，逆流止回阀保证了机车制动机所需的压力空气。(　　)

264. 使用过程中应定期检查高压安全阀的整定值，如不符合要求要及时调整。(　　)

265. 为确保制动机及其他风动装置工作安全，应定期开放总风缸排水阀，排出风缸内积水和尘埃。(　　)

266. 为保证压力空气的充分供应，机车上必须配备容量足够大的总风缸。(　　)

267. TAD-H 型空气干燥器可防止机车、车辆制动系统产生锈蚀堵塞、凝结水结冰等现象。(　　)

268. TAD-H 型空气干燥器出气止回阀是防止总风缸压力空气向再生风缸倒流，且左右进风口由一小孔相连以使干燥空气进入再生干燥塔进行再生。(　　)

269. DJKG-A 型干燥器电动排泄阀由一个 TFK 型电-空阀和一个阀口式排泄阀组成。(　　)

270. 空气压缩机运转时，排泄电-空阀得电关闭排泄阀口。(　　)

271. 空气干燥器电路连接中有一根为 DC110 V 电源正极线，空气压缩机运转时失电，空气压缩停止运时得电。(　　)

272. 经过滤清的饱和湿空气进入干燥筒内，通过吸附剂作用获得洁净干燥的压力空气。(　　)

273. 吸附干燥过程的压力空气经过干燥筒的底部干燥止回阀向滤清筒输送，同时还经节流孔向再生风缸充风。(　　)

274. DJKG-A 型空气干燥器的再生过程中排泄阀口打开，将压力空气中油、水分和尘埃、机械杂质经开放的排泄阀口，再经消音器排入大气。(　　)

275. DJKG-A 型干燥器电动排泄阀防冻装置设置的目的是为了防止管路和干燥塔冻结而设置的。(　　)

276. 打开空气干燥器干燥筒盖时，头部要离开干燥筒正上方，以防弹簧崩出伤人。(　　)

277. 机车总风缸，其容积的选择及主要技术参数的确定必须周密慎重，以保证机车运用的安全。(　　)

中级

278. 由于机车空间限制总风缸容积选择时，不是容积越大越安全。(　　)

279. SS_{4B} 型机车在正常运行时，风源系统塞门 163 应处于开放状态。(　　)

280. SS_{4B} 型机车在正常运行时，风源系统塞门 112 应处于开放状态。(　　)

281. SS_{4B} 型机车在正常运行时，风源系统塞门 110 应处于开放状态。(　　)

282. 机车入库后可以关闭 112 塞门，保存总风缸内的压缩空气。(　　)

283. 空气管路中的压缩空气可以近似地认为是理想气体，因此在状态变化过程中不可以运用气态方程。(　　)

284. 压缩空气管路系统中聚集的水分，不仅对管路有锈蚀影响，而且对气动电气的性能也会有影响。(　　)

285. 不论是客运还是货运或者其他用途的车，管路系统不会有很大的差异，只有局部的增减或调整，以满足不同性能的要求。(　　)

286. 压缩机工作时经第二总风缸向重联机车供风。(　　)

287. 重联机车人与高压的隔离是靠安装在门联锁阀 38 后的风压继电器 515KF 控制来实现的。(　　)

288. 非操纵节机车的人与高压区隔离不受本务机车的控制。(　　)

289. 控制主断的管路是总风经过 106 止回阀、145 塞门、分水滤气器再到主断来实现的。(　　)

290. 控制管路系统中 106 止回阀作用是正常运行时截止压缩空气向 105 辅助风缸充风。(　　)

291. 模板塞门 97 只有在库停后控制风缸供风时才可以打开。(　　)

292. 库停后控制风缸的供风通路中 108 和 106 止回阀是处于开放状态的。(　　)

293. 辅助压缩机组供风到可以升弓合闸作业时，应立即启动压缩机组打风，总风缸压力达到 450 kPa 后，停止辅助压缩机运转。(　　)

294. 在机车停放前，应将控制风缸内的压缩空气充至大于 900 kPa，然后关闭模板塞门。(　　)

295. 机车辅助风缸只起着压缩空气贮存作用。(　　)

296. 使用按钮对辅助压缩机组操作时要注意观察，防止其中一节机车辅助风缸压力超高。(　　)

297. 撒砂器、风喇叭、高压安全阀、刮雨器均属于辅助装置。(　　)

298. 机车辅助装置前均设有塞门，便于相关配件故障时切除或检修。(　　)

299. 空转即将开始前撒砂和空转发生后撒砂效果是一样的。(　　)

300. 内燃、电力机车发生空转时，由于其牵引电动机高速旋转，会造成电机损伤，甚至造成电机“扫膛”。(　　)

301. 撒砂装置电-空阀并联使用目的是为了增加撒砂风量。(　　)

302. 机车撒砂装置中使 812 导线有电，两位置转换开关辅助联锁 107QPF 或 107QPBW 最后到达导线 810 或 820，使得撒砂电-空阀得电。(　　)

303. 高音喇叭为长筒，低音喇叭为短筒。(　　)

304. 要使制动机可靠地产生制动作用，除了要有一定的列车制动管减压量外，还需要一定的减压速率，两者缺一不可。(　　)

305. 常用制动时不发生紧急制动作用的性能，称为制动机的稳定性。(　　)

306. 压力表为测量仪表，在机车上主要作为制动机作用性能的显示，更应定期校验，现规定机车用压力表为每三个月为鉴定周期。(　　)

307. 压力传感器采用直接固定平圆膜片作为弹性变形元件，在压力作用下膜片产生弹性变形。(　　)

308. 折角塞门一端与机车管路连接，另一端与连接软管相接。(　　)

309. 运用机车车辆的软管连接器，应每隔 6 个月进行一次试验，并按规定在软管中部涂刷试验标记。(　　)

310. 平均管连接软管风压试验时，应通入 600 kPa 的压力空气，保持 5 min 无泄漏，表面或边缘发生的气泡在 5 min 内消失者允许使用。(　　)

311. 总风管连接软管风压试验时，应通入 600 kPa 的压力空气，保持 5 min 无泄漏，表面或边缘发生的气泡在 5 min 内消失者允许使用。(　　)

312. 新装软管或每经使用 3 个月后的软管，均应进行压力试验。(　　)

313. 机车空气管路呈立体状布置在车体、转向架内外，规格多、形状复杂且受空间的限制，在管路连接上必须采用多类型的管接头，才能满足不同管路连接的需要。(　　)

314. 两侧高压区的门关闭到位，才能转动门联锁杆到正确位置，门联锁才能正常的锁闭。(　　)

315. 受电弓升起后，保护电-空阀 247YV 将保持得电，门联锁阀内的压缩空气不能排出，高压室及变压器室各门均不能打开。(　　)

316. 门联锁阀卡滞的主要原因是润滑不良或组装不当。(　　)

317. 管道滤尘器用来过滤压力空气中的灰尘等杂质，防止其进入压缩机气动、电动部件中，而影响正常工作。(　　)

318. TSG15B 型受电弓，弓头被一个铰链系统垂向操纵，铰链系统形成一个四杆机构。(　　)

319. TSG15B 型受电弓底架由椭圆形钢管焊接而成，在连接处紧密密封焊接。(　　)

320. TSG15B 型受电弓上框架由几段钢管、顶管和下部的肘接横管焊接而成。(　　)

321. TSG15B 型受电弓升弓电磁阀、空气过滤器、调压阀，节流阀，安全阀和压力开关都组装在电力机车内部的受电弓气阀板上。(　　)

322. TSG15B 型升弓电磁阀得电，压缩空气通过气路装置进入升弓气囊，气囊受到压缩空气的作用膨胀抬升，使受电弓升起。(　　)

323. TSG15B 型受电弓的下降通过受电弓的压力开关释放压缩空气进行控制。(　　)

324. TSG15B 型受电弓调整升降弓时间时，顺时针调整气阀板上的单向节流阀 DRS，受电弓的降弓时间减小，逆时针调整降弓时间增大。(　　)

325. TSG15B 型受电弓接触压力的调整，是通过改变升弓弹簧的变形量，从而改变受电弓的接触压力。(　　)

326. SS_{4B} 型机车采用 HB-2 型轮缘喷脂器来改善轮缘与钢轨之间的摩擦情况。(　　)

327. 轮缘喷脂装置一般一台机车只装第一位轮对和最后一位轮对上。(　　)

328. 手动喇叭控制阀是一种柱塞阀，主要由手把、连接板、O 形圈、弹簧、挡圈、定位套、挡板、阀体、销轴、圆柱销、活塞和膜板等组成。(　　)

329. 手动喇叭控制阀可以一个阀分别控制两个喇叭。(　　)

中级

330. SS_{4B} 型机车基础制动装置为独立单元制动器，每台转向架第一根轴后、第二根轴前左右两侧车轮处均设置一个制动器。(　　)

331. 组合式基础制动装置是由一个制动缸为若干个闸瓦装置提供制动原力。(　　)

332. 手制动装置组装完毕后拉杆环应对中竖杠杆，确保动作灵活无卡滞。(　　)

333. DK-1 型制动机的基本作用原理是列车制动管充风制动机制动，列车制动管排风制动机缓解。(　　)

334. 单侧闸瓦基础制动装置的构造较简单，适用于牵引吨位不大的机车、车辆。(　　)

335. 双侧闸瓦基础制动装置的结构较复杂，制动效果较好，闸瓦磨耗量也小，因此对缩短制动距离、提高运行速度都是有利的。(　　)

336. SS_{4B} 型机车单缸制动器的传动效率是 95%。(　　)

337. SS_{4B} 型机车单缸制动器制动缸缓解弹簧反力是 347 N。(　　)

338. 闸瓦间隙达到正常范围时，闸瓦间隙调整器将不再减小闸瓦间隙。(　　)

339. 闸瓦间隙自动调整器的作用是在每次制动后，自动地调整闸瓦间隙，使制动缸活塞行程保持在规定的范围内。(　　)

340. 闸瓦与车轮踏面上、下端间隙可用闸瓦间隙调整器调整手轮调整。(　　)

341. 单缸制动器在制动状态，制动缸排风闸瓦离开车轮踏面。(　　)

342. 单缸制动器在缓解状态闸瓦离开车轮踏面产生缓解作用。(　　)

343. 闸瓦定位装置是可以通过闸瓦托调整弹簧的调整，从而使闸瓦上、下端与车轮踏面之间保持均匀的间隙。(　　)

344. 一列车（或一辆车）的总闸瓦压力与其总重量的比值称为制动率。(　　)

345. 各型机车的制动杠杆的结构和尺寸不一样，制动倍率也不相同。(　　)

346. 基础制动装置的传动效率越大越好。(　　)

347. 一个制动缸所产生的实际闸瓦压力是理论闸瓦压力与机车制动率的乘积。(　　)

348. 盘形制动可按制动要求选择“摩擦副”，适用于高速、重载列车。(　　)

349. 盘形制动由于车轮踏面没有闸瓦的磨刮，轮轨黏着系数会降低。(　　)

350.“盘形 + 踏面”混合制动装置主要包括踏面制动单元和盘形制动单元。( )

351. 防滑器是防止车轮滚动过程中，轮轨之间纵向发生严重相对滑动的装置。( )

352. 防滑器控制主机的控制具有 4 种控制判断依据，其可以互相弥补不足，以免造成滑行的漏检或误检。( )

353. 神华号交流机车轮盘制动装置主要由 JPXZ-1A 型盘形制动器、JPXZ-2A 型盘形动器、手制动机组装、夹钳机构 4 部分组成。( )

354. JPXZ-1A 型盘形制动器主要由制动缸部件、自锁螺纹间隙调整机构、调整丝杆复位机构等组成。( )

355. 盘形制动器夹钳机构主要由横架体装配、纵架体装配、左右闸片托装配、固定叉体装配、吊挂螺栓及减磨垫等组成。( )

356. JPXZ-1A 型盘形制动器的活塞面积是 323.7 cm^2。( )

357. JPXZ-2A 型盘形制动器的蓄能弹簧力是 7 500 ~ 12 000 N。( )

358. 随着车列电-空制动机的装车使用，DK-1 型电-空制动机可以较方便地对车列电-空制动机实施有效控制。( )

359. DK-1 型电-空制动机兼有电-空制动机和电阻制动机两种功能。( )

360. 司机台下面安装的喇叭、撒砂脚踏开关，分别控制喇叭电-空阀、撒砂电-空阀，达到控制向前高音喇叭、撒砂器撒砂的目的。( )

361. SS_{4B} 型机车在学习司机右侧窗下设置了手动放风阀，实现学习司机在紧急情况下施行紧急制动的目的。( )

362. SS_{4B} 型机车重联机车制动缸是由本务机车重联阀通过平均管、重联机车重联阀、重联机车作用管控制重联机车分配阀，从而实现控制重联机车制动缸的制动或缓解。( )

363. 均衡风缸用于储存压力空气，并以均衡风缸压力变化为控制信号来控制分配阀的动作。( )

364. 双阀口式中继阀的活塞膜板是传感部件，用于感应不同压力空气间的压力变化。( )

365. 双阀口式中继阀排气阀机构主要由排气阀、排气阀套、排气止回阀及 O 形圈等组成。( )

366. 列车制动管压力随着均衡风缸压力变化而变化，并且变化的大小、变化的方向均相同。( )

367. 中继阀活塞膜板左侧的压力升高时，活塞膜板带动顶杆右移顶开供气阀口，均衡风缸经开启的供气阀口向列车制动管充风，这个工作过程称为充气缓解状态。( )

368. 双阀口式中继阀处于制动状态时，排气阀口打开，列车制动管向大气排风。( )

369. 电-空制动控制器手柄置于过充位时，连通了调压阀管向过充风缸充风的气路，作用在中继阀过充柱塞左侧，使列车制动管得到超过定位 30 ~ 40 kPa 的过充压力。( )

370. 双阀口中继阀自动补风时，活塞膜板右侧及均衡风缸管压力补充到与活塞膜板左侧压力平衡时，在供气阀弹簧作用下，关闭供气阀口，补风过程完成。( )

371. 中立电-空阀失电时，总风遮断阀管向大气排风，遮断阀套左侧压力降低，使其产生向左的作用力之差，并带动遮断阀套及遮断阀左移而开启遮断阀口，连通总风通往供气室的通路。( )

372. 总风遮断阀阀座左侧空间与总风遮断阀管连通。( )

中级

373. 主阀部、均衡部和紧急增压阀为 109 型分配阀的主要气动部分，且三者共用一个阀体，成为相互独立的组合体。(　　)

374. 109 型分配阀的阀座内设一个紧急增压室和一个容积室，也是分配阀和安全阀的安装基座。(　　)

375. DK-1 型电-空制动机在电-空位下，空气制动阀可以单独控制均衡风缸的压力变化，从而控制机车分配阀均衡部的动作，实现机车的单独制动与缓解。(　　)

376. 109 型分配阀稳定装置是使主活塞具有一定的稳定性，以防止列车在运行中因作用管轻微漏泄或压力波动而引起意外自然制动。(　　)

377. 109 型分配阀稳定装置是加强制动机在缓解状态时的稳定性，防止意外自然制动发生。(　　)

378. 109 型分配阀滑阀缓解联络沟槽 dl 用于缓解状态时容积室经排气孔 d2 向大气排风。(　　)

379. 109 型分配阀在制动状态时，工作风缸向制动缸充风，从而使制动缸压力升高而工作风缸压力降低。(　　)

380. 109 型分配阀主阀部的局减、制动及制动后保压 3 个状态的动作是连续的，因此，可以将其合为一个工作状态称为常用制动状态。(　　)

381. 109 型分配阀均衡部在制动状态时，连通工作风缸向机车制动缸充风的气路，实现机车的制动。(　　)

382. 109 型分配阀容积室压力降低时，主活塞产生向下的作用力之差，并带动空芯阀杆下移使其脱离与供气阀的接触，从而开启排气阀口，连通机车制动缸向大气的排风气路。(　　)

383. 109 型分配阀机车制动缸压力下降到与工作风缸压力平衡时，停止机车制动缸的排风，而呈保压状态。(　　)

384. 109 型分配阀呈制动后保压状态时，均衡部在供气阀弹簧及供气阀导向杆上侧压力空气的作用下，关闭供气阀口，但由于均衡活塞下侧的压力空气作用面积大于其上侧的而维持一定量的向上作用力之差，所以不能开启排气阀口，从而停止机车制动缸的充风。(　　)

385. 109 型分配阀容积室的作用是为机车作用管的压力变化提供一个标准参量。(　　)

386. 109 型分配阀紧急增压阀下侧及内侧与容积室连通。(　　)

387. 109 型分配阀紧急增压阀上侧与容积室连通。(　　)

388. 109 型分配阀紧急增压阀的工作过程包括紧急制动状态和常用制动状态。(　　)

389. 109 型分配阀在紧急制动状态下，增压阀下移至下端，连通总风向容积室充风的通路。(　　)

390. 109 型分配阀安全阀在机车无动力回送时最高压力调整为（450 ± 10）kPa。(　　)

391. 109 型分配阀安全阀安装在分配阀阀座上与容积室连通。(　　)

392. 空气制动阀在空气位下，可以控制全列车的制动、缓解、与保压。(　　)

393. 空气制动阀电-空位，手柄置于缓解位时，作用柱塞阀连通 a 管与大气的通路，实现机车的单独缓解。(　　)

394. 空气制动阀电-空位，手柄置于缓解位时，微动开关 3SA2 闭合电路 809—818。(　　)

395. 空气制动阀电-空位，手柄置于制动位时，作用柱塞阀连通 a 管与大气、调压阀管与 b 管的通路。(　　)

396. 空气制动阀电-空位，手柄置于制动位时，定位凸轮有一个升程，使得凸轮与右侧对

中级

应微动开关接触，微动开关常闭联锁断开，切断了外接电路。(　　)

397. 电-空位操作时，空气制动阀手柄置于运转位，接通了微动开关 3SA2 电路 899-801，使排 1 电-空阀得电，实现机车的缓解作用。(　　)

398. 电-空位操作时，空气制动阀手柄置于中立位，作用凸轮较制动位时有一个较小的升程，作用柱塞左移至中间位，切断所有的气路。(　　)

399. 下压空气制动阀手柄时，顶开单缓阀口，从而连通作用管至单缓阀口到大气的通路，实现机车的单独缓解。(　　)

400. DK-1 型制动机空气制动阀在空气位时，转换柱塞凹槽连通均衡风缸与 b 管的气路。(　　)

401. 空气制动阀电-空转换扳钮置于空气位时，微动开关 3SA1 动作，闭合电路 899-800，断开电路 899-801，从而切断电-空制动控制器电源电路。(　　)

402. 空气位操作时，空气制动阀手柄置缓解位，作用柱塞阀连通调压阀管与 a 管、b 管与大气的气路。(　　)

403. 空气位操作时，空气制动阀手柄置缓解位，开通了作用管的充风气路，经中继阀动作使列车制动管充风，最终实现车辆缓解而机车保压。(　　)

404. 空气位操作时，空气制动阀手柄置制动位，开放了均衡风缸与大气的通路，均衡风缸排气减压速度受排气缩堵的限制。(　　)

405. 空气位，空气制动阀中立位与运转位的作用不同。(　　)

406. 空气位操作时，空气制动阀手柄置中立位或运转位时，作用柱塞阀切断所有气路。(　　)

407. 电动放风阀是用来接受 257YV 得电或失电的控制，经其动作后，连通或关断列车制动管的放风气路，从而控制紧急制动的实施。(　　)

408. 电动放风阀铜碗及膜板下侧空间与紧急电-空阀 94YV 连通。(　　)

409. 紧急电-空阀 94YV 得电时，连通列车制动管经电动放风阀铜碗及膜板下侧空间充风的气路，使橡胶膜板、铜碗推动芯杆上移而压缩放风阀弹簧，顶开放风阀口，实现列车制动管的快速排风作用。(　　)

410. 紧急电-空阀失电时，切断列车制动管的放风气路。(　　)

411. 紧急阀活塞杆缩Ⅱ是紧急制动时，控制紧急室向大气排风速度的。(　　)

412. 紧急阀活塞膜板上侧及放风阀弹簧侧的空间与列车制动管连通。(　　)

413. 紧急阀在充气缓解状态时，微动开关 95SA 处于断开状态。(　　)

414. 紧急制动时，紧急室压力空气经缩孔向大气排风，当紧急室压力降到某一压力值时，在弹簧反力作用下，使活塞膜板重新上移至上端并且放风阀、顶杆也一起上移，关闭放风阀口。(　　)

415. 紧急制动时，紧急阀微动开关 95SA 动作，使电路 899-804 闭合。(　　)

416. 列车制动管压力停止下降，处于保压位时，紧急室压力空气逆流到与列车制动管压力相等时，停止逆流，紧急活塞在安定弹簧作用下又恢复到极上端位置。(　　)

417. 电-空制动控制器是制动机的操作控制部件，可以控制全列车的制动、缓解和保压。(　　)

418. SS4B 型机车换端操纵时应将电-空制动控制器置运转位。(　　)

419. TKS22 型电-空制动控制器额定电流是 5 A。(　　)

420. DK-1 型电-空制动机除采用传统的 TFK_{1B} 型电-空阀外，为满足系统的性能也装用

TFK 型电-空阀，称为两通电-空阀。(　　)

421. TFK_{1B} 型电-空阀与 TFK 型电-空阀电磁机构完全相同。(　　)

422. TFK_{1B} 型电-空阀的气阀机构中气室通向控制对象，称为输出口。(　　)

423. TFK_{1B} 型电-空阀的气阀机构被上、下阀口分成 2 个气室，且各气室分别与外部连通。(　　)

424. TFK_{1B} 型电-空阀得电时，关闭上阀口并开启下阀口，连通输入口与输出口间的气路。(　　)

425. 实施紧急制动或机车防空转保护动作时，使撒砂电-空阀得电以实现人工干预撒砂，防止机车车轮在制动时滑行。(　　)

426. 操纵电-空制动控制器使中立电-空阀失电时，连通总风向总风遮断阀管充风的气路，以关闭总风遮断阀口，切断列车制动管供气风源。(　　)

427. 操纵电-空制动控制器使中立电-空阀失电时，开通列车制动管的供气风源。(　　)

428. DK-1 型电-空制动机排风 $_1$ 电-空阀的代号是 256YV。(　　)

429. 排风 $_1$ 电-空阀失电时，关闭作用管的排风气路。(　　)

430. DK-1 型电-空制动机过充电-空阀的代号是 254YV。(　　)

431. DK-1 型电-空制动机检查电-空阀的代号是 252YV。(　　)

432. DK-1 型电-空制动机排风 $_2$ 电-空阀得电时，加快过充风缸的排风。(　　)

433. DK-1 型电-空制动机 257YV 电-空阀得电时，连通初制风缸和缓解电-空阀排气口向大气排风的气路。(　　)

434. 只有当制动电-空阀和缓解电-空阀同时失电时，才能连通均衡风缸向大气排风的气路。(　　)

435. DK-1 型电-空制动机缓解电-空阀的代号是 254YV。(　　)

436. DK-1 型电-空制动机重联电-空阀的代号是 259YV。(　　)

437. DK-1 型电-空制动机紧急电-空阀失电时，连通电动放风阀铜碗及膜板下侧向大气排风的气路，以控制电动放风阀切断列车制动管的放风气路。(　　)

438. 机车段修时，外观检查电-空阀电压抑制器上电阻、压敏电阻和二极管焊接牢固，无过执变色、放电痕迹。(　　)

439. 重联阀不仅可以使同型号机车制动机重联，还可以使不同类型机车重联使用，以便实现多机牵引。(　　)

440. 重联运行中，一旦发生机车间分离，所有机车制动机都应产生常用制动作用，并保持机车制动机的常用制动作用。(　　)

441. 重联机车制动机动作时，不影响本务机车与其他重联机车以及车辆制动机的制动和缓解。(　　)

442. 重联阀制动缸遮断阀部主要由制动缸遮断阀活塞、活塞杆、遮断阀弹簧、遮断阀套、O 形圈及止回阀、止回阀弹簧等组成。(　　)

443. 重联阀置于本机位时，连通作用管与平均管之间的气路，为实现重联机车制动缸压力变化与本务机车制动缸压力变化协调一致做准备。(　　)

444. 重联阀置于补机位时，连通制动缸与平均管之间的气路。(　　)

445. 机车间发生断钩分离时，本务机车重联阀遮断制动缸管，防止制动缸压力空气经重

联阀部止回阀、平均管向大气排风，从而保证了本务机车的安全。(　　)

446. 机车间发生断钩分离时，重联机车重联阀自动转换到本机位，将原沟通的平均管与作用管的通路切断。(　　)

447. SS_{4B} 型电力机车在防寒期时，52 调压阀整定值应调整为 500 kPa。(　　)

448. SS_{4B} 型电力机车 55 调压阀整定值应调整为 500 kPa 或 600 kPa。(　　)

449. 调压阀是为满足风源系统内不同气路整定压力并保证稳定的供给而设置的。(　　)

450. 调压阀进风口输入压力空气后，当出风口侧或中央气室压力与调整弹簧整定压力相等时，进气阀口关闭，即出风口侧压力不再升高。(　　)

451. 调压阀出风口侧压力总是随调整弹簧整定压力的变化而变化，因此，改变调整弹簧的整定压力，即可达到调整其输出压力的目的。(　　)

452. 调压阀在溢流状态时，中央气室压力与调整弹簧整定压力相等，溢流阀口关闭，停止溢流。(　　)

453. 调压阀整定值是通过手轮旋转来给定，逆时针旋转为增高，反之为降低。(　　)

454. 压力开关 208 是为自动控制列车制动管的最大减压量而设备，其动作压差值为 190～230 kPa。(　　)

455. 压力开关 208 的芯杆比压力开关 209 的芯杆直径小。(　　)

456. 均衡风缸充风至定压时，膜板带动芯杆下移，压缩微动开关，以控制相应的电路。(　　)

457. 均衡风缸减压至压力开关整定值时，压力开关膜板带动芯杆上移并脱离与微动开关的接触，以控制相应电路。(　　)

458. 转换阀阀套轴向方向两个位置上开径向通孔，上孔与阀体的出气口相通，下孔与阀体的进气口相通。(　　)

459. 转换阀是一个手动操纵阀，若需转换位置，须先将转换按钮向里推，然后再转动 180°到所需的位置后松开。(　　)

460. 转换阀 154 置于客车位时，连通两个初制风缸之间的气路。(　　)

461. 转换阀 153 置于空气位时，切断均衡风缸与制动屏均衡风缸之间的气路。(　　)

462. 列车制动管定压为 600 kPa 时，转换阀 154 应置于客车位。(　　)

463. 总风遮断阀溢风孔排风不止的原因是因为遮断阀弹簧损坏，使总风泄漏造成的。(　　)

464. 过充位、运转位、制动前的中立位，双阀口式中继阀排风口排风不止的原因，是中继阀排风阀阀口损坏，排风阀弹簧损坏，使排风阀关闭不严造成的。(　　)

465. 空气管路系统的布置必须兼顾车体结构、布线方案等机车其他系统，在总体布置许可条件下择优布置。(　　)

466. 空气管路的布置应兼顾美观与简统化的要求。(　　)

467. 滤尘止回阀用来控制无动力机车工作风缸只能由列车制动管充风，而不能向列车制动管逆流。(　　)

468. SS_{4B} 型机车紧急制动性能试验时，机车具有级位时，应自动断开主断路器，无级位时不应断开主断路器。(　　)

469. SS_{4B} 型机车紧急制动性能试验时，机车不可以自动撒砂。(　　)

470. SS_{4B} 型机车将电-空制动控制器手柄由紧急位移至运转位，列车制动管压力由零升至 580 kPa 的时间不大于 9 s。(　　)

中级

471. 电-空制动控制器手柄由运转位移至制动位，使列车制动管减压 40 ~ 60 kPa 后置于中立位保压，列车制动管泄漏量应每分钟不大于 10 kPa。(　　)

472. DK-1 型电-空制动机将电-空制动控制器手柄置于制动位，列车制动管应获得最大减压量，待压力稳定后，制动缸压力变化每分钟应不大于 10 kPa。(　　)

473. SS_{4B} 型机车将电-空制动控制器手柄由制动位移至过充位（小闸仍处运转位），制动缸压力应缓解到零。(　　)

474. DK-1 型电-空制动机列车制动管定压为 600 kPa 时，均衡风缸减压 170 kPa 的时间为 5 ~ 7 s。(　　)

475. DK-1 型电-空制动机电-空制动控制器在运转位，将空气制动阀手柄在制动位与中立位间移动，阶段缓解作用应稳定正常。(　　)

476. 重联机车制动机制动与缓解与本务机车制动机应协调一致。(　　)

477. DK-1 型电-空制动机空气位单独缓解性能试验，下压空气制动阀手柄，制动缸压力应能缓解，停止下压手柄，制动缸压力停止下降。(　　)

中级

478. DK-1 型电-空制动机空气位性能试验，将空气制动阀手柄由制动位与运转位间移动，阶段制动作用应稳定。(　　)

479. SS_{4B} 型机车电-空联锁性能检查，列车制动管应减压 45 ± 5 kPa，且制动缸升压，延时 20 ~ 28 s，列车制动管应自动恢复定压，且制动缸压力自动缓解。(　　)

480. SS_{4B} 型机车无火回送性能试验前应将制动机调整到无火回送状态，并将电-空制动控制器置于运转位，空气制动阀手柄置于运转位。(　　)

481. SS_{4B} 型机车 DK-2 型电-空制动机单机自检过程中，可以通过移动电-空制动控制器、单独制动控制器手柄来停止制动机单机自检。(　　)

482. SS_{4B} 型机车 DK-2 型电-空制动机自检过程中，某一个关键数据超出规定范围，并已经影响到制动机的安全应用，此时司机室的制动机状态指示灯将慢闪，自检将自动停止运行。(　　)

483. SS_{4B} 型机车 DK-2 型电-空制动机故障代码 F【03】，表示电-空制动控制器、单独制动控制器均在运转位，闸缸的压力值大于 0 kPa。(　　)

484. SS_{4B} 型机车 DK-2 型电-空制动机故障代码 C【13】，表示电-空制动控制器运转位、单独制动控制器制动位，4 s 后制动缸压力值小于 280 kPa。(　　)

485. SS_{4B} 型机车 DK-2 型电-空制动机故障代码 E【15】，表示均衡风缸的泄漏量每分钟大于 10 kPa。(　　)

486. SS_{4B} 型机车 DK-2 型电-空制动机单制调压阀 304 应调整为 300 kPa。(　　)

487. SS_{4B} 型机车 DK-2 型电-空制动机单独缓解性能试验时，制动缸压力由 300 kPa 下降至 40 kPa 的时间不大于 4 s。(　　)

488. SS_{4B} 型机车 DK-2 型电-空制动机操作单独制动控制器可对机车进行单独制动与缓解。(　　)

489. SS_{4B} 型机车 DK-2 型电-空制动机列车制动管压力传感器，是采集列车制动管风压值供制动控制单元 BCU 分析处理。(　　)

490. 制动控制单元 BCU 的 PWM 板面板上编号为 A01 ~ A04 的指示灯（绿色灯）代表 4 路 DC24 V 的 PWM1 ~ PWM4 输出，灯亮表示有对应的 DC24 V 的 PWM 输出。(　　)

491. 制动控制单元 BCU 的 PWM 板面板上编号为 S1 ~ S8 的指示灯（绿色灯）中的 S1 ~ S4 指示灯代表电源板的 4 个钮子开关的位置，灯亮表示开关打到下方。(　　)

492. 制动控制单元 BCU 的输出板面板上编号为 A01 ~ A08 的指示灯（绿色灯）代表 8 路 DC110 V 的输出信号，灯亮表示有 DC110 V 开关量信号输出。(　　)

493. 制动控制单元 BCU 的模拟板用于高速电控阀和流量计的电流模拟信号的采集与处理。(　　)

494. 神华号交流机车 DK-2 型电-空制动机列车制动管控制模块主要用于控制列车制动管的初充风和再充风、常用制动排风和紧急制动排风、列车制动管前后遮断功能。(　　)

495. 神华号交流机车 DK-2 型电-空制动机均衡风缸控制模块的保护电-空阀可以确保系统故障或失电时均衡风缸的自动减压排风。(　　)

496. 制动控制单元 BCU 采用高速电-空阀、压力传感器以及 PWM 脉宽调制方式实现对风压精确控制的 EP 开环模拟控制模式。(　　)

497. 神华号交流机车 DK-2 型电-空制动机切换电-空阀是控制预控风缸的充风作用。(　　)

498. 神华号交流机车 DK-2 型电-空制动机制动缸控制模块上的切换阀是接受切换电-空阀控制，控制电子分配阀和空气分配阀的切换。(　　)

499. 神华号交流机车停放制动双脉冲电磁阀，按压右侧红色按钮实施停放制动，按压左侧绿色按钮实施停放制动缓解。(　　)

500. 神华号交流机车停放制动模块的停放制动压力开关是防止停放制动力和大的机车制动缸制动力叠加。(　　)

三、单项选择题

1. (　　) 是铁路运输服务的优质程度及所要达到的效果。

A. 顾全大局　B. 热情服务　C. 服从领导　D. 团结互助

2. 检修职工在从事作业中，始终按照明文规定的各种行为规则，一丝不苟地完成生产作业的行为，这里面包括：遵章和（　　）两层意思。

A. 遵规　B. 敬老　C. 守纪　D. 爱幼

3. 检修职工应爱护铁路一切设施，不仅包含爱护公共财物的含义，而且是自身（　　）应该遵循的准则。

A. 利益关系　B. 职业道德　C. 职业习惯　D. 职业行为

4. ϕ40H5 中基本尺寸为（　　）。

A. ϕ40　B. H　C. 5 mm　D. 40 mm

5. 当线段倾斜于投影面时，它在该投影面上的投影长度比空间直线的直线段（　　）。

A. 增长了　B. 相等　C. 缩短了　D. 重合

6. 用剖切平面任意斜截一正方体所得的图形一般为（　　）。

A. 正方形　B. 长方形　C. 平行四边形　D. 任意四边形

7. 画在视图轮廓之外的剖面称为（　　）。

A. 剖面图　B. 移出剖面　C. 移出平面　D. 重合剖面

8. 移出剖面的轮廓线用粗实线画出，断面上划出（　　）符号。

A. 平面　B. 切面　C. 断面　D. 剖面

中级

9. 在同类零件中，任取一个装配零件，不经修配即可装入部件中，都能达到规定要求，这种装配方法叫（　　）。

A. 选配法　B. 修配法　C. 调整法　D. 完全互换法

10. 装配时，经过选择使尺寸合适的零件进行装配，以满足公差要求，这种方法叫（　　）。

A. 完全互换法　B. 选配法　C. 调整法　D. 修配法

11. 装配后经过调整一个或几个零件的位置来消除其他零件间的积累误差，以达到装配要求，这种方法叫（　　）。

A. 完全互换法　B. 选配法　C. 调整法　D. 修配法

12. 材料经过矫正后，内部发生了变化，主要表现在（　　）。

A. 内应力增大，塑性增大　B. 内应力增大，塑性减小

C. 内应力减小，塑性增大　D. 内应力减小，塑性减小

13. 用于手工矫正材料的弯曲变形，通常采用（　　）。

A. 伸张法　B. 扭转法　C. 弯曲法　D. 锤击法

14. 对薄板矫正中凸时应采用（　　）。

A. 延展法　B. 调整法　C. 弯曲法　D. 锤击法

15. 板条料压弯后，其板外层（　　）。

A. 伸长　B. 缩短　C. 不变　D. 加厚

16. 金属的变形有弹性变形和（　　）这两种。

A. 刚性变形　B. 伸缩变形　C. 塑性变形　D. 延展变形

17. 弯管子有热弯和冷弯两种方法，一般直径小于（　　）mm 的管子可以进行冷弯。

A. 12　B. 22　C. 32　D. 42

18. 弯制铜管时，为使铜管“软化”，一般采用（　　）。

A. 气焊焰火烘烤　B. 木槌轻轻敲击　C. 焦炭炉烧烤　D. 电热炉烘烤

19. 金属材料弯曲后，表面将发生拉伸和压缩，其断面面积（　　）。

A. 增大　B. 保持不变　C. 缩小　D. 略有增大

20. 又弯又扭的板条料矫正时应（　　）。

A. 先调弯曲，后调扭曲　B. 调弯和调扭同时进行

C. 先调扭曲，后调弯曲　D. 任意调整

21. 固定式带螺旋槽的研磨棒适用于（　　）。

A. 粗研磨孔　B. 精研磨孔　C. 半精研磨孔　D. 细研磨孔

22. 粗牙普通螺纹用得最多，对每一个公称直径，其螺距只有一个，故（　　）标注螺距。

A. 有时需要　B. 选择性　C. 必须　D. 不必

23. （　　）是在装配过程中，修去某配合件上的预留量，以消除其积累误差，使配合零件达到规定的装配精度。

A. 调整法　B. 完全互换法　C. 分组选配法　D. 修配法

24. 形状公差是指单一实际要素的形状所允许的（　　）。

A. 偏差　B. 变动量　C. 变动全量　D. 公差

25. 尺寸公差是（　　）。

A. 绝对值　B. 正值　C. 负值　D. 代数值

26. 最大极限尺寸减去基本尺寸所得的代数差叫（ ）。

A. 公差 B. 上偏差 C. 下偏差 D. 代数值

27. 最小尺寸减去基本尺寸所得的代数差为（ ）。

A. 公差 B. 上偏差 C. 下偏差 D. 标准偏差

28. 零件图上的尺寸公差与配合、形状与位置公差均属于（ ）内容。

A. 技术要求 B. 标题栏 C. 一组视图 D. 均不正确

29. ϕ50H8 中，8 代表的是（ ）。

A. 精度等级 B. 公差等级 C. 高级 D. 基制孔径

30. 0.344 5 mm 精确到微米，表示为（ ）。

A. 34 dm B. 345 cm C. 345 μm D. 3 445 μm

31. 0.3445 m 精确到毫米，表示为（ ）。

A. 34 dm B. 345 cm C. 345 mm D. 3 445 mm

32. 图样中的尺寸一般以（ ）为单位时，不许标注计量单位的代号或名称。

A. 毫米 B. 厘米 C. 分米 D. 米

33. 零件图中注写极限偏差时，上下偏差小数点对齐，小数点后位（ ），零偏差必须标出。

A. 不标 B. 相同 C. 不相同 D. 依个人习惯标注

34. 标注形位公差代号时，形位公差数值及有关符号应填写在形位公差框格左起第（ ）格。

A. 第一 B. 第二 C. 第三 D. 第四

35. 按照螺纹旋向分类，顺时针旋转时旋入的螺纹称为（ ）。

A. 右旋螺纹 B. 左旋螺纹 C. 外螺纹 D. 内螺纹

36. 国家标准对螺纹的牙型、大径和螺距都做了统一规定，当这三项要素均符合标准规定时，称为（ ）。

A. 非标准螺纹 B. 固定螺纹 C. 标准螺纹 D. 国标螺栓

37. 螺纹的公称直径是指螺纹的（ ）。

A. 大径 B. 小径 C. 中径 D. 半径

38. 螺纹中径圆柱上螺旋线的切线与螺纹轴线垂直平面之间的夹角称为（ ）。

A. 牙型角 B. 牙型半角 C. 螺纹升角 D. 压力角

39. 连接螺纹多采用截面形状为（ ）的螺纹。

A. 梯形 B. 矩形 C. 锯齿形 D. 三角形

40. 传动效率较其他螺纹较高，强度较大，主要用于力传递的螺纹是（ ）螺纹。

A. 梯形 B. 矩形 C. 锯齿形 D. 三角形

41. 具有传动比大，结构紧凑，传动平稳，自锁性能好牙型为 40°，主要用于减速装置的是（ ）螺纹。

A. 三角形 B. 矩形 C. 锯齿形 D. 模数

42. 基础制动装置中各种圆销，段修允许径向磨耗（ ）。

A. 1.5 mm B. 2 mm C. 2.5 mm D. 3 mm

43. 圆锥面的过盈连接要求配合的接触面面积达到（ ）以上，才能保证配合的稳固性。

A. 60%　B. 75%　C. 90%　D. 100%

44. 车辆上圆销或螺栓上的开口销双向劈开的角度为（　　）。

A. 30°～40°　B. 40°～50°　C. 50°～60°　D. 60°～70°

45. 基础制动装置中各种圆销，厂修组装后与孔的间隙不得大于（　　）。

A. 1.5 mm　B. 2 mm　C. 2.5 mm　D. 3 mm

46. 滚动轴承的代号右起第一、二位数字乘以（　　）表示轴承内径。

A. 10　B. 6　C. 5　D. 4

47. 当轴承的旋转精度要求较高时，应采用（　　）的配合。

A. 较紧　B. 较松　C. 一般　D. 过渡

48. 车辆滚动轴承用较为理想的润滑脂为（　　）。

A. Ⅰ型滚动轴承润滑脂　B. Ⅱ型滚动轴承润滑脂

C. 钙钠基润滑脂　D. 石墨润滑脂

49. 装配修理中，调整滚动轴承的（　　）可提高回转精度或抗震性。

A. 精度　B. 刚度　C. 强度　D. 粗糙度

中级

50. 标准直齿圆柱齿轮，在分度圆上（　　）。

A. 齿厚与槽宽不等　B. 齿厚与槽宽相等

C. 齿厚大于槽宽　D. 齿厚小于槽宽

51. 我国规定齿轮分度圆上的标准压力角为（　　）。

A. 15°　B. 25°　C. 20°　D. 30°

52. 当已知渐开线直齿圆柱齿轮的模数 $m=2$，齿数 $z=25$ 时，其分度圆直径应为（　　）mm。

A. 25　B. 50　C. 60　D. 40

53. 标准直齿圆柱齿轮的周节等于π与（　　）的乘积。

A. 齿数　B. 模数　C. 常数　D. 压力角

54. 在曲柄摇杆机构中，以（　　）为主动件时才有死点。

A. 曲柄　B. 摇杆　C. 连杆　D. 任意杆

55. 轮系中至少有一个齿轮连同它的几何轴线绕另一个齿轮几何轴线（　　）的轮系叫作周转轮系。

A. 移动　B. 旋转　C. 运动　D. 平移

56. 蜗杆蜗轮传动（　　）。

A. 必须是蜗杆带动蜗轮旋转　B. 必须是蜗轮带动蜗杆旋转

C. 齿形与梯形螺纹相同　D. 效率比齿轮传动的要求高

57. 弹性元件的挠性联轴器中其类型有弹性套柱销联轴器和（　　）。

A. 凸缘联轴器　B. 弹性柱销联轴器

C. 挠性联轴器　D. 十字滑块联轴器

58. 机器中带传动机构和齿轮传动机构均为（　　）。

A. 零件　B. 部件　C. 机构　D. 机器

59. 低副由于面接触，承受载荷时单位面积压力（　　）。

A. 较低　B. 较高　C. 一般　D. 略高

60. 带传动是依靠传动带与带轮之间的（　　）来传动的。

A. 作用力　B. 张紧力　C. 摩擦力　D. 弹力

61. 带传动不能做到的是（　　）。

A. 吸振和缓冲　B. 安全保护作用

C. 保证准确的传动比　D. 实现两轴中心较大的传动

62. V 带传动的材料不是完全弹性体，工作一段时间后会发生（　　）而松弛，张紧力降低。

A. 脱落　B. 伸长　C. 缩短　D. 断裂

63. 蜗杆、涡轮传动的承载能力比齿轮传动（　　）。

A. 大　B. 小　C. 一样　D. 略小

64. 链条的铰链磨损后，使得节距（　　），造成脱落现象。

A. 变小　B. 不会变化　C. 变大　D. 以上答案均不正确

65. 渐开线直齿圆柱齿轮的模数 $m = 2$，齿数 $z = 25$ 时，其分度圆直径应为（　　）。

A. 25 mm　B. 50 mm　C. 60 mm　D. 40 mm

66. 标准直齿圆柱齿轮的周节等于π与（　　）的乘积。

A. 齿数　B. 模数　C. 常数　D. 压力角

67.（　　）场合不宜采用齿轮传动。

A. 小中心距传动　B. 大中心距传动

C. 要求传动比恒定　D. 要求传动效率高

68. 齿轮传动属啮合传动，齿轮齿廓的特定曲线使其传动能（　　）。

A. 保持传动比恒定不变　B. 保持高的传动效率

C. 被广泛应用　D. 实现大传动比传动

69. 直齿圆锥齿轮的正确啮合条件是两齿轮（　　）的模数和压力角分别相等。

A. 大端　B. 小端　C. 中径处　D. 任意处

70. 按用途分类锉刀不包含（　　）。

A. 普通锉　B. 特种锉　C. 整形锉　D. 油光锉

71. 按长度分类锉刀不包含（　　）。

A. 100 mm　B. 150 mm　C. 200 mm　D. 250 mm

72. 精刮平面应达到每 25 mm × 25 mm 的面积上有（　　）个点子。

A. 4 ~ 5　B. 10 ~ 14　C. 15 ~ 18　D. 20 ~ 25

73. 精刮时，刮刀的顶端角度应磨成（　　）。

A. 92.5°　B. 95°　C. 97.5°　D. 75°

74. 刮刀精磨须在（　　）进行。

A. 油石　B. 粗砂轮　C. 油砂轮　D. 都可以

75. 刮削中，采用正研往往会使平板产生（　　）。

A. 平面扭曲现象　B. 研点达不到要求　C. 一头高一头低　D. 凹凸不平

76. 耐热性较好，选用于高温重载荷而不太潮湿场合的润滑剂应用（　　）。

A. 钙基润滑油　B. 钠基润滑脂　C. 锂基润滑脂　D. 石墨润滑脂

77. 在研磨中起调和磨料、冷却和润滑作用的是（　　）。

A. 研磨液　B. 研磨剂　C. 磨料　D. 磨棒

78. 超精加工中使用的切削液通常是（　　）混合剂。

A. 20%煤油和 80%锭子油　B. 80%煤油和 20%锭子油

C. 10%煤油和 90%锭子油　D. 90%煤油和 10%锭子油

79. 为保持油膜有足够的强度而不被挤破，从而保持良好的润滑状态，工作时负荷大的机器应选用（　　）的润滑油。

A. 黏度高　B. 黏度低　C. 一般性　D. 黏度较低

80. 对工件不平行的多个平面上进行互有关联的划线称为（　　）。

A. 复杂划线　B. 平面划线　C. 关联划线　D. 立体划线

81. 一般划线精度只能达到（　　）mm，所以不能依靠划线直接确定加工的最后尺寸。

A. 0.1 ~ 0.2　B. 0.25 ~ 0.5　C. 0.5 ~ 1.0　D. 1.0 ~ 1.25

82. 划线时，确定圆心的尺寸最少应有（　　）。

A. 1 个　B. 2 个　C. 3 个　D. 4 个

中级

83. 利用划线工具使零件上有关毛坯表面处于合适位置的方法称为（　　）。

A. 借料　B. 找正　C. 让料　D. 划线

84. 箱体类大件划线时，工作底面必须用（　　）千斤顶支撑，然后找平。

A. 2 个　B. 3 个　C. 4 个　D. 5 个

85. 分度头分度，当简单分度法和差动分度法都不能使用时，还可以采用（　　）。

A. 复杂分度　B. 计算分度　C. 近似分度　D. 经验分度

86. 划线时用来确定工件各部尺寸、几何形状及相对位置的线，称为（　　）线。

A. 原始　B. 零位　C. 基准　D. 基础

87. 划线时用来确定工件各部尺寸、几何形状及相对位置的线，称为（　　）线。

A. 原始　B. 零位　C. 基准　D. 基础

88. 划线时，划线基准应与（　　）一致。

A. 加工线　B. 设计基准　C. 加工界线　D. 垂直线

89. 立体划线时，应有（　　）基准。

A. 1　B. 2　C. 3　D. 4

90. 錾削硬钢或铸铁等硬材料时，楔角取（　　）。

A. 30° ~ 50°　B. 50° ~ 60°　C. 60° ~ 70°　D. 70° ~ 90°

91. 选择錾子楔角时，在保证足够强度的前提下，尽量取（　　）数值。

A. 较小　B. 较大　C. 一般　D. 随意

92. 錾削用的手锤锤头由碳素工具钢制成，并经过淬硬处理，其规格用（　　）表示。

A. 长度　B. 重量　C. 体积　D. 高度

93. 錾削时眼睛的视线要对着（　　）。

A. 工作的錾削部位　B. 錾子头部　C. 锤头　D. 手

94. 锯条有了锯路后，使工件上的锯缝宽度（　　）锯条背部的厚度，从而防止了夹锯。

A. 小于　B. 等于　C. 大于　D. 小于或等于

95. 工件在一台设备上，自加工开始到加工完毕所连续进行的加工工艺，称为（　　）。

A. 工序　B. 工步　C. 走刀　D. 工位

96. 选择哪种形状的锉刀，决定于（　　）。

A. 工件表面粗糙度　B. 锉刀的硬度　C. 锉刀齿文　D. 工件的形状

97. 凿削时，握持的部位是使凿子头部露出手外约（　　）mm。

A. 10　B. 15　C. 20　D. 25

98. 一般扁凿的总长度为（　　）mm。

A. 150 ~ 180　B. 180 ~ 200　C. 200 ~ 220　D. 220 ~ 250

99. 锯削是锯切工具旋转或往复运动，把工件、半成品切断或把板材加工成所需形状的（　　）加工方法。

A. 锯削　B. 切削　C. 锯割　D. 锉削

100. 锯削有两种形式，两种的斜法都是一个共同原因就是没有把握好拉锯时的方向既（　　）。

A. 垂直方向　B. 水平方向　C. 锯割方向　D. 用力方向

101. 锯割硬性材料时，应选用（　　）锯条。

A. 粗齿　B. 细齿　C. 中齿　D. 大齿

102. 锯割时为了防止锯条跳动和倾滑，需使锯条俯仰一个角度，即起锯角，该角一般取（　　）为宜。

A. 10°左右　B. 15°左右　C. 20° ~ 25　D. 30°左右

103. 锉削时锉刀的截面应符合被加工件的（　　）。

A. 形状　B. 工件大小　C. 硬度　D. 材料

104. 加工易磨金属或极软金属时，要用（　　）锉。

A. 粗齿　B. 细齿　C. 半圆　D. 平板

105. 下列（　　）项不属于，按铆接时铆钉受力性质分类的。

A. 冲击铆接　B. 压力铆接　C. 特种铆接　D. 混合铆接

106. 下列（　　）项不属于，按铆接时铆钉加热温度分类的。

A. 冷铆　B. 热铆　C. 特种铆　D. 混合铆

107. 螺旋弹簧是用线材（　　）成的空间螺旋形的弹性元件。

A. 压制　B. 浇铸　C. 锻造　D. 绕制

108. 下列（　　）项不属于刮削用显示剂。

A. 铁丹粉　B. 铅丹粉　C. 珠丹粉　D. 蓝油

109.（　　）主要用于矫正金属的线性变形。

A. 延展法　B. 伸张法　C. 扭转法　D. 弯曲法

110. 研磨平面一般在（　　）之后进行。

A. 粗磨　B. 细磨　C. 精磨　D. 任意

111. 精研工件平面时，（　　）能精确地显示工件的不平度误差。

A. 正研法　B. 调头研法　C. 对角研法　D. 顺研法

112. 标准麻花钻头的顶角为（　　）± 2°。

A. 108°　B. 118°　C. 128°　D. 138°

113. 在圆销上钻开口销孔，应（　　）。

A. 在虎钳上夹紧　B. 在平板上压紧

中级

C. 在圆弧槽内压紧　D. 在 V 形铁内压紧

114. 用手电钻钻孔时应（　）。

A. 戴帆布手套　B. 戴皮手套　C. 不戴手套　D. 戴橡胶手套

115. 机械加工的基本切削原理与锉削加工原理（　）。

A. 不相同　B. 相同　C. 完全不相同　D. 有相同之处

116. 待加工表面和已加工表面的垂直距离称为（　）。

A. 切削深度　B. 进给量　C. 切削速度　D. 切削厚度

117. 任一线性电路，如果有多个独立源同时激励，则其中任一条支路的响应等于各独立源单独激励时在该支路中产生的响应的代数和，这就是（　）。

A. 欧姆定理　B. 戴维南定理　C. 叠加定理　D. 弥乐曼定理

118. 几个电压源串联的电路，其等效电压源电压等于各串联电压源电压的（　）。

A. 代数和　B. 代数差　C. 导数和　D. 导数差

119. 三相四线制电路必须保证（　）的可靠连接，为防止意外，该线上绝对不容许安装开关或者保险器。

A. A 相　B. B 相　C. C 相　D. 中线

120. 三相三线制电路负载不对称，将导致（　）位移，使负载电压不对称，有烧毁负载的危险。

A. 相位角　B. 振幅　C. 频率　D. 中点

121. 三相电源 Y 形连接，线电压有效值为相电压的（　）倍。

A. $\sqrt{2}$　B. $\sqrt{3}$　C. 2　D. 3

122. SS_{4B} 型机车主变压器采用（　）冷却方式。

A. 强迫油循环风冷　B. 强迫油循环　C. 强迫风冷　D. 自然

123. 接触器当线圈断电时，电磁力就消失，在（　）的作用下，动铁芯和所有的触头都恢复到常态。

A. 拉伸弹簧　B. 压缩弹簧　C. 扭转弹簧　D. 恢复弹簧

124. 继电器输入信号是线圈的通电和断电，输出信号是（　）。

A. 触头的动作　B. 恢复弹簧动作　C. 动铁芯动作　D. 电压

125. 普通钳形电流表可用来测量（　）。

A. 交流电流　B. 直流电流　C. 交流电压　D. 直流电压

126. 金属抵抗永久变形和断裂的能力称为（　）。

A. 韧性　B. 硬度　C. 塑性　D. 强度

127. 材料抵抗局部变形，特别是塑性变形、压痕或划痕的能力称为（　）。

A. 韧性　B. 硬度　C. 塑性　D. 强度

128. 合金结晶后可形成不同类型的固溶体、（　）或机械混合物。

A. 化合物　B. 多晶体　C. 非晶体　D. 溶体

129. 下列不属于细化金属晶粒的措施是（　）。

A. 增加过冷度　B. 变质处理　C. 时效处理　D. 振动

130. 共析钢的含碳量为（　）。

A. 4.3%　B. 0.77% ~ 2.11%　C. 2.11%　D. 0.77%

131. 碳溶解于α-Fe 中形成的间隙固溶体称为（　　）。

A. 珠光体　B. 铁素体　C. 莱氏体　D. 渗碳体

132. 合金调质钢的含碳量在（　　）范围内。

A. 1%　B. 0.5% ~ 1%　C. 0.3% ~ 0.5%　D. 0.25%以下

133. 亚共晶白口铸铁的含碳量为（　　）。

A. 2.11% ~ 0.77%　B. 4.3%　C. 4.3% ~ 6.69%　D. 6.69%以上

134. 将工件加热奥氏体化后在空气中冷却的热处理工艺称为（　　）。

A. 退火　B. 回火　C. 淬火　D. 正火

135. 任何一种热处理工艺都是由（　　）三个阶段所组成。

A. 融化—冷却—保温　B. 加热—保温—冷却　C. 加热—融化—冷却　D. 加热—融化—保温

136. 用于消除铸件、锻件、焊接件内应力的退火为（　　）。

A. 扩散退火　B. 等温退火　C. 球化退火　D. 去应力退火

137. 淬透性好的合金元素大多能溶入（　　）。

A. 奥氏体　B. 珠光体　C. 铁素体　D. 渗碳体

138. 钢件加热到淬火温度并保持适当加热时间，其目的是使钢件全部热透，并获得细小均匀的（　　）组织。

A. 渗碳体　B. 珠光体　C. 铁素体　D. 奥氏体

139. 淬火时硬度不足的原因是（　　）。

A. 加热温度低　B. 加热温度过高　C. 冷却速度太快　D. 回火温度低

140. 工件淬火后继续在液氮或液氮蒸汽中冷却的工艺称为（　　）。

A. 冷处理　B. 深冷处理　C. 氮冷处理　D. 渗氮处理

141. 下列（　　）项不属于化学热处理的基本工艺过程。

A. 分解　B. 吸收　C. 辐射　D. 扩散

142. 下列（　　）项不属于感应淬火的加热方式。

A. 高频加热　B. 超音频加热　C. 工频加热　D. 低频加热

143. 下列（　　）项是钢中常存的有益杂质元素。

A. Mn　B. S　C. P　D. W

144. 决定钢的性能最主要的元素是（　　）。

A. Mn　B. C　C. P　D. S

145. 40Mn 钢属于（　　）。

A. 低碳钢　B. 中碳钢　C. 高碳钢　D. 合金钢

146. Q235 钢属于（　　）。

A. 低合金钢　B. 碳素工具钢　C. 优质碳素结构钢　D. 碳素结构钢

147.（　　）适用于制造低速、手动刀具及常温下使用的工具、模具和量具。

A. 优质碳素结构钢　B. 碳素结构钢　C. 碳素工具钢　D. 高碳钢

148. T7 钢属于（　　）。

A. 优质碳素结构钢　B. 碳素结构钢　C. 碳素工具钢　D. 高碳钢

149. 制造承受高速、中等载荷、受强烈冲击及耐磨的较重要零件应采用（　　）材料。

A. 合金渗碳钢　B. 合金调质钢　C. 碳素结构钢　D. 优质碳素结构钢

150. 用来抵抗大气腐蚀或能抵抗酸、碱、盐等化学介质腐蚀的钢是（　　）。

A. 耐热钢　B. 不锈钢　C. 渗碳钢　D. 渗氮钢

151. 弹簧钢的一般含碳量为（　　），其热处理一般是淬火加中温回火，获得回火托氏体组织。

A. 0.25% ~ 0.4%　B. 0.35% ~ 0.5%　C. 0.40% ~ 0.6%　D. 0.45% ~ 0.7%

152. 下列（　　）项不属于灰铸铁的常用热处理方法。

A. 表面回火　B. 表面淬火　C. 去应力退火　D. 软化退火

153. 下列（　　）项不属于铸铁的优良性能。

A. 铸造性　B. 锻造性　C. 切削加工性　D. 耐磨性

154. 合金铸铁是常规元素硅、（　　）高于普通铸铁规定含量或含有其他合金元素，具有较高力学性能或某些特殊性能的铸铁。

A. 硫　B. 磷　C. 锰　D. 钨

155. 下列（　　）项不属于合金铸铁的优良性能。

A. 耐磨性　B. 耐热性　C. 耐酸性　D. 耐冲击性

156. 白铜是以（　　）为主要元素的铜合金，一般用于制造精密机械零件和电器元件。

A. 锌　B. 镍　C. 铅　D. 锡

157. 工业用的锡青铜，含锡量一般在（　　）之间，具有较好的塑性和适当的强度，适于压力加工。

A. 3% ~ 4%　B. 4% ~ 5%　C. 3% ~ 5%　D. 5% ~ 7%

158. 下列（　　）具有良好的铸性，能浇注形状复杂、壁厚较大的铸件，铸件形状精确。

A. 锡青铜　B. 铝青铜　C. 铍青铜　D. 硅青铜

159. 下列（　　）的导热性、导电性、耐寒性均非常好，受冲击时不产生火花等特殊性能，是一种综合性能优良的金属材料。

A. 锡青铜　B. 铝青铜　C. 铍青铜　D. 硅青铜

160. 纯铝中常见的杂质是（　　）和硅，杂质越多，纯铝的导电性、耐蚀性及塑性越低。

A. 锰　B. 锌　C. 锡　D. 铁

161. 下列（　　）项不属于铸造铝合金。

A. 铝硅系铝合金　B. 铝铜系铝合金　C. 铝锌系铝合金　D. 铝锰系铝合金

162. 下列（　　）项属于非电化学腐蚀。

A. 金属在潮湿空气中生成的锈蚀　B. 金属在干燥空气中生成的氧化物

C. 金属在每水中生成的腐蚀　D. 金属与土壤接触的腐蚀

163. 钢中含有多种微量元素，常用含（　　）量当量法来评定钢的焊接性。

A. 碳　B. 硫　C. 磷　D. 锰

164. 车削时的待加工表面与已加工表面的垂直距离，称为（　　）。

A. 进给量　B. 吃刀量　C. 切削量　D. 切削速度

165. 在高温下仍具有高的硬度，保持较好的切削性能，称为高的（　　）。

A. 强度　B. 耐磨性　C. 硬度　D. 红硬度

166.（　　）适用于制造切削速度不高的精加工刀具和形状复杂的刀具。

A. 碳素工具钢　B. 合金工具钢　C. 高速工具钢　D. 硬质合金

167.（　　）适用制造热处理变形小的手动或机动低速刀具。

A. 碳素工具钢　B. 合金工具钢　C. 高速工具钢　D. 硬质合金

168. 主要用于高速切削，制造各种简单刀具，如车刀、刨刀片等应选用（　　）。

A. 碳素工具钢　B. 合金工具钢　C. 高速工具钢　D. 硬质合金

169. 下列不属于分度头按结构分类的是（　　）。

A. 直接分度头　B. 间接分度头　C. 万能分度头　D. 光学分度头

170. 依据《劳动法》规定，劳动合同可以约定试用期。试用期最长不超过（　　）个月。

A. 12　B. 10　C. 6　D. 3

171. 用人单位自（　　）起即与劳动者建立劳动关系。

A. 用工之日　B. 签订合同之日

C. 上级批准设立之日　D. 劳动者领取工资之日

172.《劳动合同法》调整的劳动关系是一种（　　）。

A. 人身关系　B. 财产关系

C. 人身关系和财产关系相结合的社会关系　D. 经济关系

173.《中华人民共和国安全生产法》自 2002 年（　　）起施行。

A. 10 月 1 日　B. 11 月 1 日　C. 12 月 1 日　D. 9 月 1 日

174. 在国家安全生产管理体制中，工会行使（　　）职能。

A. 国家监察　B. 行政管理　C. 群众监督　D. 安全检查

175. 在铁路运输安全中，问题最突出的是（　　）。

A. 货运安全　B. 客运安全　C. 设备安全　D. 行车安全

176.《中华人民共和国铁路法》自（　　）起施行。

A. 1991-5-1　B. 2004-5-1　C. 2005-4-1　D. 1995-9-1

177. 铁路的标准轨距为（　　）mm。新建国家铁路必须采用标准轨距。

A. 1524　B. 1435　C. 1000　D. 1354

178. 国家铁路、地方铁路参加国际联运，必须经（　　）批准。

A. 铁路总公司　B. 铁路局　C. 省政府　D. 国务院

179. 每年的 6 月 5 日是（　　）。

A. 世界环境日　B. 地球日　C. 土地日　D. 节约用电日

180. 环境污染损害赔偿提起诉讼的时效期间为（　　）年。

A. 2　B. 1　C. 3　D. 5

181.《铁路安全管理条例》于（　　）经国务院第 18 次常务会议通过。

A. 2013 年 7 月 24 日　B. 1995 年 5 月 24 日

C. 2010 年 4 月 1 日　D. 1991 年 9 月 21 日

182. 任何单位和个人不得擅自在铁路桥梁跨越处河道上下游各（　　）m 范围内围垦造田、拦河筑坝、架设浮桥或者修建其他影响铁路桥梁安全的设施。

A. 2 000　B. 1 500　C. 1 000　D. 500

中级

183. 高速铁路线路路堤坡脚、路堑坡顶或者铁路桥梁外侧起向外各（ ）m 范围内禁止抽取地下水。

A. 180 B. 150 C. 200 D. 220

184. 行人持有长大、飘动等物件通过道口时，不得高举挥动，应与牵引供电设备带电部分保持（ ）m 以上距离。

A. 3 B. 2 C. 4 D. 2.5

185. 在电气化铁路附近施工、冲洗车辆时，应保持水流与接触网带电部分有（ ）m 以上距离，防止触电事故发生。

A. 1 B. 2 C. 0.5 D. 2.5

186. 接触网导线折断下垂搭在车辆上或其他物品与接触网接触时，列检和乘务人员不要进行处理，应保持（ ）m 以上距离同时对现场进行防护，并及时通知有关人员查处。

A. 1 B. 2 C. 5 D. 10

187. 机车（ ）人员是铁路公司对机车行使质量监督、技术认可和合格确认的代表。

A. 检修 B. 乘务 C. 技术 D. 验收

188. 机破应在机车回段后（ ）h 内进行分析，临修要定期组织分析。

A. 72 B. 24 C. 48 D. 12

189. 机车检修“三化”是指程序化、文明化和（ ）。

A. 自动化 B. 机械化 C. 电气化 D. 简单化

190. 造成（ ）的直接经济损失的事故列为重大事故。

A. 1 亿元以上 B. 5 000 万以上 1 亿元以下

C. 1 000 万元以上 5 000 万以下 D. 500 万元以上 1 000 万以下

191. 一般事故的调查期限为（ ）。

A. 10 天 B. 20 天 C. 30 天 D. 60 天

192. 使运动中的物体停止或减速，防止静止中的物体发生移动所采取的措施，都叫（ ）。

A. 制动力 B. 制动机 C. 制动 D. 制动距离

193. 双管供风制列车，其中一根为列车制动管，另一根为（ ）。

A. 电讯管 B. 总风管 C. 取暖管 D. 输水管

194. 下列不属于制动系统的组成部分的是（ ）。

A. 手制动机 B. 制动机 C. 基础制动装置 D. 电阻制动装置

195. 制动系统性能的好坏，不仅影响着列车（ ）效果，而且影响着铁路运输安全。

A. 牵引 B. 制动 C. 牵引和制动 D. 电阻制动

196. 性能优良的制动机可以提高列车区间（ ）能力。

A. 停车 B. 通过 C. 牵引 D. 制动

197. 制动过程中列车动能的转移方式或制动力的形成方式，称为（ ）。

A. 制动方式 B. 制动力 C. 制动距离 D. 牵引力

198. 采用单元制动器的内燃机车和电力机车，制动闸瓦与轮箍踏面的缓解间隙为（ ）。

A. 4 ~ 8 mm B. 8 ~ 10 mm C. 10 ~ 12 mm D. 14 ~ 18 mm

199. 用低摩合成闸瓦代替中磷铸铁闸瓦时，对原来使用铸铁闸瓦的基础制动装置可（ ）。

A. 不作变更 B. 进行改造 C. 部分进行改造 D. 综合改造

200. 盘形制动装置的制动盘一般采用（　　）制造。

A. 合金铸铝　B. 低合金铸铁　C. 铸钢　D. 铸铜

201. 制动机按作用对象可分为（　　）制动机和车辆制动机。

A. 空气　B. 电-空　C. 真空　D. 机车

202. 下列叙述中（　　）不属于制动系统工作过程。

A. 制动状态　B. 缓解状态　C. 保压状态　D. 重联状态

203. 自动空气制动机是在直通式空气制动机的基础上增设一个（　　）和一个三通阀（或分配阀）而构成的。

A. 副风缸　B. 控制风缸　C. 作用风缸　D. 均衡风缸

204. 自动空气制动机在制动状态时，最终使（　　）压紧车轮产生制动作用。

A. 闸瓦　B. 闸缸　C. 钢轨　D. 摩擦片

205. 自动空气制动机在保压状态时，制动缸（　　）。

A. 充风　B. 排风　C. 既不充风也不排风　D. 压力为零

206. 自动空气制动机具有制动力不衰减性，（　　）漏泄而降压时，副风缸将经过供气阀口自动补风恢复其原有压力。

A. 总风缸　B. 列车制动管　C. 作用风缸　D. 制动缸

207. 列车制动纵向动力作用，随列车长度的增加和（　　）的增大而加剧。

A. 牵引重量　B. 制动波速　C. 牵引力　D. 制动力

208. 由于制动机的结构、性能和状态的差异，制动作用（　　）就不是完全由前向后逐次发生，而是存在某种“跳越”现象。

A. 几乎　B. 有时　C. 常常　D. 每次

209. 车辆制动装置由车辆制动机和（　　）两部分组成。

A. 车辆基础制动装置　B. 闸瓦调节器　C. 手制动机　D. 单缸制动器

210. 利用（　　）操纵产生制动作用的装置，叫作手制动方式。

A. 压力空气　B. 人力　C. 杠杆机构　D. 电信号

211. 铸铁闸瓦按其含磷量可分为普通铸铁闸瓦、中磷铸铁闸瓦和高磷铸铁闸瓦，其中高磷铸铁闸瓦的含磷量为（　　）。

A. 大于 0.7%　B. 0.7% ~ 1%　C. 2.5% ~ 5%　D. 3.5% ~ 5%

212. 低摩合成闸瓦的摩擦系数较小，可与（　　）通用。

A. 普通铸铁闸瓦　B. 中磷铸铁闸瓦　C. 高磷铸铁闸瓦　D. 任何闸瓦

213. 合成闸瓦使用寿命长，一般为铸铁闸瓦的（　　）倍。

A. 3 ~ 6　B. 3 ~ 8　C. 3 ~ 9　D. 3 ~ 10

214. 段级修程中，同一制动缸两闸片厚度差不得超过（　　）。

A. 5 mm　B. 10 mm　C. 15 mm　D. 18 mm

215. 内燃、电力机车制动缸压力与列车制动管减压量的比值一般设定为（　　）。

A. 1.5∶1　B. 2.0∶1　C. 2.5∶1　D. 3.0∶1

216. 我国国产四轴客车上一般采用（　　）型客车闸瓦间隙调整器。

A. K　B. J　C. SAB　D. 536 M

217. 货车用三通阀或分配阀的空重车调整标记“40t”指的是（ ）。

A. 车辆自重 B. 车辆载重 C. 车辆总重 D. 车辆轴重

218.（ ）过小时，则增加车辆的点头振动，不适合列车高速运行，易引起脱轨和脱钩事故。

A. 固定轴距 B. 全轴距 C. 轴距 D. 车辆定距

219.（ ）过大时，会增加车辆的内偏移量而减少车体的有效宽度并增加车辆挠度。

A. 全轴距 B. 固定轴距 C. 定距 D. 车辆定距

220. 有转向架的车辆两心盘销中心线之间的距离叫作（ ）。

A. 全轴距 B. 固定轴距 C. 定距 D. 车辆定距

221. 货车二轴转向架固定轴距一般控制在（ ）范围内。

A. 1 650 ~ 1 750 mm B. 2 500 ~ 2 800 mm C. 2 700 mm D. 2 000 ~ 2 500 mm

222. 车辆最前位轴和最后位轴中心的水平距离叫全轴距，此距离不得小于（ ）。

A. 2 500 mm B. 2 700 mm C. 2 600 mm D. 2 800 mm

中级

223. 盘形制动机的制动盘一般采用（ ）材料制造。

A. 合金铸铝 B. 合金铸铁 C. 可锻铸铁 D. 铸铜

224. 风源系统在使用过程中应定期打开总风缸（ ），检查和排除总风缸内的积水。

A. 排水阀 B. 排气阀 C. 进气阀 D. 止回阀

225. BT-3.0/10A 型螺杆压缩机组除电机、风机和（ ）外，所有功能部件都集中在主机壳体上，结构十分紧凑。

A. 油细分离器 B. 油过滤器 C. 压力开关 D. 冷却器

226. BT-3.0/10A 型螺杆压缩机组风机叶轮与风机（ ）连成一体，套装在电机轴上，置于蜗壳腹中。

A. 轴承 B. 螺杆副 C. 联轴节 D. 电机

227. BT-3.0/10A 型螺杆压缩机的吸气口，必须设计得使压缩室可以充分吸气，而螺杆式空压机并无进气与排气阀组，进气只靠进气（ ）开启与关闭控制。

A. 截止阀 B. 压力开关 C. 温度开关 D. 压力阀

228. BT-3.0/10A 型螺杆压缩机组电机旋转时，（ ）随之转动，将从主机端吸入的冷风吹向冷却器，以冷却压缩空气和循环油。

A. 转子 B. 叶轮 C. 联轴节 D. 冷却器

229. 下列（ ）项属于 BT-3.0/10A 型螺杆压缩机的运动机构的组成部分。

A. 曲轴 B. 连杆 C. 活塞 D. 阴阳转子

230. BT-3.0/10A 型螺杆压缩机封闭过程结束时，两转子继续转动，其齿峰与齿沟在吸气端吻合，吻合面逐渐向排气端移动，此过程为（ ）工作过程。

A. 压缩 B. 喷油 C. 输送 D. 排气

231. BT-3.0/10A 型螺杆压缩机最高停机温度是（ ）°C。

A. 90 ± 5 B. 100 ± 5 C. 110 ± 5 D. 120 ± 5

232. BT-3.0/10A 型螺杆压缩机冷却系统包括风机、蜗壳和（ ）等组成。

A. 转子 B. 叶轮 C. 联轴节 D. 冷却器

233. BT-3.0/10A 型螺杆压缩机中修时，做一次油系统清洗工作让空压机运转（ ）小时。

A. 5 ~ 7　B. 7 ~ 9　C. 6 ~ 8　D. 5 ~ 9

234. 螺杆压缩机在机车运行时，允许暂时性倾斜，但最大倾斜角必须小于（ ）。

A. 14°　B. 18°　C. 20°　D. 22°

235. YWK-5-C 型压力控制器是根据（ ）压力变化，自动闭合或切断主空气压缩机电动机电源。

A. 总风缸　B. 列车制动管　C. 平均管　D. 工作风缸

236.（ ）是由杠杆、波纹管、调节弹簧以及切换差旋钮内的弹簧组成的一个杠杆体系，是一种结构简单的压力调节控制装置。

A. 压力开关　B. 压力控制器　C. 调压阀　D. 风压继电器

237. YWK-5-C 型压力控制器当被控压力空气压力上升或下降时，（ ）的伸长和缩短，通过杠杆与拨臂，拨开微动开关。

A. 拨臂　B. 调整螺杆　C. 调节弹簧　D. 波纹管

238. YWK-50-C 型压力控制器差动旋钮上的数字以及调节杆和指针在标尺牌上数值仅表示上、下限设定切换值的大小而非实际值，实际值由（ ）读取。

A. 总风压力表　B. 压力控制器　C. 列车制动管压力表　D. 电测压力表

239. YWK-50-C 型压力控制器当下限设定值调定在 750 ± 20 kPa 后，再反复旋动差动旋钮，使总风压力达（ ） kPa 时准确停机。

A. 900 ± 100　B. 900 ± 20　C. 950 ± 20　D. 950 ± 10

240. 逆流止回阀在阀芯底部中央处以及圆柱面靠近底部位置两处，钻出（ ）直径为 6 mm 的圆孔。

A. 1 个　B. 2 个　C. 3 个　D. 4 个

241. 重联机车间发生断钩时，各机车第一总风缸内压力空气将经断裂的（ ）快速排入大气。

A. 总风联管　B. 制动缸管　C. 列车制动管　D. 平均管

242. 高压安全阀的压力整定值为（ ）kPa。

A. 950 ± 20　B. 900 ± 20　C. 950 ± 10　D. 900 ± 10

243. 总风缸也可以使机车风源系统产生的压力空气在总风缸内（ ），分离、沉淀出油水及尘埃等。

A. 减压　B. 压缩　C. 储存　D. 进一步冷却

244. 储风缸裂纹小于（ ）mm 及焊缝开焊时焊修，裂纹长度大于时更换。

A. 50　B. 60　C. 70　D. 80

245. TAD-H 系列空气干燥器是一种结构紧凑、构思新颖、无锈源、无须油漆的新型的干燥器，该装置由不锈钢及（ ）等金属材料构成。

A. 铸铁　B. 铸钢　C. 合金铝　D. 合金钢

246. TAD-H 型空气干燥器出气止回阀主要由阀体、止回阀弹簧、弹簧托，橡胶垫和（ ）等组成。

A. 止回阀　B. 转换阀　C. 活塞　D. 活塞杆

中级

247. DJKG-A 型空气干燥器电动排泄阀阀体上有安装棒形（　　）元件的内孔。

A. 固定　B. 加热　C. 冷却　D. 转换

248. DJKG-A 型空气干燥器的控制电压是（　　）。

A. DC48 V　B. DC110 V　C. AC220 V　D. AC380 V

249. 空气压缩机运转时压力空气进入滤清筒后的油雾、水分和尘埃，机械杂质被高效气液（　　）拦截捕获。

A. 止回阀　B. 过滤网　C. 滤清筒　D. 排泄

250. DJKG 型空气干燥器的再生空气是由（　　）供给的。

A. 再生风缸　B. 总风缸　C. 油水分离器　D. 工作风缸

251. DJKG 型空气干燥器再生风缸内压力空气降至约（　　）kPa 时，排泄阀内的活塞弹簧推动活塞及活塞杆上移，关闭排泄阀口，再生过程结束。

A. 20　B. 30　C. 40　D. 50

252. JKG 系列空气干燥器的再生方式为（　　）。

A. 加热再生　B. 无热再生　C. 负压再生　D. 真空再生

253. 下列不属于 DJKG-A 型干燥器电动排泄阀防冻装置部件的一项是（　　）。

A. 控温器　B. 感温元件盒　C. 塞门　D. 加热元件

254. 空气干燥器的干燥剂有（　　）cm 变黄时应全部更换。

A. 2　B. 3　C. 4　D. 5

255. SS_{4B} 型机车总风缸设置在车体（　　），这既利于压缩空气的冷却，又便于安装。

A. 外部　B. 中部　C. 内部　D. 上部

256. SS_{4B} 型机车在干燥器故障时，应打开干燥器塞门（　　）维持运行回段处理。

A. 110　B. 111　C. 112　D. 113

257. 空气的容积、温度与压力之间的关系是（　　）。

A. PV/T = GR　B. PT/V = GR　C. TV/P = GR　D. TP/V = GR

258. 下列不属于空气干燥措施的是（　　）。

A. 化学法　B. 吸附法　C. 冻结法　D. 压缩法

259. 压缩空气的压力由压力控制器 517KF 来调整，经塞门（　　）与总风联管连通。

A. 136　B. 139　C. 113　D. 111

260. 压缩机正常工作时，第二总风缸的压缩空气经塞门（　　）向制动机和气动器械供风。

A. 110　B. 111　C. 112　D. 113

261. 受电弓升起后，保护电-空阀将（　　），门联锁内压缩空气不能排出，这样高压室的门就打不开，实现了人与高压隔离。

A. 得电　B. 失电　C. 失去作用　D. 与升弓电-空阀同时动作

262. 受电弓的代号用（　　）来表示的。

A. 1 AP　B. 1YV　C. 4QF　D. 1KP

263. 140 塞门是总风缸内压缩空气进入（　　）的控制塞门。

A. 风源系统　B. 辅助管路系统　C. 控制管路系统　D. 制动机

264. 控制管路系统塞门（　　）是用来控制主断路器供风的。

A. 140　B. 141　C. 143　D. 145

中级

265. 控制管路系统中，机车正常运行时经过（　　）供风。

A. 107 止回阀　　B. 108 止回阀　　C. 106 止回阀　　D. 47 止回阀

266. 膜板塞门 97 打开时是利用（　　）内贮存的压力空气进行升弓、合闸的。

A. 控制风缸　　B. 辅助风缸　　C. 过充风缸　　D. 总风缸

267. 库停后控制风缸内贮存的压力空气大于（　　）kPa 时，可打开膜板塞门进行升弓、合闸操作。

A. 450　　B. 500　　C. 600　　D. 700

268. 为了减轻辅助压缩机的工作，缩短打风时间，应在启动辅助压缩机之前关闭（　　），切除 102 控制风缸。

A. 140 塞门　　B. 膜板塞门 97　　C. 止回阀 106　　D. 145 塞门

269. 库停后辅助压缩机打风时，当辅助风缸压力达到（　　）kPa 时可边打风边升弓合闸操作。

A. 600　　B. 500　　C. 450　　D. 300

270. 设置控制风缸 102 是为了由（　　）而引起的压力波动时，稳定控制系统管路内的风压。

A. 控制风缸供风　　B. 分合闸操作　　C. 辅助风缸供风　　D. 总风供风

271. 库停后辅助压缩机供风，辅助风缸起着（　　）、贮存、冷却压缩空气的作用。

A. 控制　　B. 保压　　C. 平衡　　D. 稳定

272. SS_{4B} 型电力机车每节车上设置（　　）个辅助压缩机按钮。

A. 1　　B. 2　　C. 3　　D. 4

273. 机车辅助管路系统使用的压力空气均来自（　　）压缩空气。

A. 控制风缸　　B. 总风缸　　C. 辅助风缸　　D. 调压管

274. SS_{4B} 型电力机车每节车上设置了三个风喇叭，分别由司机台上的手动喇叭控制阀和司机台下面的（　　）控制。

A. 按钮　　B. 脚踏开关　　C. 压力开关　　D. 按键

275. 空转发生时，机车（　　）力急剧下降，使列车速度降低，容易造成坡停和运缓。

A. 横向作用　　B. 纵向作用　　C. 牵引　　D. 制动

276. 机车撒砂电-空阀是（　　）连接方式。

A. 串联　　B. 并联　　C. 单独　　D. 混联

277. 向轨面断断续续地进行撒砂叫作（　　）撒砂。

A. 线式　　B. 面式　　C. 间断　　D. 点式

278. 司机踩动脚踏开关或空转滑行时，中间继电器和断钩保护继电器动作，以及大闸紧急制动时，导线 812 均（　　）。

A. 得电　　B. 不得电　　C. 没关系　　D. 不受控制

279. 风喇叭为了保证在（　　）kPa 压力范围内有良好的音响，需调节筒套与套的距离以调整喇叭筒的长度，达到调节音响的目的。

A. 900　　B. 750　　C. 750 ~ 900　　D. 500 ~ 900

280. SS_{4B} 型电力机车每节车上设置了三个风喇叭，下列叙述不正确的是（　　）。

A. 向前高音喇叭　　B. 向后高音喇叭　　C. 向前低音喇叭　　D. 向后低音喇叭

281. 当列车制动管减压速率低于某一数值范围时，制动机将不发生（　　）作用的性能，称为制动机的稳定性。

A. 制动　　B. 紧急制动　　C. 缓解　　D. 充风

282. 当列车制动管减压速率达到一定数值范围时，制动机必须产生（　　）作用的性能，称为制动机的灵敏度。

A. 制动　　B. 紧急制动　　C. 缓解　　D. 充风

283. 压力表采用表盘内部半导体平面发光照明，其照明电源为 DC（　　）V。

A. 12　　B. 24　　C. 48　　D. 110

284. 压力传感器在校准前必须将传感器通电预热 1 h，再进行加卸载校准，校准点应不少于（　　）个测量点。

A. 3　　B. 4　　C. 5　　D. 6

285. 折角塞门试验风压须达到（　　）kPa。

A. 300　　B. 400　　C. 500　　D. 600

中级

286. 组装后，折角塞门中心线与主管垂直中心夹角须为（　　）。

A. 30°　　B. 45°　　C. 60°　　D. 80°

287. 球芯折角塞门手把处漏风的原因是（　　）。

A. 球芯缺油　　B. 球芯表面偏磨　　C. 密封垫圈失效　　D. 阀体内卡脏

288. 折角塞门通以定压空气，涂肥皂水保压（　　）必须无鼓泡。

A. 30 s　　B. 45 s　　C. 1 min　　D. 5 min

289. 制动软管连接器组成后，应将连接器浸入水槽中通入（　　）kPa 的压缩空气保持 5 min，各处不得漏泄。

A. 500　　B. 600　　C. 750　　D. 900

290. 制动软管连接器组成后应将连接器通入（　　）kPa 的水压保持 2 min，软管的膨胀不得超过 8 mm，并不得有显著的局部凸起或局部膨胀。。

A. 600　　B. 900　　C. 1 000　　D. 1 200

291. 平均管连接软管水压试验时，风压试验合格后再进行（　　）kPa 的水压试验。

A. 600　　B. 800　　C. 1 000　　D. 1 400

292. 总风连接软管风压试验时，应通入（　　）kPa 的压力空气。

A. 500　　B. 600　　C. 800　　D. 900

293. 机车空气管路采用多类型的管接头，其性能的优劣直接与（　　）性能及列车安全运行有着重要的关系。

A. 制动机　　B. 气源系统　　C. 基础制动装置　　D. 手制动机

294. 两侧高压区的门任何一扇未关好或未锁闭，（　　）阀不能向受电弓提供风源，受电弓就无法升起。

A. 门联锁　　B. 缓冲　　C. 电-空阀　　D. 节流阀

295. 受电弓升起后，保护电-空阀（　　）将保持得电，门联锁阀内压缩空气不能排出，高压室及变压器室各门均不能打开。

A. 287YV　　B. 247YV　　C. 258YV　　D. 254YV

296. 受电弓升起后，门联锁杆没有正常锁闭仍能扳起的主要原因是（ ）。

A. 高压室或变压器室门没关好　B. 1YV 故障

C. 287YV 故障　D. 门联锁阀安装不到位

297. 管道滤尘器用来过滤压力空气中的灰尘等杂质，防止其进入（ ）气动、电动部件中，而影响正常工作。

A. 总风缸　B. 制动机　C. 压缩机　D. 控制风缸

298. TSG15B 型受电弓所需的升弓扭矩和接触压力由两个充满压缩空气的气囊通过钢丝绳和安装在下臂杆上的（ ）来产生。

A. 蝴蝶座　B. 调整板　C. 扇形板　D. 升弓弹簧

299. TSG15B 型受电弓升弓电磁阀失电，升弓气囊内的压缩空气排出气囊收缩，受电弓靠（ ）降弓。

A. 降弓弹簧　B. 升弓弹簧　C. 气囊拉力　D. 自重

300. TSG15B 型受电弓滑板破裂漏风时，滑板腔的气压下降，（ ）打开，气囊及管路中的压缩空气排放到大气中，受电弓迅速降下。

A. 降弓节流阀　B. 电磁阀　C. 快排阀　D. 安全阀

301. TSG15B 型受电弓调整接触压力时，顺时针调整气阀板上的（ ），受电弓的接触压力增大，逆时针调整接触压力减小。

A. 截止阀　B. 快排阀　C. 节流阀　D. 调压阀

302. TSG3-630/25 型受电弓升弓时间的调整是通过改变（ ）口的大小，从而调节受电弓的升弓快慢。

A. 快排阀　B. 调压阀　C. 节流阀　D. 压力开关

303. TSG3-630/25 型受电弓降弓时间的调整是通过调节（ ）的弹簧压缩量，来调节快排时间，从而调节受电弓的降弓速度。

A. 快排阀　B. 调压阀　C. 节流阀　D. 压力开关

304. HB-2 型轮缘喷脂装置主要由电气控制和（ ）两部分组成。

A. 传动机构　B. 机械执行　C. 压力控制　D. 压力装置

305. 轮缘喷脂装置安装喷嘴时，喷嘴顶部与踏面成（ ）。

A. 15° ~ 30°　B. 20° ~ 30°　C. 30° ~ 40°　D. 40° ~ 50°

306. 手动喇叭控制阀是一种柱塞阀，主要由柱塞、连接板、柱塞套、（ ）和阀体等部件组成。

A. 活塞　B. 活塞杆　C. 膜板　D. 手柄

307. 手动喇叭控制阀推动手把前后摆动，带动（ ）移动改变气路的变化，从而控制风喇叭的动作。

A. 柱塞　B. 柱塞套　C. 定位套　D. 挡圈

308. 基础制动装置的杠杆传动系统由制动缸活塞推杆、制动杠杆、（ ）和闸瓦托杆等组成。

A. 可调传动杆　B. 缸体　C. 传动柱塞　D. 闸瓦

309. 基础制动装置的作用是产生并传递制动（ ），将其放大一定的倍数，传递到各个闸瓦并保证各闸瓦有较一致的闸瓦压力。

A. 推力　B. 倍率　C. 效率　D. 原力

310. SS_{4B}型机车手制动杠杆作用在第（　　）位轮对的制动器手轮上，以推动闸瓦托使闸瓦制动。

A. 1　B. 2　C. 3　D. 4

311. 机车手制动竖杠杆与制动器手轮之间间隙应在（　　）之内。

A. 1 ~ 2 mm　B. 1 ~ 3 mm　C. 2 ~ 3 mm　D. 2 ~ 4 mm

312. 单侧闸瓦基础制动装置就是只在车轮的（　　）侧设有闸瓦，构造较为简单。

A. 一　B. 两　C. 三　D. 四

313. 双侧闸瓦基础制动装置就是在车轮的（　　）侧都设有闸瓦，结构比较复杂。

A. 一　B. 两　C. 三　D. 四

314. SS_{4B}型机车单缸制动器制动缸直径是（　　）mm。

A. 203　B. 210　C. 190　D. 178

315. SS_{4B}型机车每台转向架有（　　）个单缸制动器。

A. 10　B. 6　C. 4　D. 8

中级

316. 闸瓦间隙调整器在制动、缓解过程中，制动杠杆转动时，（　　）随之同向、同角度转动。

A. 棘钩　B. 棘轮　C. 传动螺杆　D. 传动螺母

317. 闸瓦与闸瓦托采用（　　）连接。

A. 螺栓　B. 插销　C. 圆销　D. 铆钉

318. 制动缸充风时，压力空气使活塞左移，从而推动闸瓦托左移，使闸瓦压在车轮踏面上产生制动作用的工作过程称为（　　）。

A. 充风状态　B. 制动状态　C. 缓解状态　D. 紧急状态

319. 制动缸排风时，活塞在缓解弹簧的作用下右移，从而带动闸瓦托右移，使闸瓦离开车轮踏面产生缓解作用的工作过程称为（　　）。

A. 充风状态　B. 制动状态　C. 缓解状态　D. 排风状态

320. 闸瓦定位装置是可以通过闸瓦托调整（　　）的调整，从而调整闸瓦上、下端与车轮踏面之间的间隙。

A. 手轮　B. 弹簧　C. 垫片　D. 螺栓

321. 机车车辆单位重量所具有的闸瓦压力称为（　　）。

A. 制动率　B. 制动效率　C. 制动倍率　D. 制动能力

322. 制动传动装置将制动原力放大一定倍数后传递到闸瓦装置，形成闸瓦压力，这个将制动原力放大的倍数，称为（　　）。

A. 制动率　B. 制动效率　C. 传动效率　D. 制动倍率

323. 实际闸瓦压力与理论闸瓦压力比值称为基础制动装置的（　　）。

A. 制动率　B. 传动效率　C. 制动效率　D. 制动倍率

324. 制动原力经制动传动装置传递到闸瓦上所形成的作用力称为（　　）。

A. 闸瓦压力　B. 闸瓦推力　C. 制动力　D. 制动效率

325. 盘形制动装置按照制动盘的安装位置可分为轴盘式和（　　）。

A. 单摩擦面　B. 双摩擦面　C. 半对式　D. 轮盘式

326. 盘形制动由于车轮踏面没有闸瓦的磨刮，轮轨间黏着系数会（　　）。

A. 不变　　B. 增大　　C. 减小　　D. 不确定

327. 盘形制动的闸片与制动盘之间的摩擦系数与（　　）的变化曲线基本近似。

A. 列车运行阻力系数　　B. 列车制动减速

C. 轮轨间黏着系数　　D. 列车惰性规律

328. SFH-2 型防滑器是我国自行研制的，主要由一个控制主机、（　　）个速度传感器和防滑排气阀等组成。

A. 1　　B. 2　　C. 3　　D. 4

329. 防滑器控制主机的控制具有（　　）种控制判断依据，其可以互相弥补不足，以免造成滑行的漏检或误检。

A. 1　　B. 2　　C. 3　　D. 4

330. 神华号交流机车轮盘制动装置具有空气制动和（　　）制动功能。

A. 停放　　B. 电控　　C. 电阻　　D. 再生

331. JPXZ-1A 型盘形制动器主要由制动缸部件、（　　）间隙调整机构、调整丝杆复位机构等组成。

A. 闸瓦　　B. 非自锁螺纹　　C. 自锁螺纹　　D. 自动

332. JPXZ-2A 型盘形制动器蓄能制动缸主要由蓄能缸体、皮碗、（　　）、三头杆、轴承、上弹簧座、橄榄簧、棘轮盘、托盘、挡圈等组成。

A. 调整机构　　B. 蓄能活塞　　C. 复位机构　　D. 间隙调整机构

333. JPXZ-1A 型盘形制动器活塞的有效行程是（　　）mm。

A. 18　　B. 19　　C. 20　　D. 21

334. JPXZ-1A 型盘形制动器的制动阻力是（　　）N。

A. 1000　　B. 1200　　C. 1300　　D. 1500

335. JPXZ-1A 型盘形制动器的紧急制动额定风压是（　　）kPa。

A. 450　　B. 500　　C. 600　　D. 750

336. JPXZ-2A 型盘形制动器的最大活塞行程是（　　）mm。

A. 18　　B. 19　　C. 20　　D. 21

337. JPXZ-2A 型盘形制动器的制动盘的原形厚度是（　　）mm。

A. 50　　B. 51.5　　C. 52.5　　D. 53

338. DK-1 型电-空制动机失电时，将立即进入（　　）状态而实施制动，以保证列车的运行安全。

A. 初制动　　B. 常用制动　　C. 电阻制动　　D. 紧急制动

339. 下列（　　）项不属于 DK-1 型电-空制动机的性能。

A. 列车分离保护　　B. 折角塞门开通状态判断的性能

C. 电-空联锁与空电联合性能　　D. 多重性的安全措施

340. DK-1 型电-空制动机将整体式的（　　）结构改成组合结构，使单件结构简化，通用件增多。

A. 滑阀　　B. 柱塞　　C. 阀口　　D. 凸轮

中级

341. SS_{4B}型机车总风与均衡风缸双针压力表、列车制动管与制动缸双针压力表、非操纵节机车（　　）安装在司机台面的左前方，方便司机观看。

A. 控制电路电压表　　B. 控制电路电流

C. 辅助风缸电测压力表　　D. 制动缸电测压力表

342. SS_{4B}型机车在学习司机台前方装设了辅助压缩机按钮和（　　）按钮。

A. 充气　B. 消除　C. 紧急制动　D. 检查

343. DK-1 型电-空制动机空气位操作时，通过操作（　　）可控制、实施全列车的制动与缓解。

A. 空气制动阀　B. 电-空制动控制器　C. 主台司控器　D. 副台司控器

344. 双阀口式中继阀属于（　　）空气阀。

A. 柱塞式　B. 滑阀式　C. 阀口式　D. 遮断式

345. 双阀口式中继阀是操作电-空制动控制器或空气位下操作空气制动阀时的中间控制部件，用来控制（　　）充、排风。

A. 作用管　B. 列车制动管　C. 平均管　D. 制动缸管

346. 中继阀列车制动管通往膜板活塞右侧的缩孔直径为（　　）。

A. 0.5 mm　B. 1.0 mm　C. 1.2 mm　D. 1.5 mm

347. 双阀口式中继阀活塞膜板由内、外活塞和（　　）等组成。

A. 活塞柱塞　B. 活塞柱塞套　C. O 形圈　D. 橡胶膜板

348. 双阀口式中继阀活塞膜板用于感应不同压力空气间的压力变化，从而带动（　　）左、右移动，实现连通或切断排、供气气路。

A. 过充柱塞　B. 供气阀　C. 排气阀　D. 顶杆

349. 双阀口式中继阀排气阀机构主要由排气阀、排气阀套、（　　）及 O 形圈等组成。

A. 排气阀弹簧　B. 排气堵　C. 缩堵　D. 排气止回阀

350. 均衡风缸与列车制动管沟通，中继阀不能打开供、排气阀口，人们习惯地称双阀口式中继阀此时处于（　　）状态。

A. 缓解　B. 制动　C. 过充　D. 自锁

351. 均衡风缸压力升高时，中继阀活塞膜板左侧的压力升高，活塞膜板带动顶杆右移顶开供气阀口，总风经开启的供气阀口向列车制动管充风，这个工作过程称为（　　）状态。

A. 充气缓解　B. 制动　C. 过充　D. 自锁

352. 电-空制动控制器手柄置制动位，均衡风缸减压，中继阀处于（　　）工作状态。

A. 充气缓解　B. 制动　C. 过充　D. 自锁

353. 电-空制动控制器手柄置过充位时，连通了（　　）向过充风缸充风的气路。

A. 调压阀管　B. 均衡风缸　C. 列车制动管　D. 总风

354. 双阀口式中继阀补风作用是随着（　　）的泄漏自动完成的。

A. 均衡风缸管　B. 制动缸管　C. 列车制动管　D. 作用管

355. 中立电-空阀 253YV 得电时，总风向（　　）管充风。

A. 总风遮断阀　B. 调压阀　C. 列车制动管　D. 制动缸管

356. 总风遮断阀左侧空间与（　　）连通。

A. 双阀口式中继阀供气室　B. 总风遮断阀管　C. 调压阀管　D. 总风管

中级

357. DK-1 型电-空制动机在电-空位下，控制列车制动管压力变化，从而控制机车（　　）的动作，实现机车的制动与缓解。

A. 中继阀　B. 分配阀　C. 总风遮断阀　D. 紧急阀

358. DK-1 型电-空制动机在电-空位下，空气制动阀可以单独控制（　　）的压力变化，从而控制机车的单独制动与缓解。

A. 均衡风缸管　B. 列车制动管　C. 作用管　D. 制动缸管

359. 109 型分配阀局减室在主阀安装面上，通大气的缩孔直径为（　　）。

A. 0.5 mm　B. 0.8 mm　C. 1.0 mm　D. 1.2 mm

360. 109 型分配阀稳定装置是使主活塞具有一定的稳定性，以防止列车在运行中因（　　）轻微漏泄或压力波动而引起意外自然制动。

A. 均衡风缸管　B. 制动缸管　C. 作用管　D. 列车制动管

361. 109 型分配阀滑阀充气孔与滑阀顶面 g_1 孔相通，用于缓解状态时由列车制动管向（　　）充风。

A. 工作风缸　B. 局减室　C. 容积室　D. 作用管

362. 109 型分配阀滑阀局减孔和局减室入孔是用于局减状态时列车制动管向（　　）降压。

A. 工作风缸　B. 局减室　C. 容积室　D. 作用管

363. 109 型分配阀在局减位时，主活塞带动节制阀相对于滑阀上移（　　）mm。

A. 2　B. 3　C. 4　D. 5

364. 在施行缓解的过程中，制动缸已缓解完毕，但分配阀排气口还排风不止的原因是（　　）。

A. 滑阀与滑阀座接触不良　B. 充气止回阀漏泄

C. 局减阀与阀口接触不良　D. 主活塞膜板穿孔

365. 109 型分配阀主阀部局减状态连通两条气路，一是容积室向（　　）的气路，二是列车制动管向局减室降压的气路，以实现局部减压作用。

A. 大气排风　B. 工作风缸逆流　C. 作用管充风　D. 制动缸充风

366. 常用制动时，109 型分配阀滑阀的位移是靠（　　）实现的。

A. 稳定弹簧的压力　B. 总风的压力

C. 工作风缸的压力　D. 工作风缸和列车制动管的压力差

367. 109 型分配阀容积室压力升高时，（　　）产生向上的作用力之差，推动供气阀脱离与阀座的接触，从而开启供气阀口，同时排气阀口关闭。

A. 供气阀　B. 排气阀　C. 均衡活塞　D. 主活塞

368. 机车制动时，制动缸的压力空气来自于（　　）。

A. 总风缸　B. 列车制动管　C. 工作风缸　D. 作用管

369. 109 型分配阀均衡部在（　　）状态时，连通机车制动缸向大气排风的气路，实现机车的缓解。

A. 缓解　B. 缓解后的保压　C. 制动　D. 制动后的保压

370. 机车制动缸缓解不良的主要原因是（　　）。

A. 缓解弹簧折断　B. 活塞皮碗漏泄

C. 制动缸内漏风沟堵塞　D. 制动缸漏泄

371. 分配阀自然缓解的原因是（　　）。

A. 活塞漏泄　　B. 充气止回阀漏泄

C. 均衡活塞漏泄　　D. 紧急放风阀漏泄

372. 机车缓解时，制动缸的压力空气是通过（　　）排向大气。

A. 排 1 电-空阀排气口　　B. 空气制动阀凸轮盒

C. 空气制动阀排风阀口　　D. 分配阀排风口

373. 109 型分配阀当机车制动缸压力下降到与（　　）压力平衡时，停止机车制动缸的排风，而呈保压状态。

A. 工作风缸　B. 局减室　C. 列车制动管　D. 容积室

374. 109 型分配阀机车制动缸压力上升到与容积室压力平衡时呈制动后的保压状态，从而停止机车（　　）的充风。

A. 容积室　B. 制动缸　C. 工作风缸　D. 列车制动管

375. 109 型分配阀容积室的压力变化是为机车（　　）的压力变化提供一个标准参量。

A. 作用管　B. 制动缸　C. 工作风缸　D. 列车制动管

中级

376. DK-1 型电-空制动机操作空气制动阀，单独控制机车的制动、缓解及保压就是通过直接控制分配阀（　　）的压力变化来实现的。

A. 容积室　B. 制动缸　C. 工作风缸　D. 列车制动管

377. 109 型分配阀紧急增压阀套径向孔与（　　）连通。

A. 列车制动管　B. 工作风缸　C. 作用管　D. 总风

378. 109 型分配阀紧急增压阀属于（　　）式空气阀。

A. 柱塞　B. 滑阀　C. 阀口　D. 遮断

379. 非紧急制动时，列车制动管压力不会急剧下降至零，紧急增压阀受到向下的作用力下移至下端，由柱塞凹槽切断总风向（　　）迅速充风的气路。

A. 工作风缸　B. 容积室　C. 制动缸　D. 局减室

380. 109 型分配阀在紧急制动状态下，增压阀受到作用力之差移动到（　　），连通总风向容积室充风的通路。

A. 上端　B. 下端　C. 左端　D. 右端

381. 109 型分配阀安全阀是在紧急制动时，限定容积室和（　　）的最高压力。

A. 制动管　B. 紧急室　C. 局减室　D. 作用管

382. 空气制动阀在电-空位时，调压阀 53 的调整压力是（　　）kPa。

A. 300　B. 500　C. 600　D. 750

383. 空气制动阀阀座是调压阀管、作用管和（　　）管的连接基座。

A. 均衡风缸　B. 列车制动　C. 制动缸　D. 平均

384. 电-空位操作时，空气制动阀手柄置于缓解位，作用柱塞阀连通（　　）与大气的通路。

A. a 管　B. b 管　C. 均衡风缸管　D. 作用管

385. 电-空位操作时，空气制动阀手柄置于缓解位，（　　）使右侧对应微动开关连通了外接电路。

A. 定位柱塞　B. 作用柱塞　C. 定位凸轮　D. 作用凸轮

386. 电-空位操作时，空气制动阀手柄置于制动位，微动开关 3SA2 断开电路（ ）。

A. 899-801 B. 808-800 C. 807-827 D. 809-818

387. 电-空位操作时，空气制动阀手柄置于制动位时，作用柱塞阀连通（ ）与大气的通路。

A. a 管 B. b 管 C. 调压阀管 D. 作用管

388. 电-空位操作时，空气制动阀手柄置于运转位，作用柱塞阀切断（ ）气路。

A. a 管 B. b 管 C. 调压阀管 D. 所有

389. 电-空位操作时，空气制动阀手柄置于中立位，作用凸轮较制动位时有一个较小的升程，作用柱塞左移至（ ）位，切断所有的气路。

A. 左极端 B. 右极端 C. 中间 D. 不确定

390. 空气制动阀电-空转换扳钮置于空气位时，转换柱塞右移至右端，由柱塞凹槽连通均衡风缸与（ ）之间的气路。

A. a 管 B. b 管 C. 调压阀管 D. 大气

391. 空气制动阀电-空转换扳钮置于空气位时，微动开关 3SA1 动作，闭合电路 899-800，使（ ）电-空阀得电。

A. 缓解 B. 中立 C. 制动 D. 重联

392. 空气位操作时，空气制动阀手柄置缓解位，开通了调压阀管→作用柱塞阀→a 管→（ ）→均衡风缸管的充风气路。

A. 缓解电-空阀 B. 中继阀 C. 单独缓解阀 D. 电-空转换阀

393. 空气位操作时，空气制动阀手柄置制动位，开通了（ ）的排风气路，经中继阀动作使列车制动管排风，最终实现全列车的制动。

A. 工作风缸 B. 均衡风缸 C. 作用管 D. 制动缸管

394. 空气制动阀制动位，（ ）有一个最大的降程，使作用柱塞在柱塞左侧弹簧反力作用下，右移到右极端位置。

A. 转换柱塞 B. 作用柱塞 C. 作用凸轮 D. 定位凸轮

395. 空气位操作时，空气制动手柄置中立或运转位，空气制动阀不开通（ ）的充、排风气路，使全列车保压。

A. 均衡风缸 B. 作用管 C. 列车制动管 D. 制动缸管

396. 电动放风阀属于（ ）式空气阀。

A. 柱塞 B. 滑阀 C. 截断 D. 阀口

397. 电动放风阀主要接受（ ）的控制，还可以接受自动停车装置、紧急制动按钮、列车分离保护等发出的紧急停车电信号的控制。

A. 司机控制器 B. 电-空制动控制器 C. 空气制动阀 D. 手动放风阀

398. 电动放风阀下侧及铜碗上侧空间经阀体孔（ϕ25.4 mm）与（ ）连通。

A. 列车制动管 B. 总风 C. 94YV 的控制气路 D. 大气

399. 紧急电-空阀得电时，连通总风向电动放风阀铜碗及膜板（ ）空间充风的气路，推动芯杆上移而压缩放风阀弹簧，顶开放风阀口。

A. 上侧 B. 下侧 C. 左侧 D. 右侧

中级

400. 紧急阀活塞杆缩孔（　　）是充风缓解时，控制列车制动管向紧急室充风速度，防止产生自然制动。

A. Ⅰ　B. Ⅱ　C. Ⅲ　D. Ⅰ和Ⅱ

401. 紧急阀活塞杆缩孔（　　）是常用制动时，控制紧急室压力空气向列车制动管逆流速度，防止常用制动时产生紧急制动。

A. Ⅰ　B. Ⅱ　C. Ⅲ　D. Ⅰ和Ⅱ

402. 紧急阀放风阀下侧空间经排气口与（　　）连通。

A. 紧急室　B. 列车制动管　C. 均衡风缸管　D. 大气

403. 紧急阀活塞膜板上侧空间与（　　）连通。

A. 紧急室　B. 列车制动管　C. 均衡风缸管　D. 大气

404. 紧急阀在充气缓解状态时，列车制动管压力空气经缩孔（　　）向紧急室缓慢充风，直至两者压力相等为止。

A. Ⅰ　B. Ⅱ　C. Ⅲ　D. Ⅰ和Ⅱ

405. 紧急阀的紧急活塞在上极端位时，紧急活塞杆的底面至放风阀的距离是（　　）mm。

中级

A. 2　B. 3　C. 4　D. 5

406. 紧急阀紧急室的容积是（　　）。

A. 1.0 L　B. 1.5 L　C. 1.85 L　D. 3.8 L

407. 紧急制动时，紧急室的压力空气经紧急阀活塞杆缩孔（　　）排向大气。

A. Ⅰ　B. Ⅱ　C. Ⅲ　D. Ⅰ和Ⅲ

408. 紧急制动时，紧急阀活塞膜板产生较大的向下的作用力之差，带动活塞杆下移，压缩（　　）而顶开放风阀口，连通列车制动管的放风气路。

A. 安定弹簧　B. 微动开关　C. 放风阀弹簧　D. 放风阀

409. 常用制动时，紧急室压力空气经紧急阀缩孔向列车制动管逆流，直至两者压力相等，并且在（　　）作用下，使活塞膜板带动活塞杆重新上移至上端。

A. 安定弹簧　B. 列车制动管压力空气

C. 放风阀弹簧　D. 紧急室压力空气

410. 电-空制动控制器主要由操纵手柄、凸轮轴组装、静触头组和（　　）等组成。

A. 凸轮机构　B. 定位机构　C. 机械联锁　D. 电位器

411. SS_{4B} 型机车电-空制动控制器（　　）位是手柄取出位。

A. 运转　B. 制动　C. 重联　D. 中立

412. SS_{4B} 型机车电-空制动控制器（　　）位是正常运行位，全列车缓解的位置。

A. 运转　B. 制动　C. 重联　D. 中立

413. TKS22 型电-空制动控制器的额定电压是（　　）V。

A. DC24　B. DC48　C. DC110　D. AC220

414. 电-空阀是由电磁机构及（　　）两大部分组成。

A. 机械联锁　B. 气阀　C. 执行机构　D. 气动机构

415. 电-空阀按电磁铁的形式分为拍合式和（　　）两种。

A. 立式　B. 卧式　C. 闭式　D. 螺管式

416. TFK_{1B} 型电-空阀的气阀机构被上、下阀口分成（ ）个气室，且各气室分别与外部连通。

A. 2 B. 3 C. 4 D. 5

417. TFK_{1B} 型电-空阀的气阀机构上气室与（ ）连通，称为排气口。

A. 大气 B. 风源 C. 控制对象 D. 管堵

418. TFK_{1B} 型电-空阀失电时，关闭下阀口，并开启上阀口，连通输出口与（ ）之间的气路。

A. 控制对象 B. 风源 C. 输入口 D. 排气口

419. TFK_{1B} 型电-空阀得电时，关闭上阀口并开启下阀口，连通输入口与（ ）间的气路。

A. 控制对象 B. 风源 C. 输出口 D. 排气口

420. SS_{4B} 型机车每台机车共有（ ）个撒砂电-空阀。

A. 2 B. 4 C. 6 D. 8

421. DK-1 型电-空制动机中立电-空阀的代号是（ ）。

A. 251YV B. 252YV C. 253YV D. 254YV

422. DK-1 型电-空制动机排风 1 电-空阀的代号是（ ）。

A. 251YV B. 252YV C. 253YV D. 254YV

423. 排风 1 电-空阀得电时，连通（ ）向大气排风的气路，以实现机车的缓解。

A. 作用管 B. 列车制动管 C. 均衡风缸管 D. 制动缸管

424. 过充电-空阀得电时，连通（ ）向过充风缸充风的气路，使列车制动管快速充风，并得到过充压力。

A. 调压阀管 B. 列车制动管 C. 均衡风缸管 D. 总风

425. DK-1 型电-空制动机 252YV 是指（ ）电-空阀。

A. 中立 B. 过充 C. 排风 1 D. 排风 2

426. DK-1 型电-空制动机 255YV 是指（ ）电-空阀。

A. 中立 B. 过充 C. 检查 D. 制动

427. DK-1 型电-空制动机检查电-空阀得电时，连通总风向（ ）充风的气路，以完成列车制动管折角塞门开通状态的检查。

A. 作用管 B. 列车制动管 C. 均衡风缸管 D. 制动缸管

428. DK-1 型电-空制动机排风 2 电-空阀的代号是（ ）。

A. 253YV B. 254YV C. 255YV D. 256YV

429. DK-1 型电-空制动机（ ）电-空阀失电时，连通初制风缸和缓解电-空阀排气口向大气排风的气路。

A. 制动 B. 排风 1 C. 排风 2 D. 过充

430. DK-1 型电-空制动机 257YV 是指（ ）电-空阀。

A. 制动 B. 中立 C. 检查 D. 过充

431. DK-1 型电-空制动机 257YV 失电后，排风口开启，必然会排出（ ）的压力空气。

A. 作用管 B. 均衡风缸 C. 初制风缸 D. 工作风缸

432. DK-1 型电-空制动机缓解电-空阀的代号是（ ）。

A. 256YV B. 257YV C. 258YV D. 259YV

433. DK-1 型电-空制动机缓解电-空阀得电时，连通总风经调压阀（　　）向均衡风缸充风的气路，并使其得到定压。

A. 51　　B. 52　　C. 53　　D. 55

434. DK-1 型电-空制动机 259YV 是指（　　）电-空阀。

A. 重联　　B. 制动　　C. 缓解　　D. 中立

435. DK-1 型电-空制动机在紧急位时，（　　）电-空阀得电控制电动放风阀开放列车制动管的放风气路，失电时关闭该气路。

A. 94YV　　B. 257YV　　C. 254YV　　D. 256YV

436. 电-空阀接线断股不得大于原截面的（　　）。

A. 5%　　B. 10%　　C. 15%　　D. 20%

437. 重联阀连接管路包括作用管、平均管、总风联管及（　　）管。

A. 列车制动　　B. 制动缸　　C. 均衡风缸　　D. 调压阀

438. 重联阀制动缸遮断阀部是根据遮断阀活塞上侧（　　）压力和下侧弹簧反作用力之差带动活塞杆上下移动，从而实现切断或连通制动缸与相应管路之间的气路。

A. 列车制动管　　B. 制动缸　　C. 调压阀管　　D. 总风

439. 重联阀转换按钮置于本机位时，本补转换阀部连通重联阀活塞下侧与（　　）之间的气路。

A. 作用管　　B. 平均管　　C. 制动缸　　D. 大气

440. 重联阀在本机位时，连通制动缸与（　　）之间的气路。

A. 作用管　　B. 平均管　　C. 总风管　　D. 大气

441. 重联阀在补机位时，连通（　　）与平均管之间的气路。

A. 作用管　　B. 制动缸　　C. 总风管　　D. 大气

442. 重联阀在补机位时，连通（　　）与制动缸遮断阀部止回阀上侧之间的气路。

A. 作用管　　B. 制动缸　　C. 总风管　　D. 大气

443. 运行中一旦机车间发生断钩分离，将使列车制动管、总风联管、平均管等连接软管断裂，本务机车产生（　　）作用。

A. 初制动　　B. 常用制动　　C. 保压　　D. 紧急制动

444. 机车间发生断钩分离时，重联机车重联阀自动转换到本机位，防止（　　）压力空气经断裂的平均管排入大气。

A. 制动缸　　B. 总风　　C. 作用管　　D. 列车制动管

445. DK-1 型电-空制动机在空气位时，53 调压阀整定值应调整为（　　）kPa。

A. 300　　B. 450　　C. 600　　D. 750

446. SS_{4B} 型电力机车 51 调压阀整定值为（　　）kPa。

A. 300　　B. 500　　C. 600　　D. 700

447. 调压阀是为满足（　　）系统内不同气路整定压力并保证稳定的供给而设置的。

A. 风源　　B. 控制管路　　C. 辅助管路　　D. 空气管路

448. 调压阀进风口输入压力空气时，在（　　）弹簧作用下，膜板推动阀杆下移，顶开进气阀口，使压力空气充向出风口侧。

A. 调整　　B. 进气阀　　C. 排气阀　　D. 溢流阀

中级

449. 调压阀中央气室压力高于（　　）弹簧整定压力时，开启溢流阀口，使多余的压力空气经溢流阀口排出。

A. 调整　　B. 进气阀　　C. 排气阀　　D. 溢流阀

450. 调压阀整定值是通过调整（　　）旋转来给定，压力调好后，应将紧固螺母拧紧，以保证整定压力值的准确无误。

A. 螺钉　　B. 螺母　　C. 弹簧　　D. 手轮

451. 压力开关（　　）是为满足列车制动管最小初减压量的控制需求而设置的。

A. 208　　B. 209　　C. 515　　D. 516

452. 压力开关内部被膜板隔离为上、下两个气室，下气室与（　　）管连接。

A. 调压阀　　B. 列车制动　　C. 均衡风缸　　D. 总风

453. 均衡风缸充风至定压时，压力开关 208 膜板带动芯杆上移，压缩微动开关 208SA，使电路（　　）断开。

A. 808—800　　B. 807—827　　C. 822—800　　D. 857—858

454. 均衡风缸减压大于（　　）kPa 时，压力开关 209 的芯杆脱离微动开关 209SA。

A. 20　　B. 40　　C. 50　　D. 60

455. 转换阀主要由阀体、阀套、转换按钮、偏芯杆和（　　）等组成。

A. 进气阀　　B. 排气阀　　C. 止回阀　　D. 柱塞阀

456. 转换阀 153 的转换按钮旋转至（　　）位时，偏芯杆随之转动，带动柱塞下移，连通均衡风缸与相应的气路。

A. 客车　　B. 货车　　C. 正常　　D. 空气

457. 转换阀 154 置于（　　）位时，连通两个初制风缸之间的气路。

A. 客车　　B. 货车　　C. 正常　　D. 空气

458. 转换阀 153 串接在均衡风缸与电-空制动屏均衡风缸管中间，转换按钮置于（　　）位时，制动屏均衡风缸管被切除。

A. 客车　　B. 货车　　C. 正常　　D. 空气

459. 转换阀 154 串接在两个初制风缸中间，其转换按钮置于货车位或客车位，是根据列车制动管（　　）来确定的。

A. 最小减压量　　B. 最大减压量　　C. 有效减压量　　D. 定压

460. 列车制动管定压为 500 kPa 时，转换阀 154 应置于（　　）位。

A. 客车　　B. 货车　　C. 正常　　D. 空气

461. 总风遮断阀溢风孔排风不止的原因是（　　）。

A. 作用弹簧断裂　　B. 遮断阀弹簧断裂

C. 遮断阀 O 形圈损坏　　D. 遮断阀阀口关不严

462. 制动后的中立位，除中继阀本身故障原因外，还会因（　　）漏风造成双阀口中继阀排风口排风不止。

A. 均衡风缸　　B. 中立电-空阀　　C. 过充风缸　　D. 排风 2 电-空阀

463. 空气管路柜内部结构紧凑，分（　　）层布置。

A. 2　　B. 3　　C. 4　　D. 5

464. 机车无动力装置用于机车无动力回送时，由本务机车经列车制动管、机车无动力装置向无动力机车（　　）充风，以备无动力机车制动时使用。

A. 工作风缸　　B. 制动缸　　C. 制动机　　D. 总风缸

465. SS_{4B} 型机车无动力装置截断塞门的代号是（　　）。

A. 155　　B. 156　　C. 157　　D. 112

466. SS_{4B} 型机车紧急制动性能试验时，制动缸压力由零升至 400 kPa 的时间不大于（　　）s。

A. 3　　B. 4　　C. 5　　D. 6

467. SS_{4B} 型机车紧急制动性能试验时，制动缸最高压力应限制在（　　）kPa，且分配阀安全阀动作。

A. 380 ± 10　　B. 450 ± 10　　C. 450 ± 20　　D. 300 ± 10

468. SS_{4B} 型机车将电-空制动控制器手柄由紧急位移至运转位，列车制动管压力由零升至 580 kPa 的时间不大于（　　）s。

A. 9　　B. 8.5　　C. 11　　D. 22

中级

469. SS_{4B} 型机车气密性试验时，均衡风缸泄漏量每分钟不大于（　　）kPa。

A. 5　　B. 10　　C. 15　　D. 20

470. DK-1 型电-空制动机列车制动管减压（　　）kPa，制动缸压力应为 240 ~ 270 kPa。

A. 40 ~ 50　　B. 100　　C. 170 ~ 180　　D. 200

471. DK-1 型电-空制动机列车制动管定压 600 kPa 时，列车制动管的最大减压量是（　　）kPa。

A. 170 ~ 230　　B. 190 ~ 240　　C. 210 ~ 270　　D. 210 ~ 290

472. SS_{4B} 型机车过充性能试验时，列车制动管压力应超过定压（　　）kPa，且制动缸压力不得缓解。

A. 20 ~ 30　　B. 20 ~ 40　　C. 30 ~ 40　　D. 40 ~ 50

473. SS_{4B} 型机车过充性能试验时，过充压力在（　　）s 内自动消除。

A. 120 ~ 180　　B. 90 ~ 120　　C. 90 ~ 180　　D. 120 ~ 210

474. DK-1 型电-空制动机电-空位，电-空制动控制器置于过充位时，（　　）号线得电。

A. 803、809　　B. 806、807　　C. 803、805　　D. 806、808

475. 制动缸泄漏量检查，关闭分配阀供给塞门，制动缸泄漏量每分钟应不大于（　　）kPa。

A. 5　　B. 10　　C. 15　　D. 20

476. DK-1 型电-空制动机单独缓解性能试验时，制动缸压力由 300 kPa 降至 40 kPa 的时间不大于（　　）s。

A. 3　　B. 4　　C. 5　　D. 6

477. DK-1 型电-空制动机重联位性能试验时，本务机车制动缸压力为 250 kPa 时，重联机车制动缸压力应为（　　）。

A. 250 kPa　　B. 240 ~ 260 kPa　　C. 230 ~ 270 kPa　　D. 225 ~ 275 kPa

478. DK-1 型电-空制动机空气位常用全制动性能试验，将空气制动阀手柄由缓解位移至制动位，均衡风缸减压 170 kPa 的时间为（　　）s。

A. 5 ~ 7　　B. 6 ~ 8　　C. 5 ~ 8　　D. 6 ~ 7

479. DK-1 型电-空制动机空气位阶段制动性能试验，将空气制动阀手柄在制动位与（　　）位间移动，阶段制动作用应稳定。

A. 中立　　B. 运转　　C. 缓解　　D. 下压手柄

480. SS_{4B} 型机车断钩保护性能试验，开放司机室内列车制动管手动紧急放风阀，应产生（　　）作用。

A. 初制动　　B. 常用制动　　C. 紧急制动　　D. 充风缓解

481. SS_{4B} 型机车失电制动性能试验，列车制动管压力应按（　　）减压速度下降，且制动缸压力上升。

A. 初制动　　B. 常用制动　　C. 紧急制动　　D. 充风

482. SS_{4B} 型机车无火回送性能试验时，列车制动管压力为定压，总风缸压力应在低于列车制动管定压（　　）间。

A. 120 ~ 160　　B. 130 ~ 170　　C. 130 ~ 180　　D. 140 ~ 180

483. SS_{4B} 型机车无火回送性能试验时，当列车制动管压力下降后，制动缸最高压力应限制在（　　）kPa 间。

A. 180 ~ 200　　B. 200 ~ 220　　C. 180 ~ 220　　D. 140 ~ 180

484. SS_{4B} 型机车 DK-2 型电-空制动机自检过程中，出现（　　）级故障制动机自检将自动停止。

A. B　　B. C　　C. E　　D. F

485. SS_{4B} 型机车 DK-2 型电-空制动机自检结束，制动控制单元 BCU 数码管显示（　　），表示制动机无故障。

A. bcu　　B. bcu.　　C. BCU　　D. BCU.

486. SS_{4B} 型机车 DK-2 型电-空制动机故障代码（　　），表示电-空制动控制器、单独制动控制器均在运转位，均衡风缸压力与定压的差值超过 5 kPa。

A. F【01】　　B. E【02】　　C. F【03】　　D. C【06】

487. SS_{4B} 型机车 DK-2 型电-空制动机故障代码（　　），表示电-空制动控制器紧急位、单独制动控制器缓解位，闸缸不能单缓到 0 kPa。

A. E【02】　　B. E【05】　　C. C【06】　　D. C【07】

488. SS_{4B} 型机车 DK-2 型电-空制动机故障代码（　　），表示电-空制动控制器运转位、单独制动控制器制动位，制动缸不产生单独制动作用。

A. F【10】　　B. F【12】　　C. C【11】　　D. C【13】

489. SS_{4B} 型机车 DK-2 型电-空制动机单独制动作用，制动缸压力是由单制调压阀（　　）整定。

A. 51　　B. 319　　C. 304　　D. 207

490. SS_{4B} 型机车 DK-2 型电-空制动机的单独控制性能是由（　　）模块控制实现的。

A. EP 均衡控制　　B. 单制单缓控制　　C. 切断阀　　D. 制动缸控制

491. SS_{4B} 型机车 DK-2 型电-空制动机均衡风缸传感器的作用是采集（　　）风压值，供制动控制单元 BCU 精确控制均衡风缸风压的目的。

A. 均衡风缸　　B. 列车制动管　　C. 制动缸　　D. 作用管

492. 制动控制单元 BCU 采用机箱背板出线方式，通过（　　）个 20 芯插座完成电信号的输入和输出。

A. 三　B. 四　C. 五　D. 六

493. 制动控制单元 BCU 的 PWM 板用于接收控制信号，将控制信号经过驱动、隔离，输出 DC（　　）电压信号驱动高速电控阀，控制制动机的相应压力。

A. 5 V　B. 12 V　C. 24 V　D. 48 V

494. 制动控制单元 BCU 的输出板用于 DC（　　）开关量信号的输出。

A. 12 V　B. 24 V　C. 48 V　D. 110 V

495. 制动控制单元 BCU 的输入板面板上编号为 01 ~ 30 的指示灯（绿色灯）代表 30 路 DC（　　）的输入开关量信号，灯亮表示该信号输入正常。

A. 12 V　B. 24 V　C. 48 V　D. 110 V

496. 制动控制单元 BCU 的模拟板面板上编号为 A01 指示灯亮，代表（　　）输入信号正常。

A. DC12 V　B. DC24 V　C. DC48 V　D. DC110 V

497. 神华号交流机车 DK-2 型电-空制动机均衡风缸控制模块的功能是对均衡风缸风压进行（　　）控制，一旦制动系统失电时使均衡风缸排风。

A. 开环　B. 闭环　C. 直接　D. 间接

498. 神华号交流机车电子分配阀包括分配阀均衡部、（　　）电-空阀、制动缸预控压力的闭环模拟控制部件。

A. 切换　B. 单缓　C. 单制　D. 保护

499. 神华号较流机车制动缸控制模块的主要功能是实现预控风缸（　　）控制、电子分配阀和空气分配阀切换、机车单缓等功能。

A. 开环　B. 闭环　C. 直接　D. 间接

500. 神华号交流机车停放制动调压阀整定值是（　　）kPa。

A. 450　B. 480　C. 500　D. 550

四、多项选择题

1. 铁路职工应以主人翁姿态积极参与经营管理，增强市场营销的意识，（　　）地组织货物运输。

A. 安全　B. 快速　C. 经济　D. 便利　E. 准时

2. 铁路运输生产既要职工按照分工和要求，尽职尽责地做好检修职工的本职工作，又要在统一领导下，（　　）。

A. 互相帮助　B. 突出个人　C. 亲密无间　D. 主动配合　E. 密切合作

3. 工件在零件图中标注方法，有以下（　　）三种形式。

A. 标注公差代号　B. 公差代号和偏差数值只能标注一个　C. 标注偏差数值
D. 同时标注公差代号和偏差数值　E. 标注尺寸偏差

4. 正投影的基本特征是（　　）。

A. 真实性　B. 直接性　C. 积聚性　D. 类似性　E. 直观性

中级

5. 矫正的工具有（　　）。
A. 矫正平板　B. 铁砧　C. 软硬手锤　D. 螺旋压力机　E. 检验工具
6. 保证装配精度的装配方法有（　　）。
A. 完全互换法　B. 分组选配法　C. 调整法　D. 修配法　E. 试验法
7. 形位公差分为（　　）。
A. 形状公差　B. 偏差　C. 形状误差　D. 位置误差　E. 位置公差
8. 形状公差带包括公差带的（　　）等四要素。
A. 比例　B. 形状　C. 位置　D. 方向　E. 大小
9. 形状公差项目有（　　）圆度、线轮廓度、面轮廓度等 6 个方面。
A. 同心度　B. 圆柱度　C. 弯曲度　D. 直线度　E. 平面度
10. 尺寸界限用细实线绘制，并应由图形的轮廓线，轴线或对称中心线处引出，也可以利用（　　）作尺寸界限。
A. 轮廓线　B. 轴线　C. 中心线　D. 边界线　E. 对称中心线
11. 尺寸线的终端有（　　）两种形式。
A. 直线　B. 箭头　C. 斜线　D. 虚线　E. 细实线
12. 配合公差为组成配合的孔、轴公差之和，它包含（　　）。
A. 过渡配合　B. 过盈配合　C. 基轴制配合　D. 间隙配合
E. 基孔制配合
13. 内外螺纹连接时，以下（　　）要素必须一致。
A. 牙型　B. 螺纹直径　C. 线数　D. 导程、螺距　E. 旋向
14. 螺纹的直径有（　　）这几种。
A. 直径　B. 导程　C. 大经　D. 中经　E. 小径
15. 常用的连接螺纹有（　　）。
A. 粗牙普通螺纹　B. 细牙普通螺纹　C. 锯齿形螺纹　D. 梯形螺纹
E. 管螺纹
16. 销按形状的不同分类，可分为（　　）。
A. 圆柱销　B. 圆锥销　C. 开口销　D. 扁销　E. 方销
17. 圆柱齿轮按其齿形的方向，可分为（　　）。
A. 八字齿　B. 斜齿　C. 人字齿　D. 直齿　E. 交叉齿
18. 联轴器分为（　　）。
A. 刚性联轴器　B. 凸缘联轴器　C. 万向联轴器　D. 挠性联轴器
E. 齿式联轴器
19. 下列（　　）运动副属于高副。
A. 滑动轴承　B. 凸轮机构　C. 齿轮啮合　D. 滚动轴承　E. 铰链连接
20. 平带传动的形式有（　　）。
A. 开口式传动　B. 交叉式传动　C. 组合传动　D. 封闭式传动
E. 半交叉式传动
21. 螺旋传动可将主动件的回转运动转变为直线运动的传动装置，具有（　　）等优点。
A. 结构简单　B. 工作连续　C. 平稳　D. 承载能力大　E. 传动精度高

22. 链传动的类型按用途分为（　　）。
A. 传动链　B. 主动链　C. 起重链　D. 从动链　E. 牵引链
23. 齿轮传动具有（　　）特点。
A. 能保证瞬时传动比恒定　B. 平稳性较高　C. 传递运动准确可靠
D. 传递的功率和速度范围较大　E. 传动效率高，使用寿命长
24. 齿轮传动分类中两轴线平行时有（　　）。
A. 直齿圆锥齿轮传动　B. 直齿圆柱齿轮传动　C. 螺旋齿轮传动
D. 斜齿圆柱齿轮传动　E. 人字齿轮传动
25. 锉刀按用途分类，可分为（　　）。
A. 扁锉　B. 方锉　C. 普通锉　D. 特形锉　E. 整形锉
26. 刮刀按所刮表面精度要求的不同可分为（　　）三种。
A. 粗刮刀　B. 细刮刀　C. 精刮刀　D. 平面刮刀　E. 曲面刮刀
27. 切削液的作用有（　　）。
A. 冷却作用　B. 润滑作用　C. 清洗作用　D. 防锈作用　E. 防垢作用
28. 切削液的分类有（　　）。
A. 水溶液　B. 乳化液　C. 切削油　D. 矿物油　E. 复合油
29. 划线工具按用途分为（　　）。
A. 基准工具　B. 量具　C. 绘画工具　D. 辅助工具　E. 专用量具
30. 立体划线一般要在（　　）三个方向上进行。
A. 上　B. 下　C. 长　D. 宽　E. 高
31. 任何工件的几何形状都是由（　　）构成的。
A. 平面　B. 线　C. 曲面　D. 点　E. 面
32. 锯缝产生歪斜的两种形式是（　　）。
A. 沿锯缝反方向斜　B. 沿锯缝方向斜　C. 沿锯片反方向斜
D. 沿锯片方向斜　E. 沿锯弓使力方向斜
33. 锉刀的齿纹分为（　　）。
A. 斜齿纹　B. 交叉齿纹　C. 单齿纹　D. 侧齿纹　E. 双齿纹
34. 选择锉刀齿时，应根据（　　）选择。
A. 工件形状　B. 工件的加工余量　C. 锉刀大小　D. 精度
E. 材料性质
35. 平面锉削法，可分为（　　）。
A. 直线锉法　B. 顺锉法　C. 交叉锉法　D. 推锉法　E. 以上答案均正确
36. 按铆接应用情况，铆接可分为（　　）。
A. 活动铆接　B. 混合铆接　C. 固定铆接　D. 冷铆接　E. 密缝铆接
37. 弹簧的常见种类有（　　）。
A. 螺旋弹簧　B. 蝶形弹簧　C. 环形弹簧　D. 平面涡卷弹簧　E. 板弹簧
38. 常用的矫正方法有（　　）。
A. 扭转法　B. 调整法　C. 伸张法　D. 弯曲法　E. 延展法

中级

39. 研磨方法一般可分为（　　）。

A. 湿研　B. 干研　C. 半干研　D. 粗研　E. 细研

40. 常用的平面研磨运动轨迹，为了减少切削热，研磨一般在（　　）条件下进行。

A. 低压　B. 低速　C. 高压　D. 高速　E. 低温

41. 分度头按其结构的不同，一般可分为（　　）。

A. 间接分度头　B. 直接分度头　C. 万能分度头　D. 光学分度头

E. 力学分度头

42. 切削用量包括（　　）。

A. 切削速度　B. 进给量　C. 切削方法　D. 切削液　E. 切削深度

43. 满足下列（　　）条件的变压器即是理想变压器。

A. 无损耗　B. 无漏磁　C. 无负载阻抗　D. 无有功功率

E. 磁导率趋于无穷大

44. 接触器不仅能实现远距离自动操作和欠电压释放保护功能，而且还具有（　　）等优点，因此得到了广泛的应用。

A. 控制容量小　B. 控制容量大　C. 工作可靠　D. 操作效率高

E. 使用寿命长

45. 交流电磁接触器主要由（　　）组成。

A. 电磁系统　B. 触头系统　C. 外壳　D. 灭弧罩　E. 传动机构

46. 交流接触器的电磁系统包括（　　）。

A. 吸引线圈　B. 静铁芯　C. 动铁芯　D. 恢复弹簧　E. 灭弧罩

47. 洛氏硬度有（　　）三种表示方式。

A. HBS　B. HV　C. HRA　D. HRB　E. HRC

48. 金属晶体缺陷通常有（　　）三大类。

A. 晶格缺陷　B. 点缺陷　C. 线缺陷　D. 面缺陷　E. 晶粒缺陷

49. 铁碳合金的基本组织有（　　）。

A. 铁素体　B. 奥氏体　C. 渗碳体　D. 珠光体　E. 莱氏体

50. 淬火方法有（　　）。

A. 单液淬火　B. 双液淬火　C. 分级淬火　D. 等温淬火　E. 冷处理

51. 淬火是为了得到（　　）组织，经过回火后，使工件获得良好的力学性能。

A. 马氏体　B. 奥氏体　C. 珠光体　D. 莱氏体　E. 贝氏体

52. 表面淬火方法有（　　）。

A. 接触电阻加热淬火　B. 等温淬火　C. 火焰淬火　D. 激光淬火

E. 电子束淬火

53. 轴承钢可分为（　　）。

A. 渗氮轴承钢　B. 高碳铬轴承钢　C. 渗碳轴承钢　D. 高碳铬不锈轴承钢

E. 高温轴承钢

54. 工具钢按化学成分可以分为（　　）。

A. 非合金工具钢　B. 合金工具钢　C. 高速工具钢　D. 碳素工具钢

E. 优质碳素工具钢

55. 球墨铸铁比灰铸铁具有更高的（　　）。
A. 强度　B. 塑性　C. 韧性　D. 锻造性　E. 力学性能
56. 青铜按主加元素种类不同可分为（　　）。
A. 锡青铜　B. 铝青铜　C. 铍青铜　D. 锰青铜　E. 硅青铜
57. 车床加工的工艺特点有（　　）。
A. 适应性好　B. 切削加工的精度范围大　C. 保证零件加工的位置精度
D. 生产效率高　E. 生产成本低
58. 刀具材料应具备（　　）。
A. 高的硬度　B. 高的耐磨性　C. 高的红硬性　D. 足够的强度和韧性
E. 良好的工艺性
59.（　　）制动方式是制动技术飞跃发展的成果。
A. 直通式空气制动机制动　B. 再生制动　C. 手制动　D. 电阻制动
E. 液力制动
60. 制动机按作用对象可分为（　　）。
A. 空气制动机　B. 电-空制动机　C. 真空制动机　D. 机车制动机
E. 车辆制动机
61. 制动机按控制方式和动力来源可分为（　　）。
A. 空气制动机　B. 电-空制动机　C. 真空制动机　D. 机车制动机
E. 车辆制动机
62. 制动过程必须具备的两个基本条件是（　　）。
A. 可靠的制动系统　B. 电能转换为动能　C. 实现能量转换
D. 控制能量转换　E. 可靠的操纵系统
63. 制动系统由（　　）组成。
A. 制动机　B. 牵引装置　C. 手制动机　D. 停车装置　E. 基础制动装置
64. 性能良好的制动机对铁路运输具有（　　）的促进作用。
A. 保证行车安全　B. 充分发挥牵引力　C. 增大列车牵引重量
D. 提高列车运行速度　E. 提高列车的区间通过能力
65. 按照列车动能转移方式的不同，制动方式可分为（　　）等基本方式。
A. 热逸散　B. 摩擦制动　C. 电阻制动　D. 将动能转换成有用能
E. 动力制动
66. 按照制动力形成方式的不同，制动方式又可分为（　　）。
A. 黏着制动　B. 非黏着制动　C. 电阻制动　D. 摩擦制动
E. 动力制动
67. 黏着制动包括（　　）。
A. 摩擦制动　B. 动力制动　C. 惯性制动　D. 磁轨摩擦制动
E. 磁轨涡流制动
68. 非黏着制动包括（　　）。
A. 摩擦制动　B. 风阻制动和喷气制动　C. 惯性制动　D. 磁轨摩擦制动
E. 磁轨涡流制动

69. 制动系统的工作过程包括（　　）。
A. 自然溜放　B. 制动　C. 缓解　D. 保压　E. 重联

70. 缓解波速受到（　　）等因素的影响。
A. 空气压力变化　B. 空气波传播快慢　C. 列车制动管压力变化
D. 三通阀（分配阀）动作灵敏性　E. 制动机性能好坏

71. 车辆空气制动机由于三通阀的作用与（　　）三者的压力有关。
A. 总风缸　B. 列车制动管　C. 平均管　D. 副风缸　E. 制动缸

72. 下列（　　）可以与通用闸瓦互换。
A. 中磷铸铁闸瓦　B. 低磷铸铁闸瓦　C. 高磷铸铁闸瓦
D. 高摩合成闸瓦　E. 低摩合成闸瓦

73. 铸铁闸瓦按其含磷量可分（　　）。
A. 低磷铸铁闸瓦　B. 高磷铸铁闸瓦　C. 中磷铸铁闸瓦　D. 普通铸铁闸瓦
E. 高摩合成闸瓦

74. 通常列车制动管压力为 500 kPa 和 600 kPa 时，列车制动管最大有效减压量分别选取（　　）。
A. 140 kPa　B. 160 kPa　C. 170 kPa　D. 180 kPa　E. 190 kPa

75. 电力机车检修一般有（　　）基本程序。
A. 检查　B. 解体　C. 检修　D. 更换　E. 测量

76. 目前车辆产生制动力的方法主要有（　　）两大类。
A. 摩擦制动　B. 闸瓦（踏面）制动　C. 电阻制动　D. 盘形制动
E. 非黏着制动

77. BT-3.0/10A 型螺杆压缩机的工作过程包括（　　）。
A. 吸气过程　B. 封闭及输送过程　C. 封闭及压缩过程
D. 压缩及喷油过程　E. 排气过程

78. YWK-50-C 压力控制器是利用（　　）以及差动旋钮内的弹簧组成一个杠杆体系。
A. 杠杆　B. 波纹管　C. 调节弹簧　D. 曲轴　E. 连杆

79. 高压安全阀由（　　）组成。
A. 弹簧盒　B. 阀杆　C. 弹簧和阀　D. 止挡环　E. 锁紧螺母和阀座

80. TAD-H 型空气干燥器由干燥塔、离心式油水分离器、消声器和（　　）等组成。
A. 进气阀　B. 排气阀　C. 出气止回阀　D. 电控器　E. 再生风缸

81. 电动排泄阀主要由（　　）组成。
A. 二个 TFK_{1B} 型电-空阀　B. 二个柱塞式排泄阀　C. 一个排泄阀
D. 一个 TFK_{1B} 型电-空阀　E. 一个 TFK 型电-空阀

82. DJKG-A 型干燥器电动排泄阀防冻装置包括（　　）等几部分。
A. 控温器　B. 感温元件盒　C. 加热元件　D. 制冷元件　E. 温度调节器

83. 总风缸容积的选择必须根据机车的（　　）确定。
A. 用途　B. 功率　C. 压缩机排风能力　D. 储存能力　E. 效率

84. 下列（　　）属于控制管路系统中的塞门。
A. 140、141　B. 142、143　C. 145　D. 146、147　E. 168、169

85. 库停后辅助压缩机供风，辅助风缸起着（　　）的作用。

A. 平衡压力空气　B. 贮存压力空气　C. 控制压力空气　D. 稳定压力空

E. 冷却压力空气

86. 辅助管路系统的组成包括（　　）。

A. 撒砂器　B. 风喇叭　C. 刮雨器　D. 高压安全阀

E. 辅助装置的控制部件

87. 双针压力表主要由游丝弹簧、扇形齿轮、连杆和（　　）等组成。

A. 杠杆　B. 表框　C. 小齿轮　D. 指针　E. 弹簧弯管

88. 软管连接器组成后应进行（　　）试验。

A. 单机　B. 低压　C. 风压　D. 水压　E. 高压

89. 门联锁阀漏风的主要原因是（　　）。

A. 皮碗老化或窜风　B. 活塞安装螺母松脱　C. 阀体裂损

D. 进、出风管接反　E. 盖密封垫破损或螺丝松动

中级

90. TSG15B 型受电弓主要由平衡杆、弓头、阻尼器、气路及 ADD 阀、气阀板、绝缘子、绝缘软管、弓头电流连接组装、底架电流连接组装和（　　）等组成。

A. 底架　B. 下臂杆　C. 上框架　D. 拉杆　E. 气囊组装

91. TSG15B 型受电弓的调整包括（　　）。

A. 静态接触压力的调整　B. 受电弓底架的调整　C. 升降弓时间的调整

D. 铰链机构的调整　E. 弓头的调整

92. SS_{4B} 型机车轮缘喷脂装置可对第（　　）位轮对轮缘进行喷脂润滑。

A. 一　B. 二　C. 四　D. 五　E. 八

93. 基础制动装置由（　　）组成。

A. 制动缸　B. 杠杆传动系统　C. 闸瓦间隙自动调整器　D. 手制动装置

E. 闸瓦装置

94. 手制动装置由手轮、链轮箱、横杠杆、拉伸弹簧、拉簧支板、定位板及（　　）等组成。

A. 小链轮　B. 大链轮装置　C. 拉杆组成　D. 丝杆组成　E. 竖杠杆

95. 2.85×7 单缸制动器闸瓦装置由闸瓦托和（　　）等组成。

A. 闸瓦　B. 闸瓦托杆　C. 传动杠杆　D. 闸瓦定位弹簧　E. 闸瓦签

96. 机车实际闸瓦压力与（　　）有关。

A. 机车的制动缸数量　B. 制动缸压力　C. 制动缸活塞直径　D. 制动倍率

E. 制动传动效率

97. 盘形制动器一般由（　　）组成。

A. 一个制动缸　B. 两个夹钳　C. 两块闸片　D. 一个闸瓦间隙自动调整器

E. 制动盘

98. SFH-2 型防滑器是我国自行研制的，主要由（　　）等组成。

A. 控制主机　B. 防滑控制器　C. 速度传感器　D. 压力传感器

E. 防滑排气阀

99. JPXZ-2A 型盘形制动器制动盘组装主要由制动盘和（ ）等组成。

A. 销 B. 螺栓 C. 防松螺母 D. 弹性套 E. 橡胶弹垫

100. 双阀口式中继阀和总风遮断阀通过阀座安装于制动屏柜上，并经阀座与（ ）连接。

A. 列车制动管 B. 总风缸管 C. 均衡风缸管 D. 总风遮断阀管
E. 过充风缸管

101. 双阀口式中继阀的顶杆是用来随活塞膜板移动并顶开（ ）阀口。

A. 过充 B. 增压 C. 排气 D. 供气 E. 局减

102. 双阀口式中继阀供气阀机构主要由（ ）等组成。

A. 供气阀 B. 供气阀套 C. 供气阀弹簧 D. 顶杆 E. O 形橡胶密封圈

103. 电-空制动控制器在过充位时，（ ）电-空阀同时得电，在二者共同的作用下，中继阀产生过充作用。

A. 252YV B. 254YV C. 256YV D. 257YV E. 258YV

104. 总风遮断阀的工作过程包括（ ）。

A. 缓解 B. 制动 C. 保压 D. 阀口关闭 E. 阀口开启

105. 109 型分配阀的阀座是分配阀与（ ）等空气管路的连接基座。

A. 列车制动管 B. 总风缸管 C. 制动缸管 D. 工作风缸管 E. 作用管

106. 109 型分配阀主阀部的工作过程包括（ ）。

A. 缓解 B. 局减 C. 制动 D. 制动后保压 E. 紧急制动

107. 109 型分配阀紧急增压阀的工作过程包括（ ）。

A. 缓解 B. 缓解后的保压 C. 制动 D. 紧急制动 E. 非紧急制动

108. 空气制动阀电-空位，操纵手柄置于制动位时，作用柱塞阀连通调压阀管和（ ）通路，实现机车的单独制动作用。

A. a 管 B. b 管 C. 作用管 D. 均衡风缸管 E. 列车制动管

109. 电动放风阀主要由芯杆、芯杆套、（ ）和阀座等组成。

A. 橡胶膜板 B. 铜碗 C. 放风阀 D. 放风阀弹簧 E. 微动开关

110. 电-空阀电磁机构是由（ ）等组成。

A. 静铁芯 B. 磁轭 C. 动铁芯 D. 线圈 E. 芯杆

111. TFK1B 型电-空阀的工作过程包括（ ）。

A. 缓解 B. 制动 C. 保压 D. 得电 E. 失电

112. SS_{4B} 型机车撒砂电-空阀的代号分别是（ ）。

A. 240YV B. 250YV C. 241YV D. 251YV E. 247YV

113. 重联阀主要由本补转换阀部和（ ）等组成。

A. 重联阀部 B. 安全阀部 C. 阀体 D. 制动缸遮断阀部 E. 管座

114. 压力开关气动部分主要由（ ）等组成。

A. 微动开关 B. 膜板 C. 芯杆 D. 外罩 E. 导套

115. 转换阀 153 用来控制均衡风缸与（ ）之间的气路开通与关断。

A. 257YV B. 258YV C. 259YV D. 255YV E. 压力开关

116. 机车无动力装置滤尘止回阀主要由（ ）等组成。

A. 阻流塞 B. 止回阀 C. 止回阀座 D. 截断塞门 E. 止回阀弹簧

117. SS_{4B}型机车 DK-2 型电-空制动机的单独控制功能主要是由（　　）控制实现的。

A. 单独制动控制器　B. 单制调压阀　C. 切控阀　D. 单制单缓控制模块
E. 机车分配阀

118. SS_{4B}型机车 DK-2 型电-空制动机在 DK-1 型电-空制动机管路的基础上增加了(　　)传感器。

A. 作用管　B. 制动缸　C. 总风　D. 列车制动管　E. 均衡风缸

119. 制动控制单元 BCU 的输入板用于（　　）开关量信号的输入与处理。

A. AC220 V　B. DC110 V　C. DC48 V　D. DC24 V　E. DC5 V

120. 神华号交流机车停放制动控制模块由（　　）及停放制动塞门、压力测试接口等部件组成。

A. 停放制动调压阀　B. 双脉冲电磁阀　C. 停放制动压力开关
D. 缓解电-空阀　E. 双向阀

五、简答题

1. 何为三视图及其投影规律?
2. 零件图上的技术要求包括哪些内容?
3. 公差与配合规定有哪几类配合，其配合公差带有什么特点?
4. 螺纹连接有何优缺点?
5. 简述螺纹的主要参数。
6. 简述常用螺纹的种类及特点。
7. 简述销连接的分类。
8. 简述蜗杆传动的特点。
9. 简述联轴器的分类及特点。
10. 机器、机构、机械三者有哪些不同之处和相同之处?
11. 简述带传动机构常见的损坏形式。
12. 简述选择 V 带的型号的原则。
13. 简述划线的步骤。
14. 常见的划线基准有哪些类型?
15. 简述锉削平面时产生中凸的原因。
16. 简述锯条折断的原因。
17. 简述弹簧的主要作用。
18. 简述常用的矫正方法及各适应哪些材料。
19. 简述研磨可能发生的缺陷及其产生原因。
20. 简述使用风动、电动工具作业时的注意事项。
21. 简述 SS_{4B} 型机车主变压器的组成。
22. 金属材料的力学性能是什么？其包括哪些性能?
23. 简述晶体、非晶体的定义。

24. 简述钢的淬火目的。
25. 简述化学热处理及其特点。
26. 简述钢中的主要成分及含有哪些有益和有害的微量元素。
27. 简述碳素工具钢的特点。
28. 刀具切削部分的材料应具备哪些要求?
29. 在电气化线路上作业时应注意什么?
30. 简述制动方式的分类。
31. 简述制动机的分类。
32. 简述列车制动时产生纵向冲击力的原因。
33. 简述缓解波速的含义。
34. 制动机配件拆装时应注意些什么?
35. 简述 SS_{4B} 型机车风源系统的工作环节。
36. 简述螺杆压缩机油路系统的作用。
37. 简述 BT-3.0/10A 型螺杆压缩机的换油步骤。
38. 简述 SS_{4B} 型机车压力控制器的作用原理。
39. 简述 SS_{4B} 型机车压力控制器的安装与调整方法。
40. 简述 DJKG-A 型空气干燥器的吸附干燥过程。
41. 简述设置控制风缸 102 的目的。
42. 简述机车运行中产生空转的危害。
43. 简述制动机的稳定性。
44. 简述制动机的安定性。
45. 简述制动机的灵敏度。
46. 简述总风连接软管压力试验的技术要求。
47. 简述门联锁阀的作用。
48. 简述门联锁保护阀 287YV 的作用。
49. 简述闭合 570QS 门联锁阀不动作的原因及处理方法。
50. 简述管道滤尘器的作用。
51. 简述 TSG15B 型受电弓的组成。
52. 简述 TSG15B 型受电弓的升弓工作原理。
53. 简述 TSG15B 型受电弓的降弓工作原理。
54. 简述 TSG15B 型受电弓的自动降弓工作原理。
55. 简述 TSG15B 型受电弓升、降弓时间的调整方法。
56. 简述基础制动装置的主要作用。
57. 简述手制动装置的作用原理。
58. 简述 2.85×7 单缸制动器闸瓦间隙调整器的作用原理。
59. 简述 2.85×7 单缸制动器的制动状态的工作过程。
60. 简述 2.85×7 单缸制动器的缓解状态的工作过程。
61. 简述制动率及其意义。
62. 简述盘形制动的优点。

63. 简述盘形制动的缺点。
64. 简述神华号交流机车轮盘制动装置的组成。
65. 简述 DK-1 型电-空制动机电-空位操作时的控制关系。
66. 简述 DK-1 型电-空制动机重联机车的控制关系。
67. 简述双阀口式中继阀的基本作用原理。
68. 简述双阀口式中继阀的过充位快速充风的工作过程。
69. 简述 109 型分配阀均衡部缓解状态的工作过程。
70. 简述 109 型分配阀均衡部制动后保压状态的工作过程。
71. 简述 109 型分配阀容积室的作用。
72. 简述电-空位操纵，空气制动阀手柄置于缓解位的作用原理。
73. 简述电-空位操纵，空气制动阀手柄置于制动位的作用原理。
74. 简述空气制动阀下压手柄位的作用原理。
75. 简述空气位操纵，空气制动阀手柄置于缓解位的作用原理。
76. 简述空气位操纵，空气制动阀手柄置于制动位的作用原理。
77. 简述电动放风阀的紧急制动状态的工作过程。
78. 简述电动放风阀的非紧急制动状态的工作过程。
79. 简述紧急阀的充气缓解状态的工作过程。
80. 简述紧急阀的紧急制动状态的工作过程。
81. 简述紧急阀的常用制动状态的工作过程。
82. 简述 TFK_{1B} 型电-空阀的得电工作过程。
83. 简述 TFK_{1B} 型电-空阀的失电工作过程。
84. 简述电-空阀车上检修的重点作业质量标准。
85. 简述重联阀制动缸遮断阀部的基本作用原理。
86. 简述重联阀本机位的作用原理。
87. 简述重联阀本机位断钩保护作用原理。
88. 简述重联阀补机位断钩保护作用原理。
89. 简述调压阀的作用。
90. 简述调压阀供气状态的工作过程。
91. 简述调压阀溢流状态的工作过程。
92. 简述压力开关缓解状态的工作过程。
93. 简述转换阀的基本作用原理。
94. 简述总风遮断阀溢风孔排风不止的原因。
95. 简述双阀口式中继阀排风口排风不止的原因。
96. 简述 SS_{4B} 型机车紧急制动性能试验时应产生哪些作用。
97. 简述 DK-1 型电-空制动机由电-空位转换到空气位的方法。
98. 简述 SS_{4B} 型机车无火回送的调整方法。
99. SS_{4B} 型机车 DK-2 型电-空制动机在 DK-1 型电-空制动机管路的基础上增加了哪些传感器？
100. 简述 DK-2 型电-空制动机制动控制单元 BCU 的插件组成。

【理论知识答案】

一、填空题

1. 热情服务
2. 运输
3. 新设备
4. 佩戴标志
5. 一种
6. $\phi30$
7. 过盈
8. 积聚性
9. 相贯线
10. 形状
11. 右面
12. 重合
13. 切断
14. 选配法
15. 矫正
16. 支承
17. 伸张法
18. 消除
19. 冷弯
20. 弯曲
21. 最高点
22. 表面粗糙度
23. 表面粗糙度
24. 螺纹代号
25. 固定
26. 分配组合装配法
27. 装配顺序
28. 要素
29. 理想
30. 形状公差
31. 位置公差
32. 中心
33. 毫米
34. 要素
35. 封闭
36. 代数
37. 绝对
38. 准确度
39. 数值
40. 公差带
41. 牙型
42. 螺纹
43. 螺距
44. 传动
45. 粗实线
46. 垂直
47. 公称直径
48. 螺距
49. 轴向
50. 定位
51. 滚动摩擦
52. 轴向
53. 径向
54. 定圆
55. 转速
56. 垂直
57. 主动
58. 转矩
59. 机器
60. 机构
61. 较复杂
62. 较高
63. 恒定
64. 打滑
65. 梯形
66. 螺旋副
67. 齿数
68. 模数
69. 之比
70. 啮合
71. 啮合
72. 动态
73. 杠杆
74. 尺寸
75. 交叉
76. 平面
77. 用手
78. 摩擦
79. 尺寸
80. 找正
81. 平面
82. 两
83. 平面立体
84. 曲面立体
85. 錾削
86. 锯削
87. 锯路
88. 多余
89. 0.01
90. 固定式
91. 锯割
92. 粗齿
93. 同一
94. 交叉
95. 角尺
96. 拉力膨胀
97. 固定铆接
98. 混合铆
99. 弹性

100. 大
101. 不平度
102. 延展法
103. 扭转法
104. 运动轨迹
105. 分度
106. 手提式
107. 一个
108. 距离
109. 主运动
110. 定位
111. 进给
112. 伏安
113. 相同（相等）
114. 电压
115. 相序
116. 相
117. 线
118. 磁耦合
119. 闭合
120. 冷轧
121. 控制
122. 输出
123. 延时
124. 钳形
125. 载荷
126. 内力
127. 塑性
128. 规则
129. 无规则
130. 结晶
131. 铁碳
132. 间隙
133. α
134. 机械混合物
135. 最终
136. 预备
137. 硬度
138. 淬火
139. 应力
140. 冷处理
141. 奥氏体
142. 表层
143. 表硬心韧
144. 感应电流
145. 固溶
146. 硫、磷
147. 热脆
148. 冷脆
149. 非合金
150. 高碳
151. 渗碳
152. 调质
153. 锋钢
154. 硅
155. 蠕虫
156. 锌
157. 锡青铜
158. 99.0%
159. 耐腐蚀性
160. 非电化学
161. 原电池
162. 钎焊
163. 厚度
164. 运条
165. 切削
166. 精度
167. 60 HRC
168. 外
169. 财产关系
170. 两
171. 安全第一
172. 违章指挥
173. 1 435
174. 1 000
175. 生态环境
176. 120
177. 200
178. 4.5
179. 2
180. 三化
181. 机务段
182. 机统－28
183. 30
184. 重大
185. 电-空
186. 200
187. 控制
188. 可控
189. 列车
190. 减速
191. 非黏着
192. 黏着
193. 非黏着
194. 真空
195. 制动
196. 失去
197. 直通式
198. 压缩
199. 副风缸
200. 缓解
201. 切断
202. 缓解
203. 制动波速
204. 制动限速
205. 局部减压
206. 减压速度
207. 压力空气
208. 缓解波速
209. 制动波速
210. 客车
211. 黏着系数
212. 基础制动
213. 手制动装置
214. 滑行
215. 断热
216. 等温

217. 定压
218. 解体
219. ET-6
220. DK-1
221. JZ-7
222. GK
223. 120
224. 104
225. 车辆全长
226. 全轴距
227. 固定轴距
228. 定距
229. 定距
230. 闸瓦制动
231. 贮备
232. 蜗壳
233. 阴阳
234. 封闭
235. 3
236. 风冷
237. 劣质
238. 油过滤器
239. 降噪
240. 垂直
241. 波纹管
242. 瞬时
243. 切换值
244. 750 ± 20
245. 止回阀
246. 四
247. 重联机车
248. 铅封
249. 制动机
250. 再生
251. 尘埃
252. 干燥塔
253. 柱塞
254. 再生阶段
255. 3
256. 110 V
257. 滤清筒
258. 得电
259. 阀
260. 总风缸
261. 重叠
262. 关闭
263. 开放
264. 关闭
265. 关闭
266. 干燥
267. 化学
268. 247YV
269. 111
270. 287YV
271. 降弓
272. Ⅰ
273. 1YV
274. 降弓
275. 截止
276. 立即
277. 控制风缸
278. 辅助压缩机
279. 双针
280. 201BP
281. 冷却
282. 并联
283. 三
284. 空转
285. 牵引力
286. 钢轨
287. 轮对侧
288. 制动机
289. 车轮与钢轨
290. 喇叭筒
291. 两
292. 稳定性
293. 安定性
294. 独立
295. 电流
296. 管路
297. 水压
298. 500
299. 1400
300. 密封
301. 气动
302. 门联锁
303. 门联锁阀
304. 水分
305. 底架
306. 橡胶
307. 压力开关
308. 气囊
309. 气囊
310. 调压阀
311. DRH
312. 电控器
313. 40 ~ 50
314. 柱塞
315. 四
316. 闸瓦间隙自动调整器
317. 停车
318. 手制动
319. 无卡滞
320. 较大
321. 高
322. 2.85
323. 6 ~ 9
324. 自动
325. 车轮踏面
326. 制动
327. 制动　缓解
328. 缓解
329. 弹性
330. 制动率
331. 传动
332. 制动缸
333. 乘积

中级

334. 热负荷
335. 制动盘
336. 踏面
337. 4
338. 滑移率
339. 制动盘
340. 蓄能
341. 复位
342. 蓄能制动
343. 2 ~ 8
344. 2.41
345. 4 ~ 8
346. 450
347. 两
348. 制动位
349. 左
350. 辅助风缸
351. 低音和高音
352. 作用管
353. 全列车
354. 均衡风缸
355. 过充柱塞
356. 顶杆
357. 供气阀弹簧
358. 制动管
359. 充气缓解
360. 制动
361. 过充
362. 30 ~ 40
363. 制动管
364. 遮断阀
365. 总风
366. 安全阀
367. 109
368. 局减室
369. 主活塞
370. 稳定装置
371. 执行
372. 滑阀
373. 滑阀
374. 局减
375. 总风
376. 空芯阀杆
377. 机车
378. 供气阀
379. 容积室
380. 向上
381. 容积室
382. 制动缸
383. 列车制动管
384. 容积室
385. 总风
386. 向上
387. 450 ± 10
388. 凸轮盒
389. 机车
390. a
391. 作用管
392. 调压阀
393. 降程
394. 809-818
395. 作用
396. 899-801
397. 顶杆
398. 作用管
399. 均衡风缸
400. 作用柱塞
401. 中间
402. 紧急电-空阀(94YV)
403. 铜碗
404. 列车制动管
405. 制动管
406. 双阀口式中继阀
407. I
408. 紧急室
409. 紧急室
410. 列车制动管
411. 向上
412. 放风阀
413. 顶杆
414. 放风阀口
415. 电信号
416. 紧急
417. 保压
418. TKS22
419. 电磁力
420. 闭式
421. 芯杆
422. 输入口
423. 失电、得电
424. 接管或加堵
425. 自动
426. 中继阀
427. 中立
428. 作用管
429. 252YV
430. 均衡风缸
431. 失电
432. 257YV
433. 均衡风缸
434. 自锁
435. 紧急
436. 总风
437. 阀座
438. 阀杆
439. 本务
440. 制动缸
441. 制动缸
442. 本机
443. 平均管
444. 总风管
445. 止回
446. 顶开
447. 300
448. 500
449. 稳定
450. 中央

451. 溢流阀
452. 顺时针
453. 208
454. 20
455. 微动开关
456. 芯杆
457. 下
458. 开通与关断
459. 初制动
460. 偏芯杆
461. 下
462. 空气
463. 定压
464. O 形圈
465. 均衡风缸
466. 最短
467. 车体
468. 滤尘
469. 阻流塞
470. 3
471. 11
472. 40 ~ 60
473. 稳定
474. 90 ~ 130
475. 30 ~ 40
476. 6 ~ 8
477. 7 ~ 9.5
478. 4
479. 稳定
480. 保压
481. 缓解
482. 缓解
483. 重联
484. 制动缸
485. 慢
486. F【10】
487. BCU 或 BCU.
488. C【18】
489. 280
490. 单制
491. 制动缸
492. 集成化
493. 两
494. 24 V
495. 生命
496. 5 V
497. 均衡风缸
498. 预控
499. 停放制动缸
500. 制动缸

二、判断题

1. √
2. ×
3. √
4. √
5. ×
6. √
7. ×
8. ×
9. √
10. √
11. ×
12. √
13. ×
14. √
15. √
16. ×
17. ×
18. √
19. ×
20. √
21. ×
22. √
23. ×
24. √
25. √
26. ×
27. √
28. ×
29. √
30. √
31. ×
32. √
33. ×
34. √
35. ×
36. √
37. ×
38. √
39. ×
40. √
41. ×
42. √
43. √
44. ×
45. ×
46. √
47. ×
48. √
49. √
50. ×
51. ×
52. √
53. √
54. √
55. ×
56. √
57. √
58. √
59. ×
60. √
61. ×
62. √
63. ×
64. √
65. √
66. √
67. √
68. ×
69. √
70. √
71. √
72. ×
73. √
74. ×
75. √
76. ×
77. √
78. ×
79. √
80. ×
81. √
82. ×
83. √
84. ×
85. √
86. √
87. ×
88. √
89. ×
90. √
91. √
92. √
93. ×
94. √
95. √
96. ×
97. √
98. ×
99. √
100. ×
101. √
102. ×
103. √
104. ×
105. √
106. ×
107. √
108. √
109. √
110. ×
111. √
112. ×
113. √
114. √

115. ×
116. √
117. ×
118. ×
119. √
120. √
121. ×
122. √
123. ×
124. √
125. √
126. ×
127. √
128. √
129. ×
130. √
131. √
132. ×
133. √
134. ×
135. √
136. ×
137. √
138. ×
139. √
140. ×
141. √
142. ×
143. √
144. √
145. ×
146. ×
147. √
148. ×
149. √
150. ×
151. √
152. ×
153. √
154. √
155. √
156. ×
157. √
158. √
159. ×
160. ×
161. √
162. √
163. ×
164. √
165. √
166. ×
167. √
168. ×
169. √
170. ×
171. √
172. √
173. ×
174. √
175. ×
176. √
177. √
178. ×
179. √
180. ×
181. √
182. √
183. √
184. ×
185. ×
186. √
187. ×
188. √
189. ×
190. √
191. √
192. √
193. √
194. ×
195. √
196. ×
197. √
198. √
199. ×
200. √
201. √
202. ×
203. √
204. √
205. ×
206. √
207. √
208. √
209. √
210. √
211. √
212. √
213. ×
214. √
215. ×
216. ×
217. √
218. ×
219. ×
220. √
221. ×
222. √
223. √
224. ×
225. √
226. ×
227. √
228. √
229. √
230. ×
231. √
232. ×
233. ×
234. ×
235. √
236. √
237. ×
238. √
239. ×
240. √
241. √
242. ×
243. ×
244. √
245. ×
246. ×
247. √
248. ×
249. ×
250. √
251. ×
252. √
253. √
254. √
255. ×
256. √
257. ×
258. √
259. ×
260. √
261. √
262. ×
263. √
264. ×
265. √
266. √
267. √
268. ×
269. ×
270. ×
271. √
272. √
273. ×
274. √
275. ×
276. √
277. √
278. ×
279. ×
280. √
281. ×
282. ×
283. ×
284. √
285. √
286. ×
287. √
288. ×
289. ×
290. √
291. ×
292. ×
293. √
294. √
295. ×
296. √
297. ×
298. √
299. ×
300. √
301. √
302. √
303. ×
304. √
305. ×
306. √
307. √
308. √
309. ×
310. ×
311. ×
312. √
313. √
314. √
315. ×
316. √
317. ×
318. √
319. ×
320. ×
321. √
322. √
323. ×
324. √
325. ×
326. √
327. √
328. ×
329. √
330. √
331. √
332. √
333. ×
334. √
335. √
336. ×
337. √
338. √
339. √
340. ×
341. ×
342. √
343. ×
344. √
345. √
346. √
347. ×
348. √

349. √	375. ×	401. √	427. √	453. ×	479. √
350. √	376. ×	402. √	428. ×	454. √	480. ×
351. √	377. √	403. ×	429. √	455. ×	481. √
352. ×	378. √	404. √	430. ×	456. ×	482. ×
353. ×	379. ×	405. ×	431. ×	457. ×	483. √
354. ×	380. √	406. √	432. ×	458. ×	484. ×
355. √	381. ×	407. ×	433. ×	459. √	485. √
356. √	382. ×	408. √	434. √	460. ×	486. √
357. √	383. ×	409. ×	435. ×	461. √	487. ×
358. √	384. √	410. √	436. √	462. ×	488. √
359. ×	385. ×	411. ×	437. √	463. ×	489. √
360. ×	386. √	412. ×	438. √	464. √	490. √
361. √	387. ×	413. √	439. √	465. √	491. ×
362. √	388. ×	414. √	440. ×	466. √	492. √
363. ×	389. ×	415. ×	441. √	467. ×	493. ×
364. √	390. ×	416. √	442. √	468. √	494. √
365. ×	391. √	417. √	443. ×	469. ×	495. √
366. √	392. √	418. ×	444. ×	470. ×	496. ×
367. ×	393. ×	419. √	445. √	471. √	497. ×
368. √	394. √	420. ×	446. √	472. √	498. √
369. ×	395. √	421. √	447. ×	473. ×	499. √
370. ×	396. √	422. √	448. √	474. ×	500. ×
371. √	397. ×	423. ×	449. ×	475. √	
372. ×	398. √	424. √	450. √	476. √	
373. √	399. √	425. ×	451. √	477. √	
374. ×	400. ×	426. ×	452. √	478. ×	

三、单项选择题

1. B	11. C	21. A	31. C	41. D	51. C
2. C	12. B	22. D	32. A	42. B	52. B
3. D	13. C	23. D	33. B	43. B	53. B
4. A	14. D	24. C	34. B	44. D	54. B
5. C	15. A	25. A	35. A	45. D	55. B
6. C	16. C	26. B	36. C	46. C	56. A
7. B	17. A	27. C	37. A	47. A	57. B
8. D	18. A	28. A	38. C	48. B	58. C
9. D	19. B	29. B	39. D	49. A	59. A
10. B	20. C	30. C	40. B	50. B	60. C

61. C
62. B
63. A
64. C
65. B
66. B
67. B
68. A
69. A
70. D
71. C
72. D
73. C
74. A
75. A
76. B
77. A
78. B
79. A
80. D
81. C
82. B
83. B
84. B
85. C
86. C
87. C
88. B
89. C
90. C
91. A
92. B
93. A
94. C
95. A
96. D
97. B
98. B
99. B
100. A
101. B
102. B
103. A
104. A
105. D
106. C
107. D
108. C
109. B
110. C
111. C
112. B
113. D
114. D
115. B
116. B
117. C
118. A
119. D
120. D
121. B
122. A
123. D
124. A
125. A
126. D
127. B
128. A
129. C
130. D
131. B
132. C
133. A
134. D
135. B
136. D
137. A
138. D
139. A
140. B
141. C
142. D
143. A
144. B
145. B
146. D
147. C
148. C
149. A
150. B
151. D
152. A
153. B
154. C
155. D
156. B
157. A
158. A
159. C
160. D
161. D
162. B
163. A
164. B
165. D
166. C
167. B
168. D
169. B
170. C
171. A
172. C
173. B
174. C
175. D
176. A
177. B
178. D
179. A
180. D
181. A
182. C
183. C
184. B
185. B
186. D
187. D
188. A
189. B
190. B
191. A
192. C
193. B
194. D
195. B
196. B
197. A
198. A
199. B
200. B
201. D
202. D
203. A
204. A
205. C
206. D
207. D
208. B
209. A
210. B
211. C
212. B
213. D
214. A
215. C
216. B
217. B
218. B
219. D
220. D
221. A
222. B
223. B
224. A
225. D
226. C
227. A
228. B
229. D
230. C
231. C
232. D
233. C
234. A
235. A
236. B
237. D
238. A
239. B
240. C
241. A
242. A
243. D
244. A
245. C
246. A
247. B
248. B
249. B
250. A
251. B
252. B
253. C
254. D
255. A
256. A
257. A
258. D
259. B
260. D
261. A
262. A
263. C
264. D
265. B
266. A
267. D
268. B
269. A
270. B
271. D
272. B
273. B
274. B
275. C
276. B
277. D
278. A
279. D
280. D
281. A
282. A
283. B
284. C
285. D
286. A
287. C
288. C
289. B
290. C
291. B
292. D
293. A
294. A

295. A
296. D
297. B
298. C
299. D
300. C
301. D
302. C
303. A
304. B
305. C
306. D
307. A
308. A
309. D
310. B
311. C
312. A
313. B
314. D
315. C
316. A
317. B
318. B
319. C
320. D
321. A
322. D
323. B
324. A
325. D
326. C
327. C
328. D
329. C
330. A
331. B
332. B
333. D
334. D
335. A
336. D
337. C
338. B
339. D
340. A
341. D
342. C
343. A
344. C
345. B
346. B
347. D
348. D
349. A
350. D
351. A
352. B
353. D
354. C
355. A
356. B
357. B
358. C
359. B
360. D
361. A
362. B
363. C
364. A
365. A
366. D
367. C
368. A
369. A
370. A
371. B
372. D
373. D
374. B
375. B
376. A
377. D
378. A
379. B
380. A
381. D
382. A
383. A
384. B
385. C
386. D
387. A
388. D
389. C
390. A
391. C
392. D
393. B
394. C
395. A
396. D
397. B
398. D
399. B
400. B
401. A
402. D
403. A
404. D
405. C
406. B
407. D
408. C
409. A
410. B
411. C
412. A
413. C
414. B
415. D
416. B
417. A
418. D
419. C
420. D
421. C
422. D
423. A
424. D
425. B
426. C
427. C
428. D
429. A
430. A
431. C
432. C
433. D
434. A
435. A
436. B
437. B
438. D
439. D
440. B
441. A
442. B
443. D
444. C
445. C
446. B
447. D
448. A
449. A
450. D
451. B
452. C
453. A
454. A
455. D
456. C
457. B
458. D
459. D
460. B
461. C
462. A
463. C
464. D
465. A
466. C
467. B
468. C
469. A
470. B
471. D
472. C
473. A
474. C
475. B
476. C
477. D
478. B
479. A
480. C
481. B
482. D
483. A
484. D
485. C
486. A
487. D
488. B
489. C
490. B
491. A
492. C
493. C
494. D
495. D
496. B
497. B
498. A
499. B
500. D

四、多项选择题

1. ABCD
2. ADE
3. ACD
4. ACD

5. ABCDE
6. ABCD
7. AE
8. BCDE
9. BDE
10. ABE
11. BC
12. CE
13. ABCDE
14. CDE
15. ABD
16. ABC
17. BCD
18. AD
19. BCD
20. ABE
21. ABCDE
22. ACE
23. ABCDE
24. BDE
25. CDE
26. ABC
27. ABCD
28. ABC
29. ABCD
30. CDE
31. BDE
32. BD
33. CE
34. BDE
35. BCD
36. ACE
37. ABCDE
38. ACDE
39. ABC
40. AB
41. BCD
42. ABE
43. ABE
44. BCDE
45. ABCD
46. ABCD
47. CDE
48. BCD
49. ABCDE
50. ABCDE
51. AE
52. ACDE
53. BCDE
54. ABC
55. ABCE
56. ABCE
57. ABCDE
58. ABCDE
59. BDE
60. DE
61. ABC
62. CD
63. ACE
64. ABCDE
65. AD
66. AB
67. ABC
68. BDE
69. BCD
70. BDE
71. BDE
72. ACE
73. BCD
74. AC
75. ABC
76. BD
77. ABCE
78. ABC
79. ABCDE
80. ABCD
81. CD
82. ABC
83. ABC
84. ABCDE
85. BDE
86. ABCE
87. ABCDE
88. CD
89. ABCDE
90. ABCDE
91. ACE
92. ACDE
93. ABCE
94. ABCDE
95. ABDE
96. ABCDE
97. ABCDE
98. ACE
99. ABCDE
100. ABCDE
101. CD
102. ABCE
103. AE
104. DE
105. ABCDE
106. ABCDE
107. DE
108. BC
109. ABCD
110. ABCDE
111. DE
112. ABCD
113. ACDE
114. BCE
115. BCDE
116. ABCE
117. ABDE
118. BCDE
119. BD
120. ABCE

五、简答题

1. 用正投影的方法，在投影面体系中投影，分别得到三个投影，称为三视图。

三视图的投影规律是主视图与俯视图长对正、主视图与左视图高平齐、俯视图与左视图宽相等。

2. 零件图上的技术要求包括表面粗糙度、尺寸公差、形状和位置公差、热处理、表面处理等方面的内容。

3. 配合有间隙配合、过渡配合、过盈配合三类。

间隙配合的轴公差在孔公差带之下，过渡配合的轴公差带与孔公差带相互交叠，过盈配合的轴公差带在孔公差带之上。

4. 螺纹连接的优点是螺纹连接自锁性能好，强度高；螺纹连接的缺点是易磨损和滑牙。

5. 螺纹的主要参数有大径、小径、中径、螺距、导程、螺纹升角、牙型角和牙侧角。

6. 常用螺纹有4种：（1）三角螺纹；（2）管螺纹；（3）梯形螺纹；（4）矩形螺纹。

特点：（1）三角螺纹根部较大，强度较高，螺纹间摩擦力大，适用于用连接螺纹；（2）管螺纹是英制三角螺纹，一般用在管道连接；（3）梯形螺纹螺纹牙的剖面为等腰梯形，传动力大，用于各类丝杠；（4）矩形螺纹螺纹牙的剖面为矩形，应用较少。

7. 销连接的分类：（1）连接用的销有圆柱销和圆锥销两种；（2）按其用途又可分为定位销和紧固销。

8. 蜗杆传动的特点：（1）结构紧凑、传动比大；（2）传动平稳无噪声；（3）可以实现自锁；（4）传动效率低；（5）造价较高；（6）互换性较差。

9. 联轴器分为刚性联轴器和挠性联轴器两类。

特点：（1）刚性联轴器在安装和运转时要求两轴轴线严格同心；（2）挠性联轴器允许两轴轴线在安装及运转时有一定限度的轴向位移、径向位移、角度位移和综合位移。

10. 不同之处有：（1）机器由各种机构组成，可以完成能量的转换或做有用功；（2）机构则仅仅是起着传递运动和转换运动形式的作用；（3）机械是机器和机构的总称。

相同之处有：（1）都是人为实体的组合；（2）各运动实体之间具有确定的相对运动。

11. 带传动机构常见的损坏形式有：轴颈弯曲；带轮孔与轴配合松动；带轮槽磨损；带拉长或断裂、磨损。

12. V带传动的设计任务，是确定V带的型号和根数，传递功率大，用大型号V带；传递功率小，用小型号V带；一般是直接由传递功率和主动轮转速来定带的型号。

13. 划线时应按下列步骤进行：（1）看懂图样，搞清工艺，选定划线基准、划线工具；（2）正确安放工件，在需要划线的部位上涂料；（3）检验毛坯是否有足够的工序余量；（4）划线；（5）打样冲眼。

14. 常见的划线基准有三种类型：（1）以两条互相垂直的线（或平面）为基准；（2）以两条中心线为基准；（3）以一个平面和一条中心线为基准。

15. 锉削平面时产生中凸的原因有：（1）双手用力不平衡、不稳造成前后锉掉的多，使中间凸起；（2）姿势不正确，造成整个面锉削量不均匀；（3）锉刀本身中间凹，致使工件中凸。

16. 锯条折断的原因：（1）锯条装的过松或过紧；（2）工件未夹装，锯削中出现松动；（3）锯削压力过大或锯削时用力突然偏离锯缝的方向；（4）强行纠正歪斜的锯缝；（5）换新锯条时锯条中间局部磨损，当拉长使用时被卡住引起折断；（6）锯削时锯条中间局部磨损，当拉长使用时被卡住引起折断；（7）中途停锯时未从工件中取出而碰断。

17. 弹簧的主要作用有四点：控制运动、缓冲和吸振、储存能量、测量载荷。

18. 常用的矫正方法有：扭转法、伸张法、弯曲法、延展法。

（1）扭转法：用来矫正条形材料的扭曲变形；

（2）伸张法：主要用于矫正金属的线性变形；

（3）弯曲法：在平板上用锤击的方法或机械上用顶压的方法矫正棒料或条料；

（4）延展法：用于矫正凹凸不平的板料和弯曲的条料。

19.（1）表面粗糙度达不到要求，主要原因是磨料过粗，研磨液不当，研磨剂混入杂质；（2）平面成凸形式孔口扩大，主要原因是研磨剂涂得太厚，孔口边缘的研磨剂未及时擦净，继续研磨，磨棒出孔口太长；（3）孔成椭圆或锥度，主要原因是研磨时没更换方向和调头研；（4）薄形工件拱曲变形，主要原因是工件发热变形或装夹不正确。

20.（1）使用风锤、风铲时，不准对着人，风锤头要用铁链拴好，停止工作后，应将风锤头或风铲头取下；（2）电钻、风钻在没有完全停止转动前，不得用手抚摸或擦拭金属屑；（3）操作风钻时禁止戴手套，停电、休息或离开工作场所时，应切断电源或风源；（4）用木棒或其他工具压紧电钻、风钻时，应与钻体垂直，两侧用力必须一致。

21. SS_{4B}型机车主变压器主要由下油箱、上油箱、器身、油保护装置、冷却系统及其他附属装置等组成。

22. 金属材料的力学性能是指金属在力作用下所显示的与弹性和非弹性反应相关或涉及应力与应变关系的性能，包括强度、塑性、硬度、韧性及抗疲劳性等。

23. 晶体是其组成微粒（原子、离子或分子）呈规则排列的物质。非晶体是其组成微粒是无规则堆积在一起的物质。

中级

24. 钢的淬火是为了得到马氏体（或贝氏体）组织，经过回火后，使工件获得良好的力学性能。

25. 化学热处理是将工件置于适当的活性介质中加热、保温，使一种或几种元素渗入它的表层，以改变其化学成分、组织和性能的热处理。特点是表层不仅有组织改变也有化学成分的改变。

26. 钢的主要成分是铁、碳，并含有硅、锰、硫、磷和一些微量元素。硅（Si）、锰（Mn）是有益元素，硫（S）、磷（P）是有害元素。

27. 碳素工具钢的特点：（1）均属于高碳特殊质量的非合金钢；（2）均需要热处理（淬火与回火）；（3）有害杂质（S、P）元素含量较少，质量较高。

28. 刀具切削部分的材料应具备高硬度、高耐磨性、足够的强度和韧性、高的耐热性和良好的工艺性。

29. 在接触网没有停电并接地的情况下，禁止到机车、车辆的车顶上进行任何作业；在受电弓升起后，不得直接或间接进入高压室进行作业。

30.（1）按照列车动能转移方式的不同，制动方式可分为热逸散和将动能转换成有用能两种基本方式；（2）按照制动力形成方式的不同，制动方式又可分为黏着制动和非黏着制动。

31.（1）按作用对象可分为机车制动机和车辆制动机；（2）按控制方式和动力来源可分为空气制动机、电-空制动机和真空制动机等。

32.（1）制动作用沿列车长度方向的不同时性；（2）全列车制动缸的压力都达到指定值以后，单位制动力沿列车长度方向的不均匀分布；（3）各车辆之间的非刚性连接，使由于前两种原因产生的纵向动力作用更加剧烈。

33. 操纵制动机进行缓解时，缓解作用沿制动管长度方向由前向后逐次传播的现象，称为缓解波，其传播的速度称为缓解波速。

34. 制动机配件一般比较精细，拆装时应注意：（1）拆卸及搬运配件时，要拿牢轻放，严禁摔碰与抛掷；（2）拆卸时，应使用配套的标准或专用工具，不得用敲打、铲等野蛮方法拆卸；（3）拆卸内装压力弹簧的零件时，应防止弹簧弹出伤人；（4）拆卸时，应注意保护螺纹，防止碰伤、夹伤；（5）拆下或组装好的配件，为防止灰尘、污物、铁屑等杂质进入阀口或管座中，应加密封套。

35. SS_{4B}型电力机车的风源系统可分为主压缩空气的生产、压力控制、净化处理、贮存和总风的重联五个环节。

36. 螺杆压缩机油路系统的作用：（1）向转子腔喷油；（2）对轴承进行润滑；（3）对压缩机气量进行调节。

37.（1）将空压机运转，使油温上升，然后停机，以利排油；（2）待确定系统完全卸压之后，缓慢打开排油塞，将油放出，当油流太慢时，可将加油螺塞松开，以利进空气；（3）润滑油泄完后，关闭排油螺塞，打开加油口盖，注入新油。

38. SS_{4B}型机车压力控制器的作用原理是根据被控压缩空气的压力上升或下降时，波纹管伸长或缩短，通过杠杆与拨臂，拨开微动开关，使触头闭合或断开而达到压缩空气压力控制的目的。

39. SS_{4B}型机车压力控制器的安装与调整方法：（1）打开面板，将压力控制器垂直安装在安装板上，严禁用手拨动或用工具碰撞拨臂，以防改变性能。（2）旋下接头，将外径为ϕ6 mm的金属导压管的一端锡焊于接头体然后旋紧接头，使连接管密封，将被控压缩空气经导压管通入波纹管室。（3）将导线连接在接线端子上，机车上使用的压力控制器，导线应接1和3点。（4）复查安装是否妥贴，装好表盖，接通电源。（5）取下锁紧螺帽，用一字起旋动调节杆，使指针指在所需控制的下限设定值，然后拧紧锁紧螺帽。

中级

40. 吸附干燥过程：当空气压缩机启动运转时，饱和的湿空气经过一段较长的冷却管降温后进入滤清筒，将压缩空气中的油污、水和机械杂质过滤截获。洁净饱和的湿空气进入干燥筒内，通过活性氧化铝吸附剂，其水蒸气被吸附下来，洁净干燥的压缩空气从干燥筒底部的止回阀向总风缸充气，同时经过ϕ4.5 mm的节流孔向再生风缸充气，直至总风缸压力表达900 kPa使空气压缩机自动停止运转，吸附作用结束。

41. 设置控制风缸102是为了当分合闸操作而引起压力波动时，稳定控制管路系统内的风压。

42. 空转的危害有：（1）空转发生时，机车牵引力急剧下降，使列车速度降低，容易造成坡停和运缓。（2）空转发生时，轮轨剧烈摩擦，造成车轮踏面和钢轨的非正常磨耗，甚至造成轮箍松弛。（3）内燃、电力机车的牵引电动机高速旋转，会造成电机损伤，甚至造成电机“扫膛”。

43. 当列车制动管减压速率低于某一数值范围时，制动机将不发生制动作用的性能，称为制动机的稳定性。

44. 常用制动时不发生紧急制动作用的性能，称为制动机的安定性。

45. 当列车制动管减压速率达到一定数值范围时，制动机必须产生制动作用的性能，称为制动机的灵敏度。

46.（1）新装软管或每经使用3个月后的软管，均应进行压力试验；（2）先在水槽内进行900 kPa风压试验，保持5 min无泄漏（表面或边缘发生的气泡在5 min内消失者允许使用）；（3）再进行1 400 kPa 水压试验，保持2 min应无泄漏，且用卡尺测量软管外径膨胀比原尺寸不得超过 8 mm，局部无凸起或膨胀变形；（4）试验后应作记录，并在软管上挂上试验日期牌。

47. 门联锁阀的作用是只有在两侧高压区的门关闭到位，才能转动门联锁杆到正确的位置，受电弓也只有在两个串联的门联锁阀已正常作用下获得风源而升起，一旦门联锁已作用，就无法再开动两侧高压区的门，从而确保在升弓条件下，任何人无法进入高压区，保障人身及设备安全。

48. 门联锁保护阀 287YV 得电动作，开通了高压室门联锁阀的气路，若此时门联锁已正常关闭，则门联锁阀动作，使高压室门闭锁，并开通了升弓电弓阀的气路，为升弓做好准备。

49. 原因：（1）602QA 跳开或接点不良；（2）570QS 本身接点不良；（3）20QP、50QP、297QP 接点不良或 287YV 本身故障；（4）风路故障；（5）门联锁不良。

处理方法：（1）更换或拆检 602QA；（2）更换或拆检 570QS 相应的联锁；（3）更换或拆检 20QP、50QP、297QP 或 287YV。（4）查找风路故障处所，更换或拆检故障配件；（5）更换或拆检故障门联锁阀。

50. 管道滤尘器用来过滤压力空气中的灰尘等杂质，防止其进入制动机气动、电动部件中而影响正常工作。

51. TSG15B 受电弓由底架、下臂杆、上框架、拉杆、气囊组装、平衡杆、弓头、阻尼器、气路及 ADD（自动降弓装置）、气阀板、绝缘子、绝缘软管、弓头电流连接组装、底架电流连接组装、肘接电流连接组装组成。

52. 升弓电磁阀得电，压缩空气通过气路装置进入升弓气囊，气囊受到压缩空气的作用膨胀抬升，使得蝴蝶座通过钢丝绳拉拽下臂杆，使下臂杆转动，在铰链机构的作用下，上框架升起，弓头上升，滑板与接触网接触，受电弓升起。

53. 升弓电磁阀失电，阀腔通大气，升弓气囊内的压缩空气排出，气囊收缩，受电弓靠自重降弓，整个降弓过程先快后慢。

54. 当受电弓滑板破裂、磨耗到限或管路泄漏时，滑板腔的气压下降，快排阀打开，气囊及管路中的压缩空气经过快排阀的排气口排放到大气中，受电弓迅速降下；同时压力开关动作，发出机车滑板腔压力下降信号，主断路器紧急断开，从而防止受电弓在带电负载的情况下降弓。

55. TSG15B 型受电弓升、降弓时间的调整方法：（1）升弓时间的调整是通过调节单向节流阀 DRH，调节升弓速度，顺时针调节减小升弓时间，逆时针调节增大升弓时间；（2）降弓时间的调整是通过调节单向节流阀 DRS，调节降弓速度，顺时针调节减小降弓时间，逆时针调节增大降弓时间。

56.（1）产生并传递制动原力；（2）将制动原力放大一定的倍数；（3）保证各闸瓦有较一致的闸瓦压力。

57. 摇动司机室后墙上的手制动手轮时，带动小链轮、链条、大链轮、丝杆、横杠杆、拉杆至竖杠杆，作用在第二位轮对上的制动器手轮上，手轮推动传动螺母，传动螺母带动螺杆，螺杆推动闸瓦托使闸瓦制动。

58. 制动过程中，随着制动杠杆的顺时针转动，棘钩也顺时针转动相同角度，从而使棘钩齿尖从棘轮原轮齿中脱离出来而落入下一轮齿；当缓解时，棘钩随制动杠杆逆时针转动，并由棘钩齿尖带动棘轮顺时针转动，棘轮带动传动螺母右旋，将传动螺杆从传动螺母中旋出，即增大了传动杆的长度，从而减小了闸瓦间隙。

59. 当制动缸充风时，活塞通过活塞杆推动制动杠杆顺时针转动，制动杠杆带动滑套、传动螺母、传动螺杆左移，从而推动闸瓦托左移，使闸瓦压在车轮踏面上产生制动作用。

60. 当制动缸排风时，活塞在缓解弹簧的作用下，通过活塞杆带动制动杠杆逆时针转动，制动杠杆带动滑套、传动螺母、传动螺杆右移，从而带动闸瓦托右移，使闸瓦离开车轮踏面进行缓解。

61. 机车或车辆的闸瓦总压力与该车的总重量的比值叫制动率。它是确切地表示机车车辆制动能力的重要数据。

62. 盘形制动的优点：（1）可以大大减轻车轮踏面的热负荷和机械磨耗；（2）可按制动要求选择最佳“摩擦副”，制动盘可以设计成带散热筋的，旋转时使其具有半强迫通风的作用，以改善散热性能，适用于高速、重载列车；（3）制动平稳，几乎没有噪声。

63.（1）车轮踏面没有闸瓦的磨刮，轮轨黏着将恶化；（2）制动盘使簧下重量及其引起的冲击振动增大，运行中还要消耗牵引功率，速度愈高，这种功率损失也越大。

64. 神华号交流机车轮盘制动装置主要由 JPXZ-1A 型盘形制动器、JPXZ-2A 型盘形制动器、制动盘组装、夹钳机构 4 部分组成。

65.（1）控制全列车：

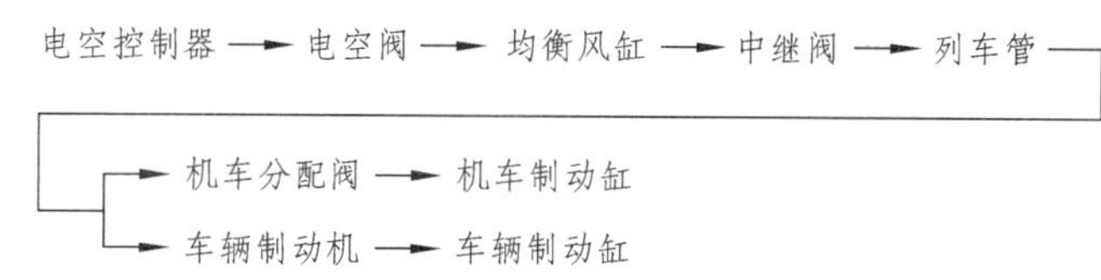

（2）控制机车：空气制动阀→作用管→机车分配阀→机车制动缸。

66. 重联机车的控制关系：本务机车制动缸→本务机车重联阀→平均管→重联机车重联阀→重联机车作用管→重联机车分配阀→重联机车制动缸。

67. 双阀口式中继阀的基本作用原理为：根据均衡风缸压力变化，使作用在活塞膜板两侧的作用力之差产生变化，从而使活塞膜板带动顶杆左、右移动，顶开或关闭排气阀口或供气阀口，以连通或切断列车制动管的排风或供风气路，实现列车制动管的充、排风。

68. 电-空制动控制器手柄置于过充位时，连通了总风向过充风缸充风的气路，即过充柱塞左侧压力升高，推动过充柱塞右移，并作用在活塞膜板上，该作用力的大小相当于 30～40 kPa 压力空气所产生的作用力；同时，连通总风经调压阀 55 到缓解电-空阀 258YV 向均衡风缸充风的气路，即活塞膜板左侧压力也升高。在二者共同作用下，活塞膜板带动顶杆迅速右移，顶开供气阀口，并且阀口开启较大，使总风迅速向制动管及活塞膜板右侧充风；当活塞膜板右侧压力及制动管压力与活塞膜板左侧压力平衡时，在供气阀弹簧作用下，关闭供气阀口。

69. 109 型分配阀均衡部的缓解状态是：当容积室压力降低时，均衡活塞产生向下的作用力之差，并带动空芯阀杆下移使其脱离与供气阀的接触，从而开启排气阀口；同时，在供气阀弹簧和制动缸原有空气压力作用下，供气阀口关闭。连通机车制动缸向大气排风的气路，实现机车的缓解。

70. 109 型分配阀均衡部制动后保压状态，当机车制动缸压力上升到与容积室压力平衡时，在供气阀弹簧及供气阀导向杆上侧压力空气的作用下，关闭供气阀口，但由于均衡活塞下侧的压力空气作用面积大于其上侧的而维持一定量的向上作用力之差，所以不能开启排气阀口，从而停止机车制动缸的充风，呈保压状态。

71. 109型分配阀容积室的作用：（1）为机车制动缸的压力变化提供一个标准参量；（2）作为机车制动机，要求其制动缸压力变化既能够接受电-空制动控制器的控制，又可以接受空气制动阀的控制。事实上，操纵空气制动阀单独控制机车的制动、缓解及保压，就是通过直接控制容积室的压力变化来实现的。

72. 当司机操纵空气制动阀手柄置于缓解位时，作用柱塞阀连通调压阀管与a管、b管与大气的气路。空气制动阀开通了作用管的排风气路（作用管→电-空转换阀→b管→作用柱塞阀→大气），实现机车的单独缓解；同时微动开关3SA1闭合电路899-801，微动开关3SA2闭合电路809-818。

73. 空气制动阀手柄置于制动位时，作用柱塞阀连通a管与大气、调压阀管与b管的气路。空气制动阀开通了作用管的充风气路（调压阀管→作用柱塞阀→b管→电-空转换阀→作用管），实现机车的单独制动；同时微动开关3SA1闭合电路899-801，微动开关3SA2断开电路809-818。

74. 下压空气制动阀手柄时，推动顶杆压缩单缓阀弹簧，并顶开单缓阀口，从而连通作用管向大气排风的气路（作用管→单缓阀口→大气），实现机车的单独缓解。

75. 空气制动阀手柄置于缓解位时，作用柱塞阀连通调压阀管与a管、b管与大气的气路。所以，空气制动阀开通了均衡风缸的充风气路（调压阀管→作用柱塞阀→a管→电-空转换阀→均衡风缸管），经中继阀动作使制动管充风，最终实现车辆缓解而机车保压。

76. 空气制动阀手柄置于制动位时，作用柱塞阀连通a管与大气、调压阀管与b管的气路。所以，空气制动阀开通了均衡风缸的排风气路（均衡风缸管→电-空转换阀→a管→作用柱塞阀→大气），经中继阀动作使列车制动管排风，最终实现全列车的制动。

77. 当紧急电-空阀94YV得电时，连通总风经紧急电-空阀94YV向电动放风阀铜碗及膜板下侧空间充风的气路，橡胶膜板、铜碗推动芯杆上移而压缩放风阀弹簧，顶开放风阀口，连通列车制动管向大气放风的气路，使列车制动管压力迅速降低，实现全列车的紧急制动。

78. 当紧急电-空阀94YV失电时，连通电动放风阀铜碗及膜板下侧空间经紧急电-空阀94YV向大气排风的气路，在放风阀弹簧作用下，放风阀推动芯杆、铜碗、橡胶膜板下移，关闭放风阀口，切断列车制动管的放风气路。此时，列车制动管的压力变化主要由双阀口中继阀控制，实现全列车制动系统的缓解、保压或常用制动。

79. 列车制动管压力升高时，活塞膜板下侧压力上升的速度大于上侧的，即活塞膜板产生向上的作用力之差，并带动活塞杆上移至上端，关闭放风阀口，从而切断列车制动管的放风气路；同时，顶杆不压缩微动开关95SA，使其断开电路838-839。与此同时，列车制动管经缩孔Ⅰ、Ⅱ向紧急室缓慢充风，直至两者压力相等为止。

80. 列车制动管急剧减压时，活塞膜板下侧压力下降的速度远远大于上侧的，即活塞膜板产生较大的向下的作用力之差，并带动活塞杆下移，压缩放风阀弹簧而顶开放风阀口，从而连通列车制动管的放风气路；同时，推动顶杆下移并压缩微动开关95SA，使其闭合电路838-839。与此同时，紧急室经缩孔Ⅰ、Ⅲ向大气排风，当紧急室压力降到某一压力值时，在安定弹簧、放风阀弹簧作用下，使活塞膜板、活塞杆重新上移至上端；并且放风阀、顶杆也一起上移，关闭放风阀口，切断列车制动管的放风气路，并使微动开关95SA重新断开电路838-839。

81. 列车制动管正常减压时，活塞膜板下侧压力下降的速度大于上侧的，即活塞膜板产生向下的作用力之差，并带动活塞杆下移，但不足以压缩放风阀弹簧而保持放风阀口关闭，且微动开关 95SA 断开电路 838-839。同时，紧急室经缩孔 I 向列车制动管逆流，直至两者压力相等，并且在安定弹簧作用下，使活塞膜板带动活塞杆重新上移至上端。

82. TFK_{1B}型电-空阀的得电工作过程是：当励磁线圈得电时，励磁线圈所产生的电磁力推动动铁芯、芯杆、上阀门、阀杆、下阀门压缩弹簧下移，从而关闭上阀口，并开启下阀口，连通输入口与输出口间的气路。

83. TFK_{1B}型电-空阀的失电工作过程是：当励磁线圈失电时，励磁线圈内不产生电磁力，在弹簧作用下，推动下阀门、阀杆、上阀门、芯杆、动铁芯上移，从而关闭下阀口，并开启上阀口，连通输出口与排气口之间的气路。

84. 电-空阀车上检修的重点作业质量标准：（1）电-空阀安装及接线紧固，接线断股不得大于原截面的 10%；（2）电-空阀防尘帽齐全，阀垫与阀座安装处不得漏风；（3）电-空阀阀杆动作灵活，无卡滞；（4）线圈应无开路、短路现象，其直流阻值为 $938^{+76}_{-48}\ \Omega$（20 °C）；（5）电压抑制器上电阻、压敏电阻和二极管焊接牢固，无过热变色和放电痕迹。

85. 重联阀制动缸遮断阀部的基本作用原理为：根据遮断阀活塞上下两侧的作用力之差带动活塞杆上下移动，关闭或顶开止回阀口，以切断或连通制动缸与相应管路之间的气路。

86. 重联阀置于本机位时，本-补转换阀部连通重联阀活塞下侧与大气之间的气路，重联阀活塞在重联阀弹簧作用下，带动其活塞杆下移，顶开止回阀口，从而连通平均管与制动缸遮断阀部止回阀上侧之间的气路，此时，由于总风联管压力空气通往制动缸遮断部活塞上侧，使活塞带动其活塞杆压缩弹簧而下移，顶开止回阀口，从而连通制动缸与制动缸遮断阀部止回阀上侧之间的气路。因此，本机位时，连通制动缸与平均管之间的气路，为实现重联机车制动缸压力变化与本务机车制动缸压力变化协调一致作准备。

87. 运行中一旦机车间发生断钩分离，将使列车制动管、总风联管、平均管等连接软管断裂，本务机车产生紧急制动；同时，由于总风联管内压力迅速下降，制动缸遮断阀活塞在其弹簧作用下，带动活塞杆上移，关闭止回阀口，从而遮断制动缸管，以防止制动缸压力空气经重联阀部止回阀、平均管向大气排风，保证本务机车紧急制动的可靠实施。

88. 运行中一旦机车间发生断钩分离，将使列车制动管、总风联管、平均管等连接软管断裂，本务机车产生紧急制动；由于总风联管内压力迅速下降，重联机车制动缸遮断阀部活塞在其弹簧作用下，带动活塞杆上移，关闭止回阀口，从而遮断制动缸管，并且在制动管迅速排风的同时，经重联机车分配阀动作，使重联机车也产生紧急制动。

89. 调压阀是为满足空气管路系统内不同气路整定压力并保证稳定的供给而设置的。

90. 调压阀的供气状态：当调压阀进风口输入压力空气时，在调整弹簧作用下，膜板推动阀杆下移，顶开进气阀口，使压力空气充向出风口侧，同时经小孔充入膜板下侧的中央气室，随着出风口侧的压力逐渐升高，膜板将渐趋平衡，使进气阀口逐渐关闭，当出风口侧或中央气室压力与调整弹簧整定压力相等时，进气阀口关闭，即出风口侧压力不再升高。

91. 调压阀的溢流状态：当调压阀出风口侧（或中央气室）压力高于调整弹簧整定压力时，膜板带动溢流阀上移，开启溢流阀口，且进气阀口保持关闭，使多余的压力空气经溢流阀口排出，直至再次平衡为止，并关闭溢流阀口，停止溢流。

92. 压力开关缓解状态的工作过程是当均衡风缸充风至定压时，压力开关上、下气室充有相等压力的压力空气，但由于芯杆截面占去一部分上气室受力面积而使上气室受力面积小于下气室受力面积，所以，膜板带动芯杆上移，压缩微动开关，以控制相应的电路。

93. 转换阀的基本作用原理：转换阀转换按钮置于相应工作位置时，偏芯杆随之转动，并带动柱塞阀上下移动，从而使进气管与出气管连通或切断，以控制相应气路的通、断。

94. 总风遮断阀溢风孔排风不止，是因为遮断阀 O 形圈损坏，使总风泄漏造成的。

95. 在过充位、运转位、制动前的中立位，双阀口式中继阀排风口排风不止的原因：（1）中继阀排风阀阀口损坏，排风阀弹簧损坏，使排风阀关闭不严；（2）在制动后的中立位，除上述原因外，还会因均衡风缸漏风造成双阀口中继阀排风口排风不止。

96.（1）列车制动管由定压下降至零的时间不大于 3 s；（2）制动缸压力由零升至 400 kPa 的时间不大于 5 s；（3）制动缸最高压力应限制在（450 ± 10）kPa，且分配阀安全阀动作；（4）机车自动撒砂；（5）机车具有级位时，应自动断开主断路器，无级位时不应断开主断路器。

97.（1）将操纵端空气制动阀上的电-空转换反键后移至空气位，并将手柄移至缓解位；（2）将操纵端空气制动阀下方单独制动调压阀 53 调整其输出压力为列车制动管定压；（3）将电-空制动屏上的电-空转换阀 153 由正常位转向空气位，之后，即可用空气位操作。

中级

98.（1）关闭中继阀列车制动管塞门 115；（2）空气制动阀上的电-空转换扳键打向电-空位；（3）开放分配阀缓解塞门 156 和无火回送塞门 155，重联转换阀置于本机位；（4）关闭风源系统中的总风缸塞门 112；（5）调整机车分配阀安全阀，使其整定值为 180 ~ 200 kPa。

99. 在 DK-1 型电-空制动机管路的基础上增加了均衡风缸、列车制动管、总风和制动缸传感器。

100. 制动控制单元 BCU 是由 PWM 板、输出板、输入板、控制板、模拟板、电源板等插件组成。

【实作技能】

实作1 攻螺纹

一、准备通知单

1. 材料准备

序号	名称	规格	数量	备注
1	Q235 钢板	50 mm× 50 mm× 10 mm	1 块/人	

2. 设备准备

序号	名称	规格	数量	备注
1	钳台		1 台	
2	台虎钳		1 台	
3	台式钻床	ϕ2 mm ~ ϕ13 mm	1 台	精度 2 级
4	划线平台		1 台	

3. 工具、量具准备

序号	名称	规格	数量	备注
1	划针		1 个	
2	划规		1 把	
3	手锤		1 把	
4	样冲		1 个	
5	中扁锉	粗、中、细	各 1 把	
6	丝锥	M10	1 付	备用 1 付
7	活络铰手		1 把	
8	直柄麻花钻头	ϕ3 mm、ϕ9.8 mm	各 1 把	钻头各备用适量
9	锯弓锯条	300 mm	1 副	锯条适量备用
10	游标卡尺	0 ~ 150 mm	1 把	精度 0.02
11	直钢尺	0 ~ 150 mm	1 把	
12	矩形角尺	100 mm× 63 mm	1 把	精度 1 级

2. 图样

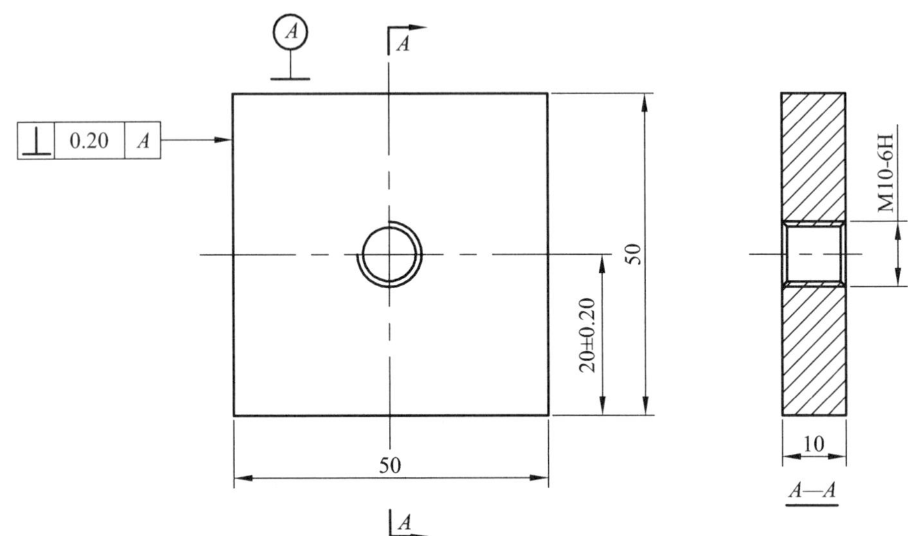

二、考核内容及要求

1. 考核内容：按图要求攻螺纹

2. 分值：100 分

3. 考核时间

（1）准备时间：10 min；

（2）正式操作时间：60 min；

（3）规定时间内全部完成，每超时 1 min，从总分中扣 2 分；总超时 10 min，停止作业。

4. 工作时要求工件、工/量/卡具摆放整齐，正确使用工/卡/量具。

三、操作要领及要求

1. 在准备时间内，对材料、设备、工具、场地进行清点、检查，是否符合本题所给定的条件。

2. 划线、打样冲眼：以钢板两相邻直角边为基准，找孔中心，打样冲眼并钻孔。

3. 锉削：使各加工面达到规定的技术要求。

四、操作安全注意事项

1. 操作时应穿戴工作服，做好必要的安全防护措施。

2. 必须按安全操作规程进行作业。

3. 工作完毕，收放好工具、量具、擦洗设备、清理工作台及工作场所，精密量具应仔细擦净存放在盒子里。

五、考核评分标准

序号	项目	配分	考核内容及评分标准
1	准备工作	10 分	1. 按规定穿戴劳动保护用品，否则每项扣 5 分
			2. 材料、工具准备齐全，能满足本次考试需求，否则每少一件扣 5 分
2	操作技能	60 分	1. 尺寸精度 25±0.20 mm，超差扣 10 分
			2. 螺纹孔 M10-6H，出现烂牙扣 20 分
			3. 垂直度公差 0.20 mm（4 处/5 分），每超时差一处扣 5 分
			4. 超过时间者，每分钟扣 2 分，总超时 10 min，停止作业
3	工具设备使用	20 分	1. 开工前不检查工/量具及设备，收工时不清理工作现场，每处扣 3 分
			2. 工/量具及设备使用不当，每处扣 3 分
			3. 工/量具脱落，每次扣 5 分
			4. 工具、量具使用、保养不当造成损坏失格
4	安全生产及其他	10 分	1. 作业过程中发生人身轻伤及以上事故失格
			2. 违章或违反安全事项，每处扣 5 分
			3. 违反考试纪律或不服从裁判自行中断考试失格
			4. 工作场地不整洁，工件、工具摆放不整齐，每处扣 2 分
总成绩＝1＋2＋3＋4＝			

实作 2　更换紧急阀及试验其动作性能

一、准备通知单：材料、工具准备

序号	名称	规格	数量	备注
1	紧急阀		1 个	
2	白布		1 块	适量
3	棘轮扳手		1 把	
4	棘轮加长杆	125 mm	1 根	
5	棘轮头	24 mm	1 个	
6	一字螺丝刀	75 mm	1 个	
7	十字螺丝刀	75 mm	1 个	

二、考核内容及要求

1. 考核项目：更换紧急阀及试验其动作性能

2. 分值：100 分

3. 考核时间

（1）准备时间：5 min，正式操作时间 20 min。

（2）规定时间内全部完成，每超时 1 min，从总分中扣 3 分；总超时 5 min 停止作业。

4. 正确使用工具。

三、检修技术标准

1. 阀座橡胶密封垫不得有老化、裂损。

2. 安装后不得有漏风现象。

3. 性能试验必须符合要求。

四、操作工序及要求

1. 断开电-空制动电源，排净余风方可作业。

2. 用棘轮扳手拧下紧急阀固定螺母，取下紧急阀、取出过滤网。

3. 拆下接线盒盖，拆除电线。

4. 将备品紧急阀装好电线，装上接线盒。

5. 紧急阀装上滤网，安装在阀座上，并紧固固定螺母。

6. 性能试验：

（1）常用制动性能试验，列车制动管充满风后，实施常用制动，常用制动时不得有紧急制动发生；

（2）紧急制动性能试验，列车制动管充满风后，实施紧急制动，紧急制动可靠实施，延时时间大于 15 s。

五、操作安全注意事项

1. 检修时应穿戴工作服，做好必要的安全防护措施。

2. 拆卸时必须断开电-空制动电源，排净余风才能作业。

3. 必须按检修规程进行检修。

4. 试验时，必须按照操作规程进行。

六、考核评分标准

序号	项目	配分	考核内容及评分标准
1	准备工作	10 分	1. 按规定穿戴劳动保护用品，否则每项扣 5 分
			2. 材料、工具准备齐全，能满足本次考试需求，否则每少一件扣 5 分
2	操作技能	70 分	1. 拆装、检查方法正确，不当或错误每处扣 4 分
			2. 工序错误，每处扣 6 分
			3. 漏拆、漏检、每处扣 6 分
			4. 工具、部件脱落损伤，每处扣 4 分
			5. 口述内容有遗漏、错误，每处扣 4 分
			6. 工作中返工，每项扣 10 分
			7. 作业后未按要求恢复、整理，每处扣 3 分
			8. 工艺要求，质量不符合规定，每处扣 4 分
			9. 未试验扣 20 分，试验操作不当每处扣 5 分，试验不合格扣 15 分
			10. 超过时间者，每分钟扣 3 分，总超时 5 min，停止作业

续表

序号	项目	配分	考核内容及评分标准
3	工具设备使用	10 分	1. 开工前不检查工具及配件，收工时不清理现场，每处扣 3 分
			2. 工具使用不当，每处扣 3 分
			3. 工具脱落，每次扣 3 分
			4. 工具使用、保养不当造成损坏失格
4	安全生产及其他	10 分	1. 作业过程中发生人身轻伤及以上事故失格
			2. 违章或违反安全事项，每处扣 5 分
			3. 违反考试纪律或不服从裁判自行中断考试失格
			4. 工作场地不整洁，配件、工具摆放不整齐，每处扣 2 分
总成绩 = 1 + 2 + 3 + 4 =			

实作 3　制动软管的风压和水压试验

一、准备通知单

1. 材料准备

序号	名称	规格	数量	备注
1	制动软管		4 根	
2	白布		1 块	适量
3	生料带		1 个	
4	标牌		适量	
5	记名检修本		1 本	
6	中性笔		1 支	

2. 设备及工具准备

序号	名称	规格	数量	备注
1	钳工工作台		1 台	
2	软管压力试验台		1 台	
3	专用扳手	55 mm	1 把	
4	手锤		1 把	
5	十位数字头		1 套	
6	尖嘴钳		1 把	
7	游标卡尺	0 ~ 150 mm	1 把	

二、考核内容及要求

1. 考核项目：制动软管的风压和水压试验

2. 分值：100 分

3. 考核时间

（1）准备时间：5 min，正式操作时间 20 min。

（2）规定时间内全部完成，每超时 1 min，从总分中扣 3 分；总超时 5 min，停止作业；

4. 正确使用工/卡/量具。

5. 按要求填写检修记录。

三、检修技术标准

1. 制动软管不得有老化、剥离、龟裂、鼓包。

2. 试验项目必须符合相应的技术要求。

3. 试验合格后，打上年、月、日的检修试验标牌。

四、操作工序及要求

1. 外观检查：

（1）外观检查接头丝扣良好，连接器接合面全部平滑无损，无砂眼，无裂纹，卡箍无破损，软管无老化、剥离、龟裂、鼓包等，不良者更换。

（2）新软管连接器和管接头上，需除掉熔铸不良处所和表面铁锈。

2. 风压、水压试验

（1）将软管丝扣部装好堵头，安装在试验台上，放入水槽中进行风压试验，压力 600 kPa，保持 5 min，各部不得漏泄，边缘和表面出现的气泡逐渐消失者可使用。

（2）风压试验合格后，再进行水压试验，压力 1 000 kPa，保持 2 min，各部不得漏泄，新软管外径膨胀超过 6 mm，旧软管外径膨胀超过 8 mm 或局部凸起时不得使用。

（3）试验合格后，打上年、月、日的检修试验标牌。

五、操作安全注意事项

1. 检修时应穿戴工作服，做好必要的安全防护措施。

2. 风压、水压试验时，压力应缓慢上升，防止压力过大造成意外损失。

3. 拆卸时必须断开电源，排净余风才能作业。

4. 试验时遵守有关操作规程。

六、考核评分标准

序号	项目	配分	考核内容及评分标准
1	准备工作	10 分	1. 按规定穿戴劳动保护用品，否则每项扣 5 分
			2. 材料、工具准备齐全，能满足本次考试需求，否则每少一件扣 5 分
2	操作技能	70 分	1. 拆装、检查方法正确，不当或错误每处扣 4 分
			2. 工序错误，每处扣 6 分
			3. 漏检每处扣 6 分
			4. 工具、部件脱落损伤，每处扣 4 分
			5. 口述内容有遗漏、错误，每处扣 4 分
			6. 工作中返工，每项扣 10 分
			7. 作业后未按要求恢复、整理，检修记录漏填、错填，每处扣 2 分

续表

序号	项目	配分	考核内容及评分标准
2	操作技能	70 分	8. 工艺要求，质量不符合规定，每处扣 4 分
			9. 试验操作不当每处扣 5 分
			10. 超过时间者，每分钟扣 3 分，总超时 5 min，停止作业
3	工具设备使用	10 分	1. 开工前不检查工具及配件，收工时不清理现场，每处扣 3 分
			2. 工具使用不当，每处扣 3 分
			3. 工具脱落，每次扣 3 分
			4. 工具使用、保养不当造成损坏失格
4	安全生产及其他	10 分	1. 作业过程中发生人身轻伤及以上事故失格
			2. 违章或违反安全事项，每处扣 5 分
			3. 违反考试纪律或不服从裁判自行中断考试失格
			4. 工作场地不整洁，配件、工具摆放不整齐，每处扣 2 分
总成绩 = 1 + 2 + 3 + 4 =			

实作 4　DK-1 型电-空制动机试验

一、准备通知单

1. 考场准备

装有 DK-1 型电-空制动机的 SS_{4B} 型电力机车一台（状态良好）。

2. 材料、工具、量具准备

序号	名称	规格	数量	备注
1	万用表		1 只	
2	常用钳工工具		1 套	
3	十字螺丝刀		1 把	
4	一字螺丝刀		1 把	
5	秒表		1 只	

二、考核内容及要求

1. 考核项目：DK-1 型电-空制动机试验

2. 分值：100 分

3. 考核时间

（1）准备时间：10 min，正式操作时间 30 min。

（2）规定时间内全部完成，每超时 1 min，从总分中扣 2 分；总超时 5 min，停止作业；

4. 正确使用工/卡/量具。

三、操作工序及要求

1. 准备工作

总风升至 750 ~ 900 kPa，闭合蓄电池检查制动机开关，制动屏上各纽子开关在正常工作位，各管路塞门在正常工作位，列车制动管定压 600 kPa。

2. DK-1 型电-空制动机试验方法及要求（八步闸）

操作程序	电空制动控制器（过充、运转、中立、制动、重联、紧急）	空气制动阀（缓解、运转、中立、制动）	检查方法及要求（列车制动管定压 600 kPa）
一	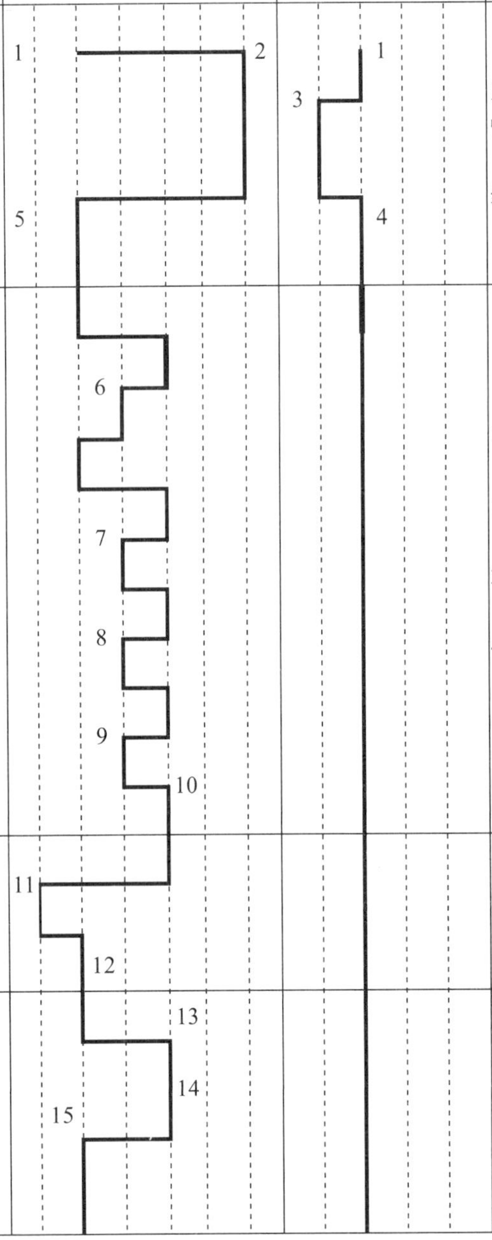 1 2 5	1 3 4	1. 列车制动管、均衡风缸为定压，制动缸压力为零。 2. 列车制动管在 3 s 内降至零，制动缸压力在 5 s 内升至 400 kPa，最高压力为（450±10）kPa，分配阀安全阀喷气，自动撒砂，有牵引级位时自动切除主断路器。 3. 空气制动阀移至缓解位并下压手把，制动缸压力应缓解至零。 4. 制动缸压力不得回升。 5. 列车制动管压力从 0 升至 580 kPa 的时间<11 s。
二	6 7 8 9 10		6. 列车制动管减压 40 ~ 60 kPa 后保压。均衡风缸、列车制动管的泄漏量分别不大于每分钟 5 kPa 与 10 kPa。 7. 列车制动管减压 40 ~ 50 kPa，制动缸压力为 90 ~ 130 kPa。 8. 列车制动管减压 100 kPa，制动缸压力为 240 ~ 270 kPa。 9. 列车制动管减压 170 kPa，制动缸压力为 400 ~ 435 kPa。 10. 列车制动管最大减压量 210 ~ 290 kPa，制动缸压力变化每分钟不大于 10 kPa。
三	11 12		11. 均衡风缸为定压，列车制动管超过定压 30 ~ 40 kPa，制动缸压力不得缓解。 12. 120 ~ 180 s 过充压力消除，列车制动管恢复定压，制动缸压力应缓解到零。
四	13 14 15		13. 均衡风缸减压 170 kPa 的时间为 6 ~ 8 s；制动缸压力升至 400 ~ 435 kPa 的时间为 7 ~ 9.5 s。 14. 制动缸泄漏量每分钟不大于 10 kPa（关分配阀供给塞门）。 15. 制动缸压力由 400 ~ 435 kPa 降至 40 kPa 的时间不大于 8.5 s；均衡风缸、列车制动管恢复定压。

续表

操作程序	电空制动控制器（过充、运转、中立、制动、重联、紧急）	空气制动阀（缓解、运转、中立、制动）	检查方法及要求（列车制动管定压 600 kPa）
五		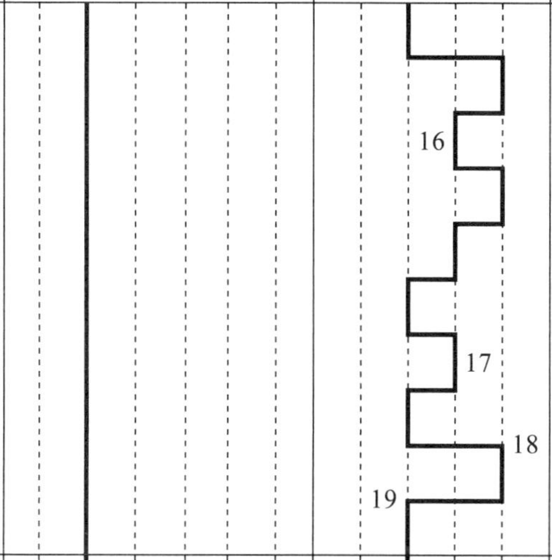 16 17 18 19	16. 阶段制动作用应稳定正常。 17. 阶段缓解作用应稳定正常。 18. 制动缸压力从 0 升至 280 kPa 的时间≤4 s。 19. 制动缸压力从 300 kPa 降至 40 kPa 的时间≤5 s。
六	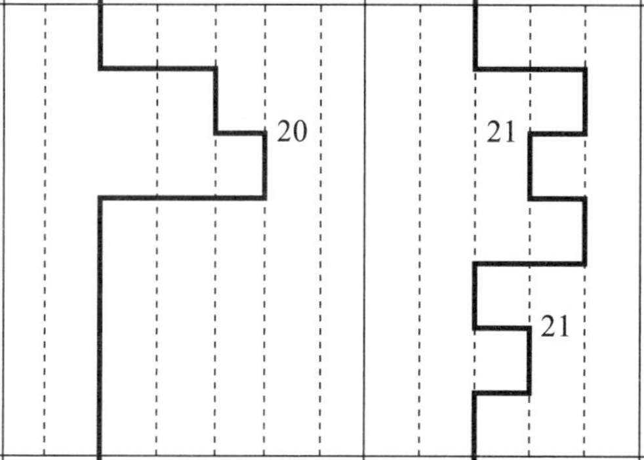 20	21 21	20. 列车制动管、均衡风缸应减压后保压。 21. 本务节机车制动缸压力 250 kPa 时，重联节机车制动缸压力应为 225～275 kPa。 注：1～20 检查中，重联节机车制动机的制动与缓解应与本务节机车一致。
七	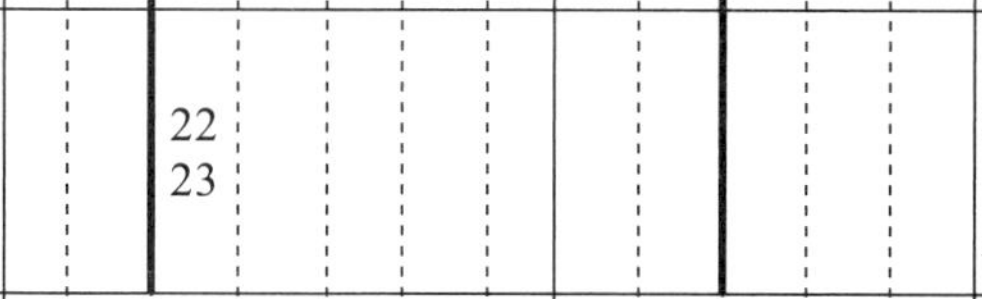 22 23		22. 拉手动紧急放风阀，应产生紧急制动，并不得自动缓解。 23. 切断电-空制动电源，应产生常用制动；闭合电源，制动机恢复正常。
八		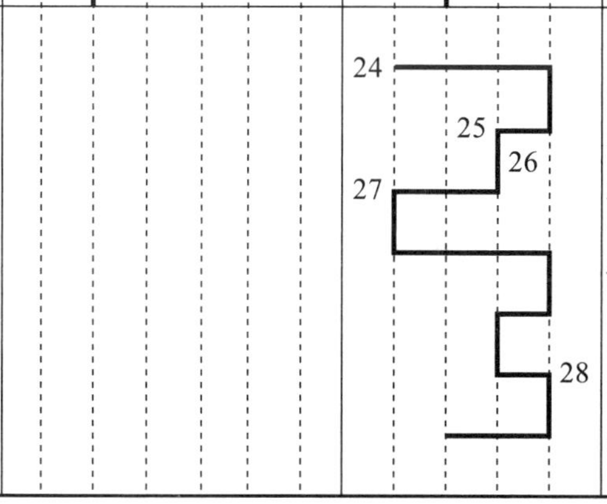 24 25 26 27 28	24. 列车制动管、均衡风缸、总风缸均为规定压力，制动缸压力为零（同时下压手把）。 25. 均衡风缸减压 170 kPa 的时间为 6～8 s，制动缸压力升至 400～435 kPa 的时间为 7～9.5 s。 26. 下压手把，制动缸压力应能缓解；停止下压，制动缸压力停止下降。 27. 均衡风缸、列车制动管恢复定压。 28. 阶段制动作用应稳定。 注：24～28 空气位操作，应按操作规程由电-空位转至空气位，试完后，应恢复电-空位。

中级

四、操作安全注意事项

1. 检修时应穿戴工作服及工作帽，做好必要的安全防护措施。

2. 必须按试验规程进行试验。

五、考核评分标准

序号	项目	配分	考核内容及评分标准
1	准备工作	10分	1. 按规定穿戴劳动保护用品，否则每项扣5分
			2. 材料、工具准备齐全，能满足本次考试需求，否则每少一件扣5分
2	试验程序	70分	1. 试验程序错误，每项扣5分
			2. 试验方法错误，每项扣5分
			3. 口述内容有遗漏、错误，每处扣3分
			4. 工作中返工，每处扣10分
			5. 作业后未按要求恢复、整理，每处扣3分
			6. 超过时间者，每分钟扣2分，总超时5 min，停止作业
3	工具设备使用	10分	1. 开工前不检查工/量具及设备，收工时不清理，每处扣3分
			2. 工/量具及设备使用不当，每次扣3分
			3. 工/量具脱落，每次扣5分
			4. 工具、设备损坏失格
4	安全生产及其他	10分	1. 工作场地不整洁，工件、工具摆放不整齐，每处扣2分
			2. 违章或违反安全事项，每处扣5分
			3. 违反考试纪律或不服从裁判自行中断考试失格
			4. 作业过程中发生人身轻伤及以上事故失格
总成绩＝1＋2＋3＋4＝			

中级

实作5 SS_{4B}型机车DK-2型电-空制动机试验

一、准备通知单

1. 考场准备

装有DK-2型电-空制动机的SS_{4B}型电力机车一台（状态良好）。

2. 材料、工具、量具准备

序号	名称	规格	数量	备注
1	万用表		1只	
2	常用钳工工具		1套	
3	十字螺丝刀		1把	
4	一字螺丝刀		1把	
5	秒表		1只	

二、考核内容及要求

1. 考核项目：SS_{4B}型机车DK-2型电-空制动机试验

2. 分值：100 分

3. 考核时间

（1）准备时间 10 min，正式操作时间 30 min。

（2）规定时间内全部完成，每超时 1 min，从总分中扣 2 分；总超时 5 min，停止作业。

4. 正确使用工/卡/量具。

三、操作工序及要求

1. 准备工作：总风升至 750 ~ 900 kPa，闭合蓄电池检查制动机开关，制动屏上各钮子开关在正常工作位，各管路塞门在正常工作位，列车制动管定压 600 kPa。

2. SS_{4B} 型机车 DK-2 型电-空制动机试验方法及要求（八步闸）

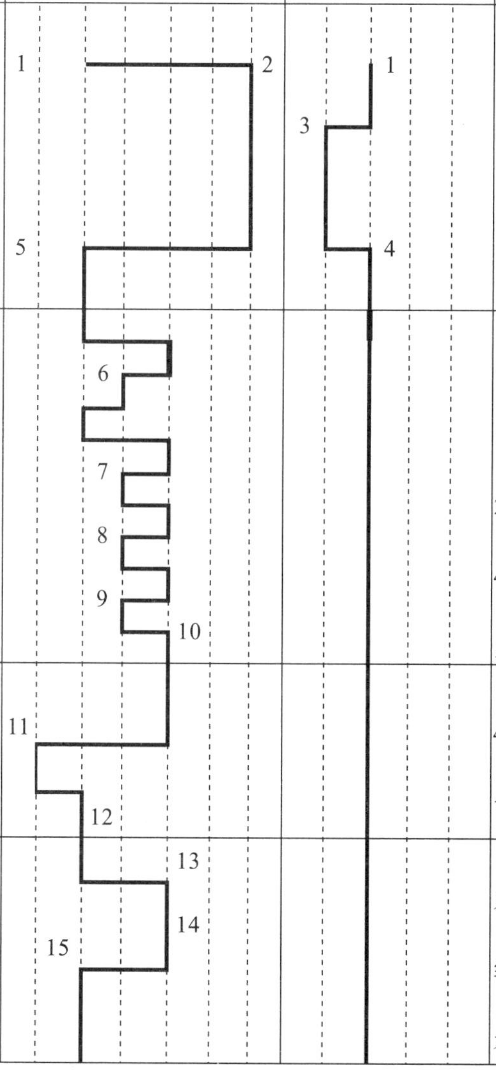

操作程序	电空制动控制器（过充　运转　中立　制动　重联　紧急）	电小闸（缓解　运转　中立　制动）	检查方法及要求（列车制动管定压 600 kPa）
一	1　2　5	1　3　4	1. 列车制动管、均衡风缸为定压，制动缸压力为零。 2. 列车制动管在 3 s 内降至零，制动缸压力在 5 s 内升至 400 kPa，最高压力为（450 ± 10）kPa，分配阀安全阀喷气，自动撒砂，有牵引级位时自动切除主断路器。 3. 单独制动控制器移至缓解位并下压手把，制动缸压力应缓解至零。 4. 制动缸压力不得回升。 5. 列车制动管压力从 0 升至 580 kPa 的时间<22 s。
二	6　7　8　9　10		6. 列车制动管减压 40 ~ 60 kPa 后保压。均衡风缸、列车制动管的泄漏量分别不大于每分钟 5 kPa 与 10 kPa。 7. 列车制动管减压 40 ~ 50 kPa，制动缸压力为 90 ~ 130 kPa。 8. 列车制动管减压 100 kPa，制动缸压力为 240 ~ 270 kPa。 9. 列车制动管减压 170 kPa，制动缸压力为 400 ~ 435 kPa。 10. 列车制动管最大减压量 210 ~ 290 kPa，制动缸压力变化每分钟不大于 10 kPa。
三	11　12		11. 均衡风缸为定压，列车制动管超过定压 30 ~ 40 kPa，制动缸压力不得缓解。 12. 120 ~ 180 s 过充压力消除，列车制动管恢复定压，制动缸压力应缓解到零。
四	13　14　15		13. 均衡风缸减压 170 kPa 的时间为 6 ~ 8 s；制动缸压力升至 400 ~ 435 kPa 的时间为 7 ~ 9.5 s。 14. 制动缸泄漏量每分钟不大于 10 kPa（关分配阀供给塞门）。 15. 制动缸压力由 400 ~ 435 kPa 降至 40 kPa 的时间不大于 8.5 s；均衡风缸、列车制动管恢复定压。

续表

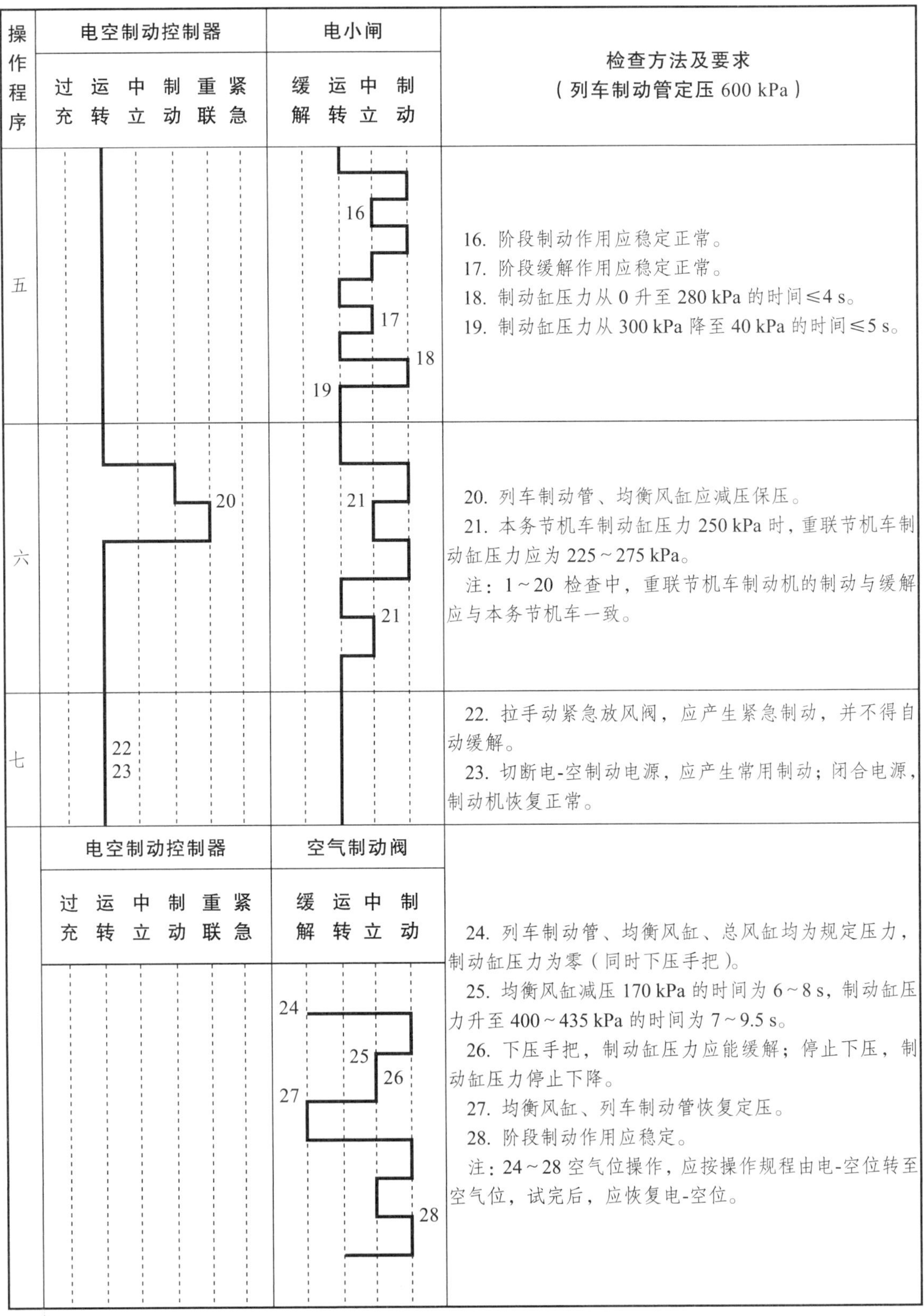

操作程序	电空制动控制器 过充 运转 中立 制动 重联 紧急	电小闸 缓解 运转 中立 制动	检查方法及要求 （列车制动管定压 600 kPa）
五		16 17 18 19	16. 阶段制动作用应稳定正常。 17. 阶段缓解作用应稳定正常。 18. 制动缸压力从 0 升至 280 kPa 的时间≤4 s。 19. 制动缸压力从 300 kPa 降至 40 kPa 的时间≤5 s。
六	20	21 21	20. 列车制动管、均衡风缸应减压保压。 21. 本务节机车制动缸压力 250 kPa 时，重联节机车制动缸压力应为 225～275 kPa。 注：1～20 检查中，重联节机车制动机的制动与缓解应与本务节机车一致。
七	22 23		22. 拉手动紧急放风阀，应产生紧急制动，并不得自动缓解。 23. 切断电-空制动电源，应产生常用制动；闭合电源，制动机恢复正常。
	电空制动控制器 过充 运转 中立 制动 重联 紧急	**空气制动阀** 缓解 运转 中立 制动	
		24 25 26 27 28	24. 列车制动管、均衡风缸、总风缸均为规定压力，制动缸压力为零（同时下压手把）。 25. 均衡风缸减压 170 kPa 的时间为 6～8 s，制动缸压力升至 400～435 kPa 的时间为 7～9.5 s。 26. 下压手把，制动缸压力应能缓解；停止下压，制动缸压力停止下降。 27. 均衡风缸、列车制动管恢复定压。 28. 阶段制动作用应稳定。 注：24～28 空气位操作，应按操作规程由电-空位转至空气位，试完后，应恢复电-空位。

四、操作安全注意事项

1. 检修时应穿好工作服，做好必要的安全防护措施。

2. 必须按试验规程进行试验。

五、考核评分标准

序号	项目	分数	考核内容及评分标准
1	准备工作	10 分	1. 按规定穿戴劳动保护用品，否则每项扣 5 分
			2. 材料、工具准备齐全，能满足本次考试需求，否则每少一件扣 5 分
2	试验程序	70 分	1. 试验程序错误，每项扣 5 分
			2. 试验方法错误 ，每项扣 5 分
			3. 口述内容有遗漏、错误，每处扣 3 分
			4. 工作中返工，每处扣 10 分
			5. 作业后未按要求恢复、整理，每处扣 3 分
			6. 超过时间者，每分钟扣 2 分，总超时 5 min，停止作业
3	工具设备使用	10 分	1. 开工前不检查工/量具及设备，收工时不清理，每处扣 3 分
			2. 工/量具及设备使用不当，每次扣 3 分
			3. 工/量具脱落，每次扣 5 分
			4. 工具、设备损坏失格
4	安全生产及其他	10 分	1. 工作场地不整洁，工件、工具摆放不整齐，每处扣 2 分
			2. 违章或违反安全事项，每处扣 5 分
			3. 违反考试纪律或不服从裁判自行中断考试失格
			4. 作业过程中发生人身轻伤及以上事故失格
总成绩 = 1 + 2 + 3 + 4 =			

实作 6　神华号交流机车 DK-2 型电-空制动机试验

一、准备通知单

1. 考场准备

神华号交流机车一台（状态良好）。

2. 材料、工具、量具、准备

序号	名称	规格	数量	备注
1	万用表		1 只	
2	常用钳工工具		1 套	
3	十字螺丝刀		1 把	
4	一字螺丝刀		1 把	
5	秒表		1 只	

中级

二、考核内容及要求

1. 考核项目：神华号交流机车 DK-2 型电-空制动机试验

2. 分值：100 分

3. 考核时间

（1）准备时间：10 min，正式操作时间 30 min。

（2）规定时间内全部完成，每超时 1 min，从总分中扣 2 分；总超时 5 min，停止作业。

4. 正确使用工/卡/量具。

三、操作工序及要求

1. 准备工作

试验前应将制动机调整到电-空位，电-空位调整方法如下：

（1）将制动机的功能选择开关分别设置在“不补风”“空电联合切除”“定压 600 kPa”“ATP 投入”。

（2）将制动机的电-空转换阀打向“正常位”。

（3）调整单独制动调压阀 51，使其输出压力为 480 kPa。

（4）调整紧急增压调压阀 52，使其输出压力为 450 kPa。

（5）调整均衡风缸调压阀 55，使其输出压力为 650 kPa。

（6）开通除无火塞门 155、无火安全阀塞门 139、制动缸切换阀总风塞门 161 与非操纵节塞门 156 外的其余各塞门。

（7）闭合电-空制动电源，待操纵台的制动机状态指示灯长亮后（闭合电源后 40 s 左右），再将自动制动控制器手把置于重联位 3 s 后返回运转位，传感器及电-空阀无故障，制动机将被激活。

（8）调整完毕，即可利用自动制动控制器、单独制动控制器进行电-空位性能试验检查。

2. 神华号交流机车 DK-2 型电-空制动机试验方法与要求。

操作程序	自动制动控制器 过充 运转 中立 制动 重联 紧急	单独制动控制器 缓解 运转 中立 制动	检查方法及要求 （列车制动管定压 600 kPa）
一	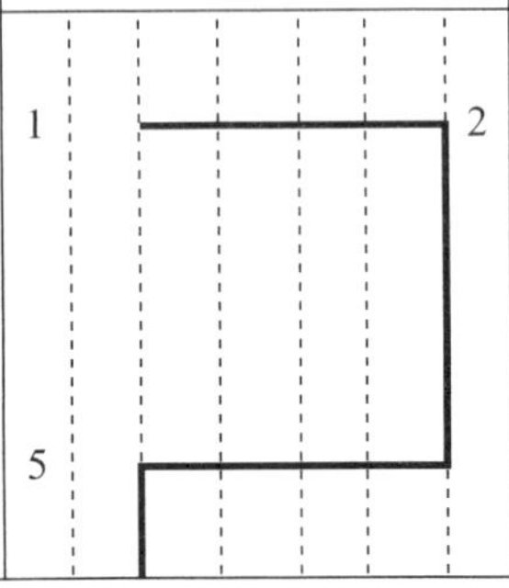	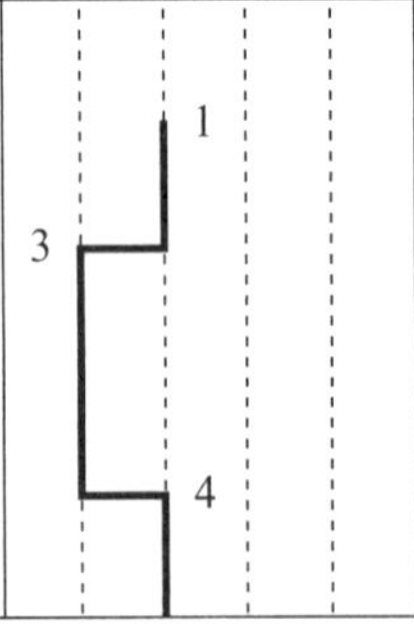	1. 列车制动管、均衡风缸为定压，制动缸压力为零。 2. 列车制动管在 3 s 内降至零，制动缸压力在 5 s 内升至 400 kPa，最高压力为（450±10）kPa，分配阀安全阀喷气，自动撒砂，有牵引级位时自动切除主断路器。 3. 单独制动控制器移至缓解位，制动缸压力应缓解至零。 4. 制动缸压力不得回升。 5. 列车制动管压力从 0 升至 580 kPa 的时间<22 s。

续表

操作程序	自动制动控制器（过充、运转、中立、制动、重联、紧急）	单独制动控制器（缓解、运转、中立、制动）	检查方法及要求（列车制动管定压 600 kPa）
二	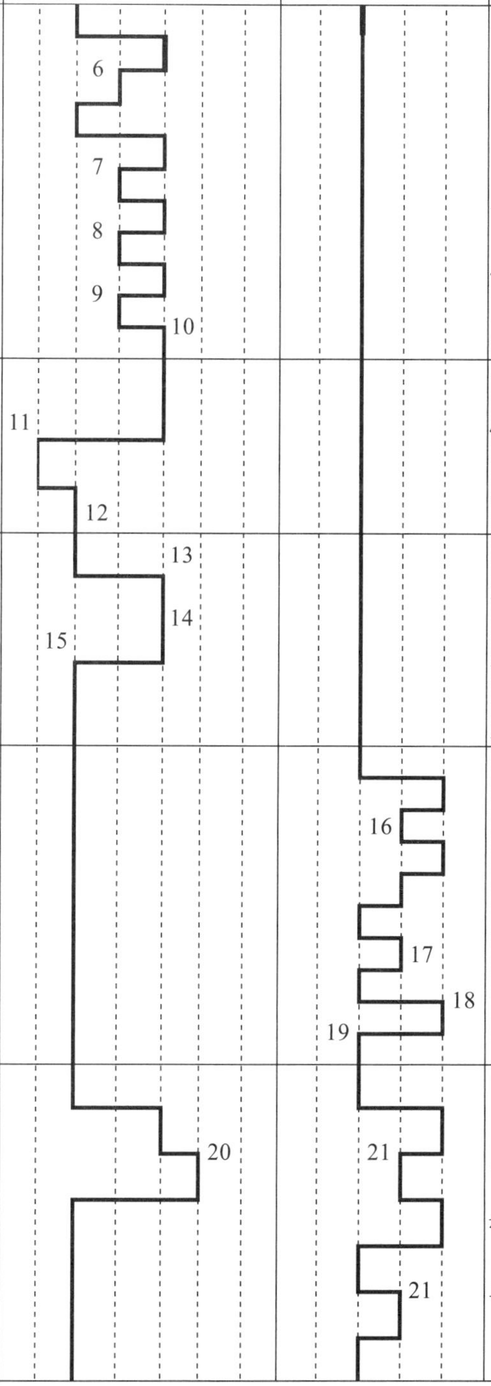		6. 列车制动管减压 40～60 kPa 后保压，均衡风缸、列车制动管的泄漏量分别不大于每分钟 5 kPa 与 10 kPa。 7. 列车制动管减压 40～50 kPa，制动缸压力为 90～130 kPa。 8. 列车制动管减压 100 kPa，制动缸压力为 240～270 kPa。 9. 列车制动管减压 170 kPa，制动缸压力为 400～435 kPa。 10. 列车制动管最大减压量 210～290 kPa，制动缸压力变化每分钟不大于 10 kPa。
三			11. 均衡风缸为定压，列车制动管超过定压 30～40 kPa，制动缸压力不得缓解。 12. 120～180 s 过充压力消除，列车制动管恢复定压，制动缸压力应缓解到零。
四			13. 均衡风缸减压 170 kPa 的时间为 6～8 s；制动缸压力升至 400～435 kPa 的时间为 7～9.5 s。 14. 制动缸泄漏量每分钟不大于 10 kPa（关分配阀供给塞门）。 15. 制动缸压力由 400～435 kPa 降至 40 kPa 的时间不大于 8.5 s；均衡风缸、列车制动管恢复定压。
五			16. 阶段制动作用应稳定正常。 17. 阶段缓解作用应稳定正常。 18. 制动缸压力从 0 升至 280 kPa 的时间≤4 s。 19. 制动缸压力从 300 kPa 降至 40 kPa 的时间≤5 s。
六			20. 列车制动管、均衡风缸应减压保压。 21. 本务节机车制动缸压力 250 kPa 时，重联节机车制动缸压力应为 225～275 kPa。 注：1～20 检查中，重联节机车制动机的制动与缓解应与本务节机车一致。

续表

操作程序	自动制动控制器	单独制动控制器	检查方法及要求（列车制动管定压 600 kPa）
	过充 运转 中立 制动 重联 紧急	缓解 运转 中立 制动	
七	22 23		22. 拉手动紧急放风阀，应产生紧急制动，并不得自动缓解。 23. 断开电-空制动电源，应产生常用制动；闭合电源，制动机恢复正常。
	自动自动控制器	后备制动阀	
	过充 运转 中立 制动 重联 紧急	缓解 中立 制动	
八		24 25 26 27 28	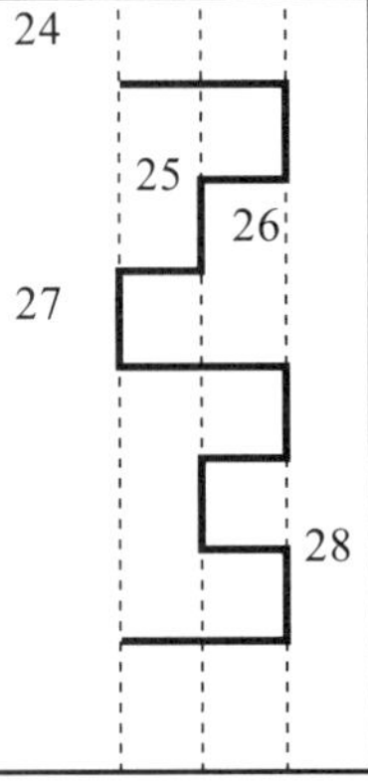 24. 列车制动管、均衡风缸、总风缸均为规定压力，制动缸压力为零（同时下压单缓按钮）。 25. 均衡风缸减压 170 kPa 的时间为 6～8 s，制动缸压力升至 400～435 kPa 的时间为 7～9.5 s。 26. 下压单缓按钮，制动缸压力应能缓解；停止下压，制动缸压力停止下降。 27. 均衡风缸、列车制动管恢复定压。 28. 阶段制动作用应稳定。 注：24～28 空气位操作，应按操作规程由电-空位转至空气位，试完后，应恢复电-空位。

3. 空气位调整方法

（1）断开操纵节制动机电源；

（2）将操纵节制动柜中电-空转换阀 153 塞门置于“空气位”；

（3）将操纵节后备制动阀处均衡风缸管 127 塞门置于打开位；

（4）调整后备制动调压阀，使其输出压力为列车制动管定压 600 kPa；

（5）调整完毕后，将后备制动阀手把置于缓解位，各压力值应符合下列要求：

① 总风缸压力为 750～900 kPa；

② 列车制动管压力为 600 kPa；

③ 制动缸压力为零；

④ 均衡风缸压力为 600 kPa（允许与列车制动管压力差不大于 10 kPa）。

四、操作安全注意事项

1. 检修时应穿戴工作服，做好必要的安全防护措施；

2. 必须按试验规程进行试验。

五、考核评分标准

序号	项目	分数	考核内容及评分标准
1	准备工作	10 分	1. 按规定穿戴劳动保护用品，否则每项扣 5 分
			2. 材料、工具准备齐全，能满足本次考试需求，否则每少一件扣 5 分
2	试验程序	70 分	1. 试验程序错误，每项扣 5 分
			2. 试验方法错误 ，每项扣 5 分
			3. 口述内容有遗漏、错误，每处扣 3 分
			4. 工作中返工，每处扣 10 分
			5. 作业后未按要求恢复、整理，每处扣 3 分
			6. 超过时间者，每分钟扣 2 分，总超时 5 min，停止作业
3	工具设备使用	10 分	1. 开工前不检查工、量具及设备，收工时不清理，每处扣 3 分
			2. 工/量具及设备使用不当，每次扣 3 分
			3. 工/量具脱落，每次扣 5 分
			4. 工具、设备损坏失格
4	安全生产及其他	10 分	1. 工作场地不整洁，工件、工具摆放不整齐，每处扣 2 分
			2. 违章或违反安全事项，每处扣 5 分
			3. 违反考试纪律或不服从裁判自行中断考试失格
			4. 作业过程中发生人身轻伤及以上事故失格
总成绩 = 1 + 2 + 3 + 4 =			

实作 7 中继阀的检修及试验

一、准备通知单

1. 材料准备

序号	名称	规格	数量	备注
1	中继阀		1 个	待修
2	橡胶模板		自定	
3	O 形密封圈		自定	满足需要
4	弹簧		自定	
5	供气阀胶垫		自定	
6	排气阀胶垫		自定	
7	擦铜油		适量	
8	硅脂		适量	
9	清洗剂		适量	

中级

续表

序号	名称	规格	数量	备注
10	白布		1 张	适量
11	水砂纸		适量	
12	毛刷		1 个	
13	清洗盘		1 个	
14	记名检修本		1 本	
15	中性笔		1 支	

2. 设备、工具、量具准备

序号	名称	规格	数量	备注
1	钳工工作台		1 台	
2	DK-1 型试验台		1 台	
3	游标卡尺	0 ~ 150 mm	1 把	
4	内径千分尺	0 ~ 25 mm	1 把	
5	外径千分尺	0 ~ 25 mm	1 把	
6	钢直尺	0 ~ 150 mm	1 把	
7	内卡簧钳		1 把	
8	尖嘴钳		1 把	
9	钢针		1 只	
10	一字螺丝刀	150 mm	1 把	
11	呆扳手	8 ~ 10 mm	2 把	
12	呆扳手	13 ~ 15 mm	1 把	
13	呆扳手	16 ~ 18 mm	2 把	
14	活动扳手	300 mm	1 把	

二、考核内容及要求

1. 考核项目：中继阀的检修及试验

2. 分值：100 分

3. 考核时间

（1）准备时间：10 min，正式操作时间 35 min。

（2）规定时间内全部完成，每超时 1 min，从总分中扣 2 分；总超时 5 min，停止作业。

4. 正确使用工/卡/量具。

5. 按要求填写检修记录。

三、检修技术标准

1. 各部无泄漏，各作用位置作用良好。

2. 橡胶元件不许有老化、裂损、变形。

3. 活塞不得有裂损、锈蚀、弯曲变形。

4. 用内、外径千分尺测量各阀与套的配合间隙，其标准为：

过充柱塞与套：直径ϕ24，其间隙≤0.15 mm

直径ϕ12，其间隙≤0.12 mm

供气阀与套：直径ϕ18，其间隙≤0.12 mm

排气阀与套：直径ϕ24，其间隙≤0.15 mm

5. 各弹簧不许有裂损、变形，弹性应良好，用游标卡尺测量弹簧自由高，供气阀弹簧29^{+1}_{-3} mm；排气阀弹簧为38^{+1}_{-3} mm；如不符合要求时更新。

6. 各部件清洗清洁，各气路畅通。

7. 组装时，给橡胶模板、O形密封圈、阀与套的工作面均涂适量的硅脂。

8. 性能试验符合要求。

四、操作工序及要求

1. 解体前检查

外观检查阀体无破损，阀座无拉伤，各通气孔不得有堵塞。

2. 解体

（1）用呆扳手拆下中继阀螺盖，取出供气阀联体。取出卡圈，从供气阀套内取出供气阀及阀弹簧。

（2）用呆扳手拆下中继阀膜板压盖螺母，取下压盖，逆活塞上所标明箭头方向，向外拔出主活塞。

（3）用挡圈钳取出挡圈，抽出排气阀联体及顶杆，取出卡圈，由排气阀套内取出排气阀、阀弹簧。

（4）用呆扳手拆下柱塞螺母，取下柱塞盖，抽出柱塞。

3. 清洗

将解体后的各部件（除橡胶件外）及阀体放入清洗盘中，用清洗剂清洗。清洗后再用200～300 kPa 干燥的压缩空气吹扫干净，对阀体内部各孔须认真吹扫，内部不得有残余油垢及异物。吹扫后的各部件用白布擦拭干净，按拆卸顺序依次摆放在洁净的工作台面上待查。

4. 检修

（1）阀体：

① 外观检查阀体、压盖、螺盖，不许有裂损、变形；

② 阀座不得有破损、拉伤，如有拉伤应磨修处理；

③ 各通风孔道应畅通，否则应清除堵塞物。

（2）外观检查各弹簧，不许有裂损、变形，弹性应良好。用游标卡尺测量弹簧自由高，供气阀弹簧29^{+1}_{-3} mm，排气阀弹簧为38^{+1}_{-3} mm，如不符合要求时需更新。

（3）外观检查各阀、套工作面不得有明显拉伤、阶段磨、偏磨。用内、外径千分尺测量各阀与套的配合尺寸，不许有过量磨耗。其标准为：

过充柱塞与套：直径ϕ24，其间隙≤0.15 mm；

供气阀与套：直径ϕ18，其间隙≤0.12 mm；

排气阀与套：直径ϕ24，其间隙≤0.15 mm。

（4）更新橡胶膜板，检查内、外膜板压板均不许有弯曲、变形、裂损、锈蚀。用游标卡尺测量顶杆长度，顶杆总长为 92 mm。

（5）外观检查供、排气阀座与各阀体座应配合紧固，不许有松动、脱落现象、阀体内壁不许有锈蚀、麻坑、拉伤等现象，否则应用白布涂上擦铜油磨修，尽量不使用砂纸打磨。

（6）外观检查风堵，螺纹应良好，通气孔不得阻塞，孔径为ϕ1.0 mm。

（7）更新所有 O 形密封圈或密封件。其规格分别为：

排气阀套 $\phi 40\times 3.4$ mm

供气阀套 $\phi 34\times 3.5$ mm

过充阀盖、排气阀、过充柱塞大端 $\phi 24\times 2.25$ mm

供气阀 $\phi 18\times 2.25$ mm

过充柱塞小端 $\phi 12\times 1.75$ mm

5. 组装

（1）组装各零部件：

① 组装膜板体，要求膜板应舒展，不得扭曲，膜板边应装入压板槽内，不得有压边现象；

② 给各阀及阀套装上 O 形密封圈及胶垫，O 形密封圈必须落入槽内，不许有翻拧现象，并有一定的余度；

③ 装上各部件间风道密封橡胶圈，密封橡胶圈应齐全，不可缺少，不可多装；

④ 给所有橡胶件表面和各阀、套工作面，均匀涂适量硅脂；

⑤ 分别将供气阀部、排气阀部装成部件备用，手压各阀在套内均能灵活动作。

（2）总体组装：

① 装入排气阀部及顶杆，装上挡圈；

② 将活塞体按箭头所指方向，按照中继阀在机车上安装位置，自上而下推动着挂上顶杆；为了便于挂接，应同时压迫顶杆前端部；内活塞一定要挂上顶杆，不可虚挂；

③ 装上供气阀部，装上中继阀螺盖；

④ 装入过充柱塞，装上过充柱塞盖。

6. 试验

将中继阀安装在 DK-1 型试验台上进行试验，其性能应符合要求。

（1）充气性能试验：列车制动管在 3 s 内升至 580 kPa，待均衡风缸列车制动管均升到 600 kPa。

（2）制动保压性能试验：均衡风缸减压 140 kPa 待压力稳定后保压 1 min，均衡风缸、列车制动管压力变化每分钟不大于 5 kPa。

（3）阶段减压性能试验：阶段减压均衡风缸与列车制动管压力差应小于 10 kPa。

（4）阶段增压性能试验：阶段增压均衡风缸与列车制动管压力差应小于 10 kPa。

（5）灵敏度试验：在均衡风缸上升或下降的任一时刻，均衡风缸与列车制动管的压力差不大于 4 kPa。

（6）过充性能试验：均衡风缸压力为 600 kPa 时，列车制动管过充量应为 25 ~ 40 kPa，均衡风缸压力上升小于 5 kPa。

五、操作安全注意事项

1. 检修时应穿戴工作服，做好必要的安全防护措施。

中级

2. 必须按检修规程进行检修。

3. 在试验台上拆装配件时，首先关闭相应的截断塞门，排净部件及相应管路内的余压后再进行拆卸。

4. 试验时遵守有关操作规程。

六、考核评分标准

序号	项目	配分	考核内容及评分标准
1	准备工作	10 分	1. 按规定穿戴劳动保护用品，否则每项扣 5 分
			2. 材料、工具准备齐全，能满足本次考试需求，否则每少一件扣 5 分
2	操作技能	70 分	1. 操作、检查、调整方法正确，不当或错误每处扣 4 分
			2. 工序错误，每处扣 6 分
			3. 漏拆、漏检、漏测、漏修，每处扣 6 分
			4. 零部件脱落损伤，每处扣 4 分
			5. 口述内容有遗漏、错误，每处扣 4 分
			6. 工作中返工，每项扣 10 分
			7. 作业后未按要求恢复、整理，检修记录漏填、错填，每处扣 2 分
			8. 工艺要求，质量不符合规定，每处扣 4 分
			9. 未试验扣 20 分，试验操作不当每处扣 5 分，试验不合格扣 15 分
			10. 超过时间者，每分钟扣 2 分，总超时 5 min，停止作业
3	工具设备使用	10 分	1. 开工前不检查工、量具及设备，收工时不清理工作现场，每处扣 3 分
			2. 工/量具及设备使用不当，每处扣 3 分
			3. 工/量具脱落，每次扣 3 分
			4. 工具、量具使用、保养不当造成损坏失格
4	安全生产及其他	10 分	1. 作业过程中发生人身轻伤及以上事故失格
			2. 违章或违反安全事项，每处扣 5 分
			3. 违反考试纪律或不服从裁判自行中断考试失格
			4. 工作场地不整洁，工件、工具摆放不整齐，每处扣 2 分
总成绩 = 1 + 2 + 3 + 4 =			

实作 8　TFK 型电-空阀的检修及试验

一、准备通知单

1. 材料准备

序号	名称	规格	数量	备注
1	TFK 型电-空阀		1 个	待修
2	密封套		自定	

续表

序号	名称	规格	数量	备注
3	O 形密封圈		自定	满足需要
4	弹簧		自定	
5	供气阀胶垫		自定	
6	排气阀胶垫		自定	
7	芯杆		自定	
8	硅脂		适量	
9	清洗剂		适量	
10	白布		1 张	适量
11	水砂纸		适量	
12	毛刷		1 个	
13	清洗盘		1 个	
14	记检修本		1 本	
15	中性笔		1 支	

2. 设备、工具、量具准备

序号	名称	规格	数量	备注
1	钳工工作台		1 台	
2	电-空阀试验台		1 台	
3	检测套		1 个	电-空阀专用
4	深度尺	0 ~ 100 mm	1 把	精度 0.01 mm
5	游标卡尺	0 ~ 150 mm	1 把	精度 0.02 mm
6	万用表		1 块	
7	兆欧表	500 V	1 块	
8	钢针		1 个	
9	十字螺丝刀	150 mm	1 把	
10	一字螺丝刀	150 mm	1 把	
11	呆扳手	5.5 ~ 7 mm	2 把	
12	呆扳手	8 ~ 10 mm	1 把	
13	呆扳手	22 ~ 24 mm	2 把	

二、考核内容及要求

1. 考核项目：TFK 型电-空阀的检修及试验

2. 分值：100 分

3. 考核时间

（1）准备时间 10 min，正式操作时间 50 min。

（2）规定时间内全部完成，每超时 1 min，从总分中扣 2 分；总超时 5 min，停止作业。

4. 正确使用工/卡/量具。

5. 按要求填写检修记录。

三、检修技术标准

1. 各部无泄漏，各作用位置作用良好。

2. 橡胶元件不许有老化、裂损、变形。

3. 阀座不许有裂纹、拉伤、径向沟槽，阀座底螺纹良好。

4. 检查测量阀杆行程及铁芯气隙，需符合限度要求，调整行程、气隙，可用锉修或更换的方法，其限度要求为：

阀杆行程：1.0 ± 0.2 mm

铁芯气隙：1.9 ± 0.2 mm

5. 用万用表测量线圈的电阻值（20 °C）为 $938^{+63}_{-46}\,\Omega$；用 500 V 兆欧表测量线圈对地绝缘电阻值应不小于 1 MΩ。

6. 性能试验符合要求。

四、操作工序及要求

1. 解体前检查

外观检查阀座无破损，各通气孔不得有堵塞，接线柱安装紧固，螺纹良好。

2. 解体

（1）拆下外壳与阀座连接螺栓，将外壳与阀座分开，然后取出阀杆、衔铁、线圈。

（2）松开阀座底部螺盖，取出复原弹簧、下阀门、上阀门、密封套、O 形密封圈及压圈。

3. 清洗

将解体后的各部件（除线圈、橡胶件外）及阀座放入清洗盘中，用清洗剂清洗。清洗后再用 200 ~ 300 kPa 干燥的压缩空气吹扫干净，对阀座内部各孔须认真吹扫，内部不得有残余油垢及异物。吹扫后的各部件用白布擦拭干净，按拆卸顺序依次摆放在洁净的工作台面上，待查。

4. 检修

（1）阀座：外观检查不许有裂纹、拉伤、径向沟槽，阀座底螺纹良好。

（2）上、下阀门橡胶件及防尘帽的检查：外观检查各橡胶件不许有龟裂、变形、老化现象，阀口黏结良好，否则应更新。

（3）检查测量阀杆行程及铁芯气隙，需符合限度要求，调整行程、气隙，可用锉修或更换的方法，其标准为：

阀杆行程：1.0 ± 0.2 mm；

铁芯气隙：1.9 ± 0.2 mm。

（4）检查弹簧不许有压死状况，且弹性良好。

（5）更新 O 形密封圈、密封套。

（6）线圈的检修：外观检查接线座，应安装牢固，不许有折损，螺纹良好，用万用表测量线圈的电阻值（20 °C）为 $938^{+63}_{-46}\,\Omega$。

5. 组装

（1）阀座的组装、检测、试验：

① 将阀座及其气路零部件组装好后，用游标卡尺测量阀盖至上阀门端部自由状态下的数值；再压紧游标卡尺读出新数值，两者之差为阀杆行程，阀杆行程必须控制在 1.0 ± 0.2 mm 范围内，否则须调整或磨修阀杆。

② 测量阀杆行程合格后，将静铁芯组装上，用专用的检测套套好，先后将芯杆及动铁芯投入套筒，用深度尺测出该深度值；然后取出芯杆再测出一个新的深度值，两者之差为铁芯气隙，铁芯气隙必须控制在 1.9 ± 0.2 mm 范围内，否则须重新选配芯杆，直至符合要求。

③ 一旦更换上下阀门、阀杆及芯杆时，需重新检查阀杆行程、铁芯气隙，以确保电-空阀的正常工作。

④ 上阀门与滑道的气密性试验：将阀座部分安装在试验台上，用专用装置将滑道压平后进行试验，用肥皂水检查气密性，不得有漏泄现象。

（2）外壳、线圈、铁芯的组装：将线圈套在铁芯座上，再将衔铁装入铁芯座内，然后将线圈连同衔铁、铁芯座一起装入外壳内，拧紧固定螺栓。衔铁动作灵活，不许有卡滞现象，线圈在外壳不得有垂直方向松动。

（3）总体组装：装上密封圈，再将阀座装在铁芯座上，紧固安装螺杆，应确保衔铁动作灵活、无卡滞现象。

（4）绝缘电阻的测量：组装结束后，用 500 V 兆欧表测量线圈对地绝缘电阻值应不小于 1 MΩ。

6. 电-空阀整体试验

将电-空阀安装在试验台上进行试验，其性能应符合要求：

（1）在 20 °C 条件下，接通额定气压 500 kPa、额定电压 110 V 及最小动作电压 77 V、最低工作气压 400 kPa 下，通断电源多次，检查其动作性能，动作可靠，不得有卡滞、泄漏现象。

（2）气密性检查：

① 通以最小工作气压 400 kPa，在排气孔处涂肥皂水，若有气泡产生，应维持 5 s 内不破裂。

② 在最大工作气压 650 kPa 下，通以额定电压的 50%，亦在排气孔处检查其气密性。

③ 在阀座与螺栓间涂肥皂水，不应有气泡产生。

五、操作安全注意事项

1. 检修时应穿戴工作服，做好必要的安全防护措施。

2. 必须按检修规程进行检修。

3. 在试验台上拆装配件时，首先关闭相应的截断塞门，排净部件及相应管路内的余压后再进行拆卸。

4. 试验时遵守有关操作规程。

六、考核评分标准

序号	项目	配分	考核内容及评分标准
1	准备工作	10 分	1. 按规定穿戴劳动保护用品，否则每项扣 5 分
			2. 材料、工具准备齐全，能满足本次考试需求，否则每少一件扣 5 分
2	操作技能	70 分	1. 操作、检查、调整方法正确，不当或错误每处扣 4 分
			2. 工序错误，每处扣 6 分
			3. 漏拆、漏检、漏测、漏修，每处扣 6 分
			4. 零部件脱落损伤，每处扣 4 分
			5. 口述内容有遗漏、错误，每处扣 4 分
			6. 工作中返工，每项扣 10 分
			7. 作业后未按要求恢复、整理，检修记录漏填、错填，每处扣 2 分
			8. 工艺要求，质量不符合规定，每处扣 4 分
			9. 未试验扣 20 分，试验操作不当每处扣 5 分，试验不合格扣 15 分
			10. 超过时间者，每分钟扣 2 分，总超时 5 min，停止作业
3	工具设备使用	10 分	1. 开工前不检查工、量具及设备，收工时不清理工作现场，每处扣 3 分
			2. 工/量具及设备使用不当，每处扣 3 分
			3. 工/量具脱落，每次扣 3 分
			4. 工具、量具使用、保养不当造成损坏失格
4	安全生产及其他	10 分	1. 作业过程中发生人身轻伤及以上事故失格
			2. 违章或违反安全事项，每处扣 5 分
			3. 违反考试纪律或不服从裁判自行中断考试失格
			4. 工作场地不整洁，工件、工具摆放不整齐，每处扣 2 分
总成绩 = 1 + 2 + 3 + 4 =			

实作 9　轮喷电磁阀检修及试验

一、准备通知单

1. 材料准备

序号	名称	规格	数量	备注
1	轮喷电磁阀		1 个	待修
2	橡胶密封垫		自定	四孔
3	O 形密封圈		自定	满足需要
4	弹簧		自定	
5	U 形圈		自定	

续表

序号	名称	规格	数量	备注
6	ZD 圈		自定	
7	柱塞		自定	
8	硅脂		适量	
9	清洗剂		适量	
10	白布		1 张	适量
11	水砂纸		适量	
12	毛刷		1 个	
13	清洗盘		1 个	
14	记名检修本		1 本	
15	中性笔		1 支	

2. 设备、工具、量具准备

序号	名称	规格	数量	备注
1	钳工工作台		1 台	
2	轮喷电磁阀试验台		1 台	
3	内径千分尺	0 ~ 25 mm	1 把	
4	外径千分尺	0 ~ 25 mm	1 把	
5	游标卡尺	0 ~ 150 mm	1 把	精度 0.02 mm
6	万用表		1 块	
8	钢针		1 个	
9	十字螺丝刀	150 mm、75 mm	各 1 把	
10	一字螺丝刀	75 mm	1 把	

二、考核内容及要求

1. 考核项目：轮喷电磁阀检修及试验

2. 分值：100 分

3. 考核时间

（1）准备时间：10 min，正式操作时间 40 min。

（2）规定时间内全部完成，每超时 1 min，从总分中扣 2 分；总超时 5 min，停止作业。

4. 正确使用工/卡/量具。

5. 按要求填写检修记录。

三、检修技术标准

1. 各部无泄漏，各作用位置作用良好。

2. 橡胶元件不许有老化、裂损、变形。

3. 阀座不许有裂纹、拉伤，阀座底螺纹良好。

4. 弹簧不许有压死、变形，否则应更新。

5. 用万用表测量先导线圈阻值约 3.2 kΩ。

6. 性能试验符合要求。

四、操作工序及要求

1. 解体前检查

外观检查阀座无破损，各通气孔不得有堵塞，插座安装紧固、无烧损现象。

2. 解体

（1）用螺丝刀松开阀体，取下端盖，取出活塞、U 形圈、密封垫（四孔）、ZD 圈、阀杆。

（2）打开下阀座和螺钉，取下压盖和顶盖、防水密封垫、O 形密封圈。

（3）依次取出静铁芯、先导头、动铁芯组件、弹簧、组合圈、起片等。

（4）卸下所有密封圈和阀垫。

3. 清洗

将解体后的各部件（除线圈、插座、橡胶件外）及阀座放入清洗盘中，用清洗剂清洗。清洗后再用 200 ~ 300 kPa 干燥的压缩空气吹扫干净，对阀座内部各孔须认真吹扫，内部不得有残余油垢及异物。吹扫后的各部件用白布擦拭干净，按拆卸顺序依次摆放在洁净的工作台面上，待查。

4. 检修

（1）外观检查阀座不许有裂纹、拉伤、径向沟槽，否则应在水砂纸上研磨消除。

（2）外观检查各部螺纹部分应完好，否则应更新。

（3）检查弹簧不许有压死状况，且弹性良好，否则应更新。

（4）更新 O 形密封圈、密封垫。

（5）外观检查接线座，应安装牢固，不许有折损，用万用表测量先导线圈阻值约 3.2 kΩ。

5. 组装

（1）在各密封圈上均涂适量的硅脂。

（2）按照解体的反序进行组装。

6. 试验

将轮喷电磁阀安装在试验台上进行试验，其性能应符合要求。

五、操作安全注意事项

1. 检修时应穿戴工作服，做好必要的安全防护措施；

2. 必须按检修规程进行检修；

3. 在试验台上拆装配件时，首先关闭相应的截断塞门，排净部件及相应管路内的余压后再进行拆卸；

4. 试验时遵守有关操作规程。

六、考核评分标准

序号	项目	配分	考核内容及评分标准
1	准备工作	10 分	1. 按规定穿戴劳动保护用品，否则每项扣 5 分
			2. 材料、工具准备齐全，能满足本次考试需求，否则每少一件扣 5 分
2	操作技能	70 分	1. 操作、检查、调整方法正确，不当或错误每处扣 4 分
			2. 工序错误，每处扣 6 分
			3. 漏拆、漏检、漏测、漏修，每处扣 6 分
			4. 零部件脱落损伤，每处扣 4 分
			5. 口述内容有遗漏、错误，每处扣 4 分
			6. 工作中返工，每项扣 10 分
			7. 作业后未按要求恢复、整理，检修记录漏填、错填，每处扣 2 分
			8. 工艺要求，质量不符合规定，每处扣 4 分
			9. 未试验扣 20 分，试验操作不当每处扣 5 分，试验不合格扣 15 分
			10. 超过时间者，每分钟扣 2 分，总超时 5 min，停止作业
3	工具设备使用	10 分	1. 开工前不检查工、量具及设备，收工时不清理工作现场，每处扣 3 分
			2. 工/量具及设备使用不当，每处扣 3 分
			3. 工/量具脱落，每次扣 3 分
			4. 工具、量具使用、保养不当造成损坏失格
4	安全生产及其他	10 分	1. 作业过程中发生人身轻伤及以上事故失格
			2. 违章或违反安全事项，每处扣 5 分
			3. 违反考试纪律或不服从裁判自行中断考试失格
			4. 工作场地不整洁，工件、工具摆放不整齐，每处扣 2 分
总成绩 = 1 + 2 + 3 + 4 =			

中级

实作 10 压力控制器的检修及试验

一、准备通知单

1. 材料准备

序号	名称	规格	数量	备注
1	压力控制器		1 个	待修
2	触头		自定	
3	波纹管		自定	
4	弹簧		自定	
5	红油漆		少量	

续表

序号	名称	规格	数量	备注
6	硅脂		适量	
7	清洗剂		适量	
8	白布		1 张	适量
9	水砂纸		适量	
10	毛刷		1 个	
11	清洗盘		1 个	
12	记名检修本		1 本	
13	中性笔		1 支	

2. 设备、工具、量具准备

序号	名称	规格	数量	备注
1	钳工工作台		1 台	
2	压力控制器试验台		1 台	
3	游标卡尺	0 ~ 150 mm	1 把	精度 0.02 mm
4	钢板尺		1 把	
5	万用表		1 块	
6	呆扳手	16 ~ 18 mm	1 把	
7	十字螺丝刀	75 mm	1 把	
8	一字螺丝刀	75 mm	1 把	
9	什锦锉		1 套	
10	尖嘴钳		1 把	

二、考核内容及要求

1. 考核项目：压力控制器的检修及试验

2. 分值：100 分

3. 考核时间

（1）准备时间：10 min，正式操作时间 40 min。

（2）规定时间内全部完成，每超时 1 min，从总分中扣 2 分；总超时 5 min，停止作业。

4. 正确使用工/卡/量具。

5. 按要求填写检修记录。

三、检修技术标准

1. 波纹管接口、顶杆应光滑、无磨痕，否则用砂布打磨平整；用游标卡尺测量顶杆行程为 3.2 ~ 5 mm，残留行程<1 mm，波纹管顶杆不得与底部相摩擦。

2. 各弹簧不许有压死、变形、锈蚀，否则应更新，切换差旋钮弹簧自由高度不足 16 mm 时须更新（原形为 18 mm）。

中级

3. 联动开关触头应无烧损，轻微灼痕可用锉刀砂纸打磨，触头开距可直接拨动静触头位置来实现，触头开距调整为 1.2 ~ 1.5 mm，两定位螺钉之间距离调整为 1.6 ~ 1.8 mm。

4. 性能试验符合要求。

四、操作工序及要求

1. 解体前检查

外观检查刻度板、铭牌字迹清楚，刻度线完整，各紧固螺丝齐全紧固。

2. 解体

（1）拆下前盖连接螺丝和风管接头。

（2）用十字螺丝刀卸下刻度板紧固螺钉，取下刻度板。

（3）用十字螺丝刀卸下波纹管式传感器螺钉，将波纹管传感器取下。

（4）卸下切换差调整盖，取出顶杆、弹簧。

（5）松下设定值调节螺堵，逆时针旋下调节螺杆。用螺丝刀卸下指针板导向杆螺钉。取下导向杆、指针板，再从指针板上卸下指针，卸下调压弹簧。

3. 清洗

将解体后的各部件（除橡胶件外）及阀座放入清洗盘中，用清洗剂清洗。清洗后再用 200 ~ 300 kPa 干燥的压缩空气吹扫干净，对阀座内部各孔须认真吹扫，内部不得有残余油垢及异物。吹扫后的各部件用白布擦拭干净，按拆卸顺序依次摆放在洁净的工作台面上，待查。

4. 检修

（1）外观检查波纹管接口，顶杆应光滑、无磨痕，否则用砂纸打磨平整，波纹管锡焊应平整、光滑无气泡或开裂，否则应锡焊修补，修补后就光滑平整。检修完后接上风源试验压力由 0 逐步调至 900 kPa，波纹管顶杆应逐渐前伸，中途不得出现卡滞或突跳、漏气现象，用游标卡尺测量顶杆行程为 3.2 ~ 5 mm，残留行程<1 mm，波纹管顶杆不得与底部相摩擦。

（2）外观检查传动部分各部件不得有变形、残损、碰撞及螺纹失效等现象，将刀口放于刀口下支座检查接触均匀，不得有硬伤或前后摇动，否则用锉刀修整，拨杆及拨板安装应紧固，相互垂直。

（3）检查各弹簧不许有压死状况，且弹性良好，否则应更新。切换差旋钮弹簧自由高度不足 16 mm 时须更新（原形为 18 mm）。定位凸片应可靠，双端搭接量不少于 1 mm；旋钮止动螺钉紧固，调整垫片及止动橡胶垫应平整无变形、损坏，弹簧座不得有变形。

（4）检查刻度板、铭牌字迹应清楚，刻度线应完整，定位杆不得有变形、卡滞、安装牢固。

（5）联动开关触头应无烧损，轻微灼痕可用锉刀砂纸打磨处理，触头开距可直接拨动静触头位置来实现，触头常开常闭位工作可靠，触头在任何位置不允许自动弹回，动触片不变形，触头开距调整为 1.2 ~ 1.5 mm，联动开关塑料头体不允许有破损，两定位螺钉之间距离调整为 1.6 ~ 1.8 mm。

5. 组装

（1）在波纹管传动顶杆上涂适量硅脂，将波纹管传感器装在传感器和体座上。

（2）依次装上切换差弹簧、顶杆，用四条螺钉装上切换差调整盖。

（3）装上调压弹簧。

（4）安装导向杆、指针板，装上指针。

（5）装调压螺杆。

（6）装刻度板、铭牌。

6. 试验

将压力控制器安装在试验台上进行试验，其性能应符合要求。合格的压力控制器应在各定位螺钉标注漆封。

五、操作安全注意事项

1. 检修时应穿戴工作服，做好必要的安全防护措施。

2. 必须按检修规程进行检修。

3. 在试验台上拆装配件时，首先关闭相应的截断塞门，排净部件及相应管路内的余压后再进行拆卸。

4. 试验时遵守有关操作规程。

六、考核评分标准

序号	项目	配分	考核内容及评分标准
1	准备工作	10 分	1. 按规定穿戴劳动保护用品，否则每项扣 5 分
			2. 材料、工具准备齐全，能满足本次考试需求，否则每少一件扣 5 分
2	操作技能	70 分	1. 操作、检查、调整方法正确，不当或错误每处扣 4 分
			2. 工序错误，每处扣 6 分
			3. 漏拆、漏检、漏测、漏修，每处扣 6 分
			4. 零部件脱落损伤，每处扣 4 分
			5. 口述内容有遗漏、错误，每处扣 4 分
			6. 工作中返工，每项扣 10 分
			7. 作业后未按要求恢复、整理，检修记录漏填、错填，每处扣 2 分
			8. 工艺要求，质量不符合规定，每处扣 4 分
			9. 未试验扣 20 分，试验操作不当每处扣 5 分，试验不合格扣 15 分
			10. 超过时间者，每分钟扣 2 分，总超时 5 min，停止作业
3	工具设备使用	10 分	1. 开工前不检查工、量具及设备，收工时不清理工作现场，每处扣 3 分
			2. 工/量具及设备使用不当，每处扣 3 分
			3. 工/量具脱落，每次扣 3 分
			4. 工具、量具使用、保养不当造成损坏失格
4	安全生产及其他	10 分	1. 作业过程中发生人身轻伤及以上事故失格
			2. 违章或违反安全事项，每处扣 5 分
			3. 违反考试纪律或不服从裁判自行中断考试失格
			4. 工作场地不整洁，工件、工具摆放不整齐，每处扣 2 分
总成绩 = 1 + 2 + 3 + 4 =			

实作 11　紧急阀的检修及试验

一、准备通知单

1. 材料准备

序号	名称	规格	数量	备注
1	紧急阀		1 个	待修
2	橡胶模板		自定	
3	O 形密封圈		自定	满足需要
4	弹簧		自定	
5	橡胶密封垫		自定	
6	放风阀		自定	
7	微动开关		自定	
8	擦铜油		适量	
9	硅脂		适量	
10	清洗剂		适量	
11	白布		1 张	适量
12	水砂纸		适量	
13	毛刷		1 个	
14	清洗盘		1 个	
15	记名检修本		1 本	
16	中性笔		1 支	

2. 设备、工具、量具准备

序号	名称	规格	数量	备注
1	钳工工作台		1 台	
2	台钳		1 台	
3	DK-1 型试验台		1 台	
4	游标卡尺	0 ~ 150 mm	1 把	
5	钢直尺	0 ~ 150 mm	1 把	
6	尖嘴钳		1 把	
7	钢针		1 只	
8	一字螺丝刀	75 mm	1 把	
9	十字螺丝刀	75 mm	1 把	
10	呆扳手	5.5 ~ 7 mm	1 把	
11	呆扳手	16 ~ 18 mm	2 把	
12	呆扳手	19 ~ 22 mm	1 把	

二、考核内容及要求

1. 考核项目：紧急阀的检修及试验

2. 分值：100 分

3. 考核时间

（1）准备时间：10 min，正式操作时间 35 min。

（2）规定时间内全部完成，每超时 1 min，从总分中扣 2 分；总超时 5 min，停止作业。

4. 正确使用工/卡/量具。

5. 按要求填写检修记录。

三、检修技术标准

1. 各部无泄漏，各作用位置作用良好。

2. 橡胶元件不许有老化、裂损、变形，夹芯阀胶料与金属硬芯结合严密，无脱胶、松弛、开裂等异状。

3. 活塞不得有裂损、锈蚀、弯曲变形。

4. 导向阀和传递杆无裂损变形。

5. 各弹簧不许有裂损、变形，弹性应良好；用游标卡尺测量弹簧自由高，安定弹簧 50^{+1}_{-3} mm，放风阀弹簧为 48^{+1}_{-3} mm；如不符合要求时更新。

6. 各部件清洗清洁，各气路畅通。

7. 组装时，给橡胶模板、O 形密封圈、阀与套的工作面均涂适量的硅脂。

8. 性能试验符合要求。

四、操作工序及要求

1. 解体前检查

外观检查阀体无破损，阀座无拉伤，各通气孔不得有堵塞。

2. 解体

（1）用螺丝刀拆下排气罩和微动开关罩及微动开关。

（2）用呆扳手拆下紧急阀盖螺栓，将阀盖取下，抽出并解体紧急活塞，取出安定弹簧。

（3）用呆扳手从阀体卸下紧急阀下盖，取下放风阀、导向套、传递顶杆、放风阀弹簧。

3. 清洗

将解体后的各部件（除微动开关、橡胶件外）及阀体放入清洗盘中，用清洗剂清洗。清洗后再用 200 ~ 300 kPa 干燥的压缩空气吹扫干净，对阀体内部各孔须认真吹扫，内部不得有残余油垢及异物。吹扫后的各部件用白布擦拭干净，按拆卸顺序依次摆放在洁净的工作台面上，待查。

4. 检修

（1）阀体：

① 外观检查阀体、压盖、螺盖，不许有裂损、变形。

② 阀座不得有破损、拉伤，如有拉伤应磨修处理。

③ 各通风孔道应畅通，否则应清除堵塞物。

（2）外观检查各弹簧，不许有裂损、变形，弹性应良好。用游标卡尺测量弹簧自由高，安定弹簧 50^{+1}_{-3} mm，放风阀弹簧为 48^{+1}_{-3} mm，如不符合要求时需更新；

（3）外观检查阀、套工作面不得有明显拉伤、阶段磨、偏磨。导向阀套与阀体应配合紧固，不许有松动、脱落现象、阀体内壁不许有锈蚀、麻坑、拉伤等现象，否则应用白布涂上擦铜油磨修，尽量不使用砂纸打磨。

（4）检查上、下活塞、活塞杆、导向管、传递顶杆不许有变形，缩孔应畅通，顶杆不得有异常磨损。

（5）外观检查放风阀座，不得有影响气密性的损伤及锈蚀，否则应用白布涂擦铜油擦除。

（6）更新膜板、夹芯阀、微动开关、O 形密封圈及风道密封垫。

5. 组装

（1）将导向套，传递顶杆套装 O 形密封圈并均涂适量的硅脂，风道密封垫涂上适量的硅脂贴到风道口上。

（2）组装上下活塞、膜板、活塞杆，膜板在上下活塞间要平展。

（3）将安定弹簧活塞组件装入紧急室内，装好阀盖，拧紧固定螺栓。

（4）将放风阀弹簧、传递顶杆、导向阀、夹芯阀装入放风室内。

（5）组装阀体与放风阀下盖，并紧固其螺栓。

（6）装上微动开关，并调整好微动开关距离。

（7）装好微动开关罩及排气罩。

6. 试验

将紧急阀安装在 DK-1 型试验台上进行试验，其性能应符合要求：

（1）充风性能试验：紧急风缸压力由 0 升至 580 kPa 的时间应在 40 ~ 50 s。

（2）漏泄试验：紧急风缸压力稳定后 1 min 内不得下降。

（3）紧急灵敏度试验：列车制动管减压 100 kPa 前起紧急作用，紧急风缸压力降至 40 kPa 的时间应在 20 ~ 35 s。

（4）安定性试验：紧急风缸压力由 0 升至 600 kPa，列车制动管压力下降 200 kPa 时，紧急阀应不发生紧急制动作用。

五、操作安全注意事项

1. 检修时应穿戴工作服，做好必要的安全防护措施；

2. 必须按检修规程进行检修；

3. 在试验台上拆装配件时，首先关闭相应的截断塞门，排净部件及相应管路内的余压后再进行拆卸；

4. 试验时遵守有关操作规程。

六、考核评分标准

序号	项目	配分	考核内容及评分标准
1	准备工作	10 分	1. 按规定穿戴劳动保护用品，否则每项扣 5 分
			2. 材料、工具准备齐全，能满足本次考试需求，否则每少一件扣 5 分
2	操作技能	70 分	1. 操作、检查、调整方法正确，不当或错误每处扣 4 分
			2. 工序错误，每处扣 6 分
			3. 漏拆、漏检、漏测、漏修，每处扣 6 分
			4. 零部件脱落损伤，每处扣 4 分
			5. 口述内容有遗漏、错误，每处扣 4 分
			6. 工作中返工，每项扣 10 分
			7. 作业后未按要求恢复、整理，检修记录漏填、错填，每处扣 3 分
			8. 工艺要求，质量不符合规定，每处扣 4 分
			9. 未试验扣 20 分，试验操作不当每处扣 5 分，试验不合格扣 15 分
			10. 超过时间者，每分钟扣 2 分，总超时 5 min，停止作业
3	工具设备使用	10 分	1. 开工前不检查工、量具及设备，收工时不清理工作现场，每处扣 3 分
			2. 工/量具及设备使用不当，每处扣 3 分
			3. 工/量具脱落，每次扣 3 分
			4. 工具、量具使用、保养不当造成损坏失格
4	安全生产及其他	10 分	1. 作业过程中发生人身轻伤及以上事故失格
			2. 违章或违反安全事项，每处扣 5 分
			3. 违反考试纪律或不服从裁判自行中断考试失格
			4. 工作场地不整洁，工件、工具摆放不整齐，每处扣 2 分
总成绩 = 1 + 2 + 3 + 4 =			

实作 12　调压阀检修及试验

一、准备通知单

1. 材料准备

序号	名称	规格	数量	备注
1	调压阀		1 个	QTY 型
2	橡胶模板		自定	
3	O 形密封圈		自定	满足需要
4	弹簧		自定	
5	进气阀		自定	

续表

序号	名称	规格	数量	备注
6	溢流阀		自定	
7	擦铜油		适量	
8	硅脂		适量	
9	清洗剂		适量	
10	白布		1 张	适量
11	水砂纸		适量	
12	毛刷		2 个	
13	清洗盘		1 个	
14	肥皂水		适量	
15	记名检修本		1 本	
16	中性笔		1 支	

2. 设备、工具、量具准备

序号	名称	规格	数量	备注
1	钳工工作台		1 台	
2	台钳		1 台	
3	调压阀试验台		1 台	
4	游标卡尺	0 ~ 150 mm	1 把	
5	尖嘴钳		1 把	
6	钢针		1 只	
7	卡簧钳		1 把	
8	十字螺丝刀	150 mm	1 把	
9	呆扳手	8 ~ 10 mm	2 把	
10	呆扳手	16 ~ 18 mm	1 把	
11	管钳	150 mm	1 把	

二、考核内容及要求

1. 考核项目：调压阀检修及试验

2. 分值：100 分

3. 考核时间

（1）准备时间：10 min，正式操作时间 40 min。

（2）规定时间内全部完成，每超时 1 min，从总分中扣 2 分；总超时 5 min，停止作业。

4. 正确使用工/卡/量具。

5. 按要求填写检修记录。

三、检修技术标准

1. 各部无泄漏，各作用位置作用良好。

2. 橡胶元件不许有老化、裂损、变形。

3. 阀体、弹簧盒不许有裂纹、变形，否则应更新。

4. 进气阀工作面应平整，不得有缺损及槽沟，气密性良好，否则应在水砂纸上研磨消除。

5. 各弹簧不许有裂损、变形，弹性应良好。

6. 各部件清洗清洁，各气路畅通。

7. 组装时，给橡胶模板、O 形密封圈、阀与套的工作面均涂适量的硅脂。

8. 性能试验符合要求。

四、操作工序及要求

1. 解体前检查

外观检查阀体无破损、螺纹良好，各通气孔不得有堵塞。

2. 解体

（1）用呆扳手松开背母，逆时针转动手轮，使调压弹簧调至最小压力。

（2）用螺丝刀松开弹簧盒与调压器体连接螺栓，分成两体。

（3）从弹簧盒中取出膜板、二次弹簧、一次弹簧座、一级弹簧、一级弹簧压盖，松开溢流阀，取下橡胶膜板。

（4）用管钳旋下螺盖，取出进气阀弹簧及进气阀。

（5）拆卸进气阀，取下顶杆。

（6）卸下橡胶膜板及密封圈。

3. 清洗

将解体后的各部件（橡胶件外）及阀体放入清洗盘中，用清洗剂清洗。清洗后再用 200～300 kPa 干燥的压缩空气吹扫干净，对阀体内部各孔须认真吹扫，内部不得有残余油垢及异物。吹扫后的各部件用白布擦拭干净，按拆卸顺序依次摆放在洁净的工作台面上，待查。

4. 检修

（1）阀体

① 外观检查阀体、弹簧盒、螺盖，不许有裂损、变形；

② 进、出风口不得有破损，螺纹良好，否则须更换处理；

③ 各通风孔道应畅通，否则应清除堵塞物。

（2）外观检查各弹簧，不许有裂损、变形，弹性应良好。

（3）外观检查进气阀工作面，应平整不得有缺损及槽沟，气密性良好，否则应在水砂纸上研磨消除。

（4）检查顶杆与溢流阀接触应良好，有泄漏现象时，应用擦铜油对研消除。

（5）更新膜板及 O 形密封圈。

5. 组装

（1）在顶杆和进气阀定向柱中套装 O 形密封圈，并涂适量硅脂。

（2）将橡胶膜板安装在溢流阀上。

（3）组装顶杆和进气阀。

（4）按照解体的反序进行组装。

6. 试验

将调压阀安装在调压阀试验台上进行试验，其性能应符合要求：

（1）漏泄试验：出风口压力不上升，用肥皂水检查溢流阀孔和模板接缝不得有漏风现象。

（2）调压试验：平滑调整至试验值 600 kPa，输出压力稳定，溢流口不得有漏风现象。

（3）补风试验：使出风口压力降至 50 ~ 100 kPa 后应恢复到先前的稳定值。

五、操作安全注意事项

1. 检修时应穿戴工作服，做好必要的安全防护措施。

2. 必须按检修规程进行检修。

3. 在试验台上拆装配件时，首先关闭相应的截断塞门，排净部件及相应管路内的余压后再进行拆卸。

4. 试验时遵守有关操作规程。

六、考核评分标准

序号	项目	配分	考核内容及评分标准
1	准备工作	10 分	1. 按规定穿戴劳动保护用品，否则每项扣 5 分
			2. 材料、工具准备齐全，能满足本次考试需求，否则每少一件扣 5 分
2	操作技能	70 分	1. 操作、检查、调整方法正确，不当或错误每处扣 4 分
			2. 工序错误，每处扣 6 分
			3. 漏拆、漏检、漏测、漏修，每处扣 6 分
			4. 零部件脱落损伤，每处扣 4 分
			5. 口述内容有遗漏、错误，每处扣 4 分
			6. 工作中返工，每项扣 10 分
			7. 作业后未按要求恢复、整理，检修记录漏填、错填，每处扣 2 分
			8. 工艺要求，质量不符合规定，每处扣 4 分
			9. 未试验扣 20 分，试验操作不当每处扣 5 分，试验不合格扣 15 分
			10. 超过时间者，每分钟扣 2 分，总超时 5 min，停止作业
3	工具设备使用	10 分	1. 开工前不检查工、量具及设备，收工时不清理工作现场，每处扣 3 分
			2. 工/量具及设备使用不当，每处扣 3 分
			3. 工/量具脱落，每次扣 3 分
			4. 工具、量具使用、保养不当造成损坏失格
4	安全生产及其他	10 分	1. 作业过程中发生人身轻伤及以上事故失格
			2. 违章或违反安全事项，每处扣 5 分
			3. 违反考试纪律或不服从裁判自行中断考试失格
			4. 工作场地不整洁，工件、工具摆放不整齐，每处扣 2 分
总成绩 = 1 + 2 + 3 + 4 =			

中级

【模拟试卷】

电力机车制动钳工中级工理论知识试卷

一、填空题（第 1 ~ 20 题。请将正确答案填入题内空白处。每题 1 分，共 20 分。）

1. 用铰刀提高原有孔的尺寸精度和__________的加工，称为铰孔。

2. 关联实际要素的位置对基准所允许的变动全量称为_________。

3. 划线时，为保证加工面和不加工面间各点的距离相同所进行的调整，对加工余量合理地分配称为__________。

4. 正确处理好研磨的__________是提高研磨质量的重要条件。

5. 三相电源的端线与中线之间的电压称为________电压。

6. 铁素体与渗碳体的__________称为珠光体。

7. 制动过程必须具备两个基本条件，即实现能量转换和_______能量转换。

8. 局部减压可以提高列车制动管的_________，促使后部车辆迅速产生制动作用。

9. BT-3.0/10A 型螺杆压缩机的工作过程包括吸气过程、______及输送过程、压缩过程及喷油和排气过程。

10. TAD-H 型空气干燥器出气止回阀是防止总风缸压力空气向________倒流，且左右进风口由一小孔相连以使干燥空气进入再生干燥塔进行再生。

11. SS_{4B} 型机车在正常运行时，风源系统塞门 110 应处于______状态。

12. 如果要打开高压室各门，必须_______并使保护电-空阀失电才能实现。

13. 机车撒砂器装置不仅能接受司机的控制，也能与________、防空转滑行及断钩保护配合作用。

14. 平均管连接软管风压试验时，应通入______kPa 的压力空气。

15. TSG15B 型受电弓的铰链机构包括下臂杆、上框架、拉杆和_______构成一个四连杆机构。

16. 基础制动装置的传动效率表征着________空气压力的有效利用程度。

17. JPXZ-2A 型盘形制动器带_______制动，它可在空气制动时提供制动力，也可在停放制动时提供停放制动力。

18. 双阀口式中继阀主要由活塞膜板、供气阀机构、排气阀机构、顶杆、阀座和_______等组成。

19. DK-1 型电-空制动机列车制动管减压 40 ~ 50 kPa，制动缸压力应为________kPa。

20. 制动控制单元 BCU 的控制板 B02 指示灯代表制动控制单元 BCU 的______信号，正常状态下将周期性闪烁。

二、单项选择题（第 21 ~ 30 题，每题 1 分，共 10 分。请将正确答案字母填入括号内）

21. 装配修理中，调整滚动轴承的（　　）可提高回转精度或抗震性。

A. 精度　　B. 刚度　　C. 强度　　D. 粗糙度

中级

22. 共析钢的含碳量为（　　）。

A. 4.3%　　B. 0.77% ~ 2.11%　　C. 2.11%　　D. 0.77%

23. BT-3.0/10A 型螺杆压缩机组风机叶轮与风机（　　）连成一体，套装在电机轴上，置于蜗壳腹中。

A. 轴承　　B. 螺杆副　　C. 联轴节　　D. 电机

24. 制动软管连接器组成后应将连接器通入（　　）kPa 的水压保持 2 min，软管的膨胀不得超过 8 mm，并不得有显著的局部凸起或局部膨胀。

A. 600　　B. 900　　C. 1000　　D. 1200

25. TSG15B 型受电弓升弓电磁阀失电，升弓气囊内的压缩空气排出气囊收缩，受电弓靠（　　）降弓。

A. 降弓弹簧　　B. 升弓弹簧　　C. 气囊拉力　　D. 自重

26. 机车车辆单位重量所具有的闸瓦压力称为（　　）。

A. 制动率　　B. 制动效率　　C. 制动倍率　　D. 制动能力

27. 109 型分配阀主阀部局减状态连通两条气路，一是容积室向（　　）的气路，二是列车制动管向局减室降压的气路，以实现局部减压作用。

A. 大气排风　　B. 工作风缸逆流　　C. 作用管充风　　D. 制动缸充风

28. 紧急阀活塞杆缩孔（　　）是充风缓解时，控制列车制动管向紧急室充风速度，防止产生自然制动。

A. Ⅰ　　B. Ⅱ　　C. Ⅲ　　D. Ⅰ和Ⅱ

29. DK-1 型电-空制动机列车制动管减压（　　）kPa，制动缸压力应为 240 ~ 270 kPa。

A. 40 ~ 50　　B. 100　　C. 170 ~ 180　　D. 200

30. 神华号交流机车停放制动调压阀整定值是（　　）kPa。

A. 450　　B. 480　　C. 500　　D. 550

三、不定项选择题（第 31 ~ 40 题，每题 2 分，共 20 分。每小题备选答案中，有一个或一个以上符合题意的正确答案，请将相应字母填入题前括号内。每小题全部选对得满分，少选得 1 分，多选，错选，不选均不得分。）

31. 常用的矫正方法有（　　）。

A. 扭转法　　B. 调整法　　C. 伸张法　　D. 弯曲法　　E. 延展法

32. 交流电磁接触器主要由（　　）组成。

A. 电磁系统　　B. 触头系统　　C. 外壳　　D. 灭弧罩　　E. 传动机构

33. 金属晶体缺陷通常有（　　）三大类。

A. 晶格缺陷　　B. 点缺陷　　C. 线缺陷　　D. 面缺陷　　E. 晶粒缺陷

34. 制动过程必须具备两个基本条件是（　　）。

A. 可靠的制动系统　　B. 电能转换为动能　　C. 实现能量转换
D. 控制能量转换　　E. 可靠的操纵系统

35. 非黏着制动包括（　　）。

A. 摩擦制动　　B. 风阻制动和喷气制动　　C. 惯性制动
D. 磁轨摩擦制动　　E. 磁轨涡流制动

中级

36. 解体检修基本工序包括（　　）。

A. 外部清扫　B. 解体、清洗　C. 检查修理

D. 整洁处理　E. 组装试验

37. TSG15B 型受电弓的调整包括（　　）。

A. 静态接触压力的调整　B. 受电弓底架的调整

C. 升降弓时间的调整　D. 铰链机构的调整

E. 弓头的调整

38. 机车实际闸瓦压力与（　　）有关。

A. 机车的制动缸数量　B. 制动缸压力　C. 制动缸活塞直径

D. 制动倍率　E. 制动传动效率

39. 机车无动力装置滤尘止回阀主要由（　　）等组成。

A. 阻流塞　B. 止回阀　C. 止回阀座　D. 截断塞门

E. 止回阀弹簧

40. 制动控制单元 BCU 的输入板用于（　　）开关量信号的输入与处理。

A. AC220 V　B. DC110 V　C. DC48 V　D. DC24 V

E. DC5 V

四、判断题（第 41 ~ 60 题。请将判断结果填入括号中，正确的填“√”，错误的填“×”。每题 1 分，共 20 分。）

（　　）41. 当平面图垂直于投影面时，其投影为一个点。

（　　）42. 表面粗糙度的数值越小，其表面越光滑平整。

（　　）43. 螺距是螺纹相邻两个螺纹中径上对应点间的距离。

（　　）44. 链传动与齿轮传动比较，它不能在两轴中心距较大的情况下传递运动和动力。

（　　）45. 划线时都应从划线基准开始，而且尽量使划线基准与设计基准一致。

（　　）46. 整理电路和等效化简是两个相同的概念。

（　　）47. 塑性是材料在循环应力和应变作用下，在一处或几处产生局部永久累积损伤，经一定循环次数后产生裂纹或突然发生完全断裂的过程。

（　　）48. 通过轮轨间的黏着来实现制动的方式，称为黏着制动。

（　　）49. 将制动阀手柄置于中立位，切断列车制动管的充、排风通路，使列车制动管既不排风也不充风，制动机呈保压状态。

（　　）50. 合成闸瓦按其摩擦系数的大小可分为低摩合成闸瓦、中摩合成闸瓦和高摩合成闸瓦三大类。

（　　）51. 所谓自动空气制动机是当列车分离时，各车辆能产生制动作用的制动机。

（　　）52. 压缩机底架与地板之间装有橡胶减震器，以消除主空气压缩机组高速运转引起的震动对机车的影响。

（　　）53. BT-3.0/10A 型螺杆压缩机换油时将空压机运转，使油温上升，然后停机，以利排油。

（　　）54. YWK-50-C 型压力控制器根据压力控制器的使用情况，进行定期校对调整。

(　　) 55. 空气管路中的压缩空气可以近似地认为是理想气体，因此在状态变化过程中不可以运用气态方程。

(　　) 56. 受电弓升起后，保护电-空阀 247YV 将保持得电，门联锁阀内的压缩空气不能排出，高压室及变压器室各门均不能打开。

(　　) 57. TSG15B 型受电弓调整升降弓时间时，顺时针调整气阀板上的单向节流阀 DRS，受电弓的降弓时间减小，逆时针调整降弓时间增大。

(　　) 58. 电-空位操作时，空气制动阀手柄置于中立位，作用凸轮较制动位时有一个较小的升程，作用柱塞左移至中间位，切断所有的气路。

(　　) 59. 调压阀整定值是通过手轮旋转来给定，逆时针旋转为增高，反之为降低。

(　　) 60. 制动控制单元 BCU 的 PWM 板面板上编号为 A01 ~ A04 的指示灯（绿色灯）代表 4 路 DC24 V 的 PWM1 ~ PWM4 输出，灯亮表示有对应的 DC24 V 的 PWM 输出。

五、简答题（第 61 ~ 65 题。每题 6 分，共 30 分。）

61. 简述锉削平面时产生中凸的原因。

62. 在电气化线路上作业时应注意什么？

63. 简述 BT-3.0/10A 型螺杆压缩机的换油步骤。

64. 简述 TSG15B 型受电弓升、降弓时间的调整方法。

65. 简述空气位操纵，空气制动阀手柄置于制动位的作用原理。

电力机车制动钳工中级工理论知识试卷答案

一、填空题

1. 表面粗糙度　2. 位置公差　3. 找正　4. 运动轨迹　5. 相
6. 机械混合物　7. 控制　8. 减压速度　9. 封闭　10. 干燥塔
11. 关闭　12. 降弓　13. 制动机　14. 500　15. 底架
16. 制动缸　17. 蓄能　18. 过充柱塞　19. 90 ~ 130　20. 生命

二、单项选择题

21. A　22. D　23. C　24. C　25. D
26. A　27. A　28. B　29. B　30. D

三、不定项选择题

31. ACDE　32. ABCD　33. BCD　34. CD　35. BDE
36. ABCDE　37. ACE　38. ABCDE　39. ABCE　40. BD

四、判断题

41. ×　42. √　43. ×　44. ×　45. √　46. ×　47. ×　48. √　49. √　50. ×
51. √　52. ×　53. √　54. √　55. ×　56. ×　57. √　58. √　59. ×　60. √

五、简答题

61. 锉削平面时产生中凸的原因有：（1）双手用力不平衡、不稳造成前后锉掉的多，使中间凸起；（2）姿势不正确，造成整个面锉削量不均匀；（3）锉刀本身中间凹，致使工件中凸。

62. 在接触网没有停电并接地的情况下，禁止到机车、车辆的车顶上进行任何作业；在受电弓升起后，不得直接或间接进入高压室进行作业。

63. （1）将空压机运转，使油温上升，然后停机，以利排油；（2）待确定系统完全卸压之后，缓慢打开排油塞，将油放出，当油流太慢时，可将加油螺塞松开，以利进空气；（3）润滑油泄完后，关闭排油螺塞，打开加油口盖，注入新油。

64. TSG15B 型受电弓升、降弓时间的调整方法：（1）升弓时间的调整是通过调节单向节流阀 DRH，调节升弓速度，顺时针调节减小升弓时间，逆时针调节增大升弓时间；（2）降弓时间的调整是通过调节单向节流阀 DRS，调节降弓速度，顺时针调节减小降弓时间，逆时针调节增大降弓时间。

65. 空气制动阀手柄置于制动位时，作用柱塞阀连通 a 管与大气、调压阀管与 b 管的气路。所以，空气制动阀开通了均衡风缸的排风气路（均衡风缸管→电-空转换阀→a 管→作用柱塞阀→大气），经中继阀动作使列车制动管排风，最终实现全列车的制动。

制动钳工中级工技能考试

请各位考生在考试前认真阅读此单，并按要求逐一做好各项准备工作。

考试说明：

1. 电力机车制动钳工中级技能考试包含三大项目：（1）钳工制作和钳工基础操作技能（任选一项）；（2）电力机车制动机配件检修（必选一项）；（3）电力机车制动机试验（必选一项）。

2. 电力机车制动钳工初级工技能考试总分为 100 分，技能考试三大项目各自的小计分也为 100 分，按百分比的原则进行汇总。考生得分 = 第（1）项目得分 × 20% + 第（2）项目得分 × 50% + 第（3）项目得分 × 30%。

制动钳工中级技能考试评分汇总表

准考证号：__________ 姓名：__________ 时间：__________ 单位：__________

考试项目 / 得分	基础操作技能（20%）	制动机配件检修（50%）	制动机试验（30%）
各项小计分			
考生汇总得分			

第一项目：制动钳工基础操作技能

考核项目：制动软管的风压和水压试验

试题编码：605070601ABA00240901X

一、准备通知单

1. 材料准备

序号	名称	规格	数量	备注
1	制动软管		4 根	
2	白布		1 块	适量
3	生料带		1 个	
4	标牌		适量	
5	记名检修本		1 本	
6	中性笔		1 支	

2. 设备及工具准备

序号	名称	规格	数量	备注
1	钳工工作台		1 台	
2	软管压力试验台		1 台	
3	专用扳手	55 mm	1 把	
4	手锤		1 把	
5	十位数字头		1 套	
6	尖嘴钳		1 把	
7	游标卡尺	0～150 mm	1 把	

二、考核内容及要求

1. 考核项目：制动软管的风压和水压试验

2. 分值：100 分

3. 考核时间

（1）准备时间：5 min，正式操作时间 20 min。

（2）规定时间内全部完成，每超时 1 min，从总分中扣 3 分；总超时 5 min，停止作业。

4. 正确使用工/卡/量具。

5. 按要求填写检修记录。

三、检修技术标准

1. 制动软管不得有老化、剥离、龟裂、鼓包。

2. 试验项目必须符合相应的技术要求。

3. 试验合格后，打上年、月、日的检修试验标牌。

四、操作工序及要求

1. 外观检查

（1）外观检查接头丝扣良好，连接器接合面全部平滑无损，无砂眼，无裂纹，卡箍无破损，软管无老化、剥离、龟裂、鼓包等，不良者更换。

（2）新软管连接器和管接头上，需除掉熔铸不良处所和表面铁锈。

2. 风压、水压试验

（1）将软管丝扣部装好堵头，安装在试验台上，放入水槽中进行风压试验，压力 600 kPa，保持 5 min，各部不得漏泄，边缘和表面出现的气泡逐渐消失者可使用。

（2）风压试验合格后，再进行水压试验，压力 1 000 kPa，保持 2 min，各部不得漏泄，新软管外径膨胀超过 6 mm，旧软管外径膨胀超过 8 mm 或局部凸起时不得使用。

（3）试验合格后，打上年、月、日的检修试验标牌。

五、操作安全注意事项

1. 检修时应穿戴工作服，做好必要的安全防护措施。

2. 风压、水压试验时，压力应缓慢上升，防止压力过大造成意外损失。

3. 拆卸时必须断开电源，排净余风才能作业。

4. 试验时遵守有关操作规程。

六、考核评分标准

序号	项目	配分	考核内容及评分标准
1	准备工作	10 分	1. 按规定穿戴劳动保护用品，否则每项扣 5 分
			2. 材料、工具准备齐全，能满足本次考试需求，否则每少一件扣 5 分
2	操作技能	70 分	1. 拆装、检查方法正确，不当或错误每处扣 4 分
			2. 工序错误，每处扣 6 分
			3. 漏检每处扣 6 分
			4. 工具、部件脱落损伤，每处扣 4 分
			5. 口述内容有遗漏、错误，每处扣 4 分
			6. 工作中返工，每项扣 10 分
			7. 作业后未按要求恢复、整理，检修记录漏填、错填，每处扣 3 分
			8. 工艺要求，质量不符合规定，每处扣 4 分
			9. 试验操作不当每处扣 5 分
			10. 超过时间者，每分钟扣 3 分，总超时 5 min，停止作业
3	工具设备使用	10 分	1. 开工前不检查工具及配件，收工时不清理现场，每处扣 3 分
			2. 工具使用不当，每处扣 3 分
			3. 工具脱落，每次扣 3 分
			4. 工具使用、保养不当造成损坏失格
4	安全生产及其他	10 分	1. 作业过程中发生人身轻伤及以上事故失格
			2. 违章或违反安全事项，每处扣 5 分
			3. 违反考试纪律或不服从裁判自行中断考试失格
			4. 工作场地不整洁，配件、工具摆放不整齐，每处扣 2 分
总成绩 = 1 + 2 + 3 + 4 =			

七、评分人员要求

1. 热爱本职工作，遵守考评各项规则及要求。

2. 考评人员必须具有技师、高级专业技术职务及以上资格，同时经专门培训，熟悉鉴定工作。

3. 现场由监考、评分人及统计员构成。

4. 评分员必须回避考试现场，进入评判室做好准备，依据评分标准打分。

5. 统计员做好分数统计及保密工作，评分表不得有更改。

第二项目：电力机车制动机配件检修

考核项目：紧急阀的检修及试验

试题编码：605070601ADD00140901X

一、准备通知单

1. 材料准备

序号	名称	规格	数量	备注
1	紧急阀		1个	待修
2	橡胶模板		自定	
3	O形密封圈		自定	满足需要
4	弹簧		自定	
5	橡胶密封垫		自定	
6	放风阀		自定	
7	微动开关		自定	
8	擦铜油		适量	
9	硅脂		适量	
10	清洗剂		适量	
11	白布		1张	适量
12	水砂纸		适量	
13	毛刷		1个	
14	清洗盘		1个	
15	记名检修本		1本	
16	中性笔		1支	

2. 设备、工具、量具准备

序号	名称	规格	数量	备注
1	钳工工作台		1台	
2	台钳		1台	
3	DK-1型试验台		1台	
4	游标卡尺	0～150 mm	1把	
5	钢直尺	0～150 mm	1把	

续表

序号	名称	规格	数量	备注
6	尖嘴钳		1 把	
7	钢针		1 只	
8	一字螺丝刀	75 mm	1 把	
9	十字螺丝刀	75 mm	1 把	
10	呆扳手	5.5 ~ 7 mm	1 把	
11	呆扳手	16 ~ 18 mm	2 把	
12	呆扳手	19 ~ 22 mm	1 把	

二、考核内容及要求

1. 考核项目：紧急阀的检修及试验

2. 分值：100 分

3. 考核时间

（1）准备时间 10 min，正式操作时间 35 min。

（2）规定时间内全部完成，每超时 1 min，从总分中扣 2 分；总超时 5 min，停止作业。

4. 正确使用工/卡/量具。

5. 按要求填写检修记录。

三、检修技术标准

1. 各部无泄漏，各作用位置作用良好。

2. 橡胶元件不许有老化、裂损、变形，夹芯阀胶料与金属硬芯结合严密，无脱胶、松弛、开裂等异状。

3. 活塞不得有裂损、锈蚀、弯曲变形。

4. 导向阀和传递杆无裂损变形。

5. 各弹簧不许有裂损、变形，弹性应良好。用游标卡尺测量弹簧自由高，安定弹簧 50^{+1}_{-3} mm，放风阀弹簧为 48^{+1}_{-3} mm，如不符合要求时更新。

6. 各部件清洗清洁，各气路畅通。

7. 组装时，给橡胶模板、O 形密封圈、阀与套的工作面均涂适量的硅脂。

8. 性能试验符合要求。

四、操作工序及要求

1. 解体前检查

外观检查阀体无破损，阀座无拉伤，各通气孔不得有堵塞。

2. 解体

（1）用螺丝刀拆下排气罩和微动开关罩及微动开关。

（2）用呆扳手拆下紧急阀盖螺栓，将阀盖取下，抽出并解体紧急活塞，取出安定弹簧。

（3）用呆扳手从阀体卸下紧急阀下盖，取下放风阀、导向套、传递顶杆、放风阀弹簧。

3. 清洗

将解体后的各部件（除微动开关、橡胶件外）及阀体放入清洗盘中，用清洗剂清洗。清洗后再用 200 ~ 300 kPa 干燥的压缩空气吹扫干净，对阀体内部各孔须认真吹扫，内部不得有残余油垢及异物。吹扫后的各部件用白布擦拭干净，按拆卸顺序依次摆放在洁净的工作台面上，待查。

4. 检修

（1）阀体

① 外观检查阀体、压盖、螺盖，不许有裂损、变形。

② 阀座不得有破损、拉伤，如有拉伤应磨修处理。

③ 各通风孔道应畅通，否则应清除堵塞物。

（2）外观检查各弹簧，不许有裂损、变形，弹性应良好。用游标卡尺测量弹簧自由高，安定弹簧 50^{+1}_{-3} mm；放风阀弹簧为 48^{+1}_{-3} mm，如不符合要求时需更新。

（3）外观检查阀、套工作面不得有明显拉伤、阶段磨、偏磨。导向阀套与阀体应配合紧固，不许有松动、脱落现象、阀体内壁不许有锈蚀、麻坑、拉伤等现象，否则应用白布涂上擦铜油磨修，尽量不使用砂纸打磨。

（4）检查上、下活塞、活塞杆、导向管、传递顶杆不许有变形，缩孔应畅通，顶杆不得有异常磨损。

（5）外观检查放风阀座，不得有影响气密性的损伤及锈蚀，否则应用白布涂擦铜油擦除。

（6）更新膜板、夹芯阀、微动开关、O 形密封圈及风道密封垫。

5. 组装

（1）将导向套，传递顶杆套装 O 形密封圈并均涂适量的硅脂，风道密封垫涂上适量的硅脂贴到风道口上。

（2）组装上下活塞、膜板、活塞杆，膜板在上下活塞间要平展。

（3）将安定弹簧活塞组件装入紧急室内，装好阀盖，拧紧固定螺栓。

（4）将放风阀弹簧、传递顶杆、导向阀、夹芯阀装入放风室内。

（5）组装阀体与放风阀下盖，并紧固其螺栓。

（6）装上微动开关，并调整好微动开关距离。

（7）装好微动开关罩及排气罩。

6. 试验

将紧急阀安装在 DK-1 型试验台上进行试验，其性能应符合要求：

（1）充风性能试验：紧急风缸压力由 0 升至 580 kPa 的时间应在 40 ~ 50 s。

（2）漏泄试验：紧急风缸压力稳定后 1 min 内不得下降。

（3）紧急灵敏度试验：列车制动管减压 100 kPa 前起紧急作用，紧急风缸压力降至 40 kPa 的时间应在 20 ~ 35 s。

（4）安定性试验：紧急风缸压力由 0 升至 600 kPa，列车制动管压力下降 200 kPa 时，紧急阀应不发生紧急制动作用。

五、操作安全注意事项

1. 检修时应穿戴工作服，做好必要的安全防护措施。

2. 必须按检修规程进行检修。

3. 在试验台上拆装配件时，首先关闭相应的截断塞门，排净部件及相应管路内的余压后再进行拆卸。

4. 试验时遵守有关操作规程。

六、考核评分标准

序号	项目	配分	考核内容及评分标准
1	准备工作	10 分	1. 按规定穿戴劳动保护用品，否则每项扣 5 分
			2. 材料、工具准备齐全，能满足本次考试需求，否则每少一件扣 5 分
2	操作技能	70 分	1. 操作、检查、调整方法正确，不当或错误每处扣 4 分
			2. 工序错误，每处扣 6 分
			3. 漏拆、漏检、漏测、漏修，每处扣 6 分
			4. 零部件脱落损伤，每处扣 4 分
			5. 口述内容有遗漏、错误，每处扣 4 分
			6. 工作中返工，每项扣 10 分
			7. 作业后未按要求恢复、整理，检修记录漏填、错填，每处扣 3 分
			8. 工艺要求，质量不符合规定，每处扣 4 分
			9. 未试验扣 20 分，试验操作不当每处扣 5 分，试验不合格扣 15 分
			10. 超过时间者，每分钟扣 2 分，总超时 5 min，停止作业
3	工具设备使用	10 分	1. 开工前不检查工、量具及设备，收工时不清理工作现场，每处扣 3 分
			2. 工/量具及设备使用不当，每处扣 3 分
			3. 工/量具脱落，每次扣 3 分
			4. 工具、量具使用、保养不当造成损坏失格
4	安全生产及其他	10 分	1. 作业过程中发生人身轻伤及以上事故失格
			2. 违章或违反安全事项，每处扣 5 分
			3. 违反考试纪律或不服从裁判自行中断考试失格
			4. 工作场地不整洁，工件、工具摆放不整齐，每处扣 2 分
总成绩 = 1 + 2 + 3 + 4 =			

七、评分人员要求

1. 热爱本职工作，遵守考评各项规则及要求。

2. 考评人员必须具有技师、高级专业技术职务及以上资格，同时经专门培训，熟悉鉴定工作。

3. 现场由监考、评分人及统计员构成。

4. 评分员必须回避考试现场，进入评判室做好准备，依据评分标准打分。

5. 统计员做好分数统计及保密工作，评分表不得有更改。

第三项目：电力机车制动机试验

考核项目：DK-1 型电-空制动机试验

试题编码：605070601ACA00140901X

一、准备通知单

1. 考场准备

装有 DK-1 型电-空制动机的 SS_{4B} 型电力机车一台（状态良好）。

2. 材料、工具、量具准备

序号	名称	规格	数量	备注
1	万用表		1 只	
2	常用钳工工具		1 套	
3	十字螺丝刀		1 把	
4	一字螺丝刀		1 把	
5	秒表		1 只	

二、考核内容及要求

1. 考核项目：DK-1 型电-空制动机试验

2. 分值：100 分

3. 考核时间

（1）准备时间 10 min，正式操作时间 30 min。

（2）规定时间内全部完成，每超时 1 min，从总分中扣 2 分；总超时 5 min，停止作业。

4. 正确使用工/卡/量具。

三、操作工序及要求

1. 准备工作

总风升至 750 ~ 900 kPa，闭合蓄电池检查制动机开关，制动屏上各钮子开关在正常工作位，各管路塞门在正常工作位，列车制动管定压 600 kPa。

2. DK-1 型电-空制动机试验方法及要求（八步闸）

中级

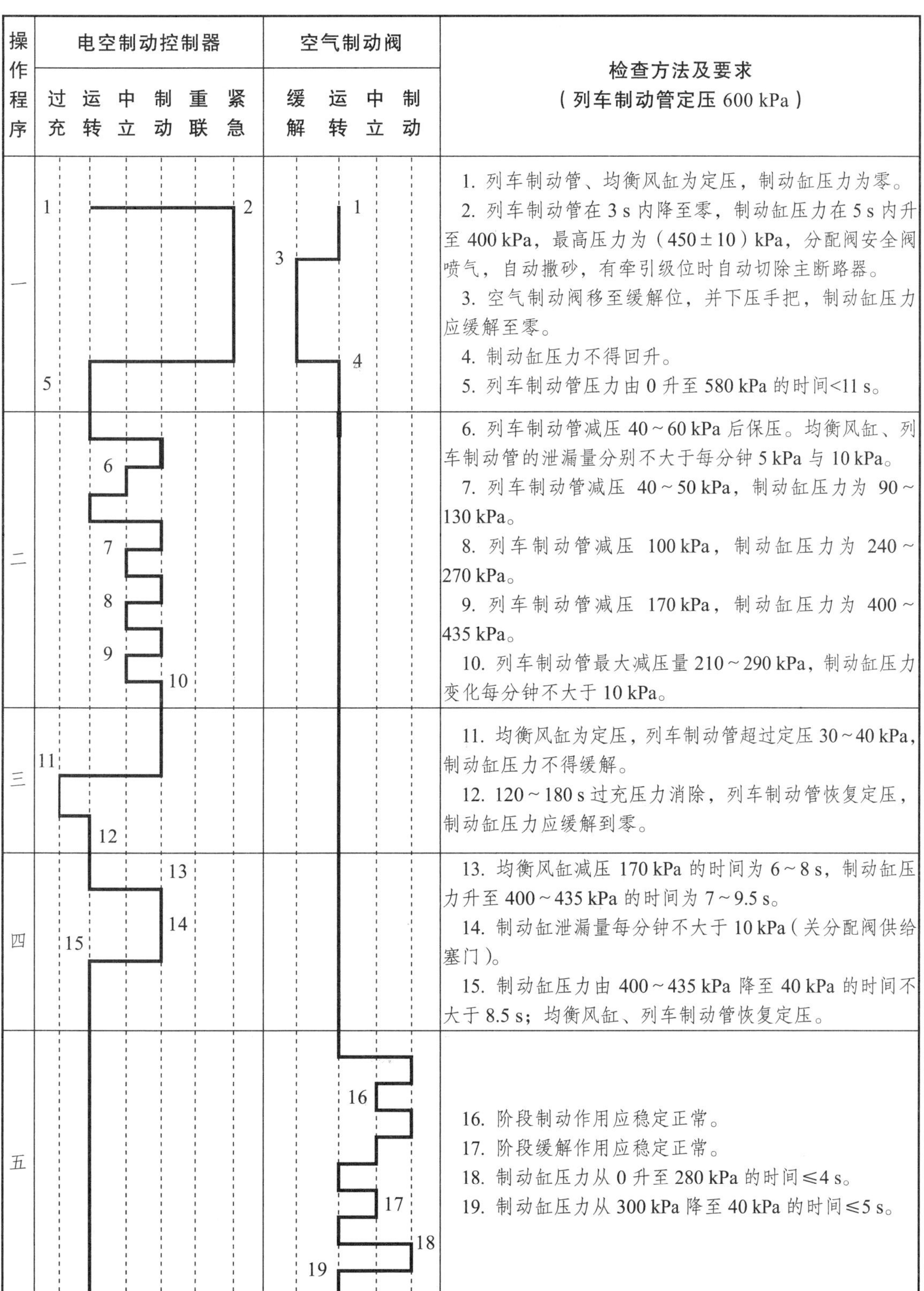

操作程序	检查方法及要求（列车制动管定压 600 kPa）
一	1. 列车制动管、均衡风缸为定压，制动缸压力为零。 2. 列车制动管在 3 s 内降至零，制动缸压力在 5 s 内升至 400 kPa，最高压力为（450±10）kPa，分配阀安全阀喷气，自动撒砂，有牵引级位时自动切除主断路器。 3. 空气制动阀移至缓解位，并下压手把，制动缸压力应缓解至零。 4. 制动缸压力不得回升。 5. 列车制动管压力由 0 升至 580 kPa 的时间<11 s。
二	6. 列车制动管减压 40～60 kPa 后保压。均衡风缸、列车制动管的泄漏量分别不大于每分钟 5 kPa 与 10 kPa。 7. 列车制动管减压 40～50 kPa，制动缸压力为 90～130 kPa。 8. 列车制动管减压 100 kPa，制动缸压力为 240～270 kPa。 9. 列车制动管减压 170 kPa，制动缸压力为 400～435 kPa。 10. 列车制动管最大减压量 210～290 kPa，制动缸压力变化每分钟不大于 10 kPa。
三	11. 均衡风缸为定压，列车制动管超过定压 30～40 kPa，制动缸压力不得缓解。 12. 120～180 s 过充压力消除，列车制动管恢复定压，制动缸压力应缓解到零。
四	13. 均衡风缸减压 170 kPa 的时间为 6～8 s，制动缸压力升至 400～435 kPa 的时间为 7～9.5 s。 14. 制动缸泄漏量每分钟不大于 10 kPa（关分配阀供给塞门）。 15. 制动缸压力由 400～435 kPa 降至 40 kPa 的时间不大于 8.5 s；均衡风缸、列车制动管恢复定压。
五	16. 阶段制动作用应稳定正常。 17. 阶段缓解作用应稳定正常。 18. 制动缸压力从 0 升至 280 kPa 的时间≤4 s。 19. 制动缸压力从 300 kPa 降至 40 kPa 的时间≤5 s。

续表

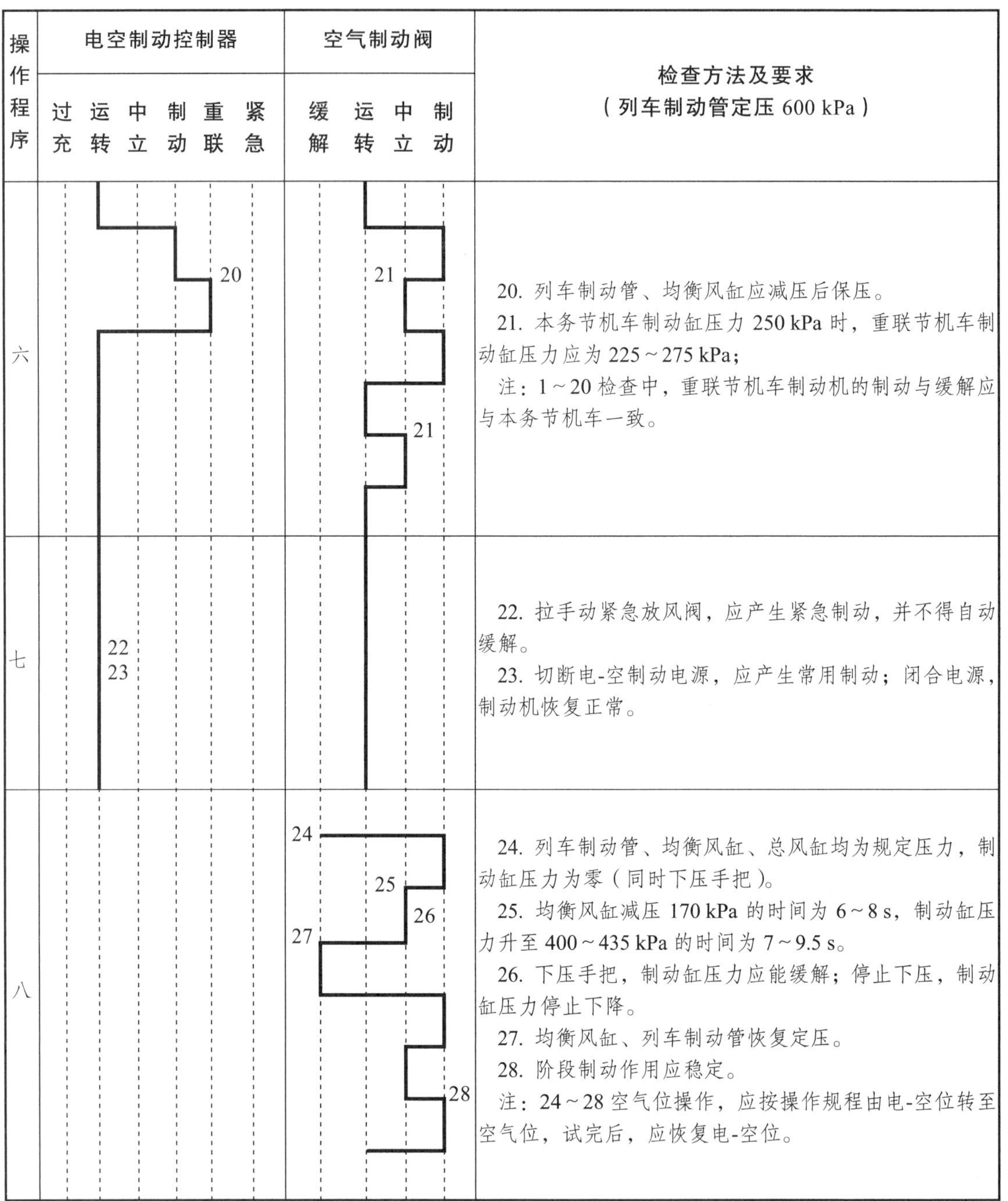

操作程序	电空制动控制器（过充 运转 中立 制动 重联 紧急）	空气制动阀（缓解 运转 中立 制动）	检查方法及要求（列车制动管定压 600 kPa）
六	20	21 21	20. 列车制动管、均衡风缸应减压后保压。 21. 本务节机车制动缸压力 250 kPa 时，重联节机车制动缸压力应为 225～275 kPa； 注：1～20 检查中，重联节机车制动机的制动与缓解应与本务节机车一致。
七	22 23		22. 拉手动紧急放风阀，应产生紧急制动，并不得自动缓解。 23. 切断电-空制动电源，应产生常用制动；闭合电源，制动机恢复正常。
八		24 25 26 27 28	24. 列车制动管、均衡风缸、总风缸均为规定压力，制动缸压力为零（同时下压手把）。 25. 均衡风缸减压 170 kPa 的时间为 6～8 s，制动缸压力升至 400～435 kPa 的时间为 7～9.5 s。 26. 下压手把，制动缸压力应能缓解；停止下压，制动缸压力停止下降。 27. 均衡风缸、列车制动管恢复定压。 28. 阶段制动作用应稳定。 注：24～28 空气位操作，应按操作规程由电-空位转至空气位，试完后，应恢复电-空位。

四、操作安全注意事项

1. 检修时应穿戴工作服，做好必要的安全防护措施；

2. 必须按试验规程进行试验。

中级

五、考核评分标准

序号	项目	分数	考核内容及评分标准
1	准备工作	10 分	1. 按规定穿戴劳动保护用品，否则每项扣 5 分
			2. 材料、工具准备齐全，能满足本次考试需求，否则每少一件扣 5 分
2	试验程序	70 分	1. 试验程序错误，每项扣 5 分
			2. 试验方法错误，每项扣 5 分
			3. 口述内容有遗漏、错误，每处扣 3 分
			4. 工作中返工，每处扣 10 分
			5. 作业后未按要求恢复、整理，每处扣 3 分
			6. 超过时间者，每分钟扣 2 分，总超时 5 min，停止作业
3	工具设备使用	10 分	1. 开工前不检查工、量具及设备，收工时不清理，每处扣 3 分
			2. 工/量具及设备使用不当，每次扣 3 分
			3. 工/量具脱落，每次扣 5 分
			4. 工具、设备损坏失格
4	安全生产及其他	10 分	1. 工作场地不整洁，工件、工具摆放不整齐，每处扣 2 分
			2. 违章或违反安全事项，每处扣 5 分
			3. 违反考试纪律或不服从裁判自行中断考试失格
			4. 作业过程中发生人身轻伤及以上事故失格
总成绩 = 1 + 2 + 3 + 4 =			

六、评分人员要求

1. 热爱本职工作，遵守考评各项规则及要求。

2. 考评人员必须具有技师、高级专业技术职务及以上资格，同时经专门培训，熟悉鉴定工作。

3. 现场由监考、评分人及统计员构成。

4. 评分员必须回避考试现场，进入评判室做好准备，依据评分标准打分。

5. 统计员做好分数统计及保密工作，评分表不得有更改。

第三部分

高 级 工

【理论知识】

一、填空题

1. ________是铁路运输服务的优质程度及所要达到的效果。

2. 铁路职工应严格遵守规章制度和劳动纪律，杜绝违章违纪行为，消除隐患，确保货物和________安全。

3. 机车检修职工职业技能的提高，是推广电力方面的新技术、使用_____的必要条件。

4. 检修职工上班时应着装规范、_________、仪容端庄、举止文明，保持个人良好形象。

5. 梯形螺纹的牙型角是 _________。

6. 管螺纹的牙型角是__________。

7. 螺纹连接包括螺栓连接、双头螺柱连接、_____________、紧固螺栓连接、螺母和垫圈等。

8. 螺纹连接按加工精度分 A、B、C 三级，________精度最高。

9. 滚动轴承缺点是____________、承受冲击载荷能力差、高速运转时噪声大。

10. 滚动轴承优点是摩擦力矩小、承载能力强、____________、使用寿命长、具有互换性、维修方便等。

11. 啮合传动包括齿轮传动、_____________、链传动、螺旋传动。

12. 变传动比传动包括连杆机构传动、____________。

13. 液压传动是以液体作为工作介质，依靠液体内部______________来传递动力。

14. 带传动是依靠传动带与带轮之间的___________来传动的。

15. 齿轮常用的材料有锻钢、_________、铸铁。

16. 齿面硬度 HB>350，称为_______。

17. 齿轮传动的传动比________。

18. 齿轮传动的传动效率________。

19. 齿轮传动是利用______________的直接啮合来传递动力的一种装置。

20. 传动轴主要承受________。

21. 芯轴主要承受________。

22. 轴由轴头、________、轴身等组成

23. 在轴类零件轴肩处加工或打磨成圆角的目的是避免____________。

24. 轴上零件的定位分为轴向定位和__________。

25. 平键连接分为普通平键、__________、滑键。

26. 楔键连接分为普通楔键和__________。

27. 投射线相互平行且与投影面倾斜的投影法叫作____________。

28. 当直线或平面垂直于投影面时，它在所垂直的投影面上的投影为一点或一条直线。我们称正投影的这种性质为__________ 。

29. 当空间直线或平面倾斜于投影面时，它在该投影面上的正投影仍为直线或与之类似的平面图形。其投影的长度变短或面积变小，这一性质为_________。

30. 基本偏差为一定的孔的公差带与不同基本偏差的轴的公差带构成各种配合的一种制度称为___________。

31. 基本偏差为一定的轴的公差带与不同基本偏差的孔的公差带构成各种配合的一种制度称为___________。

32. 允许尺寸的变动量，称为_________。

33. 被测实际要素对其理想要素的变动量称为__________。

34. 形位公差包括形状公差与__________。

35. 表达单个零件的图样称为__________。

36. 装配图主要用来表达机器或部件的__________和装配、连接关系以及主要零件的结构形状。

37. 把影响某一装配精度的有关尺寸彼此按顺序地连接起来形成一个封闭图形，这些相互关联的封闭尺寸图形，称为_____________。

38. 由一个或一组工人在不更换设备或地点的情况下完成的装配工作叫作_________。

39. ________是指导装配施工的主要技术文件。它规定了产品及部件的装配顺序、装配方法、装配技术要求、检验方法、装配所需的设备、工具及时间定额等。

40. 在一定的时期内，成批地制造相同的产品，这种生产方式称为_____________。

41. 消除旋转零件不平衡的工作叫作_________。

42. 旋转体经过平衡后，剩余不平衡量的大小为____________。

43. 旋转零、部件因偏重而产生的不平衡形式有静不平衡和____________。

44. 三视图的投影规律要求主、俯视图_____________。

45. 三视图的投影规律要求主、左视图_____________。

46. 对于有电气装置的量具或量仪，使用时要注意使用的____________，千万不能搞错。

47. 粗锉适用于加工余量为__________mm 的场合。

48. 细锉适用于表面粗糙度为 Ra≤__________μm 的场合。

49. 锉刀按用途分为普通锉、特种锉、__________。

50. 摩擦防松包括对顶螺母、弹簧垫圈和____________。

51. 在工件上几个互成不同角度的表面上都划线，才能明确表示加工界限的称为_____。

高级

52. 划线时，为保证加工面和不加工面间各点的距离相同所进行的调整，对加工余量合理地分配称为__________。

53. 划线盘主要由底座、立柱、划针和__________等组成。

54. 用铰刀从工件孔壁上切除微量金属层，以提高原有孔的尺寸精度和表面粗糙度的加工称为________。

55. 铰刀由柄部、颈部和__________组成。

56. 按外形分，铰刀分为_______和锥度铰刀。

57. 丝锥一般分为手用丝锥、__________和机用丝锥。

58. 丝锥由切削部分、___________和柄部组成。

59. 研磨剂是由_________和研磨液调和而成的混合剂。

60. 通过研磨后的工件，尺寸精度可达到__________mm。

61. 攻丝前，钻孔直径要比螺纹内径稍_______些。

62. ____是根据工艺过程卡片来制订的，以工序为单位来说明整个工艺过程的工艺文件。

63. 单液淬火是将加热后的零件放入____________中冷却的方法。

64. 较重要锻铸件，为消除内应力和组织不均及晶粒粗大等采用___________处理。

65. 用于消除铸件、锻件、焊接件内应力的退火为_________。

66. 退火可以消除________，得到细而均匀的组织。

67. 碳溶解于α-Fe中形成的间隙固溶体称为_________。

68. 铁素体和渗碳体__________称为珠光体。

69. 碳素工具钢的含碳量在_________之间。

70. 碳素弹簧钢的含碳量在_________之间。

71.《劳动合同法》调整的劳动关系是一种人身关系和________相结合的社会关系。

72. 用人单位对已经解除或者终止的劳动合同的文本，至少保存_____年备查。

73. 安全生产管理，坚持__________、预防为主的方针。

74. 从业人员有权拒绝_________和强令冒险作业。

75. 铁路的标准轨距为_______mm。

76. 窄轨铁路的轨距为762 mm或者_________mm。

77. 保护和改善生活环境和_______及防治环境污染和其他公害是环境保护的两个内容。

78. 设计开行时速_______km以上列车的铁路应当实行全封闭管理。

79. 高速铁路线路路堤坡脚、路堑坡顶或者铁路桥梁外侧起向外各______m范围内禁止抽取地下水。

80. 通过道口车辆限界及货物装载高度（从地面算起）不得超过_______m，超过时，应绕行立交道口或进行货物倒装。

81. 通过道口车辆上部或其货物装载高度（从地面算起）超过_______m通过平交道口时，车辆上部及装载货物上严禁坐人。

82. 机车检修须坚持“四按”、“__________”记名检修的制度。

83. 辅修、小修范围由_______负责编制并确定。

84. 机车检修“四按”是指按范围、按工艺、按“__________”及机车状态、按规定的技术要求。

高级

85. 造成________人以上死亡的事故为特别重大事故。

86. 货运列车脱轨 60 辆以上的事故为________事故。

87. ________是指制动过程中列车动能的转移方式或制动力的形成方式。

88. 制动力产生的方法有摩擦制动、动力制动、____________。

89. GK 型车辆制动机副风缸与制动缸的容积比为____________。

90. DK-1 型电-空制动机单机时最小有效减压量选取为________kPa。

91. 牵引 60 辆以上列车时，DK-1 型电-空制动机最小有效减压量选取为__________kPa。

92. 当制动管定压为 500 kPa 时，DK-1 型电-空制动机制动管最大有效减压量为____kPa。

93. 当列车制动管减压速率低于某一数值范围时，制动机将不发生制动作用的性能，称为制动机的__________。

94. 常用制动时不发生紧急制动作用的性能，称为制动机的__________。

95. 当列车制动管减压速率达到一定数值范围时，制动机必须产生制动作用的性能，称为制动机的__________。

96. 制动机的作用动力是压力空气，其控制信号为__________称为电-空制动机。

97. 制动力的形成是通过轮轨间的黏着来实现的制动，称为__________。

98. 制动力的形成是通过__________间的黏着来实现的制动，称为黏着制动。

99. 飞轮蓄能制动属于_________制动。

100. 不通过轮轨间的黏着来形成制动力的制动，则称为__________。

101. 磁轨摩擦制动属于__________制动。

102. 直通式空气制动机列车制动管________产生制动作用。

103. 自动空气制动机是在直通式空气制动机的基础上增设一个__________和一个三通阀（或分配阀）而构成的。

104. 表压力与绝对压力相差__________个大气压。

105. 压力表所指示的空气压力叫作__________。

106. 表示气体各状态参数间关系的数学方程式称为______________。

107. 凡是根据两种压力之间的变化来控制三通阀或分配阀的主活塞动作，以实现制动、缓解与保压作用的制动机，称为_______________。

108. 根据三种压力之间的变化来控制分配阀的主活塞动作，以实现制动、缓解与保压作用的制动机，称为_______________。

109. 制动原力通过制动传动装置的传递，并增大后传给闸瓦，其增大的倍数称为______。

110. 制动倍率的表达式为__________。

111. 实际闸瓦压力与理论闸瓦压力比值称为基础制动装置的____________。

112. 制动传动效率表达式为____________。

113. 机车单位重量所获得的闸瓦压力称为___________。

114. 车辆制动率的首要决定因素是车辆制动___________条件。

115. 机车制动率的表达式为____________。

116. ________是指自阀施行制动时起，至列车停车时止，列车所走行的距离。

117. ________是有效制动时间内（到停车或缓解为止）列车所走行的距离。

118. 高速列车由__________和拖车编组而成。

119. 盘形制动是受黏着限制的__________。

120. ________是指利用加大车辆自身载重量和列车长度的方法，编组牵引重量达到或超过 8 000 t 以上的列车。

121. 轨道涡流制动属于____________。

122. 列车运行阻力按阻力产生的原因分为基本阻力和______________。

123. JZ-7 电-空制动机是在原 JZ-7 型空气制动机基础上加装___________、继电器控制箱、电-空阀、压力开关、导线等部件组合而成。

124. F-8 电-空制动机是在原 F-8 型空气制动机的基础上加装一个____________而成的。

125. 列车在任何线路坡道上的紧急制动距离限值：运行速度不超过 120 km/h 的列车为_______m。

126. 空气管路系统按作用原理划分由风源系统、控制管路系统，辅助管路系统和______四大部分组成。

127. 压缩空气对水分的净化标准要求相对湿度低于_________。

128. SS_{4B}型电力机车的风源系统采用__________m^3/min 排气量的空气压缩机作为机车主风源。

129. 电力机车风源系统的工作可分为压力空气的生产、压力空气的压力控制、______、压力空气的贮存以及总风重联 5 个环节。

130. 专为控制电器提供稳定压力的空气管路成为____________。

131. 辅助管路系统由撒砂器、风喇叭及__________等辅助装置以及辅助装置的控制部件所组成。

132. 机车的备用风源由____________、辅助风缸、止回阀、风表组成。

133. 用以产生制动力的装置称为___________。

134. DK-1 型电-空制动机的____________控制全列车的制动或缓解。

135. 109 型分配阀是根据__________压力变化控制机车的制动或缓解。

136. 机车撒砂系统由砂箱、___________、撒砂软管、风管塞门、脚踏撒砂阀等组成。

137. DJKG-A 型空气干燥器由滤清筒、干燥筒、再生风缸、_______________、截断塞门，消音器以及电动排泄阀防冻装置和连接钢管等组成。

138. DJKG-A 型空气干燥器电动排泄阀的防冻装置的启动温度是___________。

139. DJKG-A 型空气干燥器干燥塔底部的止回阀是防止___________的压力空气逆流到干燥塔内。

140. DJKG-A 型空气干燥器防冻装置的热敏电阻，在室温 25 °C 时电阻为___________。

141. ________是将总风缸内压缩空气的压力控制在规定的压力范围内。

142. YWK-50-C 型压力控制器的_____________是用来调整被控压缩空气的压力上限设定值。

143. YWK-51-C 型压力控制器的_____________是用来调整被控压缩空气的压力下限设定值。

144. 空气压缩机是制造压缩空气，可靠地供给_______________及机车辅助设备所需要的压缩空气。

145. 螺杆压缩机是一种工作容积作____________的容积式气体压缩机械。

146. 螺杆压缩机的冷却器是对____________和压缩空气进行冷却。

147. 螺杆压缩机的进气阀由进气截止阀和___________两部分组成。

148. 螺杆压缩机的进气阀由____________和放空阀两部分组成。

149. BT-2.6/10A 型螺杆压缩机最小压力阀初始开启压力为__________MPa。

150. 螺杆压缩机的____________主要用于去除油中杂质。

151. 油细分离器由__________、外壳和底座三部分组成。

152. 螺杆压缩机更换油细分离器时，应用专用工具卸下，用__________将新油细分离器拧上即可。

153. 螺杆压缩机的____________将聚集在油细分离器底部的少量油，送回机体，停机时单向阀抑止机体油气回流。

154. 螺杆压缩机的__________可防止其转向错误。

155. 螺杆压缩机的压力开关断开压力设置为___________kPa。

156. 螺杆压缩机排气温度超过设定值时__________动作，使压缩机停机。

157. BT-2.6/10A 型螺杆压缩机温度开关设定值为____________ °C。

158. 螺杆压缩机的___________能维持恒定的润滑油温度和黏度。

159. 螺杆压缩机的___________起到超压保护作用。

160. 高压安全阀由弹簧、阀、__________、锁紧螺母止挡环等组成。

161. 为提高压缩空气的清洁度，确保制动机的稳定性能和可靠地工作，系统采用_____对压缩空气进行二级滤清。

162. QSL 型分水滤气器主要由要由体、旋风叶、___________、挡水板、外罩、排水阀等组成。

163. 同一规格的球芯塞门比锥芯塞门的气流阻力要________。

164. 折角塞门安装在制动主管的两端，它的用途是开通或遮断主管与________间通路。

165. 门联锁阀由阀体、弹簧、__________、活塞、活塞杆、后盖等组成。

166. SS_{4B} 型电力机车风压继电器 515KF 的触头接通风压为_________kPa。

167. ________是为满足空气管路系统内不同气路整定压力并保证稳定的供给而设置的。

168. SS_{4B} 型电力机车调压阀 53 用来调整通往__________的总风压力。

169. SS_{4B} 型电力机车调压阀 55 用来调整通往__________的总风压力。

170. 调整调压阀压力时，________旋转调整手轮为调高输出压力。

171. 调整调压阀压力时，________旋转调整手轮为调低输出压力。

172. 利用酸溶液去除钢铁表面上的氧化皮和锈蚀物的方法称为________。

173. 工件浸入磷化液在表面沉积形成一层不溶于水的结晶型磷酸盐转换膜的过程称之为__________。

174. TSA-230A 型螺杆压缩的机温度开关在温度达到__________断开。

175. 辅助压缩机打风时要求转动灵活、__________。

176. SS_{4B} 型电力机车控制风缸压力升至 900 kPa 时，关闭风缸前塞门 97，控制风缸的泄漏量每________min 不大 10 kPa。

177. 高、低音喇叭在总风压力大于__________kPa 时，音色正常。

178. 撒砂用的砂子其成分由至少 90%的__________和不超过 2%的黏土组成。

179. TSG15B 型受电弓支持绝缘子累计缺损面积大于__________cm^2时需更新。

180. TSG15B 型受电弓最小工作压力为__________kPa。

181. VAPORID 空气干燥器湿度指示器根据不同_________来表示干燥器的干燥效果。

182. VAPORID 空气干燥器湿度指示器显示__________表示干燥器的干燥功能处于边界状态。

183. 基础制动装置产生并传递___________。

184. ________将制动缸产生的制动原力放大一定的倍数后均衡地传递给各个闸瓦。

185. 基础制动装置按照作用对象，可分为_________和单独式。

186. 由一块闸瓦单向作用于车轮的基础制动方式称为__________。

187. 蓄能制动器主要由活塞、___________、导向套筒、导向套管、主弹簧、丝杆及缸体等组成。

188. 蓄能制动器当棘轮机构锁闭时，螺母只能___________转动。

189. 蓄能制动器制动缸充风时________。

190. 蓄能制动器在运行过程中，随时观察总风缸压力，确保其压力不低于________kPa。

191. 机车停放制动后且无司机操纵时，若需缓解蓄能制动器，可进行____________。

192. 闸瓦自动间隙调整器是以调整___________来保证闸瓦间隙的。

193. 盘形制动装置按照制动盘的安装位置可分为轴盘式和__________。

194. 由闸片夹紧制动盘而产生制动力的基础制动装置称为______________。

195. 防滑器分为机械式防滑器、电子式防滑器、__________等。

196. 防滑器分为机械式防滑器、______________、微机控制防滑器等。

197. 制动原力经制动传动装置传递到闸瓦上所形成的作用力称为__________。

198. 闸瓦温度升高，闸瓦摩擦系数随之_________。

199. 闸瓦压力升高，闸瓦摩擦系数随之_________。

200. 列车速度减低，闸瓦摩擦系数_________。

201. 火车运行过程中需要制动，直接摩擦车轮使火车停车的制动零件就是__________。

202. 低摩合成闸瓦的段修限度为__________mm。

203. 合成闸瓦的缺点是__________较差，易使车辆踏面热裂、玻璃。

204. SS_{4B}型电力机车闸瓦与踏面间隙为__________mm。

205. 神华号交流机车 JPXZ-1A 型盘形制动器主要由制动缸部件、________螺纹间隙调整机构、调整丝杆复位机构等组成。

206. 神华号交流机车 JPXZ-1A 型盘形制动器活塞的__________等于活塞总行程减离合器的间隙。

207. 神华号交流机车 JPXZ-2A 型盘形制动器是以 JPXZ-1A 型盘形制动器为基础结构，并在此基础增加了手柄组成、连接座、蓄能缸体缸、___________等几部分组成

208. 神华号交流机车 JPXZ-2A 型盘形制动器的手柄组成限制棘轮盘旋转，拉动时起_____作用。

209. 神华号交流机车 JPXZ-2A 型盘形制动器是在 JPXZ-1A 型盘形制动器的基础上增加了带__________的蓄能制动。

210. DK-1 型电-空制动机重联阀有本机和__________两个作用位置。

高级

211. DK-1 型电-空制动机的__________在列车制动管压力快速下降时动作，加速列车制动管的排风，同时接通列车分离保护电各，使列车紧急制动的作用更可靠。

212. DK-1 型电-空制动机按其传递控制指令性质可分为________和电气两大部分。

213. DK-1 型电-空制动机采用_________传递控制指令和积木式结构。

214. DK-1 型电-空制动机采用电信号传递控制指令和________结构。

215. 检修分为一般检查和___________。

216. O 形密封圈的标注是以 O 形圈的__________和圈筋的粗细乘积来表示。

217. 夹芯阀对接触面压痕不均匀或过深者，允许用细砂布研磨，研磨量不得大于硬芯下胶层的__________。

218. DK-1 型电-空制动机的气动部件自由高大于 25 mm 的圆弹簧，塑性变形量不得大于___________mm。

219. DK-1 型电-空制动机的气动部件自由高小于 25 mm 的圆弹簧，塑性变形量不得大于__________mm。

220. DK-1 型电-空制动机的气动部件柱塞及活塞杆的检查标准是____________。

221. DK-1 型电-空制动机的气动部件各柱塞与衬套间配合间隙不大于__________mm。

222. DK-1 型电-空制动机的气动部件各孔、销、套的检查标准是_______________。

223. DK-1 型电-空制动机的气动部件各金属阀口的检查标准是______________。

224. DK-1 型电-空制动机配件解体后需用__________进行除垢，然后用压缩空气吹扫。

225. DK-1 型电-空制动机各部件组装前，转轴部分涂适量___________。

226. DK-1 型电-空制动机各部件组装前，对柱塞、活塞式接触配合表面须涂以适量_________。

227. 在机车上拆气动配件时，首先关闭相应的截断塞门，然后__________再进行拆卸。

228. 对电器部件或带有电联锁的部件拆装时，必须首先____________。

229. TKS22 型电-空制动控制器的额定电压是____________。

230. DK-1 型电-空制动机的___________可以控制全列车的制动和缓解。

231. TKS22 型电-空制动控制器辅助触头的动静触指磨耗量不大于原形的___________。

232. TKS22 型电-空制动控制器辅助触头的静触指的超行程为__________mm。

233. TKS22 型电-空制动控制器辅助触头的动静触头的线接触保证在__________以上。

234. TKS22 型电-空制动控制器的凸轮面和触指的接触面必须保证__________以上。

235. DK-1 型电-空制动机空气制动阀的方轴与轴套间隙不大于_____________mm。

236. DK-1 型电-空制动机空气制动阀的顶杆长度符合____________mm。

237. DK-1 型电-空制动机空气制动阀在电-空位时，试验台上手把下压试验要求作用管压力由 300 kPa 降至 40 kPa 的时间不大于__________s。

238. DK-1 型电-空制动机空气制动阀在空气位时，试验台上缓解位试验要求均衡压力由 0 kPa 升至 580 kPa 的时间不大于__________s。

239. DK-1 型电-空制动机过充风缸缩孔孔径为____________mm。

240. DK-1 型电-空制动机使双阀口式中继阀呈自锁状态的条件是____________。

241. DK-1 型电-空制动机中继阀在试验台上试验，阶段减压试验要求列车制动管阶段减压至 250 kPa 时与均衡风缸管压差小于______kPa。

高级

242. DK-1 型电-空制动机中继阀在试验台上试验，过充试验要求均衡压力上升小于____kPa。

243. DK-1 型电-空制动机遮断阀阀座的检查标准是无松动、脱落、__________现象。

244. DK-1 型电-空制动机总风遮断阀套与体套的间隙配合不大于__________mm。

245. DK-1 型电-空制动机遮断阀在试验台上试验，保压试验要求 1 min 内列车制动管压力变化不大于__________kPa。

246. DK-1 型电-空制动机电动放风阀的放风阀上侧空间与________________连通。

247. DK-1 型电-空制动机可关闭塞门___________使电动放风阀失去作用。

248. DK-1 型电-空制动机电动放风阀新换膜板筋沿必须均匀镶入________________。

249. DK-1 型电-空制动机组装电动放风阀时，夹芯阀的下面凹槽须卧在____________的托板上。

250. DK-1 型电-空制动机电动放风阀试验台上试验时，漏泄试验要求列车制动管压力稳定后 60 s 内下降不大于____________kPa 。

251. DK-1 型电-空制动机电动放风阀试验台上试验时，紧急试验要求列车制动管压力由 600 kPa 降至 0 kPa 的时间不大于______s。

252. DK-1 型电-空制动机紧急阀的限制____________过小会降低紧急阀在常用制动时的安定性。

253. DK-1 型电-空制动机紧急阀是____________而引起列车制动管急速排风后的刺激诱发，加速列车制动管的排风作用。

254. DK-1 型电-空制动机紧急阀试验台上试验时，紧急室充气试验要求紧急室压力由 0 kPa 升至 580 kPa 的时间为____________ s。

255. DK-1 型电-空制动机紧急阀试验台上试验时，紧急室排气试验要求列车制动管减压 100 kPa 前起紧急作用，紧急室压力此时降至 40 kPa 的时间为____________s。

256. DK-1 型电-空制动机重联阀的转换阀部在补机位时，连通重联阀活塞下侧与______之间的通路。

257. DK-1 型电-空制动机重联阀在本机位时将制动缸管与________连通。

258. DK-1 型电-空制动机重联阀在补机位时将_____________________连通。

259. DK-1 型电-空制动机重联阀在试验台上试验时，本机位断钩试验制动缸压力应不随____________压力变化。

260. DK-1 型电-空制动机重联阀在试验台上试验时，补机位断钩试验___________压力应不与平均管压力同步升降。

261. DK-1 型电-空制动机 109 型分配阀各铜套的检查标准是压装牢固，_________现象。

262. DK-1 型电-空制动机 109 型分配阀滑阀座的接触面若有拉伤或偏磨，须进行______。

263. DK-1 型电-空制动机 109 型分配阀的滑阀、滑阀座、节制阀的滑动平面应_________。

264. DK-1 型电-空制动机 109 型分配阀在试验台上试验时，全缓解试验时要求容积室压力降至 40 kPa 的时间不大于_______s。

265. DK-1 型电-空制动机 109 型分配阀在试验台上试验时，保压试验要求制动缸压力稳定后 1 分钟内变化不大于_______kPa。

266. DK-1 型电-空制动机转换阀组装时应将柱塞装入后，柱塞上的偏芯杆连接槽应____。

高级

267. DK-1 型电-空制动机转换阀的柱塞套检查标准是________________且壁上小孔畅通。

268. DK-1 型电-空制动机转换阀试验台上试验时，正常位下口压力 1 min 内变化不大于____________kPa。

269. DK-1 型电-空制动机压力开关 208 的整定值为___________kPa。

270. DK-1 型电-空制动机压力开关 208 用来自动控制列车制动管的___________。

271. DK-1 型电-空制动机压力开关 208 在试验台上试验，定压 500 kPa 时，均衡风缸下降到__________kPa 时微动开关常开触点接通。

272. DK-1 型电-空制动机压力开关 209 的整定值为___________kPa。

273. DK-1 型电-空制动机压力开关 209 是为了满足___________的要求而设的。

274. DK-1 型电-空制动机压力开关 209 在试验台上试验时，定压 500 kPa 时，均衡风缸下降到__________kPa 时微动开关常开接点接通。

275. DK-1 型电-空制动机压力开关 209 在试验台上试验时，压差动作值试验要求均衡压力差为_____________kPa 常开指示灯暗。

276. DK-1 型电-空制动机电-空制动控制器手柄置紧急位时，使_________进行紧急制动。

277. DK-1 型电-空制动机电-空制动控制器手柄置重联位时，无控制作用，接受___控制。

278. DK-1 型电-空制动机均衡风缸的容积是___________L。

279. DK-1 型电-空制动机电-空阀最小动作电压为 DC_____________V。

280. DK-1 型电-空制动机电-空阀由____________和气阀机构两部分组成。

281. 用万用表测量电-空阀的线圈阻值为无穷大时，为线圈__________。

282. DK-1 型电-空制动机 TFK_{1B} 电-空阀的铁芯气隙位___________mm。

283. DK-1 型电-空制动机电-空阀的阀杆行程为____________mm。

284. 电-空阀有电时，排气口有排风声，是___________漏风。

285. 电-空阀无电时，排气口有排风声，是___________漏风。

286. DK-1 型电-空制动机空气制动阀在电-空位时，手把置缓解位连通了___________排大气的通路。

287. SS_{4B} 型电力机车 DK-1 型电-空制动机空气制动阀在电-空位时，手把置缓解位闭合电路____________。

288. DK-1 型电-空制动机空气制动阀在电-空位时，手把置运转位，作用管压力通过排大气，实现机车缓解。

289. DK-1 型电-空制动机空气制动阀在电-空位时，手把置制动位，开通了________的充风气路。

290. SS_{4B} 型电力机车 DK-1 型电-空制动机空气制动阀在电-空位时，手把置制动位，断开电路____________。

291. DK-1 型电-空制动机空气制动阀在电-空位时，手把置中立位，____________切断所有气路。

292. DK-1 型电-空制动机空气制动阀在空气位时，手把置缓解位，开通了__________的充风通路。

293. DK-1 型电-空制动机空气制动阀在空气位时，手把置缓解位，_____________可实现机车缓解。

294. DK-1 型电-空制动机空气制动阀在空气位时，手把置制动位，开通了____________的排风通路。

295. DK-1 型电-空制动机空气制动阀在空气位时，中立位与_____________的作用相同。

296. DK-1 型电-空制动机制动后中立位均衡风缸泄漏会造成中继阀_________________。

297. DK-1 型电-空制动机总风遮断阀溢风孔排风不止的原因是___________损坏。

298. DK-1 型电-空制动机紧急制动时，分配阀安全阀缩堵堵塞会使机车制动缸压力___。

299. DK-1 型电-空制动机紧急制动时，分配阀安全阀失效会使机车制动缸压力________。

300. SS_{4B} 型电力机车空电联合制动装置是以机车__________________以及 DK-1 型电-空制动机技术为基础。

301. 监控装置能实现 DK-1 型电-空制动机产生___________和紧急制动。

302. 当 DK-1 型制动机出现故障而转换至“空气位”运行时，监控装置所发生的______不起作用。

303. 中继阀的过充柱塞压力直接作用于_____________之上。

304. 双阀口式中继阀是______________的空气阀，随着制动状态的进行，双阀口式中继阀将自动完成缓解或制动后保压状态的动作。

305. 双阀口式中继阀缩堵连通了膜板活塞右侧与____________之间的通路。

306. 双阀口式中继阀主活塞的动作灵敏度为____________kPa。

307. DK-1 型电-空制动机紧急阀在充气位时列车制动管经活塞杆上的__________控制紧急室充风速度。

308. DK-1 型电-空制动机紧急阀活塞杆缩孔Ⅱ的孔径为______________mm。

309. DK-1 型电-空制动机紧急阀活塞杆缩孔Ⅰ的孔径为____________mm。

310. DK-1 型电-空制动机紧急阀在常用制动位时，紧急室压力经活塞杆上的_______逆流到列车制动管。

311. DK-1 型电-空制动机紧急阀紧急制动时，可通过改变___________孔径的大小，即可达到调整放风阀口开启的时间。

312. 紧急阀是根据列车制动管和紧急室的充、排风速度不同而进行工作的，并且由____的压力变化控制。

313. 109 型分配阀滑阀上的充气孔 l_4、l_5 与 g_1 孔相通，用于缓解状态时由列车制动管向______充风。

314. 109 型分配阀滑阀上的缓解联络沟槽 d_1 用于缓解状态时容积室经滑阀座排气孔____向大气排风。

315. 109 型分配阀滑阀上的孔 r_1 用于制动状态时由工作风缸向____________充风。

316. 109 型分配阀均衡部缩堵Ⅱ的孔径为__________mm。

317. 109 型分配阀初制动位时，节制阀上移，切断了________________的通路。

318. 109 型分配阀初制动位时，列车制动管经___________________上的缩孔排大气。

319. ________是指司机控制列车制动管减压时，由分配阀通过其自身局部减压性能的实现而自动产生的一定量的列车制动管减压量。

320. 109 型分配阀制动位时，连通了制动缸与_________________的通路。

321. 109 型分配阀制动位时，连通了工作风缸与_______________的通路。

高级

322. 109 型分配阀充风缓解位时，连通了工作风缸与______________的通路。

323. 109 型分配阀充风缓解位时，连通了容积室与__________的通路。

324. 109 型分配阀主阀部的局减、制动及制动后保压三个状态的动作是连续的，可以将其合为一个工作状态称为______________。

325. 109 型分配阀试验规定在列车制动管每分钟减压____________kPa 以下时，分配阀不应发生制动作用。

326. 109 型分配阀紧急制动位时，紧急增压部连通了容积室与______________的气路。

327. 109 型分配阀紧急制动位时，容积室的最高压力为______________kPa。

328. DK-1 型电-空制动机客货转换阀 154____________在两个初制风缸之间。

329. DK-1 型电-空制动机列车制动管初制动的减压量为____________kPa。

330. DK-1 型电-空制动机紧急阀是以___________为控制指令。

331. DK-1 型电-空制动机电动放风阀是以__________为控制指令。

332. TKS22 型电-空制动控制器运转位和过充位都使导线__________得电。

333. DK-1 型电-空制动机电-空制动控制器在制动前的中立位，缓解电-空阀处于______。

334. DK-1 型电-空制动机电-空制动控制器在制动后的中立位，缓解电-空阀处于______。

335. 当断钩分离发生在重联机车之间时，通过重联阀的自动转换保持_______的压力。

336. 当断钩分离发生在重联机车之间时，重联机车重联阀自动转换成____________。

337. DK-1 型电-空制动机有__________个初制风缸。

338. SS_{4B} 型电力机车制动机电-空位操作前，应将钮子开关 463QS、464QS、465QS 朝下，处于__________。

339. SS_{4B} 型电力机车制动机电-空位操作前，机车上与制动机系统有关的塞门除车长阀 121、无火塞门 155 和_____________关闭外，其他塞门均应开通。

340. SS_{4B} 型电力机车制动机电-空位操作前，调整调压阀 53，使其输出压力为______kPa。

341. SS_{4B} 型电力机车电-空制动控制器紧急制动后，必须停留__________s 以上回运转位才能缓解全列车。

342. SS_{4B} 型电力机车如果非操作节机车处于空气位，应将非操作节机车的塞门___关闭。

343. DK-1 型空气制动机处于空气位，操纵_______________可对全列车进行制动和缓解。

344. SS_{4B} 型电力机车制动机空气位操作前，应将操纵节机车______________上的转换扳键移至空气位，并将手把置缓解位。

345. SS_{4B} 型电力机车制动机空气位操作前，转换阀 153 置___________。

346. SS_{4B} 型电力机车制动机空气位操作前，调整操纵节机车____________，使其输出压力为列车制动管定压。

347. SS_{4B} 型电力机车制动机空气位时，单缓机车则要____________。

348. SS_{4B} 型电力机车制动机空气位时，须紧急制动，应按紧急按钮或开放___________，并同时将小闸手把移至制动位。

349. SS_{4B} 型电力机车制动机作为补机并且两机车间风管连通时，应将两节机车重联阀打向___________。

350. SS_{4B} 型电力机车制动机作为补机并且两机车间风管未连通时，应将重联操纵节机车重联阀打向__________。

351. SS_{4B}型电力机车制动机无火回送时，关闭两节机车总风缸塞门________。

352. SS_{4B}型电力机车制动机无火回送时，调整两节机车分配阀安全阀，使其整定值为______kPa。

353. SS_{4B}型电力机车制动机无火回送时，应开放两节机车______塞门和________塞门。

354. DK-1 型电-空制动机无火回送装置主要由________和截断塞门两部分组成。

355. DK-1 型电-空制动机无火回送装置的止回阀弹簧的整定值为_______kPa。

356. DK-1 型电-空制动机无火回送装置的阻流塞是一个孔径为_____mm 的缩堵。

357. DK-1 型电-空制动机电-空位紧急制动时，列车制动管由定压下降至零的时间不大于_______s。

358. DK-1 型电-空制动机电-空位紧急制动时，制动缸压力由 0 升至 400 kPa 的时间不大于_______s。

359. DK-1 型电-空制动机电-空位紧急制动后将小闸手把移至缓解位并下压手把，制动缸压力应立刻下降，并能缓解至________。

360. DK-1 型电-空制动机电-空位紧急制动后单独缓解，待制动缸压力降至零后，将小闸置运转位，制动缸压力应________。

361. DK-1 型电-空制动机电-空位紧急制动后列车充风时，列车制动管定压为 500 kPa，要求列车制动管压力由 0 升至 480 kPa 的时间不大于________s。

362. DK-1 型电-空制动机电-空位紧急制动后列车充风时，列车制动管定压为 600 kPa，要求列车制动管压力由 0 升至 580 kPa 的时间不大于________s。

363. DK-1 型电-空制动机电-空位对列车制动管气密性的检查要求，列车制动管压力下降每分钟不大于_______kPa。

364. DK-1 型电-空制动机电-空位时，均衡风缸泄漏量每分钟不大于______kPa。

365. DK-1 型电-空制动机电-空位时，列车制动管泄漏量每分钟大于______kPa。

366. DK-1 型电-空制动机电-空位时，列车制动管由定压开始减压 40～50 kPa，制动缸压力为_______kPa。

367. DK-1 型电-空制动机电-空位时，列车制动管由 600 kPa 减至 500 kPa，制动缸压力为_______kPa。

368. DK-1 型电-空制动机电-空位时，列车制动管由 600 kPa 减至 430 kPa，制动缸压力为_______kPa。

369. DK-1 型电-空制动机电-空位时，列车制动管定压为 600 kPa，列车制动管的最大减压量为________kPa。

370. DK-1 型电-空制动机电-空位时，过充压力的消除时间为________s。

371. DK-1 型电-空制动机电-空位时，均衡风缸由 600 kPa 减至 430 kPa 的时间为_____s。

372. DK-1 型电-空制动机电-空位时，均衡风缸由 500 kPa 减至 360 kPa 的时间为_____s。

373. DK-1 型电-空制动机电-空位时，最大减压量后，关闭分配阀供给塞门，制动缸泄漏量每分钟不大______kPa。

374. DK-1 型电-空制动机电-空位时，列车制动管定压为 600 kPa，制动缸压力由 400～435 kPa 下降至 40 kPa 的时间不大于______s。

375. DK-1 型电-空制动机电-空位时，列车制动管定压为 500 kPa，制动缸压力由 340 ~ 380 kPa 下降至 40 kPa 的时间不大于__________s。

376. DK-1 型电-空制动机电-空位时，空气制动阀单独制动要求，制动缸压力由 0 升至 280 kPa 的时间不大于__________s。

377. DK-1 型电-空制动机电-空位时，空气制动阀单独制动要求，制动缸压力由 300 kPa 降至 40 kPa 的时间不大于__________s。

378. DK-1 型电-空制动机空气位时，均衡风缸由 600 kPa 减至 430 kPa，制动缸由 0 升至 400 ~ 435 kPa 的时间为__________s。

379. DK-1 型电-空制动机电-空联锁性能检查，大闸和小闸置运转位，将司机控制器换向手柄置制动位，启动各风机，将调速手轮离开 0 位，列车制动管应减压__________kPa。

380. DK-1 型电-空制动机电-空联锁性能检查要求，列车制动管减压后，延时__________s，列车制动管应自动恢复定压，且制动缸压力自动缓解。

381. DK-1 型电-空制动机无火回送性能检查要求，总风缸压力应在低于列车制动管定压__________kPa 间。

382. DK-1 型电-空制动机无火回送性能检查要求，当列车制动管压力下降后，制动缸最高压力应限制在__________kPa 之间。

383. DK-1 型电-空制动机调压阀 55 的整定值为________________kPa。

384. DK-1 型电-空制动机风压继电器 516KF 的整定值为____________kPa。

385. 制动缸上闸后重联阀 93 阀体排气孔排风不止的原因是_______________上 O 形圈破损漏风。

386. 重联阀 93 的转换阀上部或按钮漏风的原因是_______________上 O 形圈破损漏风。

387. DK-1 型电-空制动机电-空位操纵时，紧急阀电联锁一直处于闭合位，会造成_____不充风。

388. 制动电-空阀___________阀口不严，会造成制动后中立位，均衡风缸泄漏。

389. 空气制动阀______柱塞 O 形圈漏，会造成均衡风缸泄漏。

390. DK-1 型电-空制动机导线 804 得电会使__________得电。

391. DK-2 型电-空制动机采用的是失电_________制动。

392. DK-2 型电-空制动机的制动控制单元为______________。

393. DK-2 型电-空制动机制动高速电-空阀________时，均衡风缸减压。

394. DK-2 型电-空制动机 EP 均衡模块主要由______________、缓解高速电-空阀、保护电-空阀组成。

395. DK-2 型电-空制动机 BCU 由_______块插件组成。

396. DK-2 型电-空制动机 BCU 由电源板、模拟板、____________、____________、输出板和输入板组成

397. BCU 的____________接收来自模拟板的控制信号。

398. BUC 的 PWM 板输出 DC______V 电压信号驱动高速电-空阀，控制均衡风缸的压力。

399. BCU 的输出板用于输出 DC________V 开关量信号。

400. BCU 的输出板面板上编号为_______的绿色灯指示 8 路开关量信号输出通道的状态。

401. BCU 的输入板用于 DC_______V 开关量信号的输入与处理。

402. BCU 的输入板上有________路 110 V 输入通道。

403. BCU 的输入板上有________路 24 V 输入通道。

404. BCU 的控制板的面板上有 3 个 LED 显示窗用来显示 BCU 的______________信息。

405. BCU 的控制板 4 个功能设置按键用来实现 BCU 的____________。

406. BCU 的控制板有 1 个以太网接口用来________________。

407. BCU 的模拟板采用 16 位高速单片机对采集的制动机上的压力传感器和__________的信号进行处理，产生 PWM 控制信号。

408. BCU 的模拟板采用 16 位高速单片机对采集的制动机上的压力传感器和流量计的信号进行处理，产生________控制信号。

409. BCU 的模拟板采用 16 位高速单片机对采集的制动机上的______________和流量计的信号进行处理，产生 PWM 控制信号。

410. BCU 的模拟板面板上编号为__________绿色指示灯为生命信号，正常工作为周期性闪烁。

411. BCU 的电源板为 BCU 提供工作电源，并对外提供 DC_____________V 电源。

412. BCU 的电源板面板下部扳扭开关 K1 向上代表___________。

413. BCU 的电源板面板下部扳扭开关 K2 向上代表___________。

414. BCU 能够实现制动机的______________和制动机的均衡风缸压力精确控制。

415. BCU 能够实现制动机的逻辑控制和制动机的_____________精确控制。

416. BCU 具有____________功能，能够实现多台制动机的同步操控。

417. BCU 来说，根据故障产生的原因可以主要划分为外来故障、____________和 BCU 电气故障。

418. BCU 来说，根据故障产生的原因可以主要划分为外来故障、人为故障和_____。

419. 处理 BCU 故障的方法有__________、直观法和测量法。

420. SS_{4B} 型电力机车 DK-2 型电-空制动机均衡风缸充风缩堵的检测要求，列车制动管压力由 0 升至 580 kPa 的时间应在____________s。

421. SS_{4B} 型电力机车 DK-2 型电-空制动机均衡风缸排风缩堵的检测要求，均衡风缸由 600 kPa 减至 430 kPa 的时间为___________s。

422. SS_{4B} 型电力机车 DK-2 型电-空制动机作用管充风缩堵的检测要求，制动缸压力由 0 升至 280 kPa 的时间不大于_________s。

423. SS_{4B} 型电力机车 DK-2 型电-空制动机作用管排风缩堵的检测要求，制动缸压力由 300 kPa 降至 40 kPa 的时间不大于_________s。

424. SS_{4B} 型电力机车 DK-2 型电-空制动机失电保护排风缩堵的检测要求，均衡风缸由 600 kPa 减至 430 kPa 的时间位____________s。

425. SS_{4B} 型电力机车 DK-2 型电-空制动机空气位均衡风缸排气缩堵的检测要求，均衡风缸由 600 kPa 减至 430 kPa 的时间位____________s。

426. SS_{4B} 型电力机车 DK-2 型电-空制动机调压阀 304 的整定值为___________kPa。

427. 神华号交流机车 DK-2 型电-空制动机，列车制动管最小减压量为____________kPa。

428. 神华号交流机车 DK-2 型电-空制动机，均衡风缸压力从 500 kPa 降至 360 kPa 的时间为__________s。

高级

429. 神华号交流机车 DK-2 型电-空制动机，均衡风缸压力从 600 kPa 降至 430 kPa 的时间为________s。

430. 神华号交流机车 DK-2 型电-空制动机，停放制动控制模块的主要功能是接受停放制动________与缓解指令，实现停放制动缸的排气与充气，同时可防止停放制动力和大的机车制动缸制动力叠加。

431. 神华号交流机车 DK-2 型电-空制动机，停放制动由停放制动调压阀、________、停放制动压力开关、双向阀、停放制动塞门、压力测试接口等部件组成。

432. 神华号交流机车 DK-2 型电-空制动机，________的功能是输出制动缸压力和停放制动风压中较大者至停放制动缸，防止停放制动力和大的机车制动缸制动力叠加。

433. 神华号交流机车 DK-2 型电-空制动机，________控制模块的主要功能是根据总风压力为主压缩机启停状态控制提供压力信号。

434. 神华号交流机车 DK-2 型电-空制动机，主压缩机控制压力开关 287KP 的整定值为________kPa。

435. 神华号交流机车 DK-2 型电-空制动机，主压缩机控制压力开关 289KP 的整定值为________kPa。

436. 神华号交流机车 DK-2 型电-空制动机，排 2 电-空阀________时过充风缸排风。

437. 神华号交流机车 DK-2 型电-空制动机，列车制动管/均衡控制模块的主要功能是控制________和________的压力。

438. 神华号交流机车 DK-2 型电-空制动机，列车制动管风压控制模块的主要功能是控制列车制动管的初充风和再充风、常用制动排风和紧急制动排风、________功能。

439. 神华号交流机车 DK-2 型电-空制动机，均衡风压控制模块的主要功能是对均衡风缸风压进行________控制、制动系统失电时使均衡风缸排风。

440. 神华号交流机车 DK-2 型电-空制动机，电子分配阀包括分配阀均衡部、切换电-空阀、制动缸预控压力的________模拟控制部件。

441. 神华号交流机车 DK-2 型电-空制动机，单制高速电-空阀控制________的充风。

442. 神华号交流机车 DK-2 型电-空制动机，________用于控制电子分配阀和空气分配阀切换。

443. 车辆制动装置由________和车辆基础制动装置组成。

444. 车辆制动机是根据________的压力变化而进行动作的。

445. 车辆制动机按用途可分为客车车辆制动机和________。

446. 车辆制动机的主要部件是________。

447. 制动机对提高铁路________，保证列车运行安全，有着重要的意义。

448. 车辆制动________是一种防止车辆制动时滑行的装置。

449. 采用防滑器的车辆还可以选取较高的________，以提高其制动力。

450. GK 型车辆制动机副风缸与制动缸的容积比为________。

451. 109 型分配阀的制动缸压力与列车制动管减压量之比为________。

452. 120 型控制阀采用________机构。

453. 120 型控制阀由中间体、主阀、紧急阀和________等四大部分组成。

454. 120 型控制阀的主阀由作用部、减速部、局减阀、________和紧急二段阀等组成。

455. 120 型控制阀主阀的__________是根据列车制动管与副风缸之间的空气压力差来实现充风、局减、制动、保压、缓解等作用

456. 120 型控制阀的__________用于手动排出制动缸的压力空气，使制动机缓解。

457. 120 型控制阀的__________用于紧急制动时加快列车的排风，使紧急制动作用可靠，提高紧急动灵敏度，从而提高紧急制动波速。

458. 120 型控制阀有充气缓解、______________、常用制动、制动保压和紧急制动等五个作用位置。

459. 120 型控制阀在充气缓解位时，列车制动管的压力空气将向副风缸、__________和紧急室充气。

460. 铁路总公司决定将__________型空重车自动调整装置作为主型产品。

461. KZW-4GAB 型空重车自动调整装置可调整为 A 型和_______型两种形式。

462. 空重车自动调整装置一般由测重装置、传感阀、_________、压力开关等组成。

463. 空重车自动调整装置的__________用于当车辆载重增大时使制盘的高度保持不变，并以此作为传感阀的称重依据。

464. 单车试验器由手动回转式和_______________两种。

465. 手动回转式单车试验器由制动软管连接器、给风阀、远心集尘器、双针压力表、_____________以及排风阀等组成。

466. 手动回转式单车试验器的回转阀有________个作用位置。

467. 手动回转式单车试验器共有________个作用位置。

468. 手动回转式单车试验器的________是向车辆制动管急速充气的位置，用于充气缓解。

469. 手动回转式单车试验器的____________是使车辆制动管缓慢减压的位置，用于制动感度试验。

470. 单车试验器的机能检查有单车试验管系和_____________漏泄试验。

471. 单车试验器的机能检查有测定___________各孔的充、排气时间。

472. 单车试验器的机能检查有测定__________的排风时间应符合要求。

473. 远心集尘器有组合式和___________两种不同形式。

474. 组合式远心集尘器是将远心集尘器和____________铸造为一体。

475. 在制动时，副风缸通过三通阀的作用将其压力空气送入_________，发挥制动作用。

476. ST1-600 型闸调器主要由引导部分、___________、压紧部分、主弹簧部分及杠杆和螺杆等组成。

477. 货车辆采用闸瓦间隙自动调整器的最主要目的是控制动缸活塞行程，提高______的稳定性。

478. JZ-7 型空气制动机的_________________用来操纵全列车的制动、缓解、保压作用。

479. JZ-7 型空气制动机的_________________用根据自动制动阀控制的均衡风缸压力变化，控制列车制动管的充、排风，以实现列车的制动、缓解和保压作用。

480. JZ-7 型空气制动机的控制关系：自动制动阀→均衡风缸→中继阀→列车制动管→机车分配阀→_________→机车制动缸。

481. JZ-7 型空气制动机机车在单独制动、缓解时的控制关系：单独制动阀→______→机车制动缸。

高级

482. JZ-7 型空气制动机单独制动阀用于________的单独制动或单独缓解。

483. JZ-7 型空气制动机单独制动阀手柄作用位置有：__________、运转位、主制动位。

484. JZ-7 型空气制动机自动制动阀由阀体与阀座、手柄与凸轮、放风阀、________、重联柱塞阀、缓解柱塞阀、客货车转换阀组成。

485. JZ-7 型空气制动机自动制动阀手柄的作用位置有：过充位、运转位、最小减压位、最大减压位、__________、手柄取车位、紧急制动位。

486. JZ-7 型空气制动机自动制动阀的最小减压位与最大减压位之间为______________。

487. JZ-7 型空气制动机自动制动阀的调整阀用于调整均衡风缸的________________和控制其压力变化。

488. JZ-7 型空气制动机自动制动阀的调整阀膜板左侧为________________。

489. JZ-7 型空气制动机自动制动阀的放风阀由放风阀座、放风阀胶垫、____________、放风阀套等组成。

490. JZ-7 型空气制动机自动制动阀的重联柱塞阀由重联柱塞阀柱塞、重联柱塞阀套、__________、O 形密封圈等组成。

491. JZ-7 型空气制动机自动制动阀的重联柱塞阀实现紧急制动时机车的____________。

492. JZ-7 型空气制动机自动制动阀的缓解柱塞阀由缓解柱塞阀柱塞、缓解柱塞阀套、__________、O 形密封圈等组成。

493. JZ-7 型空气制动机自动制动阀的缓解柱塞阀用于控制____________有关通路。

494. JZ-7 型空气制动机中继阀由管座、总风遮断阀和_______________组成。

495. JZ-7 型空气制动机总风遮断阀由阀体、___________、阀座、阀套、弹簧、O 形密封圈、阀盖等组成。

496. JZ-7 型空气制动机分配阀由主阀部、__________、紧急部及中间体组成。

497. JZ-7 型空气制动机分配阀的____________控制主阀的动作。

498. JZ-7 型空气制动机分配阀的____________控制副阀的动作。

499. JZ-7 型空气制动机作用阀由供气阀、____________、作用活塞、膜板、缓解弹簧、阀体和管座等组成。

500. JZ-7 型空气制动机作用阀接受______________的控制，用以控制机车制动缸的充、排风。

二、判断题（正确的划“√”，错误的划“×”）

1. 铁路客货运输应充分体现“以人为本、诚信服务”的理念。(　　)

2. 铁路运输生产既要职工按照分工和要求，尽职尽责地做好本职工作，又要在系统领导下，互相帮助，主动配合，密切配合。(　　)

3. 普通螺纹的螺纹面间的摩擦力大，适用作连接螺纹。(　　)

4. 管螺纹主要用于双向受力的传递。(　　)

5. 螺栓由螺栓头和螺杆构成。(　　)

6. 螺栓根据用途不同，分为连接螺栓和紧定螺栓。(　　)

7. 滚动轴承和滑动轴承相比的缺点是尺寸较小、承受冲击载荷能力强、高速运转时噪声大。( )

8. 普通 V 带按截面尺寸由小到大有 Z、Y、A、B、C、D、E 7 中型号。( )

9. 液压系统中的液压泵属控制部分。( )

10. 齿面硬度 HB<350 时，称为软齿面。( )

11. 齿轮传递的功率和速度范围很小。( )

12. 与齿轮传动相比较，蜗杆传动的效率高。( )

13. 曲轴各轴段轴线在同一直线上。( )

14. 轴头是轴和轴承配合部分。( )

15. 套筒定位的结构简单、可靠，但不适合高转速的情况。( )

16. 轴端挡圈定位适用于轴端，可承受剧烈的振动和冲击载荷。( )

17. 平键连接能实现轴上零件的轴向固定。( )

18. 普通平键工作时靠键与键槽的侧面挤压传递运动和转矩，因此键的侧面是工作面。( )

19. 主视图反映了形体的上、下和左、右位置关系。( )

20. 俯视图反映了形体的上、下和前、后位置关系。( )

21. 装配后有相对运动，应选用过盈配合。( )

22. 基本偏差与公差值无关，基本偏差是靠近零线的那个偏差，可以是上偏差也可以是下偏差。( )

23. 形状误差是指实际形状对理想形状的变动量。( )

24. 位置公差是关联实际要素的形状对基准所允许的变动全量。( )

25. 设计基准是零件的加工、测量要求所选定的基准。( )

26. 装配图中，尺寸 G3/8 中的 G 表示非螺纹密封的梯形螺纹，3/8 表示螺纹尺寸代号。( )

27. 组成装配尺寸链至少有增环、减环和封闭环。( )

28. 装配时，调整一个或几个零件的位置，以消除零件间的积累误差，达到装配的配合要求，这种方法称为调整法。( )

29. 单件制造不同结构的产品，并很少重复，甚至完全不重复，这种生产方式称为单件生产。( )

30. 零件有两个以上的偏重所产生的离心力及平衡离心所组成的力偶，使其达到平衡称为动平衡。( )

31. 平衡分为静平衡和动平衡两种。( )

32. 三视图的投影规律要求主、俯视图高平齐。( )

33. 为了减小测量误差，对于重要尺寸最好在同一位置多测量几次取其平均值。( )

34. 粗锉适用于尺寸精度为 0.2 ~ 0.6 mm 的场合。( )

35. 锉削内角表面时，要选择三角锉。( )

36. 大平锉的全长截面相等，二面或三面有齿，用于粗加工。( )

37. 方锉为正方形、向头部逐渐缩小，3 面有齿，用于方形通孔方槽加工。( )

38. 螺纹防松按工作原理可分为摩擦防松、机械防松、破坏螺纹副运动关系防松。( )

39. 在零件上用来确定其他点、线、面的基准称为设计基准。( )

40. 划线平台用来安放工件和划线工具。( )

41. 角尺是检验直角、划线及安装定位用的检验工具。( )
42. 按使用手段分，铰刀可分为手用铰刀和机用铰刀。( )
43. 铰刀柄部是为磨制铰刀时供砂轮退刀用的，也是刻印商标和规格之处。( )
44. 丝锥为一种加工外螺纹的刀具。( )
45. 磨料在研磨工作中起切削作用。( )
46. 研具材料比被研磨的工件硬。( )
47. 研磨的基本原理包括物理和化学作用。( )
48. 研磨液在研磨中起调和磨料、冷却和润滑的作用。( )
49. 攻丝时，不能加润滑冷却液。( )
50. 攻丝前的底孔直径应稍小于螺纹小径。( )
51. 工艺规程可作为新建、扩建工厂和车间的基础资料。( )
52. 对钢进行热处理的目的主要是改善钢的工艺性能和机械性能。( )
53. 淬火是消除铸锻件的内应力和组织不均及晶粒粗大等现象的热处理工艺。( )
54. 冲击载荷是指载荷的方向和大小随时间而发生周期性变化的动载荷。( )
55. 共晶白口铸铁的含碳量为 4.2%。( )
56. 15、20、25 钢属于渗碳钢。( )
57. 钢中加入合金元素的目的是增加硬度、塑性和韧性。( )
58. 用人单位发生合并或者分立等情况，原劳动合同继续有效。( )
59. 劳动合同终止后，用人单位应当在十日内为劳动者办理档案和社会保险关系转移手续。( )
60. 工伤人员在享有工伤社会保险后，不可再向本单位提出赔偿要求。( )
61. 一次事故中死亡 3～9 人的事故是特大生产安全事故。( )
62. 托运人或者旅客根据自愿，可以办理保价运输，也可以办理货物运输保险；还可以既不办理保价运输，也不办理货物运输保险。( )
63. 对在铁路线路上行走、坐卧的，铁路职工有权制止并进行处罚。( )
64. 环境保护法适用于中华人民共和国领域和中华人民共和国管辖的其他海域。( )
65. 环境与资源保护法律责任的客体一般包括行为和物两种。( )
66. 禁止使用无线电台及其他仪器干扰铁路运营指挥无线电频率使用。( )
67. 铁路与道路交叉的无人看守道口应当按照国家标准设置警示标志，有人看守的道口可不设警示标志。( )
68. 隔离开关开闭作业时，必须执行一人操作一人监护制度。( )
69. 遇雷雨天气时，可以操作隔离开关。( )
70. 机车鉴定成绩分为优秀、良好、合格和不合格四个等级。( )
71. 机车履历本的填写应由专人负责。填写必须及时、准确、整洁，不得有漏项和缺项。( )
72. 造成 5000 万元以上 1 亿元以下直接经济损失的事故为特别重大事故。( )
73. 造成 2 人死亡未构成较大以上事故的，为一般 A 类事故。( )
74. 电-空制动机的作用动力和控制信号均为压缩空气。( )
75. 动力制动是依靠机车的动力机械产生的制动力。( )
76. 电磁制动包括磁轨制动和涡流制动。( )

77. 空气制动机的工作过程是利用压力空气的压力与容积的变化关系来实现的。(　　)
78. 当制动管减压量小于 41.5 kPa 时，GK 型车辆制动机可以产生有效制动。(　　)
79. 制动管的定压不同，但其制动管最大有效减压量相同。(　　)
80. 我国规定：制动管减压速率或漏泄小于 30 kPa/min。(　　)
81. 当制动管减压速率在 10 ~ 40 kPa/s 范围时，紧急阀不应动作。(　　)
82. 一般地，常用制动灵敏度为 10 ~ 40 kPa/s。(　　)
83. 制动机按作用对象可分为机车制动机和车辆制动机。(　　)
84. 电-空制动比空气制动的同步性要好得多。(　　)
85. 真空制动的主要缺点是制动压力小和缓解慢。(　　)
86. 磁轨涡流制动属于黏着制动。(　　)
87. 黏着制动时，可能实现的最大制动力不会超过黏着力。(　　)
88. 磁轨摩擦制动属于黏着制动。(　　)
89. 风阻制动属于非黏着制动。(　　)
90. 非黏着制动时，制动力的大小不受轮轨黏着力的限制。(　　)
91. 加馈电阻制动属于非黏着制动。(　　)
92. 直通式空气制动机制动管排风，实现缓解作用。(　　)
93. 自动式空气制动机列车制动管充风，产生制动作用。(　　)
94. 由压力表测得的压力值比绝对压力值高 1 个大气压。(　　)
95. 绝对压力是指压力空气的实际压力。(　　)
96. 空气制动机的工作过程是利用压力空气的压力与容积的变化关系来实现的。(　　)
97. 109 型分配阀属于三压力机构。(　　)
98. 二压力机构制动机只具有一次缓解性能，而不具备阶段缓解性能。(　　)
99. JZ-7 型制动机属于二压力机构制动机。(　　)
100. 三压力机构制动机具有阶段缓解性能，也可以进行一次缓解操纵。(　　)
101. 制动倍率的大小取决于制动传动装置各杠杆的尺寸大小。(　　)
102. 基础制动装置的传动效率越小越好。(　　)
103. 一个制动缸所产生的实际闸瓦压力与理论闸瓦压力比值称为基础制动装置的制动率。(　　)
104. 机车制动率表征机车制动能力的大小。(　　)
105. 在列车制动计算中，列车制动距离等于有效制动距离。(　　)
106. 在空走时间内所走行的距离称为空走距离。(　　)
107. 一般将列车速度达到 180 km/h 以上称高速列车。(　　)
108. 轨道涡轮制动不受黏着限制的非黏着制动。(　　)
109. 重载列车在相同的排、充风速度下，制动管减压、增压速度很高。(　　)
110. 列车越长其前后部开始制动或缓解的时间差就越大。(　　)
111. 轨道涡流制动技术是在列车高速运行时获得恒定的制动力。(　　)
112. 轨道涡流制动有摩擦。(　　)
113. 列车在平直线路上运行时，只有运行基本阻力。(　　)
114. 列车在平直线路上启动时，只有起动基本阻力。(　　)

115. 103＋电-空制动机是在原 104 型空气制动机的基础上加装一个电-空阀安装座、3 个开式电-空阀、缓解风缸及相应的管路、导线、插头、插座、分线盒等组成。(　　)

116. 我国《铁路技术管理规程》第 189 条规定列车运行速度 120 km/h 以上至 140 km/h 的旅客列车在任何线路坡道上的紧急制动距离限值为 1100 m。(　　)

117. 列车在任何线路坡道上的紧急制动距离限值：运行速度不超过 120 km/h 的列车为 1 000 m。(　　)

118. 风源系统是机车空气管路系统的基础。(　　)

119. 机车上总风缸压力由调压阀控制。(　　)

120. 当总风缸空气压力达到最大规定值 950 kPa 时，主空气压缩机停止工作。(　　)

121. 止回阀 47 安装在第一总风缸和第二总风缸之间。(　　)

122. 控制风缸 102 的设置是为了在分合闸操作引起压力波动时，稳定控制系统管路内的风压。(　　)

123. 辅助管路系统由受电弓、升弓电-空阀、主断路器、门联锁阀、辅助压缩机、膜板塞门、控制风缸、压力传感器组成。(　　)

124. 机车撒砂的目的是提高钢轨和车轮之间的摩擦力。(　　)

125. 辅助风缸对辅助压缩机产生的压缩空气进行冷却。(　　)

126. 我国现有各种机车和车辆上都采用直通式空气制动机。(　　)

127. F8 型制动机属于机车制动机。(　　)

128. 空气制动阀（俗称小闸）在正常情况下，只用来单独操纵机车的制动或缓解。(　　)

129. 撒砂装置主要接受司机脚踏控制，也能与制动机、防空转滑行及断钩保护配合作用。(　　)

130. 在空转即将开始之前撒砂，对防止空转有效，而在空转已经发生后的撒砂则是没有效果的。(　　)

131. DJKG-A 型空气干燥器工作压力为 1 000 kPa。(　　)

132. DJKG-A 型空气干燥器处理后的压缩空气可达到含油率低于 20 ppm。(　　)

133. DJKG-A 型空气干燥器的再生方式是无热、常压。(　　)

134. 压缩空气中水分子的饱和含量，与压力无关，而与温度有关。(　　)

135. DJKG-A 型空气干燥器防冻装置的热敏电阻，在室温 0 °C 时电阻为 1 000 Ω。(　　)

136. 总风缸内压缩空气的压力范围为 700 ~ 900 kPa。(　　)

137. 压力控制器调整被控压缩空气的压力范围时，应先调下限设定值，后调上限设定值。(　　)

138. 螺杆式空压机比活塞式空压机可靠性差的。(　　)

139. 螺杆式空气压缩机维护费用低。(　　)

140. 螺杆式空气压缩机效率高，性能高。(　　)

141. 螺杆式空气压缩机冷却器不属于风冷。(　　)

142. 当空压机初始运转时，经滤清后的空气经进气阀进入压缩腔。(　　)

143. BT-2.6/10A 型螺杆压缩机最小压力阀在压缩机停机时，防止高压气回流，起到止回作用。(　　)

144. 螺杆压缩机换油时可以不用更换油过滤器。(　　)

145. 螺杆压缩机含油气体从油细分离器上部进入滤芯。(　　)

146. 油细分离器的工作寿命取决于油的清洁度和吸入空气的清洁度。(　　)

147. 螺杆压缩机回油单向阀失效会造成空气过滤器中有油。(　　)

148. 螺杆压缩机的压力开关并联在控制电路中。(　　)

149. 螺杆压缩机的温度开关并联在控制电路中。(　　)

150. BT-2.6/10A 型螺杆压缩机当润滑油温低于 85 °C 时，温控阀关闭冷却器回路。(　　)

151. BT-2.6/10A 型螺杆压缩机的安全阀整定值为 1.15 MPa。(　　)

152. 高压安全阀的动作值为 950 kPa。(　　)

153. 分水滤气器安装应为垂直位置，其排水阀向下，并注意必须按体上箭头方向进行配管。(　　)

154. 折角塞门在开通或关闭时，应先提起手柄才能转动。(　　)

155. 同一规格的球芯塞门通道面积要比锥芯塞门的大。(　　)

156. SS_{4B} 型电力机车每节车装有 4 个门联锁阀。(　　)

157. 门联锁阀起到安全保护作用，保证受电弓升起时不能打开高压室门。(　　)

158. SS_{4B} 型电力机车上装有风压继电器 515KF 的型号是 TJY3A-4.5/11。(　　)

159. 调压阀安装时空气管路中压力空气的流动方向应与阀体上的箭头指向相同。(　　)

160. SS_{4B} 型电力机车调压阀 55 的整定值是 500 kPa 或 600 kPa。(　　)

161. 调压阀安装时其调整手轮可以向下。(　　)

162. 钢铁酸洗主要用于耐蚀防护和油漆用底膜。(　　)

163. 钢铁磷化以除去金属表面的氧化物。(　　)

164. 主压缩机空载试验要求通电转动后，无异音，出口排风正常，压缩空气中无润滑油。(　　)

165. 辅助压缩机打风应关闭 97 塞门。(　　)

166. SS_{4B} 型电力机车控制风缸压力升至 900 kPa 时，关闭风缸前塞门 97，控制风缸的泄漏量每分钟不大 10 kPa。(　　)

167. 高、低音喇叭在总风压力大于 600 kPa 时，音色正常。(　　)

168. 刮雨器性能要求作用良好，摆动均匀，无卡、跳现象。(　　)

169. 国产电力机车根据 GB3317-82《电力机车通用技术条件》规定撒砂量标准为 0.7 ~ 1.5 L/min。(　　)

170. 撒砂量要求是用砂量少且效果好。(　　)

171. SS_{4B} 型电力机车总风缸压力降至 700 ± 20 kPa 时，压力控制器应闭合电路，使主压缩机组恢复工作。(　　)

172. SS_{4B} 型电力机车总风缸压力升至 950 ± 20 kPa 时，压力控制器应断开电路，使主压缩机组停止工作。(　　)

173. 按下紧急制动按钮应产生紧急制动，同时主断路器断开。(　　)

174. TSG15B 型受电弓气囊有裂缝、泄漏者，应更换。(　　)

175. TSG15B 型受电弓升弓时间为 6 ~ 8 s。(　　)

176. VAPORID 空气干燥器湿度指示器正常情况全显示为白色。(　　)

177. VAPORID 空气干燥器湿度显示卡上任一区域出现黄色,则表示干燥器的运行情况处

于边界状况，空气潮湿度处于或接近饱和，此时应考虑更换干燥剂元件。(　　)

178. VAPORID 空气干燥器当湿度显示卡的任一区域显示为黄色或棕色，则表示干燥剂元件已被油污染，并且需更换聚结过滤器和干燥剂元件。(　　)

179. 螺杆压缩机运转时应无异音和不正常震动。(　　)

180. 螺杆压缩机油位过高时，会造成空气压缩机油耗高。(　　)

181. 制动缸是产生制动原力的部件。(　　)

182. 双侧闸瓦式基础制动装置闸瓦单位面积上的压力较大，闸瓦磨耗量大，制动效果较差。(　　)

183. 蓄能制动器的丝杆与螺母是一副自锁螺旋副。(　　)

184. 蓄能制动器制动缸排风缓解。(　　)

185. 蓄能制动器在运行过程中，随时观察总风缸压力，确保其压力不低于 500 kPa。(　　)

186. 机车在停车时要移动而又无司机操纵时，只要拉动设在蓄能制动器上的手动拉环就可进行缓解。(　　)

187. 当闸瓦间隙过大时，闸瓦间隙调整器将自动减小过大的闸瓦间隙。(　　)

188. 闸瓦间隙自动调整器的作用是在每次制动后，自动地调整闸瓦间隙，使制动缸活塞行程保持在规定的范围内。(　　)

189. 盘形制动装置按照摩擦面配置的不同，制动盘可分为单面盘和双面盘。(　　)

190. 制动盘分整体式和对分式两种。(　　)

191. 盘形制动装置制动平稳，但噪音大。(　　)

192. 轮轨间纵向滑动主要有牵引空转和制动滑行。(　　)

193. 采用防滑器的车辆可以选取较高的制动率。(　　)

194. 列车速度减低，闸瓦摩擦系数减小。(　　)

195. 闸瓦摩擦表面的材质硬度提高，摩擦系数增大。(　　)

196. 闸瓦用于在制动时直接与车轮摩擦产生摩擦力。(　　)

197. 合成闸瓦分“高摩”和“低摩”，其中高摩合成闸瓦可与中磷铸铁闸瓦互换使用。(　　)

198. SS_{4B} 型电力机车闸瓦与踏面间隙为 4 ~ 6 mm。(　　)

199. 神华号交流电力机车 JPXZ-1A 型盘形制动器是带蓄能制动的。(　　)

200. 神华号交流电力机车 JPXZ-1A 型盘形制动器制动盘安装主要由制动盘、销、螺栓、防松螺母、弹性套、橡胶弹垫六部分组成。(　　)

201. 神华号交流电力机车 JPXZ-1A 型盘形制动器处于缓解位时，制动缸与大气相通。(　　)

202. 神华号交流电力机车 JPXZ-2A 型盘形制动器是不带蓄能制动的。(　　)

203. 神华号交流电力机车基础制动装置夹钳机构主要由横架体装配、纵架体装配、左右闸片托体装配、固定叉体装配、吊挂螺栓以及一些销和减磨垫等组成。(　　)

204. 神华号交流电力机车 JPXZ-2A 型盘形制动器蓄能制动缸充气时，停放制动应缓解。(　　)

205. 神华号交流电力机车 JPXZ-2A 型盘形制动器蓄能制动缸排气时，停放制动应缓解。(　　)

206. DK-1 型制动机电-空阀受电-空制动控制器的控制，接通或切断有关气路。(　　)

207. DK-1 型制动机紧急阀主要受电-空制动控制器和自动停车装置的控制，直接将列车制动管的压力空气快速排入大气，使列车产生紧急制动作用。(　　)

208. DK-1 型电-空制动机兼有电-空制动机和空气制动机两种功能。(　　)

209. 一般检查指对结构较为简单、在日常小修范围内无需下车进行拆检的部件，可在机车上作不解体检查。(　　)

210. 解体检修指有计划的按互换范围和检修中遇到需下车解体检修的部件，下车后在工作台上进行系统的整修。(　　)

211. 圆弹簧的标注是以“钢丝直径 × 弹簧中径”来表示。(　　)

212. 制动装置在检修中因制造原因，零部件在质量保证期内超过检修限度，需更换的零部件由制动装置检修单位无偿更换，向配件生产单位进行质量追溯。(　　)

213. 橡胶件组装前都要涂适量润滑脂。(　　)

214. 各类橡胶模板、座垫、密封圈等的工作表面可以有气泡。(　　)

215. 夹芯阀胶料与金属硬芯结合严禁，允许有脱胶现象。(　　)

216. 夹芯阀胶料与金属硬芯结合严禁，不允许有松弛、开裂现象。(　　)

217. 弹簧应无锈蚀、变形、裂损。(　　)

218. DK-1 型电-空制动机的气动部件自由高大于 25 mm 的圆弹簧，塑性变形量不得大于 5 mm。(　　)

219. DK-1 型电-空制动机的气动部件自由高小于 25 mm 的圆弹簧，塑性变形量不得大于 4 mm。(　　)

220. 严禁同一柱塞阀上使用两种规格的 O 形圈。(　　)

221. 更换柱塞 O 形圈时，允许个别更换。(　　)

222. DK-1 型电-空制动机的气动部件各柱塞与衬套间配合间隙不大于 0.15 mm。(　　)

223. DK-1 型电-空制动机的气动部件各橡胶阀口应无脱落、变形、裂损、偏压卡滞等现象。(　　)

224. 橡胶阀口接触面不良者，允许用细砂布磨平，研磨后胶口不得低于金属座面。(　　)

225. DK-1 型电-空制动机配件解体后直接用压缩空气吹扫。(　　)

226. DK-1 型电-空制动机的气动部件组装前，转轴部分涂适量黄油润滑。(　　)

227. DK-1 型电-空制动机的气动部件组装前，对柱塞、活塞式接触配合表面须涂以适量锂基脂。(　　)

228. 给电或给风试验中可以 1 人进行。(　　)

229. TKS22 型电-空制动控制器操纵手柄只能在重联位取出和放入。(　　)

230. TKS22 型电-空制动控制器的工作位置有：过充位、运转位、中立位、缓解位、重联位和紧急位。(　　)

231. TKS22 型电-空制动控制器辅助触头的静触指磨耗量不大于原形的 2/3。(　　)

232. TKS22 型电-空制动控制器要求各部螺丝紧固，定位弹簧无锈蚀、断裂，棘轮和定位杆滚轮无严重磨损。(　　)

233. TKS22 型电-空制动控制器解体检修时，在不更换凸轮或转轴上的其他部件时，可不解体。只作整体清扫。(　　)

234. TKS22 型电-空制动控制器的凸轮面和触指的接触面必须保证 70%以上。(　　)

235. DK-1 型电-空制动机空气制动阀的顶杆磨损后，可在顶杆上部补焊，焊后锉修，长度符合要求，且不得有阻滞现象。(　　)

236. 空气制动阀的柱塞与套配合间隙不大于 0.2 mm。(　　)

高级

237. DK-1 型电-空制动机空气制动阀空电转换柱塞在电-空位时，在试验台上进行中立位试验时要求作用管压力 1 min 内变化不大于 10 kPa。(　　)

238. DK-1 型电-空制动机空气制动阀空电转换柱塞在在空气时，在试验台上进行保压位试验时要求均衡压力 1 min 内变化不大于 5 kPa。(　　)

239. DK-1 型电-空制动机双阀口式中继阀顶杆不得弯曲，顶杆挂钩槽处不得损伤、磨秃，顶杆与膜板挂接可靠。(　　)

240. DK-1 型电-空制动机双阀口式中继阀的供气阀与套的配合间隙不大于 0.15 mm。(　　)

241. DK-1 型电-空制动机双阀口式中继阀膜板破损会使中继阀处于自锁状态。(　　)

242. DK-1 型电-空制动机中继阀在试验台上试验，阶段增压试验要求列车制动管阶段增压与均衡压差小于 5 kPa。(　　)

243. DK-1 型电-空制动机中继阀在试验台上试验，制动保压试验要求均衡减压 140 kPa 待压力稳定后保压 1 min，1 min 内均衡风缸管、列车制动管压力变化不大于 10 kPa。(　　)

244. DK-1 型电-空制动机遮断阀胶口压痕均匀，且不得过深，压痕过深者，可用细纱布研磨消除，研磨量以不伤金属阀座为准。(　　)

245. DK-1 型电-空制动机遮断阀的阀与套的配合间隙不大于 0.15 mm。(　　)

246. DK-1 型电-空制动机遮断阀在试验台上试验，开启试验要求列车制动管压力快速上升至定压。(　　)

247. DK-1 型电-空制动机电动放风阀用来迅速排放列车制动管压力空气，提高空气波速和缓解波速。(　　)

248. DK-1 型电-空制动机电动放风阀的膜板破损会使制动系统仍然产生紧急制动作用。(　　)

249. DK-1 型电-空制动机电动放风阀试验台上试验时，常用制动不可以起紧急制动。(　　)

250. DK-1 型电-空制动机电动放风阀试验台上试验时，排风口允许有轻微泄漏。(　　)

251. DK-1 型电-空制动机紧急阀是以电而产生动作并随之带动电联锁。(　　)

252. DK-1 型电-空制动机紧急阀组装时应注意导向阀、传递杆在下盖内上下动作灵活。(　　)

253. DK-1 型电-空制动机紧急阀在常用制动后转紧急制动仍然有效。(　　)

254. DK-1 型电-空制动机紧急阀试验台上试验时，紧急室漏泄试验要求紧急室压力稳定后 60 s 内下降不大于 5 kPa。(　　)

255. DK-1 型电-空制动机紧急阀试验台上试验时，列车制动管压力下降 200 kPa 时不突降至 0。(　　)

256. DK-1 型电-空制动机重联阀制动缸遮断阀部主要由制动缸遮断阀活塞、活塞杆、遮断阀弹簧、阀套、O 形圈和遮断阀等组成。(　　)

257. DK-1 型电-空制动机重联阀在补机位时将作用管与制动缸管连通。(　　)

258. DK-1 型电-空制动机重联阀的转换阀部在本机位时，连通重联阀活塞下侧与总风联管之间的通路。(　　)

259. DK-1 型电-空制动机重联阀在试验台上试验时，本机位试验作用管压力应与制动缸压力同步上升下降。(　　)

260. DK-1 型电-空制动机重联阀在试验台上试验时，补机位试验制动缸压力不与平均管同步升降。(　　)

261. DK-1 型电-空制动机 109 型分配阀各活塞、活塞杆应无碰伤、变形及裂纹。(　　)

262. DK-1 型电-空制动机 109 型分配阀的节制阀弹簧自由高为 18 mm。(　　)

263. DK-1 型电-空制动机 109 型分配阀的均衡膜板破损，会造成制动缸无压力。(　　)

264. 109 分配阀的滑阀、滑阀座、节制阀等各滑动面接触不严密及有划伤时研磨。(　　)

265. DK-1 型电-空制动机 109 型分配阀在试验台上试验时，列车制动管减压 20 kPa 前局减室显示压力。(　　)

266. DK-1 型电-空制动机 109 型分配阀在试验台上试验时，容积室压力保压 1 min 压力变化不大于 10 kPa。(　　)

267. DK-1 型电-空制动机转换阀 154 置客车位连通两个初制风缸之间的气路。(　　)

268. DK-1 型电-空制动机转换阀是用来控制空气管路的开通与关断，并保证良好的气密性和满足屏柜布置的需要。(　　)

269. DK-1 型电-空制动机系统中设有两个转换阀，其结构相同，功能也相同。(　　)

270. DK-1 型电-空制动机转换阀试验台上试验时，开通试验输出压力降至 0。(　　)

271. 压力开关 208 属于气动电器，利用压力空气的压力变化来实现电路控制。(　　)

272. 208、209 压力开关整定值一经设定就无法调整。(　　)

273. DK-1 型电-空制动机压力开关 208 在试验台上试验时，芯杆不可以波动。(　　)

274. DK-1 型电-空制动机压力开关 208 在试验台上试验时，压差动作值试验要求均衡压力差为 20 ~ 30 kPa 常开指示灯暗。(　　)

275. 压力开关 209 的整定值为 50 kPa。(　　)

276. 压力开关 209 由双断点微动开关、外罩、膜板、阀体、下盖、活塞杆等组成。(　　)

277. DK-1 型电-空制动机压力开关 209 在试验台上试验时，压差动作值试验要求均衡压力升至 560 ~ 610 kPa 常开指示灯亮。(　　)

278. DK-1 型电-空制动机压力开关 209 在试验台上试验时，压差动作值试验要求均衡压力差为 190 ~ 230 kPa 常开指示灯暗。(　　)

279. DK-1 型电-空制动机压力开关 209 在试验台上试验时，均衡压力排到 0，保压 1 min 压力不得回升。(　　)

280. DK-1 型电-空制动机电-空制动控制器中立位可分为制动后中立位和制动前中立位。(　　)

281. DK-1 型电-空制动机电-空制动控制器运转位只使机车进行正常缓解。(　　)

282. 均衡风缸的容积小，容易控制。(　　)

283. DK-1 型电-空制动机均衡风缸的容积为 5 L。(　　)

284. 电-空阀得电吸合、失电释放，自复状态良好，不得有延时吸合或延时释放现象。(　　)

285. 电-空阀按作用原理分为立式和卧式。(　　)

286. 用万用表测量电-空阀的线圈阻值小于标准值，为线圈烧损。(　　)

287. 用万用表测量电-空阀的线圈阻值为零时，为线圈开路。(　　)

288. 电-空阀在失电状态下，用手指按下动铁芯，应无卡滞，且有弹簧反力的感觉，松手后自复状态良好。(　　)

289. 阀杆过长会造成电-空阀泄漏。(　　)

290. 电-空阀有电不吸合，手压动铁芯后正常，是线圈短路或烧损。(　　)

291. DK-1 型电-空制动机在电-空位时，空气制动阀手把置缓解位不能单独缓解机车。(　　)

292. DK-1 型电-空制动机在电-空位时，空气制动阀手把置缓解位连通的气路是：作用管→转

高级

换柱塞→b 管→作用柱塞→总风管。(　　)

293. DK-1 型电-空制动机在电-空位时，空气制动阀手把置运转位作用柱塞切断所有气路。(　　)

294. DK-1 型电-空制动机在电-空位时，空气制动阀手把置运转位，作用管压力通过排气阀排大气，实现机车缓解。(　　)

295. DK-1 型电-空制动机在电-空位时，空气制动阀手把置制动位，开通了调压阀管→作用柱塞→b 管→转换柱塞→作用管。(　　)

296. DK-1 型电-空制动机空气制动阀电-空位操作时，手把置制动位，可使用机车单独制动。(　　)

297. DK-1 型电-空制动机在电-空位时，空气制动阀手把置中立位，转换柱塞切断所有气路。(　　)

298. DK-1 型电-空制动机在电-空位时，空气制动阀手把置中立位，实现列车的保压。(　　)

299. DK-1 型电-空制动机在空气位时，空气制动阀手把置缓解位，开通了调压阀管→作用柱塞→a 管→转换柱塞→作用管。(　　)

300. DK-1 型电-空制动机在空气位时，空气制动阀手把置缓解位，可实现机车的缓解。(　　)

301. DK-1 型电-空制动机空气制动阀在空气位时，手把置制动位，开通了均衡风缸管→转换柱塞→a 管→作用柱塞→大气。(　　)

302. DK-1 型电-空制动机在空气位时，空气制动阀手把置制动位，可实现全列车的制动。(　　)

303. DK-1 型电-空制动机在空气位时，空气制动阀中立位与运转位的作用相同。(　　)

304. DK-1 型电-空制动机在空气位时，空气制动阀手把置中立位，可实现全列车保压。(　　)

305. DK-1 型电-空制动机制动后中立位，重联电-空阀泄漏会造成中继阀排风口排风不止。(　　)

306. DK-1 型电-空制动机制动后中立位，中继阀膜板破损会造成中继阀排风口排风不止。(　　)

307. DK-1 型电-空制动机总风遮断阀溢风孔排风不止的原因是遮断阀弹簧损坏。(　　)

308. DK-1 型电-空制动机紧急制动时，分配阀供风缩堵孔径过大会造成机车制动缸压力上升至总风缸压力。(　　)

309. DK-1 型电-空制动机断钩保护电路的解锁一定要在紧急阀动作完毕恢复到充气位后再进行。(　　)

310. DK-1 型电-空制动机大闸放紧急位时，产生紧急制动作用同时跳主断路器。(　　)

311. 监控装置所发出的制动指令不得人为缓解，只有在其发出缓解指令后，方可回到原有的制动机有效操作。(　　)

312. 过充压力应该缓慢排向大气，否则会引起后部车辆的自然制动。(　　)

313. 中继阀的过充柱塞直接作用于列车制动管之上。(　　)

314. 双阀口式中继阀阀体内缩堵过大，不会影响中继阀的动作。(　　)

315. 双阀口式中继阀均衡风缸泄漏，列车制动管压力也随之下降。(　　)

316. 双阀口式中继阀主活塞的动作灵敏度为 5 kPa。(　　)

317. DK-1 型电-空制动机紧急阀充气位时，紧急活塞始终与上盖紧贴。(　　)

318. DK-1 型电-空制动机紧急阀在充气位时列车制动管经活塞杆上的缩孔 I 控制紧急室充风速度。(　　)

319. DK-1 型电-空制动机紧急阀充气位时，紧急室充风过快会引起意外的紧急制动。(　　)

高级

320. DK-1 型电-空制动机紧急阀的限制缩孔Ⅱ过小会降低紧急阀在常用制动时的安定性。(　　)

321. DK-1 型电-空制动机紧急阀当列车制动管压力停止下降，处于保压位时，紧急活塞在弹簧的作用下重新与上盖紧贴。(　　)

322. DK-1 型电-空制动机紧急阀紧急制动时，紧急室经缩孔Ⅰ、Ⅲ向大气排风。(　　)

323. DK-1 型电-空制动机紧急阀紧急制动时，微动开关断开电路 838-839。(　　)

324. 109 型分配阀滑阀上的充气孔 L_4、L_5 与 g_1 孔相通，用于缓解状态时由列车制动管向容积室充风。(　　)

325. 109 型分配阀滑阀上的孔 L_4、L_5 用于局减状态时列车制动管向局减室降压。(　　)

326. 109 型分配阀均衡活塞上方缩孔Ⅱ是使制动缸的压力空气稳定上升，用来平衡活塞上下的压力差，以控制机车制动缸压力的大小。(　　)

327. 109 型分配阀均衡部缩堵Ⅱ的孔径为 1 mm。(　　)

328. 109 型分配阀在初制动位时，除主阀活塞带动节制阀动作外，分配阀其他部分均在充气缓解位置。(　　)

329. 109 型分配阀在初制动位时，也称第一阶段局部减压。(　　)

330. 109 型分配阀在制动位时，形成了容积室和工作风缸的充风通路。(　　)

331. 109 型分配阀在制动位时，连通了工作风缸与列车制动管的通路。(　　)

332. 109 型分配阀充风缓解位时，随着列车制动管压力的升高，使增压阀处于下端，切断总风向容积充风的气路。(　　)

333. 109 型分配阀充风缓解位时，连通了容积室经 155 塞门排大气的通路。(　　)

334. 109 型分配阀主阀部的局减、制动及制动后保压三个状态的动作是连续的。(　　)

335. 109 型分配阀制动后保压位时，制动缸的泄漏可随时得到补偿，具有良好的制动不衰减性。(　　)

336. 109 型分配阀紧急制动位时，主阀部连通了列车制动管与工作风缸的气路。(　　)

337. 109 型分配阀紧急制动位时，除紧急增压阀外，其他各部均与常用制动位相同，只是动作更加迅速，通路变大。(　　)

338. DK-1 型电-空制动机客货转换阀 154 在列车制动管定压 600 kPa 时，应置于货车位。(　　)

339. DK-1 型电-空制动机客货转换阀 154 在列车制动管定压 500 kPa 时，应置于客车位。(　　)

340. 常用制动和紧急制动的共同点都是接受列车制动管减压量的控制而实施。(　　)

341. DK-1 型电-空制动机中设置了电动放风阀和紧急阀，是用来迅速排放列车制动管压力，提高空气波速和制动波速，实现全列车的紧急制动。(　　)

342. 当机车发生断钩分离时，DK-1 型电-空制动机电动放风阀先动作，然后使紧急阀动作。(　　)

343. DK-1 型电-空制动机电-空位操作时，空气制动阀在运转位，电-空制动控制器在过充位可使机车缓解。(　　)

344. DK-1 型电-空制动机空气制动阀在运转位，电-空制动控制器在过充位与运转位的区别是 254YV 失电、252YV 得电。(　　)

345. DK-1 型电-空制动机电-空制动控制器在制动前的中立位，列车制动管处于充风状态。(　　)

346. DK-1 型电-空制动机电-空制动控制器在制动前和制动后的中立位相同点是导线

806、807 得电。(　　)

347. 列车在运行中，一旦断钩，除立即产生紧急制动，还应自动切除列车制动管的风源。(　　)

348. 当断钩分离发生在重联机车之间时，通过重联阀的自动转换保持作用管的压力。(　　)

349. DK-2 型电-空制动机没有设置初制风缸。(　　)

350. DK-1 型电-空制动机设置了一个初制风缸。(　　)

351. SS_{4B} 型电力机车制动机电-空位操作前，转换阀 153 打向正常位。(　　)

352. SS_{4B} 型电力机车制动机电-空位操作前，转换阀 154 在列车制动管定压为 500 kPa 时，打向货车位。(　　)

353. 钮子开关 463QS 是用于补风转换的。(　　)

354. DK-1 型电-空制动机操纵空气制动阀可对全列车进行制动缓解。(　　)

355. SS_{4B} 型电力机车如果非操作节机车处于空气位，应将非操作节机车的塞门 114 关闭。(　　)

356. SS_{4B} 型电力机车制动机空气位操作前，转换阀 154 置空气位。(　　)

357. SS_{4B} 型电力机车制动机空气位操作前，调整调压阀 53 使其输出压力为列车制动管定压。(　　)

358. SS_{4B} 型电力机车制动机空气位操作时，列车制动管有补风作用。(　　)

359. SS_{4B} 型电力机车制动机空气位时，单缓机车则要将空气制动阀置缓解位。(　　)

360. SS_{4B} 型电力机车制动机作为补机并且两机车间风管连通时，应将两节机车重联阀打向本机位。(　　)

361. SS_{4B} 型电力机车制动机作为补机并且两机车间风管未连通时，应将重联操纵节机车分配阀缓解塞门 156 开放。(　　)

362. SS_{4B} 型电力机车制动机作为补机时，应将大闸和小闸手把置取出位。(　　)

363. SS_{4B} 型电力机车制动机无火回送时，关闭两节机车总风缸塞门 113。(　　)

364. SS_{4B} 型电力机车制动机无火回送时，关闭两节机车列车制动管塞门 115。(　　)

365. 机车无火回送时，总风缸只能由列车制动管充风，也能向列车制动管逆流。(　　)

366. 机车无火回送装置的截断塞门是用来控制列车制动管向总风缸充风气路的连通与切断。(　　)

367. DK-1 型电-空制动机电-空位紧急制动时，机车应自动撒砂。(　　)

368. DK-1 型电-空制动机电-空位紧急制动时，机车有级位时，应自动断开主断路器，无级位时不应断开主断器。(　　)

369. DK-1 型电-空制动机电-空位紧急制动后单独缓解，待制动缸压力降至零后，将小闸置运转位，制动缸压力可以回升。(　　)

370. DK-1 型电-空制动机电-空位紧急制动后列车充风时，列车制动管定压为 500 kPa，要求列车制动管压力由 0 升至 480 kPa 的时间不大于 10 s。(　　)

371. DK-1 型电-空制动机电-空位紧急制动后列车充风时，列车制动管定压为 600 kPa，要求列车制动管压力由 0 升至 580 kPa 的时间不大于 10 s。(　　)

372. DK-1 型电-空制动机电-空位对列车制动管气密性的检查要求，列车制动管压力下降每分钟不大于 10 kPa。(　　)

373. DK-1 型电-空制动机电-空位时，均衡风缸泄漏量每分钟不大于 10 kPa。(　　)

高级

374. DK-1 型电-空制动机电-空位时，列车制动管泄漏量每分钟不大于 10 kPa。(　　)

375. DK-1 型电-空制动机电-空位时，列车制动管由定压开始减压 40 ~ 50 kPa，制动缸压力为 90 ~ 150 kPa。(　　)

376. DK-1 型电-空制动机电-空位时，列车制动管由 600 kPa 减至 500 kPa，制动缸压力为 240 ~ 270 kPa。(　　)

377. DK-1 型电-空制动机电-空位时，过充压力的消除时间为 2 ~ 3 min。(　　)

378. DK-1 型电-空制动机电-空位时，均衡风缸由 600 kPa 减至 430 kPa 的时间为 7 ~ 9 s。(　　)

379. DK-1 型电-空制动机电-空位时，均衡风缸由 600 KP 减至 430 kPa，制动缸由 0 升至 400 kPa 的时间为 6 ~ 8 s。(　　)

380. DK-1 型电-空制动机电-空位时，列车制动管定压为 500 kPa，制动缸压力由 340 ~ 380 kPa 下降至 40 kPa 的时间不大于 8 s。(　　)

381. DK-1 型电-空制动机电-空位时，列车制动管定压为 600 kPa，制动缸压力由 400 ~ 435 kPa 下降至 40 kPa 的时间不大于 9 s。(　　)

382. DK-1 型电-空制动机电-空位时，将小闸手把在中立位与制动位间移动，阶段制动作用应稳定。(　　)

383. DK-1 型电-空制动机电-空位时，空气制动阀单独制动要求，制动缸压力由 0 升至 280 kPa 的时间不大于 3 s。(　　)

384. DK-1 型电-空制动机电-空位时，空气制动阀单独制动要求，制动缸压力由 300 kPa 降至 40 kPa 的时间不大于 4 s。(　　)

385. DK-1 型电-空制动机电-空位时，将小闸手把在中立位与运转位间移动，阶段缓解作用应稳定。(　　)

386. DK-1 型电-空制动机空气位时，均衡风缸由 500 kPa 减至 360 kPa 的时间为 7 ~ 9 s。(　　)

387. DK-1 型电-空制动机空气位时，均衡风缸由 500KP 减至 360 kPa，制动缸由 0 升至 340 ~ 380 kPa 的时间为 6 ~ 8 s。(　　)

388. 列车发生断钩分离时，机车应产生紧急制动，列车制动管压力应快速降至 0，并不断自动缓解。(　　)

389. DK-1 型电-空制动机无火回送时，应将大闸手把置重联位，小闸手把置运转位。(　　)

390. DK-1 型电-空制动机无火回送性能检查要求，总风缸压力应在低于列车制动管定压 130 ~ 200 kPa 间。(　　)

391. DK-1 型电-空制动机调压阀 53 的整定值为 300 kPa。(　　)

392. SS_{4B} 型电力机车控制管路调压阀 52 的整定值为 500 kPa。(　　)

393. 制动缸上闸后重联阀 93 阀体排气孔排风不止的原因是重联阀部活塞杆上 O 形圈破损漏风。(　　)

394. DK-1 型电-空制动机调压阀 52 整定值为 0，会造成均衡风缸和列车制动管不充风。(　　)

395. 初制风缸泄漏，会造成制动后中立位，均衡风缸泄漏。(　　)

396. 制动电-空阀上阀口不严，会造成制动后中立位，均衡风缸泄漏。(　　)

397. DK-1 型电-空制动机总风塞门 158 关闭，会造成紧急制动时列车制动管不排风。(　　)

398. DK-2 型电-空制动机是在 DK-1 型电-空制动机的基础上升级改造而来的。(　　)

399. DK-1 型电-空制动机的制动控制单元为 DKL。(　　)

高级

400. DK-2 型电-空制动机保护电-空阀在电-空位和空气位都得电。(　　)

401. DK-2 型电-空制动机 EP 均衡模块有 3 个缩堵。(　　)

402. BCU 采用欧式 4U 标准结构框架。(　　)

403. BCU 母线板安装在机箱后部与 BCU 后面的 5 个 20 芯铁路专用连接器相连，来实现与外部电路通讯。(　　)

404. PWM 板面板上编号为 B01 ~ B04 的绿色灯指示电源板的 4 个扳钮开关的位置，灯亮表示开关打到上方。(　　)

405. BCU 上的 PWM 板面板上编号为 BE1 ~ BE4 的红色灯指示 4 路 DC24 V 的输出过载保护状态。(　　)

406. BCU 的输出板用于输出 DC24 V 开关量信号。(　　)

407. BCU 的输出板具有 8 路开关量信号的输出通道，每路开关量信号的输出通道都具有短路和过流保护功能。(　　)

408. BCU 的输入板用于 DC110 V 开关量信号的输入与处理。(　　)

409. BCU 的输入板上有 20 路 110 V 输入通道。(　　)

410. BCU 的控制板有 2 个 MVB 网络接口用来与机车上其他设备进行通信。(　　)

411. BCU 的控制板有 1 个以太网接口用来下载运行日志。(　　)

412. BCU 的控制板 1 个 USB 接口用来上传应用程序。(　　)

413. BUU 的模拟板面板上有 8 个绿色指示灯。(　　)

414. BCU 的模拟板面板上编号为 A02 绿色指示灯代表模拟板的生命信号，正常工作时周期性闪烁。(　　)

415. BCU 的电源板上有 8 个绿色指示灯用来指示电源板的工作状态，正常状态下，各灯均为常亮。(　　)

416. BCU 的电源板电-空/空气位开关向下代表电-空位。(　　)

417. BCU 的电源板作温度范围为 – 40 °C ~ + 85 °C。(　　)

418. BCU 是机车制动机系统的核心控制部件。(　　)

419. BCU 还具有对机车制动机的运行状态进行监测、告警与记录和单机自动测试等功能。(　　)

420. BCU 的人为故障是指违反操作规程和使用条件，人为的造成了故障。(　　)

421. BCU 设计有齐全的状态指示，可通过观察状态指示可以分析出大部分故障。(　　)

422. SS_{4B} 型电力机车 DK-2 型电-空制动机衡风缸充风缩堵安装在高速电-空阀与保护电-空阀安装座的背面。(　　)

423. SS_{4B} 型电力机车 DK-2 型电-空制动机均衡风缸充风缩堵的检测要求，列车制动管压力由 0 升至 580 kPa 的时间应为不大于 11 s。(　　)

424. SS_{4B} 型电力机车 DK-2 型电-空制动机均衡风缸排风缩堵的检测要求，均衡风缸由 600 kPa 减至 430 kPa 的时间为 6 ~ 9 s。(　　)

425. SS_{4B} 型电力机车 DK-2 型电-空制动机均衡风缸排风缩堵安装在高速电-空阀与保护电-空阀安装座的右侧面。(　　)

426. SS_{4B} 型电力机车 DK-2 型电-空制动机作用管充风缩堵的检测要求，制动缸压力由零升至 280 kPa 的时间不大于 4 s。(　　)

427. SS_{4B} 型电力机车 DK-2 型电-空制动机作用管排风缩堵的检测要求，制动缸压力由 300 kPa 降至 40 kPa 的时间不大于 5 s。(　　)

428. SS_{4B} 型电力机车 DK-2 型电-空制动机失电保护排风缩堵的检测要求，均衡风缸由 600 kPa 减至 430 kPa 的时间为 7 ~ 9 s。(　　)

429. SS_{4B} 型电力机车 DK-2 型电-空制动机失电保护排风缩堵安装在高速电-空阀与保护电-空阀安装座的背面。(　　)

430. SS_{4B} 型电力机车 DK-2 型电-空制动机空气位均衡风缸排气缩堵的检测要求，均衡风缸由 600 kPa 减至 430 kPa 的时间位 6 ~ 8 s。(　　)

431. DK-2 型电-空制动机相比 DK-1 型电-空制动机的工作原理不相同。(　　)

432. 神华号交流机车 DK-2 型电-空制动机，列车制动管定压 500 kPa 时，制动机在常用全制动后使用运转位充气缓解时，机车制动缸压力从常用全制动最高压力降至 40 kPa 的时间小于 8 s。(　　)

433. 神华号交流机车 DK-2 型电-空制动机所具有的制动稳定性，是指当列车制动管压力从定压以每分钟小于 40 kPa 的速度下降时，机车制动缸不起制动作用。(　　)

434. 神华号交流机车 DK-2 型电-空制动机所具有的紧急制动灵敏度，是指当列车制动管减压速度大于每分钟 80 kPa 时，机车制动机产生紧急制动。(　　)

435. 神华号交流机车 DK-2 型电-空制动机，停放制动调压阀是调节进入停放制动模块的总风风压。(　　)

436. 神华号交流机车 DK-2 型电-空制动机，当停放制动塞门处于关闭位时会将制动缸风压排大气。(　　)

437. 神华号交流机车 DK-2 型电-空制动机，按压停放制动双脉冲电磁阀右侧红色按钮，实施停放制动缓解。(　　)

高级

438. 神华号交流机车 DK-2 型电-空制动机，主压缩机控制压力开关 289KP 的整定值为 750 ~ 900 kPa。(　　)

439. 神华号交流机车 DK-2 型电-空制动机，主压缩机启停控制模块由主压缩机控制压力开关 287KP 和 289KP、总风压力传感器 203BP 及总风联管压力检测口 278TP 组成。(　　)

440. 神华号交流机车 DK-2 型电-空制动机，列车制动管遮断阀用于制动系统重联工况下切断中继阀与总风管的通路。(　　)

441. 神华号交流机车 DK-2 型电-空制动机，遮断电-空阀 255YV 控制列车制动管后遮断。(　　)

442. 神华号交流机车 DK-2 型电-空制动机，保护电-空阀可以确保系统故障或失电时均衡风缸的自动减压排风。(　　)

443. 神华号交流机车 DK-2 型电-空制动机，设有一个电动放风阀。(　　)

444. 神华号交流机车 DK-2 型电-空制动机，单缓电-空阀 246YV 用于空气位时单缓机车制动。(　　)

445. 神华号交流机车 DK-2 型电-空制动机，重联阀保证重联机车的制动和缓解作用与本务机车协调一致。(　　)

446. 神华号交流机车 DK-2 型电-空制动机，制动缸切换阀的作用是制动缸切换命令产生时使制动缸风压排入大气。(　　)

447. 车辆产生制动力的方法主要有闸瓦制动和盘形制动两大类。(　　)

448. 我国客车主要采用了 104、F8 型等制动机。(　　)

449. 我国货车主要采用 GK 型、103 型及 120 型等制动机。(　　)

450. 车辆制动机是根据列车制动管的压力变化而进行动作的。(　　)

451. 车辆制动机的主要部件是三通阀或分配阀。(　　)

452. 防滑器发生动作时，使制动缸压力急速下降，闸瓦压力也随之减低，以防止车轮滑行。(　　)

453. 防滑器不能防止车轮擦伤。(　　)

454. 109 型分配阀在列车制动管减压量为 50 kPa 时，制动缸压力为 150 kPa。(　　)

455. GK 型车辆制动机在列车制动管减压量为 100 kPa 时，制动缸压力为 325 kPa。(　　)

456. 120 型控制阀采用三压力机构。(　　)

457. 120 型控制阀设有加速缓解阀，可提高列车的缓解波速。(　　)

458. 120 型控制阀主阀的紧急二段阀是为了减轻长大货物列车在紧急制动时的纵向动力作用而设置的。(　　)

459. 120 型控制阀主阀的加速缓解阀用于在缓解时将加速缓解风缸的压力空气充入副风缸，以加快列车制动管的缓解速度。(　　)

460. 120 型控制阀的半自动缓解阀仅作为制动缸的通道。(　　)

461. 120 型控制阀在平时由于手柄不拉动，手柄部内的两个排气阀关闭，手柄部内无压缩空气。(　　)

462. 120 型控制阀的紧急阀与 103 型紧急阀的结构完全相同。(　　)

463. 120 型控制阀紧急阀的结构和作用原理与 DK-1 型电-空制动机的紧急阀相似。(　　)

464. 120 型控制阀的减速充气缓解位发生在制动管增压速度较快的列车前部车辆。(　　)

465. 120 型控制阀在充气缓解位时，制动管的压力空气将向副风缸、工作风缸、紧急室充气。(　　)

466. KZW-A 型空重车自动调整装置具有结构简单，工作可靠、维修保养方便的特点。(　　)

467. KZW-4GAB 型空重车自动调整装置的调整阀是在 KZW-4G 型限压阀的基础上增加了一块膜板和其他配件改制而成的。(　　)

468. 空重车调整装置作用是充分地利用黏着系数来提高制动率。(　　)

469. 微机控制单车试验器能对闸调器进行机能试验。(　　)

470. 手动回转式单车试验器共有 7 个作用位置。(　　)

471. 手动回转式单车试验器的缓充气位是向车辆制动管急速充气的位置，用于充气缓解。(　　)

472. 单车试验器的机能检查要求往复移动操纵阀手把，其动作应轻便灵活。(　　)

473. 单车试验器的机能检查有单车试验管系和给风阀漏泄试验。(　　)

474. 单车试验应对活塞行程进行测量和调整。(　　)

475. 单车试验项目有感度试验、安定试验、紧急制动试验。(　　)

476. 安装远心集尘器时应注意：方向不要装反，集尘器体表面箭头应指向截断塞门。(　　)

477. 安装远心集尘器时集尘器体应保持垂直位置，否则将失去集尘作用。(　　)

478. 副风缸体的下方设有一个直径为 15 mm 的丝孔，以便安装排水堵。(　　)

479. 闸瓦间隙自动调整器可减轻列检人员的体力劳动及缩短列车的技检作业时间。(　　)

480. 闸瓦间隙自动调整器可使在同一列车中各车辆的制动缸活塞行程自动的保持一致，减小列车制动时的纵向冲动。(　　)

481. JZ-7 型空气制动机具有操纵灵活、性能稳定可靠、维修方便等特点。(　　)

482. JZ-7 型空气制动机用于我国单、双端操纵的内燃机车和早期的电力机车上。(　　)

483. JZ-7 型空气制动机的单独制动阀控制均衡风缸的充、排气。(　　)

484. JZ-7 型空气制动机在列车制动后机车单独缓解时的控制关系：自动制动阀→工作风缸→分配阀→作用阀→机车制动缸。(　　)

485. JZ-7 型空气制动机单独制动阀属于自动保压式，可单独操纵机车阶段制动的阶段缓解，还可实现列车制动后机车的单独缓解。(　　)

486. JZ-7 型空气制动机单独制动阀的调整阀在结构形式上与自动制动阀的调整阀不同。(　　)

487. JZ-7 型空气制动机单独制动阀的调整阀与自动制动阀的调整阀的不相同点是在柱塞与调整阀座间增设了一个调压阀。(　　)

488. JZ-7 型空气制动机自动制动阀是操纵全列车制动、缓解、保压等作用的控制部件。(　　)

489. JZ-7 型空气制动机自动制动阀与单独制动阀共用一个阀体。(　　)

490. JZ-7 型空气制动机自动制动阀的调整阀在充气状态时，使总风缸管向列车制动管充气。(　　)

491. JZ-7 型空气制动机自动制动阀手柄在制动区阶段右移,均衡风缸可阶段降压。(　　)

492. JZ-7 型空气制动机自动制动阀的放风阀连通了列车制动管与大气的通路。(　　)

493. JZ-7 型空气制动机自动制动阀手柄置于第 6 位时，重联柱塞阀将制动管与中均管连通，使中继阀自锁。(　　)

494. JZ-7 型空气制动机自动制动阀的重联柱塞阀用于控制作用管所连通的气路。(　　)

495. JZ-7 型空气制动机自动制动阀的缓解柱塞阀根据自动制动阀手柄位置的改变而有 3 个作用位置。(　　)

496. JZ-7 型空气制动机总风遮断阀用于控制总风到双阀口式中继阀的供气室的通路。(　　)

497. JZ-7 型空气制动机双阀口式中继阀自锁位,失去对列车制动管充、排气的控制作用。(　　)

498. JZ-7 型空气制动机双阀口式中继阀制动位时，排气阀开启，供气阀关闭，列车制动管减压。(　　)

499. JZ-7 型空气制动机分配阀采用二压力机构的形式。(　　)

500. JZ-7 型空气制动机分配阀的副阀属于二压力机构。(　　)

501. JZ-7 型空气制动机作用阀的作用位置有缓解位、制动位、保压位和紧急位。(　　)

三、单项选择题

1. (　　)是铁路运输服务的优质程度及所要达到的效果。

A. 顾全大局　　B. 热情服务　　C. 服从领导　　D. 团结互助

2. 检修职工在从事作业中，始终按照明文规定的各种行为规则，一丝不苟地完成生产作业的行为，这里面包括：遵章和(　　)两层意思。

A. 遵规　　B. 敬老　　C. 守纪　　D. 爱幼

3. 检修职工应爱护铁路一切设施，不仅包含爱护公共财物的含义，而且是自身(　　)应该遵循的准则。

A. 利益关系　B. 职业道德　C. 职业习惯　D. 职业行为

4. (　　)由于螺距小、螺旋升角小、自锁性好，除用于承受冲击振动或变载的连接外，不用于调整机构。

A. 粗牙螺纹丝　B. 管螺纹　C. 细牙螺纹丝　D. 矩形螺纹

5. 常用螺纹按(　　)可分为三角螺纹、方形螺纹、梯形螺纹、半圆螺纹和锯齿螺纹等。

A. 螺纹的用途　B. 螺纹轴向剖面内的形状

C. 螺纹的受力方式　D. 螺纹在横向剖面内的形状

6. 螺栓根据用途不同，分为连接螺栓和(　　)。

A. 紧定螺栓　B. 紧固螺栓　C. 双头螺柱　D. 吊环螺栓

7. 螺纹装配包括(　　)装配。

A. 普通螺纹　B. 特殊螺纹　C. 双头螺栓　D. 双头螺栓和螺母螺钉

8. 规定预紧力的螺纹连接，常用控制扭矩法、控制扭角法和(　　)来保证准确的预紧力。

A. 控制工件变形法　B. 控制螺栓伸长法

C. 控制螺栓变形法　D. 控制螺母变形法

9. 滚动轴承和滑动轴承相比较的缺点是(　　)。

A. 尺寸较小　B. 承受冲击载荷能力差　C. 位置精度低　D. 摩擦力矩大

10. 轴承代号“204”中的“20”表示轴承的(　　)为 20 mm。

A. 内径　B. 外径　C. 宽度　D. 载荷系列

11. (　　)是啮合传动。

A. 带传动　B. 凸轮传动　C. 蜗杆传动　D. 摩擦轮传动

12. (　　)不是啮合传动。

A. 齿轮传动　B. 链传动　C. 螺旋传动　D. 带传动

13. 机械传动的采用带轮、齿轮、轴等机械零件组成的传动装置，来进行(　　)的传递。

A. 运动　B. 动力　C. 速度　D. 能量

14. 软齿面的齿面硬度是(　　)。

A. HB>350　B. HB>300　C. HB<350　D. HB<300

15. 用 20CrMnTi 钢材制作齿轮，为使其齿面硬而耐磨应采用(　　)。

A. 高频表面处理　B. 调质　C. 渗碳　D. 淬火

16. 齿轮传动的特点下列说法正确的是(　　)。

A. 传动比不恒定　B. 传动平稳、准确可靠　C. 寿命短　D. 传动效率低

17. 影响齿轮传动精度的因素包括(　　)、精度等级、齿轮副的侧隙、齿轮副的接触斑点。

A. 运动精度　B. 接触精度　C. 齿轮加工精度　D. 工作平稳性

18. 既承受弯矩又承受转矩的轴是(　　)。

A. 芯轴　B. 传动轴　C. 转轴　D. 直轴

19. 连接轴头和轴颈的部分是(　　)。

A. 轴肩　B. 轴身　C. 轴环　D. 轮毂

20. 下列不属于轴向定位的是（　　）。

A. 轴肩固定　B. 套筒固定　C. 圆螺母定位　D. 花键定位

21. 下列键连接不用于静连接的是（　　）。

A. 导向平键　B. 普通平键　C. 半圆键　D. 薄型平键

22. 更换键是（　　）磨损常采取的修理办法。

A. 花键　B. 平键　C. 楔键　D. 键

23. 键的磨损一般采取（　　）的修理办法。

A. 锉配键　B. 更换键　C. 压入法　D. 试配法

24.（　　）反映了形体的左、右和前、后方位关系。

A. 剖视图　B. 主视图　C. 俯视图　D. 左视图

25. 为了满足生产的需要，国家标准共设置（　　）个公差等级。

A. 25　B. 20　C. 15　D. 30

26. 由上、下偏差的两条直线所限定的一个区域称为（　　）。

A. 范围　B. 公差带　C. 尺寸公差　D. 形位公差

27. 封闭环公差等于（　　）。

A. 各组成环公差之差　B. 各组成环公差之和

C. 增环公差　D. 减环公差

28. 实际位置对理想位置的变动量称为（　　）。

A. 形位误差　B. 位置公差　C. 位置误差　D. 形状误差

29.（　　）是指单一实际要素的形状所允许的变动全量。

A. 形状公差　B. 形位公差　C. 形状误差　D. 形位误差

30. 根据零件的设计要求所选定的基准称为（　　）。

A. 工艺基准　B. 设计基准　C. 位置基准　D. 形状基准

31. 看零件图中的技术要求是为了（　　）。

A. 想象零件形状　B. 明确各部分大小

C. 掌握质量指标　D. 了解零件性能

32. 零件图的技术要求的标注必须符合（　　）的规定标注法。

A. 工厂　B. 行业　C. 部颁　D. 国家标准

33. 装配时，使用可换垫片、衬套和镶条等，以消除零件间的累积误差或配合间隙的方法是（　　）。

A. 完全互换法　B. 不完全互换法　C. 修配法　D. 调整法

34. 看装配图的第一步是先看（　　）。

A. 尺寸标注　B. 表达方法　C. 标题栏　D. 技术要求

35. 装配时，根据装配的实际需要，在某一零件上除去少量预留修配量，以达到装配精度的方法称为（　　）。

A. 完全互换装配法　B. 选择装配法　C. 调整装配法　D. 修配装配法

36. 装配工艺（　　）的内容包括装配技术要求及检验方法。

A. 过程　B. 规程　C. 原则　D. 方法

37. 平衡架上消除零件在径向位置上的偏重称为（　　）。

A. 动平衡　B. 静平衡　C. 平衡　D. 动不平衡

38. 盘盖类零件常用（　　）基本视图表达。

A. 1 个　B. 2 个　C. 3 个　D. 4 个

39. 绘制零件图对零件进行形体分析，确定主视图方向后，下一步是（　　）。

A. 选择其他视图，确定表达方案　B. 画出各个视图

C. 选择图幅，确定作图比例　D. 安排布图，画基准线

40. 对零件进行形体分析，确定主视图方向是绘制零件图的（　　）。

A. 第一步　B. 第二步　C. 第三步　D. 第四步

41. 制动检修用游标卡尺检定周期为（　　）。

A. 1 个月　B. 3 个月　C. 6 个月　D. 1 年

42. 游标卡尺的主尺每小格为 1 mm 时，副尺刻度线总长为 39 mm，当均匀分为 20 格，则此游标卡尺的读数精度为（　　）。

A. 0.1　B. 0.05　C. 0.02　D. 0.01

43. 精度值为（　　）mm 的游标卡尺，其原理是使尺身上的 49 mm 等于游标尺上 50 格刻线的长度。

A. 0.02　B. 0.1　C. 0.05　D. 0.01

44. 国标规定，外螺纹的大径应画（　　）。

A. 点划线　B. 粗实线　C. 细实线　D. 虚线

45. 国标规定，螺纹的牙顶用（　　）画出。

A. 点划线　B. 虚线　C. 细实线　D. 粗实线

46. 中锉适用于尺寸精度为（　　）的场合。

A. 0.2 ~ 0.5　B. 0.04 ~ 0.2　C. ≥0.01　D. 0.01 ~ 0.2

47. 先从一个方向进行顺向锉削，再转换一个方向对同一平面进行锉削，这种交替变换方向的锉法称为（　　）。

A. 交叉锉法　B. 顺序锉法　C. 多面锉法　D. 经济锉法

48. 锉削铜、铝等软金属材料时，应选用（　　）。

A. 5 号纹锉刀　B. 4 号纹锉刀　C. 3 号纹锉刀　D. 1 号纹锉刀

49. 双齿纹锉刀适用于锉（　　）材料。

A. 软　B. 硬　C. 大　D. 厚

50. 圆锉刀的尺寸规格是以（　　）大小表示的。

A. 长度　B. 方形尺寸　C. 直径　D. 宽度

51. 锉刀共分三种，即普通锉、特种锉和（　　）。

A. 刀口锉　B. 菱形锉　C. 整形锉　D. 椭圆锉

52. 下列属于机械防松的是（　　）。

A. 自锁螺母　B. 对顶螺母　C. 串联钢丝　D. 弹簧垫圈

53. 对工件进行立体划线时，通常采用（　　）个划线基准。

A. 1　B. 2　C. 3　D. 4

54. (　　)就是通过试划和调整，使各个加工面的加工余量合理分配，互相借用，从而保证各个加工表面都有足够的加工余量，而误差和缺陷可在加工后排除。

A. 借料　B. 找正　C. 让料　D. 划线

55. 划线时，确定圆心的尺寸最少应有(　　)。

A. 1 个　B. 2 个　C. 3 个　D. 4 个

56. 对工件不平行的多个平面上进行互有关联的划线称为(　　)。

A. 复杂划线　B. 平面划线　C. 关联划线　D. 立体划线

57. (　　)用来夹持工件并能翻转位置而划出垂直线。

A. V 形铁　B. 方箱　C. 角铁　D. 千斤顶

58. 测高和划线应使用(　　)。

A. 游标卡尺　B. 高度游标卡尺　C. 外径千分尺　D. 金属直尺

59. 利用分度头可在工件上划出圆的(　　)。

A. 等分线　B. 不等分线　C. 等分线或不等分线　D. 以上叙述都不正确

60. (　　)锥度铰刀用以铰削传动销销孔。。

A. 1∶10　B. 1∶30　C. 1∶50　D. 莫式锥铰刀

61. (　　)锥度铰刀用于铰削套式刀具上的锥孔。

A. 1∶10　B. 1∶30　C. 1∶50　D. 莫式锥铰刀

62. (　　)锥度铰刀，用于铰削圆锥定位销孔。

A. 1∶10　B. 1∶30　C. 1∶50　D. 莫式锥铰刀

63. 丝锥的切削部分的前角为(　　)，后角为 6°~8°。

A. 0~7°　B. 0~8°　C. 0~9°　D. 0~10°

64. 丝锥的构造由(　　)组成。

A. 切削部分和柄部　B. 切削部分和校准部分

C. 工作部分和校准部分　D. 工作部分和柄部

65. 氧化物磨料主要用于(　　)的研磨。

A. 陶瓷　B. 宝石　C. 合金工具钢　D. 玛瑙

66. 在研磨中起调和磨料、冷却和润滑作用的是(　　)。

A. 研磨液　B. 研磨剂　C. 磨料　D. 磨棒

67. 一般工厂常采用成品研磨膏，使用时加(　　)稀释。

A. 汽油　B. 机油　C. 煤油　D. 柴油

68. 精研工件表面时，(　　)能精确地显示工件的不平度误差。

A. 正研法　B. 调头研法　C. 对角研法　D. 顺研法

69. 在研磨过程中，氧化膜迅速形成，即是(　　)作用。

A. 物理　B. 化学　C. 机械　D. 切削

70. 经过研磨后的工作，能达到精确的尺寸，一般可达到(　　)。

A. 0.01~0.015 mm　B. 0.02~0.03 mm

C. 0.04~0.05 mm　D. 0.001~0.005 mm

71. 攻丝时，当丝锥切入 1~2 扣后，必须(　　)。

A. 检查是否乱扣　B. 检查丝锥是否歪斜

C. 检查螺纹表面粗糙度　　D. 直攻到底

72. 攻盲孔时，一般钻孔深度为所需螺孔深度加上（　　），其中 d 为螺纹外径。

A. 0.3d　B. 0.5d　C. 0.7d　D. 0.9d

73. 铝及铝合金铰孔、攻丝，宜采用（　　）作切削液。

A. 乳化液　B. 苏打水　C. 机械油　D. 煤油

74.（　　）可作为技术准备和生产准备工作的基本依据。

A. 工艺卡片　B. 装配工艺　C. 工艺　D. 工艺规程

75. 淬火时硬度不足的原因是（　　）。

A. 加热温度低　B. 加热温度过高　C. 冷却速度太快　D. 回火温度低

76. 淬火后，再进行高温回火的处理方法，称为（　　）。

A. 回火　B. 退火　C. 渗碳　D. 调质

77. 正火和退火都能消除钢的内应力，得到细而均匀的组织，但它们的差别在于（　　）。

A. 正火比退火冷却速度快　　B. 退火比正火冷却速度快

C. 正火随炉温冷却　　D. 退火在空气中冷却

78. 合金渗碳钢的含碳量为（　　）。

A. 1%　B. 0.5% ~ 1%　C. 0.3% ~ 0.5%　D. 0.25%以下

79. 合金调质钢含碳量在（　　）范围内。

A. 1%　B. 0.5% ~ 1%　C. 0.3% ~ 0.5%　D. 0.25%以下

80. 淬透性好的合金元素大多能溶入（　　）。

A. 奥氏体　B. 朱光体　C. 铁素体　D. 渗碳体

81. 形状复杂、难于锻造，而又要求有较高强度和塑性，并承受冲击载荷的零件，可选用（　　）。

A. 灰口铸铁　B. 可锻铸铁　C. 球墨铸铁　D. 铸钢

82. 折角塞门、截断塞门体，一般采用（　　）铸造。

A. 可锻铸铁　B. 球墨铸铁　C. 灰口铸铁　D. 合金铸铁

83. 牌号 HT200 是（　　）。

A. 白口铸铁　B. 灰口铸铁　C. 合金钢　D. 特殊钢

84. 牌号 65Mn 是（　　）。

A. 白口铸铁　B. 灰口铸铁　C. 合金钢　D. 弹簧钢

85. 依据《劳动法》规定，劳动合同可以约定试用期。试用期最长不超过（　　）个月。

A. 12　B. 10　C. 6　D. 3

86. 用人单位自（　　）起即与劳动者建立劳动关系。

A. 用工之日　　B. 签订合同之日

C. 上级批准设立之日　　D. 劳动者领取工资之日

87.《劳动合同法》调整的劳动关系是一种（　　）。

A. 人身关系　　B. 财产关系

C. 人身关系和财产关系相结合的社会关系　　D. 经济关系

88.《中华人民共和国安全生产法》自 2002 年（　　）起施行。

A. 10 月 1 日　B. 11 月 1 日　C. 12 月 1 日　D. 9 月 1 日

89. 在国家安全生产管理体制中，工会行使（ ）职能。

A. 国家监察 B. 行政管理 C. 群众监督 D. 安全检查

90.《中华人民共和国铁路法》自（ ）起施行。

A. 1991 年 5 月 1 日 B. 2004 年 5 月 1 日

C. 2005 年 4 月 1 日 D. 1995 年 9 月 1 日

91. 铁路的标准轨距为（ ）mm。新建国家铁路必须采用标准轨距。

A. 1 524 B. 1 435 C. 1 000 D. 1 354

92. 每年的 6 月 5 日是（ ）。

A. 世界环境日 B. 地球日 C. 土地日 D. 节约用电日

93. 环境污染损害赔偿提起诉讼的时效期间为（ ）年。

A. 2 B. 1 C. 3 D. 5

94.《铁路安全管理条例》于（ ）经国务院第 18 次常务会议通过。

A. 2013 年 7 月 24 日 B. 1995 年 5 月 24 日

C. 2010 年 4 月 1 日 D. 1991 年 9 月 21 日

95. 任何单位和个人不得擅自在铁路桥梁跨越处河道上下游各（ ）m 范围内围垦造田、拦河筑坝、架设浮桥或者修建其他影响铁路桥梁安全的设施。

A. 2 000 B. 1 500 C. 1 000 D. 500

96. 高速铁路线路路堤坡脚、路堑坡顶或者铁路桥梁外侧起向外各（ ）m 范围内禁止抽取地下水。

A. 180 B. 150 C. 200 D. 220

97. 行人持有长大、飘动等物件通过道口时，不得高举挥动，应与牵引供电设备带电部分保持（ ）m 以上距离。

A. 3 B. 2 C. 4 D. 2.5

98. 在电气化铁路附近施工、冲洗车辆时，保持水流与接触网带电部分有（ ）m 以上距离，防止触电事故发生。

A. 1 B. 2 C. 0.5 D. 2.5

99. 接触网导线折断下垂搭在车辆上或其他物品与接触接网接触时，列检和乘务人员不要进行处理，应保持（ ）m 以上距离同时对现场进行防护，并及时通知有关人员查处。

A. 1 B. 2 C. 5 D. 10

100. 机车（ ）人员是铁路公司对机车行使质量监督、技术认可和合格确认的代表。

A. 检修 B. 乘务 C. 技术 D. 验收

101. 机破应在机车回段后（ ）h 内进行分析，临修要定期组织分析。

A. 72 B. 24 C. 48 D. 12

102. 机车检修“三化”是指程序化、文明化、（ ）。

A. 自动化 B. 机械化 C. 电气化 D. 简单化

103. 造成（ ）的直接经济损失的事故列为重大事故。

A. 1 亿元以上 B. 5 000 万以上 1 亿元以下

C. 1 000 万元以上 5 000 万以下 D. 500 万元以上 1000 万以下

104. 一般事故的调查期限为（　　）。

A. 10 天　B. 20 天　C. 30 天　D. 60 天

105. 下列属于摩擦制动的是（　　）。

A. 风阻制动　B. 轨道涡轮制动　C. 盘形制动　D. 喷气制动

106. 下列属于动力制动的是（　　）。

A. 闸瓦制动　B. 液力制动　C. 磁轨制动　D. 涡流制动

107.（　　）是接通励磁电流将转向架上的制动电磁铁吸附在钢轨上，电磁铁的极靴与轨面摩擦而产生制动力。

A. 涡流制动　B. 再生制动　C. 盘形制动　D. 磁轨制动

108. 制动缸压力与列车制动管减压量（　　）。

A. 成正比　B. 成反比　C. 相等　D. 没关系

109. 一般地，单机时，最小有效减压量选取为（　　）kPa。

A. 30　B. 40　C. 50　D. 60

110. 牵引列车时，最小有效减压量选取为（　　）kPa。

A. 40　B. 50　C. 60　D. 70

111. 当列车制动管定压为 600 kPa 时，制动管最大有效减压量为（　　）。

A. 140 kPa　B. 150 kPa　C. 160 kPa　D. 170 kPa

112. 我国规定：制动管减压速率或漏泄小于（　　）kPa/min。

A. 20　B. 30　C. 40　D. 50

113. 常用制动时不发生紧急制动作用的性能，称为制动机的（　　）。

A. 稳定性　B. 安定性　C. 灵敏性　D. 以上都不对

114. 机车紧急制动灵敏度为（　　）kPa/s。

A. 50　B. 60　C. 70　D. 80

115.（　　）的作用动力和控制信号均为压缩空气。

A. 电-空制动机　B. 空气制动机　C. 液压制动机　D. 真空制动机

116. 下列不属于黏着制动的是（　　）。

A. 摩擦制动　B. 动力制动　C. 风阻制动　D. 惯性制动

117. 下列属于黏着制动的是（　　）。

A. 再生制动　B. 轨道涡轮制动　C. 喷气制动　D. 风阻制动

118. 下列属于非黏着制动的是（　　）。

A. 轨道摩擦制动　B. 踏面制动　C. 盘形制动　D. 电阻制动

119. 下列不属于非黏着制动的是（　　）。

A. 磁轨摩擦制动　B. 磁轨涡流制动　C. 风阻制动　D. 飞轮蓄能制动

120. 在车辆上，直通式空气制动机主要由（　　）和制动缸等组成。

A. 总风管　B. 制动管　C. 作用管　D. 均衡管

121. 自动式空气制动机的（　　）是用来贮存由制动管充入的压力空气，并在制动时向制动缸供给压力空气的空气源。

A. 总风缸　B. 作用风缸　C. 副风缸　D. 均衡风缸

122.(　　) mm 高水银柱的压力为一个标准大气压。

A. 760　B. 761　C. 762　D. 765

123. 制动试验用压力表应每（　　）至少校对一次。

A. 6 个月　B. 3 个月　C. 1 个月　D. 1 年

124. 根据波义耳一马略特定律，空气压力与容积变化过程是等温的，变化前压力与体积乘积（　　）变化后压力与体积乘积。

A. 大于　B. 等于　C. 小于　D. 以上都不对

125. 一定量的气体在同等环境下，存储容器容积越大，其压力（　　）。

A. 越小　B. 越大　C. 不变　D. 两种无关

126. 109 型分配阀的主阀活塞两侧的压力空气分别来自制动管和（　　）。

A. 副风缸　B. 总风缸　C. 缓解风缸　D. 工作风缸

127. 由三通阀或分配阀在制动时，引起的列车制动管压力下降的现象叫（　　）。

A. 阶段制动　B. 阶段缓解　C. 局部减压　D. 减压

128. 制动原力通过制动传动装置的传递，并增大后传给闸瓦，其增大的倍数称为（　　）。

A. 制动率　B. 制动效率　C. 制动倍率　D. 制动能力

129. 车辆制动倍率（　　）。

A. 大于车辆制动杠杆倍率　B. 等于车辆制动杠杆倍率

C. 等于车辆制动杠杆倍率乘以传动效率　D. 等于车辆制动杠杆倍率除以传动效率

130. 实际闸瓦压力与理论闸瓦压力比值，称为基础制动装置的（　　）。

A. 制动率　B. 传动效率　C. 制动倍率　D. 制动能力

131. 机车车辆单位重量所具有的闸瓦压力称为（　　）。

A. 制动率　B. 制动效率　C. 制动倍率　D. 制动能力

高级

132. 车辆制动率（　　）。

A. 就是制动倍率　B. 是制动倍率的倒数

C. 等于车辆制动闸瓦压力之和与车辆重量之比

D. 等于车辆动力与车辆重量之比

133. 能够确切的表示机车车辆制动能力的是（　　）。

A. 制动功率　B. 制动倍率　C. 制动力　D. 制动率

134. SS_{4B} 型电力机车单节计算重量为 92 t，换算闸瓦压力为 200 kN，则其制动率为（　　）。

A. 21.7%　B. 25%　C. 30%　D. 40%

135. 标记载重 61 t，装有 120 型制动机和高摩合成闸瓦货车，列车制动管气压 600 kPa，重车位每辆换算闸瓦压力为 350 kN，则其制动率为（　　）。

A. 40%　B. 50%　C. 46%　D. 56%

136. 当列车（机车）在运行中施行制动时，从制动开始到全列车闸瓦突然同时以最大压力压紧车轮的假定瞬间，这段时间就称为（　　）。

A. 制动时间　B. 制动空走时间　C. 有效制度时间　D. 缓解时间

137. 高速列车是指最高行车速度每小时达到或超过（　　）km 的铁路列车。

A. 180　B. 160　C. 200　D. 300

138. 不受黏着限制的非黏着制动是（　　）。

A. 线性涡流制动　B. 盘形制动　C. 再生制动　D. 闸瓦制动

139.（　　）是指发生在个别情况下的阻力。

A. 基本阻力　B. 附加阻力　C. 总阻力　D. 启动基本阻力

140. F8 + 电-空制动机共有 3 个闭式电-空阀：常用制动电-空阀、（　　）和紧急电-空阀。

A. 检查电-空阀　B. 保压电-空阀　C. 中立电-空阀　D. 缓解电-空阀

141. 我国《铁路技术管理规程》第 189 条规定：列车在任何线路坡道上的紧急制动距离限值；运行速度 140 km/h 以上至 160 km/h 的旅客列车为（　　）m。

A. 1 100　B. 1 200　C. 1 300　D. 1 400

142. 我国《铁路技术管理规程》第 189 条规定：列车在任何线路坡道上的紧急制动距离限值；运行速度 160 km/h 以上至 200 km/h 的旅客列车为（　　）m。

A. 1 500　B. 2 000　C. 2 500　D. 3 000

143.（　　）负责产生并提供全车气动器械及制动机所需洁净、干燥和稳定的压缩空气。

A. 风源系统　B. 控制管路系统　C. 辅助管理系统　D. 机车制动机

144. 高压安全阀的整定值为（　　）kPa。

A. 900　B. 920　C. 950　D. 1 000

145. SS_{4B} 型电力机车塞门（　　）可切断制动缸的风路。

A. 110　B. 111　C. 119　D. 120

146. SS_{4B} 型电力机车控制管路中塞门（　　）可切断控制管路的风源。

A. 139　B. 140　C. 141　D. 142

147. 下列属于机车制动机的是（　　）。

A. JZ-7 型空气制动机　B. 103 型空气制动机

C. 104 型空气制动机　D. 102 型空气制动机

148. 下列不属于机车制动机的是（　　）。

A. ET-6 型空气制动机　B. EL-14 型空气制动机

C. 26-L 型空气制动机　D. 103 型空气制动机

149. DJKG-A 型空气干燥器电动排泄阀的防冻装置的断开温度是（　　）。

A. 5 ± 1 °C　B. 10 ± 1 °C　C. 15 ± 1 °C　D. 20 ± 1 °C

150. DJKG-A 型空气干燥器再生时间是（　　）。

A. 45 ± 15 s　B. 50 ± 15 s　C. 55 ± 15 s　D. 60 ± 15 s

151. DJKG 系列空气干燥器的形式为（　　）。

A. 双塔式　B. 单塔式　C. 多塔式　D. 加热式

152. DJKG 型空气干燥器的再生空气是由（　　）供给的。

A. 总风缸　B. 油水分离器　C. 再生风缸　D. 工作风缸

153. DJKG 型空气干燥器的温控器，其作用主要是对干燥器上的（　　）进行自动加热，以防止该处冻结。

A. 干燥塔　B. 油水分离器　C. 排泄阀　D. 再生风缸

154. 当压缩空气的相对湿度低于（　　）时，可以防止管壁的锈蚀。

A. 30%　B. 35%　C. 40%　D. 45%

155. DJKG-A 型空气干燥器防冻装置，加热时温控器 3、2 端子间电压为（　　）V，红色发光管亮。

A. 0.7　B. 0.5　C. 110　D. 48

156. DJKG-A 型空气干燥器防冻装置，不加热时温控器 3、2 端子间电压为（　　）V，绿色发光管亮。

A. 24　B. 48　C. 12　D. 110

157. YWK-50-C 型压力控制器的重复性误差为（　　）kPa。

A. ±10　B. ±20　C. ±30　D. ±40

158. YWK-51-C 型压力控制器的设定值误差为（　　）kPa。

A. ±10　B. ±20　C. ±30　D. ±40

159. BT-2.6/10A 型螺杆空压机的排气量为（　　）m^3/min。

A. 2.6　B. 3　C. 3.6　D. 10

160. BT-2.6/10A 型螺杆空压机的油量为（　　）L。

A. 5　B. 6　C. 7　D. 8

161. 螺杆式空气压缩机油过滤器的过滤精度在（　　）μm 之间。

A. 5～10　B. 6～10　C. 10～15　D. 15～20

162. 螺杆式空气压缩空气中有油的原因是（　　）。

A. 油细分离器故障　B. 油过滤器故障　C. 油位过低　D. 最小压力阀故障

163. 螺杆压缩机的压力开关断开压力设置为（　　）MPa。

A. 0.1　B. 0.2　C. 0.3　D. 0.4

164. BT-2.6/10A 型螺杆压缩机的温度开关设定值为（　　）°C

A. 105±5　B. 110±5　C. 115±5　D. 120±5

165. BT-2.6/10A 型螺杆压缩机当油温达到（　　）°C 时，温控阀全部打开。

A. 70　B. 75　C. 80　D. 85

166. BT-2.6/10A 型螺杆压缩机的安全阀整定值为（　　）MPa。

A. 1.15　B. 1.25　C. 1.35　D. 1.45

167. QSL 型分水滤气器的过滤精度为（　　）μm。

A. 50　B. 40　C. 20　D. 10

168. QSL 型分水滤气器最大输出压力为（　　）kPa。

A. 700　B. 800　C. 900　D. 1000

169. SS_{4B} 型电力机车塞门（　　）可以切除压力控制器的风源。

A. 119　B. 120　C. 139　D. 140

170. SS_{4B} 型电力机车塞门（　　）安装在第一总风缸和第二总风缸之间。

A. 112　B. 111　C. 119　D. 110

171. 球芯折角塞门手把处漏风的原因是（　　）。

A. 球芯缺油　B. 球芯表面偏磨　C. 密封垫圈失效　D. 阀体内卡脏

172. 折角塞门试验风压须达到（　　）kPa。

A. 300　B. 400　C. 500　D. 600

173. 球芯塞门修竣后，储存期超过 6 个月的，须经（　　）后可装车使用。

A. 检查员　　B. 试验合格　　C. 验收员　　D. 试验人员

174. SS_{4B} 型电力机车门联锁阀的代号是（　　）。

A. 37、38　　B. 27、28　　C. 35、36　　D. 25、26

175. SS4B 型电力机车风压继电器 515KF 的触头断开风压为（　　）kPa。

A. 50 ± 10　　B. 100 ± 10　　C. 150 ± 10　　D. 200 ± 10

176. QTY 型调压阀共有（　　）个弹簧。

A. 1　　B. 2　　C. 3　　D. 4

177. SS_{4B} 型电力机车调压阀 55 用来调整供给（　　）充风的总风压力。

A. 空气制动阀　　B. 制动缸　　C. 作用管　　D. 均衡风缸

178. SS_{4B} 型电力机车调压阀（　　）用来调整通往空气制动阀的总风压力。

A. 51　　B. 52　　C. 53　　D. 55

179. SS_{4B} 型电力机车电-空位时调压阀 53 的整定值是（　　）kPa。

A. 300　　B. 400　　C. 500　　D. 600

180. SS_{4B} 型电力机车空气位时调压阀 53 的整定值是（　　）kPa。

A. 200　　B. 300　　C. 450　　D. 500 或 600

181. 利用酸溶液去除钢铁表面上的氧化皮和锈蚀物的方法称为（　　）。

A. 除锈　　B. 酸化　　C. 磷化　　D. 酸洗

182. 工件浸入磷化液在表面沉积形成一层不溶于水的结晶型磷酸盐转换膜的过程称之为（　　）。

A. 磷洗　　B. 酸化　　C. 磷化　　D. 酸洗

183. SS_{4B} 型电力机车，总风缸压力由 0 升至 900 kPa 的时间不大于（　　）min。

A. 3　　B. 4　　C. 5　　D. 6

184. TSA-230A 型螺杆压缩的压力维持阀的开启压力是（　　）MPa。

A. 0.5 ± 0.05　　B. 0.6 ± 0.05　　C. 0.7 ± 0.05　　D. 0.8 ± 0.05

185. TSA-230A 型螺杆压缩的排气量是（　　）m^3/min。

A. 2.4　　B. 2.5　　C. 2.6　　D. 2.7

186. 辅助压缩机性能试验要求辅助风缸压力由零升至 500 kPa 的时间不大于（　　）min。

A. 3　　B. 3.5　　C. 4　　D. 4.5

187. 辅助压缩机的工作电压不低于（　　）V。

A. 50　　B. 60　　C. 70　　D. 80

188. SS_{4B} 型电力机车总风缸压力升至 900 kPa，风压稳定后，空气管路系统的总泄漏量每分钟不大于（　　）kPa，测定时间应不少于 3 min。

A. 10　　B. 20　　C. 30　　D. 40

189. SS4B 型电力机车控制风缸压力升至 900 kPa 时，关闭风缸前塞门 97，控制风缸的泄漏量每 10 min 不大于（　　）kPa。

A. 5　　B. 10　　C. 15　　D. 20

190. SS_{4B} 型电力机车在测定辅助压缩机生产能力后升起受电弓，待辅助风缸压力稳定在

高级

500 kPa 时，停止辅助压缩机组工作，控制系统泄漏量每分钟不大于（　　）kPa，测定时间应不少于 3 min。

A. 10　B. 15　C. 20　D. 25

191. 高、低音喇叭在总风压力大于（　　）kPa 时，音色正常。

A. 400　B. 500　C. 600　D. 700

192. 刮雨器摆角大于（　　）。

A. 30°　B. 35°　C. 40°　D. 45°

193. 国产电力机车则根据 GBB3317-82《电力机车通用技术条件》规定撒砂量标准为（　　）L/min。

A. 0.7 ~ 1.5　B. 0.5 ~ 1.5　C. 0.7 ~ 2.0　D. 0.8 ~ 2.0

194. SS_{4B} 型电力机车总风缸压力升至（　　）kPa 时，压力控制器应断开电路，使主压缩机组停止工作。

A. 800 ± 20　B. 850 ± 20　C. 900 ± 20　D. 950 ± 20

195. SS_{4B} 型电力机车总风缸压力降至（　　）kPa 时，压力控制器应闭合电路，使主压缩机组恢复工作。

A. 600 ± 20　B. 650 ± 20　C. 700 ± 20　D. 750 ± 20

196. 电-空制动控制器和空气制动阀均置运转位时，按下紧急制动按钮，机车产生紧急制动，制动缸压力应不低于（　　）kPa。

A. 300　B. 340　C. 400　D. 450

197. TSG15B 型受电弓支持绝缘子累计缺损面积大于（　　）cm^2 时，须通过 56 kV 工频耐压试验。

A. 1　B. 2　C. 3　D. 4

高级

198. TSG15B 型受电弓支持绝缘子伞裙撕裂长度≥（　　）mm 时，必须更换。

A. 20　B. 25　C. 30　D. 15

199. TSG15B 型受电弓的降弓时间≤（　　）s。

A. 4　B. 5　C. 6　D. 7

200. Vaporid 空气干燥器的吸附循环时间为（　　）min。

A. 1　B. 2　C. 3　D. 4

201. TAD 系列空气干燥器干燥塔转换周期为（　　）s。

A. 50 ~ 60　B. 56 ~ 70　C. 56 ~ 80　D. 60 ~ 80

202. Vaporid 空气干燥器当风压达到预设的（　　）kPa 的额定压力值时，干燥塔即开始工作。

A. 400　B. 500　C. 600　D. 650

203. 螺杆压缩机空气滤清器清洁指示器显示红色或箭头指向（　　）kPa，应清扫滤纸。

A. 5　B. 6　C. 6.5　D. 7.5

204. 车辆制动的基础制动装置采用（　　）。

A. 拉杆传动　B. 杠杆及拉杆传动　C. 杠杆传动　D. 风动传动

205. 蓄能制动器当棘轮机构解锁时，螺母能（　　）转动。

A. 单向　B. 双向　C. 不能　D. 向左

206. 蓄能制动器当棘轮机构锁闭时，螺母能（　　）转动。

A. 单向　B. 双向　C. 不能　D. 向左

207. 蓄能制动器在运行过程中，随时观察总风缸压力，确保其压力不低于（　　）kPa。

A. 600　B. 650　C. 700　D. 750

208. SS_4 改型电力机车单缸制动器的棘轮齿数为（　　）个。

A. 27　B. 28　C. 29　D. 30

209. SS_4 改型电力机车单缸制动器的棘轮单齿调整量为（　　）mm。

A. 0.2　B. 0.22　C. 0.23　D. 0.21

210. 盘形制动的闸片与制动盘之间的摩擦系数与（　　）的变化曲线基本近似。

A. 列车运行阻力系数　B. 列车制动减速

C. 轮轨间黏着系数　D. 列车惰行规律

211. H300 型制动盘材质采用（　　）。

A. 高合金铸铁　B. 高磷铸铁　C. 中磷铸铁　D. 低合金特种铸铁

212. 盘形制动的缺点是（　　）。

A. 制动不平稳　B. 轮轨黏着容易恶化　C. 噪声大　D. 车轮踏面磨耗大

213. SFH-2 型防滑器可适应的车速范围为（　　）km/h。

A. 5 ~ 200　B. 10 ~ 200　C. 5 ~ 100　D. 20 ~ 100

214. SFH-2 型防滑器有（　　）个速度传感器。

A. 1　B. 2　C. 3　D. 4

215. SFH-2 型防滑器有（　　）个防滑排气阀。

A. 1　B. 2　C. 3　D. 4

216. 电子防滑器自断电功能试验试验时，单车试验器须置于（　　）。

A. 常用制动位　B. 保压位　C. 紧急制动位　D. 缓解位

217. 使用铸铁闸瓦时，单位面积上承受的最大压力一般不准超过（　　）。

A. 500 kPa　B. 1 000 kPa　C. 1 200 kPa　D. 1 500 kPa

218. 制动时，闸瓦压紧在车轮踏面上的力量叫作（　　）。

A. 制动缸压力　B. 制动缸推力　C. 闸瓦压力　D. 混合阻力

219. 将制动缸活塞推力换算成闸瓦作用于车轮踏面上的压力称（　　）。

A. 换算闸瓦压力　B. 实际闸瓦压力　C. 制动倍率　D. 制动效率

220. 标记载重 61t，装有 120 型制动机和高摩合成闸瓦的列车，当列车制动管定压为 600 kPa 时，空车位的每辆换算闸瓦压力为（　　）kN。

A. 280　B. 350　C. 240　D. 210

221. 闸瓦压力增大，闸瓦摩擦系数（　　）。

A. 增大　B. 减小　C. 不变　D. 以上都不对

222. 列车速度减低，闸瓦摩擦系数（　　）。

A. 增大　B. 减小　C. 不变　D. 以上都不对

223. 闸瓦温度增高，闸瓦摩擦系数（　　）。

A. 增大　B. 减小　C. 不变　D. 以上都不对

224. 闸瓦摩擦表面的材质硬度提高，摩擦系数（　　）。

A. 增大　B. 减小　C. 不变　D. 以上都不对

225. 中磷生铁闸瓦的主要缺点之一是（　　）。

A. 在高速制动减速时摩擦系数太小　B. 强度低

C. 硬度不足　D. 散热性差

226. 非金属合成闸瓦的主要优点之一是（　　）。

A. 强度好　B. 散热好

C. 对车轮磨损小　D. 在高速制动减速时摩擦系数较大

227. 高磷铸铁闸瓦的含磷量为（　　）。

A. 大于 0.7%　B. 0.7% ~ 1%　C. 2.5% ~ 5%　D. 3.5% ~ 5%

228. 低摩合成闸瓦的摩擦系数较小，可与（　　）通用。

A. 普通铸铁闸瓦　B. 中磷铸铁闸瓦　C. 高磷铸铁闸瓦　D. 任何闸瓦

229. 闸瓦与闸瓦托采用（　　）连接。

A. 螺栓　B. 插销　C. 圆销　D. 铆钉

230. 闸瓦与闸瓦托中部接触不良，在行车制动时（　　）。

A. 一般不会发生行车事故　B. 易发生闸瓦断裂脱落

C. 会加速闸瓦磨损　D. 会引起闸瓦托磨损加剧

231. 神华号交流电力机车 JPXZ-1A 型盘形制动器活塞的有效行程为（　　）mm。

A. 18　B. 16　C. 21　D. 23

232. 神华号交流电力机车 JPXZ-1A 型盘形制动器紧急制动额定风压为（　　）kPa。

A. 400　B. 380　C. 435　D. 450

233. 神华号交流机车 JPXZ-2A 型盘形制动器的手柄组成限制棘轮盘旋转，拉动时起（　　）作用。

A. 缓解　B. 解锁　C. 制动　D. 没有影响

234. 神华号交流机车 JPXZ-2A 型盘形制动器的缓解风压为（　　）kPa。

A. 550　B. 450　C. 500　D. 600

235. DK-1 型制动机中继阀受的(　　)压力变化影响，继而控制列车制动管的压力变化，从而完成列车的制动、保压、和缓解作用。

A. 制动管　B. 控制风缸　C. 作用管　D. 均衡风缸

236. DK-1 型制动机压力开关受（　　）的压力变化进行电路的转换。

A. 制动管　B. 控制风缸　C. 作用管　D. 均衡风缸

237. DK-1 型制动机电-空制动控制器有（　　）个作用位置。

A. 6　B. 5　C. 7　D. 8

238. 橡胶模板的标注是以模板（　　）的大小来表示。

A. 半径　B. 直径　C. 外径　D. 内径

239. 夹芯阀的标注是以模板（　　）的大小来表示。

A. 半径　B. 直径　C. 外径　D. 内径

240. 制动机常见的密封元件材料是（　　）。

A. 氟橡胶　B. 丁腈橡胶　C. 石棉橡胶　D. 铜片

241. 制动机由于橡胶密封元件失效造成的常见故障是（　　）。

A. 漏泄　B. 堵塞　C. 自然制动　D. 自然缓解

242. 夹芯阀对接触面压痕不均匀或过深者，允许用细砂布研磨，研磨量不得大于硬芯下胶层的（　　）。

A. 1/3　B. 1/2　C. 1/4　D. 2/3

243. DK-1 型电-空制动机的气动部件自由高大于 25 mm 的圆弹簧，塑性变形量不得大于（　　）mm。

A. 2　B. 3　C. 4　D. 5

244. DK-1 型电-空制动机的气动部件自由高小于 25 mm 的圆弹簧，塑性变形量不得大于（　　）mm。

A. 2　B. 3　C. 4　D. 5

245. DK-1 型电-空制动机的气动部件各柱塞与衬套间配合间隙不大于（　　）mm。

A. 0.15　B. 0.11　C. 0.2　D. 0.12

246. DK-1 型电-空制动机的气动部件各部件组装前，转轴部分涂适量（　　）。

A. 美孚脂　B. 黄油　C. 201 甲基硅油润滑　D. 锂基脂

247. DK-1 型电-空制动机各部件组装前，对柱塞、活塞式接触配合表面须涂以适量（　　）。

A. 硅油　B. 黄油　C. 硅脂　D. 锂基脂

248. 给电或给风试验中须（　　）人以上进行。

A. 1　B. 2　C. 3　D. 4

249. DK-1 型电-空制动机的电-空制动控制器在过充位，使列车缓解充风，以高出列车制动管定压（　　）kPa 的充风压力快速充风缓解。

A. 10 ~ 20　B. 20 ~ 30　C. 30 ~ 40　D. 40 ~ 50

250. TKS22 型电-空制动控制器的额定电压是（　　）V。

A. DC110　B. AC110　C. DC120　D. AC120

251. TKS22 型电-空制动控制器的额定电流是（　　）A。

A. 2　B. 3　C. 4　D. 5

252. TKS22 型电-空制动控制器辅助触头的静触指磨耗量不大于原形的（　　）。

A. 1/3　B. 2/3　C. 1/2　D. 1/4

253. TKS22 型电-空制动控制器辅助触头的静触指的超行程为（　　）mm。

A. 1 ~ 2　B. 1 ~ 3　C. 2 ~ 4　D. 1 ~ 4

254. TKS22 型电-空制动控制器辅助触头的动静触头的线接触保证在（　　）以上。

A. 60%　B. 80%　C. 50%　D. 70%

255. TKS22 型电-空制动控制器的凸轮面和触指的接触面必须保证（　　）以上。

A. 60%　B. 80%　C. 50%　D. 70%

256. DK-1 型电-空制动机空气制动阀的顶杆长度符合（　　）mm。

A. 125 ± 1　B. 135 ± 2　C. 125 ± 2　D. 135 ± 1

257. DK-1 型电-空制动机空气制动阀的凸轮无裂损，均匀磨耗量不大于（　　）mm。

A. 0.5　B. 1　C. 1.5　D. 2

258. DK-1 型电-空制动机空气制动阀方轴与凸轮方孔间隙不大于（　　）mm。

A. 0.3　B. 0.5　C. 0.2　D. 0.4

259. 空气制动阀修竣后，储存期超过 3 个月不足 6 个月的，须经（　　）确认合格后可以装车。

A. 检查员　B. 试验台试验　C. 验收员　D. 试验人员

260. DK-1 型电-空制动机空气制动阀在电-空位时，试验台上缓解位试验要求作用管压力由 300 kPa 降至 40 kPa 的时间不大于（　　）s。

A. 5　B. 3.5　C. 4　D. 4.5

261. DK-1 型电-空制动机空气制动阀在电-空位时，试验台上制动位试验要求作用管压力由 0 kPa 升至 280 kPa 的时间不大于（　　）s。

A. 5　B. 3.5　C. 4　D. 4.5

262. DK-1 型电-空制动机空气制动阀在空气位时，试验台上制动位试验要求均衡压力由 600 kPa 降至 430 kPa 的时间为（　　）s。

A. 5 ~ 7　B. 7 ~ 9　C. 5 ~ 9　D. 6 ~ 8

263. DK-1 型电-空制动机空气制动阀在空气位时，试验台上缓解位试验要求均衡压力由 0 kPa 升至 580 kPa 的时间不大于（　　）s。

A. 9　B. 10　C. 11　D. 8

264. DK-1 型电-空制动机双阀口式中继阀供气阀与阀套配合间隙≤（　　）mm。

A. 0.15　B. 0.1　C. 0.12　D. 0.2

265. DK-1 型电-空制动机双阀口式中继阀如果总风遮断阀在常开状态下，中继阀具有（　　）功能。

A. 列车制动管自动排风　B. 列车制动管自动补风　C. 自锁　D. 以上都对

高级

266. DK-1 型电-空制动机双阀口式中继阀顶杆长度为（　　）。

A. 92　B. 80　C. 85　D. 90

267. DK-1 型电-空制动机中继阀在试验台上试验，阶段减压试验要求列车制动管阶段减压至 250 kPa 时与均衡压差小于（　　）。

A. 5 kPa　B. 6 kPa　C. 10 kPa　D. 8 kPa

268. DK-1 型电-空制动机中继阀在试验台上试验，供气阀供气试验要求列车制动管压力在（　　）内由 0 升至 580 kPa。

A. 3 s　B. 4 s　C. 5 s　D. 2 s

269. DK-1 型电-空制动机中继阀在试验台上试验，膜板状态试验要求均衡压力为 600 kPa，列车制动管压力上升量不大于（　　）。

A. 3 kPa　B. 5 kPa　C. 10 kPa　D. 8 kPa

270. DK-1 型电-空制动机总风遮断阀当中立电-空阀得电时，切断（　　）通路。

A. 总风通往遮断阀左侧　B. 列车制动管排大气

C. 总风通往过充柱塞　D. 总风通往供气室

271. DK-1 型电-空制动机总风遮断阀套与体套的间隙配合不大于（　　）mm。

A. 0.12　B. 0.15　C. 0.18　D. 0.1

272. DK-1 型电-空制动机遮断阀在试验台上试验，保压试验要求 1 min 内列车制动管压力变化不大于（　　）kPa。

A. 5　　B. 10　　C. 15　　D. 8

273. DK-1 型电-空制动机电动放风阀接受（　　）得电或失电的控制。

A. 制动电-空阀　　B. 紧急电-空阀　　C. 缓解电-空阀　　D. 重联电-空阀

274. DK-1 型电-空制动机可关闭塞门（　　）使电动放风阀失去作用。

A. 114　　B. 115　　C. 116　　D. 117

275. DK-1 型电-空制动机关闭塞门（　　）可以切除紧急电-空阀的风源。

A. 155　　B. 156　　C. 157　　D. 158

276. DK-1 型电-空制动机电动放风阀试验台上试验时，漏泄试验时要求列车制动管压力稳定后 60 s 内下降不大于（　　）。

A. 5 kPa　　B. 10 kPa　　C. 8 kPa　　D. 15 kPa

277. DK-1 型电-空制动机电动放风阀试验台上试验时，紧急试验时要求列车制动管压力由 600 kPa 降至 0 kPa 的时间不大于（　　）。

A. 5 s　　B. 4 s　　C. 3　　D. 2

278. DK-1 型电-空制动机紧急阀的活塞杆上有（　　）个缩孔。

A. 1　　B. 2　　C. 3　　D. 4

279. DK-1 型电-空制动机紧急阀的夹芯阀的规格是（　　）。

A. $\phi30$　　B. $\phi38$　　C. $\phi40$　　D. $\phi42$

280. DK-1 型电-空制动机紧急阀的紧急活塞杆上的 O 形圈规格为（　　）。

A. D20 × 2.4　　B. D25 × 2.4　　C. D24 × 2.4　　D. D18 × 2.4

281. 下列哪种方法可诱发紧急阀的动作：（　　）。

A. 常用制动　　B. 拉车长阀　　C. 列车制动管泄漏　　D. 以上都对

282. DK-1 型电-空制动机紧急阀试验台上试验时，紧急室充气试验要求紧急室压力由 0 kPa 升至 580 kPa 的时间为（　　）。

A. 20 ~ 30 s　　B. 30 ~ 40 s　　C. 40 ~ 50 s　　D. 50 ~ 60 s

283. DK-1 型电-空制动机紧急阀试验台上试验时，紧急室排气试验要求列车制动管减压 100 kPa 前起紧急作用，紧急室压力此时降至 40 kPa 的时间为（　　）。

A. 20 ~ 35 s　　B. 25 ~ 40 s　　C. 30 ~ 40 s　　D. 30 ~ 45 s

284. DK-1 型电-空制动机重联阀在本机位时，将制动缸管与（　　）连通。

A. 作用管　　B. 列车制动管　　C. 平均管　　D. 总风管

285. DK-1 型电-空制动机重联阀在补机位时，将作用管与（　　）连通。

A. 制动缸管　　B. 列车制动管　　C. 总风管　　D. 平均管

286. DK-1 型电-空制动机重联阀的转换阀部在本机位时，连通重联阀活塞下侧与（　　）之间的通路。

A. 平均管　　B. 总风联管　　C. 大气　　D. 作用管

287. DK-1 型电-空制动机重联阀的转换阀部在补机位时，连通重联阀活塞下侧与（　　）之间的通路。

A. 平均管　　B. 总风联管　　C. 大气　　D. 作用管

高级

288. DK-1 型电-空制动机重联阀在试验台上试验时，本机位断钩试验制动缸压力应不随（　　）压力变化。

A. 平均管　　B. 作用管　　C. 容积室　　D. 总风联管

289. DK-1 型电-空制动机重联阀在试验台上试验时，补机位断钩试验（　　）压力应不与平均管压力同步升降。

A. 制动缸　　B. 作用管　　C. 容积室　　D. 总风联管

290. DK-1 型电-空制动机 109 型分配阀的（　　）主要用于根据列车制动管的压力变化来控制容积室和作用管的充、排风。

A. 主阀部　　B. 均衡部　　C. 紧急增压阀部　　D. 安全部

291. DK-1 型电-空制动机 109 型分配阀的安全阀在正常运用机车整定值为（　　）kPa。

A. 400 ± 10　　B. 380 ± 10　　C. 420 ± 10　　D. 450 ± 10

292. DK-1 型电-空制动机 109 型分配阀的安全阀在机车无火回送时整定值为（　　）kPa。

A. 300 ± 10　　B. 150 ± 10　　C. 200 ± 10　　D. 250 ± 10

293. DK-1 型电-空制动机 109 型分配阀的节制阀弹簧自由高为（　　）mm。

A. 20　　B. 14　　C. 18　　D. 16

294. DK-1 型电-空制动机 109 型分配阀在试验台上试验时，工作风缸充风试验要求工作风缸压力由 0 升至 580 kPa 的时间为（　　）。

A. 50 ~ 60 s　　B. 60 ~ 75 s　　C. 50 ~ 75 s　　D. 60 ~ 80 s

295. DK-1 型电-空制动机 109 型分配阀在试验台上试验时，列车制动管减压 80 kPa，制动缸压力应上升至（　　）kPa。

A. 180　　B. 150　　C. 200　　D. 240

296. DK-1 型电-空制动机 109 型分配阀在试验台上试验时，紧急制动后制动缸压力升至 400 kPa 时间不大于（　　）s。

A. 5　　B. 3　　C. 4　　D. 6

高级

297. DK-1 型电-空制动机转换阀 153 置空气位，连通均衡风缸与（　　）之间的气路。

A. 制动电-空阀　　B. 空气制动阀　　C. 缓解电-空阀　　D. 以上都对

298. DK-1 型电-空制动机转换阀的柱塞 O 形圈的规格为（　　）。

A. D12 × 1.75　　B. D14 × 1.75　　C. D12 × 1.5　　D. D14 × 1.5

299. DK-1 型电-空制动机转换阀的柱塞阀套 O 形圈的规格为（　　）。

A. D18 × 1.75　　B. D20 × 1.75　　C. D20 × 2.4　　D. D18 × 2.4

300. DK-1 型电-空制动机转换阀在试验台上试验时，正常位下口压力 1 min 内变化不大于（　　）kPa。

A. 5　　B. 10　　C. 15　　D. 8

301. DK-1 型电-空制动机压力开关 208 的整定值为（　　）kPa。

A. 170 ~ 200　　B. 160 ~ 190　　C. 200 ~ 220　　D. 190 ~ 230

302. DK-1 型电-空制动机压力开关 208 的下气室与（　　）连通。

A. 调压阀 55　　B. 均衡风缸　　C. 列车制动管　　D. 调压阀 52

303. DK-1 型电-空制动机压力开关 208 的上气室与（　　）连通。

A. 调压阀 55　　B. 均衡风缸　　C. 列车制动管　　D. 调压阀 53

304. DK-1 型电-空制动机压力开关 208 在试验台上试验时，压差动作值试验要求均衡压力升至（ ）kPa 常开指示灯亮。

A. 300 ~ 550 B. 360 ~ 580 C. 350 ~ 560 D. 400 ~ 580

305. DK-1 型电-空制动机压力开关 208 在试验台上试验时，压差动作值试验要求均衡压力差为（ ）kPa 常开指示灯暗。

A. 200 ~ 330 B. 200 ~ 230 C. 190 ~ 230 D. 190 ~ 330

306. DK-1 型电-空制动机压力开关 209 的整定值为（ ）kPa。

A. 50 B. 30 C. 20 D. 40

307. DK-1 型电-空制动机压力开关 209 的 O 形圈的规格为（ ）。

A. D10 × 1.8 B. D20 × 1.75 C. D35 × 2.75 D. D36 × 3.5

308. DK-1 型电-空制动机压力开关 209 的下气室与（ ）连通。

A. 列车制动管 B. 调压阀 55 C. 均衡风缸 D. 调压阀 53

309. DK-1 型电-空制动机压力开关 209 在试验台上试验时，压差动作值试验要求均衡压力升至（ ）kPa 常开指示灯亮。

A. 560 ~ 610 B. 400 ~ 580 C. 500 ~ 600 D. 500 ~ 580

310. DK-1 型电-空制动机压力开关 209 在试验台上试验时，压差动作值试验要求均衡压力差为（ ）kPa 常开指示灯暗。

A. 20 ~ 30 B. 20 ~ 40 C. 10 ~ 40 D. 10 ~ 30

311. SS_{4B} 型电力机车电-空制动控制器在重联位时，导线（ ）得电。

A. 812 B. 821 C. 807 D. 806

312. SS_{4B} 型电力机车电-空制动控制器在过充位时，导线（ ）得电。

A. 803 B. 805 C. 813 D. 以上都对

313. SS_{4B} 型电力机车电-空制动控制器在中立位时，导线（ ）得电。

A. 807 B. 805 C. 803 D. 804

314. DK-1 型电-空制动机均衡风缸的容积是（ ）。

A. 5 L B. 6 L C. 4 L D. 8 L

315. 电-空阀最小动作电压为（ ）。

A. DC100 V B. DC80 V C. DC70 V D. DC77 V

316. 电-空阀有电不吸合的原因，下列说法错误的是（ ）。

A. 线圈烧损 B. 自复弹簧遮断 C. 机械卡滞 D. 线圈开路

317. TFK1B 电-空阀的铁芯气隙位（ ）mm。

A. 1.5 ± 0.1 B. 1.5 ± 0.2 C. 1.9 ± 0.1 D. 1.9 ± 0.2

318. 电-空阀的阀杆行程为（ ）mm。

A. 2 ± 0.1 B. 1 ± 0.1 C. 2 ± 0.2 D. 1 ± 0.2

319. 电-空阀漏泄的原因，下列说法错误的是（ ）。

A. O 形密封圈破损 B. 阀口裂损 C. 阀杆过短 D. 阀杆过长

320. 电-空阀有电时，排气口有排风声，是（ ）漏风。

A. 上阀口 B. 上下阀口 C. 下阀口 D. 以上都不对

321. 电-空阀无电时，排气口有排风声，是（　　）漏风。

A. 上阀口　B. 上下阀口　C. 下阀口　D. 以上都不对

322. DK-1 型电-空制动机空气制动阀在电-空位时，手把置缓解位，连通了（　　）排大气的通路。

A. 均衡风缸　B. 作用管　C. 列车制动管　D. 制动缸管

323. SS_{4B} 型电力机车 DK-1 型电-空制动机空气制动阀在电-空位时，手把置缓解位，闭合电路（　　）。

A. 809 ~ 810　B. 809 ~ 812　C. 809 ~ 821　D. 809 ~ 818

324. DK-1 型电-空制动机空气制动阀在电-空位时，手把置运转位，可使（　　）得电。

A. 254YV　B. 253YV　C. 256YV　D. 252YV

325. DK-1 型电-空制动机空气制动阀在电-空位时，手把置制动位，连通了（　　）之间的气路。

A. 调压阀管与均衡风缸　B. 调压阀管与作用管

C. 作用管与大气　D. 均衡风缸与大气

326. SS_{4B} 型电力机车 DK-1 型电-空制动机空气制动阀在电-空位时，手把置中立位，断开电路（　　）。

A. 809 ~ 810　B. 809 ~ 812　C. 809 ~ 818　D. 809 ~ 821

327. DK-1 型电-空制动机空气制动阀在空气位时，手把置缓解位，开通了（　　）的充风通路。

A. 作用管　B. 列车制动管　C. 制动缸管　D. 均衡风缸

328. DK-1 型电-空制动机空气制动阀在空气位时，手把置制动位，开通了（　　）的排风通路。

A. 作用管　B. 列车制动管　C. 制动缸管　D. 均衡风缸

高级

329. DK-1 型电-空制动机制动后中立位，造成中继阀排风口排风不止的原因的是（　　）。

A. 中立电-空阀泄漏　B. 制动电-空阀泄漏

C. 排风 1 电-空阀泄漏　D. 排风 2 电-空阀

330. DK-1 型电-空制动机过充位，造成中继阀排风口排风不止的原因的是（　　）。

A. 中立电-空阀泄漏　B. 制动电-空阀泄漏

C. 排风阀阀口损坏　D. 缓解电-空阀泄漏

331. DK-1 型电-空制动机总风遮断阀溢风孔排风不止的原因是（　　）。

A. 遮断阀弹簧损坏　B. 遮断阀阀口损坏

C. 遮断阀 O 形圈损坏　D. 以上都不对

332. DK-1 型电-空制动机失电时，应该产生（　　）。

A. 常用制动　B. 紧急制动　C. 阶段制动　D. 以上都不对

333. 当 DK-1 型制动机出现故障而转换至“空气位”运行时，监控装置所发生的（　　）不发生作用。

A. 缓解作用　B. 常用制动　C. 紧急制动　D. 以上都不对

334. 中继阀的过充压力消除是通过（　　）缓慢排大气来实现。

A. 排 1 电-空阀　B. 排 2 电-空阀　C. 过充电-空阀　D. 过充风缸

335. 双阀口式中继阀的膜板活塞左侧与（　　）连通。

A. 列车制动管　B. 过充风缸管　C. 均衡风缸　D. 总风缸管

336. 双阀口式中继阀的膜板活塞右侧与（　　）连通。

A. 列车制动管　B. 过充风缸管　C. 均衡风缸　D. 总风缸管

337. 当列车制动管发生泄漏时，双阀口式中继阀将进行（　　）作用。

A. 自动保压　B. 自动补风　C. 自动制动　D. 自动缓解

338. 双阀口式中继阀主活塞的动作灵敏度为（　　）。

A. 5 kPa　B. 8 kPa　C. 10 kPa　D. 15 kPa

339. DK-1 型电-空制动机紧急阀在充气位时列车制动管经活塞杆上的（　　）控制紧急室充风速度。

A. 缩孔Ⅰ　B. 缩孔Ⅲ　C. 缩孔Ⅱ　D. 缩孔Ⅳ

340. DK-1 型电-空制动机紧急阀活塞杆缩孔Ⅱ的孔径为（　　）mm。

A. 0.8　B. 1.5　C. 1.2　D. 0.5

341. DK-1 型电-空制动机紧急阀在常用制动位时，紧急室压力经活塞杆上的（　　）逆流到列车制动管。

A. 缩孔Ⅰ　B. 缩孔Ⅲ　C. 缩孔Ⅱ　D. 缩孔Ⅳ

342. DK-1 型电-空制动机紧急阀活塞杆缩孔Ⅰ的孔径为（　　）mm。

A. 1.5　B. 1.8　C. 1　D. 1.2

343. DK-1 型电-空制动机紧急阀紧急制动时，可通过改变（　　）孔径的大小，即可达到调整放风阀口开启的时间。

A. 缩孔Ⅰ　B. 缩孔Ⅲ　C. 缩孔Ⅱ　D. 缩孔Ⅳ

344. DK-1 型电-空制动机紧急制动后（　　）s 内，若司机进行缓解操作，则制动机不能可靠实现缓解。

A. 20　B. 10　C. 15　D. 25

345. 109 型分配阀滑阀上的局减孔为（　　）。

A. L5　B. L7　C. L4　D. L6

346. 109 型分配阀滑阀上的局减室入孔为（　　）。

A. L6　B. L7　C. L5　D. L4

347. 109 型分配阀均衡部缩堵Ⅱ的孔径为（　　）mm。

A. 0.8　B. 1　C. 1.2　D. 0.5

348. 109 型分配阀初制动为时，节制阀上移，切断了（　　）的通路。

A. 列车制动管与大气　B. 列车制动管与局减室

C. 工作风缸与列车制动管　D. 以上都对

349. 109 型分配阀安装面上的缩孔孔径为（　　）mm。

A. 0.5　B. 0.8　C. 1　D. 1.2

350. 109 型分配阀充风缓解位时，连通了容积室经（　　）排大气的通路。

A. 115 塞门　B. 114 塞门　C. 119 塞门　D. 156 塞门

351. 109 型分配阀紧急制动位时，紧急增压部连通了容积室与（　　）的气路。

A. 总风　B. 工作风缸　C. 列车制动管　D. 大气

352. 109 型分配阀紧急制动位时，主阀部连通了容积室与（　　）的气路。

A. 总风　B. 工作风缸　C. 列车制动管　D. 大气

353. 109 型分配阀紧急制动位时，容积室的最高压力为（　　）kPa。

A. 300 ± 10　B. 350 ± 10　C. 400 ± 10　D. 450 ± 10

354. DK-1 型电-空制动机客货转换阀 154 在列车制动管定压（　　）kPa 时，应置于货车位。

A. 600　B. 400　C. 500　D. 700

355. DK-1 型电-空制动机客货转换阀 154 在列车制动管定压（　　）kPa 时，应置于客车位。

A. 600　B. 400　C. 500　D. 700

356. DK-1 型电-空制动机空气制动阀在运转位，电-空制动控制器在过充位与运转位的区别是（　　）。

A. 电-空阀 258YV 失电　B. 电-空阀 254YV 失电

C. 电-空阀 256YV 失电　D. 以上都不对

357. 电-空制动控制器运转位和过充位都使导线（　　）得电。

A. 805　B. 806　C. 803　D. 809

358. DK-1 型电-空制动机电-空制动控制器在制动前和制动后的中立位相同点是导线（　　）得电。

A. 805　B. 803　C. 809　D. 806

359. DK-1 型电-空制动机电-空制动控制器在制动前和制动后的中立位不同点是（　　）得电。

A. 电-空阀 258YV 得电　B. 电-空阀 257YV 得电

C. 电-空阀 253YV 得电　D. 电-空阀 254YV 得电

360. 当断钩分离发生在重联机车之间时，通过重联阀的自动转换保持（　　）的压力。

A. 平均管　B. 列车制动管　C. 制动缸　D. 作用管

高级

361. DK-1 型电-空制动机有（　　）个初制风缸。

A. 1　B. 2　C. 3　D. 4

362. DK-2 型电-空制动机有（　　）个初制风缸。

A. 1　B. 2　C. 3　D. 以上都不对

363. DK-1 型电-空制动机钮子开关（　　）用于切除自动停车装置。

A. 463QS　B. 464QS　C. 465QS　D. 466QS

364. DK-1 型电-空制动机钮子开关（　　）用于切除电阻制动初减压。

A. 463QS　B. 464QS　C. 465QS　D. 466QS

365. DK-1 型电-空制动机钮子开关（　　）用于切除自动补风。

A. 463QS　B. 464QS　C. 465QS　D. 466QS

366. SS_{4B} 型电力机车电-空制动控制器紧急制动后，必须停留（　　）s 以上回运转位才能缓解全列车。

A. 10　B. 20　C. 25　D. 15

367. SS_{4B} 型电力机车如果非操作节机车处于空气位，应将非操作节机车的塞门（　　）关闭。

A. 111　B. 116　C. 114　D. 115

368. SS_{4B} 型电力机车制动机空气位操作前，调整操纵节机车调压阀（　　），使其输出压力为列车制动管定压。

A. 51　B. 52　C. 53　D. 55

369. SS_{4B} 型电力机车制动机无火回送时，关闭两节机车总风缸塞门（　　）。

A. 111　B. 112　C. 113　D. 114

370. SS_{4B} 型电力机车制动机无火回送时，调整两节机车分配阀安全阀，使其整定值为（　　）kPa。

A. 180 ~ 200　B. 200 ~ 250　C. 200 ~ 220　D. 180 ~ 220

371. 机车无火回送装置的止回阀弹簧的整定值为（　　）kPa。

A. 100　B. 200　C. 130　D. 140

372. 当列车制动管定压为 600 kPa 时，无火回送机车总风缸压力为（　　）kPa。

A. 500　B. 400　C. 460　D. 480

373. 机车无火回送装置的阻流塞是一个孔径为（　　）mm 的缩堵。

A. 3　B. 3.2　C. 2.8　D. 1.8

374. DK-1 型电-空制动机电-空位紧急制动时，列车制动管由定压下降至零的时间不大于（　　）s。

A. 3　B. 5　C. 4　D. 2

375. DK-1 型电-空制动机电-空位紧急制动时，制动缸压力由 0 升至 400 kPa 的时间不大于（　　）s。

A. 4　B. 4.5　C. 3　D. 5

376. DK-1 型电-空制动机电-空位紧急制动后列车充风时，列车制动管定压为 500 kPa，要求列车制动管压力由 0 升至 480 kPa 的时间不大于（　　）。

A. 8　B. 9　C. 10　D. 11

377. DK-1 型电-空制动机电-空位紧急制动后列车充风时，列车制动管定压为 600 kPa，要求列车制动管压力由 0 升至 580 kPa 的时间不大于（　　）。

A. 8　B. 9　C. 10　D. 11

378. DK-1 型电-空制动机电-空位对列车制动管气密性的检查要求，列车制动管压力下降每分钟不大于（　　）kPa。

A. 10　B. 5　C. 20　D. 15

379. DK-1 型电-空制动机电-空位时，均衡风缸泄漏量每分钟不大于（　　）kPa。

A. 10　B. 20　C. 5　D. 15

380. DK-1 型电-空制动机电-空位时，列车制动管由定压开始减压 40 ~ 50 kPa，制动缸压力为（　　）kPa。

A. 100 ~ 200　B. 90 ~ 150　C. 100 ~ 120　D. 90 ~ 130

381. DK-1 型电-空制动机电-空位时，列车制动管由 600 kPa 减至 500 kPa，制动缸压力为（　　）kPa。

A. 240 ~ 270　B. 230 ~ 260　C. 260 ~ 300　D. 220 ~ 180

382. DK-1 型电-空制动机电-空位时，列车制动管由 600 kPa 减至 430 kPa，制动缸压力为（　　）kPa。

A. 380 ~ 420　　B. 390 ~ 430　　C. 400 ~ 435　　D. 400 ~ 430

383. DK-1 型电-空制动机电-空位时，列车制动管定压为 600 kPa，列车制动管最大减压量为（　　）kPa。

A. 190 ~ 240　　B. 210 ~ 290　　C. 190 ~ 230　　D. 200 ~ 300

384. DK-1 型电-空制动机电-空位时，过充压力的消除时间为（　　）s。

A. 100 ~ 160　　B. 120 ~ 240　　C. 100 ~ 200　　D. 120 ~ 180

385. DK-1 型电-空制动机电-空位时，均衡风缸由 600 kPa 减至 430 kPa 的时间为（　　）s。

A. 5 ~ 7　　B. 5 ~ 8　　C. 6 ~ 8　　D. 6 ~ 9

386. DK-1 型电-空制动机电-空位时，均衡风缸由 500 kPa 减至 360 kPa，制动缸由 0 升至 340 ~ 380 kPa 的时间为（　　）s。

A. 6 ~ 8　　B. 7 ~ 9　　C. 6 ~ 9　　D. 7 ~ 9.5

387. DK-1 型电-空制动机电-空位时，列车制动管定压为 600 kPa，制动缸压力由 400 ~ 435 kPa 下降至 40 kPa 的时间不大于（　　）s。

A. 7　　B. 8　　C. 7.5　　D. 8.5

388. DK-1 型电-空制动机电-空位时，列车制动管定压为 500 kPa，制动缸压力由 340 ~ 380 kPa 下降至 40 kPa 的时间不大于（　　）s。

A. 6　　B. 7　　C. 8　　D. 7.5

389. DK-1 型电-空制动机电-空位时，空气制动阀单独制动要求：制动缸压力由 0 升至 280 kPa 的时间不大于（　　）s。

A. 3　　B. 3.5　　C. 4　　D. 5

390. DK-1 型电-空制动机电-空位时，空气制动阀单独制动要求：制动缸压力由 300 kPa 降至 40 kPa 的时间不大于（　　）s。

A. 3　　B. 3.5　　C. 4　　D. 5

391. DK-1 型电-空制动机空气位时，均衡风缸由 600 kPa 减至 430 kPa，制动缸由 0 升至 400 ~ 435 kPa 的时间为（　　）s。

A. 6 ~ 8　　B. 7 ~ 9　　C. 6 ~ 9　　D. 7 ~ 9.5

392. DK-1 型电-空制动机空气位时，均衡风缸由 500 kPa 减至 360 kPa 的时间为（　　）s。

A. 5 ~ 7　　B. 5 ~ 9　　C. 6 ~ 8　　D. 6 ~ 9

393. DK-1 型电-空制动机电-空联锁性能检查，大闸和小闸置运转位，将司机控制器换向手柄置制动位，启动各风机，将调速手轮离开 0 位，列车制动管应减压（　　）kPa。

A. 40 ± 5　　B. 35 ± 5　　C. 45 ± 5　　D. 50 ± 5

394. DK-1 型电-空制动机电-空联锁性能检查要求：列车制动管减压后，延时（　　）s，应自动恢复定压，且制动缸压力自动缓解。

A. 25 ~ 30　　B. 20 ~ 28　　C. 20 ~ 30　　D. 25 ~ 35

395. DK-1 型电-空制动机无火回送性能检查要求：总风缸压力应在低于列车制动管定压（　　）间。

A. 140 ~ 180　　B. 100 ~ 140　　C. 200 ~ 250　　D. 160 ~ 200

396. DK-1 型电-空制动机风压继电器 516KF 的整定值为（　　）kPa。

A. 180　　B. 100　　C. 130　　D. 150

397. DK-1 型电-空制动机调压阀 52 的整定值为（　　）kPa。

A. 400　　B. 650　　C. 500　　D. 700

398. 制动缸上闸后重联阀 93 阀体排气孔排风不止的原因是（　　）上 O 形圈破损漏风。

A. 重联阀部活塞杆　　B. 遮断阀部活塞杆　　C. 转换阀部柱塞　　D. 以上都对

399. 重联阀 93 的转换阀上部或按钮漏风的原因是（　　）上 O 形圈破损漏风。

A. 重联阀部活塞杆　　B. 遮断阀部活塞杆　　C. 转换阀部柱塞　　D. 以上都对

400. DK-1 型电-空制动机电-空制动控制器在运转位，均衡风缸和列车制动管均不充风的原因，下列不正确的是（　　）。

A. 电源开关断开　　B. 缓解电-空阀故障

C. 中继阀上均衡风缸管堵塞　　D. 制动电-空阀故障

401. DK-1 型电-空制动机电-空制动控制器制动后移至中立位，均衡风缸压力继续下降的原因，下列不正确的是（　　）。

A. 缓解电-空阀泄漏　　B. 重联电-空阀泄漏

C. 制动电-空阀泄漏　　D. 导线 805 失电

402. DK-1 型电-空制动机电-空制动控制器紧急位，列车制动管不排风的原因，下列不正确的是（　　）。

A. 塞门 116 关闭　　B. 总风塞门 158 关闭

C. 电动放风阀故障　　D. 紧急电-空阀故障

403. DK-2 型电-空制动机的制动控制单元为（　　）。

A. DKL　　B. BCU　　C. DKU　　D. BCL

404. 下列不属于 EP 均衡模块的是（　　）。

A. 制动高速电-空阀　　B. 缓解高速电-空阀

C. 保护电-空阀　　D. 列车制动管传感器

405. DK-2 型电-空制动机 EP 均衡模块有（　　）个缩堵。

A. 1　　B. 2　　C. 3　　D. 4

406. DK-2 型电-空制动机 BCU 由（　　）块插件组成。

A. 5　　B. 6　　C. 7　　D. 8

407. DK-2 型电-空制动机 BCU 有（　　）块输出板。

A. 1　　B. 2　　C. 3　　D. 4

408. BUC 上的 PWM 板输出（　　）V 电压信号驱动高速电-空阀，控制均衡风缸的压力。

A. DC24　　B. DC48　　C. DC110　　D. DC12

409. BCU 上的 PWM 板面板上编号为（　　）的绿色灯，指示 4 路 DC24 V 的输出状态。

A. BE1 ~ BE2　　B. S5 ~ S8　　C. S1 ~ S4　　D. A01 ~ A04

410. BCU 上的 PWM 板具有（　　）路输出通道。

A. 4　　B. 6　　C. 8　　D. 10

411. BCU 的输出板用于输出（　　）V 开关量信号。

A. DC12　　B. DC24　　C. DC48　　D. DC110

412. BCU 的输出板编号为（　　）的红色灯，指示 8 路开关量信号的输出过载保护状态。

A. BE1 ~ BE8　　B. A01 ~ A08　　C. S01 ~ S08　　D. B01 ~ B08

413. BCU 的输出板面板上编号为(　　)的绿色灯指示 8 路开关量信号输出通道的状态。

A. BE1 ~ BE8　　B. A01 ~ A08　　C. S01 ~ S08　　D. B01 ~ B08

414. BCU 的输入板上有（　　）路 110 V 输入通道。

A. 10　　B. 20　　C. 30　　D. 40

415. BCU 的输入板上有（　　）路 24 V 输入通道。

A. 8　　B. 4　　C. 10　　D. 2

416. BCU 的控制板控制板面板上的绿色指示灯，正常工作时，(　　）指示灯灭。

A. A01　　B. A02　　C. B01　　D. B02

417. BCU 的控制板控制板面板上的绿色指示灯，正常工作时，(　　）指示灯周期性闪烁。

A. A01　　B. A02　　C. B01　　D. B02

418. BCU 的模拟板面板上编号为(　　）绿色指示灯代表模拟板的生命信号，正常工作时周期性闪烁。

A. A01　　B. A02　　C. A03　　D. B01

419. BCU 的电源板面板下部扳扭开关（　　）向上代表定压 600 kPa。

A. K1　　B. K2　　C. K3　　D. K4

420. BCU 的电源板面板下部扳扭开关（　　）向上代表安全投入。

A. K1　　B. K2　　C. K3　　D. K4

421. BCU 的电源板面板下部扳扭开关（　　）向上代表不补风。

A. K1　　B. K2　　C. K3　　D. K4

422. BCU 的电源板面板下部扳扭开关（　　）向上代表监控投入。

A. K1　　B. K2　　C. K3　　D. K4

高级

423. SS_{4B} 型电力机车 DK-2 型电-空制动机均衡风缸充风缩堵的检测要求，列车制动管压力由 0 升至 580 kPa 的时间应在（　　）s。

A. 11 ~ 18　　B. 8 ~ 11　　C. 18 ~ 22　　D. 22 ~ 25

424. SS_{4B} 型电力机车 DK-2 型电-空制动机均衡风缸排风缩堵的检测要求，均衡风缸由 600 kPa 减至 430 kPa 的时间为（　　）s。

A. 6 ~ 8　　B. 8 ~ 12　　C. 6 ~ 9　　D. 7 ~ 9

425. SS_{4B} 型电力机车 DK-2 型电-空制动机作用管充风缩堵的检测要求，制动缸压力由 0 升至 280 kPa 的时间不大于（　　）s。

A. 3　　B. 4　　C. 5　　D. 3.5

426. SS_{4B} 型电力机车 DK-2 型电-空制动机作用管排风缩堵的检测要求，制动缸压力由 300 kPa 降至 40 kPa 的时间不大于（　　）s。

A. 3　　B. 4　　C. 5　　D. 4.5

427. SS_{4B} 型电力机车 DK-2 型电-空制动机失电保护排风缩堵的检测要求，均衡风缸由 600 kPa 减至 430 kPa 的时间位（　　）s。

A. 5 ~ 8　　B. 6 ~ 9　　C. 7 ~ 9　　D. 6 ~ 8

428. SS_{4B} 型电力机车 DK-2 型电-空制动机空气位均衡风缸排风缩堵的检测要求，均衡风缸由 600 kPa 减至 430 kPa 的时间位（　　）s。

A. 5 ~ 8　　B. 6 ~ 9　　C. 7 ~ 9　　D. 6 ~ 8

429. SS_{4B}型电力机车 DK-2 型电-空制动机相比 DK-1 型电-空制动机增加调压阀（ ）。

A. 303 B. 304 C. 305 D. 306

430. SS_{4B}型电力机车 DK-2 型电-空制动机相比 DK-1 型电-空制动机增加塞门（ ）。

A. 303 B. 304 C. 305 D. 306

431. 神华号交流机车 DK-2 型电-空制动机，列车制动管定压为 600 kPa 时，常用全制动机车制动缸从 0 升至常用制动实际最大压力的时间为（ ）s。

A. 5 ~ 8 B. 6 ~ 8 C. 7 ~ 9.5 D. 7 ~ 9

432. 神华号交流机车 DK-2 型电-空制动机，均衡风缸从 600 kPa 降至 430 kPa 的时间为（ ）s。

A. 5 ~ 7 B. 6 ~ 8 C. 6 ~ 9 D. 7 ~ 9

433. 神华号交流机车 DK-2 型电-空制动机，施行紧急制动时，机车列车制动管压力从定压降至 0 的时间小于（ ）s。

A. 2 B. 4 C. 5 D. 3

434. 神华号交流机车 DK-2 型电-空制动机，自动控制制动器手柄处于运转位，单独制动控制器手柄由运转位移至制动位，机车制动缸压力从 0 升至 285 kPa 的时间为（ ）s。

A. 3 ~ 5 B. 2 ~ 4 C. 2 ~ 5 D. 3 ~ 6

435. 神华号交流机车 DK-2 型电-空制动机，自动控制制动器手柄处于运转位，单独制动控制器手柄由制动位移至运转位，机车制动缸压力从 300 kPa 降至 40 kPa 的时间为（ ）s。

A. 3 ~ 5 B. 2 ~ 4 C. 2 ~ 5 D. 3 ~ 6

436. 神华号交流机车 DK-2 型电-空制动机，停放制动调压阀的整定值为（ ）kPa。

A. 500 B. 550 C. 600 D. 650

437. 神华号交流机车 DK-2 型电-空制动机，停放制动压力开关的整定值为（ ）kPa。

A. 300 B. 350 C. 480 D. 400

438. 神华号交流机车 DK-2 型电-空制动机，当总风压力低于（ ）kPa 时，使两台压缩机同时工作。

A. 750 B. 650 C. 720 D. 680

439. 神华号交流机车 DK-2 型电-空制动机，当总风压力低于（ ）kPa 时，使一台压缩机同时工作。

A. 700 B. 720 C. 750 D. 780

440. 神华号交流机车 DK-2 型电-空制动机，紧急电-空阀（ ）在紧急制动时控制电动放风阀 94 的排风。

A. 94YV B. 95YV C. 265YV D. 264YV

441. 神华号交流机车 DK-2 型电-空制动机，紧急电-空阀（ ）在紧急制动时控制电动放风阀 98 的排风。

A. 94YV B. 95YV C. 265YV D. 264YV

442. 神华号交流机车 DK-2 型电-空制动机，均衡风缸调压阀 55 的整定值为（ ）kPa。

A. 500 B. 650 C. 600 D. 700

443. 神华号交流机车 DK-2 型电-空制动机，紧急增压调压阀 52 的整定值为（ ）kPa。

A. 450 B. 400 C. 350 D. 420

444. 神华号交流机车 DK-2 型电-空制动机，单制调压阀 51 的整定值为（　　）kPa。
A. 300　　B. 350　　C. 450　　D. 480

445. 车辆空气制动装置的执行机构是（　　）。
A. 三通阀或分配阀　　B. 副风缸和制动缸
C. 制动缸及其活塞杆　　D. 制动缸、制动活塞杆及缓解阀

446. 车辆空气制动机的基本作用是（　　）。
A. 充气、制动、保压和缓解　　B. 制动和缓解
C. 制动安全、可靠和灵活　　D. 充气缓解和减压制动

447. 下列属于货车制动机的是（　　）。
A. DK-1 型制动机　　B. JZ-7 型制动机　　C. GK 型制动机　　D. ET-26 制动机

448. 使电子防滑器具有自通断电作用的主要部件是（　　）。
A. 测速传感器　　B. 压力开关　　C. 测速齿轮　　D. 排风阀

449. GK 型车辆制动机在列车制动管减压量为 50 kPa 时，制动缸压力为（　　）kPa。
A. 130　　B. 62.5　　C. 162.5　　D. 90

450. GK 型车辆制动机在列车制动管减压量为 140 kPa 时，制动缸压力为（　　）kPa。
A. 355　　B. 455　　C. 380　　D. 400

451. 109 型分配阀在列车制动管减压量为 70 kPa 时，制动缸压力为（　　）kPa。
A. 175　　B. 160　　C. 182　　D. 185

452. 109 型分配阀在列车制动管减压量为 140 kPa 时，制动缸压力为（　　）kPa。
A. 300　　B. 350　　C. 360　　D. 364

453. 120 型控制阀的（　　）根据制动管压力的变化，使制动机产生不同的充气、缓解、制动、保压等作用。
A. 主阀　　B. 缓解阀　　C. 紧急阀　　D. 辅助阀

高级

454. 120 型控制阀的（　　）便于制动机缓解，利用人工拉动缓解阀拉杆，使制动缸的压缩空气排完。
A. 主阀　　B. 半自动缓解阀　　C. 紧急阀　　D. 加速缓解阀

455. 120 型控制阀由中间体、主阀、紧急阀和（　　）等四大部分组成。
A. 加速缓解阀　　B. 调整阀　　C. 紧急二段阀　　D. 半自动缓解阀

456. 120 型控制阀主阀的（　　）用于根据列车制动管增压速度的快慢，限制主活塞下移的位置，实现不同的充气缓解作用。
A. 作用部　　B. 局减阀　　C. 减速部　　D. 充气部

457. 120 型控制阀主阀的（　　）用于控制制动时第二阶段局部减压量。
A. 作用部　　B. 局减阀　　C. 减速部　　D. 充气部

458. 120 型控制阀紧急阀的紧急活塞杆上的轴向限孔Ⅲ的直径为（　　）mm。
A. 1　　B. 1.6　　C. 2.5　　D. 2

459. 120 型控制阀紧急阀的紧急活塞杆上的轴向限孔Ⅳ的直径为（　　）mm。
A. 0.5　　B. 1　　C. 1.5　　D. 1.1

460. 120 型控制阀在充气缓解位时，制动管的压力空气经紧急活塞杆限孔向（　　）充气。

A. 副风缸　　B. 工作风缸　　C. 紧急室　　D. 缓解风缸

461. 120 型控制阀在充气缓解位时，加速缓解作用使加速缓解风缸的压力空气向（　　）充气。

A. 副风缸　　B. 工作风缸　　C. 紧急室　　D. 列车制动管

462. KZW-4GAB 型空重车自动调整装置，自动调整行程范围为（　　）mm。

A. 19　　B. 20　　C. 21　　D. 22

463. KZW-4GCD 型空重车自动调整装置，自动调整行程范围为（　　）mm。

A. 21　　B. 24　　C. 26　　D. 28

464. 空重车自动调整装置的（　　）用于当车辆载重增大时使制盘的高度保持不变，并以此作为传感阀的称重依据。

A. 测重装置　　B. 传感器　　C. 压力开关　　D. 调整阀

465. 空重车自动调整装置的（　　）用于在制动时根据车辆载重的变化来使制动缸内的压缩空气进入降压风缸的量发生变化，从而可控制调整阀的作用，使制动缸的压力能根据车辆载重制动调整。

A. 测重装置　　B. 传感器　　C. 压力开关　　D. 调整阀

466. 单车试验器的回转阀有（　　）个位置。

A. 5　　B. 6　　C. 7　　D. 8

467. 手动回转式单车试验器有（　　）个作用位置。

A. 4　　B. 5　　C. 6　　D. 7

468. 手动回转式单车试验器的（　　），是使车辆制动管以常用制动最大减压速度减压的位置，用于制动安定试验。

A. 全制动位　　B. 感度制动位　　C. 紧急制动位　　D. 常用制动位

469. 单车试验器的第一作用位置为（　　）。

A. 急充风位　　B. 缓充风位　　C. 保压位　　D. 感度制动位

470. 单车试验器的常用排风阀在制动管压力由 500 kPa 降至 300 kPa 的时间为（　　）s。

A. 3 ~ 4　　B. 4 ~ 5　　C. 3 ~ 5　　D. 4 ~ 6

471. 单车试验器的紧急排风阀在制动管压力由 500 kPa 降至 200 kPa 的时间为（　　）s。

A. 1 ~ 2　　B. 2 ~ 3　　C. 2.5 ~ 3.5　　D. 1.5 ~ 2.5

472. 远心集尘器安装在制动支管上的截断塞门和制动阀的中间，通常是在距制动阀（　　）mm 以内。

A. 400　　B. 500　　C. 600　　D. 700

473. GK 型制动机的副风缸容积为（　　）L。

A. 55　　B. 59　　C. 60　　D. 65

474. 副风缸体的下方设有一个直径为（　　）mm 的丝孔，以便安装排水堵。

A. 13　　B. 15　　C. 18　　D. 20

475. ST1-600 型双向闸调器的最大调整长度为（　　）mm。

A. 450　　B. 500　　C. 550　　D. 600

476. ST1-600 型双向闸调器的螺杆一次最大伸长量为（　　）mm。

A. 20　　B. 30　　C. 25　　D. 35

477. ST1-600 型双向闸调器的螺杆一次最大缩短量为（ ）mm。

A. 115 B. 125 C. 135 D. 130

478. JZ-7 型空气制动机的（ ）根据列车制动管的压力变化控制作用阀的充、排气，以实现机车的制动、缓解和保压作用。

A. 单独制动阀 B. 变向阀 C. 中继阀 D. 分配阀

479. JZ-7 型空气制动机的（ ）受分配阀和单独制动阀的控制，直接控制机车制动缸的充、排风，以实现机车的制动、缓解和保压作用。

A. 作用阀 B. 变向阀 C. 中继阀 D. 单独制动阀

480. JZ-7 型空气制动机单独制动阀手柄有（ ）个作用位置。

A. 4 B. 3 C. 2 D. 5

481. JZ-7 型空气制动机单独制动阀手柄转轴上设有（ ）个凸轮。

A. 2 B. 3 C. 4 D. 5

482. JZ-7 型空气制动机单独制动阀的调整阀主要用来控制（ ）的充风或排风。

A. 均衡风缸 B. 列车制动管 C. 单独作用管 D. 制动缸

483. JZ-7 型空气制动机单独制动阀的单缓柱塞阀的作用是在列车制动后，按需要排出（ ）的压力空气，使分配阀主阀缓解，通过变向阀使作用阀动作，实现机车的单独缓解。

A. 作用管 B. 容积室 C. 制动缸 D. 工作风缸

484. JZ-7 型空气制动机自动制动阀手柄有（ ）个作用位置。

A. 7 B. 5 C. 8 D. 6

485. JZ-7 型空气制动机自动制动阀的管座上共连接（ ）管子。

A. 4 B. 7 C. 9 D. 6

486. JZ-7 型空气制动机客货转换阀是控制（ ）气路的机构。

A. 初制风缸 B. 遮断阀管 C. 均衡风缸管 D. 作用管

487. JZ-7 型空气制动机自动制动阀的调整阀膜板右侧为（ ）压力。

A. 总风管 B. 作用管 C. 过充管 D. 均衡风缸

488. JZ-7 型空气制动机自动制动阀的调整阀膜板左侧为（ ）压力。

A. 总风管 B. 作用管 C. 调整弹簧 D. 均衡风缸

489. JZ-7 型空气制动机自动制动阀的放风阀的有效面积为（ ）cm^2。

A. 3.7 B. 3.5 C. 3.9 D. 4

490. JZ-7 型空气制动机自动制动阀的放风阀的全开行程为（ ）mm。

A. 3 B. 4 C. 5 D. 6

491. JZ-7 型空气制动机自动制动阀的重联柱塞阀用于控制（ ）所连通的气路。

A. 总风管 B. 中均管 C. 作用管 D. 过充管

492. JZ-7 型空气制动机自动制动阀的缓解柱塞阀用于控制（ ）有关通路。

A. 总风管 B. 中均管 C. 作用管 D. 过充管

493. JZ-7 型空气制动机过充风缸缩堵孔径为（ ）mm。

A. 0.5 B. 1 C. 0.8 D. 1.2

494. JZ-7 型空气制动机双阀口式中继阀活塞左侧与（ ）连通。

A. 列车制动管 B. 中均管 C. 作用管 D. 过充风缸管

高级

495. JZ-7 型空气制动机双阀口式中继阀活塞右侧与（　　）连通。

A. 列车制动管　B. 中均管　C. 作用管　D. 过充风缸管

496. JZ-7 型空气制动机分配阀的副阀部保持阀的作用是当施行常用制动、过量减压或紧急制动时，使降压风缸压力空气保持在（　　）kPa，以保持机车、车辆的一致性。

A. 220 ~ 240　B. 240 ~ 300　C. 300 ~ 340　D. 280 ~ 340

497. JZ-7 型空气制动机分配阀的（　　）控制紧急放风阀的动作。

A. 工作风缸　B. 缓解风缸　C. 紧急风缸　D. 副风缸

498. JZ-7 型空气制动机分配阀的（　　）控制作用阀的动作。

A. 工作风缸　B. 作用风缸　C. 紧急风缸　D. 副风缸

499. JZ-7 型空气制动机作用阀有（　　）个作用位置。

A. 1　B. 2　C. 3　D. 4

500. JZ-7 型空气制动机作用阀接受（　　）的控制，用以控制机车制动缸的充、排风。

A. 分配阀　B. 作用管　C. 工作风缸　D. 列车制动管

四、多项选择题

1. 铁路职工应以主人翁姿态积极参与经营管理，增强市场营销的意识，(　　) 地组织货物运输。

A. 安全　B. 快速　C. 经济　D. 便利　E. 准时

2. 铁路运输生产既要职工按照分工和要求，尽职尽责地做好检修职工的本职工作，又要在统一领导下，(　　)。

A. 互相帮助　B. 突出个人　C. 亲密无间　D. 主动配合　E. 密切合作

3. 螺纹连接包括（　　）。

A. 螺栓连接　B. 双头螺栓连接　C. 连接螺栓连接　D. 紧定螺栓连接
E. 螺母和垫圈

4. 滚动轴承和滑动轴承相比较的缺点是（　　）。

A. 尺寸较大　B. 承受冲击载荷能力差　C. 摩擦力矩大　D. 高速运转噪声大
E. 位置精度低

5. 滚动轴承和滑动轴承相比较的优点是（　　）。

A. 摩擦力矩小　B. 承载能力强　C. 位置精度高　D. 使用寿命长
E. 具有互换性

6. 链传动按用途不同，可分为（　　）。

A. 连接链　B. 传动链　C. 固定链　D. 起重链　E. 牵引链

7. 摩擦传动包括（　　）。

A. 带传动　B. 摩擦轮传动　C. 螺旋传动　D. 蜗杆传动　E. 链传动

8. 齿轮传动的特点有（　　）。

A. 传动比恒定　B. 传动平稳　C. 传动准确可靠　D. 传动效率高
E. 寿命长

9. 根据轴的受载情况的不同，轴可分为（　　）。
A. 芯轴　B. 传动轴　C. 转轴　D. 直轴　E. 曲轴
10. 下列属于轴向固定的是（　　）。
A. 轴肩固定　B. 套筒固定　C. 轴端挡圈定位　D. 圆锥面定位
E. 花键定位
11. 下列属于周向固定的是（　　）。
A. 键　B. 轴肩固定　C. 花键　D. 紧固螺钉、销　E. 过盈配合
12. 花键连接按齿形不同可分为（　　）。
A. 矩形花键　B. 梯形花键　C. 渐开线花键　D. 圆形花键
E. 细齿渐开线花键
13. 配合包含（　　）。
A. 间隙配合　B. 过盈配合　C. 基孔配合　D. 基轴配合　E. 过渡配合
14. 形状和位置公差带是由（　　）4 个要素组成的。
A. 形状　B. 位置　C. 大小　D. 方向　E. 变动量
15. 零件图的内容包括（　　）。
A. 一组图形　B. 完整的尺寸　C. 必要的技术要求　D. 零件的序号
E. 标题栏
16. 常用的装配方法有（　　）。
A. 完全互换装配法　B. 互换装配法　C. 选择装配法　D. 调整装配法
E. 修配装配法
17. 粗锉刀适用于（　　）的工件。
A. 加工大余量　B. 尺寸精度高　C. 形位公差大　D. 表面粗糙度数数值大
E. 材料软

高级

18. 下列属于破坏螺纹副运动关系防松的是（　　）。
A. 铆合　B. 止动垫圈　C. 冲点　D. 涂胶黏剂　E. 自锁螺母
19. 常用的划线工具有（　　）。
A. 高度游标卡尺　B. 划线盘　C. 虎钳　D. 千斤顶　E. 样冲
20. 常用磨料有（　　）。
A. 氧化物磨料　B. 碳化物磨料　C. 合金磨料　D. 石英　E. 金刚石磨料
21. 金属的工艺性能包括（　　）。
A. 抗氧化性　B. 锻压性　C. 焊接性　D. 铸造性　E. 切削加工性
22. 硬度静载试验法包含（　　）。
A. 布氏硬度　B. 洛氏硬度　C. 肖氏硬度　D. 维氏硬度　E. 显微硬度
23. 非黏着制动包括（　　）。
A. 再生制动　B. 磁轨摩擦制动　C. 盘形制动　D. 磁轨涡流制动
E. 风阻制动
24. 下列属于黏着制动的是（　　）。
A. 踏面制动　B. 再生制动　C. 加馈电阻制动　D. 盘形制动
E. 磁轨摩擦制动

25. 制动传动效率的大小与（　　）等因素有关。
A. 各杠杆结构形式　B. 销套连接多少　C. 机车保养状况　D. 制动缸直径
E. 机车所处的状态
26. 下列属于受黏着限制的动力制动的是（　　）。
A. 电阻制动　B. 踏面制动　C. 再生制动　D. 加馈电阻制动
E. 盘形制动
27. 重载列车制动装置必须具有特点有（　　）。
A. 要有很高的制动波速　B. 采用摩擦系数较大的闸瓦　C. 提高制动缸密封性
D. 改用较小的制动缸和副风缸　E. 有较高的缓解波速
28. 104 + 电-空制动机有 3 个开式电-空阀（　　）。
A. 中立电-空阀　B. 紧急电-空阀　C. 制动电-空阀　D. 缓解电-空阀
E. 保压电-空阀
29. SS_{4B} 型电力机车控制管路由（　　）等组成。
A. 受电弓　B. 主断路器　C. 辅压缩机　D. 控制风缸　E. 门联锁阀
30. 下列属于车辆制动机的是（　　）。
A. 104 型制动机　B. GK 型制动机　C. 103 型制动机　D. DK-1 型电-空制动机
E. JZ-7 型制动机
31. QTY 型调压阀的内部空间气路是（　　）。
A. 进气阀下侧与右边进风口连通　B. 进气阀下侧与左边进风口连通
C. 进气阀上侧及中央气室与右边出风口连通
D. 进气阀下侧及中央气室与右边出风口连通
E. 膜板上侧经小孔通大气。
32. 磷化的目的是（　　）。
A. 除去金属表面的氧化物　B. 除去不锈钢表面的氧化物
C. 给基体金属提供保护　D. 用于涂漆前打底
E. 金属冷加工工艺中起减摩润滑作用
33. 撒砂器以喷射方式分类一般有（　　）。
A. 压缩空气喷管加压撒砂
B. 带两个出风口的撒砂器，一个使砂翻动，另一个将砂喷出
C. 带两个进风口的撒砂器，一个使砂翻动，另一个将砂喷出
D. 单个进风口撒砂器，先将砂吸入撒砂器体内再吹送至轨面
E. 单个出风口撒砂器，先将砂吸入撒砂器体内再吹送至轨面
34. 基础制动装置由（　　）组成。
A. 手制动机　B. 制动缸　C. 制动传动装置　D. 闸瓦装置
E. 闸瓦间隙调整装置
35. 下列属于盘形制动的优点的是（　　）。
A. 减轻车轮踏面热负荷　B. 减少车辆踏面磨耗　C. 制动平稳　D. 噪声小
E. 制动效率高

36. DK-1 型制动机的空气制动阀的工作位置有（　　）。
A. 缓解位　B. 制动位　C. 过充位　D. 中立位　E. 运转位
37. DK-1 型电-空制动机的特点是（　　）。
A. 减压量准确　B. 充风快和排风快　C. 结构简单
D. 具有多重性的安全措施　E. 手柄操作轻快
38. DK-1 型电-空制动机的 O 形密封圈包括（　　）。
A. 方形密封圈　B. 圆形密封圈　C. 异形密封圈　D. 椭圆形密封圈
E. 矩形密封圈
39. 各类橡胶模板、座垫、密封圈等的工作表面必须（　　）。
A. 光滑　B. 无龟裂　C. 无破口　D. 无皱皮　E. 无凸凹老化
40. 柱塞及活塞杆的检查标注是（　　）。
A. 无拉伤　B. 无偏磨　C. 无弯曲　D. 无变形　E. 无裂损
41. DK-1 型电-空制动控制器主要由（　　）等组成。
A. 操纵手把　B. 限位装置　C. 定位机构　D. 辅助触头盒　E. 凸轮轴
42. TKS22 型电-空制动控制器的凸轮轴由（　　）等组成。
A. 转轴　B. 定位凸轮　C. 辅助联锁　D. 凸轮架　E. 凸轮块
43. DK-1 型电-空制动机空气制动阀的柱塞有（　　）。
A. 重联柱塞　B. 作用柱塞　C. 转换柱塞　D. 放风柱塞　E. 定位柱塞
44. DK-1 型电-空制动机空气制动阀的阀座连接的管路是（　　）。
A. 制动管　B. 总风管　C. 列车制动管　D. 作用管　E. 均衡风缸管
45. DK-1 型电-空制动机双阀口式中继阀各内部空间的气路连通有（　　）。
A. 过充柱塞左侧空间与过充风缸管连接
B. 活塞膜板左侧空间与均衡风缸管的连通
C. 活塞膜板右侧及阀座中间的空间与制动管连通
D. 排气室与大气连通
E. 供气室与经总风遮断阀过来的总风缸管连通
46. DK-1 型电-空制动机双阀口式中继阀的工作过程包含（　　）。
A. 充气缓解状态　B. 过充位快速充风　C. 缓解后保压状态
D. 制动状态　E. 制动后保压状态
47. DK-1 型电-空制动机总风遮断阀各内部空间的气路连通有（　　）。
A. 阀座右侧空间与列车缸管连通　B. 阀座右侧空间与总风缸管连通
C. 阀座左侧空间与双阀口式中继阀排气室连通
D. 阀座左侧空间与双阀口式中继阀供气室连通
E. 遮断阀套左侧空间与总风遮断阀管连通
48. DK-1 型电-空制动机总风遮断阀的工作过程包括（　　）。
A. 制动状态　B. 缓解状态　C. 阀口关闭状态　D. 保压状态
E. 阀口开启状态
49. DK-1 型电-空制动机电动放风阀内部各空间的气路连通有（　　）。
A. 放风阀上侧空间经阀体孔与列车制动管连通

B. 放风阀下侧及铜碗上侧空间经阀体孔与紧急电-空阀连通
C. 放风阀上侧空间经阀体孔与总风管连通
D. 放风阀下侧及铜碗上侧空间经阀体孔与大气连通
E. 铜碗及膜板下侧空间与紧急电-空阀的控制气路连通

50. DK-1 型电-空制动机电动放风阀的工作过程包括（　　）。
A. 常用制动状态　B. 紧急制动状态　C. 缓解状态　D. 保压状态
E. 非紧急制动状态

51. DK-1 型电-空制动机紧急阀内部各空间的气路连通有（　　）。
A. 活塞膜板下侧空间与紧急室的连通　B. 活塞膜板上侧空间与紧急室的连通
C. 活塞膜板下侧及放风阀弹簧侧的空间与列车制动管连通
D. 放风阀下侧空间经排风口与大气连通
E. 放风阀上侧空间经排风口与大气连通

52. DK-1 型电-空制动机紧急阀的作用位置包括（　　）。
A. 充气位　B. 常用制动位　C. 紧急制动位　D. 保压位
E. 以上都正确

53. 下列哪种方法可诱发紧急阀的动作（　　）。
A. 常用制动　B. 阶段制动　C. 拉车长阀　D. 列车分离
E. 列车制动管压力急剧下降

54. DK-1 型电-空制动机重联阀由（　　）组成。
A. 转换阀部　B. 重联阀部　C. 制动缸遮断阀部　D. 重联阀体
E. 管座

55. DK-1 型电-空制动机重联阀的阀座与（　　）的管路连通。
A. 制动缸管　B. 总风联管　C. 平均管　D. 作用管　E. 列车制动管

56. DK-1 型电-空制动机 109 型分配阀的阀座与（　　）的管路连通。
A. 列车制动管　B. 总风管　C. 制动缸管　D. 工作风缸管　E. 作用管

57. DK-1 型电-空制动机 109 型分配阀的紧急增压阀内部各空间的空气管路连通有（　　）。
A. 增压阀下侧及内侧与列车制动管连通　B. 增压阀上侧与容积室连通
C. 增压阀上侧与列车制动管连通　D. 增压阀下侧及内侧与容积室连通
E. 增压阀套上孔 $f5$ 与总风连通

58. DK-1 型电-空制动机 109 型分配阀的均衡部内部各空间的空气管路连通有（　　）。
A. 均衡活塞下侧与容积室连通
B. 均衡活塞上侧、空芯阀杆外侧及供气阀导向杆上侧与机车制动缸连通
C. 供气阀上侧与工作风缸连通
D. 空芯阀杆内侧与大气连通
E. 供气阀上侧与总风缸连通

59. 109 型分配阀的工作特点主要有（　　）。
A. 容积室容积的选配性　B. 具有良好的稳定性　C. 工作风缸容积的选配性
D. 制动力的不衰减性　E. 以上都对

高级

60. DK-1 型电-空制动机转换阀是由（ ）组成。

A. 阀体 B. 阀套 C. 转换旋钮 D. 偏芯杆 E. 柱塞

61. DK-1 型电-空制动机转换阀 153 置正常位，连通了均衡风缸与（ ）之间的气路。

A. 缓解电-空阀 B. 压力开关 208 C. 重联电-空阀 D. 制动电-空阀
E. 压力开关 209

62. SS_{4B} 型电力机车电-空制动控制器在运转位时，导线（ ）得电。

A. 805 B. 809 C. 803 D. 813 E. 807

63. SS_{4B} 型电力机车电-空制动控制器在制动位时，导线（ ）得电。

A. 805 B. 806 C. 807 D. 808 E. 813

64. SS_{4B} 型电力机车电-空制动控制器在紧急位时，导线（ ）得电。

A. 804 B. 805 C. 812 D. 806 E. 821

65. DK-1 型电-空制动机电-空阀的电磁机构由（ ）等组成。

A. 静铁芯 B. 磁轭 C. 芯杆 D. 动铁芯 E. 线圈

66. 电-空阀得电不吸合的原因有（ ）。

A. 电-空阀线圈烧损 B. 电-空阀线圈开路 C. 自复弹簧故障
D. 机械卡死 E. 卡滞吸合不到位

67. 电-空阀失电不释放的原因有（ ）。

A. 风压过大 B. 自复弹簧断裂 C. 自复弹簧疲劳 D. 机械卡滞
E. 以上都对

68. 电-空阀漏泄的原因有（ ）。

A. 阀口被异物垫起 B. 阀座锥面静阀口裂损 C. 阀面胶口印痕过深
D. 密封 O 形圈磨耗到限 E. 阀杆过长

高级

69. 电-空阀的故障一般有（ ）。

A. 有电不吸合 B. 无电时排风口排风 C. 有电时排风口排风
D. 手压后不回弹 E. 手压无行程

70. DK-1 型电-空制动机电-空制动控制器制动后中立位时，中继阀排风口排风不止的原因有（ ）。

A. 列车制动管泄漏 B. 均衡风缸泄漏 C. 排风阀阀口损坏
D. 排风阀弹簧损坏 E. 以上都对

71. DK-1 型电-空制动机电-空制动控制器在运转位时，中继阀排风口排风不止的原因有（ ）。

A. 列车制动管泄漏 B. 均衡风缸泄漏 C. 排风阀阀口损坏
D. 排风阀弹簧损坏 E. 以上都对

72. DK-1 型电-空制动机紧急制动时，机车制动缸压力上升至总风缸压力的原因有（ ）。

A. 分配阀紧急增压阀故障 B. 分配阀安全阀座缩堵堵塞
C. 分配阀供风缩堵孔径过大 D. 分配阀安全阀压力调整失效
E. 分配阀供风缩堵孔径过小

73. DK-1 型电-空制动机的辅助特性有（ ）。

A. 紧急制动位自动选择切除机车动力源 B. 列车分离保护 C. 失电制动
D. 与自动停车装置配合 E. 与电气制动协调配合

74. 下列可使 DK-1 型电-空制动机产生紧急制动作用的是（　　）。

A. 自动停车装置动作　B. 列车分离　C. 列车制动管断裂

D. 手动放风塞门制动　E. 以上都对

75. 109 型分配阀初制动位时，节制阀上移，连通了（　　）的通路。

A. 工作风缸与列车制动管　B. 工作风缸与容积室　C. 列车制动管与局减室

D. 容积室与大气　E. 局减室与大气

76. 109 型分配阀制动位时，连通的气路有（　　）。

A. 工作风缸与列车制动管　B. 工作风缸与容积室　C. 总风与制动缸　D. 总风与容积室　E. 列车制动管与大气

77. 109 型分配阀充风缓解位时，产生的作用有（　　）。

A. 工作风缸充风　B. 使增压阀处关闭位　C. 容积室缓解　D. 容积室充气

E. 制动缸缓解

78. DK-1 型电-空制动机电-空制动控制器与空气制动阀在运转位时，（　　）得电。

A. 电-空阀 258YV　B. 电-空阀 255YV　C. 电-空阀 254YV

D. 电-空阀 252YV　E. 电-空阀 256YV

79. DK-1 型电-空制动机空气制动阀在运转位，电-空制动控制器在过充位时，（　　）得电。

A. 电-空阀 258YV　B. 电-空阀 255YV　C. 电-空阀 254YV

D. 电-空阀 252YV　E. 电-空阀 256YV

80. TKS22 型电-空制动控制器运转位和过充位都使导线（　　）得电。

A. 805　B. 806　C. 803　D. 813　E. 809

81. SS_{4B} 型电力机车 DK-1 型电-空制动机电-空制动控制器在制动前和制动后的中立位，不同点是（　　）得电。

A. 电-空阀 258YV　B. 电-空阀 255YV　C. 电-空阀 254YV

D. 电-空阀 252YV　E. 电-空阀 256YV

82. SS_{4B} 型电力机车 DK-1 型电-空制动机电-空制动控制器在制动前和制动后的中立位，相同点是（　　）得电。

A. 电-空阀 259YV　B. 电-空阀 256YV　C. 电-空阀 255YV

D. 电-空阀 253YV　E. 电-空阀 257YV

83. SS_{4B} 型机车制动机电-空位操作前的准备工作有（　　）。

A. 闭合电源　B. 关闭塞门 155、156　C. 转换阀 153、154 置相应位置

D. 调整调压阀 55、53　E. 空气制动阀处于电-空位

84. SS_{4B} 型机车制动机空气位操作前的准备工作有（　　）。

A. 断开电源　B. 转换阀 153 置空气位

C. 调整调压阀 52 压力为列车制动管定压

D. 调整调压阀 53 压力为列车制动管定压

E. 空气制动阀处于空气位

85. SS_{4B} 型机车制动机无火回送的操作有（　　）。

A. 关闭两节机车 115 塞门　B. 开放两节机车塞门 155、156

C. 调整安全阀整定值为 180 ~ 200 kPa　D. 关闭两节机车塞门 112

E. 重联阀 93 与本务机车相同

86. 机车无火回送装置的止回阀主要由（　　）等组成。

A. 止回阀体　　B. 阻流塞　　C. 止回阀　　D. 止回阀座　　E. 止回阀弹簧

87. 机车无火回送装置的截断塞门主要由（　　）等组成。

A. 阻流塞　　B. 截断塞门芯　　C. 截断塞门弹簧　　D. 塞门体

E. 以上都对

88. DK-1 型电-空制动机电-空位紧急制动时，将会产生（　　）。

A. 列车制动管压力快速降为 0　　B. 制动缸压力升至 450 ± 10 kPa

C. 机车自动撒砂　　D. 有级位跳主断　　E. 以上都对

89. DK-1 型电-空制动机断钩分离保护性能检查有（　　）。

A. 列车制动管压力快速降为 0　　B. 制动缸压力升至 450 ± 10 kPa

C. 机车自动撒砂　　D. 有级位跳主断　　E. 产生紧急制动作用

90. DK-1 型电-空制动机电-空制动控制器在运转位，均衡风缸和列车制动管均不充风的原因有（　　）。

A. 电源开关断开　　B. 紧急阀作用不良，造成电联锁故障

C. 电-空转换键未在电-空位　　D. 缓解电-空阀故障　　E. 调压阀 55 调整值为 0

91. DK-1 型电-空制动机电-空制动控制器制动后移至中立位，均衡风缸压力继续下降的原因有（　　）。

A. 制动电-空阀故障　　B. 空气制动阀转换柱塞第一到 O 形圈漏

C. 均衡风缸泄漏　　D. 初制风缸泄漏　　E. 导线 806 失电

92. DK-1 型电-空制动机电-空制动控制器紧急位，列车制动管不排风的原因有（　　）。

A. 列车制动管塞门 117 关闭　　B. 紧急阀故障　　C. 电动放风阀膜板破损

D. 紧急电-空阀故障　　E. 导线 804 无电

高级

93. DK-2 型电-空制动机的制动柜采用模块化设计，主要由电子分配模块、停放制动模块、（　　）组成。

A. 均衡控制模块　　B. 压缩机启停控制模块　　C. 制动缸控制模块

D. 电-空阀模块　　E. 车列电-空模块

94. DK-2 型电-空制动机相比 DK-1 型制动机增加了（　　）。

A. 总风传感器　　B. 列车制动管传感器　　C. 单制、单缓电-空阀

D. 制动缸传感器　　E. 均衡风缸传感器

95. DK-2 型电-空制动机均衡控制模块由（　　）组成。

A. 制动高速电-空阀　　B. 缓解高速电-空阀　　C. 列车制动管传感器

D. 保护电-空阀　　E. 均衡风缸传感器

96. DK-2 型电-空制动机 BCU 由电源板、模拟板、（　　）组成。

A. 数字板　　B. PWM 板　　C. 输出板　　D. 输入板　　E. 控制板

97. BCU 的控制板面板上编号为（　　）的绿色指示灯用来指示控制板的工作状态。

A. A01　　B. A02　　C. A03　　D. B01　　E. B02

98. BCU 的控制板面板上的绿色指示灯，正常工作时指示灯（　　）将常亮。

A. A01　　B. A02　　C. A03　　D. B02　　E. B01

99. BCU 的模拟板面板上编号为（　　）的绿色指示灯为常亮。

A. A01　　B. A02　　C. A03　　D. A04　　E. B01

100. BCU 的模拟板面板上编号为（　　）的绿色指示灯为常灭。

A. A01　　B. B02　　C. B03　　D. B04　　E. A04

101. BCU 的电源板具有（　　）保护功能。

A. 欠压　　B. 过热　　C. 过流　　D. 过压　　E. 以上都对

102. BCU 具有（　　）等特点。

A. 反应速度快　　B. 可靠性高　　C. 抗干扰能力强　　D. 结构紧凑

E. 检修方便

103. BCU 的外来故障有（　　）。

A. 插件接触不良　　B. 负载短路　　C. 器件生锈　　D. 电源板故障

E. 导电灰尘引起短路

104. 处理 BCU 故障的方法有（　　）。

A. 替换法　　B. 直观法　　C. 校正法　　D. 测量法　　E. 以上都对

105. DK-2 型电-空制动机相比 DK-1 型制动机，电-空阀增加了（　　）。

A. 制动电-空阀　　B. 保护电-空阀　　C. 单制电-空阀　　D. 单缓电-空阀

E. 切控电-空阀

106. DK-2 型电-空制动机相比 DK-1 型制动机，取消了（　　）。

A. 转换阀 154　　B. 压力开关 208　　C. 压力开关 209　　D. 排风 1 电-空阀

E. 排风 2 电-空阀

107. 神华号交流电力机车 DK-2 型电-空制动机停放制动模块的主要功能是（　　）。

A. 实现停放制动缸的排气与充气　　B. 实现制动缸的排气与充气

C. 防止停放制动力和大的机车制动缸制动力叠加

D. 使停放制动力与机车制动缸制动力叠加

E. 以上都对

108. 神华号交流电力机车 DK-2 型电-空制动机列车制动管风压控制模块的主要功能是：控制列车制动管的（　　）。

A. 初充风　　B. 常用制动排风　　C. 紧急制动排风

D. 列车制动管前后遮断功能　　E. 再充风

109. 神华号交流电力机车 DK-2 型电-空制动机均衡风压控制模块主要零部件包括（　　）。

A. 制动、缓解高速电-空阀　　B. 均衡风缸风压传感器　　C. 保护电-空阀

D. 重联电-空阀　　E. 均衡风缸调压阀

110. 神华号交流电力机车 DK-2 型电-空制动机制动缸控制模块的主要功能是（　　）。

A. 实现预控风缸开环控制　　B. 实现预控风缸闭环控制

C. 实现电子分配阀和空气分配阀切换　D. 实现无动力回送

E. 实现机车单缓

111. 车辆制动机按动力来源与控制方法分为（　　）。

A. 空气制动机　　B. 电-空制动机　　C. 手制动机　　D. 真空制动机

E. 以上都对

112. 120 型控制阀的主阀由（　　）等组成。
A. 作用部　B. 减速部　C. 局减阀　D. 半自动缓解阀　E. 紧急二段阀

113. 120 型控制阀主阀的作用部主要由（　　）等组成。
A. 主活塞　B. 滑阀　C. 节制阀　D. 稳定装置　E. 主活塞弹簧

114. 120 型控制阀主阀的局减阀主要由（　　）等组成。
A. 局减阀套　B. 局减阀杆　C. 局减活塞　D. 局减阀　E. 局减弹簧

115. 120 型控制阀的作用位置有（　　）。
A. 充气缓解　B. 减速充气缓解　C. 常用制动　D. 制动保压
E. 紧急制动

116. JZ-7 型空气制动机的单独制动阀主要由（　　）等组成。
A. 手柄与凸轮　B. 调整阀　C. 单缓柱塞阀　D. 作用柱塞
E. 定位柱塞

117. JZ-7 型空气制动机自动制动阀的客货车转换阀由（　　）等组成。
A. 偏芯杆　B. 手柄弹簧　C. 转换按钮　D. 阀套　E. O 形密封圈

118. JZ-7 型空气制动机自动制动阀的调整阀工作状态有（　　）。
A. 充风状态　B. 充风后保压状态　C. 制动状态　D. 制动后保压状态
E. 紧急制动状态

119. JZ-7 型空气制动机自动制动阀的重联柱塞阀由（　　）等组成。
A. 重联柱塞阀柱塞　B. 重联柱塞阀套　C. 柱塞弹簧　D. O 形密封圈
E. 以上都对

120. JZ-7 型空气制动机分配阀的风缸有（　　）。
A. 工作风缸　B. 降压风缸　C. 局减风缸　D. 紧急风缸　E. 作用风缸

五、简答题

1. 简述常用螺纹的特点。
2. 简述滚动轴承和滑动轴承相比的优缺点。
3. 简述根据功能的不同，一部完整的机器的组成。
4. 简述齿轮传动的特点。
5. 简述轴的功用及分类。
6. 简述轴的结构应满足哪些基本要求。
7. 简述轴上零件轴向固定和周向固定的目的。
8. 简述花键连接的优点。
9. 简述装配图的内容。
10. 简述装配工作的要点。
11. 简述选择锉刀遵循的原则。
12. 简述大方锉、大平锉和圆锉的特点及用途。
13. 简述弹簧垫圈的特点及应用。

14. 简述划线的方法步骤。
15. 简述划线平台的使用要求。
16. 简述手工铰孔工作要点。
17. 简述研磨的作用。
18. 简述编制工艺规程应注意的问题。
19. 简述列车制动管的最小有效减压量。
20. 简述列车制动管的最大有效减压量。
21. 简述机车制动机应该完成的任务。
22. 简述理论黏着系数和计算黏着系数的区别。
23. 简述直通式空气制动机的特点。
24. 简述自动式空气制动机的特点。
25. 简述测试制动距离的人工方法。
26. 简述空气管路的组成及各部分作用。
27. 简述风源系统的组成及各部分作用。
28. 简述 DK-1 型电-空制动机的组成。
29. 简述 DJKG-A 型空气干燥器工作状况的检查测试。
30. 简述 DJKG-A 型空气干燥器的吸附干燥过程。
31. 简述 DJKG-A 型空气干燥器的再生过程。
32. 简述 YWK-50-C 型压力控制器的作用原理。
33. 简述 YWK-51-C 型压力控制器的安装与调整方法。
34. 简述螺杆式空压机的吸气过程。
35. 简述螺杆式空压机的压缩过程。
36. 简述螺杆式空压机的排气过程。
37. 简述螺杆式空压机最小压力阀的作用。
38. 简述 QSL 型分水滤气器的结构和作用原理。
39. 简述段修机车调压阀车上的重点作用质量标准。
40. 简述机车车辆风管路安装前进行酸洗磷化处理的原因。
41. 简述螺杆压缩机换油的步骤。
42. 简述基础制动装置的任务。
43. 简述蓄能制动器的制动状态。
44. 简述蓄能制动器的缓解状态。
45. 简述蓄能制动器工作中应注意的事项。
46. 简述更换机车闸瓦的注意事项。
47. 简述神华号交流机车 JPXZ-2A 型盘形制动器停放缓解的工作原理。
48. 简述 DK-1 型电-空制动机主要部件的作用。
49. 简述检修的基本工序。
50. 简述制动机检修中的安全注意事项。
51. 简述 DK-1 型电-空制动机空气制动阀解体检修的柱塞阀体检查修理内容。
52. 简述 DK-1 型电-空制动机空气制动阀解体检修的凸轮盒检查修理内容。

53. 简述 DK-1 型电-空制动机双阀口式中继阀解体检修的检查修理内容。

54. 简述 DK-1 型电-空制动机遮断阀组装时应注意的事项。

55. 简述 DK-1 型电-空制动机电动放风阀组装时应注意的事项。

56. 简述 DK-1 型电-空制动机电动放风阀更换膜板时应注意的事项。

57. 简述 DK-1 型电-空制动机紧急阀解体检修的检查修理内容。

58. 简述 DK-1 型电-空制动机紧急阀组装时应注意的事项。

59. 简述 DK-1 型电-空制动机分配阀解体检修的各零部件的检查要求。

60. 简述 DK-1 型电-空制动机分配阀组装时应注意的事项。

61. 简述 DK-1 型电-空制动机转换阀解体检修的检查修理内容。

62. 简述 DK-1 型电-空制动机压力开关更换膜板的方法。

63. 简述 DK-1 型电-空制动机压力开关车上换修微动开关的方法。

64. 简述 DK-1 型电-空制动机电-空制动控制器过充位的作用。

65. 简述 DK-1 型电-空制动机电-空制动控制器运转位的作用。

66. 简述电-空阀车上不解体检修的要求。

67. 简述电-空阀有电不吸合的原因及处理。

68. 简述电-空阀失电不释放的原因及处理。

69. 简述电-空阀漏泄的原因。

70. 简述双阀口式中继阀在充气缓解位时的作用原理。

71. 简述双阀口式中继阀在制动位时的作用原理。

72. 简述紧急阀在充气位时的作用原理。

73. 简述紧急阀在常用制动位时的作用原理。

74. 简述紧急阀在紧急制动位时的作用原理。

75. 简述 109 型分配阀制动位时的作用原理。

76. 简述 109 型分配阀充气缓解位时的作用原理。

77. 简述 109 型分配阀紧急制动位时的作用原理。

78. 简述 DK-1 型电-空制动机空气制动阀在运转位，电-空制动控制器在运转位与过充位的区别。

79. 简述 DK-1 型电-空制动机电-空位操作，空气制动阀在运转位，电-空制动控制器在制动前的中立位与制动后中立位的区别。

80. 简述电-空制动机设初制风缸的目的。

81. 简述 SS_{4B} 型电力机车制动机电-空位操作前的准备工作。

82. 简述 SS_{4B} 型电力机车制动机空气位操作前的准备工作。

83. 简述 SS_{4B} 型电力机车制动机空气位操作中的注意事项。

84. 简述 SS_{4B} 型机车制动机的无火回送的方法。

85. 简述 DK-1 型电-空制动机电-空位操作紧急制动性能检查的要求。

86. 简述 DK-1 型电-空制动机电-空位操作，电-空制动控制器在运转位，均衡风缸和列车制动管均不充风的原因。

87. 简述 DK-1 型电-空制动机电-空位操作，电-空制动控制器制动后移至中立位，均衡风缸压力继续下降的原因。

高级

88. 简述 DK-1 型电-空制动机电-空位操作，电-空制动控制器紧急位，列车制动管不排风的原因。

89. 简述 DK-2 型电-空制动机 BCU 的作用及特点。

90. 简述 DK-2 型电-空制动机 BCU 的故障分类。

91. 简述 DK-2 型电-空制动机 BCU 的故障处理方法。

92. 简述神华号交流机车 DK-2 型电-空制动机停放制动模块的组成及主要功能。

93. 简述神华号交流机车 DK-2 型电-空制动机列车制动管/均衡控制模块的组成及主要功能。

94. 简述神华号交流机车 DK-2 型电-空制动机电子分配阀中的制动缸预控压力的闭环控制方式。

95. 简述车辆制动防滑器的用途。

96. 简述 120 型控制阀的组成及各部分作用。

97. 简述 JZ-7 型空气制动机的组成。

98. 简述 JZ-7 型空气制动机的控制关系。

99. 简述 JZ-7 型空气制动机单独制动阀的组成及作用。

100. 简述 JZ-7 型空气制动机自动制动阀的组成及作用。

101. 简述 JZ-7 型空气制动机分配阀的副阀部的组成及主要用途。

六、绘图题

1. 读懂图 3-1 所示的两视图，补画第三视图。
2. 读懂图 3-2 所示的两视图，补画第三视图。
3. 读懂图 3-3 所示的两视图，补画第三视图。

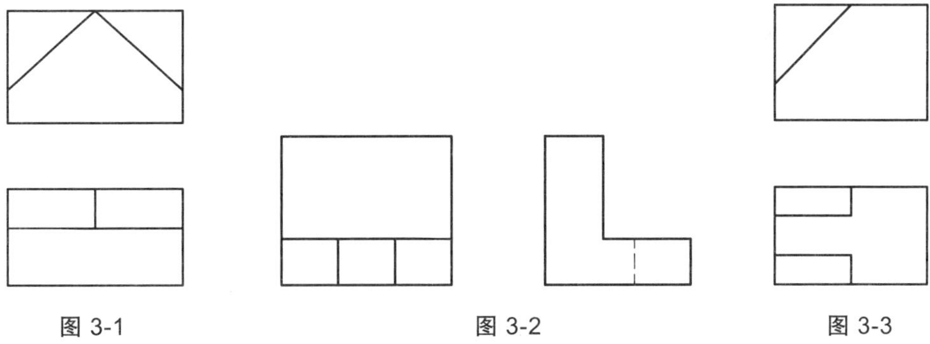

图 3-1　　图 3-2　　图 3-3

4. 读懂图 3-4 所示的两视图，补画第三视图。
5. 读懂图 3-5 所示的两视图，补画第三视图。

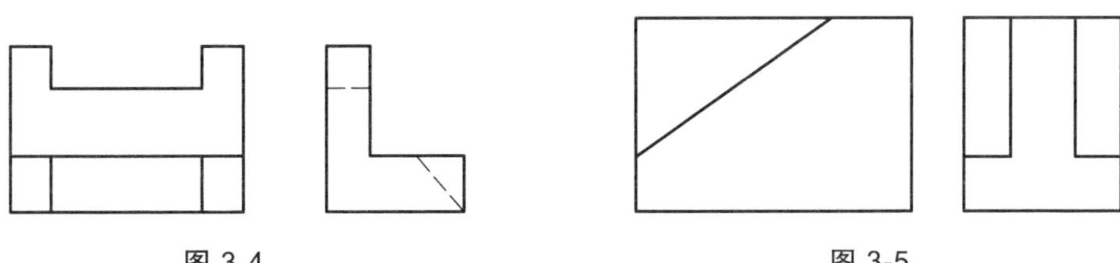

图 3-4　　图 3-5

6. 读懂图 3-6 所示的两视图，补画第三视图。

7. 补画视图 3-7 中所缺的线条。

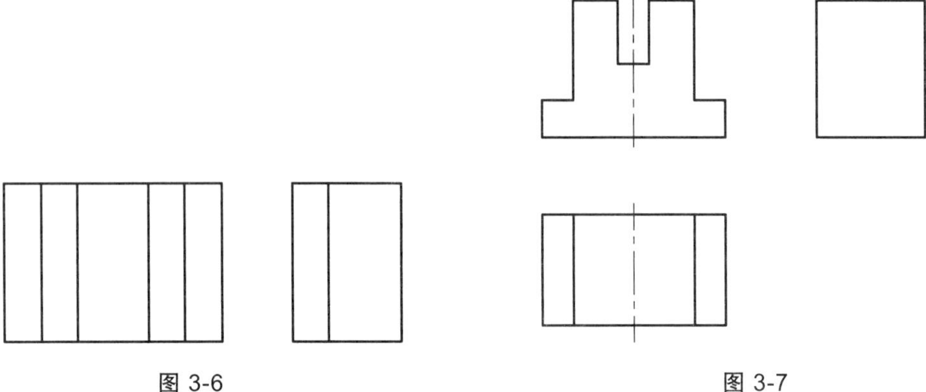

图 3-6 图 3-7

8. 补画视图 3-8 中所缺的线条。

9. 补画视图 3-9 中所缺的线条。

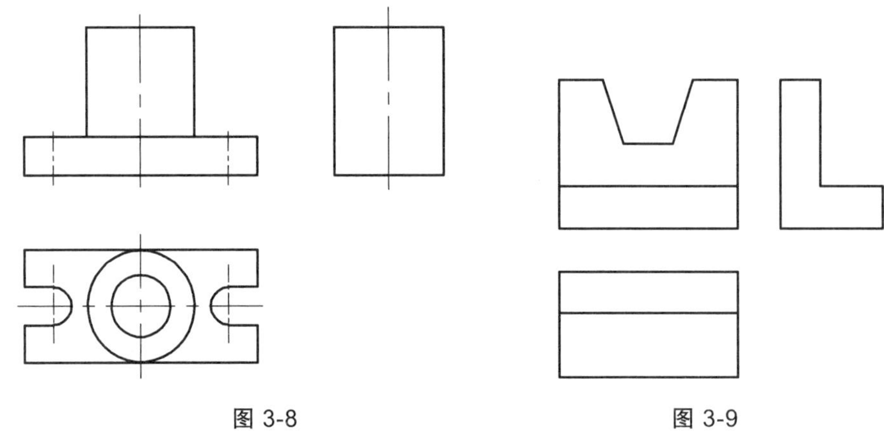

图 3-8 图 3-9

10. 绘出 SS_{4B} 型电力机车辅助压缩机供风时，受电弓控制管路原理图。

11. 绘出神华号交流电力机车升弓管路原理图。

12. 绘出 SS_{4B} 型电力机车撒砂控制原理图。

13. 绘出 SS_{4B} 型电力机车紧急制动时自动选择切除动力原理图。

14. 绘出空气制动阀在不同工况下的各个位置的气路关系图。

15. 绘出重联阀 93 的气路关系图。

16. 绘出转换阀 153 的气路关系图。

17. 绘出转换阀 154 的气路关系图。

18. 绘出电-空阀的结构示意图。

19. 绘出神华号交流电力机车停放制动管路原理图。

20. 绘出神华号交流电力机车主压缩机启停控制原理图。

21. 绘出神华号交流电力机车均衡风缸控制管路原理图。

七、计算题

1. 已知相啮合的一对标准直齿圆柱齿轮传动中，齿数 $z_1 = 20$，$z_2 = 50$，中心距 $a = 210$ mm，求分度圆直径。

2. 一对相啮合的圆锥齿轮，已知主动齿轮的齿数 $z_1 = 17$，转速 $n_1 = 120$ r/min；从动轮转速 $n_2 = 30$ r/min，试求从动齿轮的齿数 z_2。

3. GK 型车辆制动机列车制动管定压为 500 kPa，求当列车制动管减压量分别为 50 kPa 和 140 kPa 时，制动缸压力各为多少？

4. 写出 109 分配阀制动管减压量与制动缸压力的关系式，并计算 DK-1 型电-空制动机列车制动管减压量为 50 kPa、140 kPa 时，制动缸压力分别为多少。

5. 103 型空气制动机，当列车管减压 120 kPa 时，空车位和重车位的制动缸压力各是多少？

6. 以 GK 型车辆制动机为例，计算列车制动管最小有效减压量。

7. 已知作用管长为 15 mm 的 10 mm × 1.5 mm 的无缝钢管，压力室容积为 9 L。为保证作用室的压力是压力室减压量的 2.5 倍，作用风缸应有多大的容积？

8. 已知 C 型敞车下列数据：制动缸直径 $d_z = 35.6$ cm，常用全制动缸压力 $P_z = 350$ kPa，全车制动倍率 $\beta = 9.26$，制动传效率 $\eta = 0.9$，车辆自重 $Q = 18.2$ t，载重量 61 t。求制动缸活塞推力 F_t，实际闸瓦压力 K，满载时全车制动率 δ。

9. SS_{4B} 型电力机车的总重为 184 t，列车制动管定压为 500 kPa，制动缸直径为 178 mm，全车有 16 个制动缸，制动效率 $\eta = 85\%$，制动倍率 $\beta = 2.85$，实施紧急制动时，机车制动率是多少？

10. SS_{4B} 型机车牵引货物列车实施常用制动，已知初速度为 80 km/h，制动空走时间 14.36 s，有效制动距离 719.9 m，计算空走距离和制动距离。

11. 一货物列车的编组辆数为 55 辆，在 10‰的坡道下坡运行时，施行紧急制动，试求初速度为 60 km/h 时的制动空走时间。[提示：$t_n = (1.3 + 0.045n) \times (1 - 0.05i)$]

12. SS_{4B} 型机车牵引 3 500 t 的货物列车，求在平道上启动时总全阻力。（已知 $w_q' = 5$，$w_q'' = 3.5$）

13. 列车重 4 000 t，由静止开始沿水平直线轨道作加速行驶，经 5 min 后速度达 54 km/h，若列车的运行阻力是车重的 0.005 倍，求机车的牵引力（取 $g = 10\ \text{m/s}^2$）。

14. 某车辆的制动缸直径为 30.5 cm，总制动倍率为 8.4 倍，当制动缸充入 350 kPa 压力空气时，可产生总闸瓦压力是多少？

15. 已知 C_{61} 型敞车下列数据：制动缸直径 $d_z = 35.6$ cm，常用制动时制动缸压力 $P_z = 350$ kPa，制动倍率 $\beta = 8.04$，传动效率 $\eta = 0.9$。求：（1）制动缸活塞推力 P_t；（2）实际闸瓦压力（全车）K。

16. SS_8 型电力机车的总重为 88 t，列车制动管定压为 500 kPa，制动缸直径为 203 mm，全车有 8 个制动缸，制动效率 $\eta = 85\%$，制动倍率 $\beta = 3.5$，实施常用全制动和紧急制动时，机车闸瓦总压力分别是多少？

【理论知识答案】

一、填空题

1. 热情服务
2. 运输
3. 新设备
4. 佩戴标志
5. 30°
6. 55°
7. 连接螺栓连接
8. A 级
9. 尺寸较大
10. 位置精度高
11. 蜗杆传动
12. 凸轮传动
13. 压力
14. 摩擦力
15. 铸钢
16. 硬齿面
17. 恒定
18. 高
19. 成对齿轮
20. 转矩
21. 弯矩
22. 轴颈
23. 应力集中
24. 周向定位
25. 导向平键
26. 钩头斜键
27. 斜投影法
28. 积聚性
29. 类似性
30. 基孔制配合
31. 基轴制配合
32. 公差
33. 形状误差
34. 位置公差
35. 零件图
36. 工作原理
37. 装配尺寸链
38. 装配工序
39. 装配工艺规程
40. 成批生产
41. 平衡
42. 平衡精度
43. 动不平衡
44. 长对正
45. 高平齐
46. 电压
47. 0.5 ~ 1
48. 12.5
49. 整形锉
50. 自锁螺母
51. 立体划线
52. 找正
53. 夹紧螺母
54. 铰孔
55. 工作部分
56. 圆柱铰刀
57. 管螺纹丝锥
58. 导向部分
59. 磨料
60. 0.001 ~ 0.005
61. 大
62. 工艺卡片
63. 一种冷却介质
64. 退火
65. 去应力退火
66. 内应力
67. 铁素体
68. 机械混合物
69. 0.65% ~ 1.35%
70. 0.6% ~ 0.9%
71. 财产关系
72. 两
73. 安全第一
74. 违章指挥
75. 1 435
76. 1 000
77. 生态环境
78. 120
79. 200
80. 4.5
81. 2
82. 三化
83. 机务段
84. 机统 – 28
85. 30
86. 重大
87. 制动方式
88. 电磁制动
89. 3.25
90. 40
91. 70
92. 140
93. 稳定性
94. 安定性
95. 灵敏度
96. 电信号
97. 黏着制动
98. 轮轨
99. 黏着

100. 非黏着制动
101. 非黏着制动
102. 充风
103. 副风缸
104. 1
105. 表压力
106. 气体状态方程
107. 二压力机构制动机
108. 三压力机构制动机
109. 制动倍率
110. $\beta = \sum K_{理} / F$
111. 传动效率
112. $\eta = \sum K_{实} / \sum K_{理}$
113. 机车制动率
114. 滑行
115. $\delta = \sum K / q$
116. 制动距离
117. 有效制动距离
118. 动车
119. 摩擦制动
120. 重载列车
121. 非黏着制动
122. 附加阻力
123. 空-电转换阀
124. 电-空阀箱
125. 800
126. 机车制动机
127. 35%
128. 3
129. 压力空气的净化
130. 控制管路系统
131. 刮雨器
132. 辅助压缩机组
133. 制动机
134. 电-空制动控制器
135. 列车制动管
136. 撒砂器
137. 电动排泄阀
138. 1 ± 1 °C
139. 总风缸
140. 470 Ω
141. 压力控制器
142. 切换差旋钮
143. 调节杆
144. 制动装置
145. 回转运动
146. 润滑油
147. 放空阀
148. 进气截止阀
149. 0.6
150. 油过滤器
151. 滤芯
152. 手
153. 回油单向阀
154. 压力开关
155. 300
156. 温度开关
157. 110 ± 5
158. 温控阀
159. 安全阀
160. 阀杆
161. 分水滤气器
162. 过滤元件
163. 小
164. 制动软管
165. 皮碗
166. 150
167. 调压阀
168. 空气制动阀
169. 均衡风缸
170. 顺时针
171. 逆时针
172. 酸洗
173. 磷化
174. 105 °C
175. 无异音
176. 10
177. 500
178. 石英
179. 25
180. 400
181. 颜色
182. 粉红色
183. 制动原力
184. 制动传动装置
185. 组合式
186. 单闸瓦
187. 棘爪
188. 单向
189. 缓解
190. 600
191. 手动缓解
192. 制动缸活塞行程
193. 轮盘式
194. 盘形制动装置
195. 微机控制防滑器
196. 电子式防滑器
197. 闸瓦压力
198. 减小
199. 减小
200. 增大
201. 闸瓦（或闸片）
202. 30
203. 导热性
204. 6 ~ 9
205. 非自锁
206. 有效行程
207. 楔块组成
208. 缓解
209. 停放制动
210. 补机
211. 紧急阀
212. 气动
213. 电信号
214. 积木式
215. 解体检修

216. 外径
217. 1/2
218. 3
219. 2
220. 无弯曲、变形、裂损
221. 0.12
222. 无拉伤、偏磨、阶段磨
223. 无裂损、剥离掉块
224. 清洗剂
225. 201 甲基硅油
226. 凡士林
227. 排净余风
228. 切断控制电源
229. DC110 V
230. 电-空制动控制器
231. 1/2
232. 1 ~ 3
233. 80%
234. 80%
235. 0.5
236. 135 ± 1
237. 2.8
238. 9
239. 0.5
240. 列车制动管与均衡风缸沟通
241. 10
242. 5
243. 拉伤
244. 0.18
245. 5
246. 列车制动管
247. 158 或 117
248. 阀体槽内
249. 芯杆
250. 5
251. 3
252. 缩孔 I
253. 外部因素
254. 40 ~ 50
255. 20 ~ 25
256. 总风联管
257. 平均管
258. 作用管与平均管
259. 平均管
260. 作用管
261. 无拉伤、偏磨、阶段磨
262. 解体研磨
263. 接触良好且无拉伤
264. 7
265. 5
266. 垂直且向外
267. 无偏磨、拉伤
268. 10
269. 190 ~ 230
270. 最大减压量
271. 260 ~ 290
272. 20
273. 初制动
274. 480 ± 10
275. 10 ~ 40
276. 全列车
277. 本务机车
278. 4
279. 77
280. 电磁机构
281. 开路
282. 1.9 ± 0.2
283. 1.0 ± 0.1
284. 上阀口
285. 下阀口
286. 作用管
287. 809-818
288. 排风 1 电-空阀
289. 作用管
290. 809-818
291. 作用柱塞
292. 均衡风缸
293. 下压手把
294. 均衡风缸
295. 运转位
296. 排风口排风
297. 遮断阀 O 形圈
298. 追总风
299. 追总风
300. 准恒速加馈电阻制动
301. 常用制动
302. 常用制动
303. 膜板活塞
304. 自动保压式
305. 列车制动管
306. 10
307. 缩孔 II
308. 0.5
309. 1.8
310. 缩孔 I
311. 缩孔 III
312. 列车制动管
313. 工作风缸
314. d_2
315. 容积室
316. 0.8
317. 工作风缸与列车制动管
318. 主阀安装面
319. 局减作用
320. 总风
321. 容积室
322. 列车制动管
323. 156 塞门
324. 常用制动状态
325. 40
326. 总风
327. 450 ± 10

328. 串接
329. 40 ~ 60
330. 压力空气
331. 电信号
332. 803 和 813
333. 得电状态
334. 失电状态
335. 制动缸
336. 本机位
337. 2
338. 闭合位
339. 分配阀缓解塞门 156
340. 300
341. 15
342. 115
343. 空气制动阀
344. 空气制动阀
345. 空气位
346. 调压阀 53
347. 下压空气制动阀手把
348. 手动放风阀（或 121 塞门）
349. 补机位
350. 本机位
351. 112
352. 180 ~ 200
353. 分配阀缓解、无火回送
354.（滤尘）止回阀
355. 140
356. 3.2
357. 3
358. 5
359. 零
360. 不得回升
361. 9
362. 11
363. 10
364. 5
365. 10
366. 90 ~ 130
367. 240 ~ 270
368. 400 ~ 435
369. 210 ~ 290
370. 120 ~ 180
371. 6 ~ 8
372. 5 ~ 7
373. 10
374. 8.5
375. 7
376. 4
377. 5
378. 7 ~ 9.5
379. 40 ~ 50
380. 20 ~ 28
381. 140 ~ 180
382. 180 ~ 200
383. 500 或 600
384. 150
385. 遮断阀活塞杆
386. 转换阀部柱塞
387. 均衡风缸和列车制动管
388. 上
389. 转换
390. 紧急电-空阀
391. 常用
392. BCU
393. 得电
394. 制动高速电-空阀
395. 7
396. PWM 板、控制板
397. PWM 板
398. 24
399. 110
400. A01 ~ A08
401. 110 或 24
402. 30
403. 2
404. 运行状态
405. 功能设定
406. 上传应用程序
407. 流量计
408. PWM
409. 压力传感器
410. A03
411. 24
412. 不补风
413. 监控投入
414. 逻辑控制
415. 均衡风缸压力
416. 网络通讯
417. 人为故障
418. BCU 电气故障
419. 替换法
420. 18 ~ 22
421. 6 ~ 8
422. 4
423. 5
424. 6 ~ 8
425. 6 ~ 8
426. 300
427. 50 ± 5
428. 5 ~ 7
429. 6 ~ 8
430. 施加
431. 双脉冲电磁阀
432. 双向阀
433. 主压缩机启停
434. 680 ~ 750
435. 750 ~ 900
436. 得电
437. 均衡风缸、列车制动管
438. 列车制动管前后遮断
439. 闭环
440. 闭环

441. 预控风缸
442. 切换阀
443. 车辆制动机
444. 列车制动管
445. 货车车辆制动机
446. 三通阀或分配阀
447. 运输效率
448. 防滑器
449. 制动率
450. 3.25
451. 2.5∶1
452. 二压力
453. 半自动缓解阀
454. 加速缓解阀
455. 作用部
456. 半自动缓解阀
457. 紧急阀
458. 减速充气缓解
459. 加速缓解风缸
460. KZW-A
461. B
462. 调整阀
463. 测重装置
464. 微机控制式
465. 单车制动阀（回转阀）
466. 6
467. 6
468. 急充气位
469. 感度制动位
470. 回转阀
471. 回转阀
472. 排风阀
473. 单独式
474. 截断塞门
475. 制动缸
476. 调整部分
477. 制动力
478. 自动制动阀
479. 中继阀
480. 作用阀
481. 作用阀
482. 机车
483. 单独缓解位
484. 调整阀
485. 过量减压位
486. 常用制动区
487. 最高充风压力
488. 调整弹簧压力
489. 放风阀弹簧
490. 柱塞弹簧
491. 自动撒砂
492. 柱塞弹簧
493. 过充管
494. 双阀口式中继阀
495. 遮断阀
496. 副阀部
497. 工作风缸
498. 降压风缸
499. 空芯阀杆
500. 分配阀或单阀

二、判断题

1. √
2. ×
3. √
4. ×
5. √
6. √
7. ×
8. ×
9. ×
10. √
11. ×
12. ×
13. ×
14. ×
15. √
16. √
17. ×
18. √
19. √
20. ×
21. ×
22. √
23. √
24. ×
25. ×
26. ×
27. √
28. √
29. √
30. ×
31. √
32. ×
33. √
34. ×
35. √
36. √
37. ×
38. √
39. ×
40. √
41. √
42. √
43. ×
44. ×
45. √
46. ×
47. √
48. √
49. ×
50. ×
51. √
52. √
53. ×
54. ×
55. ×
56. √
57. √
58. √
59. ×
60. ×
61. ×
62. √
63. ×
64. √
65. √
66. √
67. ×
68. √
69. ×
70. √
71. √
72. ×
73. √
74. ×
75. √
76. √
77. √
78. ×
79. ×
80. ×
81. √
82. √
83. √
84. √
85. √
86. ×
87. √
88. ×
89. √
90. √

91. ×	130. √	169. √	208. √	247. ×	286. √
92. √	131. ×	170. √	209. √	248. ×	287. ×
93. ×	132. ×	171. ×	210. √	249. √	288. √
94. ×	133. √	172. ×	211. ×	250. ×	289. √
95. √	134. √	173. √	212. √	251. ×	290. √
96. √	135. ×	174. √	213. √	252. √	291. ×
97. ×	136. ×	175. ×	214. ×	253. √	292. ×
98. √	137. √	176. ×	215. ×	254. ×	293. √
99. ×	138. ×	177. ×	216. √	255. √	294. ×
100. √	139. √	178. √	217. √	256. ×	295. √
101. √	140. √	179. √	218. ×	257. ×	296. √
102. ×	141. ×	180. √	219. ×	258. ×	297. ×
103. ×	142. √	181. √	220. √	259. ×	298. ×
104. √	143. √	182. ×	221. ×	260. √	299. ×
105. ×	144. ×	183. ×	222. ×	261. √	300. ×
106. √	145. ×	184. ×	223. √	262. ×	301. √
107. ×	146. √	185. ×	224. √	263. √	302. √
108. √	147. √	186. √	225. ×	264. √	303. √
109. ×	148. ×	187. √	226. ×	265. √	304. √
110. √	149. ×	188. √	227. ×	266. ×	305. √
111. √	150. ×	189. √	228. ×	267. ×	306. ×
112. ×	151. ×	190. √	229. √	268. √	307. ×
113. √	152. √	191. ×	230. ×	269. ×	308. ×
114. √	153. √	192. √	231. ×	270. ×	309. √
115. ×	154. √	193. √	232. √	271. √	310. ×
116. √	155. √	194. ×	233. √	272. √	311. √
117. ×	156. ×	195. ×	234. ×	273. √	312. √
118. √	157. √	196. √	235. √	274. ×	313. ×
119. ×	158. ×	197. ×	236. ×	275. ×	314. ×
120. ×	159. √	198. ×	237. ×	276. ×	315. √
121. ×	160. √	199. ×	238. √	277. √	316. ×
122. √	161. ×	200. √	239. √	278. ×	317. √
123. ×	162. ×	201. √	240. ×	279. √	318. ×
124. √	163. ×	202. ×	241. √	280. √	319. √
125. √	164. √	203. √	242. ×	281. ×	320. ×
126. ×	165. √	204. √	243. ×	282. √	321. √
127. ×	166. ×	205. ×	244. √	283. ×	322. √
128. √	167. ×	206. √	245. √	284. √	323. ×
129. √	168. √	207. ×	246. √	285. ×	324. ×

325. ×
326. √
327. ×
328. √
329. √
330. ×
331. ×
332. √
333. ×
334. √
335. √
336. ×
337. √
338. ×
339. ×
340. √
341. √
342. ×
343. ×
344. √
345. ×
346. √
347. √
348. ×
349. √
350. ×
351. √
352. √
353. √
354. ×
355. ×
356. ×
357. √
358. √
359. ×
360. ×
361. √
362. √
363. ×
364. √
365. ×
366. √
367. √
368. √
369. ×
370. ×
371. ×
372. √
373. ×
374. √
375. ×
376. √
377. √
378. ×
379. ×
380. ×
381. ×
382. √
383. ×
384. ×
385. √
386. ×
387. √
388. √
389. √
390. ×
391. ×
392. √
393. ×
394. ×
395. √
396. √
397. √
398. √
399. √
400. ×
401. √
402. √
403. √
404. ×
405. √
406. ×
407. √
408. ×
409. ×
410. √
411. ×
412. ×
413. √
414. ×
415. √
416. ×
417. √
418. √
419. √
420. √
421. √
422. √
423. ×
424. ×
425. √
426. √
427. √
428. ×
429. √
430. √
431. ×
432. ×
433. √
434. ×
435. √
436. ×
437. ×
438. √
439. √
440. ×
441. √
442. √
443. ×
444. √
445. √
446. √
447. √
448. √
449. √
450. √
451. √
452. √
453. ×
454. ×
455. ×
456. ×
457. √
458. √
459. ×
460. √
461. ×
462. ×
463. √
464. √
465. ×
466. √
467. √
468. √
469. √
470. ×
471. ×
472. √
473. ×
474. √
475. √
476. ×
477. √
478. ×
479. √
480. √
481. √
482. √
483. ×
484. ×
485. √
486. ×
487. √
488. √
489. √
490. ×
491. √
492. √
493. √
494. ×
495. √
496. √
497. √
498. √
499. ×
500. √
501. ×

三、单项选择题

1. B
2. C
3. D
4. C
5. B
6. A
7. D
8. B
9. B
10. A
11. C
12. D
13. D
14. C
15. C
16. B
17. C
18. C
19. B
20. D
21. A
22. D
23. B
24. C
25. B
26. B
27. B
28. C
29. A
30. B
31. C
32. D
33. D
34. C
35. D
36. B

37. B
38. B
39. A
40. A
41. C
42. B
43. A
44. B
45. D
46. B
47. A
48. D
49. B
50. C
51. C
52. C
53. C
54. A
55. B
56. D
57. B
58. B
59. C
60. A
61. B
62. C
63. D
64. D
65. C
66. A
67. B
68. C
69. B
70. D
71. B
72. C
73. D
74. D
75. A
76. D
77. A
78. D
79. C
80. A
81. D
82. A
83. B
84. D
85. C
86. A
87. C
88. B
89. C
90. A
91. B
92. A
93. D
94. A
95. C
96. C
97. B
98. B
99. D
100. D
101. A
102. B
103. B
104. A
105. C
106. B
107. D
108. A
109. B
110. B
111. D
112. A
113. B
114. C
115. B
116. C
117. A
118. A
119. D
120. B
121. C
122. A
123. A
124. B
125. A
126. D
127. C
128. C
129. C
130. B
131. A
132. C
133. D
134. A
135. B
136. B
137. C
138. A
139. B
140. D
141. D
142. B
143. A
144. C
145. C
146. B
147. A
148. D
149. B
150. C
151. B
152. C
153. C
154. B
155. A
156. D
157. D
158. D
159. A
160. B
161. C
162. A
163. C
164. B
165. D
166. D
167. A
168. D
169. C
170. A
171. C
172. D
173. B
174. A
175. B
176. C
177. D
178. C
179. A
180. D
181. D
182. C
183. B
184. B
185. A
186. C
187. D
188. A
189. B
190. C
191. B
192. D
193. A
194. C
195. D
196. B
197. C
198. A
199. C
200. B
201. C
202. B
203. D
204. B
205. B
206. A
207. A
208. D
209. A
210. C
211. D
212. B
213. A
214. D
215. D
216. C
217. B
218. C
219. A
220. D
221. B
222. A
223. B
224. B
225. A
226. D
227. C
228. B
229. B
230. B
231. C
232. D
233. A
234. B
235. D
236. D
237. A
238. C
239. C
240. B
241. A
242. B
243. B
244. A
245. D
246. C
247. C
248. B
249. C
250. A
251. D
252. C
253. B
254. B
255. B
256. D
257. A
258. C
259. B
260. B
261. B
262. D
263. A
264. C
265. B
266. A
267. C
268. A
269. B
270. D

271. C
272. A
273. B
274. D
275. D
276. A
277. C
278. C
279. B
280. A
281. B
282. C
283. A
284. C
285. D
286. C
287. B
288. A
289. B
290. A
291. D
292. C
293. B
294. D
295. C
296. C
297. B
298. A
299. C
300. B
301. D
302. B
303. A
304. B
305. D
306. C
307. D
308. C
309. A
310. C
311. B
312. D
313. A
314. C
315. D
316. B
317. D
318. B
319. C
320. A
321. C
322. B
323. D
324. A
325. B
326. C
327. D
328. D
329. B
330. C
331. C
332. A
333. B
334. D
335. C
336. A
337. B
338. C
339. C
340. D
341. A
342. B
343. B
344. C
345. D
346. B
347. A
348. C
349. B
350. D
351. A
352. B
353. D
354. C
355. A
356. B
357. C
358. D
359. A
360. C
361. B
362. D
363. B
364. C
365. A
366. D
367. D
368. C
369. B
370. A
371. D
372. C
373. B
374. A
375. D
376. B
377. D
378. A
379. C
380. D
381. A
382. C
383. B
384. D
385. C
386. A
387. D
388. B
389. C
390. D
391. D
392. A
393. C
394. B
395. A
396. D
397. C
398. B
399. C
400. D
401. D
402. A
403. B
404. D
405. C
406. C
407. B
408. A
409. D
410. C
411. D
412. A
413. B
414. C
415. D
416. A
417. D
418. C
419. C
420. D
421. A
422. B
423. C
424. A
425. B
426. C
427. D
428. D
429. B
430. A
431. C
432. B
433. D
434. B
435. A
436. B
437. C
438. D
439. C
440. C
441. D
442. B
443. A
444. D
445. C
446. A
447. C
448. B
449. B
450. A
451. C
452. D
453. A
454. B
455. D
456. C
457. B
458. C
459. A
460. C
461. D
462. C
463. D
464. A
465. B
466. B
467. C
468. A
469. A
470. B
471. D
472. C
473. B
474. A
475. D
476. B
477. C
478. D
479. A
480. B
481. B
482. C
483. D
484. A
485. C
486. B
487. D
488. C
489. A
490. C
491. B
492. D
493. A
494. B
495. A
496. D
497. C
498. B
499. C
500. A

四、多项选择题

1.	ABCD	31.	BCE	61.	ABCE	91.	ACD
2.	ADE	32.	CDE	62.	BCD	92.	ACDE
3.	ABCDE	33.	ACD	63.	BDE	93.	ABCDE
4.	ABD	34.	BCDE	64.	ACDE	94.	ABCDE
5.	ABCDE	35.	ABCDE	65.	ABCDE	95.	ABDE
6.	BDE	36.	ABDE	66.	ABDE	96.	BCDE
7.	AB	37.	ABCDE	67.	BCD	97.	ABDE
8.	ABCDE	38.	BCE	68.	ABCDE	98.	BE
9.	ABC	39.	ABCDE	69.	ABCDE	99.	ABE
10.	ABCD	40.	CDE	70.	BCD	100.	CDE
11.	ACDE	41.	ABCDE	71.	CD	101.	ABCDE
12.	ACE	42.	ABDE	72.	BD	102.	ABCDE
13.	ABE	43.	BCE	73.	ABCDE	103.	BCE
14.	ABCD	44.	BDE	74.	ABCDE	104.	ABD
15.	ABCE	45.	ABCDE	75.	CE	105.	BCDE
16.	ACDE	46.	ABCDE	76.	BC	106.	ABC
17.	ACDE	47.	BDE	77.	ABCE	107.	AC
18.	ACD	48.	CE	78.	ACE	108.	ABCDE
19.	ABDE	49.	ADE	79.	ADE	109.	ABCDE
20.	ABE	50.	BE	80.	CD	110.	BCDE
21.	BCDE	51.	BCD	81.	AE	111.	ABCDE
22.	ABDE	52.	ABC	82.	DE	112.	ABCDE
23.	BDE	53.	CDE	83.	ABCDE	113.	ABCD
24.	ABCD	54.	ABCDE	84.	BDE	114.	ABCDE
25.	ABCDE	55.	ABCD	85.	ABCDE	115.	ABCDE
26.	ACD	56.	ABCDE	86.	ABCDE	116.	ABCE
27.	ABCDE	57.	CDE	87.	BCD	117.	ABCDE
28.	CDE	58.	ABDE	88.	ABCDE	118.	ABCD
29.	ABCDE	59.	BCD	89.	ABCDE	119.	ABCDE
30.	ABC	60.	ABCDE	90.	ABCDE	120.	ABDE

五、简答题

1. 常用螺纹有 4 种：三角螺纹、管螺纹、梯形螺纹、矩形螺纹。

其特点是：（1）三角螺纹根部较大，强度较高，螺纹面间摩擦力大，适于用作连接螺纹；（2）管螺纹是英制三角螺纹，一般用于管道连接；（3）梯形螺纹螺纹牙的剖面为等腰梯形，传动力大，用于各类丝杠；（4）矩形螺纹螺纹牙的剖面为矩形，应用较少。

2. 优点：摩擦力矩小、承载能力强、位置精度高、使用寿命长、具有互换性、维修方便且能大批量生产。缺点：尺寸较大、承受冲击载荷能力差、高速运转时噪声大。

3. 根据功能的不同，一部完整的机器由以下四部分组成：（1）原动部分：机器的动力来源。（2）工作部分：完成工作任务的部分。（3）传动部分：把原动机的运动和动力传递给工作机。（4）控制部分：使机器的原动部分、工作部分、传动部分按一定的顺序和规律运动，完成给定的工作循环。

4. 齿轮传动的功率和速度范围很大；传动比恒定，传动平稳、准确可靠；传动效率高，寿命长，并且齿轮的种类较多，能满足各种传动形式的需要。

5. （1）功用：① 支承回转运动；② 传递运动和动力；③ 保证所有轴上零件有确定的轴向工作位置和具有一定的回转精度。（2）分类：按承载情况分为转轴、芯轴、传动轴；按轴线形状分为直轴、曲轴、饶性钢丝轴。

6. 为了使轴的结构和其各个部位都具有合理的形状和尺寸，在考虑轴的结构时应满足三个方面的要求：（1）轴上零件可靠定位；（2）轴便于加工和尽量避免或减小应力集中；（3）轴上零件便于安装和拆装。

7. （1）轴向固定的目的：保证零件在轴上有确定的轴向位置，防止零件做轴向移动，并能承受轴向力。（2）周向固定的目的：为了传递运动和转矩，防止零件与轴产生相对的转动。

8. 花键连接与平键连接相比有以下优点：（1）齿对称布置，使轮毂受力匀称；（2）齿轴一体且齿槽较浅，齿根的应力集中，被连接件强度削弱较少；（3）齿数多，总接触面积大，压力分布较均匀；（4）承载力大。

9. 装配图的内容：（1）一组视图：用来表达装配体的结构、形状及装配关系。（2）必要的尺寸：标注出表示装配体性能、规格及装配、检验、安装时所需的尺寸。（3）技术要求：用符号或文字注写装配体在装配、试验、调整、使用时的要求、规则、说明等。（4）零件的序号和明细表组成装配体的每一个零件，按顺序编上序号，并在标题栏上方列出明细表，表中注明各种零件的名称数量、材料等。（5）标题栏：注明装配体的名称、图号、比例以及责任者的签名和日期。

10. （1）零件的清理和清洗工作；（2）清理工作包括去除残留的灰砂、铁锈、切屑等；（3）相配表面在配合或连接前的润滑；（4）相配零件的配合尺寸要准确；（5）边装配边检查；（6）试车时的事前检查。

11. 选择锉刀遵循的原则：（1）选择哪种形状的锉刀，取决于工件的形状。（2）选择锉刀齿，取决于工件的加工余量、精度和材料性质。

12. （1）大方锉：正方形、向头部逐渐缩小，4 面有齿，用于平面粗加工；（2）大平锉：全长截面相等，2 面或 3 面有齿，用于粗加工；（3）圆锉：向头部逐渐缩小，大锉双齿，小锉单齿，用于圆孔和圆槽加工。

13. 螺母拧紧后，靠垫圈压平而产生的弹性反力使旋合螺纹间压紧。同时垫圈斜口的尖端抵住螺母与被连接件的支承面也有防松作用。结构简单，使用方便。但由于垫圈的弹力不均，在冲击、震动的工作条件下其防松效果较差，一般用于不重要的连接。

14. 划线的方法：（1）划线前看清图纸，详细了解工件需要划线的各个部位；（2）明确工件及其划线有关部分的作用和要求；（3）选定划线基准；（4）检查毛坯的误差情况；

（5）正确安放工件；（6）正确选用工具；（7）分步划线；（8）检查划线的准确性及是否有漏线；（9）打样冲眼。

15. 划线平台的使用要求：（1）工作表面应保持水平安装，划线平台要使表面保持水平状态，以免倾斜后在长期的使用状态下发生变形。使用时要随时保持平台工作表面清洁，避免铁屑、灰砂等污物在划线工具或工件的拖动下划伤平台表面，影响划线精度。用后要擦拭干净，并涂上机油防锈。（2） 要轻拿轻放物品，防止撞击平台工作表面，工件和工具在平台上都要轻拿轻放，尤其要防止重物撞击平台和在平台上进行敲击而损伤平台工作面。

16. 手工铰孔工作要点：（1）工件要夹正、夹牢。（2）铰削时，两手用力要均匀，平稳。（3）铰削进给时，不要猛力压铰杠，随铰刀旋转轻轻加压，使铰刀慢慢引进，均匀进给，以保证孔壁光滑。（4）铰刀不能反转，退出时也应顺转。防止刃口磨钝以及切屑嵌入刀具后面与孔壁间，将孔壁划伤。（5）铰削钢料时，切屑碎末易粘刀，要经常清除，以免拉毛孔壁。

17.（1）减少表面粗糙度值；（2）能达到精确的尺寸精度；（3）能改进工件的几何形状精度；（4）能延长使用寿命。

18. 编制工艺规程时应注意以下几个问题：（1）技术上的先进性；（2）经济上的合理性；（3）良好的工作条件。

19. 实际工作表明，制动缸充风后将制动缸活塞推出使闸瓦压紧车轮的过程中，需要克服制动缸弹簧对活塞的背压及相关的摩擦阻力，因此制动缸存在最小有效制动缸压力，那么相对应的存在一个制动管最小有效减压量，简称最小有效减压量。

20. 制动缸压力随制动管减压量的增加而正比例增加。但当制动管减压量增大到一定程度时，副风缸与制动缸的压力将达到平衡状态，此时若制动管继续减压，制动缸压力也不会上升，因此，制动缸存在制动缸最大压力值，而相应于制动缸最大压力值的制动管减压量则被称为制动管最大有效减压量，简称最大有效减压量。

21. 无论机车制动机采用哪种制动机（如，空气制动机、电-空制动机等），都要可靠地完成以下任务：（1）对列车制动系统进行灵活、准确地操纵和控制；（2）向整个列车制动系统提供质量良好的动力。

22. 理论黏着系数是不考虑有实际影响因素存在时的轮轨间黏着系数，近似于轮轨间的静摩擦系数。计算黏着系数是考虑到实际因素的影响，如机车速度的高低、机车牵引力和轴重分配不均、运行中轴重增载或减载、轮轨间的滑动等实际因素的影响。计算黏着系数的影响因素复杂，只能用专门试验得出的试验公式表达。试验公式表示了在正常条件下计算黏着系数和机车运行速度的关系。

23. 直通式空气制动机的工作具有以下特点：（1）由于制动缸的充、排风都必须经过制动管来完成，所以可以这样说，制动管充风，产生制动作用；制动管排风，实现缓解作用。恰恰是直通式空气制动机的这一特点，使其存在着“列车分离时，列车制动系统失去制动作用”的致命弱点。（2）由于制动管又细又长，所以必然导致直通式空气制动机在制动时，前部车辆的制动缸充风快、压力高，而后部车辆的制动缸充风慢、压力低，使列车前、后部各车辆的制动同时性较差，从而造成较大的列车制动冲击，尽管在这方面较人力制动好得多。

24. 自动制动机的特点是：（1）制动管减压为制动，制动管增压为缓解。（2）发生列车分离、制动软管破损、断开或拉动紧急制动阀时均能实现列车自动停车。（3）制动时，各车辆制动缸内的压力空气就近取自本车辆的副风缸；缓解时，各车辆制动缸的压力空气经本车辆的三通阀（分配阀）的排气口排出，因此，制动和缓解的一致性较好，列车的冲动也相应地减小。

25. 制动距离的人工测试的方法是：将列车的运行速度调整到规定的制动初速后，司机在指定的某一里程标处下闸，停车后，计算百米标或半公里标的个数，不足一个里程标的尾数则用皮尺测量，由此算出制动距离。同时，可用秒表测出施闸到停车的时间，即制动时间。

26. 空气管路器统按作用原理划分，由风源系统、控制管路系统、辅助管路系统和机车制动机四大部分组成。

风源系统是机车空气管路系统的基础，它负责产生并提供全车气动器械及制动机所需洁净、干燥和稳定的压缩空气；控制管路系统为控制电器提供稳定压力的空气；辅助管路系统可改善机车运行条件，确保行车安全。机车制动机系统控制机车的制动、缓解、保压。

27. 电力机车风源系统由主空气压缩机组、压力控制器、总风缸、止回阀或逆流止回阀、高压安全阀、空气干燥器、塞门及连接管等组成。其中：（1）主空气压缩机组用于产生具有较高压力的压力空气，供全车空气管路系统使用。（2）总风缸用来贮存压力空气。（3）空气压力控制器又称空气压力调节器，用于根据总风缸压力的变化，自动控制空气压缩机的工作，使总风缸压力空气的压力保持在一定范围内。（4）空气干燥器用于去除主压缩机组生产的压力空气中的油、水、尘及机械杂质等杂物。（5）止回阀或逆流止回阀用于限制压力空气的流动方向，以防止压力空气向主空气压缩机气缸内逆流。（6）高压安全阀是确保总风管路不超压的安全设施，其整定值为 950 kPa。

28. DK-1 型电-空制动机由电-空制动控制器、空气制动阀、电-空阀、调压阀、中继阀、紧急阀、分配阀、ZDF 型电动放风阀、压力开关、QSL 分水滤汽器、转换阀等部件组成。

29. 主压缩机组启动后，空气干燥器应处于干燥状态，总风缸压力应徐徐上升，消音器不应有排气现象。当压缩机组停止工作时，空气干燥器应立即转入再生状态，消音器应先快速然后缓慢地排气，再生时间为 55 ± 15 s。

高级

30. 当空压机运转时，饱和湿空气由空压机出风口经过冷却管冷却后进入滤清筒，压缩空气中的油雾、水分和尘埃、机械杂质被高效气液过滤网拦截捕获。然后，除去凝结水、油雾和尘埃、机械杂质的饱和湿空气进入干燥筒内，通过吸附剂的作用，其水蒸气分子被吸附。因此干燥筒底部的压缩空气是洁净干燥的。这些干燥空气经过干燥筒底部的止回阀向机车总风缸输送，同时还经节流孔向再生风缸充风。这一过程称为吸附干燥过程，直至空压机停止运转，该过程结束。

31. 当空压机停止当空压机停止运转时，控制电路使排泄电-空阀得电，再生风缸内压缩空气进入排泄阀活塞上部，克服活塞弹簧反力，推动活塞及活塞杆下移，打开排泄阀口。这时，滤清筒、干燥筒以及空压机出风口至干燥筒管道内的压缩空气连同油、水和尘埃、机械杂质经开放的排泄阀口、消音器排入大气。同时，再生风缸内的干燥压缩空气通过干燥筒底部的节流孔膨胀成为接近大气压力的超干燥空气，并以与吸附干燥过程相反的流向由下而上地通过吸附剂，将吸附剂吸附的水蒸气分子几乎全部带出，经排泄阀口、消音器排入大气，使吸附剂重新恢复干燥状态，这一过程称为再生过程。

32. YWK-50-C 型压力控制器利用杠杆、波纹管、调节弹簧以及切换差旋钮内的弹簧组成一个杠杆体系，是充分利用动触头和静触头组成的单断点大开距微动开关具有瞬动开闭的特点而设计的一种结构简单的压力调节控制装置。当被控压缩空气的压力上升或下降时，波纹管伸长或缩短，通过杠杆与拨臂，拨开微动开关，使触头闭合或断开而达到控制压缩空气压力的目的。

33.（1）打开面板，将压力控制器垂直安装在安装板上，严禁用手拨动或用工具碰撞拨臂，以防改变性能。（2）旋下接头，将外径为 6 mm 的金属导压管（6 X 1 紫铜管）的一端锡焊于接头体上，然后旋紧接头，使连接管密封，将被控压缩空气经导压管通入波纹管室。（3）将导线连接在接线端子上。当被控压缩空气压力须下降至下限设定值时，电路切换连通，应接 1 和 3 点；否则应接 1 和 2 点。（4）复查安装是否妥贴，装好表盖，接通电源。（5）取下锁紧螺帽，用一字起旋动调节杆，使指针指在所需控制的下限设定值，然后拧紧锁紧螺帽。（6）用手旋动切换差旋钮以获得需要的切换差，即被控压缩空气的压力上限设定值。

34. 螺杆式空压机的吸气过程：随着转子的旋转，转子齿的一端逐渐脱离啮合而形成了齿间容积，这个齿间容积的扩大，在其内部形成一定的真空，而此齿间容积仅与吸气口连通，空气在压差的作用下流入其中。随着转子的旋转，齿间容积达到最大之后，齿间容积不再增加，齿间容积在此位置与吸气口断开，吸气过程结束。

35. 螺杆式空压机的压缩过程：随着转子的旋转，齿间容积由于转子齿的啮合而不断减小。被密封在齿间容积的空气所占据的容积也随之减小，导致压力升高，从而实现对空气的压缩过程，压缩过程可一直持续到即将与排气孔口接通之前。同时，大量的润滑油被喷入齿间容积中，与所压缩的空气混合，起到润滑、密封、冷却和降低噪声的作用。

36. 螺杆式空压机的排气过程：齿间容积与排气孔口连通后，即开始排气过程。随着齿间容积的不断缩小，具有排气压力的空气逐步通过排气孔口被排出，此过程一直持续到齿末端的型线完全啮合。此时齿间容积内的空气通过排气孔口被完全排出，封闭的齿间容积体积将变为零。随着转子的旋转重新开始新的工作循环。

37.（1）空压机运行之初，压力低于 0.6 MPa 时，阀板处于关闭状态，气体并无输出，便于保证优先建立起润滑油循环所需之压力，确保系统冷却、密封、润滑之需要。（2）压力超过 0.6 MPa，阀板开启，可以降低流过油气分离器的空气流速，确保油气分离器效果，保护油气分离器因压差太大而受损。（3）停机时，空压机放空，压力下降，阀板关闭，防止高压气回流，起到止回作用。

38. 分水滤气器由体、旋风叶、旋风伞、过滤元件、外罩、挡水板、排水阀等组成。当压缩空气由输入端进入、通过旋风叶后，形成旋转气流，绕外罩做急速圆周运动。在旋风伞的作用下，油水及大颗粒尘埃下落，压缩空气再经过滤元件将细微尘埃过滤，然后输出高品质的压缩空气。

39.（1）调压阀安装方向正确，管接头无漏泄，阀体及下盖、手轮应完好无裂纹，下盖紧固良好，压力表外罩、玻璃等完好、无裂纹，表盘正面朝外。（2）调压阀及表灵敏度应能达到相应的技术要求，调压阀的供气阀、溢流阀性能应可靠。（3）正常状态时，排风口不得有漏风现象。

40. 机车车辆风管路所使用的钢管，管子内表面一般附着有氧化皮、锈渣、油垢等脏物。酸洗的目的就是清除这类脏物，得到清洁的表面。另外，机车车辆在运用中，由于压缩空气中存在水分，将引起管道的锈蚀，为了增强钢管的防锈能力，管子酸洗后接着要进行磷化处理，在金属表面覆盖一层磷酸盐薄膜，可保护金属，减轻管壁的锈蚀。

41.（1）将空压机运转，使油温上升，然后停机，以利排油。（2）待确定系统完全卸压之后，缓慢打开排油塞，将油放出，当油流太慢时，可将加油螺塞松开，以利进空气。注意防护以免润滑油飞溅烫伤。（3）润滑油泄完后，关闭排油螺塞，打开加油口盖，注入新油。

42. 基础制动装置的任务是：（1）产生并传递制动原力；（2）将制动原力放大一定的倍数；（3）保证各闸瓦有较一致的闸瓦压力。

43. 当蓄能制动器制动缸排风时，主弹簧推动活塞向右移动，此时由于棘轮机构处于锁闭状态，因而棘轮和螺母不能在丝杆上转动，使螺母带动丝杆随活塞一起右移，并通过丝杆联动弹簧止轮器的调整螺杆和杠杆进行工作，最终使闸瓦贴靠车轮产生制动。

44. 当蓄能制动器制动缸充风时，推动活塞压缩主弹簧左移，由于此时棘轮机构处于解锁状态，因而螺母在受压的情况下，带动棘轮在丝杆上旋转；同时在弹簧止轮器复原弹簧作用下，蓄能制动器丝杆、弹簧止轮器调整螺杆和杠杆恢复原工作位置，最终使闸瓦远离车轮产生缓解。

45.（1）在运行过程中，随时观察总风缸压力，确保其压力不低于 600 kPa。（2）在总风缸压力较低的情况下移动机车时，须通过检查侧梁外侧所标注的弹簧止轮器缓解标记，来确认蓄能制动器是否处于缓解状态，以防止车轮踏面擦伤或产生轮箍松弛等恶性事故发生。

46. 更换机车闸瓦时，应注意：（1）机班人员应加强联系，注意人身安全，并对机车采取防溜措施。（2）关闭相应制动缸的塞门，然后将单阀置于制动位。（3）作业中严禁移动自阀或单阀手柄并挂好禁动牌。更换闸瓦作业完毕后，应开放相应的制动缸塞门，进行制动试验，调整闸瓦间隙，然后撤除防溜措施。

47. 机车在停放时要移动而又无司机操纵或机车无风时，只能对停放制动施行手动缓解，只要拉动手柄组成就可进行缓解。当拉动手柄组成时，手柄离开棘轮盘的棘爪，蓄能制动器上的橄榄簧、上弹簧座、棘轮盘等组成的整体发生旋转，非自锁螺纹完全解锁，楔块与蓄能活塞分别向上和向下移动，直至许可极限位置，此时压缩弹簧推动活塞组成回到缓解位置，从而达到缓解制动器的目的。

高级

48.（1）电-空制动控制器用于操纵全列车的制动和缓解。（2）空气制动阀用于单独操纵机车的制动与缓解。（3）电-空阀受电-空制动控制器的控制，接通或切断有关气路。（4）中继阀受均衡风缸的压力变化影响，继而控制列车制动管的压力变化，从而完成列车的制动、保压和缓解等作用。（5）分配阀根据列车制动管的压力变化而动作，并接受空气制动阀的控制，向机车制动缸充气或排气，使机车得到制动、保压和缓解的作用。（6）电动放风阀主要受电-空制动控制器和自停装置的控制，直接将列车制动管的压力空气快速排入大气，使列车产生紧急制动作用。（7）紧急阀在列车制动管压力快速下降时动作，加速列车制动管的排风，同时接通列车分离保护电路，使列车紧急制动的作用更可靠。（8）重联阀在多机重联运行时，使所有机车的制动和缓解作用协调一致，并且在机车分离后，保持机车的制动作用。

49. 检修分一般检查和解体检修。一般检查的基本工序是：清除表面油垢及灰尘→可见部分检查及修理→拆罩内部检修→给油→随机性能试验。解体检修基本工序如下：外部清扫→解体→清洗→检查修理→整洁处理→组装→试验。

50.（1）在机车或试验台上拆装配件时，首先关闭相应的截断塞门，排净部件及相应管路内的余压后再进行拆卸。（2）对电器部件或带有电联锁的部件拆装时，必须首先切断控制电源。在拆卸过程中，拆下的导线裸头必须进行包扎或甩在与任何金属导体无接触处所，再拆卸其他部件。在分解和拆插装插座时应在断电后进行。（3）给电或给风试验中须 2 人以上进行，1 人试验，1 人监护。遇到异常现象时，应首先切断电源或风源，以防事态扩大。

51. 柱塞阀体检查修理：（1）柱塞阀体无裂损，体内清洁、干燥，暗孔畅通。（2）支承转动灵活，转轴无弯曲、变形和明显磨损，开口销锁闭良好。支承与柱塞头磨合处，磨耗量不大于 0.5 mm。（3）柱塞与套配合间隙不大于 0.1 mm，与孔的配合间隙不大于 0.12 mm。柱塞无弯曲变形，柱塞端触头镶接牢固，磨耗量不大于 0.5 mm。定位柱塞钢球铆接牢固，钢球转动灵活，不得松脱和固死。（4）在更换柱塞或柱塞套上 O 形密封圈时，无论是一个或多个 O 形圈损坏，在更换时必须全部更换。（5）各弹簧无锈蚀、断裂、变形，用游标卡尺测量各部弹簧的自由高，对不符合质量标准的应进行更换。

52. 凸轮盒检查修理：（1）凸轮无裂损，均匀磨耗量不大于 0.5 mm。（2）方轴无弯曲、变形，定位止钉完好，方轴与凸轮方孔间隙不大于 0.2 mm，与手把座的方孔配合间隙不大于 0.3 mm，与轴套间隙不大 0.5 mm。（3）手把座无裂损，穿销无变形和严重磨损，开口销锁闭状态良好。定位丝扣和顶丝作用良好。（4）排气阀胶口压痕均匀，无破损、松脱现象。排气阀弹簧无锈蚀、断裂，自由高度符合要求。（5）顶杆无弯曲，顶杆在方轴中孔上下动作灵活，长度符合 135 ± 1 mm。顶杆磨损后，可在顶杆上部补焊，焊后锉修，长度符合要求，且不得有阻滞现象。

53. 检查修理：（1）阀体无裂损，各阀套镶嵌牢固，阀套工作面无拉伤、局部磨损等现象。阀体上缩孔及暗道畅通。（2）膜板无破损，夹板无变形，夹持紧固。顶杆不得弯曲，顶杆挂钩槽处不得损伤、磨秃，顶杆与膜板挂接可靠。（3）供、排风阀的橡胶阀口平整，压痕均匀且不得过深，对不平整或阀面压痕过深者应用细砂纸在平面上研磨胶面，研磨后不得低于金属阀座面（即以不伤金属阀座为准），否则须更换橡胶阀口。（4）各柱塞及阀套 O 形密封胶圈完好，符合规定要求，对不良者按规定要求予以更新。（5）供、排风阀弹簧无断裂、锈蚀，自由高符合规定要求。

54. 组装时应注意：（1）遮断阀组装后，定位挡圈必须全部镶入槽内，手感检查阀在座内、活塞在体内各位置上的自复情况，确认无卡滞时，再组装阀盖。（2）紧固阀盖螺栓时，须对角分部紧固。（3）组装时注意勿将异物遗忘在体内。

55. 组装时应注意：（1）芯杆必须落在膜板上碗的凹槽内；（2）夹芯阀的下面凹槽须卧在芯杆的托板上；（3）弹簧须镶在夹芯阀上面的凹槽内；（4）上盖密封 O 形胶圈良好；（5）紧固上盖螺栓时，应先将上盖镶进阀体并压缩弹簧使上盖与体贴合后，再进行紧固。

56. 更换膜板应注意：（1）新换膜板筋沿必须均匀镶入阀体槽内；（2）下盖上过孔 O 形密封胶圈完好且镶入过孔座内；（3）下盖紧固螺栓须对角进行，直至紧固。

57. 检查修理：（1）紧急活塞膜板、O 形密封圈及过孔垫均符合标准要求，活塞杆无弯曲，压盖不得变形。（2）用标准探针疏通活塞杆及压盖上的缩孔，使其畅通，探试中应注意：严禁使用大于缩孔径的探针和锐器进行疏通，避免造成孔径扩大。（3）夹芯阀硬芯和胶口间胶合严紧，无松弛、脱胶现象，接触平面压痕不均匀或过深者，应用细砂布磨平。夹芯阀芯板下的阀面胶层不足原形 1/2 者须更换。（4）导向阀和传递杆无裂损变形，导向灵活、无卡滞及杆头无严重变形。（5）弹簧无裂损、锈蚀、疲劳现象，并测量弹簧自由高应符合规定要求。（6）阀体无裂损，暗孔道畅通。滤网清洁、无破损。（7）电联锁外观无裂损，安装牢固，用万用表置电阻挡检测触指开断状态，不良者应更换。

58. （1）导向阀、传递杆在下盖内上、下动作灵活，自复状态良好。（2）将导向阀压至下极端，检查传递杆和电联锁联动状况，传递杆端头应与电联锁触指对正使其全压缩且不能使电联锁外壳受力，否则须调整电联锁位置，使之达到最佳配合。（3）紧急活塞杆在体内上下动作灵活，自复状态良好。活塞膜板筋沿应均匀的镶在阀体槽内。活塞杆顶部密封圈完好，且镶卧在活塞杆顶部的座孔内。（4）组装上盖时须将上盖压在阀体上，使上盖与阀体贴合，稳定弹簧压缩状态下紧固上盖螺丝。

59. 各零件的检查要求：（1）滑阀、滑阀座、节制阀的滑动平面接触良好，且无伤痕。（2）滑阀、节制阀的孔槽及各限制孔、缩孔堵、滤网应无油垢污物堵塞。（3）各橡胶膜板、密封圈、胶垫均无龟裂、老化、破口，否则须更换。（4）弹簧无折损、锈蚀、变形、衰弱，自由高符合质量标准要求。（5）各阀口及导向杆、导向套的导向面无拉伤痕迹，铜套压装牢固无松动。（6）活塞、活塞杆无碰伤、变形及裂纹。（7）螺纹无滑扣及损伤，阀盖、阀体等铸件无砂眼、裂纹，安装平面不得有碰伤及变形。

60. 组装按拆卸相反顺序进行，组装时应注意：（1）主阀活塞和均衡活塞装入阀体内后，应上下拉动和下压数次，确认作用灵活、自复良好，无卡滞后，再装上盖。（2）各缩堵旋紧后不得高出安装面。（3）均衡活塞杆上有两道 O 形密封圈，如果有任何一道出现问题，需更换时，两道 O 形密封圈应同时更换。（4）阀盖的组装，安装螺钉应对角分部紧固，其目的是使被压迫活塞垂直受力，防止活塞变形或受力不均。

61.（1）阀体无砂眼、裂损，各安装孔的丝扣完好无滑扣现象。偏芯杆套镶嵌牢固，套上无拉伤和严重磨损。（2）偏芯杆处与阀套接触面无拉伤，偏芯杆无损伤，定位槽定位可靠。（3）柱塞无弯曲、变形，与偏芯杆的连接槽连接可靠，不得有裂损和磨秃现象。（4）柱塞套无偏磨、段磨和拉伤痕迹，壁上小孔畅通。（5）柱塞和套上的 O 形密封圈密封状态良好，有个别不良者应对柱塞或套上密封圈全部更换，以保证整体的密封效果。

高级

62.（1）将下盖 4 条 M6 螺栓拆下，卸下下盖，膜板连同芯杆一并从体内抽出。（2）使用专用组装夹具进行膜板拆装。使用专用夹具拆装膜板时应注意：① 夹具紧固时应对角逐步紧固，以保证上下夹板间圆周方向间隙均匀。② 夹具夹持芯杆不宜过紧，夹持程度以卡圈不受力为准。③ 新膜板组装时，卡圈必须全部镶入槽内后，再松开夹具。

63.（1）更换微动开关时应首先切除电源。（2）配线必须正确，接线紧固、可靠，线号清晰齐全，绝缘无破损。（3）更换微动开关的调整：在充风状态时，芯杆端部与微动开关触杆对正且全压缩，并不能使开关外壳受力。在压力开关动作状态（芯杆下移）微动开关释放后，芯杆端部与触杆间应有一定间隙，以保证在充气状态时微动开关外壳不受力。否则须松动微动开关安装螺栓进行反复调整，直至达到微动开关可靠动作且外壳不受力为止。

64. 手柄在此位置时，使缓解电-空阀 258YV 由导线 803 得电，连通总风经调压阀 55 向均衡风缸充风的气路；同时，导线 805 得电，使过充电-空阀 252 得电，总风缸与过充风缸管连通，中继阀的过充柱塞在总风缸压力空气推动下顶住鞴鞲，产生一个附加力，使列车制动管得到一个比规定压力高出 30 ~ 40 kPa 的过充压力，从而使车辆快速缓解。此时因排风 1 电-空阀 254YV 不得电，机车呈制动保压状。

65. 正常运行时，电-空制动控制器手柄放于此位置。在该位时，缓解电-空阀 258YV 仍可由导线 803 得电，致使均衡风缸、列车制动管充风，车辆缓解；同时，排风 1 电-空阀 254YV 由导线 809 得电，使作用管与大气连通，机车也呈缓解状。

66. 车上不解体检修及要求：（1）将电-空阀动铁芯上护尘胶帽取下，用毛刷清扫接线柱及各部的尘灰、油垢。(2）外观检查各安装螺栓是否牢固。动铁芯顶部、阀座和排风口处无漏泄。接线螺栓紧固，两外引线不得相距过近，保持基本平行。接线端子、线号齐全，标志清晰。(3）在电-空阀失电状态下，用手指按下动铁芯，手感无卡滞且有弹簧反力的感觉，松手后自复状态良好。若手感无弹簧反力且自复状态不良者，可旋下下盖，更换弹簧即可。

67. 造成电-空阀得电不吸合的原因：一是电-空阀线圈烧损或开路；二是因机械卡滞吸合不到位或卡死。处理：(1）首先用万用表欧姆挡测量两接线柱电阻值应在规定范围内，如果阻值小于标准值，为线圈烧损，此时须更换电磁线圈；若阻值为零，则为线圈短路，此现象多发生在接线柱内部外引线处，应拆下磁轭外罩，将接线安装座螺栓松开，使短路的线圈接线分离，再将安装座螺栓拧紧；如果阻值为无穷大，则为线圈开路或是从接线柱内部断线。将电-空阀解体取出线圈，线圈内部开路须更换线圈；若接线柱内部线头断，可用电烙铁焊接后继续使用。(2）当用万用表测量阻值在规定范围内时，多为机械卡滞所致，须解体清洗、吹扫，检查处理。

68. 造成电-空阀失电不释放的原因有二：其一，自复弹簧断损或疲劳；其二，机械卡滞。处理：(1）首先打开下盖，检查自复弹簧是否锈死、疲劳或折损。此类现象易处理，更换即可。(2）机械卡滞多为长时间失修所致。在使用过程中，由于防尘帽丢失后，尘埃及杂物容易侵入动铁芯和紫铜套间，所以必须解体清洗、吹扫，并用绸布擦拭干净。因此在日常检查中，若发现防尘帽丢失，应及时配装。

69. 造成漏泄的原因有：(1）阀口部被异物垫起或油垢过多；(2）阀座锥面静阀口裂损；(3）阀面胶口印痕过深，密封不良；(4）密封 O 形圈磨耗到限或破损；(5）阀杆过长。

70. 当均衡风缸压力增加时，活塞膜板左侧的压力升高，使其产生向右的作用力之差，因此，活塞膜板带动顶杆右移，并压缩供气阀弹簧推动供气阀右移，从而顶开供气阀口，则由总风遮断阀过来的总风缸压力空气经开启的供气阀口向列车制动管充风，同时总风经供气阀口缩堵向活塞膜板右侧充风。随着列车制动管压力的增加，逐渐平衡主活塞左侧的压力，当两侧压力平衡时，供风阀自动关闭。

71. 当均衡风缸压力减小时，活塞膜板左侧的压力下降，使其产生向左的作用力之差，因此活塞膜板带动顶杆左移，并压缩排气阀弹簧推动排气阀左移，从而打开排气阀口，则列车制动管向大气排风，同时，膜板右侧的压力空气经缩堵、排气阀口向大气排风。

72. 当列车充气缓解时，紧急放风阀处于充气位，列车制动管来的压力空气首先将紧急活塞压紧在上盖上，通过活塞杆中心缩孔 1，再经过缩孔Ⅱ向紧急室充气，直到紧急室压力与列车制动管压力相等。由于列车制动管压力和弹簧的作用，使紧急活塞与上盖紧贴，因此充气只能经缩孔Ⅱ进行，这就防止因充气时的压力波动而引起误动作。

73. 当列车制动管按常用制动速率排风时，由于列车制动管压力的下降，紧急活塞膜板下部的压力降低，而紧急室的压力空气通过缩孔Ⅱ逆流，因速度较慢，从而形成活塞膜板上部压力稍高于活塞膜板下部的压力，活塞膜板克服弹簧的作用力下移，与上盖脱离，此时紧急室内压力空气就只能通过缩孔 1 逆流到列车制动管，因缩孔 1 较大，能适应常用制动时列车制动管的减压速度，能使紧急室的压力与列车制动管的压力同时下降，使活塞膜板悬在此位。当列车制动管保压时，活塞膜板在弹簧力的作用下恢复到原位。

74. 当列车制动管按紧急制动速率排风时，活塞膜板上方的压力空气通过缩孔Ⅱ逆流已来不及，紧急室压力高于下方列车制动管的压力，这就造成了活塞膜板上下方较大的压力差，活塞膜板带动活塞杆下移，压下夹芯阀，开放阀口使列车制动管急速排风。此时紧急室内的压力空气从缩孔Ⅱ缓慢排出，使阀口开放保持一定时间，以确保列车紧急制动作用。阀口开放的同时，传递杆也下移，顶开电开关，使制动管风源被切断。

75.（1）主阀部：随着列车制动管压力的下降，主活塞通过主活塞杆先是带动节制阀上移，而滑阀此时暂保持不动，连通列车制动管向局减室降压的气路，从而实现局部减压作用；然后主活塞继续上移，并通过主活塞杆带动节制阀、滑阀上移，连通工作风缸向容积室充风的气路，使容积室压力升高而工作风缸压力降低；当工作风缸压力下降到与列车制动管压力平衡时，主活塞通过主活塞杆稍稍推动节制阀下移，而滑阀保持不动，切断工作风缸向容积室充风的气路，即容积室压力停止升高。（2）紧急增压阀：尽管列车制动管压力下降，但其不能急剧下降为零，使增压阀仍处于下端，从而切断总风向容积室迅速充风的气路。（3）均衡部：随着容积室压力升高，均衡活塞带动空芯阀杆上移，关闭排气阀口并顶开供气阀口，连通总风向机车制动缸充风的气路，当机车制动缸压力升高到与容积室压力平衡时，关闭供气阀口，并且不开启排气阀口，实现机车制动机在制动以后的保压。

76.（1）主阀部：随着列车制动管压力的升高，主活塞通过主活塞杆带动节制阀、滑阀一起下移至最下端，连通两条气路：① 列车制动管向工作风缸充风的气路，使工作风缸充到与列车制动管相等的压力；② 容积室经 156 塞门（设其开放）向大气排风的气路，使作用管压力下降为零。（2）紧急增压阀：随着列车制动管压力的升高，使增压阀处于下端，从而切断总风向容积室迅速充风的气路。（3）均衡部：随着容积室压力下降为零，均衡活塞带动空芯阀杆下移，开启排气阀口，连通机车制动缸向大气排风的气路，使机车制动缸压力下降为零，实现机车制动机的缓解。

77.（1）主阀部：随着列车制动管压力急剧下降为零，主活塞通过主活塞杆带动节制阀、滑阀迅速上移到上端，连通工作风缸向容积室迅速充风的气路，即容积室压力升高较快。（2）紧急增压阀：随着列车制动管压力急剧下降为零及作用管压力较快升高，使增压阀上移至上端，连通总风向容积室充风的气路，实现容积室快速充风，并且经低压安全阀工作将容积室压力限定在 450 ± 10 kPa。（3）均衡部：随着容积室压力快速升高至 450 ± 10 kPa，均衡活塞带动空芯阀杆迅速上移，顶开供气阀口，连通总风向机车制动缸充风的气路，实现机车制动缸的快速充风；当机车制动缸压力迅速升高到与容积室压力平衡时，关闭供气阀口，并且不开启排气阀口，停止机车制动缸的充风，实现机车制动机的紧急制动。

78. 运转位与过充位时，都是使 803 线得电，都使均衡风缸和制动管充风，车辆缓解。运转位时，由于 809 线有电，排风 1 电-空阀 254YV 得电开放排风口，使机车得以缓解。过充位时，809 线失电，排风 1 电-空阀 254YV 失电关闭排风口，机车可在制动后保压。同时 805 线得电，使过充电-空阀 252YV 得电，保持机车制动力，使制动管压力高于定压 30 ~ 40 kPa。

79. 制动前的中立位和制动后的中立位相同点：806 线有电，使总风遮断阀左侧充风，关闭遮断阀口，切断总风向制动管充气的通路。807 线有电，使制动电-空阀 257Y 得电，停止均衡风缸减压。

不同点：制动前的中立位，均衡风缸处于充气状态，制动后的中立位，均衡风缸处于减压后的保持状态。

80. DK-1 型电-空制动机设置初制风缸，为的是在实施最小减压量时，即使电-空制动控制器手柄在制动位短暂停留，也能保证均衡风缸的压力向初制风缸均衡，使制动管得到最小有效减压量，并且大大缓和了压力回升现象，并使最小减压量得到控制，减压效果明显。

81. 操作前的准备：（1）闭合制动机电源。（2）电-空制动屏：① 转换阀 154 在列车制动管定压为 500 kPa 时，打向货车位；在列车制动管定压为 600 kPa 时，打向客车位。② 转换阀 153 打向正常位。③ 开关板 502 上的三个钮子开关 463QS、464QS、465QS 应朝下，处闭合位。④ 调整调压阀 55 使其输出压力为列车制动管定压。（3）机车上与制动机系统有关的塞门除无火塞门 155 和分配阀缓解塞门 156 关闭外，均应开通。（4）空气制动阀上的电-空转换扳键均处电-空位。非操纵节机车电-空制动控制器手把在重联位、空气制动阀手把在运转位分别取出。（5）操纵节机车重联转换阀 93 打向本机位，非操纵节机车重联转换阀 93 打向补机位。（6）调整空气制动阀下方调压阀 53，使其输出压力为 300 kPa。

82. 操作前的准备有：（1）将操纵节机车空气制动阀上的电-空转换扳键后移至空气位，并将手把移至缓解。（2）调整操纵节机车空气制动阀下方调压阀 53，使其输出压力为列车制动管定压。（3）将操纵节机车电-空制动屏上的转换阀 153 由正常位转向空气位。

83. 操作中的注意事项：（1）操纵空气制动阀可对全列车进行制动和缓解，单缓机车则要下压其手把。（2）电-空制动控制器手把放运转位，也可在重联位取出。（3）需紧急制动时，应按紧急制动按钮或开放手动放风阀，并同时将空气制动阀手把移至制动位。（4）因列车制动管有补风作用，空气制动阀减压后放中立位保压时，要监视速度的变化，防止长时间保压时车辆制动机的自然缓解。（5）如果非操纵节机车处于空气位或处于电-空位但无电-空制动电源，还应将非操纵节机车中继阀座下方的列车制动管塞门 115 关闭。

84.（1）关闭两节机车中继阀座下方的列车制动管塞门 115，空气制动阀手把置运转位；（2）开放两节机车分配阀缓解塞门 156 和无火塞门 155，重联转换阀 93 与本务机车相同；（3）关闭两节机车总风缸塞门 112；（4）调整两节机车分配阀安全阀，使其整定值为 180～200 kPa。

85.（1）列车制动管由定压下降至零的时间不大于 3 s；（2）制动缸压力由零升至 400 kPa 的时间不大于 5 s；（3）制动缸最高压力应限制在（450±10）kPa，且分配阀安全阀动作；（4）机车自动撒砂；（5）机车具有级位时，应自动断开主断路器，无级位时不应断开主断路器。

86. 其主要原因有：（1）电源开关断开；（2）紧急阀作用不良，造成电联锁故障；（3）电空转换键未在电-空位；（4）缓解电控阀故障；（5）调压阀调整值为零，或逆止阀故障。

87. 主要原因是：（1）空气制动转换柱塞第二道 O 形密封圈漏；（2）257YV 制动电-空阀接线松脱或上阀口不严；（3）初制动风缸及管系泄漏；（4）均衡风缸管路泄漏。

88. 不排风的主要原因是：（1）风路管系中，列车制动管塞门 117 或总风缸塞门 158 其中之一关闭；（2）电动放风阀膜板破裂及本身故障；（3）804 线无电或紧急电-空阀故障。

89. BCU 能够实现制动机的逻辑控制和制动机的均衡风缸压力精确控制。BCU 具有网络通讯功能，能够实现多台制动机的同步操控。除此之外，BCU 还具有对机车制动机的运行状态进行监测、告警与记录和单机自动测试等功能。具有反应速度快、可靠性高、抗干扰能力强、结构紧凑、检修方便等特点。

90. BCU 根据产生原因可以主要划分为三类：外来故障、人为性故障和 BCU 电气故障。（1）外来故障是指 BCU 外部原因造成的故障。例如：由于负载短路引起过电流；由于环境条件不良或周围环境条件发生变化，腐蚀性气体侵入，引起器件腐蚀生锈；由于导电性灰尘侵入，出现局部短路；以及损坏电源装置的零部件所造成的故障。（2）人为故障是指违反操作规程和使用条件，人为的造成了故障。例如：由于在正常工作时进行非法作业，随意检测工作点波形、测量工作电压，引起短路，损坏元器件等。这类故障可以通过正确使用完全避免。（3）BCU 本身故障是由于 BCU 内部电子元器件、接插件、印刷电路板等引起。例如：插件插接不良；电源板中开关电源故障；控制板中元器件故障等。

91. BCU 故障的处理方法有：

直观法：通过直接观察的方法，判断 BCU 的运行情况。BCU 设计有齐全的状态指示，因此，通过观察状态指示可以分析出大部分故障。

替换法：用备用的插件对可能存在故障的插件进行替换，看故障是否消除。如果故障依旧，说明该插件没有问题，那么继续寻找其他故障点。

测量法：BCU 的输入输出信号均为电平信号，通过测量输入点和输出点的电压，不仅可以区分故障是 BCU 自身引起还是由外围部件引起，也有助于诊断故障点位。

92. 停放制动模块由停放制动调压阀、双脉冲电磁阀、停放制动压力开关、双向阀、停放制动塞门、压力测试接口等部件组成。

停放制动模块的主要功能是接受停放制动施加与缓解指令，实现停放制动缸的排气与充气，同时可防止停放制动力和大的机车制动缸制动力叠加。

93. 列车制动管/均衡控制模块由中继阀、紧急阀、遮断阀、流量计、转换阀、调压阀、电-空阀、传感器、塞门及气路板等部件组成，该模块中还包含两个小模块即电-空阀集成模块和均衡控制模块。

列车制动管/均衡控制模块的主要功能是控制均衡风缸和列车管的压力。

94. 电子分配阀中的制动缸预控压力的闭环模拟控制方式与均衡风缸 EP 闭环模拟控制方式相同，制动控制单元 BCU 接收大闸、小闸发出的指令，再根据列车制动管减压量计算出制动缸预控压力的目标值，比较目标值与制动缸预控压力传感器反馈的制动缸预控压力实时值，通过对进、排气高速电-空阀的 PWM 控制，达到精确控制制动缸预控压力的目的。

95. 车辆制动防滑器的用途：（1）制动时能有效地防止轮对因滑行而造成的踏面擦伤。（2）制动时能根据轮轨间黏着的变化调节制动力，以充分利用轮轨间的黏着，得到较短的制动距离。

96. 120 型控制阀由中间体、主阀、半自动缓解阀和紧急阀等四部分组成。

中间体：用于安装其他零件和把控制阀装于车体底架。

主阀：用于根据列车制动管压力的变化，使制动机产生不同的充气、缓解、制动、保压等作用。

半自动缓解阀：用于手动排出制动缸的压力空气，使制动机缓解。

紧急阀：用于在紧急制动时加快列车制动管的排风，使紧急制动作用可靠，提高紧急制动灵敏度和紧急制动波速。

97. JZ-7 型空气制动机系统主要由空气压缩机、总风缸、调压器、制动阀、中继阀、分配阀、作用阀、变向阀、紧急制动阀、无动力装置、油水分离器、空气干燥器、附加风缸、双针压力表、管道滤尘器、制动缸及各种塞门等组成。

98.（1）自动制动阀→均衡风缸→中继阀→列车制动管压力变化→车辆制动机
└→机车分配阀→作用阀→机车制动缸

（2）机车在单独制动、缓解时：单独制动阀→作用阀→机车制动缸。

（3）在列车制动后机车单独缓解时：单独制动阀→工作风缸→分配阀主阀部→作用阀→机车制动缸。

99. 单独制动阀主要由手柄与凸轮、调整阀、单缓柱塞阀及定位柱塞等组成。单独制动阀用于机车的单独制动或单独缓解，与列车制动管压力变化无关。可以单独操纵机车阶段制动的阶段缓解，还可以实现列车制动后机车的单独缓解。

100. 自动制动阀由 7 个部分组成，即阀体与管座，手柄与凸轮，调整阀，放风阀，重联柱塞阀，缓解柱塞阀，客、货车转换阀。自动制动阀是操纵全列车制动、缓解、保压等作用的控制部件，即制动机的各种性能和作用可以通过对其手柄的操作来完成。

101. 副阀部主要由副阀、充风阀、保持阀、局减止回阀、一次缓解逆流止回阀、转换盖板等组成。

副阀部的主要用途有：需要时，能自动消除工作风缸和降压风缸的过充压力；初制动时，产生局部减压作用，提高制动波速；控制机车制动机一次缓解和阶段缓解；一次缓解时，提高主阀缓解速度，阶段缓解时，提高主阀缓解的灵敏度。

六、绘图题

1. 补全的三面投影如图 3-10 所示。
2. 补全的三面投影如图 3-11 所示。

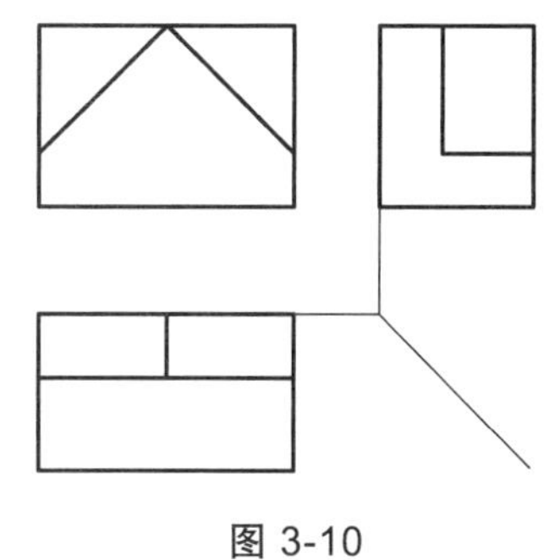

图 3-10

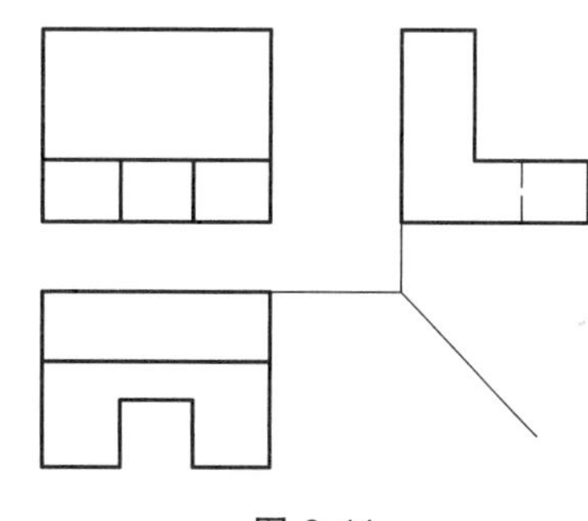

图 3-11

3. 补全的三面投影如图 3-12 所示。
4. 补全的三面投影如图 3-13 所示。

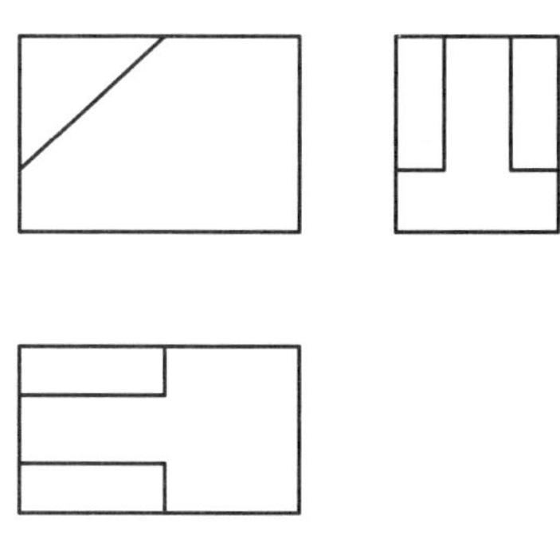

图 3-12

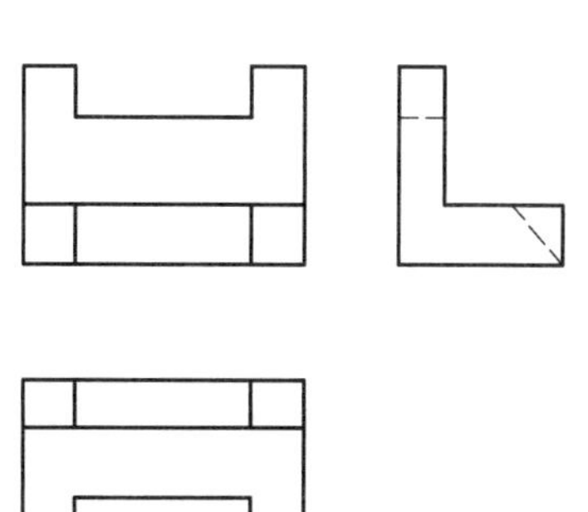

图 3-13

5. 补全的三面投影如图 3-14 所示。

6. 补全的三面投影如图 3-15 所示。

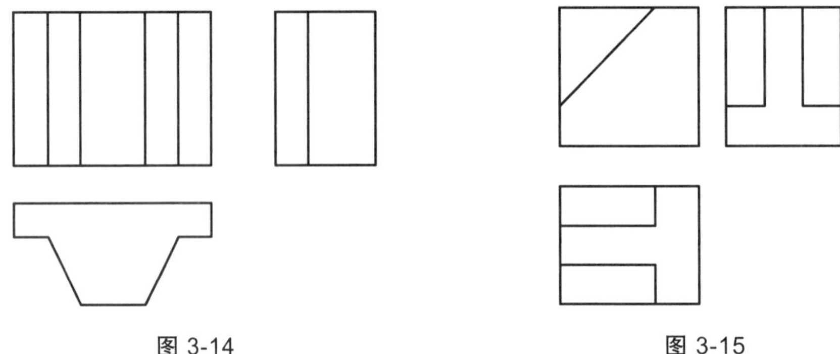

图 3-14　　图 3-15

7. 补画缺漏的图线后的组合体视图如图 3-16 所示。

8. 补画缺漏的图线后的组合体视图如图 3-17 所示。

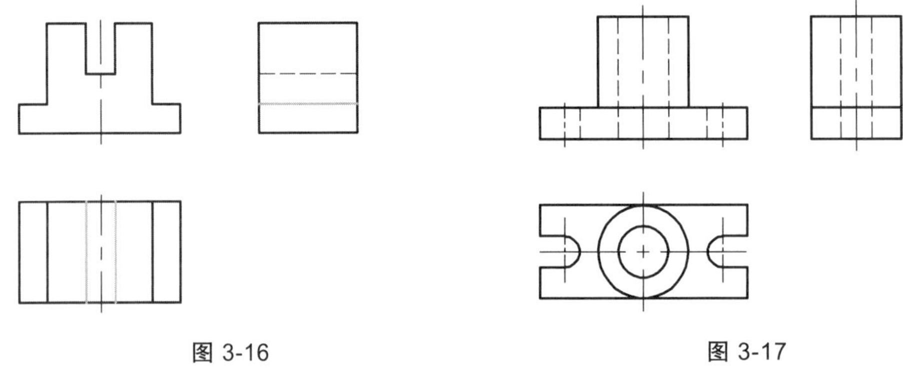

图 3-16　　图 3-17

9. 补画缺漏的图线后的组合体视图如图 3-18 所示。

10. SS_{4B} 型电力机车辅助压缩机供风时，受电弓控制管路原理图如图 3-19 所示。

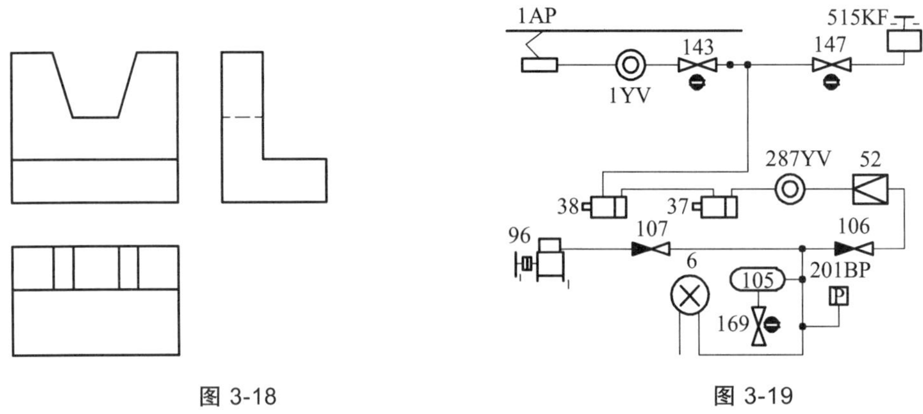

图 3-18　　图 3-19

11. 神华号交流电力机车升弓管路原理如图 3-20 所示。

12. SS_{4B} 型电力机车撒砂控制原理如图 3-21 所示。

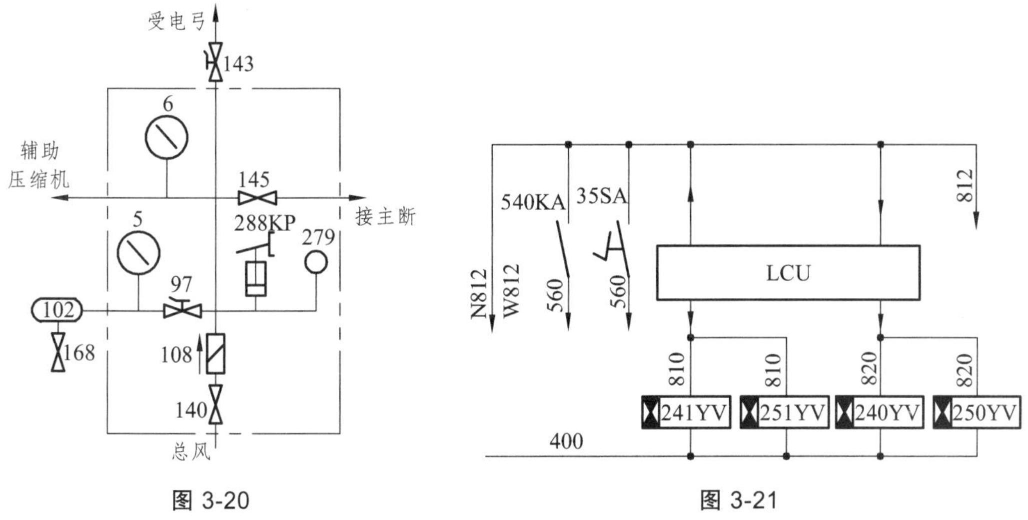

图 3-20　　图 3-21

13. SS_{4B} 型电力机车紧急制动时自动选择切除动力原理如图 3-22 所示。

14. 空气制动阀在不同工况下的各个位置的气路关系如图 3-23 所示。

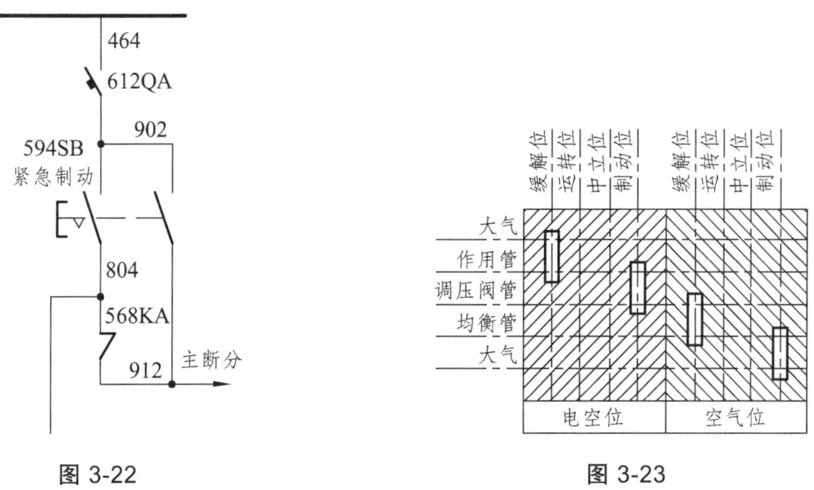

图 3-22　　图 3-23

15. 重联阀 93 的气路关系如图 3-24 所示。

16. 转换阀 153 的气路关系如图 3-25 所示。

17. 转换阀 154 的气路关系如图 3-26 所示。

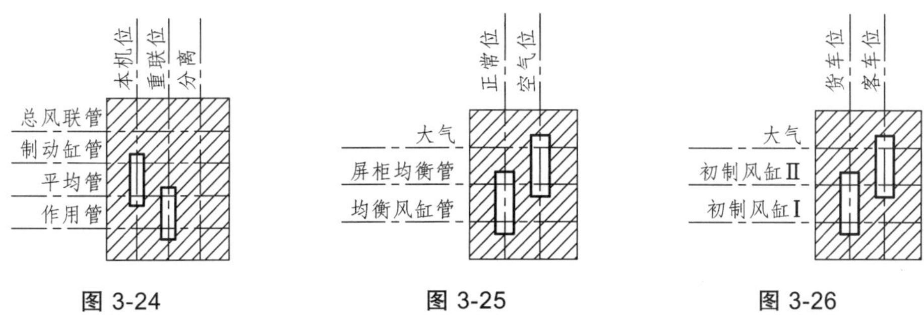

图 3-24　　图 3-25　　图 3-26

18. 电-空阀的结构示意如图 3-27 所示。

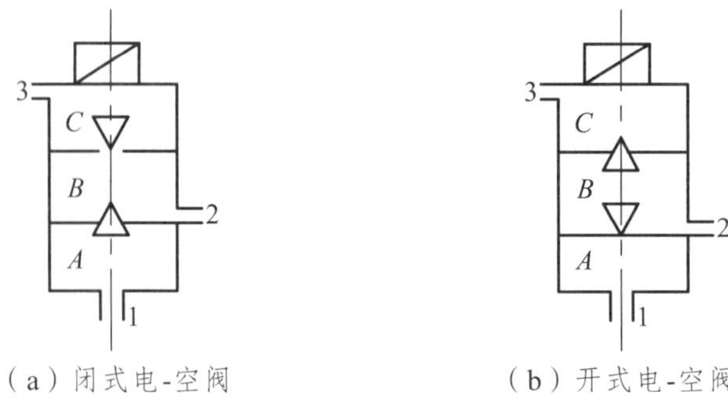

图 3-27

A—下气室；*B*—中气室；*C*—上气室；1—进风口；2—出风口；3—排风门

19. 神华号交流电力机车停放制动管路原理图如图 3-28 所示。

20. 神华号交流电力机车主压缩机启停控制原理图如图 3-29 所示。

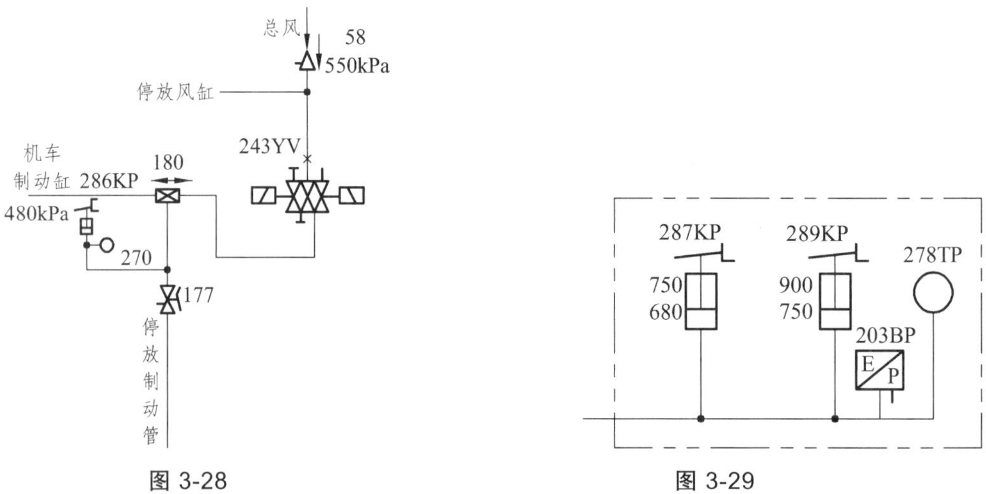

图 3-28 图 3-29

高级

21. 神华号交流电力机车均衡风缸控制管路原理图如图 3-30 所示。

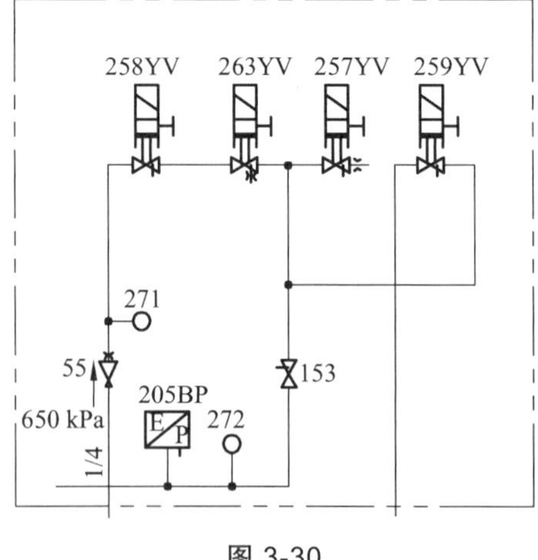

图 3-30

七、计算题

1. 解：已知 $z_1 = 20$，$z_2 = 50$，$a = 210$ mm

$$a = \frac{1}{2}(z_1 + z_2)m$$

$$m = 2a/(z_1 + z_2) = (210 \times 2)/(20 + 50)$$

$$= 420/70 = 6\ (\text{mm})$$

$$d_1 = m \cdot z_1 = 6 \times 20 = 120\ (\text{mm})$$

$$d_2 = m \cdot z_2 = 6 \times 50 = 300\ (\text{mm})$$

答：第一个齿轮分度圆直径为 120 mm；第二个齿轮分度圆直径为 300 mm。

2. 解：由 $n_1/n_2 = z_2/z_1$ 可得

$$z_2 = n_1 \cdot z_1/n_2 = (120 \times 17)/30 = 68$$

答：从动轮齿数为 68。

3. 解：对于 GK 型车辆制动机，其副风缸与制动缸的容积比为 $V_f/V_z = 3.25$，于是有：

$$P_1 = 3.25r - 100$$

（1）当 $r = 50$ kPa 时，$P_1 = 3.25r - 100 = 62.5$（kPa）

（2）当 $r = 140$ kPa 时，$P_1 = 3.25r - 100 = 355$（kPa）

答：当制动管减压量分别为 50 kPa 和 140 kPa 时，车辆制动缸压力分别为 62.5 kPa 和 355 kPa。

4. 解：按照其作用原理，根据波义耳-马略特定律，经必要的参数修正后得到下式：

$$P_1 = P_r = 2.6r$$

（1）当 $r = 50$ kPa 时，$P_1 = 2.6r = 2.6 \times 50 = 130$（kPa）;

（2）当 $r = 140$ kPa 时，$P_1 = 2.6r = 2.6 \times 140 = 364$（kPa）。

答：列车制动管减压量为 50 kPa、140 kPa、时制动缸压力分别为 130 kPa、364 kPa。

5. 解：（1）重车位计算公式：

$$P_z = 2.6r - 10 = 2.6 \times 120 - 10 = 302\ (\text{kPa})$$

（2）空车位计算公式：

$$P_k = 0.54P_z = 0.54 \times 302 = 163\ (\text{kPa})$$

答：制动缸压力：空车位为 163 kPa，重车位为 302 kPa。

6. 解：实践证明，GK 型车辆制动机只有制动缸压力达到 35 kPa 以上时，才足以克服制动缸弹簧对活塞的背压以及各种摩擦等阻力，产生有效的制动作用。所以有：

$$P_{1\,\min} = 35\ \text{kPa}$$

将 $P_{1\,\min}$ 值代入式 $P_1 = 3.25r - 100$ 中可得：

$$P_{1\,\min} = 3.25r_{\min} - 100$$

所以 $$r_{\min} = 41.5\ (\text{kPa})$$

以上计算结果说明：当制动管减压量小于 41.5 kPa 时，GK 型车辆制动机不足以产生有效制动。

7. 解：（1）设作用管的容积为 V_1，则

$$V_1 = \pi d^2 l/4 = 3.14 \times (10 - 1.5 \times 2)2 \times 15/(4 \times 1\,000) \approx 0.58\ (\text{L})$$

（2）作用室总容积为 V_2。

$$V_2 = V_1 + V_0$$

（3）根据气态方程 $P_1 \times V_1 = P_2 \times V_2$，则

$$V_e \times P_r = V_2 \times P_2$$

式中 V_e——压力室容积；V_2——作用室容积；P_r——压力室减压量；P_2——作用室压力。

（4）根据题设 $P_2 = 2.5P_r$，则

$$V_0 = V_2 - V_1 = 3.6 - 0.58 = 3.02\text{（L）}$$

答：作用风缸的容积应为 3.02 L。

8. 解：（1）设制动缸活塞推力为 F_t，则有

$$F_t = P_z \cdot S = P_z \times \pi d^2/4 = 350 \times \pi \times (0.356)^2/4 = 34.8\text{（kN）}$$

（2）实际闸瓦压力 K 为

$$K = \beta \cdot \eta \cdot F_t = 9.26 \times 0.9 \times 34.8 = 290\text{（kN）}$$

（3）全车制动倍率 δ 为

$$\delta = \sum K \Big/ \sum Q = 290/(18.2 \times 10 + 61 \times 10) = 36.6\%$$

答：制动缸活塞推力 $F_t = 34.8$ kN；实际闸瓦压力 $K = 290$ kN；全车制动率 $\delta = 36.6\%$。

9. 解：实施紧急制动时制动缸压力为 450 kPa，则机车闸瓦总压力为

$$\sum K = m \times P_r \times \eta \times \beta$$

其中

$$P_r = P_z \times \pi d^2/4$$
$$= 450 \times 3.14 \times (0.178)^2/4 = 11.2\text{（kN）}$$

故

$$\sum K = m \times P_r \times \eta \times \beta$$
$$= 16 \times 11.2 \times 2.85 \times 0.85 = 434.1\text{（kN）}$$

机车紧急制动时的制动率为：

$$\delta = \sum K \Big/ \sum Q = 434.1/(184 \times 10) = 23.6\%$$

答：机车紧急制动时的制动率为 23.6%。

10. 解：空走距离 $S_K = v_0 t_k/3.6 = 80 \times 14.36/3.6 = 391.1$（m）

制动距离：$S_Z = S_K + S_e = 391.1 + 719.9 = 1\,039.0$（m）

答：空走距离为 391.1 m，制动距离为 1 039.0 m。

11. 解：根据公式 $t_n = (1.3 + 0.045n) \times (1 - 0.05i)$

式中 n——编组辆数，$n = 55$；

i——加算坡道值，下坡道为负值，$i = -10$。

所以空走时间

$$t_n = (1.3 + 0.045 \times 55) \times [1 - 0.05 \times (-10)]$$
$$= 3.775 \times 1.5 = 5.7\text{（s）}$$

答：制动空走时间为 5.7 s。

12. 解：列车启动全阻力为

$$W_q = [(P \cdot w'_q + G \cdot w''_q) + i_q \cdot (P + G)] \times g \times 10^3$$
$$= [(138 \times 5 + 3\,500 \times 3.5) + 0 \times (138 + 3\,500)] \times 9.81 \times 10^3$$
$$\approx 376.8\text{（kN）}$$

答：列车总全阻力为 376.8 kN。

13．解：根据公式 $v_t = v_0 + at$，则有

$$a = (v_t - v_0)/t$$

式中　v_0——初速度，$v_0 = 0$；

v_t——末速度，$t = 54\ \text{km/h} = 15\ \text{m/s}$；

t——加速时间，$t = 5 \times 60 = 300\ \text{s}$

所以
$$a = (15 - 0)/300 = 0.05\ (\text{m/s}^2)$$

又根据公式 $F = ma$，其中 $F = P - P_0$，

所以
$$P - P_0 = ma$$

由于运行阻力 $P_0 = 0.005G$，运行质量 $m = G/g$，则牵引力

$$\begin{aligned} P &= 0.005G + Ga/g = G(0.005 + a/g) \\ &= 4\ 000 \times (0.005 + 0.05/10) \\ &= 40\ (\text{tf}) = 400\ (\text{kN}) \end{aligned}$$

答：机车的牵引力为 400 kN。

14．解：根据制动倍率公式 $\beta = \sum K / P_r$，则

总闸瓦压力
$$\sum K = \beta \times P_r$$

其中
$$P_r = P_z \times \pi d^2/4 = 350 \times (0.305)^2 \pi/4 = 25.56\ (\text{kN})$$

故
$$\sum K = 8.4 \times 25.56 = 214.7\ (\text{kN})$$

答：可产生总闸瓦压力为 214.7 kN。

15．解：（1）制动缸活塞推力 P_t。

$$\begin{aligned} P_t &= \pi d_z^2/4 \cdot P_z \\ &= \pi \times (0.356)^2/4 \times 350 = 34.8\ (\text{kN}) \end{aligned}$$

（2）实际闸瓦压力 K。

$$K = \beta \times \eta \times P_t = 8.04 \times 0.9 \times 34.8 = 252\ (\text{kN})$$

答：制动缸推力为 34.8 kN，实际闸瓦压力为 252 kN。

16．解：（1）实施常用全制动时，列车制动管减压 140 kPa，制动缸压力为 350 kPa，则机车闸瓦总压力为：

$$\sum K = m \times P_r \times \eta \times \beta$$

其中
$$\begin{aligned} P_r &= P_z \times \pi d^2/4 \\ &= 350 \times 3.14 \times (0.203)^2/4 = 11.3\ (\text{kN}) \end{aligned}$$

故
$$\begin{aligned} \sum K &= m \times P_r \times \eta \times \beta \\ &= 8 \times 11.3 \times 3.5 \times 0.85 = 269.5\ (\text{kN}) \end{aligned}$$

（2）实施紧急制动时制动缸压力为 450 kPa，则机车闸瓦总压力：

$$\begin{aligned} \sum K &= m \times P_r \times \eta \times \beta \\ &= 8 \times 450 \times 3.14 \times (0.203)^2 \div 4 \times 3.5 \times 0.85 \\ &= 346.5\ (\text{kN}) \end{aligned}$$

【实作技能】

实作1　定位板的制作

一、准备通知单

1. 材料、设备、工具准备

序号	名称	规格	数量	备注
1	Q235 钢板	54 mm×54 mm×4 mm	1 块/人	
2	台式钻床	ϕ2 mm ~ ϕ13 mm	1 台	精度 2 级
3	划线平台		1 台	
4	方箱		1 个	
5	钳台		1 台	
6	台虎钳		1 台	
7	锉刀	中扁锉、中方锉	各 1 把	
8	划规		1 个	
9	划针		1 个	
10	手锤		1 把	
11	样冲		1 个	
12	手用铰刀	ϕ8 mm	1 把	
13	活络铰手		1 把	
14	锯弓锯条	300 mm	1 副	锯条适量备用
15	游标卡尺	0 ~ 150 mm	1 把	精度 0.02
16	钻头	ϕ7.9 mm	1 个	
17	高度游标尺	0 ~ 300 mm	1 把	精度 0.02
18	外径千分尺	0 ~ 25 mm 25 ~ 50 mm	各 1 把	精度 0.02
19	矩形角尺	100 mm×63 mm	1 把	精度 1 级
20	直钢尺	0 ~ 150 mm	1 把	

高级

2. 图样（见图 3-31）

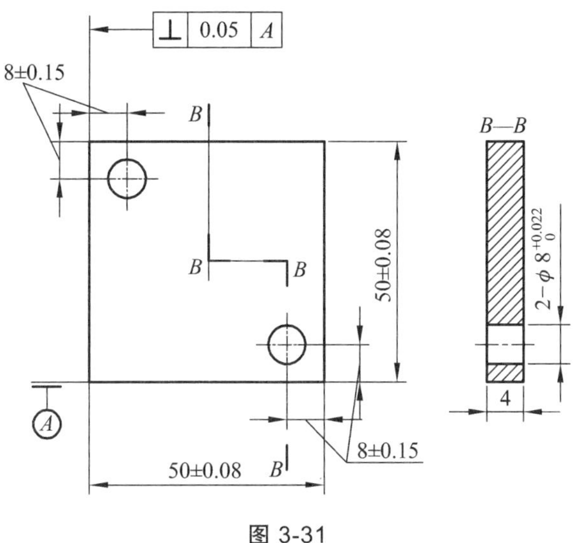

图 3-31

二、考核内容及要求

1. 考核内容：定位板的制作

2. 分值：100 分

3. 考核时间

（1）准备时间：10 min；

（2）正式操作时间：180 min；

（3）规定时间内全部完成，每超时 1 min，从总分中扣 2 分；总超时 10 min，停止作业。

4. 工作时要求工件、工/量/卡具摆放整齐，正确使用工/卡/量具。

三、操作要领及要求

1. 在准备时间内，对材料、设备、工具、场地进行清点、检查，看是否符合本题所给定的条件。

2. 划线、打样冲眼：以钢板两相邻直角边为基准，用划针划定位板轮廓线，打样冲眼。

3. 锯切：注意留出锉削加工余量。

4. 锉削：使各加工面达规定技术要求。

四、操作安全注意事项

1. 操作时应穿戴工作服，做好必要的安全防护措施。

2. 必须按安全操作规程进行作业。

3. 工作完毕后，收放好工具、量具，擦洗设备，清理工作台及工作场所，精密量具应仔细擦净存放在盒子里。

五、考核评分标准

序号	项目	配分	考核内容及评分标准
1	准备工作	10 分	1. 按规定穿戴劳动保护用品，否则每项扣 5 分
			2. 材料、工具准备齐全，能满足本次考试需求，否则每少一件扣 5 分
2	操作技能	70 分	1. 尺寸精度 50±1 mm 两项，每超时差一项扣 10 分
			2. 尺寸精度 8±1 mm 四项，每超时差一项扣 5 分
			3. 尺寸精度 2-$\phi 8_{0}^{+0.022}$ mm，每超时差一项扣 10 分
			4.. 垂直公差 0.05 mm，超差扣 10 分
			5. 超过时间者，每分钟扣 2 分，总超时 10 min，停止作业
3	工具设备使用	10 分	1. 开工前不检查工、量具及设备，收工时不清理工作现场，每处扣 3 分
			2. 工、量具及设备使用不当，每处扣 3 分
			3. 工、量具脱落，每次扣 3 分
			4. 工具、量具使用、保养不当造成损坏失格
4	安全生产及其他	10 分	1. 作业过程中发生人身轻伤及以上事故失格
			2. 违章或违反安全事项，每处扣 5 分
			3. 违反考试纪律或不服从裁判自行中断考试失格
			4. 工作场地不整洁，工件、工具摆放不整齐，每处扣 2 分
总成绩 = 1 + 2 + 3 + 4 =			

实作 2 重联阀检修及试验

一、准备通知单

1. 材料准备

序号	名称	规格	数量	备注
1	重联阀		1 个	待修
2	O 形密封圈		自定	满足需要
3	弹簧		若干	满足需要
4	硅脂		适量	
5	清洗剂		适量	
6	白布		1 张	
7	毛刷		1 把	
8	水砂纸	00 号	2 张	
9	清洗盘		1 个	
10	记名检修本		1 本	
11	中性笔		1 支	

2. 设备准备

序号	名称	规格	数量	备注
1	制动机试验台		1 台	DK-1 型

3. 工具、量具、刃具准备

序号	名称	规格	数量	备注
1	常用钳工工具		1 套	
2	挡圈钳		1 把	
3	油石		1 块	
4	专用扳手		1 套	
5	通针		1 只	
6	游标卡尺	0 ~ 150 mm	1 把	精度 0.02
7	外径千分尺		1 把	
8	内径千分尺		1 把	
9	钢直尺	150 mm	1 只	
10	胶木棒		1 个	

二、考核内容及要求

1. 考核项目：重联阀检修及试验

2. 分值：100 分

3. 考核时间

（1）准备时间：5 min；

（2）正式操作时间：55 min；

（3）规定时间内全部完成，每超时 1 min，从总分中扣 2 分；总超时 7 min，停止作业。

4. 按要求填写记名检修记录。

三、技术标准

1. 各部无泄漏，各作用位作用良好。柱塞及套不许有拉伤，弹簧不许有严重锈蚀、断裂及永久变形。

2. 橡胶元件不许有老化、裂损、变形。

3. 各部件清洗清洁，各通路畅通。

4. 重联阀试验

（1）本机位通路实验：

① 平均管应与闸缸同步上升下降；

② 作用管不应与闸缸同步上升下降。

（2）本机断钩试验：

① 闸缸压力应不随平均管压力变化；

② 平均管压力应不随闸缸压力变化；

③ 作用管压力均不发生变化。

高级

（3）补机位试验：

① 作用管压力应与平均管压力同步升降；

② 闸缸压力不与平均管同步升降。

（4）补机位断钩试验：作用管压力应不与平均管同步升降。

四、操作工序及要求

1. 解体前检查

解体前在检修工作台上进行外观检查，阀体应无裂损、变形、锈蚀，不良处应作记录。

2. 解体

（1）分解重联阀部分：

① 用呆扳手拆下重联阀上盖螺母、下盖螺母，取出重联阀弹簧；

② 用用挡圈钳取出弹性挡圈；

③ 取出止回阀弹簧和止回阀，取出活塞杆。

（2）解体遮断阀部分：用呆扳手拆下遮断阀上盖螺母、下盖螺母，取出活塞杆，取出遮断阀弹簧，取出止回阀弹簧，取出止回阀。

（3）解体转换阀部分：

① 用螺丝刀拧下指示牌螺钉，取出转换按钮，取出偏芯杆；

② 用挡圈钳取出弹性挡圈；

③ 取出柱塞。

3. 清洗

将解体后的零件，除橡胶件外（包括阀体）置油盘中，用清洗剂清洗。清洗后再用压缩空气吹扫干净，对阀体内部各暗孔、沟槽须认真吹扫，内部不得有残余油垢及异物。吹扫干净的零件按拆卸顺序依次摆放在洁净的工作台面上待查。

4. 检修

（1）更换各橡胶件，检查各橡胶件应无老化、裂损等现象。

（2）外观检查各弹簧，不许有裂损、变形及损伤，压缩弹性应良好，否则应更新。

（3）外观检查各阀状态，不许有拉伤，接触面应良好，如有轻微损伤可用白布涂上擦桐油进行研磨。

（4）外观检查各活塞杆，不许有裂纹、变形、弯曲，否则应更新。

（5）检查各活塞与套应无拉伤、偏磨现象，其相互间的配合应符合技术要求。

5. 组装

（1）给各柱塞及相应的套上套装 O 形圈，并涂一薄层润滑脂，检查 O 形圈不得歪扭。

（2）将凸轮间隔套装好，插入手柄转轴。

（3）依次按照与解体的相反次序组装空气制动阀，注意不要将凸轮位置装错。

6. 试验

组装好的空气制动阀应在试验台上进行试验，各项试验数据应符合基本技术要求。

试验序号	试验目的	试验方法	技术要求
1	试验准备	重联阀置试验位	
2	本机位通路断钩试验	1. 将重联阀置于本机位，将运转/断钩开关扳钮置运转位，交替按压闸缸充、排按钮，观察平均管压力变化； 2. 观测作用管压力	1. 平均管应与闸缸同步上升下降 2. 作用管不应与闸缸同步上升下降
3	本机断钩试验	将运转/断钩开关扳钮置于断钩位： 1. 若平均管和闸缸均有压力，按压平均排按钮，使平均管压力下降，观测闸缸压力变化； 2. 若平均管和闸缸均没有压力，按压闸缸充按钮，使闸缸压力上升，观测平均管压力变化； 3. 在进行上述两个试验步骤时观察作用管压力变化	1. 闸缸压力应不随平均管压力变化； 2. 平均管压力应不随闸缸压力变化； 3. 作用管压力均不发生变化
4	补机位通路实验	重联阀置于补机位，将运转/断钩开关扳钮置于运转位： 1. 交替按压平均充/平均排按钮，观察作用管压力变化； 2. 观测闸缸压力	1. 作用管压力应与平均管压力同步升降； 2. 闸缸压力不与平均管同步升降
5	补机位断钩试验	在平均管及作用管均有压力的情况下，将运转/断钩开关扳钮置于断钩位，按压平均排按钮，使平均管压力下降，观测作用管压力变化	作用管压力应不与平均管同步升降

五、安全注意事项

1. 检修时应穿戴工作服，做好必要的安全防护措施。

2. 必须按检修规程进行检修。

3. 在试验台上拆装配件时，首先关闭相应的截断塞门，排净部件及相应管路内的余压后再进行拆卸。

4. 给电或给风试验须两人以上进行，一人试验，一人监护。遇到异常情况时，应首先切断电源或风源，以防事态扩大。

5. 工作场地应确保清洁，无油垢、杂物和障碍物，场地平整，有足够的照明和通风设备。

六、考核评分标准

序号	项目	配分	考核内容及评分标准
1	准备工作	10 分	1. 按规定穿戴劳动保护用品，否则每项扣 5 分
			2. 材料、工具准备齐全，能满足本次考试需求，否则每少一件扣 5 分
2	操作技能	70 分	1. 操作、检查、测量、调整方法正确，不当或错误每处扣 4 分
			2. 工序错误，每处扣 5 分
			3. 漏拆、漏检、漏修、漏测，每处扣 5 分
			4. 试验台测试、检测泄漏，每处扣 4 分
			5. 试验漏项 ，每项扣 5 分
			6. 试验未达到使用技术条件标准，每处扣 6 分

续表

序号	项目	配分	考核内容及评分标准
2	操作技能	70分	7. 零部件脱落损伤，每处扣4分
			8. 口述内容有遗漏、错误，每处扣4分
			9. 工作中返工，每项扣10分
			10. 作业后未按要求恢复、整理；记名检修漏填、错填，每处扣2分
			11. 按工艺要求，质量不符合规定，每处扣4分
			12. 超过时间者，每分钟扣2分；总超时7 min，停止作业
3	工具设备使用	10分	1. 开工前不检查工/量具及设备，收工时不清理，每处扣3分
			2. 工/量具及设备使用不当，每处扣3分
			3. 工/量具脱落，每次扣3分
			4. 工具、量具使用、保养不当造成损坏失格
4	安全生产及其他	10分	1. 作业过程中发生人身轻伤及以上事故失格
			2. 违章或违反安全事项，每处扣5分
			3. 违反考试纪律或不服从裁判自行中断考试失格
			4. 工作场地不整洁，工件、工具摆放不整齐，每处扣2分
总成绩=1+2+3+4=			

实作3　109分配阀检修及试验

高级

一、准备通知单

1. 材料准备

序号	名称	规格	数量	备注
1	109分配阀		1个	待修
2	O形密封圈		自定	满足需要
3	橡胶膜板		2个	
4	弹簧		若干	满足需要
5	硅脂		适量	
6	清洗剂		适量	
7	白布		1张	
8	毛刷		1把	
9	研磨膏		1盒	
10	水砂纸	00号	2张	
11	硅油		适量	
12	记名检修本		1本	
13	中性笔		1支	

2. 设备准备

序号	名称	规格	数量	备注
1	制动机试验台		1 台	DK-1 型

3.工具、量具、刃具准备

序号	名称	规格	数量	备注
1	游标卡尺	0～150 mm	1 把	精度 0.02
2	钢直尺	150 mm	1 只	
3	内径千分尺		1 把	
4	外径千分尺		1 把	
5	常用钳工工具		1 套	
6	一字螺丝刀	100 mm	1 把	
7	油石		1 块	
8	专用扳手		1 套	
9	通针		1 只	
10	清洗盘		1 个	
11	样冲		1 个	

二、考核内容及要求

1. 考核项目：109 分配阀检修及试验

2. 分值：100 分

3. 考核时间

（1）准备时间：10 min；

（2）正式操作时间：90 min；

（3）规定时间内全部完成，每超时 1 min，从总分中扣 2 分；总超时 7 min，停止作业。

4. 正确使用工/卡/量具。

5. 按要求填写记名检修记录。

三、检修技术标准

1. 各部无泄漏，各作用位作用良好，柱塞及套不许有拉伤，弹簧不许有严重锈蚀、断裂及永久变形。

2. 橡胶元件不许有老化、裂损、变形。

3. 各部件清洗清洁，各通路畅通。

4. 分配阀试验

（1）充气、缓解位：当制动管缓解时（风压 600 kPa），工作风缸风压由 0 升至 580 kPa 的时间为 60～80 s。

（2）初制动位：分配阀初制动位列车制动管的减压量不大于 20 kPa。

（3）全制动时制动缸升压时间为 5 ~ 7 s。

（4）紧急位：紧急制动后制动缸压力升至 400 kPa 时间不大于 4 ~ 7 s。

（5）安全阀开启压力为（450 ± 10）kPa。

5. 限度表

序号	名称	中修限度
1	各阀口磨耗量不大于（mm）	0.5
2	紧急增压阀与套，均衡阀杆与套的配合间隙不大于（mm）	0.20
3	均衡阀压痕深度不大于（mm）	0.5
4	弹簧自由高度较原形高度的减少量应满足	
	增压阀弹簧和均衡阀弹簧不大于（mm）	3.0
	速动弹簧不大于（mm）	2.0
	节制阀弹簧不大于（mm）	1.5
	安全阀调整弹簧不大于（mm）	2.0

四、操作工序及要求

1. 解体前检查

解体前在检修工作台上进行外观检查，阀体应无裂损、变形、锈蚀，不良处应作记录。

2. 解体

（1）卸下主阀上盖，抽出主活塞杆组成及滑阀，并分解。

（2）卸下均衡阀后盖，抽出均衡活塞杆组成并分解。

（3）卸下均衡阀上盖，抽出滤尘套及均衡阀组成并分解。

（4）卸下阀盖，抽出增压阀杆及弹簧。

（5）分解安全阀。

3. 清洗

将解体后的零件，除橡胶件外（包括阀体）置油盘中，用清洗剂清洗。清洗后再用压缩空气吹扫干净，对阀体内部各暗孔、沟槽须认真吹扫，内部不得有残余油垢及异物。吹扫干净的零件按拆卸顺序依次摆放在洁净的工作台面上待查。

4. 检修

（1）更换各橡胶件，检查各橡胶件应无老化、裂损等现象。

（2）检查各阀与套应无拉伤、偏磨现象，其相互间的配合应符合技术要求。紧急增压阀与套、均衡阀杆与套的配合间隙不大于 0.2 mm。

（3）检查均衡阀口应无台阶、麻坑，不良者可磨修，磨修量须符合技术要求。

（4）均衡阀压痕深度超过 0.5 mm 应更换，轻微压痕可用砂布打磨消除。

（5）检查各弹簧应无裂损和严重锈蚀，其自由高度较原形高度的减少量：增压阀弹簧和均衡阀弹簧应<3.0 mm，递动弹簧<2.0 mm，节止阀弹簧<1.5 mm；各弹簧自由高度为：

均衡阀弹簧：40 mm；

增压阀弹簧：53 mm；

递动稳定弹簧：34.5 mm；

节制阀弹簧：14 mm。

（6）节制阀与滑阀、滑阀与座应密闭良好，不良者可研磨处理。

（7）检查各缩堵及暗道应畅通，分配阀有 4 个缩孔，缩孔Ⅰ～Ⅲ均为ϕ0.8 mm，缩孔Ⅳ为ϕ1 mm。

（8）检查安全阀阀体与阀座的接触状态应良好，接触不良可研磨修复。

（9）检查安全阀体导向部分与阀套径向间隙应符合技术要求。

5. 组装

（1）组装前对合格配件进行整洁处理，用洁净白布擦拭干净后，再用压缩空气吹净残余纤维毛。

（2）在阀体内壁涂美孚脂。

（3）在有相对运动的零件表面涂适量的美孚脂。

（4）按与分解相反的顺序进行组装，在组装过程中按动各活塞杆，动作应灵活，无卡滞现象。

（5）安全阀组装后需拧紧顶部螺帽。

6. 试验

组装好的分配阀必须在试验台上进行实验，各项试验须符合技术要求：

（1）试验准备：总风压力应在 700 kPa 以上，调压阀调到 600 kPa。

（2）充气和充气位试验：手把置充气位，工作风缸压力上升，充至定压。

① 工作风缸风压由 0 升至 580 kPa 的时间为 60～80 s；

② 用肥皂水检查结合部及排气口漏泄，允许肥皂水少许鼓泡保持 5 s 内不破。

（3）缓解、制动灵敏度及保压试验：手把移至运转位，待工作风缸充至定压后，手把置制动位，减压 40 kPa 后，保压 60 s 然后移缓解，保压时用肥皂水检查各排气口及结合部漏泄。

① 制动灵敏度：应在制动管减压 20 kPa 以前起制动作用；

② 制动保压漏泄：保压时各结合部不得漏泄，排气口允许肥皂水少许鼓泡，且 5 s 内不破灭，保压 60 s 内不得发生自然缓解；

③ 缓解灵敏度：手把运转位，应在 15 s 内开始缓解。

（4）全缓解试验：将工作风缸充至定压后，减压 140 kPa 再保压，到缓解。

① 容积风缸压力从 0 上升至 340 kPa 的时间应小于 6 s；

② 容积风缸压力从 360 kPa 下降至 40 kPa 的时间应小于 6 s；

③ 制动缸压力应随容积风缸压力下降，两者压差不超过 25 kPa。

（5）紧急增压试验：待工作风缸充至定压后，将制动管压力空气排尽。当制动管压力降至 250 kPa 时，容积风缸压力应继续上升，容积风缸压力从零上升到 400 kPa 的时间应在 9 s 之内。

（6）均衡部保压位漏泄试验：将工作风缸充至定压后再减压，当容积风缸压力上升至 200～300 kPa 后，保压检查结合部和排气口：

① 制动缸压力应紧随容积风缸压力同时上升，两者压差不超过 10 kPa；

② 各结合部、排气口不漏泄。

（7）自动补风灵敏度试验：使制动缸压力降低 20 kPa 后关闭排风塞门，制动缸压力应恢复至原有压力。

五、操作安全注意事项

1. 检修时应穿戴工作服，做好必要的安全防护措施。

2. 必须按检修规程进行检修。

3. 在试验台上拆装配件时，首先关闭相应的截断塞门，排净部件及相应管路内的余压后再进行拆卸。

4. 给电或给风试验须两人以上进行，一人试验，一人监护。遇到异常情况时，应首先切断电源或风源，以防事态扩大。

5. 工作场地应确保清洁，无油垢、杂物和障碍物，场地平整，有足够的照明和通风设备。

六、考核评分标准

序号	项目	配分	考核内容及评分标准
1	准备工作	10 分	1. 按规定穿戴劳动保护用品，否则每项扣 5 分
			2. 材料、工具准备齐全，能满足本次考试需求，否则每少一件扣 5 分
2	操作技能	70 分	1. 操作、检查、测量、调整方法正确，不当或错误每处扣 4 分
			2. 工序错误，每处扣 5 分
			3. 漏拆、漏检、漏修、漏测，每处扣 5 分
			4. 试验台测试、检测泄漏，每处扣 4 分
			5. 试验漏项 ，每项扣 5 分
			6. 试验未达到使用技术条件标准，每处扣 6 分
			7. 零部件脱落损伤，每处扣 4 分
			8. 口述内容有遗漏、错误，每处扣 4 分
			9. 工作中返工，每项扣 10 分
			10. 作业后未按要求恢复、整理；记名检修漏填、错填，每处扣 2 分
			11. 按工艺要求，质量不符合规定，每处扣 4 分
			12. 超过时间者，每分钟扣 2 分；总超时 7 min，停止作业
3	工具设备使用	10 分	1. 开工前不检查工/量具及设备，收工时不清理，每处扣 3 分
			2. 工/量具及设备使用不当，每处扣 3 分
			3. 工/量具脱落，每次扣 3 分
			4. 工具、量具使用、保养不当造成损坏失格
4	安全生产及其他	10 分	1. 作业过程中发生人身轻伤及以上事故失格
			2. 违章或违反安全事项，每处扣 5 分
			3. 违反考试纪律或不服从裁判自行中断考试失格
			4. 工作场地不整洁，工件、工具摆放不整齐，每处扣 2 分
总成绩＝1＋2＋3＋4＝			

实作 4　空气制动阀检修及试验

一、准备通知单

1. 材料准备

序号	名称	规格	数量	备注
1	空气制动阀		1 个	待修
2	各种胶圈		自定	满足需要
3	排气阀胶垫		1 个	
4	各种弹簧		各 5 个	
5	硅脂		适量	
6	清洗剂		适量	
7	白布		1 张	
8	毛刷		1 把	
9	清洗盘		1 个	
10	记名检修本		1 本	
11	中性笔		1 支	

2. 设备准备

序号	名称	规格	数量	备注
1	制动机试验台		1 台	DK-1 型

3. 工具、量具、刃具准备

序号	名称	规格	数量	备注
1	游标卡尺	0～150 mm	1 把	精度 0.02
2	呆扳手	13 mm	1 把	
3	呆扳手	16～18 mm	1 把	
4	呆扳手	30～32 mm	1 把	
5	一字螺丝刀	100 mm	1 把	
6	十字螺丝刀	100 mm	1 把	
7	通针		1 只	
8	内六方	6 mm	1 个	
9	胶木棒		1 个	
10	尖嘴钳		1 把	
11	钢直尺	150 mm	1 只	
12	万用表		1 只	

二、技能操作试题

1. 考核项目：空气制动阀检修及试验

2. 分值：100 分

3. 考核时间

（1）准备时间：10 min；

（2）正式操作时间：40 min；

（3）规定时间内全部完成，每超时 1 min，从总分中扣 2 分；总超时，7 min，停止作业。

4. 正确使用工/卡/量具。

5. 按要求填写记名检修记录。

三、检修技术标准

1. 各部无泄漏，各作用位作用良好。柱塞及套不许有拉伤，弹簧不许有严重锈蚀、断裂及永久变形。

2. 橡胶元件不许有老化、裂损、变形。

3. 各部件清洗清洁，各通路畅通。

4. 电-空制动转换扳钮及电联锁，按电器部件检修规定执行。

空气制动阀检修限度表

序号	名称	中修限度
1	各弹簧自由高度较原形的减少量不大于（mm）	2.0
2	手把轴凸轮方孔的配合间隙不大于（mm）	0.5
3	制动阀各柱塞磨耗量不大于（ mm）	0.5
4	顶杆长度较原形减少不大于（ mm）	2.0
5	凸轮工作表面平均磨耗量不大于（ mm）	0.5

四、操作工序及要求

1. 解体前检查

（1）外观检查空气制动阀，应无裂损，各标志应清晰、齐全。

（2）转动操纵手柄置各位置，应灵活。

2. 解体

（1）卸下接线盒盖，使电器组件与凸轮盒分离。

（2）分离阀体与凸轮盒，检查凸轮工作面磨耗情况，不良处所作记录，重点检修。

（3）松下防动柱塞，拆下转换柱塞尾盖，抽出转换柱塞及柱塞套。

（4）抽出定位柱塞及弹簧。

（5）拆下手柄盖、手柄座凸轮盒上盖。

（6）拆下手柄转轴，依次取出凸轮、间隔套。

（7）拆下单独缓解阀（即排风阀）及弹簧。

3. 清洗

将解体后的零件，除橡胶件外（包括阀体）置油盘中，用清洗剂清洗。清洗后再用压缩空气吹扫干净，对阀体内部各暗孔、沟槽须认真吹扫，内部不得有残余油垢及异物。吹扫干净的零件按拆卸顺序依次摆放在洁净的工作台面上待查。

4. 检修

（1）电器组件：

① 微动开关与接线端子的接线正确、紧固、线号清晰齐全；接线头裸线不宜过长，紧固螺钉不得滑扣；

② 微动开关动作可靠，微动开关和接线端子板安装牢固，外壳无裂损；

③ 安装座无电蚀、裂损，表面电蚀碳化物须用砂布或旧锯条消除，电蚀严重者须更新。

（2）柱塞阀体：

① 柱塞阀体无裂损，体内清洁、干燥，暗孔畅通；

② 支承转动灵活，转轴无弯曲、变形和明显磨损，开口销锁闭良好；支承与柱塞头磨合处磨耗量不大于 0.5 mm；

③ 柱塞与套配合间隙不大于 0.1 mm；与孔的配合间隙不大于 0.12 mm；柱塞无弯曲、变形，柱塞端触头镶接牢固，磨耗量不大于 0.5 mm；定位柱塞钢球铆接牢固，钢球转动灵活，不得松脱和固死；

④ 更换所有密封圈；

⑤ 各弹簧无锈蚀、断裂、变形，用游标卡尺测量各部弹簧高度，对不符合规定者更换；各部弹簧自由高度为：

作用柱塞弹簧：45 mm；

定位弹簧：43 mm；

转换柱塞定位弹簧：30 mm。

（3）凸轮盒：

① 凸轮无裂损，均匀磨耗量 0.5 mm；

② 方轴无弯曲、变形，定位止钉完好，方轴与凸轮方孔间隙不大于 0.2 mm，与手把座的方孔配合间隙不大于 0.3 mm，与轴套间不大于 0.5 mm；

③ 手把座无裂损，穿销无变形和严重磨损，开口销锁闭状态良好。定位丝扣和顶丝作用良好；

④ 排气阀胶口压痕均匀，无破损、松脱现象，对压痕不均或过深者，须用细砂布在平面上将阀口研磨平整，研磨后，胶口应略高于金属阀座，否则应更换排气阀；排气阀弹簧无锈蚀、断裂，自由高度 24.3 mm；

⑤ 顶杆无弯曲，顶杆在方轴中上下动作灵活，长度符合（135 ± 1）mm，顶杆磨损后，可在顶杆上部补焊，焊后锉修，长度符合要求，且不得有阻滞现象。

5. 组装

（1）给各柱塞及相应的套上套装 O 形圈，并涂一薄层润滑脂，检查 O 形圈不得歪扭。

（2）将凸轮间隔套装好，插入手柄转轴。

（3）依次按照与解体的相反次序组装空气制动阀，注意不要将凸轮位置装错。

6. 试验

组装好的空气制动阀应在试验台上进行试验，各项试验数据应符合基本技术要求。

（1）试验准备：被试制动阀安装在安装座上，转换至“电-空位”手把放制动位、开风源，调整调压阀使作用风缸的压力为 300 kPa。

（2）操纵作用风缸压力试验：

① 手把移缓解位，作用风缸排大气，作用风缸压力从 300 kPa 下降至 40 kPa 时间不超过 3.5 s，且压力能降为零；

② 作用风缸排零后，手把再放制动位，测作用风缸压力从零上升到 280 kPa 所需时间不超过 3.5 s；

③ 待作用风缸压力充至 300 kPa 后，手把移缓解位，同时下压手把作用风缸排大气，测作用风缸从 300 kPa 下降到 40 kPa 所需时间不超过 2.8 s，并能降到零；

④ 作用风缸排零后，手把再放到制动位，待作用风缸压力上升到 300 kPa 后，手把移缓解位，使作用风缸压力从 300 kPa 下降到 280 kPa 后，再将手把放至运转位，此时要求作用风缸保压 4 min，压力上升或下降值不超过 20 kPa，手把再移至中立位，要求作用风缸再保压 2 min，压力上升或下降不超过 10 kPa，然后下压手把，测定压力值下降至 40 kPa 所需时间不超过 2.8 s；

⑤ 作用风缸压力排尽后，手把恢复到缓解位，上述各位置试验时阀体各部不漏泄，均衡风缸不得进入压力空气；手把未下压时制动阀凸轮盒上的排气孔不得漏风。

（3）操纵均衡风缸压力试验：

① 试验准备：转换阀至“空气位”手把放缓解位，调整调压阀，使均衡风缸压力达 500 kPa；

② 手把移至制动位，测均衡风缸压力从 600 kPa 下降到 430 kPa 所需时间为 6 ~ 8 s；

③ 待均衡风缸压力空气排尽后，手把移缓解位，测均衡风缸压力从零上升到 550 kPa 后移到中立位，均衡风缸保压 4 min，均衡风缸压力上升或下降不得超过 20 kPa，再将手把移至运转位，均衡风缸仍保压 2 min，均衡风缸压力上升或下降不得超过 10 kPa，然后再将手把放至制动位，均衡风缸压力空气排尽；

④ 以上各位试验时，阀体各部不得漏泄，作用风缸内不得产生压力空气，制动阀凸轮盒排气口不得漏泄。

（4）开关接线检查：

① 接线牢固、整齐，线头不得伸进开关内部或外露，线号标记清晰；

② 转换至电-空位 LXW2-11 型开关应处于未压缩状态，导线 899 与 801 不通，转换至空气位时，导线 899 与 801 接通；

③ 手把置运转时，JWL1-11 型开关应处于未压缩状态，连接电路 809 与 818 应接通；当手把移至中立位时开关被压缩，809 与 818 应不通，再将手把从运转位到中立位间来回扳动 2 ~ 3 次，确认开关开闭正常。

五、操作安全注意事项

1. 检修时应穿戴工作服，做好必要的安全防护措施。

2. 必须按检修规程进行检修。

3. 在试验台上拆装配件时，首先关闭相应的截断塞门，排净部件及相应管路内的余压后再进行拆卸。

4. 拆装电器部件或带有电联锁的部件时，必须首先切断控制电源。

5. 给电或给风试验须两人以上进行，一人试验，一人监护。遇到异常情况时，应首先切断电源或风源，以防事态扩大。

六、考核评分标准

序号	项目	配分	考核内容及评分标准
1	准备工作	10 分	1. 按规定穿戴劳动保护用品，否则每项扣 5 分
			2. 材料、工具准备齐全，能满足本次考试需求，否则每少一件扣 5 分
2	操作技能	70 分	1. 操作、检查、测量、调整方法正确，不当或错误每处扣 4 分
			2. 工序错误，每处扣 5 分
			3. 漏拆、漏检、漏修、漏测，每处扣 5 分
			4. 试验台测试、检测泄漏，每处扣 4 分
			5. 试验漏项，每项扣 5 分
			6. 试验未达到使用技术条件标准，每处扣 6 分
			7. 零部件脱落损伤，每处扣 4 分
			8. 口述内容有遗漏、错误，每处扣 4 分
			9. 工作中返工，每项扣 10 分
			10. 作业后未按要求恢复、整理；记名检修漏填、错填，每处扣 2 分
			11. 按工艺要求，质量不符合规定，每处扣 4 分
			12. 超过时间者，每分钟扣 2 分；总超时 7 min，停止作业
3	工具设备使用	10 分	1. 开工前不检查工、量具及设备，收工时不清理，每处扣 3 分
			2. 工/量具及设备使用不当，每处扣 3 分
			3. 工/量具脱落，每次扣 3 分
			4. 工具、量具使用、保养不当造成损坏失格
4	安全生产及其他	10 分	1. 作业过程中发生人身轻伤及以上事故失格
			2. 违章或违反安全事项，每处扣 5 分
			3. 违反考试纪律或不服从裁判自行中断考试失格
			4. 工作场地不整洁，工件、工具摆放不整齐，每处扣 2 分
总成绩 = 1 + 2 + 3 + 4 =			

实作 5　TAD-H 型干燥塔检修及试验

一、准备通知单

1. 材料准备

序号	名称	规格	数量	备注
1	干燥塔		1 个	待修
2	O 形密封圈		适量	
3	弹簧		各 5 个	

续表

序号	名称	规格	数量	备注
4	硅脂		适量	
5	清洗剂		适量	
6	白布		1 张	
7	毛刷		1 把	
8	清洗盘		1 个	
9	记名检修本		1 本	
10	中性笔		1 支	

2. 设备准备

序号	名称	规格	数量	备注
1	TAD-H 干燥塔试验台		1 台	

3. 工具、量具、刃具准备

序号	名称	规格	数量	备注
1	钳工常用工具		1 套	
2	内六角扳手		1 套	
4	一字螺丝刀	100 mm	1 把	
5	专用扳手		1 套	
6	通针		1 只	

二、技能操作试题

1. 考核项目：TAD-H 型干燥塔检修及试验（检修 1 个干燥塔）

2. 分值：100 分

3. 考核时间

（1）准备时间：10 min；

（2）正式操作时间：120 min；

（3）规定时间内全部完成，每超时 1 min，从总分中扣 2 分；总超时 7 min，停止作业。

4. 正确使用工/卡/量具。

5. 按要求填写记名检修记录。

三、技术标准

1. 干燥器筒体不许有裂损。

2. 橡胶件不许老化、破损、龟裂、脱壳及起泡。

3. 弹簧状态良好，阀套不许拉伤。

四、操作工序及要求

1. 解体前检查

外观检查各部件齐全，干燥塔无裂损、变形。

2. 解体

（1）用内六角扳手拆卸出气止回阀，进气阀。

（2）用手旋下消声器体，用内六角扳手拆卸排气阀。

（3）用内六角扳手松开塔体上端盖螺栓，注意内装有弹簧，松开最后两个螺栓时，应用力压住端盖拆卸，取出压力弹簧后，用两细钩丝，钩出上滤网板。

（4）用专用容器装载倒出的吸附剂。

（5）用内六角扳手拆卸下端盖连接螺栓，松开端盖后，拿出油水分离器体检查拉希格圈。

（6）解体进气阀、排气阀、出气止回阀。

3. 清洗

将解体后的零件，除橡胶件外（包括阀体）置油盘中，用清洗剂清洗。清洗后再用压缩空气吹扫干净，对阀体内部各暗孔、沟槽须认真吹扫，内部不得有残余油垢及异物。吹扫干净的零件按拆卸顺序依次摆放在洁净的工作台面上待查。

4. 检修

（1）滤筒、滤网堵塞、锈蚀、破损者进行更换。

（2）干燥筒无裂损，若发现干燥塔有裂损，应进行补焊修理。

（3）检查复原弹簧状态，不得腐蚀、变形、断裂，不良者更换。

（4）各阀口不得有台阶、麻坑等缺陷。

（5）检查油水分离器拉希格圈状态良好。

（6）更换各橡胶件，检查各橡胶件应无老化、裂损等现象。

（7）检查吸附剂是否破碎、变色，凡破碎或油污变色的吸附剂应更换。

5. 组装

（1）组装前对合格配件进行整洁处理，用洁净白布擦拭干净后，再用压缩空气吹净残余纤维毛。

（2）在阀体内壁涂美孚脂。

（3）在有相对运动的零件表面涂适量的美孚脂。

（4）按与分解相反的顺序进行组装，在组装过程中按动各活塞杆，动作应灵活，无卡滞现象。

6. 试验

（1）试验前的检查：按管路图检查装置的管路连接是否正确；按电路图检查装置的接线是否正确；检查各塞门的手把是否处于工作位置。

（2）将总风缸的压缩空气排空，然后启动空压机向总风缸充风，调整总风缸压力维持在 0.8 MPa 左右，空压机连续泵风时间不少于 3 min，在泵风过程中，检查下列各项：

① 当空压机启动时，检查电控盒上表示两筒状态的工作指示灯，其中一个亮——表示该筒进入再生状态；另一个灭——表示该筒进入吸附状态。双灯同灭，表示进入柔性转换状态。

② 当总风缸压力达到 0.35 MPa 左右时，其中的一个干燥塔下的排气阀应排出再生空气。

③ 检查干燥器各处是否有漏气现象，各阀工作是否正常。

④ 两干燥塔是否按照逻辑设定的转换周期进行同步干燥和再生转换。

（3）运用模拟试验：

将总风缸压缩空气排空，使压缩机处于运转状态开始对总风缸充风，当总风缸压力达到定压 0.9 MPa 时空压机自动停机，此时缓慢放掉总风缸内压缩空气，当总风缸压力达到 0.75 MPa 时，空压机又自动启动对总风缸充风，此时关闭总风缸塞门，使总风缸压力在 0.75 ~

0.9 MPa 之间反复 3 次，检查下列各项：

① 电控盒应与空压机同步工作；

② 空压机启动后，电控器应具备累计功能，当第一次泵风时间不到一个周期时，第二次、第三次接着累计。累计到一个周期时，双干塔转换。

③ 每次空压机停止工作时，记下指示灯的状态，在下次启动时，指示灯仍须保持原状态。

五、操作安全注意事项

1. 检修时应穿戴工作服，做好必要的安全防护措施。

2. 必须按检修规程进行检修。

3. 在试验台上拆装配件时，首先关闭相应的截断塞门，排净部件及相应管路内的余压后再进行拆卸。

4. 拆装电器部件或带有电联锁的部件时，必须首先切断控制电源。

5. 给电或给风试验须两人以上进行，一人试验，一人监护。遇到异常情况时，应首先切断电源或风源，以防事态扩大。

六、考核评分标准

序号	项目	配分	考核内容及评分标准
1	准备工作	10 分	1. 按规定穿戴劳动保护用品，否则每项扣 5 分
			2. 材料、工具准备齐全，能满足本次考试需求，否则每少一件扣 5 分
2	操作技能	70 分	1. 操作、检查、测量、调整方法正确，不当或错误每处扣 4 分
			2. 工序错误，每处扣 5 分
			3. 漏拆、漏检、漏修、漏测，每处扣 5 分
			4. 试验台测试、检测泄漏，每处扣 4 分
			5. 试验漏项 ，每项扣 5 分
			6. 试验未达到使用技术条件标准，每处扣 6 分
			7. 零部件脱落损伤，每处扣 4 分
			8. 口述内容有遗漏、错误，每处扣 4 分
			9. 工作中返工，每项扣 10 分
			10. 作业后未按要求恢复、整理；记名检修漏填、错填，每处扣 2 分
			11. 按工艺要求，质量不符合规定，每处扣 4 分
			12. 超过时间者，每分钟扣 2 分；总超时 7 min，停止作业
3	工具设备使用	10 分	1. 开工前不检查工、量具及设备，收工时不清理，每处扣 3 分
			2. 工/量具及设备使用不当，每处扣 3 分
			3. 工/量具脱落，每次扣 3 分
			4. 工具、量具使用、保养不当造成损坏失格
4	安全生产及其他	10 分	1. 作业过程中发生人身轻伤及以上事故失格
			2. 违章或违反安全事项，每处扣 5 分
			3. 违反考试纪律或不服从裁判自行中断考试失格
			4. 工作场地不整洁，工件、工具摆放不整齐，每处扣 2 分
总成绩 = 1 + 2 + 3 + 4 =			

实作 6 DJKG-A 型干燥器检修及试验

一、准备通知单

1. 材料准备

序号	名称	规格	数量	备注
1	干燥器		1 个	待修
2	O 形密封圈		适量	
3	弹簧		各 5 个	
4	硅脂		适量	
5	清洗剂		适量	
6	白布		1 张	
7	毛刷		1 把	
8	清洗盘		1 个	
9	记名检修本		1 本	
10	中性笔		1 支	

2. 设备准备

序号	名称	规格	数量	备注
1	DJKG-A 型干燥器试验台		1 台	

3. 工具、量具、刃具准备

序号	名称	规格	数量	备注
1	钳工常用工具		1 套	
2	内六角扳手		1 套	
4	一字螺丝刀	100 mm	1 把	
5	通针		1 只	

二、技能操作试题

1. 考核项目：DJKG-A 型干燥器检修及试验

2. 分值：100 分

3. 考核时间

（1）准备时间：10 min；

（2）正式操作时间：120 min；

（3）规定时间内全部完成，每超时 1 min，从总分中扣 2 分；总超时 7 min，停止作业。

4. 正确使用工/卡/量具。

5. 按要求填写记名检修记录。

三、技术标准

1. 干燥器筒体不许有裂损。

2. 橡胶件不许老化、破损、龟裂、脱壳及起泡。

3. 弹簧状态良好，阀套不许拉伤。

四、操作工序及要求

1. 解体前检查

外观检查各部件齐全，无裂损，变形。

2. 解体

（1）将 DJKG-A 型干燥器吊到检修台上。

（2）用呆扳手拆下滤清筒的法兰连接管。

（3）用管钳拆下滤清筒的法兰连接管和滤清筒进风管，拆下滤清筒与排泄阀间的塞门及连接管。

（4）用呆扳手拆下干燥筒的出风管，取出止回阀、座、盖。

（5）用专用扳手拆下再生风缸的连接风管。

（6）解体滤清筒：

① 用内六角扳手拆下连接卡箍螺钉，用木锤轻轻敲击并取下卡箍，打开滤清筒上盖，取出“O”形圈。

② 将滤网连同滤网支架一起从滤清筒中取出，用呆扳手拆下滤尘芯固定螺母，取出垫圈、上孔板、过滤芯子、下孔板，将过滤芯子浸入清洗剂中清洗。

（7）解体干燥筒：

① 用内六角扳手拆下连接卡箍螺钉，用木锤轻请敲击并取下卡箍，打开干燥筒上盖，取出上盖“O”形圈、压紧弹簧、上滤网及“O”形圈。

② 倒出干燥剂，取下滤网及支架。

（8）解体排泄阀：

① 用专用扳手拆下上端盖，取下密封圈。

② 用呆扳手拆下排气阀紧固螺母，取下排泄阀及胶垫，取出活塞杆及活塞弹簧，并从活塞上取下“O”形圈。

③ 用呆扳手拆下电-空阀安装螺栓，取下电-空阀。

（9）解体止回阀：

① 用克丝钳将弹簧托带眼锁闭止档与弹簧托压齐，转动弹簧托使止档口与阀体凸台对正，取出弹簧托、弹簧和止回阀。

② 将止回阀上的压板、橡胶阀口拆下。

（10）解体消音器：

① 用专用扳手将消音器从排泄阀输出管上拆下。

② 用挡圈钳将消音器挡圈拆下，取出穿孔板、隔板和消音板。

（11）将温控器、感温元件盒和加热元件拆下，送专业班组按有关的技术要求进行检修。

2. 清扫、检查与修理

（1）将各零部件放入油盘中，用汽油清洗，再用 0.2 ~ 0.3 MPa 的干燥压缩空气吹扫干净。

（2）更新全部“O”形圈和密封垫。

（3）检查止回阀、活塞和活塞杆不许有破损、偏磨，否则应更换。

（4）检查管接头不许有裂损、变形，螺纹部分应完好。

（5）检查滤清筒、干燥筒、再生风缸，不许有破损、变形，如有开焊须补焊。

（6）检查截断塞门，动作应灵活，并不得有漏泄。排泄阀体不许有裂损、变形，活塞套不得有拉伤，有轻微拉伤时，可用400#水砂纸打磨消除，检查活塞及杆暗孔应畅通。

（7）用游标卡尺测量活塞与套间隙应不大于0.20 mm，否则应更换。

（8）检查滤清筒上、下孔板不许有变形、裂损、锈蚀，弹性须良好。

（9）检查止回阀体不许有裂损，弹簧托槽口不得有过量磨损。

（10）检查各弹簧不许有变形、裂损、锈蚀，弹性需良好。

（11）检查干燥筒上、下滤网应不许有变形，否则应更换。

（12）检查各卡箍不得有裂损，螺孔应完好。

（13）检查消音器的孔板、隔板、消音板不许有裂损，消音器壳上的挡圈槽不许有裂损，挡圈不许有锈蚀、断裂，检查各筒盖不许变形。

3. 组装

（1）组装滤清筒：

① 依次在支架上装好支架下孔板、滤尘芯子、上孔板、垫圈，拧紧螺母，滤网的松紧程度应适中，然后将整体装入滤清筒。

② 装上密封圈、滤清筒盖，用卡箍封盖，再用内六角扳手将卡箍螺钉对称拧紧。

（2）组装干燥筒：

① 依次向干燥筒内装入支架，应放平。将下滤网组成与密封圈装配好，平放在滤网支架上。然后再向干燥筒内倒入干燥剂，适量用木槌轻敲干燥筒体外侧，并使干燥剂上部低于进气口最低部位10～10 mm，装上密封圈、上滤网、弹簧、密封圈及干燥筒盖。

② 装好卡箍，对称拧紧螺钉。

（3）组装止回阀：

① 在止回阀芯柱上套上垫、压圈。将止回阀中空部分放上Φ20 mm的钢球，用手锤击打钢球，使芯柱压紧胶垫和压圈。

② 依次将止回阀、弹簧、弹簧托装入止回阀体内，然后用螺丝刀将弹簧托带直径为Φ3 mm孔的部分向上翘起以自锁，但不得折成死角。

（4）组装排泄阀：

① 在活塞杆、活塞上套装“O”形圈，在活塞表面和套内表面均涂一层美孚脂，把活塞杆带排气孔端插入活塞孔内，再装上“O”形圈、垫圈，拧紧螺母，将活塞装入排泄阀体内。

② 装入胶垫、排泄阀、平垫、螺母，用扳手拧紧上、下端螺母，装上上下盖。

③ 装好电-空阀。

（5）按解体的反序组装消音器。

（6）安装温度控制器、感温元件和加热元件及电线路，加热管装入时涂导热硅脂。

（7）按解体的反序组装各风管。

4. 试验

组装好的空气干燥器应在试验台上进行性能检查。

（1）止回阀泄漏试验：将干燥器整体装好后，向总风管充风至风压900 kPa，切断风源。总风缸在1 min内，风压下降不大于20 kPa。

（2）由主压缩机向总风缸泵风，各处应不许有泄漏；停止泵风后，再生（排泄阀排风）时间为 55 s ± 15 s。

五、操作安全注意事项

1. 检修时应穿戴工作服，做好必要的安全防护措施。

2. 必须按检修规程进行检修。

3. 在试验台上拆装配件时，首先关闭相应的截断塞门，排净部件及相应管路内的余压后再进行拆卸。

4. 拆装电器部件或带有电联锁的部件时，必须首先切断控制电源。

5. 给电或给风试验须两人以上进行，一人试验，一人监护。遇到异常情况时，应首先切断电源或风源，以防事态扩大。

六、考核评分标准

序号	项目	配分	考核内容及评分标准
1	准备工作	10 分	1. 按规定穿戴劳动保护用品，否则每项扣 5 分
			2. 材料、工具准备齐全，能满足本次考试需求，否则每少一件扣 5 分
2	操作技能	70 分	1. 操作、检查、测量、调整方法正确，不当或错误每处扣 4 分
			2. 工序错误，每处扣 5 分
			3. 漏拆、漏检、漏修、漏测，每处扣 5 分
			4. 试验台测试、检测泄漏，每处扣 4 分
			5. 试验漏项 ，每项扣 5 分
			6. 试验未达到使用技术条件标准，每处扣 6 分
			7. 零部件脱落损伤，每处扣 4 分
			8. 口述内容有遗漏、错误，每处扣 4 分
			9. 工作中返工，每项扣 10 分
			10. 作业后未按要求恢复、整理；记名检修漏填、错填，每处扣 2 分
			11. 按工艺要求，质量不符合规定，每处扣 4 分
			12. 超过时间者，每分钟扣 2 分；总超时 7 min，停止作业
3	工具设备使用	10 分	1. 开工前不检查工、量具及设备，收工时不清理，每处扣 3 分
			2. 工/量具及设备使用不当，每处扣 3 分
			3. 工/量具脱落，每次扣 3 分
			4. 工具、量具使用、保养不当造成损坏失格
4	安全生产及其他	10 分	1. 作业过程中发生人身轻伤及以上事故失格
			2. 违章或违反安全事项，每处扣 5 分
			3. 违反考试纪律或不服从裁判自行中断考试失格
			4. 工作场地不整洁，工件、工具摆放不整齐，每处扣 2 分
总成绩 = 1 + 2 + 3 + 4 =			

实作 7　DK-1 型电-空制动机试验及故障处理

一、准备通知单

1. 考场准备

装有 DK-1 型电-空制动机的 SS_{4B} 型电力机车一台（状态良好）。

2. 准备材料

序号	名称	规格	数量	备注
1	DK-1 型制动机易损易耗配件		1 套	
2	绝缘胶带		适量	满足需要
3	短接线		若干	
4	胶垫		适量	堵风用
5	圆珠笔		1 支	考试自备
6	图纸		1 张	

3. 工具、量具、刃具准备

序号	名称	规格	数量	备注
1	万用表		1 只	
2	常用钳工工具		1 套	
3	十字螺丝刀		1 把	
4	一字螺丝刀		1 把	
5	秒表		1 只	
6	钳工常用工具		1 套	

二、考核内容及要求

1. 考核项目：DK-1 型电-空制动机试验及故障处理

2. 分值：100 分

3. 考核时间

（1）准备时间：10 min；

（2）正式操作时间：40 min；

（3）规定时间内全部完成，每超时 1 min，从总分中扣 2 分；总超时 7 min，停止作业。

4. 按要求填写报活单。

三、操作工序及要求

1. 准备工作

总风升至 750 ~ 900 kPa，闭合蓄电池检查制动机开关，制动屏上各钮子开关在正常工作位，制动风路塞门在正常工作位，列车制动管定压 600 kPa。

2. DK-1 型机车电-空制动机试验规则（八步闸）

高级

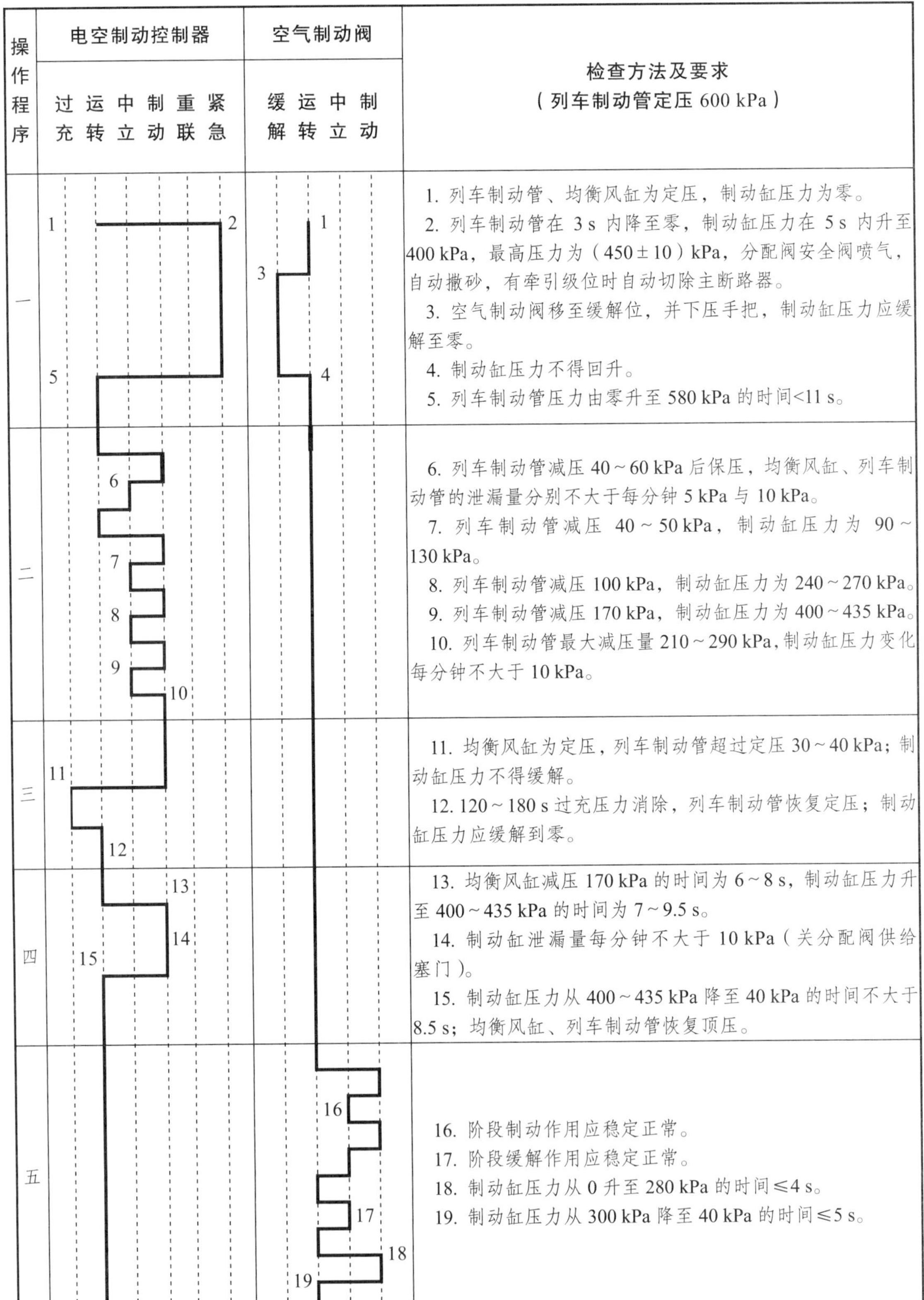

操作程序	电空制动控制器 过充 运转 中立 制动 重联 紧急	空气制动阀 缓解 运转 中立 制动	检查方法及要求 （列车制动管定压 600 kPa）
一	1 2 5	1 3 4	1. 列车制动管、均衡风缸为定压，制动缸压力为零。 2. 列车制动管在 3 s 内降至零，制动缸压力在 5 s 内升至 400 kPa，最高压力为（450±10）kPa，分配阀安全阀喷气，自动撒砂，有牵引级位时自动切除主断路器。 3. 空气制动阀移至缓解位，并下压手把，制动缸压力应缓解至零。 4. 制动缸压力不得回升。 5. 列车制动管压力由零升至 580 kPa 的时间<11 s。
二	6 7 8 9 10		6. 列车制动管减压 40～60 kPa 后保压，均衡风缸、列车制动管的泄漏量分别不大于每分钟 5 kPa 与 10 kPa。 7. 列车制动管减压 40～50 kPa，制动缸压力为 90～130 kPa。 8. 列车制动管减压 100 kPa，制动缸压力为 240～270 kPa。 9. 列车制动管减压 170 kPa，制动缸压力为 400～435 kPa。 10. 列车制动管最大减压量 210～290 kPa，制动缸压力变化每分钟不大于 10 kPa。
三	11 12		11. 均衡风缸为定压，列车制动管超过定压 30～40 kPa；制动缸压力不得缓解。 12. 120～180 s 过充压力消除，列车制动管恢复定压；制动缸压力应缓解到零。
四	13 14 15		13. 均衡风缸减压 170 kPa 的时间为 6～8 s，制动缸压力升至 400～435 kPa 的时间为 7～9.5 s。 14. 制动缸泄漏量每分钟不大于 10 kPa（关分配阀供给塞门）。 15. 制动缸压力从 400～435 kPa 降至 40 kPa 的时间不大于 8.5 s；均衡风缸、列车制动管恢复顶压。
五		16 17 18 19	16. 阶段制动作用应稳定正常。 17. 阶段缓解作用应稳定正常。 18. 制动缸压力从 0 升至 280 kPa 的时间≤4 s。 19. 制动缸压力从 300 kPa 降至 40 kPa 的时间≤5 s。

高级

续表

操作程序	电空制动控制器（过充 运转 中立 制动 重联 紧急）	空气制动阀（缓解 运转 中立 制动）	检查方法及要求（列车制动管定压 600 kPa）
六	20	21 21	20. 列车制动管、均衡风缸应减压保压。 21. 本务节机车制动缸压力为 250 kPa 时，重联节机车抽动缸压力应为 225～275 kPa。 注：1～20 检查中，重联节机车制动机的制动与缓解应与本务节机车一致。
七	22 23		22. 拉手动紧急放风阀，应产生紧急制动，并不得自动缓解。 23. 断开电-空制动电源，应产生常用制动；闭合电源，制动机恢复正常。
八		24 25 26 27 28	24. 列车制动管、均衡风缸、总风缸均为规定压力，制动缸压力为零（同时下压手把）。 25. 均衡风缸减压 170 kPa 的时间为 6～8 s，制动缸压力升至 400～435 kPa 的时间为 7～9.5 s。 26. 下压手把，制动缸压力应能缓解；停止下压，制动缸压力停止下降。 27. 均衡风缸、列车制动管恢复定压。 28. 阶段制动作用应稳定。 注：24～28 空气位操作，应按操作规程由电-空位转至空气位，试完后应恢复电-空位。

四、操作安全注意事项

1. 检修时应穿戴工作服，做好必要的安全防护措施。
2. 必须按检修规程进行检修。
3. 拆装配件时，首先关闭相应的截断塞门，排净部件及相应管路内的余压后再进行拆卸。
4. 拆装电器部件或带有电联锁的部件时，必须首先切断控制电源。

五、考核评分标准

序号	项目	分数	考核内容及评分标准
1	准备工作	10 分	1. 按规定穿戴劳动保护用品，否则每项扣 5 分
			2. 材料、工具准备齐全，能满足本次考试需求，否则每少一件扣 5 分
2	试验程序	30 分	1. 试验程序错误，每项扣 4 分
			2. 试验方法错误 ，每项扣 4 分
			3. 口述内容有遗漏、错误，每处扣 3 分
			4. 工作中返工，每处扣 10 分
			5. 作业后未按要求恢复、整理，每处扣 3 分
			6. 超过时间者，每分钟扣 2 分；总超时 7 min，停止作业
3	故障处所判断	50 分	1
			2
			3
			4
			5
4	工具设备使用	5 分	1. 开工前不检查工、量具及设备，收工时不清理，每处扣 3 分
			2. 工/量具及设备使用不当，每次扣 3 分
			3. 工/量具脱落，每次扣 5 分
			4. 工具、设备损坏失格
5	安全生产及其他	5 分	1. 工作场地不整洁，工件、工具摆放不整齐，每处扣 2 分
			2. 违章或违反安全事项，每处扣 5 分
			3. 违反考试纪律或不服从裁判自行中断考试失格
			4. 作业过程中发生人身轻伤及以上事故失格
总成绩 = 1 + 2 + 3 + 4 + 5 =			

电力机车制动钳工实作报活单

<table>
<tr><th>序号</th><th>考生报活区</th></tr>
<tr><td rowspan="3">故障 1</td><td>故障现象:</td></tr>
<tr><td>故障处所:</td></tr>
<tr><td>处理方案:</td></tr>
<tr><td rowspan="3">故障 2</td><td>故障现象:</td></tr>
<tr><td>故障处所:</td></tr>
<tr><td>处理方案:</td></tr>
<tr><td rowspan="3">故障 3</td><td>故障现象:</td></tr>
<tr><td>故障处所:</td></tr>
<tr><td>处理方案:</td></tr>
<tr><td rowspan="3">故障 4</td><td>故障现象:</td></tr>
<tr><td>故障处所:</td></tr>
<tr><td>处理方案:</td></tr>
<tr><td rowspan="3">故障 5</td><td>故障现象:</td></tr>
<tr><td>故障处所:</td></tr>
<tr><td>处理方案:</td></tr>
</table>

实作 8　SS_{4B}型机车 DK-2 型电-空制动机试验及故障处理

一、准备通知单

1. 考场准备

装有 DK-2 型电-空制动机的 SS_{4B} 型电力机车一台（状态良好）。

2. 准备材料

序号	名称	规格	数量	备注
1	DK-1 型制动机易损易耗配件		1 套	
2	绝缘胶带		适量	满足需要
3	短接线		若干	
4	胶垫		适量	堵风用
5	中性笔		1 支	考试自备
6	白纸		1 张	

3. 工具、量具、刃具准备

序号	名称	规格	数量	备注
1	万用表		1 只	
2	呆扳手	5.5 ~ 24 mm	1 套	
3	十字螺丝刀		1 把	
4	一字螺丝刀		1 把	
5	秒表		1 只	
6	钳工常用工具		1 套	

二、考核内容及要求

1. 考核项目：SS_{4B} 型机车 DK-2 型电-空制动机试验及故障处理

2. 分值：100 分

3. 考核时间

（1）准备时间：10 min；

（2）正式操作时间：40 min；

（3）规定时间内全部完成，每超时 1 min，从总分中扣 2 分；总超时 7 min，停止作业。

4. 按要求填写报活单。

四、操作工序及要求

1. 准备工作

总风升至 750 ~ 900 kPa，闭合蓄电池检查制动机开关，制动屏上各钮子开关在正常工作位，制动风路塞门在正常工作位，列车制动管定压 600 kPa。

2. DK-2 型机车电-空制动机实验规则（八步闸）

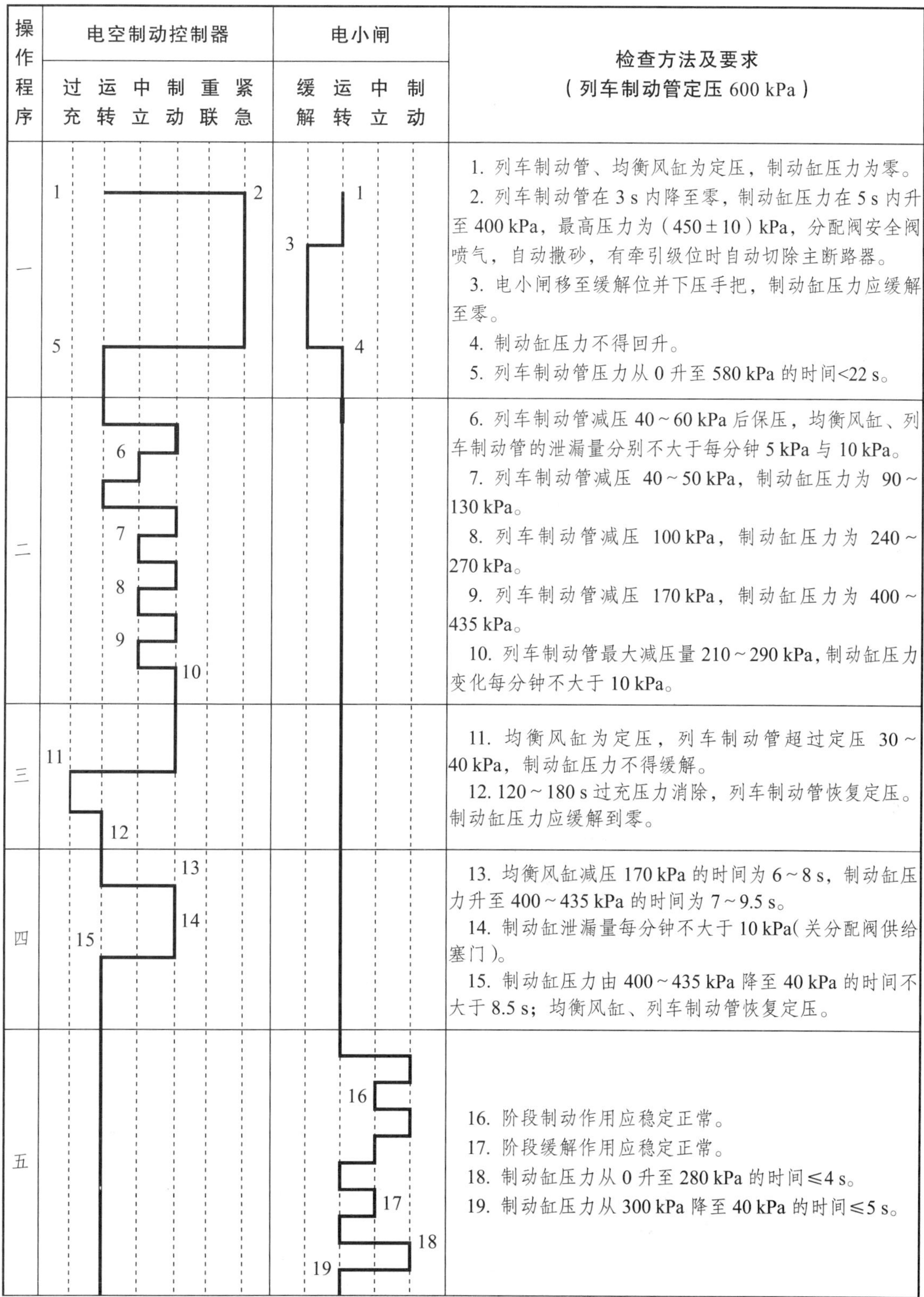

操作程序	电空制动控制器 过充 运转 中立 制动 重联 紧急	电小闸 缓解 运转 中立 制动	检查方法及要求 （列车制动管定压 600 kPa）
一	1 2 5	1 3 4	1. 列车制动管、均衡风缸为定压，制动缸压力为零。 2. 列车制动管在 3 s 内降至零，制动缸压力在 5 s 内升至 400 kPa，最高压力为（450±10）kPa，分配阀安全阀喷气，自动撒砂，有牵引级位时自动切除主断路器。 3. 电小闸移至缓解位并下压手把，制动缸压力应缓解至零。 4. 制动缸压力不得回升。 5. 列车制动管压力从 0 升至 580 kPa 的时间<22 s。
二	6 7 8 9 10		6. 列车制动管减压 40～60 kPa 后保压，均衡风缸、列车制动管的泄漏量分别不大于每分钟 5 kPa 与 10 kPa。 7. 列车制动管减压 40～50 kPa，制动缸压力为 90～130 kPa。 8. 列车制动管减压 100 kPa，制动缸压力为 240～270 kPa。 9. 列车制动管减压 170 kPa，制动缸压力为 400～435 kPa。 10. 列车制动管最大减压量 210～290 kPa，制动缸压力变化每分钟不大于 10 kPa。
三	11 12		11. 均衡风缸为定压，列车制动管超过定压 30～40 kPa，制动缸压力不得缓解。 12. 120～180 s 过充压力消除，列车制动管恢复定压。制动缸压力应缓解到零。
四	13 14 15		13. 均衡风缸减压 170 kPa 的时间为 6～8 s，制动缸压力升至 400～435 kPa 的时间为 7～9.5 s。 14. 制动缸泄漏量每分钟不大于 10 kPa（关分配阀供给塞门）。 15. 制动缸压力由 400～435 kPa 降至 40 kPa 的时间不大于 8.5 s；均衡风缸、列车制动管恢复定压。
五		16 17 18 19	16. 阶段制动作用应稳定正常。 17. 阶段缓解作用应稳定正常。 18. 制动缸压力从 0 升至 280 kPa 的时间≤4 s。 19. 制动缸压力从 300 kPa 降至 40 kPa 的时间≤5 s。

高级

续表

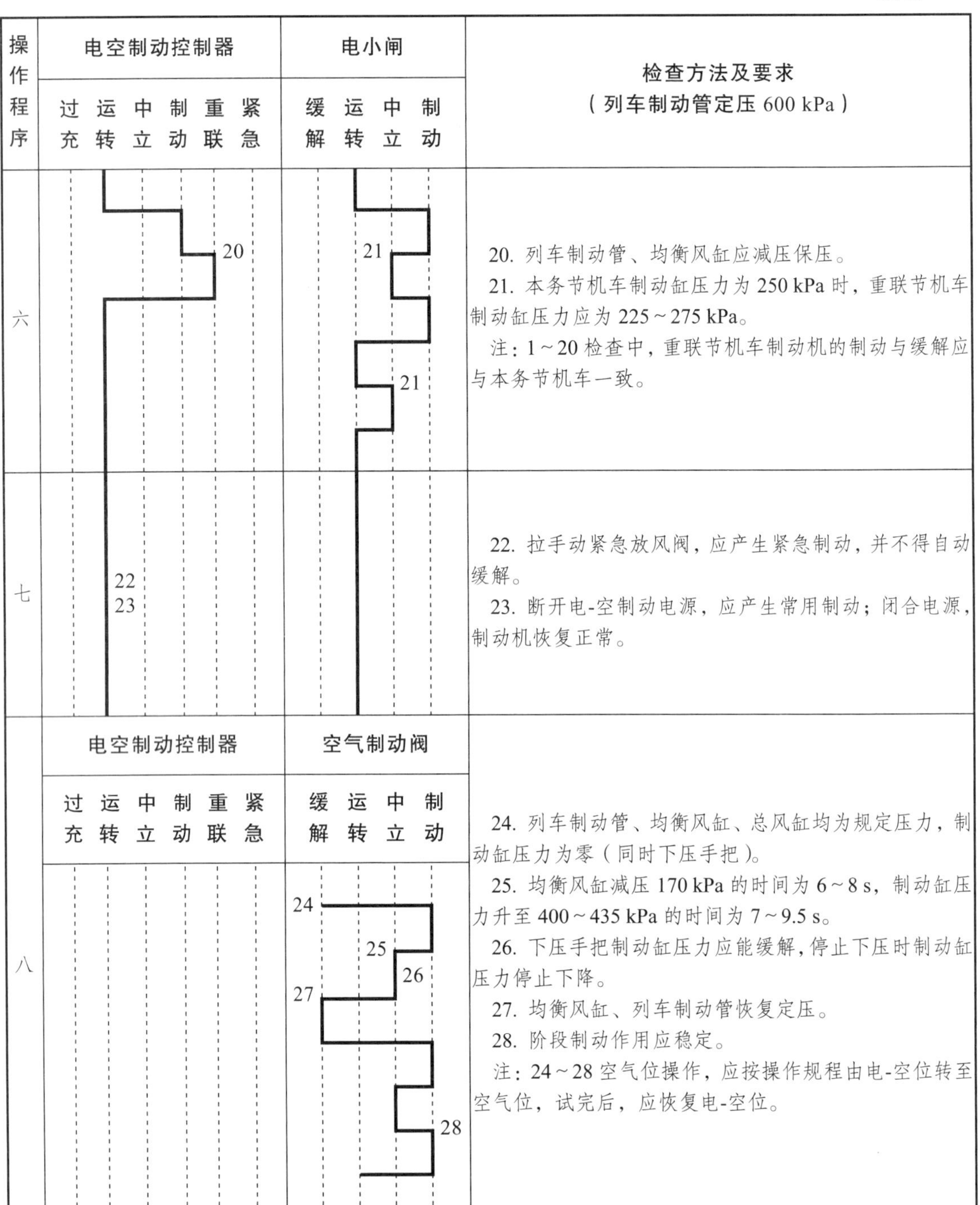

操作程序	电空制动控制器 / 电小闸（空气制动阀）	检查方法及要求（列车制动管定压 600 kPa）
	电空制动控制器：过充、运转、中立、制动、重联、紧急；电小闸：缓解、运转、中立、制动	
六	20、21、21	20. 列车制动管、均衡风缸应减压保压。 21. 本务节机车制动缸压力为 250 kPa 时，重联节机车制动缸压力应为 225～275 kPa。 注：1～20 检查中，重联节机车制动机的制动与缓解应与本务节机车一致。
七	22、23	22. 拉手动紧急放风阀，应产生紧急制动，并不得自动缓解。 23. 断开电-空制动电源，应产生常用制动；闭合电源，制动机恢复正常。
	电空制动控制器：过充、运转、中立、制动、重联、紧急；空气制动阀：缓解、运转、中立、制动	
八	24、25、26、27、28	24. 列车制动管、均衡风缸、总风缸均为规定压力，制动缸压力为零（同时下压手把）。 25. 均衡风缸减压 170 kPa 的时间为 6～8 s，制动缸压力升至 400～435 kPa 的时间为 7～9.5 s。 26. 下压手把制动缸压力应能缓解，停止下压时制动缸压力停止下降。 27. 均衡风缸、列车制动管恢复定压。 28. 阶段制动作用应稳定。 注：24～28 空气位操作，应按操作规程由电-空位转至空气位，试完后，应恢复电-空位。

五、操作安全注意事项

1. 检修时应穿戴工作服，做好必要的安全防护措施。
2. 必须按检修规程进行检修。
3. 拆装配件时，首先关闭相应的截断塞门，排净部件及相应管路内的余压后再进行拆卸。
4. 拆装电器部件或带有电联锁的部件时，必须首先切断控制电源。

六、考核评分标准

序号	项目	分数	考核内容及评分标准
1	准备工作	10 分	1. 按规定穿戴劳动保护用品，否则每项扣 5 分
			2. 材料、工具准备齐全，能满足本次考试需求，否则每少一件扣 5 分
2	试验程序	30 分	1. 试验程序错误，每项扣 4 分
			2. 试验方法错误，每项扣 4 分
			3. 口述内容有遗漏、错误，每处扣 3 分
			4. 工作中返工，每处扣 10 分
			5. 作业后未按要求恢复、整理，每处扣 3 分
			6. 超过时间者，每分钟扣 2 分；总超时 7 min，停止作业
3	故障处所判断	50 分	1
			2
			3
			4
			5
4	工具设备使用	5 分	1. 开工前不检查工、量具及设备，收工时不清理，每处扣 3 分
			2. 工/量具及设备使用不当，每次扣 3 分
			3. 工/量具脱落，每次扣 5 分
			4. 工具、设备损坏失格
5	安全生产及其他	5 分	1. 工作场地不整洁，工件、工具摆放不整齐，每处扣 2 分
			2. 违章或违反安全事项，每处扣 5 分
			3. 违反考试纪律或不服从裁判自行中断考试失格
			4. 作业过程中发生人身轻伤及以上事故失格
总成绩 = 1 + 2 + 3 + 4 + 5 =			

电力机车制动钳工实作报活单

<table>
<tr><th>序号</th><th>考生报活区</th></tr>
<tr><td rowspan="3">故障 1</td><td>故障现象：</td></tr>
<tr><td>故障处所：</td></tr>
<tr><td>处理方案：</td></tr>
<tr><td rowspan="3">故障 2</td><td>故障现象：</td></tr>
<tr><td>故障处所：</td></tr>
<tr><td>处理方案：</td></tr>
<tr><td rowspan="3">故障 3</td><td>故障现象：</td></tr>
<tr><td>故障处所：</td></tr>
<tr><td>处理方案：</td></tr>
<tr><td rowspan="3">故障 4</td><td>故障现象：</td></tr>
<tr><td>故障处所：</td></tr>
<tr><td>处理方案：</td></tr>
<tr><td rowspan="3">故障 5</td><td>故障现象：</td></tr>
<tr><td>故障处所：</td></tr>
<tr><td>处理方案：</td></tr>
</table>

实作 9 神华号 DK-2 型电-空制动机试验及故障处理

一、准备通知单

1. 考场准备

装有 DK-2 型电-空制动机的神华号和谐电力机车一台（状态良好）。

2. 准备材料

序号	名称	规格	数量	备注
1	DK-2 型制动机易损易耗配件		1 套	
2	绝缘胶带		适量	满足需要
3	短接线		若干	
4	胶垫		适量	堵风用
5	中性笔		1 支	考试自备
6	白纸		1 张	

3. 工具、量具、刃具准备

序号	名称	规格	数量	备注
1	万用表		1 只	
2	呆扳手	5.5 ~ 24 mm	1 套	
3	十字螺丝刀		1 把	
4	一字螺丝刀		1 把	
5	秒表		1 只	
6	钳工常用工具		1 套	

二、考核内容及要求

1. 考核项目：神华号 DK-2 型电-空制动机试验及故障处理

2. 分值：100 分

3. 考核时间

（1）准备时间：10 min；

（2）正式操作时间：40 min；

（3）规定时间内全部完成，每超时 1 min，从总分中扣 2 分；总超时 7 min，停止作业。

4. 正确使用工/卡/量具。

四、操作工序及要求

1. 准备工作

试验前应将制动机调整到电-空位，电-空位调整方法如下：

（1）将制动机的功能选择开关分别设置在“不补风”“空电联合切除”“定压 600 kPa”“ATP 投入”。

（2）将制动机的电-空转换阀打向“正常位”。

（3）调整单独制动调压阀 51，使其输出压力为 480 kPa；调整紧急增压调压阀 52，使其输出压力为 450 kPa；调整均衡风缸调压阀 55，使其输出压力为 650 kPa。

（4）开通除无火塞门 155、无火安全阀塞门 139、制动缸切换阀总风塞门 161 与非操纵节塞门 156 外的其余各塞门。

（5）闭合电-空制动电源，待操纵台的制动机状态指示灯长亮后（闭合电源后 40 s 左右），再将电-空制动控制器手把置于重联位 3 s 后返回运转位，传感器及电-空阀无故障，制动机将被激活。

调整完毕后，即可利用大、小闸进行电-空位性能试验检查。

2. DK-2 型机车电-空制动机试验规则（八步闸）

操作程序	自动制动控制器 （过充、运转、中立、制动、重联、紧急）	单独制动控制器 （缓解、运转、中立、制动）	检查方法及要求 （列车制动管定压 600 kPa）
一	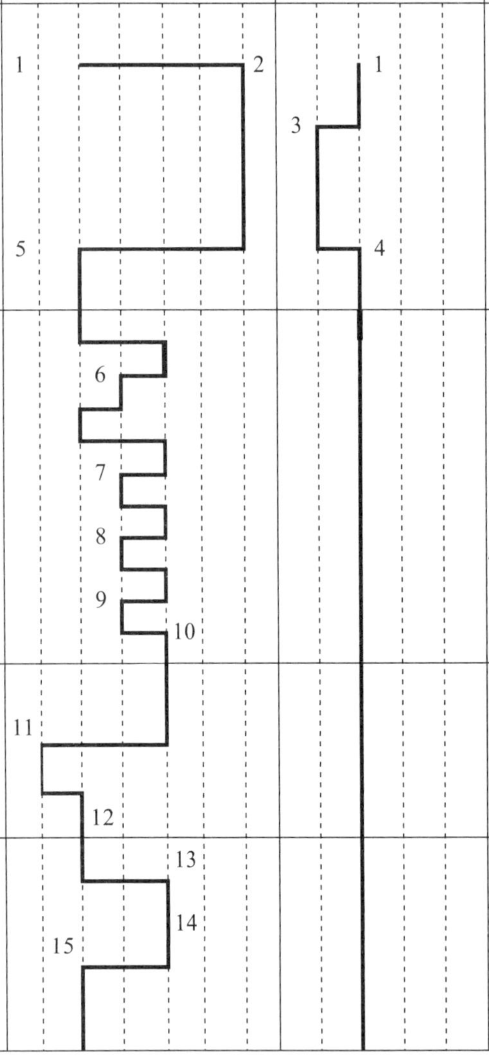 1 2 5	1 3 4	1. 列车制动管、均衡风缸为定压，制动缸压力为零。 2. 列车制动管在 3s 内降至零，制动缸压力在 5 s 内升至 400 kPa，最高压力为（450±10）kPa，分配阀安全阀喷气，自动撒砂，有牵引级位时自动切除主断路器。 3. 单独制动控制器移至缓解位，制动缸压力应缓解至零。 4. 制动缸压力不得回升。 5. 列车制动管压力由零升至 580 kPa 的时间<22 s。
二	6 7 8 9 10		6. 列车制动管减压 40～60 kPa 后保压，均衡风缸、列车制动管的泄漏量分别不大于每分钟 5 kPa 与 10 kPa。 7. 列车制动管减压 40～50 kPa，制动缸压力为 90～130 kPa。 8. 列车制动管减压 100 kPa，制动缸压力为 240～270 kPa。 9. 列车制动管减压 170 kPa，制动缸压力为 400～435 kPa。 10. 列车制动管最大减压量 210～290 kPa，制动缸压力变化每分钟不大于 10 kPa。
三	11 12		11. 均衡风缸为定压，列车制动管超过定压 30～40 kPa，制动缸压力不得缓解。 12. 120～180 s 过充压力消除，列车制动管恢复定压；制动缸压力应缓解到零。
四	13 14 15		13. 均衡风缸减压 170 kPa 的时间为 6～8 s，制动缸压力升至 400～435 kPa 的时间为 7～9.5 s。 14. 制动缸泄漏量每分钟不大于 10 kPa（关分配阀供给塞门）。 15. 制动缸压力从 400～435 kPa 降至 40 kPa 的时间不大于 8.5 s；均衡风缸、列车制动管恢复定压。

续表

操作程序	自动制动控制器（过充 运转 中立 制动 重联 紧急）	单独制动控制器（缓解 运转 中立 制动）	检查方法及要求（列车制动管定压 600 kPa）
五	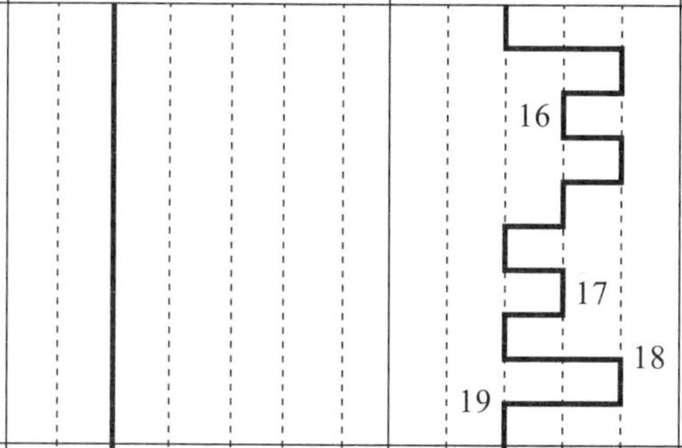	16 17 18 19	16. 阶段制动作用应稳定正常。 17. 阶段缓解作用应稳定正常。 18. 制动缸压力从 0 升至 280 kPa 的时间≤4 s。 19. 制动缸压力从 300 kPa 降至 40 kPa 的时间≤5 s。
六	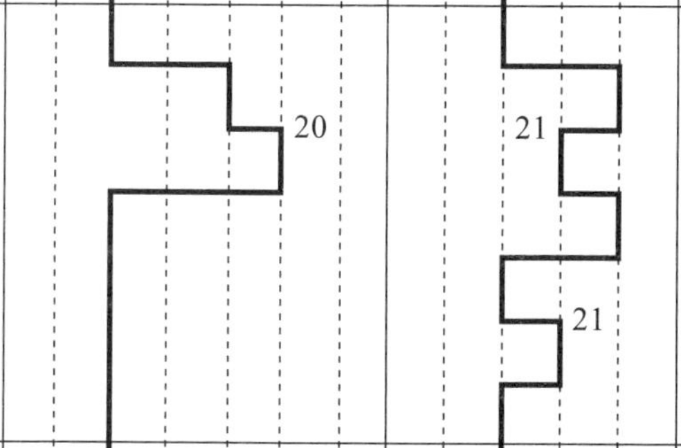 20	21 21	20. 列车制动管、均衡风缸应减压保压。 21. 本务节机车制动缸压力 250 kPa 时，重联节机车制动缸压力应为 225～275 kPa。 注：1～20 检查中，重联节机车制动机的制动与缓解应与本务节机车一致。
七	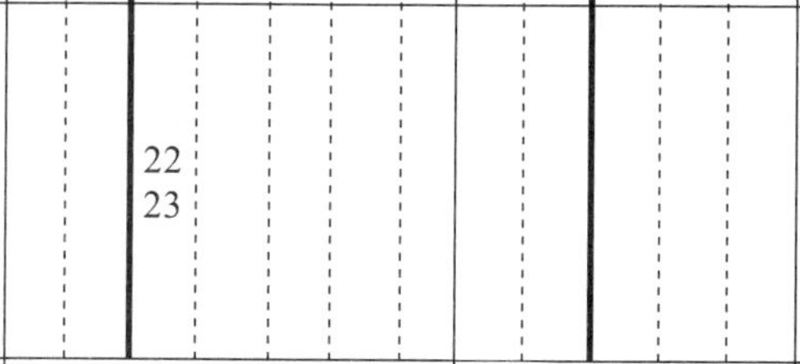 22 23		22. 拉手动紧急放风阀，应产生紧急制动，并不得自动缓解。 23. 断开电-空制动电源，应产生常用制动；闭合电源，制动机恢复正常。
	自动自动控制器（过充 运转 中立 制动 重联 紧急）	后备制动阀（缓解 运转 中立 制动）	
八	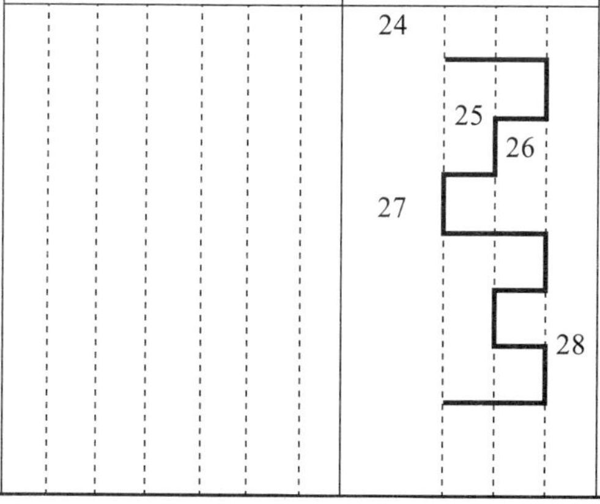	24 25 26 27 28	24. 列车制动管、均衡风缸、总风缸均为规定压力，制动缸压力为零（同时下压单缓按钮）。 25. 均衡风缸减压 170 kPa 的时间为 6～8 s，制动缸压力升至 400～435 kPa 的时间为 7～9.5 s。 26. 下压单缓按钮，制动缸压力应能缓解，停止下降，制动缸压力停止下降。 27. 均衡风缸、列车制动管恢复定压。 28. 阶段制动作用应稳定。 注：24～28 空气位操作，应按操作规程由电-空位转至空气位，试完后，应恢复电-空位。

高级

注：空气位调整方法如下：

① 断开操纵节制动机电源；

② 将操纵节制动柜中电-空转换阀 153 塞门置于“空气位”；

③ 将操纵节后备制动阀处均衡风缸管 127 塞门置于打开位；

④ 调整后备制动调压阀，使其输出压力为列车制动管定压 600 kPa。

调整完毕后，将后备制动阀手把置于缓解位，各压力值应符合下列要求：

① 总风缸压力为 750 kPa ~ 900 kPa；

② 列车制动管压力为 600 kPa；

③ 制动缸压力为零；

④ 均衡风缸压力为 600 kPa（允许与列车制动管压力差不大于 10 kPa）。

五、操作安全注意事项

1. 检修时应穿戴工作服，做好必要的安全防护措施。

2. 必须按检修规程进行检修。

3. 拆装配件时，首先关闭相应的截断塞门，排净部件及相应管路内的余压后再进行拆卸。

4. 拆装电器部件或带有电联锁的部件时，必须首先切断控制电源。

六、考核评分标准

序号	项目	分数	考核内容及评分标准
1	准备工作	10 分	1. 按规定穿戴劳动保护用品，否则每项扣 5 分
			2. 材料、工具准备齐全，能满足本次考试需求，否则每少一件扣 5 分
2	试验程序	30 分	1. 试验程序错误，每项扣 4 分
			2. 试验方法错误 ，每项扣 4 分
			3. 口述内容有遗漏、错误，每处扣 3 分
			4. 工作中返工，每处扣 10 分
			5. 作业后未按要求恢复、整理，每处扣 3 分
			6. 超过时间者，每分钟扣 2 分；总超时 7 min，停止作业
3	故障处所判断	50 分	1
			2
			3
			4
			5
4	工具设备使用	5 分	1. 开工前不检查工、量具及设备，收工时不清理，每处扣 3 分
			2. 工/量具及设备使用不当，每次扣 3 分
			3. 工/量具脱落，每次扣 5 分
			4. 工具、设备损坏失格
5	安全生产及其他	5 分	1. 工作场地不整洁，工件、工具摆放不整齐，每处扣 2 分
			2. 违章或违反安全事项，每处扣 5 分
			3. 违反考试纪律或不服从裁判自行中断考试失格
			4. 作业过程中发生人身轻伤及以上事故失格
总成绩 = 1 + 2 + 3 + 4 + 5 =			

电力机车制动钳工实作报活单

序号	考生报活区
故障 1	故障现象：
	故障处所：
	处理方案：
故障 2	故障现象：
	故障处所：
	处理方案：
故障 3	故障现象：
	故障处所：
	处理方案：
故障 4	故障现象：
	故障处所：
	处理方案：
故障 5	故障现象：
	故障处所：
	处理方案：

【模拟试卷】

电力机车制动钳工技高级工理论知识试卷

一、填空题（第1～20题。请将正确答案填入题内空白处。每题1分，共20分。）

1. 芯轴主要承受____________。

2. 旋转体经过平衡后，剩余不平衡量的大小为____________。

3. 凡是根据两种压力之间的变化来控制三通阀或分配阀的主活塞动作，以实现制动、缓解与保压作用的制动机，称为____________________。

4. 碳素工具钢的含碳量在_______________之间。

5. 列车运行阻力按阻力产生的原因分为基本阻力和________________。

6. DJKG-A型空气干燥器干燥塔底部的止回阀是防止_____________的压力空气逆流到干燥塔内。

7. 螺杆压缩机的进气阀由进气截止阀和_____________两部分组成。

8. VAPORID空气干燥器湿度指示器显示_____________，表示干燥器的干燥功能处于边界状态。

9. 神华号交流机车JPXZ-2A型盘形制动器的手柄组成限制棘轮盘旋转，拉动时起______作用。

10. O形密封圈的标注是以O形圈的__________和圈筋的粗细乘积来表示。

11. TKS22型电-空制动控制器辅助触头的动静触头的线接触保证在__________以上。

12. DK-1型电-空制动机紧急阀试验台上试验时，紧急室充气试验要求紧急室压力由0 kPa升至580 kPa的时间为_______s。

13. DK-1型电-空制动机109型分配阀在试验台上试验时，全缓解试验时要求容积室压力降至40 kPa的时间不大于_____________s。

14. DK-1型电-空制动机TFK1B电-空阀的铁芯气隙位______________mm。

15. SS_{4B}型电力机车制动机电-空位操作前，应将钮子开关463QS、464QS、465QS朝下，处于____________。

16. BCU的输入板上有_________路110 V输入通道。

17. SS_{4B}型电力机车DK-2型电-空制动机失电保护排风缩堵的检测要求，均衡风缸由600 kPa减至430 kPa的时间为______________。

18. 神华号交流机车DK-2型电-空制动机，______________用于控制电子分配阀和空气分配阀切换。

19. 120型控制阀主阀的___________是根据列车制动管与副风缸之间的空气压力差来实现充风、局减、制动、保压、缓解等作用。

20. JZ-7型空气制动机单独制动阀的凸轮盒内上部为________凸轮。

高级

二、不定项选择题（第 21 ~ 30 题，每题 2 分，共 20 分。每小题备选答案中，有一个或一个以上符合题意的正确答案，请将相应字母填入题前括号内。每小题全部选对得满分，少选得 1 分，多选，错选，不选均不得分。）

21. 看零件图中的技术要求是为了（　　）。
A. 想象零件形状　　B. 明确各部分大小
C. 掌握质量指标　　D. 了解零件性能

22. 游标卡尺的主尺每小格为 1 mm，副尺刻度线总长为 39 mm，当均匀分为 20 格时，则此游标卡尺的读数精度为（　　）。
A. 0.1　　B. 0.05　　C. 0.02　　D. 0.01

23. 电-空阀失电不释放的原因有（　　）。
A. 风压过大　　B. 自复弹簧断裂　　C. 自复弹簧疲劳　　D. 机械卡滞

24. 国产电力机车则根据 GBB3317-82《电力机车通用技术条件》规定撒砂量标准为（　　）L/min。
A. 0.7 ~ 1.5　　B. 0.5 ~ 1.5　　C. 0.7 ~ 2.0　　D. 0.8 ~ 2.0

25. DK-1 型电-空制动机 109 型分配阀在试验台上试验时，紧急制动后制动缸压力升至 400 kPa 的时间不大于（　　）s。
A. 5　　B. 3　　C. 4　　D. 6

26. DK-1 型电-空制动机紧急制动时，机车制动缸压力上升至总风缸压力的原因有（　　）。
A. 分配阀紧急增压阀故障　　B. 分配阀安全阀座缩堵堵塞
C. 分配阀供风缩堵孔径过大　　D. 分配阀安全阀压力调整失效

27. BCU 的输出板面板上编号为（　　）的绿色灯指示 8 路开关量信号输出通道的状态。
A. BE1 ~ BE8　　B. A01 ~ A08　　C. S01 ~ S08　　D. B01 ~ B08

28. 120 型控制阀在充气缓解位时，加速缓解作用使加速缓解风缸的压力空气（　　）充气。
A. 副风缸　　B. 工作风缸　　C. 紧急室　　D. 列车制动管

29. JZ-7 型空气制动机客货转换阀是控制（　　）气路的机构。
A. 初制风缸　　B. 遮断阀管　　C. 均衡风缸管　　D. 作用管

30. 神华号交流电力机车 DK-2 型电-空制动机停放制动模块的主要功能是（　　）。
A. 实现停放制动缸的排气与充气　　B. 实现制动缸的排气与充气
C. 防止停放制动力和大的机车制动缸制动力叠加
D. 使停放制动力与机车制动缸制动力叠加

三、判断题（第 31 ~ 40 题。请将判断结果填入括号中，正确的填“√”，错误的填“×”。每题 1 分，共 10 分。）

（　　）31. 装配后有相对运动，应选用过盈配合。

（　　）32. 螺纹防松按工作原理可分为摩擦防松、机械防松、破坏螺纹副运动关系防松。

（　　）33. 由压力表测得的压力值比绝对压力值高 1 个大气压。

（　　）34. 闸瓦摩擦表面的材质硬度提高，摩擦系数增大。

（　　）35. 神华号交流电力机车 JPXZ-2A 型盘形制动器蓄能制动缸充气时，停放制动应缓解。

(　　) 36. DK-1 型电-空制动机在电-空位时，空气制动阀手把置缓解位连通的气路是：作用管→转换柱塞→b 管→作用柱塞→总风管。

(　　) 37. 神华号交流机车 DK-2 型电-空制动机所具有的制动稳定性，是指当列车制动管压力从定压以每分钟小于 40 kPa 的速度下降时，机车制动缸不起制动作用。

(　　) 38. 空重车调整装置的作用是充分地利用黏着系数来提高制动率。

(　　) 39. JZ-7 型空气制动机自动制动阀手柄在制动区阶段左移，均衡风缸可阶段降压。

(　　) 40. 当机车发生断钩分离时，DK-1 型电-空制动机电动放风阀先动作，然后使紧急阀动作。

四、简答题（包括案例分析题、计算题）（第 41 ~ 45 题。每题 4 分，共 20 分。）

41. 简述弹簧垫圈的特点及应用。

42. 简述螺杆压缩机换油的步骤。

43. 简述 JZ-7 型空气制动机分配阀的副阀部的组成及主要用途。

高级

44. 简述神华号交流机车 DK-2 型电-空制动机电子分配阀中的制动缸预控压力的闭环控制方式。

45. 已知 C61 型敞车下列数据：制动缸直径 $d_z = 35.6$ cm，常用制动时制动缸压力 $P_z = 350$ kPa，制动倍率$\beta = 8.04$，传动效率$\eta = 0.9$。求：（1）制动缸活塞推力 P_t；（2）实际闸瓦压力（全车）K。

五、绘图题（共 10 分）

46. 读懂图 3-32 所示的两视图，补画第三视图。

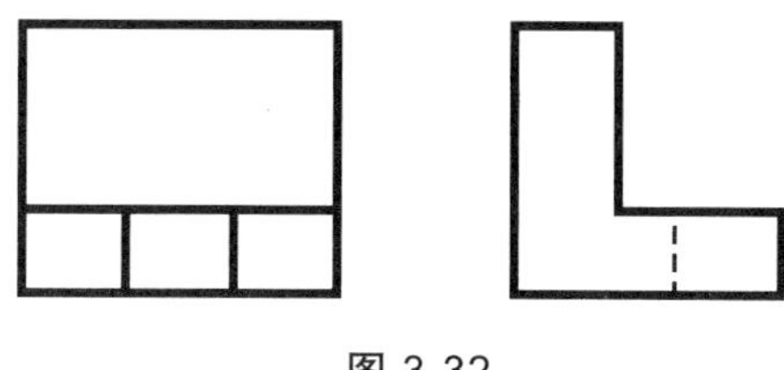

图 3-32

六、论述题（共 20 分）

47. 论述 109 型分配阀制动位时的作用原理。

电力机车制动钳工技高级工理论知识试卷答案

一、填空题

1. 弯矩　2. 平衡精度　3. 二压力机构制动机
4. 0.65%～1.35%　5. 附加阻力　6. 总风缸
7. 放空阀　8. 粉红色　9. 缓解
10. 外径　11. 80%　12. 40～50
13. 7　14. 1.9±0.2　15. 闭合位
16. 30　17. 6～8　18. 切换阀
19. 作用部　20. 单缓

二、不定项选择题

21. C　22. B　23. BCD　24. A　25. C
26. BD　27. B　28. D　29. B　30. AC

三、判断题

31. ×　32. √　33. ×　34. ×　35. √
36. ×　37. √　38. √　39. ×　40. ×

四、简答题

41. 答：螺母拧紧后，靠垫圈压平而产生的弹性反力使旋合螺纹间压紧。同时垫圈斜口的尖端抵住螺母与被连接件的支承面也有防松作用。结构简单，使用方便。但由于垫圈的弹力不均，在冲击、震动的工作条件下其防松效果较差，一般用于不重要的连接。

高级

42. 答：螺杆压缩机换油的步骤如下：

（1）将空压机运转，使油温上升，然后停机，以利排油。

（2）待确定系统完全卸压之后，缓慢打开排油塞，将油放出，当油流太慢时，可将加油螺塞松开，以利进空气。注意防护以免润滑油飞溅烫伤。

（3）润滑油泄清后，关闭排油螺塞，打开加油口盖，注入新油。

43. 答：JZ-7 型空气制动机分配阀的副阀部主要由副阀、充风阀、保持阀、局减止回阀、一次缓解逆流止回阀、转换盖板等组成。

副阀部的主要用途有：需要时，能自动消除工作风缸和降压风缸的过充压力；初制动时，产生局部减压作用，提高制动波速；控制机车制动机一次缓解和阶段缓解；一次缓解时，提高主阀缓解速度，阶段缓解时，提高主阀缓解的灵敏度。

44. 答：神华号交流机车 DK-2 型电-空制动机电子分配阀中的制动缸预控压力的闭环模拟控制方式与均衡风缸 EP 闭环模拟控制方式相同，制动控制单元 BCU 接收大闸、小闸发出的指令，再根据列车制动管减压量计算出制动缸预控压力的目标值，比较目标值与制动缸预控压力传感器反馈的制动缸预控压力实时值，通过对进、排气高速电-空阀的 PWM 控制，达到精确控制制动缸预控压力的目的。

45. 解：（1）制动缸活塞推力 P_t。

$$P_t = \pi d_z^2/4 \cdot P_z = \pi \times (0.356)^2/4 \times 350 = 34.8\ (\text{kN})$$

（2）实际闸瓦压力 K。

$$K = \beta \times \eta \times P_t = 8.04 \times 0.9 \times 34.8 = 252\ (\text{kN})$$

答：制动缸推力为 34.8 kN，实际闸瓦压力为 252 kN。

五、绘图题（共 10 分）

46. 答：补全第三视图后的三面投影如图 3-33 所示。

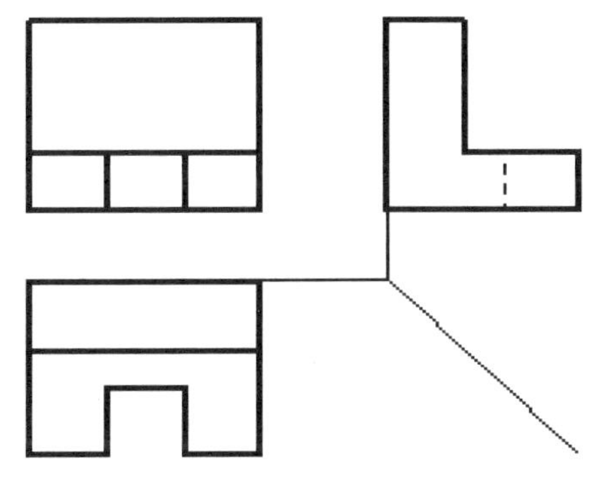

图 3-33

六、论述题（共 20 分）

47. 109 型分配阀制动位时的作用原理如下：

（1）主阀部：随着列车制动管压力的下降，主活塞通过主活塞杆先是带动节制阀上移，而滑阀此时暂保持不动，连通列车制动管向局减室降压的气路，从而实现局部减压作用；然后主活塞继续上移，并通过主活塞杆带动节制阀、滑阀上移，连通工作风缸向容积室充风的气路，使容积室压力升高而工作风缸压力降低；当工作风缸压力下降到与列车制动管压力平衡时，主活塞通过主活塞杆稍稍推动节制阀下移，而滑阀保持不动，切断工作风缸向容积室充风的气路，即容积室压力停止升高。

（2）紧急增压阀：尽管列车制动管压力下降，但其不能急剧下降为零，使增压阀仍处于下端，从而切断总风向容积室迅速充风的气路。

（3）均衡部：随着容积室压力升高，均衡活塞带动空芯阀杆上移，关闭排气阀口并顶开供气阀口，连通总风向机车制动缸充风的气路，当机车制动缸压力升高到与容积室压力平衡时，关闭供气阀口，并且不开启排气阀口，实现机车制动机在制动以后的保压。

高级

电力机车制动钳工高级工技能考试

请各位考生在考试前认真阅读此单，并按要求逐一做好各项准备工作。

考试说明：

1. 电力机车制动钳工高级操作技能考试包含有：钳工制作（任选）、配件检修（必选一项）、电空制动机试验（必选一项）。

2. 电力机车制动钳工高级技能考试的总分均为 100 分。本套试卷技能考试二大项目各自的小计分也为 100 分，按百分比的原则进行汇总。考生得分 = 第（1）项目得分 × 40% + 第（2）项目得分 × 60%

制动钳工高级技能考试评分汇总表

准考证号：______________ 姓名：__________ 时间：__________ 单位：____________

考试项目 / 得分	钳工制作	配件检修（40%）	电空制动机试验（60%）
各项小计分			
考生汇总得分			

第一项目　配件检修

考核项目：109 分配阀检修及试验

试题编码：605070601ABB00130901X

一、准备通知单

1. 材料准备

序号	名称	规格	数量	备注
1	109 分配阀		1 个	待修
2	O 形密封圈		自定	满足需要
3	橡胶膜板		2 个	
4	弹簧		若干	满足需要
5	硅脂		适量	
6	清洗剂		适量	
7	白布		1 张	
8	毛刷		1 把	

续表

序号	名称	规格	数量	备注
9	研磨膏		1 盒	
10	水砂纸	00 号	2 张	
11	硅油		适量	
12	记名检修本		1 本	
13	中性笔		1 支	

2. 设备准备

序号	名称	规格	数量	备注
1	制动机试验台		1 台	DK-1 型
2	钳工工作台		1 个	

3. 工具、量具、刃具准备

序号	名称	规格	数量	备注
1	游标卡尺	0～150 mm	1 把	精度 0.02
2	钢直尺	150 mm	1 只	
3	内径千分尺		1 把	
4	外径千分尺		1 把	
5	常用钳工工具		1 套	
6	一字螺丝刀	100 mm	1 把	
7	油石		1 块	
8	专用扳手		1 套	
9	通针		1 只	
10	清洗盘		1 个	
11	样冲		1 个	

二、考核内容及要求

1. 考核项目：109 分配阀检修及试验

2. 分值：100 分

3. 考核时间

（1）准备时间：10 min；

（2）正式操作时间：90 min；

（3）规定时间内全部完成，每超时 1 min，从总分中扣 2 分；总超时 7 min，停止作业。

4. 正确使用工/卡/量具。

5. 按要求填写记名检修记录。

三、检修技术标准

1. 各部无泄漏，各作用位作用良好，柱塞及套不许有拉伤，弹簧不许有严重锈蚀、断裂及永久变形。

2. 橡胶元件不许有老化、裂损、变形。

3. 各部件清洗清洁，各通路畅通。

4. 分配阀试验

（1）充气、缓解位：当制动管缓解时（风压 600 kPa），工作风缸风压从零升至 580 kPa 的时间为 60 ~ 80 s。

（2）初制动位：分配阀初制动位列车制动管的减压量不大于 20 kPa。

（3）全制动时制动缸升压时间为 5 ~ 7 s。

（4）紧急位：紧急制动后制动缸压力升至 400 kPa 时间不大于 4 ~ 7 s。

（5）安全阀开启压力为（450 ± 10）kPa。

5. 限度表

序号	名称	中修限度
1	各阀口磨耗量不大于（mm）	0.5
2	紧急增压阀与套，均衡阀杆与套的配合间隙不大于（mm）	0.20
3	均衡阀压痕深度不大于（mm）	0.5
4	弹簧自由高度较原形高度的减少量应满足	
	增压阀弹簧和均衡阀弹簧不大于（mm）	3.0
	速动弹簧不大于（mm）	2.0
	节制阀弹簧不大于（mm）	1.5
	安全阀调整弹簧不大于（mm）	2.0

高级

四、操作工序及要求

1. 解体前检查

解体前在检修工作台上进行外观检查，阀体应无裂损、变形、锈蚀，不良处应作记录。

2. 解体

（1）卸下主阀上盖，抽出主活塞杆组成及滑阀并分解；

（2）卸下均衡阀后盖，抽出均衡活塞杆组成并分解；

（3）卸下均衡阀上盖，抽出滤尘套及均衡阀组成并分解；

（4）卸下阀盖，抽出增压阀杆及弹簧；

（5）分解安全阀。

3. 清洗

将解体后的零件，除橡胶件外（包括阀体）置油盘中，用清洗剂清洗。清洗后再用压缩空气吹扫干净，对阀体内部各暗孔、沟槽须认真吹扫，内部不得有残余油垢及异物。吹扫干净的零件按拆卸顺序依次摆放在洁净的工作台面上待查。

4. 检修

（1）更换各橡胶件，检查各橡胶件应无老化、裂损等现象。

（2）检查各阀与套应无拉伤、偏磨现象，其相互间的配合应符合技术要求。紧急增压阀与套、均衡阀杆与套的配合间隙不大于 0.2 mm。

（3）检查均衡阀口应无台阶、麻坑，不良者可磨修，磨修量须符合技术要求。

（4）均衡阀压痕深度超过 0.5 mm 应更换，轻微压痕可用砂布打磨消除。

（5）检查各弹簧应无裂损和严重锈蚀。各弹簧自由高度较原形高度的减少量：增压阀弹簧和均衡阀弹簧应<3.0 mm，速动弹簧<2.0 mm，节止阀弹簧<1.5 mm；各弹簧自由高度为：均衡阀弹簧 = 40 mm，增压阀弹簧 = 53 mm，速动稳定弹簧 = 34.5 mm，节制阀弹簧 = 14 mm。

（6）节制阀与滑阀、滑阀与座应密闭良好，不良者可研磨处理。

（7）检查各缩堵及暗道应畅通，分配阀有 4 个缩孔，缩孔Ⅰ~Ⅲ均为ϕ0.8 mm，缩孔 Ⅳ为ϕ1 mm。

（8）检查安全阀阀体与阀座的接触状态应良好，接触不良可研磨修复。

（9）检查安全阀体导向部分与阀套径向间隙应符合技术要求。

5. 组装

（1）组装前对合格配件进行整洁处理，用洁净白布擦拭干净后，再用压缩空气吹净残余纤维毛。

（2）在阀体内壁涂美孚脂。

（3）在有相对运动的零件表面涂适量的美孚脂。

（4）按与分解相反的顺序进行组装，在组装过程中按动各活塞杆，动作应灵活，无卡滞现象。

（5）安全阀组装后需拧紧顶部螺帽。

6. 试验

组装好的分配阀必须在试验台上进行实验，各项试验须符合技术要求：

（1）试验准备：总风压力应在 700 kPa 以上，调压阀调到 600 kPa。

（2）充气和充气位试验：手把置充气位，工作风缸压力上升，充至定压。

① 工作风缸风压从 0 升至 580 kPa 的时间为 60 ~ 80 s。

② 用肥皂水检查结合部及排气口漏泄，允许肥皂水少许鼓泡，保持 5 s 内不破。

（3）缓解、制动灵敏度及保压试验：手把移运转位，待工作风缸充至定压后，手把置制动位，减压 40 kPa 后，保压 60 s 然后移缓解，保压时用肥皂水检查各排气口及结合部漏泄。

① 制动灵敏度：应在制动管减压 20 kPa 以前起制动作用。

② 制动保压漏泄：保压时各结合部不得漏泄，排气口允许肥皂水少许鼓泡，且 5 s 内不破灭，保压 60 s 内不得发生自然缓解。

③ 缓解灵敏度：手把运转位，应在 15 s 内开始缓解。

（4）全缓解试验：将工作风缸充至定压后，减压 140 kPa 再保压，到缓解。

① 容积风缸压力从 0 上升至 340 kPa 的时间应小于 6 s。

② 容积风缸压力从 360 kPa 下降至 40 kPa 的时间应小于 6 s。

③ 制动缸压力应随容积风缸压力下降，两者压差不超过 25 kPa。

（5）紧急增压试验：待工作风缸充至定压后，将制动管压力空气排尽。当制动管压力降至 250 kPa 时，容积风缸压力应继续上升，容积风缸压力从零上升到 400 kPa 的时间应在 9 s 之内。

（6）均衡部保压位漏泄试验：将工作风缸充至定压后再减压，当容积风缸压力上升至 200 ~ 300 kPa 后，保压检查结合部和排气口：

① 制动缸压力应紧随容积风缸压力同时上升，两者压差不超过 10 kPa；

② 各结合部、排气口不漏泄。

（7）自动补风灵敏度试验：使制动缸压力降低 20 kPa 后关闭排风塞门，制动缸压力应恢复至原有压力。

五、操作安全注意事项

1. 检修时应穿戴工作服，做好必要的安全防护措施。

2. 必须按检修规程进行检修。

3. 在试验台上拆装配件时，首先关闭相应的截断塞门，排净部件及相应管路内的余压后再进行拆卸。

4. 给电或给风试验须两人以上进行，一人试验，一人监护。遇到异常情况时，应首先切断电源或风源，以防事态扩大。

5. 工作场地应确保清洁，无油垢、杂物和障碍物，场地平整，有足够的照明和通风设备。

六、考核评分标准

序号	项目	配分	考核内容及评分标准
1	准备工作	10 分	1. 按规定穿戴劳动保护用品，否则每项扣 5 分
			2. 材料、工具准备齐全，能满足本次考试需求，否则每少一件扣 5 分
2	操作技能	70 分	1. 操作、检查、测量、调整方法正确，不当或错误每处扣 4 分
			2. 工序错误，每处扣 5 分
2	操作技能	70 分	3. 漏拆、漏检、漏修、漏测，每处扣 5 分
			4. 试验台测试、检测泄漏，每处扣 4 分
			5. 试验漏项 ，每项扣 5 分
			6. 试验未达到使用技术条件标准，每处扣 6 分
			7. 零部件脱落损伤，每处扣 4 分
			8. 口述内容有遗漏、错误，每处扣 4 分
			9. 工作中返工，每项扣 10 分
			10. 作业后未按要求恢复、整理；记名检修漏填、错填，每处扣 2 分
			11. 按工艺要求，质量不符合规定，每处扣 4 分
			12. 超过时间者，每分钟扣 2 分；总超时 7 min，停止作业

续表

序号	项目	配分	考核内容及评分标准
3	工具设备使用	10 分	1. 开工前不检查工、量具及设备，收工时不清理，每处扣 3 分
			2. 工/量具及设备使用不当，每处扣 3 分
			3. 工/量具脱落，每次扣 3 分
			4. 工具、量具使用、保养不当造成损坏失格
4	安全生产及其他	10 分	1. 作业过程中发生人身轻伤及以上事故失格
			2. 违章或违反安全事项，每处扣 5 分
			3. 违反考试纪律或不服从裁判自行中断考试失格
			4. 工作场地不整洁，工件、工具摆放不整齐，每处扣 2 分
总成绩＝1＋2＋3＋4＝			

七、评分人员要求

1. 热爱本职工作，遵守考评各项规则及要求；

2. 考评人员必须具有技师、高级专业技术职务及以上资格，同时经专门培训，熟悉鉴定工作；

3. 现场由监考、评分人及统计员构成；

4. 评分员须回避考试现场，进入评判室做好准备，依据评分标准打分；

5. 统计员做好分数统计及保密工作，评分表不得有更改。

第二项目　电–空制动机试验

考核项目：神华号 DK-2 型电-空制动机试验及故障检修

试题编码：605070601ACB00230901X

一、准备通知单

1. 考场准备

装有 DK-2 型电-空制动机的神华号和谐电力机车一台（状态良好）。

2. 准备材料

序号	名称	规格	数量	备注
1	DK-2 型制动机易损易耗配件		1 套	
2	绝缘胶带		适量	满足需要
3	短接线		若干	
4	胶垫		适量	堵风用
5	中性笔		1 支	考试自备
6	白纸		1 张	

3. 工具、量具、刃具准备

序号	名称	规格	数量	备注
1	万用表		1只	
2	呆扳手	5.5～24 mm	1套	
3	十字螺丝刀		1把	
4	一字螺丝刀		1把	
5	秒表		1只	
6	钳工常用工具		1套	

二、考核内容及要求

1. 考核项目：神华号 DK-2 型电-空制动机试验及故障检修

2. 分值：100 分

3. 考核时间

（1）准备时间：10 min；

（2）正式操作时间：40 min；

（3）规定时间内全部完成，每超时 1 min，从总分中扣 2 分；总超时 7 min，停止作业。

4. 按要求填写报活单。

三、操作工序及要求

1. 准备工作

试验前应将制动机调整到电-空位，电-空位调整方法如下：

（1）将制动机的功能选择开关分别设置在“不补风”“空电联合切除”“定压 600 kPa”“ATP 投入”。

（2）将制动机的电-空转换阀打向“正常位”。

（3）调整单独制动调压阀 51，使其输出压力为 480 kPa；调整紧急增压调压阀 52，使其输出压力为 450 kPa；调整均衡风缸调压阀 55，使其输出压力为 650 kPa。

（4）开通除无火塞门 155、无火安全阀塞门 139、制动缸切换阀总风塞门 161 与非操纵节塞门 156 外的其余各塞门。

（5）闭合电-空制动电源，待操纵台的制动机状态指示灯长亮后（闭合电源后约 40 s 左右），再将电-空制动控制器手把置于重联位 3 s 后返回运转位，传感器及电-空阀无故障，制动机将被激活。

调整完毕后，即可利用大、小闸进行电-空位性能试验检查。

2. DK-2 型机车电-空制动机试验规则（八步闸）

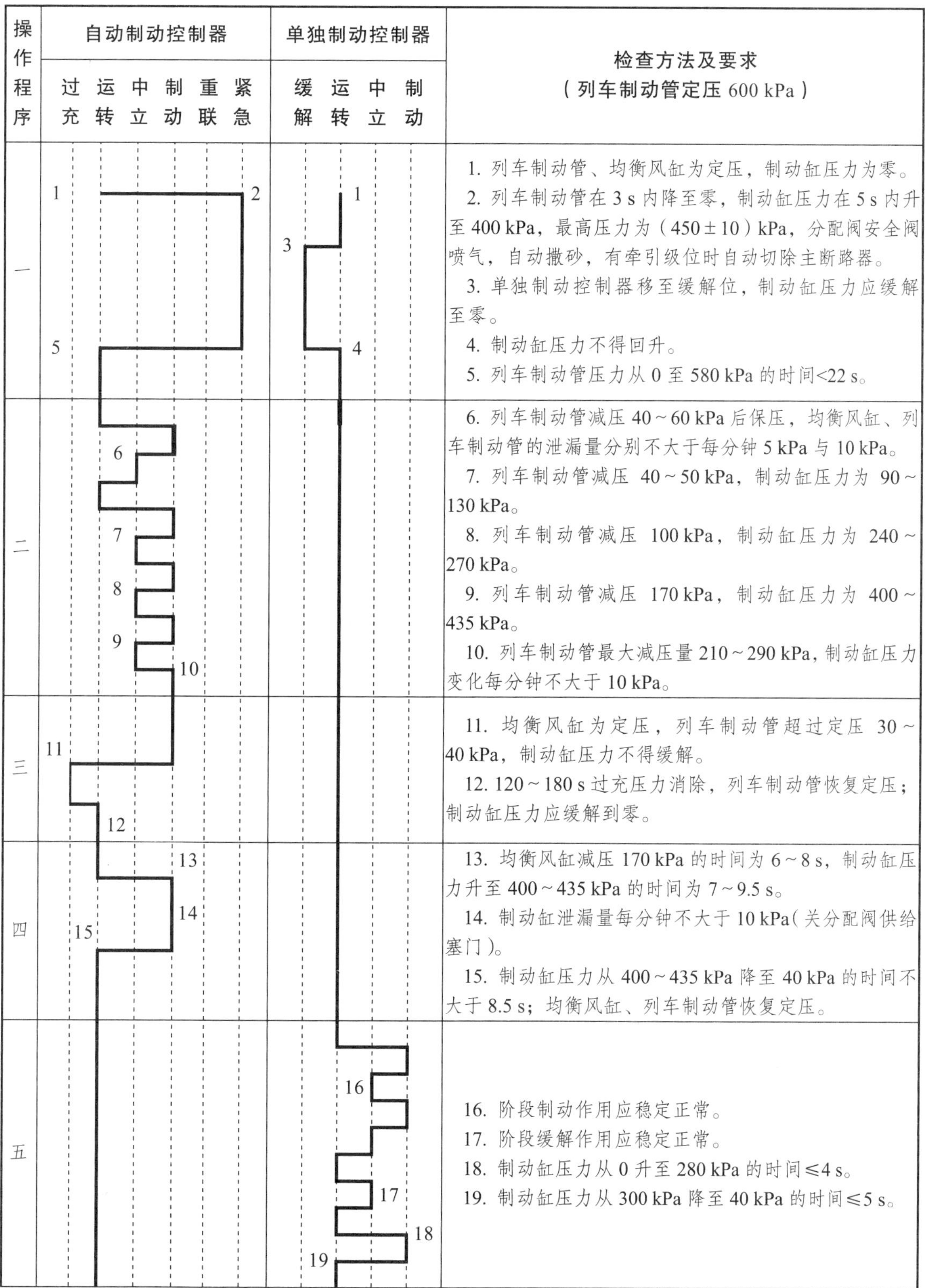

操作程序	自动制动控制器（过充、运转、中立、制动、重联、紧急）	单独制动控制器（缓解、运转、中立、制动）	检查方法及要求（列车制动管定压 600 kPa）
一	1、2、5	1、3、4	1. 列车制动管、均衡风缸为定压，制动缸压力为零。 2. 列车制动管在 3 s 内降至零，制动缸压力在 5 s 内升至 400 kPa，最高压力为（450±10）kPa，分配阀安全阀喷气，自动撒砂，有牵引级位时自动切除主断路器。 3. 单独制动控制器移至缓解位，制动缸压力应缓解至零。 4. 制动缸压力不得回升。 5. 列车制动管压力从 0 至 580 kPa 的时间<22 s。
二	6、7、8、9、10		6. 列车制动管减压 40～60 kPa 后保压，均衡风缸、列车制动管的泄漏量分别不大于每分钟 5 kPa 与 10 kPa。 7. 列车制动管减压 40～50 kPa，制动缸压力为 90～130 kPa。 8. 列车制动管减压 100 kPa，制动缸压力为 240～270 kPa。 9. 列车制动管减压 170 kPa，制动缸压力为 400～435 kPa。 10. 列车制动管最大减压量 210～290 kPa，制动缸压力变化每分钟不大于 10 kPa。
三	11、12		11. 均衡风缸为定压，列车制动管超过定压 30～40 kPa，制动缸压力不得缓解。 12. 120～180 s 过充压力消除，列车制动管恢复定压；制动缸压力应缓解到零。
四	13、14、15		13. 均衡风缸减压 170 kPa 的时间为 6～8 s，制动缸压力升至 400～435 kPa 的时间为 7～9.5 s。 14. 制动缸泄漏量每分钟不大于 10 kPa（关分配阀供给塞门）。 15. 制动缸压力从 400～435 kPa 降至 40 kPa 的时间不大于 8.5 s；均衡风缸、列车制动管恢复定压。
五		16、17、18、19	16. 阶段制动作用应稳定正常。 17. 阶段缓解作用应稳定正常。 18. 制动缸压力从 0 升至 280 kPa 的时间≤4 s。 19. 制动缸压力从 300 kPa 降至 40 kPa 的时间≤5 s。

续表

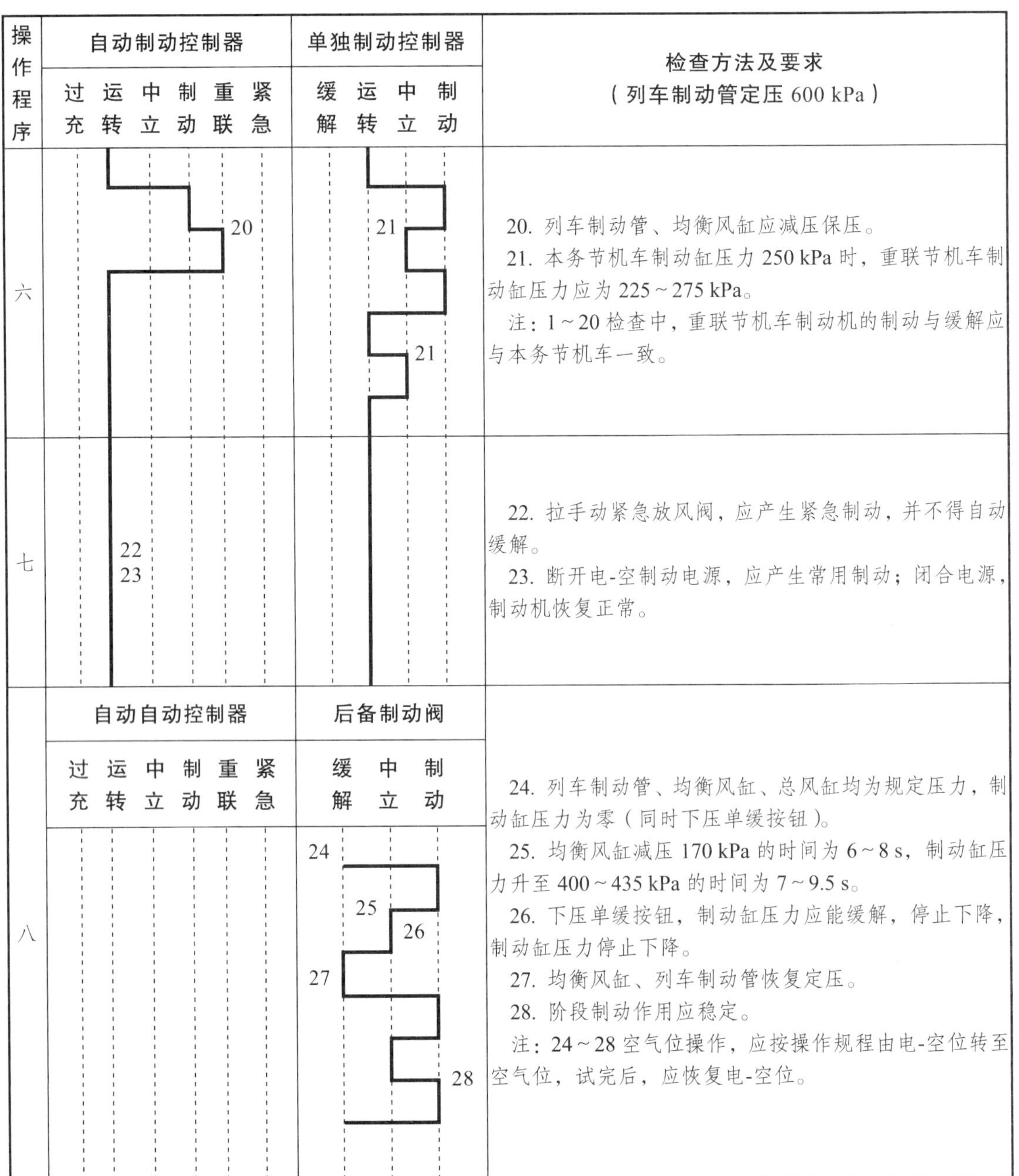

操作程序	自动制动控制器 过充 运转 中立 制动 重联 紧急	单独制动控制器 缓解 运转 中立 制动	检查方法及要求 （列车制动管定压 600 kPa）
六	20	21 21	20. 列车制动管、均衡风缸应减压保压。 21. 本务节机车制动缸压力 250 kPa 时，重联节机车制动缸压力应为 225～275 kPa。 注：1～20 检查中，重联节机车制动机的制动与缓解应与本务节机车一致。
七	22 23		22. 拉手动紧急放风阀，应产生紧急制动，并不得自动缓解。 23. 断开电-空制动电源，应产生常用制动；闭合电源，制动机恢复正常。
八	自动自动控制器 过充 运转 中立 制动 重联 紧急	后备制动阀 缓解 中立 制动 24 25 26 27 28	24. 列车制动管、均衡风缸、总风缸均为规定压力，制动缸压力为零（同时下压单缓按钮）。 25. 均衡风缸减压 170 kPa 的时间为 6～8 s，制动缸压力升至 400～435 kPa 的时间为 7～9.5 s。 26. 下压单缓按钮，制动缸压力应能缓解，停止下降，制动缸压力停止下降。 27. 均衡风缸、列车制动管恢复定压。 28. 阶段制动作用应稳定。 注：24～28 空气位操作，应按操作规程由电-空位转至空气位，试完后，应恢复电-空位。

注：空气位调整方法如下：

① 断开操纵节制动机电源；

② 将操纵节制动柜中电-空转换阀 153 塞门置于“空气位”；

③ 将操纵节后备制动阀处均衡风缸管 127 塞门置于打开位；

④ 调整后备制动调压阀，使其输出压力为列车制动管定压 600 kPa。

调整完毕后，将后备制动阀手把置于缓解位，各压力值应符合下列要求：

① 总风缸压力为 750 kPa～900 kPa；

② 列车制动管压力为 600 kPa；

③ 制动缸压力为零；

④ 均衡风缸压力为 600 kPa（允许与列车制动管压力差不大于 10 kPa）。

四、操作安全注意事项

1. 检修时应穿戴工作服，做好必要的安全防护措施。

2. 必须按检修规程进行检修。

3. 拆装配件时，首先关闭相应的截断塞门，排净部件及相应管路内的余压后再进行拆卸。

4. 拆装电器部件或带有电联锁的部件时，必须首先切断控制电源。

五、考核评分标准

序号	项目	分数	考核内容及评分标准
1	准备工作	10 分	1. 按规定穿戴劳动保护用品，否则每项扣 5 分
			2. 材料、工具准备齐全，能满足本次考试需求，否则每少一件扣 5 分
2	试验程序	30 分	1. 试验程序错误，每项扣 4 分
			2. 试验方法错误 ，每项扣 4 分
			3. 口述内容有遗漏、错误，每处扣 3 分
			4. 工作中返工，每处扣 10 分
			5. 作业后未按要求恢复、整理，每处扣 3 分
			6. 超过时间者超过时间者，每分钟扣 2 分；总超时，7 min，停止作业
3	故障处所判断	50 分	1
			2
			3
			4
			5
4	工具设备使用	5 分	1. 开工前不检查工、量具及设备，收工时不清理，每处扣 3 分
			2. 工/量具及设备使用不当，每次扣 3 分
			3. 工/量具脱落，每次扣 5 分
			4. 工具、设备损坏失格
5	安全生产及其他	5 分	1. 工作场地不整洁，工件、工具摆放不整齐，每处扣 2 分
			2. 违章或违反安全事项，每处扣 5 分
			3. 违反考试纪律或不服从裁判自行中断考试失格
			4. 作业过程中发生人身轻伤及以上事故失格
总成绩 = 1 + 2 + 3 + 4 + 5 =			

电力机车制动钳工实作报活单

序号	考生报活区
故障 1	故障现象：
	故障处所：
	处理方案：
故障 2	故障现象：
	故障处所：
	处理方案：
故障 3	故障现象：
	故障处所：
	处理方案：
故障 4	故障现象：
	故障处所：
	处理方案：
故障 5	故障现象：
	故障处所：
	处理方案：

六、评分人员要求

1. 热爱本职工作，遵守考评各项规则及要求。

2. 考评人员必须具有技师、高级专业技术职务及以上资格，同时经专门培训，熟悉鉴定工作。

3. 现场由监考、评分人及统计员构成。

4. 评分员须回避考试现场，进入评判室做好准备，依据评分标准打分。

5. 统计员做好分数统计及保密工作，评分表不得有更改。

第四部分

技　师

【理论知识】

一、填空题

1. ________是铁路运输服务的优质程度及所要达到的效果。

2. 铁路职工应严格遵守规章制度和劳动纪律，杜绝违章违纪行为，消除隐患，确保货物和________安全。

3. 机车检修职工职业技能的提高，是推广电力方面的新技术、使用________的必要条件。

4. 检修职工上班时应着装规范，__________，仪容端庄，举止文明，保持个人良好形象。

5. 蜗杆传动的主要失效形式是____________。

6. 蜗杆传动的失效形式有齿面点蚀、齿面胶合、齿面磨损、_____________等。

7. ________是由一个主动链轮，通过链条带动从动链轮传递运动和动力的一种装置。

8. 链传动的损坏形式有：链被拉长、链和链轮磨损、_______________。

9. 联轴器可分为刚性联轴器和_______________。

10. 联轴器的任务是_____________。

11. 滚动轴承的轴承外圈与座孔的配合采用__________。

12. 滚动轴承的轴承内圈与轴的配合采用__________。

13. 滚动轴承的密封是为了防止内部___________的流失。

14. 滚动轴承的密封是为了防止外部____________________的侵入。

15. 滚动轴承的接触式密封有毡圈密封和__________。

16. 对离合器的要求是_________、工作稳定和传递足够的扭矩。

17. 离合器是一种使主、从动轴接合或分开的____________。

18. 离合器可分为______________和摩擦离合器。

19. 带在轮上的包角不能太小，三角形包角不小于___________，才能保证不打滑。

20. 张紧力的调整方法是靠改变两带轮的___________。

21. 齿轮传动的_________是恒定的。

22. 齿轮传动的传动比公式为______________。

23. 螺旋传动位移距 L 和螺旋传动时的转速 n 之间的关系为____________。

24. 螺旋传动的传动形式有螺母位移和______________。

25. 在液压系统中，用于控制系统中液体压力，流量和流向的元件称为________。

26. 液压泵作为液压系统的动力元件，将原动机输入的机械能转换成__________输出。

27. 液压系统中的方向控制阀主要有单向阀和___________两种。

28. 弹簧的中径与弹簧直径的比值称为______________ 。

29. ________是在柔性密闭容器中加入压力空气，利用空气的可压缩性实现弹簧作用的一种非金属弹簧。

30. 轴套类零件的尺寸标注主要是径向尺寸和_________。

31. 尺寸 $\phi132 \pm 0.2$ 的最小极限尺寸是___________。

32. 平面切割圆柱，当截平面平行于圆柱的轴线时，截交线是圆柱的__________。

33. 截切基本体的平面称为截平面，截平面与基本体表面的交线称为_________。

34. 任何基本体的截交线都是一个________的平面图形。

35. 两立体相交，其表面所产生的交线称为________。

36. 相贯线一般为封闭的___________。

37. 外螺纹的大径和螺纹终止线用___________表示。

38. 绘制不通的螺孔时，一般应将_________与螺纹部分的深度分别画出。

39. 评定形位误差的基本方法是___________。

40. 物体向不平行于任何基本投影面的平面投射所得的视图称为___________。

41. 主视图是___________投射所得的视图。

42. 左视图是____________投射所得的视图。

43. 内径千分尺用来测量零件的__________和沟槽等。

44. ________用来测量零件上孔及沟槽的深度、台阶的高度等，它的刻线原理与读数方法和游标卡尺一样。

45. ________是零件加工和机器装配中检查零件尺寸和形状误差的主要量具。

46. 刀具绕本身轴线进行连续旋转叫作_______________。

47. 刀具沿轴线方向运动叫作_________________。

48. 双手横握锉刀往复锉削的方法叫__________。

49. 锉削球面时，锉刀在完成外圆弧锉削复合运动的同时还必须环绕球中心作_______。

50. 台钻一般加工直径在__________mm 以下的孔。

51. 台钻的转速较高，不宜进行铰孔、锪孔、__________等加工。

52. 立式钻床可以自动___________。

53. 轴类零件可用___________夹装。

54. 异型零件或加工基准在侧面的工件用_________进行夹装。

55. 在塑性材料上攻丝时，底孔直径等于螺纹直径减去_________ 。

56. 为防止丝锥折断与损坏，要求攻丝前的底孔直径必须大于螺纹标准中规定的______。

57. 套丝时，板牙除对金属切削外，还对金属材料产生___________。

58. 加工外螺纹的工具是__________。

59. 平面划线分几何划线法和____________两种。

技师

60. 立体划线的方法一般采用________________。

61. ________是对铸件、锻件毛坯尺寸、形状和位置上的某些误差和缺陷，通过试划和调整，将各部位的加工余量在允许的范围内重新分配，使各加工表面都有足够的加工余量的划线方法。

62. 用錾子錾硬性材料时，楔角一般取__________。

63. 用錾子錾软性材料时，楔角一般取___________。

64. 錾子的楔角大小是根据材料的____________选择的。

65. 研磨液在研磨剂中起稀释润滑与_________作用。

66. 研磨是在其他金属加工方法不满足工件精度和_____________要求时所采用的精密加工方法。

67. 铆接方法有热铆、冷铆和__________铆三类。

68. 8 mm 以上的钢质铆钉应采用_________铆。

69. ________是用来矫正各种棒料和条料弯曲变形的方法。

70. 焊管弯曲时，应注意将焊缝放在________位置，防止弯形时焊缝开裂。

71. 锯割时工件装夹不正会造成____________。

72. 起锯角度太大会造成____________。

73. 刮削后的工件表面形成了比较均匀的微浅凹坑，创造了良好的_________，改善了相对运动零件之间的润滑情况。

74. 使用刮刀刮研工作物时，禁止用________擦拭刃上的铁屑。

75. 将零件和部件结合成一套完整的产品的过程称为__________。

76. 机器或产品装配后，实际几何参数、工作性能等参数与理论几何参数、工作性能等参数的符合程度称为_______________。

77. 将钢加热到一定温度，保温一段时间在空气中冷却的方法，称为___________。

78. 提高工件表层的含碳量，达到表面淬火提高硬度的目的称为____________。

79. 金属材料抵抗冲击载荷而不破坏的能力称为____________。

80. 塑性可用拉伸试验中试棒的伸长率和___________来衡量。

81. 溶解于α-Fe 中形成的间隙固溶体称为___________。

82. 铁素体与渗碳体的机械混合物称为____________。

83.《劳动合同法》调整的劳动关系是一种人身关系和_________相结合的社会关系。

84. 用人单位对已经解除或者终止的劳动合同的文本，至少保存_____年备查。

85. 安全生产管理，坚持____________、预防为主的方针。

86. 从业人员有权拒绝__________和强令冒险作业。

87. 铁路的标准轨距为_______mm。

88. 窄轨铁路的轨距为 762 mm 或者__________mm。

89. 保护和改善生活环境和_______及防治环境污染和其他公害是环境保护的两个内容。

90. 设计运行时速________公里以上列车的铁路应当实行全封闭管理。

91. 高速铁路线路路堤坡脚、路堑坡顶或者铁路桥梁外侧起向外各______m 范围内禁止抽取地下水。

92. 通过道口车辆限界及货物装载高度（从地面算起）不得超过_______m，超过时，应绕行立交道口或进行货物倒装。

93. 通过道口车辆上部或其货物装载高度（从地面算起）超过________m 通过平交道口时，车辆上部及装载货物上严禁坐人。

94. 机车检修须坚持“四按”、“__________”记名修的制度。

95. 辅修、小修范围由________负责编制并确定。

96. 机车检修“四按”是指按范围、按工艺、按“__________”及机车状态、按规定的技术要求。

97. 造成________人以上死亡的事故为特别重大事故。

98. 货运列车脱轨 60 辆以上的事故为________事故。

99. 空气波速只与空气的________有关，而与空气的压力无关，与列车的长度、排气孔的大小也无关。

100. 空气波速一般为___________m/s。

101. 制动倍率是一个制动缸所产生的计算上的___________与该制动缸的推力之比。

102. 一个制动缸所产生的实际闸瓦压力的总和与计算闸瓦压力的总和之比称为______。

103. ________为机车实际闸瓦总压力与机车总重量的比值。

104. 列车在空走时间内所走行的距离称为__________。

105. 当列车在运行中施行制动时，从制动开始到全列车闸瓦突然同时以最大压力压紧车轮的假定瞬间，这段时间就称为_______________。

106. 机车、车辆运行在某些特定条件下才能遇到的阻力称为__________。

107. 列车在曲线上运行时的阻力大于相同条件下直线上的运行阻力，那么，增大的那部分阻力就是_______________。

108. 压力与容积的关系是一定质量的气体在温度不变的情况下，它的压强跟体积成__________。

109. ________操纵指列车制动保压时，人为地将电-空制动控制器手柄由中立位短时间地移至运转位或缓解位，再移回中立位的操纵方法。

110. 电-空制动控制器减压的同时，将空气制动阀手柄移至缓解位或下压手柄，这种使车辆制动而机车缓解的操纵方法称为___________。

111. 波浪式制动是指减压量小、列车减速慢、制动距离________的制动操纵方法。

112. 长波浪式制动使列车在较长的距离内基本保持_______________，且用风量小，使空气压缩机工作量小。

113. 波浪式制动是指减压量大、列车减速快、制动距离________的制动操纵方法。

114. 短波浪式制动的优点是闸瓦____________。

115. ________是指司机误操作或制动机某部件发生故障，使列车制动管压力超过定压的现象。

116. 过量供给会使列车产生____________现象。

117. 机车制动缸压力与列车制动管减压量的关系，实际也是___________与列车制动管减压量的关系。

118. 装有 120 型分配阀直接作用式制动机的车辆，副风缸与制动缸容积的比为_______。

119. 从列车闸瓦压上车轮后到列车停止所走过的距离叫__________。

120. 从司机将制动阀手柄移至制动位起至停车时止，列车行驶的全部距离叫________。

121. 提高__________和延长制动缸充风时间都可以减轻列车制动时的纵向动力作用。

122. 列车在拉伸状态下制动，其纵向冲击力比在压缩状态下______很多。

123. 一般地，牵引列车时最小有效减压量选取________kPa。

124. 列车制动管减压量超过列车制动管最大有效减压量时即为____________减压。

125. 根据列车制动过程中各制动缸压力的变化及分布情况，整个制动过程可划分为_____个阶段。

126. 制动过程第一阶段终了时，列车静压缩力达到_________，车钩缓冲装置弹簧达到静平衡位置。

127. 由最后一辆车的制动缸压力上升到最大值时起，到列车完全停车或缓解为止称为第__________制动状态。

128. 空气管路系统中对于所选用的管子，其管子伤口伤痕深度为管壁厚的______以上者必须剔除。

129. 空气管路系统中对于所选用的管子，其管子表面凹入达管子直径的______以上者必须剔除。

130. 空气管路系统中对于管子弯曲加工时，允许椭圆度为__________。

131. 管子与橡胶密封管接头连接时，必须插入至管接头体的圆锥根部内______mm 以上。

132. 管子与管接头、配件的螺纹连接时，在保证施工质量前提下，采用密封填料（聚四氟乙烯）仅是补救性措施，建议采用___________。

133. 管子与管接头、配件的螺纹连接时，一旦需用密封填料时，必须离管端大于______mm 处开始顺时针方向缠绕。

134. 一般管路的流量是与___________及流动介质的速度有关。

135. 对于适应于重载长大列车的机车，其列车制动管径的最佳值应为 Dg__________mm。

136. SS_{4B} 型电力机车总风管的管径为 D_g__________mm。

137. 不考虑有实际影响因素存在时的轮轨间黏着系数称为_____________。

138. 考虑到实际因素的影响存在时的轮轨间黏着系数称为_____________。

139. 发生空转的根本原因是轮周牵引力瞬间大于____________。

140. 一旦发生空转，机车的牵引力将突然_________。

141. 空转发生时，轮轨剧烈摩擦，造成车轮踏面和钢轨的非正常磨耗，甚至造成_______。

142. 当制动力大于轮轨间黏着力时，机车将会产生___________。

143. 机车发生滑行时极易造成车轮______________。

144. 机车发生滑行时会使其制动力___________。

145. SS_{4B} 型机车根据机车的重联要求，风源系统通过总风联管和____________实现多节以及多台机车总风的重联和断钩保护功能。

146. 为增加轮轨间的黏着，改善机车牵引和制动性能，电力机车上设有___________。

147. 空气干燥的措施一般有三种：化学法、吸附法和__________。

148. 当湿空气在一定压力下冷却到某一温度时，水分开始从湿空气中析出，这个温度就称为_________。

149. 每立方米空气中含有水分子的重量称为____________含湿量。

150. 在某一温度下，空气中含水分子的最大限度值称为____________含湿量。

151. 空气里绝对湿度的大小也可通过____________来表示。

152. DJKG-A 型空气干燥塔_________被卡，会造成再生作用结束后，总风缸不保压。

153. DJKG-A 型空气干燥塔电-空阀断线，会造成在再生阶段____________不排风。

154. 螺杆空气压缩主机的工作循环分为吸气、____________、排气三个过程。

155. 螺杆空气压机系统包括空气系统、______________和冷却系统。

156. 螺杆空气压机冷却系统是对___________和压缩空气进行冷却。

157. 螺杆空气压机最小压力阀黏滞会造成_____________排气。

158. 螺杆空气压机油位过高会造成压缩空气中含___________量增加。

159. 螺杆空气压机油面过低会造成____________断开。

160. 逆流止回阀由盖、阀体、____________、铜套等组成。

161. 逆流止回阀的阀芯底部中央处以及圆柱面靠近底部位置二处，钻出三个直径为____mm 的圆孔。

162. 机车总风缸的主要作用为___________机车以及列车用压缩空气。

163. 总风缸容积的选择必须根据机车的用途及功率、_______________等确定。

164. 总风缸缸径的确定主要根据总体布置的可能而定，一般布置以____________为好。

165. 压缩机组工作结束时，两节机车总风缸压力一致，而停止工作后，两节机车总风缸压力差开始增大的原因是__________错装为普通止回阀。

166. 压缩机启动、停止时的压力值不符合要求的原因是______调整不对或失效。

167. 压缩机工作时，总风缸压力上升缓慢，且总风缸表显示的压缩机组的启动、停止和高压安全阀的动作值不符合要求的原因是__________________装反。

168. 两节重联机车总风缸压力不一致的原因是机车间____________________未开通。

169. 变压器室、高压室各门以及车顶门没关好，会造成受电弓_______________。

170. 打开控制风缸前膜板塞门 97 后，辅助风缸压力上升的原因是______________。

171. SS_{4B} 型机车司机室辅助风缸电测压力表的信号是由_______________传给的。

172. SS_{4B} 型机车辅助压缩机打风时，控制管路系统上止回阀____________窜风，会造成其打风慢。

173. 辅助压缩机打风时，应将控制风缸前塞门____________关闭。

174. 正常运用时，辅助风缸压力与总风压力一致的原因是___________________。

175. SS_{4B} 型机车主断路器储风缸前______________失效，会造成主断路器储风缸内积水过多。

176. 机车空气干燥器__________，会造成总风缸内积水过多。

177. 利用酸溶液去除钢铁表面上的氧化皮和锈蚀物的方法称为________。

178. 工件浸入磷化液在表面沉积形成一层不溶于水的结晶型磷酸盐转换膜的过程称之为_________。

179. 对于滤清装置的过滤元件，一般采用____________及单体式两种。

180. 单体式过滤元件的典型材料为_________________。

181. 过滤元件的过滤精度不能过高，否则将会造成_________________。

182. 同一规格的球芯塞门比锥芯塞门的气流阻力要________。

183. 在制动系统中，塞门用于____________空气通路。

184. 试验折角塞门时，风压须达到____________kPa。

185. 球芯折角塞门扭矩试验时，转动手把，施加在手把上的力矩应不大于______N·m。

186. 在制动系统中，管接头连接方式有螺纹连接及____________连接两种方式。

187. 球面活接头密封副形状主要由接头体、球面活接头和__________组成。

188. 风缸检修后适当通以___________kPa 压力空气，开放排水塞门，排出积水和锈垢。

189. 各风缸吊架弯曲变形时调修，裂纹腐蚀超过__________者更换。

190. 列车软管的作用是以___________连接相邻机车、车辆的列车制动管。

191. ________用于将制动缸活塞上所产生的推力放大若干倍后均匀地传递到各个闸瓦，使之压紧车轮产生制动作用。

192. 制动传动装置是应用__________，将制动缸产生的制动原力放大一定的倍数后均衡地传递给各个闸瓦。

193. 依靠人力操纵并作为产生制动力来源的人力制动机称为____________。

194. 目前我国客车上一般采用____________手制动机。

195. ______用于自动调整闸瓦与车轮踏面之间的间隙,使闸瓦间隙保持在规定的范围内。

196. 更换闸瓦或落车时，应使闸瓦退到_____________位置。

197. 机械式防滑器的工作原理是把回转体的惯性转换成_______，打开阀门或接通电路，使角减速度骤低的轮对缓解。

198. 电子式防滑器分离电子元件的____________不易清除。

199. 盘形制动可以大大减轻车轮踏面的___________和机械磨耗。

200. 盘形制动使车轮踏面易发生______________。

201. 闸瓦温度升高，摩擦系数随之_________。

202. 制动缸活塞行程过长，会使____________容积增大。

203. 制动缸活塞行程过长，会使制动力____________。

204. 正常情况下，制动时闸瓦压力大，_____________也大。

205. 正常情况下，闸瓦产生的制动力等于闸瓦与车轮踏面之间的___________。

206. 一块闸瓦产生的制动力等于闸瓦压力与____________的乘积。

207. 制动缸活塞杆有弯曲者须调直，有裂纹时须_________。

208. 制动缸活塞组装后在皮碗周围涂以适量的____________。

209. 制动缸漏风会造成不起制动作用或_____________。

210. 制动缸皮碗压板松动使皮碗________。

211. 制动缸缓解弹簧折断或弹力过弱会造成制动缸____________。

212. 神华交流机车 JPXZ-1A 型盘形制动器活塞的__________等于活塞总行程减去离合器的间隙。

213. 神华交流机车 JPXZ-1A 型盘形制动器的____________螺纹间隙调整机构具有自动调整闸片与制动盘间隙的功能。

214. 神华交流机车 JPXZ-1A 型盘形制动器机车磨损最大的制动闸片和磨损最小的制动闸片之间会有厚度差，不得超过__________mm。

215. 神华交流机车 JPXZ-1A 型盘形制动器合成闸片的最小厚度不小于______mm。

216. DK-1 型电-空制动机故障一般可分为控制电路、__________、管路及连接部分和操作不当。

217. DK-1 型电-空制动机管路及连接部分故障要表现为__________和泄漏。

218. 拆卸及搬运制动机配件时，要____________，严禁摔碰与抛掷。

219. 拆下或组装好的配件，为防止灰尘、污物、铁屑等杂质进入阀口或管座中，应加__________。

220. DK-1 型电-空制动机各主要部件，按其结构原理可分为__________和电气部件。

221. 对制动机进行检修时，应贯彻“____________”和“预防为主、修养并重”的检修方针。

222. 气动部件应选用对橡胶件__________________的润滑油脂。

223. 气动部件应选用__________保持时间长且不易干涸的润滑油脂。

224. 检修分为一般检查和___________。

225. 一个劳动者在一个工作地对一个劳动对象连续完成的各项生产活动的总和称为_____________。

226. 阀类部件的橡胶件的检查质量标准是其工作表面必须光滑，无龟裂、_____、_____等现象。

227. 阀类部件的金属阀口的检查质量标准是各金属阀口无裂损、____________等缺陷。

228. DK-1 型电-空制动机空气位操作，需列车迅速停车时，可使用紧急停车按钮或_____。

229. DK-1 型电-空制动机发生过量供给的原因是检查电-空阀的____________阀口泄漏。

230. DK-1 型电-空制动机发生过量供给时，列车制动管需要减压时，累计减压量不应超过___________kPa。

231. 电-空位操作时，电-空制动控制器在运转位，紧急阀电联锁故障会造成__________和___________不充风。

232. 电-空制动控制器在运转位，均衡风缸和列车制动管不充风并听到制动屏柜有排风声，造成此现象的原因可能是______________________或均衡风缸管大泄漏。

233. 电-空制动控制器在运转位，均衡风缸充风正常，总风遮断阀故障性关闭会造成____。

234. DK-1 型电-空制动机电-空位操作时，电-空制动控制器运转位，列车制动管表针来回摆动，总风压力下降快，有大排风声的原因可能是__________的排气阀关不严。

235. 引起列车制动管充风慢的原因是____________充风慢所致。

236. DK-1 型电-空制动机电-空制动控制器手柄置紧急位时，列车制动管不排风的原因是__________________不能正常工作。

237. DK-1 型电-空制动机电动放风阀_________会造成紧急制动时，列车制动管不排风。

238. DK-1 型电-空制动机电-空制动控制器手柄置制动后中立位，均衡风缸和列车制动管自行减压的原因是________泄漏。

239. DK-1 型电-空制动机电-空制动控制器手柄置制动后中立位，空气制动阀_______柱塞 O 形密封圈泄漏，会造成均衡风缸和列车制动管自行减压。

240. DK-1 型电-空制动机均衡风缸主要是依靠________和______失电来实现排风的。

241. 机车运行中当电-空制动控制器手柄置制动位，均衡风缸不减压的处理方法是将电-空制动控制器手柄置中立位，使用____________减压，停车后转空气位操作，回段处理。

242. DK-1 型电-空制动机电-空制动控制器手柄置制动位，均衡风缸和列车列车制动管只有 40 ~ 60 kPa 的初制动减压量的原因是____________排风口受阻。

243. DK-1 型电-空制动机电-空制动控制器手柄置制动位，如果____________芯杆未能顶住微动开关，使制动电-空阀一直处于得电状态，会造成均衡风缸和列车制动管只有 40 ~ 60 kPa 的初制动减压量。

244. DK-1 型电-空制动机电-空制动控制器手柄置紧急制动位后回运转位，列车制动管与均衡风缸均不充风的原因是____________不能正常工作。

245. DK-1 型电-空制动机列车制动管充风时发生紧急制动的原因是列车制动管向紧急室充风速度__________。

246. 紧急活塞顶端 O 形密封圈_____或脱落会造成列车制动管向紧急室充风速度过快。

247. 紧急阀活塞组装____________松脱会造成列车制动管向紧急室充风速度过快。

248. 常用制动时列车制动管排风速度过快会引起____________动作，造成列车紧急制动。

249. DK-1 型电-空制动机制动缸与列车制动管减压量比例是依靠__________与分配阀容积室的容积比来设定的。

250. DK-1 型电-空制动机电-空制动控制器手柄置制动位时，制动缸压力与列车制动管减压量不成 1：2.5 的比例关系的原因是工作风缸____________所致。

251. DK-1 型电-空制动机手柄置制动位后移至中立位，中继阀_______会造成均衡风缸有较大回风。

252. DK-1 型电-空制动机初制动形成后，均衡风缸迅速恢复定压的原因是_________故障所致。

253. DK-1 型电-空制动机手柄置制动后中立位，均衡风缸和列车制动管保压状态良好，制动缸压力自动下降的原因是___________管漏泄所致。

254. DK-1 型电-空制动机排风 1 电-空阀___________阀口泄漏会造成作用管泄漏。

255. DK-1 型电-空制动机过充压力的消除，是通过____________________来实现限速自然消除。

256. DK-1 型电-空制动机过充压力不能自然消除的原因是过充风缸___________。

257. DK-1 型电-空制动机无过充作用或过充量不足的原因是_______________丧失所致。

258. DK-1 型电-空制动机常用制动时排风 2 电-空阀_________排出过充风缸的压力。

259. DK-1 型电-空制动机电-空制动控制器手柄置过充位时，均衡风缸和列车制动管追总风压力的原因是总风压力窜入中继阀____________所致。

260. DK-1 型电-空制动机紧急制动时，列车制动管压力下降缓慢，说明有总风压力继续向______________供风。

261. DK-1 型电-空制动机紧急制动时，中立电-空阀故障会使___________压力下降缓慢。

262. DK-1 型电-空制动机紧急制动时，列车制动管压力下降为 0 的时间不大于____s。

263. DK-1 型电-空制动机紧急制动时，机车制动缸压力由 0 升至 400 kPa 的时间不大于__________s。

264. DK-1 型电-空制动机紧急制动时，分配阀因故使____________增压缓慢，会造成机车制动缸压力增长缓慢。

265. DK-1 型电-空制动机紧急制动后，单独缓解机车制动缸压力时，分配阀主阀部上盖

技师

的________孔径过大会造成制动缸压力缓解不到 0。

266. DK-1 型电-空制动机紧急制动时，单独缓解机车制动缸压力时，分配阀________动作受阻，不能关闭增压通路，造成制动缸缓解不到 0。

267. DK-1 型电-空制动机电-空制动控制器手柄置运转位，空气制动阀手柄置制动位，机车制动缸压力不增加；将空气制动阀手柄置缓解位，若无排风声，可能为操纵端________塞门在关闭位。

268. DK-1 型电-空制动机电-空制动控制器在运转位，空气制动阀手柄在制动位，机车制动缸压力不增加，将空气制动阀手柄置“缓解位”若有排风声，为分配阀供给塞门或______塞门在关闭位。

269. DK-1 型电-空制动机电-空制动控制器在运转位，空气制动阀手柄在制动位，制动缸压力由 0 升至 280 kPa 的时间不大于__________s。

270. DK-1 型电-空制动机电-空控制器在运转位，空气制动阀手柄由制动位回运转位，制动缸压力由 300 kPa 降至 40 kPa 的时间为__________s。

271. DK-1 型电-空制动机电-空控制器在运转位，空气制动阀手柄在中立位，制动缸压力自动上升至 300 kPa，是由于空气制动阀的__________________密封圈状态不良造成的。

272. DK-1 型电-空制动机空气位操纵，空气制动阀在缓解位，均衡风缸充风正常，列车制动管不充风的原因是________________故障。

273. DK-1 型电-空制动机空气位操纵，均衡风缸的减压速率是由空气制动阀__________来限制。

274. DK-1 型电-空制动机空气位操纵，空气制动阀手柄置制动位，紧急阀排风是由于空气制动阀______________所致。

275. SS_{4B} 型电力机车非操纵节机车中继阀 104 排风不止的原因是非操纵节机车中继阀没有____________所致。

276. DK-1 型电-空制动机制动缸上闸后，重联转换阀阀体排气孔排风不止的原因是重联转换阀内______________上 O 形圈破损漏风。

277. DK-1 型电-空制动机，重联转换阀 93 内转换阀上部或按钮处漏风的原因是重联转换阀 93 内_____________上 O 形圈破损漏风。

278. DK-1 型电-空制动机电-空位操作时，空气制动阀手柄处于运转位，大闸手柄在运转位，电-空阀得电的有缓解电-空阀、排风 1 电-空阀和__________。

279. DK-1 型电-空制动机小闸处于运转位，大闸在运转位，初制风缸压力经__________排入大气。

280. DK-1 型电-空制动机电-空位操作时，小闸处于运转位，大闸在运转位，总风遮断阀左侧压力经____________排大气。

281. DK-1 型电-空制动机小闸处于运转位，大闸在运转位，作用管压力经排风 1 电-空阀__________排入大气。

282. DK-1 型电-空制动机电-空位操作时，小闸处于运转位，大闸在制动位，过充风缸压力经排 2 电-空阀 256YV__________排入大气。

283. DK-1 型电-空制动机小闸处于运转位，大闸在制动位，总风经中立电-空阀下阀口到达______________。

284. DK-1 型电-空制动机小闸处于运转位，大闸在紧急位，均衡风缸 56→转换阀 153→重联电-空阀 259YV 下阀口→________________→大气。

285. SS_{4B} 型机车 DK-1 型电-空制动机，将大闸放紧急位或其他原因产生紧急制动作用，机车________时，自动分断主断路器。

286. DK-1 型电-空制动机空气制动阀作用柱塞弹簧自由高度为__________mm。

287. DK-1 型电-空制动机空制动机空气制动阀定位柱塞弹簧自由高度为_______mm。

288. DK-1 型电-空制动机空气制动阀排风缩堵的孔径为_______mm。

289. DK-1 型电-空制动机空气制动阀顶杆的长度为_______mm。

290. DK-1 型电-空制动机 109 型分配阀均衡阀弹簧的自由高度为__________mm。

291. DK-1 型电-空制动机 109 型分配阀节制阀弹簧的自由高度为__________mm。

292. DK-1 型电-空制动机 109 型分配阀稳定弹簧的自由高度为__________mm。

293. DK-1 型电-空制动机 109 型分配阀增压阀弹簧的自由高度为__________mm。

294. DK-1 型电-空制动机 109 型分配阀主阀盖处供风缩堵Ⅲ的孔径为________mm。

295. DK-1 型电-空制动机 109 型分配阀均衡部内腔缩堵Ⅱ的孔径为_________mm。

296. DK-1 型电-空制动机 109 型分配阀安装面缩堵Ⅰ的孔径为_________mm。

297. DK-1 型电-空制动机 109 型分配阀安全阀座的缩堵Ⅳ的孔径为________mm。

298. DK-1 型电-空制动机 109 型分配阀局减室的容积为_________L。

299. DK-1 型电-空制动机 109 型分配阀局减室的作用是使列车制动管减压初期产生_____作用。

300. DK-1 型电-空制动机 109 型分配阀容积室的容积为___________L。

301. DK-1 型电-空制动机 109 型分配阀工作风缸的容积为__________L。

302. 109 型分配阀设置容积室的目的之一是为机车制动缸的压力变化提供一个_______。

303. DK-1 型电-空制动机 109 型分配阀在制动位与初制动位时的相同点是都使列车制动管减压，主阀部活塞__________。

304. DK-1 型电-空制动机 109 型分配阀初制动时机车___________制动作用。

305. DK-1 型电-空制动机 109 型分配阀在制动位与紧急制动位时的相同点是分配阀_____活塞所处的位置相同。

306. DK-1 型电-空制动机 109 型分配阀在制动位与紧急制动位时的不相同点是分配阀_____所处的位置不相同。

307. DK-1 型机车电-空制动机总风遮断阀弹簧的自由高度是________mm。

308. DK-1 型机车电-空制动机总风遮断阀活塞弹簧的自由高度是__________mm。

309. DK-1 型机车电-空制动机双阀口式中继阀排气阀弹簧的自由高度为_______mm。

310. DK-1 型机车电-空制动机双阀口式中继阀供气阀弹簧的自由高度为_____mm。

311. DK-1 型机车电-空制动机中继阀阀体缩堵的孔径为____________mm。

312. DK-1 型机车电-空制动机紧急阀放风阀弹簧的自由高度为_________mm。

313. DK-1 型机车电-空制动机紧急阀稳定弹簧的自由高度为__________mm。

314. DK-1 型机车电-空制动机紧急阀紧急室的容积为__________L。

315. DK-1 型机车电-空制动机紧急阀活塞杆缩孔Ⅰ的孔径为_________mm。

316. DK-1 型机车电-空制动机紧急阀活塞杆缩孔Ⅱ用以控制__________的充气速度。

317. DK-1 型机车电-空制动机紧急阀活塞杆缩孔Ⅲ的孔径为__________mm。

318. DK-1 型机车电-空制动机电动放风阀放风阀弹簧的自由高度为________mm。

319. DK-1 型机车电-空制动机根据分配阀的构造和实际试验，确定列车制动管减压_____kPa 以上就能克服摩擦阻抗。

320. GK 型车辆制动机列车制动管必须减压____________kPa 以上才能产生制动作用。

321. SS_{4B} 型机车空电联合制动是以机车____________________以及 DK-1 型电-空制动机为基础，为适应长大坡道上重载列车的需要，而发展起来的一种新的控制技术。

322. DK-1 型电-空制动机设置初制风缸使列车制动管________________得到控制。

323. DK-1 型电-空制动机初制风缸容积的选择应随列车制动管定压的增大而__________。

324. DK-1 型电-空制动机当列车制动管定压 500 kPa 时，初制风缸容积选择为_______L。

325. DK-1 型电-空制动机当列车制动管定压 600 kPa 时，初制风缸容积选择为______L。

326. DK-1 型电-空制动机设有两个初制风缸其容积分别为_______L 和_______L。

327. SS_{4B} 型电力机车 DK-2 型电-空制动机电-空位操作时，电-空制动控制器在运转位，______________窜通会造成均衡风缸及列车制动管压力上升缓慢。

328. SS_{4B} 型电力机车 DK-2 型电-空制动机电-空位操作时，电-空制动控制器在运转位，______________缩堵堵塞会造成均衡风缸及列车制动管压力上升缓慢。

329. SS_{4B} 型电力机车 DK-2 型电-空制动机电-空位操作时，电-空制动控制器手柄制动位，______________缩堵堵塞会造成均衡风缸不减压。

330. SS_{4B} 型电力机车 DK-2 型电-空制动机电-空位操作时，电-空制动控制器手柄运转位，电小闸手柄制动位，____________缩堵堵塞会造成制动缸压力上升缓慢。

331. SS_{4B} 型电力机车 DK-2 型电-空制动机电-空位操作时，电-空制动控制器手柄运转位，电小闸手柄由制动位移至运转位，____________缩堵堵塞会造成制动缸下降缓慢。

332. 神华交流电力机车 DK-2 型电-空制动机电-空位操作时，自动制动控制器在运转位，导线 803、807、_________得电。

333. 神华交流电力机车 DK-2 型电-空制动机，导线 803 得电时，BCU 的输入板第______点灯亮。

334. 神华交流电力机车 DK-2 型电-空制动机电-空位操作时，自动制动控制器在过充位，自动制动控制器在运转位，导线 803、805、_________得电。

335. 神华交流电力机车 DK-2 型电-空制动机，导线 805 得电时，BCU 的输入板第______点灯亮。

336. 神华交流电力机车 DK-2 型电-空制动机电-空位操作时，自动制动控制器制动位，自动制动控制器在运转位，导线 814 得电时，BCU 的输入板第_______点灯亮。

337. 神华交流电力机车 DK-2 型电-空制动机电-空位操作时，电-空制动控制器中立位，自动制动控制器在运转位，导线 807、814、________得电。

338. 神华交流电力机车 DK-2 型电-空制动机电-空位操作时，自动制动控制器紧急位，自动制动控制器在运转位，导线 804、806、________、814 得电。

339. 神华交流电力机车 DK-2 型电-空制动机电-空位操作时，自动制动控制器紧急位，导线 804 得电，BCU 输入板第_______点灯亮。

340. 神华交流电力机车 DK-2 型电-空制动机电-空位操作时，自动制动控制器运转位，单独制动控制器制动位，导线 803、807、______、______得电。

341. 神华交流电力机车 DK-2 型电-空制动机电-空位操作时，自动制动控制器运转位，单独制动控制器中立位，导线 803、807、______得电。

342. 神华交流电力机车 DK-2 型电-空制动机电-空位操作时，自动制动控制器运转位，单独制动控制器缓解位，导线 803、807、______、_______得电。

343. 神华交流电力机车 DK-2 型电-空制动机的运行模式有内重联模式、外重联模式、__________、无动力回送。

344. 神华交流电力机车 DK-2 型电-空制动机操纵后备制动阀可对全列车进行制动、保压和缓解，单缓机车则要按__________。

345. 神华交流电力机车 DK-2 型电-空制动机失电时均衡风缸不减压的原因，可能是____故障。

346. 车辆制动机的核心部件是__________________。

347. 车辆的制动与缓解作用是通过车辆___________实现的。

348. 车辆制动机是根据_____________的压力变化而进行动作的。

349. 车辆偏移量的大小与___________和车辆长度有关。

350. 曲线半径愈小，车辆偏移量_________。

351. 在列车分离时，车辆制动机能保证分离的两部分车列____________。

352. 要求车辆制动机必须有尽可能快的____________，以保证制动作用迅速敏捷。

353. 吹扫副风缸时先要关闭截断塞门，副风缸的空气压力不得超过_________kPa。

354. 车辆制动机更换列车制动管系各配件和调整活塞行程时，工作前必须切断风源并_____后进行作业。

355. 120 型货车制动机设置_____________和加速缓解风缸，使 120 型空气控制阀的缓解波速大大提高。

356. 120 型货车制动机紧急阀中增设_________结构，提高了紧急制动波速。

357. 120 型控制阀是由中间体、主阀、半自动缓解阀和_________等组成。

358. 120 型控制阀的__________用于根据列车制动管压力的变化，使制动机产生不同的充气、缓解、制动、保压等作用。

359. 120 型控制阀充气缓解位发生在列车制动管增压速度较慢的列车_______车辆。

360. 120 型控制阀减速充气缓解位发生在列车制动管增压速度较快的列车______车辆。

361. 120 型控制阀常用制动位时，第一阶段局减空气通路：列车制动管的压力空气→滑阀与座的一局减通路→_________→缩孔堵 I →大气。

362. 列车制动管停止减压后，120 型控制阀即处于制动后保压位，关断______的充风气路，从而使制动缸保持一定压力。

363. 车辆上与制动主管相连接的制动支管上的截断塞门被关闭的车辆叫作_______。

364. 列车中对 GK 型制动机关门车在关门时，首先关闭该车的截断塞门，然后将______压力空气经排水塞门排净。

365. 列车中制动缸____________堵塞，会造成列车自然缓解。

366. 列车中列车制动管泄漏过限，会造成列车____________。

367. JZ-7 型空气制动机________是根据列车制动管的压力变化控制作用阀的充、排气，以实现机车的制动、缓解和保压作用。

368. JZ-7 型空气制动机___________是受分配阀和单独制动阀的控制，直接控制机车制动缸的充、排气，以实现机车的制动、缓解和保压的作用。

369. JZ-7 型空气制动机________________操纵全列车的制动、缓解和保压作用。

370. JZ-7 型空气制动机分配阀采用___________________压力阀的混合式结构。

371. JZ-7 型空气制动机自动制动阀在___________时，可以提高列车制动管的充风速度，缩短列车的初充风和再充风的时间。

372. 客、货车两用是指 JZ-7 型空气制动机既可以阶段缓解，也可以________。

373. JZ-7 型空气制动机单独制动阀的调整阀由调整手轮、调整阀盖、_________、排气阀弹簧、调整阀膜板、调整阀座、排气阀、供气阀、供气阀弹簧等组成。

374. JZ-7 型空气制动机单独制动阀的调整阀主要用来控制的________充风或排气，并通过变向阀使作用阀相应动作，从而控制机车单独制动和缓解。

375. JZ-7 型空气制动机单独制动阀运转位到________之间为制动区。

376. JZ-7 型空气制动机单独制动阀在制动区时，将总风缸的压力空气与_______连通。

377. JZ-7 型空气制动机紧急限压阀主要由调整螺栓、______________弹簧、柱塞活塞、阀套、顶杆和止阀等组成。

378. JZ-7 型空气制动机紧急限压阀的柱塞活塞大直径下部通__________。

379. JZ-7 型空气制动机紧急限压阀的柱塞活塞小直径下部通__________。

380. JZ-7 型空气制动机作用阀接受_________或单阀的控制，用以控制机车制动缸的充风和排气。

381. JZ-7 型空气制动机局减止回阀在初制动时，使列车制动管产生_________作用。

382. JZ-7 型空气制动机过充压力消除时间不大于_________s。

383. JZ-7 型空气制动机自动制动阀手柄由运转位移到紧急位，均衡风缸压力应减压___kPa。

384. 109 分配阀滑阀和节制阀使用的润滑剂为___________。

385. SS_{4B} 型机车电-空制动机日常试验应按__________检查方法。

386. SS_{4B} 型机车电-空制动机检修试验应按__________检查方法。

387. SS_{4B} 型机车 DK-2 型电-空制动机单机自检步骤共______步。

388. SS_{4B} 型机车 DK-2 型电-空制动机单机自检故障代码 F【03】表示________的压力大于 0 kPa。

技师

389. 机车检修分为大修、______、小修、辅修四级。

390. 对机车全面检查修理，恢复机车的基本质量状态的机车检修为________。

391. 交流传动机车检修分为六年检、________、年检、半年检、季检、月检。

392. 检修给电或给风试验中须 2 人以上进行，1 人试验，1 人__________。

393. 对电器部件或带有电联锁的部件拆装时，必须首先__________。

394. 使用砂轮机刃磨工具钢刀具和清理工件毛刺时，应使用___________砂轮。

395. 使用砂轮机刃磨硬质合金刀具则应使用___________砂轮。

396. 在钳台上安装台虎钳时，应使其固定钳身的钳口工作面处于钳台边缘之外，可夹持__________工件。

397. 电钻使用的钻头必须锋利，钻孔时不宜________。

398. 使用量具前应擦净量具或量仪的________。

399. 不能用量具或量仪测量________中的零件。

400. 不要用油石、砂纸等硬的东西擦量具或量仪的________。

401. 对于有光学读数装置的量仪、量具，不要用手摸______，以免弄脏镜面而影响测量。

二、判断题（正确的划“√”，错误的划“×”）

1. 铁路客货运输应充分体现“以人为本、诚信服务”的理念。(　　)

2. 铁路运输生产既要职工按照分工和要求，尽职尽责地做好本职工作，又要在系统领导下，互相帮助，主动配合，密切配合。(　　)

3. 检修职工的行为规则是遵章守纪。(　　)

4. 阿基米德蜗杆螺旋面的形成与梯形螺纹的形成相似。(　　)

5. 蜗杆传动不可以实现自锁。(　　)

6. 链传动与齿轮传动比较，可以在两轴中心距较大的情况下传递运动和动力。(　　)

7. 链传动中，链的下垂以 3% L 为宜。(　　)

8. 凸缘式联轴器在装配在一般情况下要严格保证两轴的同轴度。(　　)

9. 凸缘联轴器适用于低速、大转矩、载荷平稳、两轴对中性较好的场合。(　　)

10. 一般情况下滚动轴承的配合主要决定于负荷的大小、方向和性质。(　　)

11. 常拆卸的轴承应选用过盈配合。(　　)

12. 滚动轴承接触式密封适用于低速。(　　)

13. 滚动轴承的非接触式密封与轴不直接接触，适用于低速。(　　)

14. 离合器是一种使主、从动轴接合或分开的传动装置。(　　)

15. 用涂色法检查离合器两圆锥面的接触情况时，色斑分布情况应在整个圆锥表面上。(　　)

16. 采用三角带传动时其摩擦力是平带的 4 倍。(　　)

17. 张紧力的调整可以用张紧轮张紧。(　　)

18. 圆锥齿轮的各部尺寸都是以大端为准进行计算的，在大端分度圆上模数和压力角都是标准值。(　　)

19. 齿轮传动的功率和速度范围小。(　　)

20. 螺旋传动具有结构简单，工作连续平稳，承载能力大，传动精度高的优点。(　　)

21. 螺母位移的传动，通常应用于千分尺、千斤顶等传动结构。(　　)

22. 顺序阀的工作原理与溢流阀基本相同，只是顺序阀的出口压力不等于零。(　　)

23. 液压系统中的压力大小决定外界负载的大小。(　　)

24. 压缩弹簧在不承受负荷时，弹簧的圈与圈之间一般都是并紧的没有间隙。(　　)

25. 弹簧按制作过程可以分为冷卷弹簧和热卷弹簧。(　　)

26. 尺寸基准包括设计基准和工艺基准。(　　)

27. 标注形状公差时，只用形状代号。(　　)

28. 截交线的形状与基本体表面性质及截平面的位置有关。(　　)

29. 相贯线是两个立体表面的共有线，不是两相交曲面立体的分界线。(   )
30. 两相交回转体的形状、大小和相对位置不同，相贯线形状也不相同。(   )
31. 外螺纹的大径和螺纹终止线用细实线表示。(   )
32. 内螺纹的小径及螺纹终止线画粗实线。(   )
33. 基准孔的上偏差大于零，基准轴的下偏差的绝对值等于其尺寸公差。(   )
34. 基本尺寸一定时，公差值愈大，公差等级愈高。(   )
35. 物体向基本投影面投射所得的视图称为基本视图。(   )
36. 右视图是由左向右投射所得的视图。(   )
37. 万能角度尺只适用于测量零件的内角度。(   )
38. 量具所能测出的最大和最小尺寸的范围叫作量具的测量范围。(   )
39. 钻孔时使用冷却液的目的是降低钻削温度以提高切削用量。(   )
40. 一般来说，用小钻头钻孔时，转速应慢些，走刀量要小些。(   )
41. 精锉时必须用推锉。(   )
42. 锉削内圆弧面时，锉刀应同时完成前进运动、左右摆动和绕内弧中心转动三个运动。(   )
43. 台钻的功率较大，机构也较完善，可以获得较高的效率和加工精度。(   )
44. 在摇臂钻床上加工多孔工件时，工件不动，只要调整摇臂和主轴箱在摇臂上的位置即可。(   )
45. 小型工件或薄板钻小孔时，用手虎钳夹持。(   )
46. 用板牙在圆杆上切削出外螺纹称为攻丝。(   )
47. 攻螺纹时，铸铁所使用润滑液是菜子油或不用润滑液。(   )
48. 套螺纹时，合金钢所使用润滑液是煤油。(   )
49. 加工外螺纹的工具是丝锥。(   )
50. 工件划线的找正和划线基准选择原则是一致的。(   )
51. 样冲眼打得深浅要视工件表面粗糙程度而定，表面光滑工件打得深些。(   )
52. 錾削时的前角是錾子前刀面与基面之间的夹角。(   )
53. 錾削时前角太大会使錾子切入过深，錾切困难。(   )
54. 研磨外圆柱表面时，当研磨表面上形成 45°交叉网纹时，说明研磨环的往复运动速度适当。(   )
55. 研磨剂中的磨料，微粉用混沉法取得，号数越大，磨料越粗；号数越小，磨料越细。(   )
56. 当铆合头质量要求较高时，应通过试铆来确定。(   )
57. 细长铆钉采用冷铆。(   )
58. 弯曲法是用来矫正条料扭曲变形的方法。(   )
59. 伸张法-般用来矫正各种翘曲的型钢和板料。(   )
60. 锯削硬材料时可加适量切削液。(   )
61. 锯软材料可快些，锯硬材料慢些，锯削时尽量使锯齿的全长。(   )
62. 曲面刮削主要是对套、轴瓦等零件的内圆柱面、内圆锥面和球面刮削。(   )
63. 平面刮刀主要用于刮削平面，也可刮削外曲面。(   )
64. 分组选配法的特点是容易确定装配时间，便于组织流水线装配。(   )
65. 修配法不需要高精度的加工设备，节省了机械加工时间。(   )

66. 正火是淬火的继续，经淬火的钢件须经回火处理。(　　)

67. 完全退火可以降低材料硬度，消除钢中的不均匀组织和内应力。(　　)

68. 金属材料中，金的导电性最好，铜、铝次之。(　　)

69. 铝的熔点为 658 °C。(　　)

70. 含碳量小于 2.11%的铁碳合金称为铸铁。(　　)

71. 碳素工具钢属于低碳钢。(　　)

72. 用人单位发生合并或者分立等情况，原劳动合同继续有效。(　　)

73. 劳动合同终止后，用人单位应当在十日内为劳动者办理档案和社会保险关系转移手续。(　　)

74. 工伤人员在享有工伤社会保险后，不可再向本单位提出赔偿要求。(　　)

75. 特种作业人员未经专门的安全作业培训，未取得特种作业操作资格证书，上岗作业导致事故的，应追究生产经营单位有关人员的责任。(　　)

76. 一次事故中死亡 3～9 人的是特大生产安全事故。(　　)

77. 托运人或者旅客根据自愿，可以办理保价运输，也可以办理货物运输保险；还可以既不办理保价运输，也不办理货物运输保险。(　　)

78. 对在铁路线路上行走、坐卧的，铁路职工有权制止并进行处罚。(　　)

79. 环境保护法适用于中华人民共和国领域和中华人民共和国管辖的其他海域。(　　)

80. 环境与资源保护法律责任的客体一般包括行为和物两种。(　　)

81. 禁止使用无线电台及其他仪器干扰铁路运营指挥无线电频率使用。(　　)

82. 铁路与道路交叉的无人看守道口应当按照国家标准设置警示标志，有人看守的道口可不设警示标志。(　　)

83. 隔离开关开闭作业时，必须执行一人操作一人监护制度。(　　)

84. 遇雷雨天气时，可以操作隔离开关。(　　)

85. 机车鉴定成绩分为优秀、良好、合格、不合格四个等级。(　　)

86. 机车履历本的填写应由专人负责。填写必须及时、准确、整洁，不得有漏项和缺项。(　　)

87. 造成 5000 万元以上 1 亿元以下直接经济损失的事故为特别重大事故。(　　)

88. 造成 2 人死亡未构成较大以上事故的，为一般 A 类事故。(　　)

89. 货运列车脱轨 6 辆以上 60 辆以下，并中断其他线路铁路行车 48 小时以上的事故为重大事故。(　　)

90. 由于空气波在传播过程中能量有损失，所以，空气波动强度实际上是逐渐减弱的。(　　)

91. 制动时空气波速与列车的长度、排气孔的大小有关。(　　)

92. 制动倍率的大小取决于制动传动装置各杠杆的尺寸大小。(　　)

93. 基础制动装置的传动效率值越大越好。(　　)

94. 机车制动率表示机车制动能力的大小。(　　)

95. 提高制动率不受轮轨黏着条件的限制。(　　)

96. 空走距离按空走时间内列车作等速运行计算。(　　)

97. 机车单机不分类型，其紧急制动空走时间均按 3.5 s 计算。(　　)

98. 列车高速运行时，基本阻力则主要为空气阻力。(　　)

99. 列车启动时，几乎没有空气阻力，以轴颈与轴承的摩擦为主。(　　)

100. 车在直线上运行时的阻力大于曲线上的运行阻力。(　　)

101. 109 分配阀作用管压力 = 容积室压力 = 列车制动管减压量 × 2.6。(　　)

102. 偷风操纵会使列车部分或全部车辆完全缓解。(　　)

103. 大劈叉制动使用不当时，极易损伤甚至拉断车钩。(　　)

104. 长波浪式制动使闸瓦与轮箍摩擦时间长，易发热。(　　)

105. 长波浪式制动用风量大。(　　)

106. 短波浪式制动用风量小。(　　)

107. 短波浪式制动使闸瓦易过热。(　　)

108. 过量供给不影响行车。(　　)

109. 在计算列车制动管追加减压情况下制动缸所增加的压力时，就不应再减去 100 kPa。(　　)

110. 机车制动缸压力与列车制动管减压量的关系，实际也是工作风缸与列车制动管减压量的关系。(　　)

111. 制动距离是司机施闸后，以最后一辆车发生制动作用时算起，到整列车停下时止，列车能走的距离。(　　)

112. 我国现阶段规定了货物列车及混合列车在平直道上的计算制动距离为 800 m。(　　)

113. 列车制动纵向动力作用，随列车长度的增加和制动力的增大而加剧。(　　)

114. "沿列车长度的制动或缓解作用的不同时性"是列车制动或缓解时发生强烈纵向动力作用的主要原因。(　　)

115. 制动缸压力始终正比于列车制动管减压量。(　　)

116. 列车制动管的定压不同，其列车制动管最大有效减压量也不同。(　　)

117. 由最后一辆车制动缸压力开始上升起，到第一辆车制动缸压力上升到最大值为止，称为第二制动状态。(　　)

118. 实际工作中，在列车制动过程中的每一瞬间，各个机车车辆具有相同的单位制动力。(　　)

119. 管子弯曲加工时，弯曲部分不允许有内外侧有锯齿形。(　　)

120. Dg15 管子的弯曲半径为 65 mm。(　　)

121. 管子弯曲加工时，弯曲部分允许有内侧波纹凹凸不平。(　　)

122. 管子与管接头焊装时，管子必须插入管接头方可施焊。(　　)

123. 在管子钻孔处应随时去除毛刺，避免残留杂质在管路中。(　　)

124. SS_{4B} 型电力机车总风管的管径为 Dg20 mm。(　　)

125. SS_{4B} 型电力机车均衡管的管径为 Dg8 mm。(　　)

126. 理论黏着系数是近似于轮轨间的静摩擦系数。(　　)

127. 不考虑有实际影响因素存在时的轮轨间黏着系数称为计算黏着系数。(　　)

128. 一旦发生空转，机车的牵引力将突然下降，甚至消失。(　　)

129. 机车发生空转可能导致列车运缓、坡停，影响列车的运行秩序。(　　)

130. 闸瓦压力过高，使制动力大于轮轨间的黏着力是产生滑行的其中一个原因。(　　)

131. 轨面有水、霜、冰雪、油脂等物，不会降低黏着。(　　)

132. 机车产生滑行会损伤钢轨和线路。(　　)

133. 滑行时轮轨间黏着状态被破坏，使列车制动力下降，延长了制动距离。(　　)

134. 辅助风缸起稳定、贮存压缩空气的作用。( )

135. 控制管路系统由撒砂器、风喇叭及刮雨器等部件组成。( )

136. 空气中实际含有水汽的密度叫作相对湿度。( )

137. 汽的压强是随汽密度的增加而减小的。( )

138. DJKG-A 型空气干燥塔在再生阶段电动排泄阀不排风的原因可能是排泄阀活塞密封圈破损。( )

139. DJKG-A 型空气干燥塔再生作用结束后电动排泄阀排风不止的原因可能是止回阀胶垫损坏。( )

140. 螺杆空气压机"三滤"是指油散热器、油过滤器、空气滤清器。( )

141. 螺杆空气压机温控阀能维持恒定的润滑油温度和黏度。( )

142. 螺杆空气压机冷却器或空气管路不畅通或结冰会造成安全阀排气。( )

143. 螺杆空气压机进气阀开启不到位会造成空气过滤器中有油。( )

144. 逆流止回阀与压缩机出风管路上安装的止回阀外形完全相同。( )

145. 逆流止回阀安装时也应注意方向，且必须垂直安装。( )

146. 在机车检修时，允许在总风缸上电焊打火或搭接地线。( )

147. 当总风缸充风后严禁用重物锤打，更应注意其周围加温情况，以免发生意外。( )

148. 干燥器止回阀损坏会造成高压安全阀动作频繁。( )

149. 总风缸塞门 110、112 错关闭会造成高压安全阀动作频繁，且动作时总风缸压力变化不大。( )

150. SS_{4B} 型电力机车另一节车的高压室门没有关好，不影响本节机车升弓。( )

151. 门联阀 37 或 38 其中一个卡滞将会使受电弓升不起。( )

152. 打开控制风缸前塞门 97 后，止回阀 109 窜风会造成控制风缸内贮风压力下降很快。( )

153. 打开控制风缸前塞门 97 后，止回阀 106 窜风会造成控制风缸内贮风压力下降很快。( )

154. SS_{4B} 型电力机车压力传感器 202BP 故障会造成司机室辅助风缸电测压力表不显示或显示错误。( )

155. 蓄电池组电压偏低会造成辅助压缩机泵风慢。( )

156. 辅助压缩机打风时，控制管路系统上止回阀 106 窜风，会造成其打风慢。( )

157. 正常运用时，辅助风缸压力与总风压力一致的原因是止回阀 108 窜风。( )

158. 主断路器风缸应该定期排水，否则会积水过多。( )

159. 钢铁酸洗主要用于耐蚀防护和油漆用底膜。( )

160. 钢铁磷化以除去金属表面的氧化物。( )

161. 单体式过滤元件结构简单、组装方便，一般选用二级或多级过滤。( )

162. 对于过滤元件应定期清洗及吹扫。吹扫方向应由外向内。( )

163. 锥芯折角塞门相比球芯折角塞门，开闭塞门时阻力较小。( )

164. 锥芯折角塞门检修较简便，不需研磨，只要更换密封垫或球芯即可。( )

165. 折角塞门只应用于机车前后两端作为机车间或与车辆间连接管路用。( )

166. 折角塞门试验风压须达到 1 000 kPa。( )

167. 管接头按功能可分：中间、支管、栽入、弯头、异径、穿墙等接头。(　　)

168. 采用橡胶密封活接头连接的管子，必须在离接头不远处装设管卡，以使管子连接有良好的密封性。(　　)

169. 风缸各部腐蚀深度超过原型厚度 20%者更换。(　　)

170. 风缸有裂纹时不允许焊修。(　　)

171. 制动主管两端需要安设一段补助管。(　　)

172. 现有机车列车软管采用夹布橡胶软管。(　　)

173. 闸瓦托和闸瓦钎则是用来安装闸瓦的。(　　)

174. 闸瓦装置是产生制动原力的部件。(　　)

175. 手制动装置转动手轮时，各部件应灵活无卡滞现象。(　　)

176. 手制动装置各部件摩擦面应注润滑脂。(　　)

177. 闸瓦间隙调整器主要由传动螺杆、传动螺母、棘轮、棘钩、滑套、条簧及手轮等零件组成。(　　)

178. SS_{4B}型电力机车的闸瓦间隙调整装置棘轮齿数为 27 个。(　　)

179. 电子式防滑器具有较高的灵敏度和较快的作用速度。(　　)

180. 轮轨间纵向滑动主要有牵引空转和制动滑行。(　　)

181. 采用防滑器的车辆可以选取较高的制动率。(　　)

182. 制动盘是一个只受力不受热的零部件。(　　)

183. 制动盘宜采用过盈配合直接装在轴上。(　　)

184. 轮盘式的盘形制动装置一般在动车上采用，而且都是单摩擦面。(　　)

185. 列车速度减低，闸瓦摩擦系数减小。(　　)

186. 闸瓦摩擦表面的材质硬度提高，摩擦系数增大。(　　)

187. 活塞行程的长短与制动缸的压力没有关系。(　　)

188. 制动缸活塞行程过短，就会加大制动力，甚至可能造成抱死闸，使车轮滑行擦伤。(　　)

189. 列车制动时产生的闸瓦压力越大越好。(　　)

190. 闸片产生的制动力，则等于闸片与制动盘之间的摩擦力换算到车轮踏面上的值。(　　)

191. 制动缸皮碗不许有裂纹、破损、变形、变质。(　　)

192. 制动缸活塞有裂纹时焊修。(　　)

193. 制动缸皮碗直径大或材质不良，会造成制动缸漏风。(　　)

194. 制动缸内壁的伤痕或锈蚀，会造成制动缸漏风。(　　)

技师

195. 神华交流机车 JPXZ-1A 型盘形制动器带蓄能制动。(　　)

196. 神华交流机车 JPXZ-1A 型盘形制动器主要由制动缸部件、自锁螺纹间隙调整机构、调整丝杆复位机构等组成。(　　)

197. 神华交流机车 JPXZ-1A 型盘形制动器，顺时针旋转制动器调整螺盖会使转闸片间隙变大。(　　)

198. 神华交流机车更换机车闸瓦时，关闭相应制动缸的塞门，然后将单独制动控制器置于制动位，使其他转向架的制动缸充气制动。(　　)

199. 缺少油脂润滑，各种活塞杆和分配阀的滑阀、节制阀会出现卡滞，造成风路不能沟通。(　　)

200. DK-1 型电-空制动机如果违反操作方法或操作不当，也会使制动机出现故障。( )

201. 拆卸制动配件时，应注意保护螺纹，防止碰伤、夹伤。( )

202. 拆卸制动配件时，可以用敲打、铲等拆卸。( )

203. 贯彻“质量第一”和“预防为主、修养并重”的检修方针对该制动机进行检修。( )

204. 对于制动配件摩擦耦件的耦合面和转轴部位，应选用 201 甲基硅油润滑较为合适。( )

205. 工序是组成生产过程的最小单元 ( )

206. 一般检查指对结构较为简单、在日常小修范围内无需下车进行拆检的部件，可在机车上作不解体检查。( )

207. 解体检修指有计划的按互换范围和检修中遇到需下车解体检修的部件，下车后在工作台上进行系统的整修。( )

208. 阀类部件的弹簧应无锈蚀、裂损，允许有轻微变形，自由高度符合要求。( )

209. 阀类部件的孔、销、套允许有拉伤、偏磨、段磨等现象。( )

210. 严禁同一柱塞阀上使用两种规格的 O 形圈。( )

211. 若需更换柱塞及活塞 O 形圈时，应将柱塞上所有 O 形圈同时更换，不允许个别更换。( )

212. DK-1 型电-空制动机空气位时，列车只能常用制动停车。( )

213. DK-1 型电-空制动机空气位时，需要紧急停车不可以使用紧急按钮。( )

214. 调压阀 55 故障能造成列车制动管发生过量供给。( )

215. DK-1 型电-空制动机发生过量供给时，列车制动管需要减压时，累计减压量不应超过 200 kPa。( )

216. 电-空制动控制器在运转位，紧急放风阀电联锁故障会造成均衡风缸充风而列车制动管不充风。( )

217. SS_{4B} 型电力机车紧急放风阀电联锁 95SA 故障时，可断开钮子开关 465QS 来切除。( )

218. 电-空制动控制器在运转位，塞门 157 关闭，会造成均衡风缸充风正常，列车制动管不充风。( )

219. DK-1 型电-空制动机电动放风阀阀口关不严漏泄，可关闭塞门 117。( )

220. DK-1 型电-空制动机紧急阀阀口关不严漏泄，可关闭塞门 118。( )

221. 重联电-空阀 259YV 下阀口不严会造成均衡风缸与列车制动管窜通。( )

222. 转换阀 153 密封垫堵塞会造成均衡风缸和列车制动管充风缓慢。( )

223. DK-1 型电-空制动机紧急阀故障会造成紧急制动时列车制动管不排风。( )

224. SS_{4B} 型电力机车一节车电动放风阀故障，机车还能产生紧急制动作用。( )

225. DK-1 型电-空制动机制动后中立位制动电-空阀上阀口不严，会造成均衡风缸泄漏。( )

226. DK-1 型电-空制动机制动后中立位，均衡风缸和列车制动管自行减压的根本原因是列车制动管泄漏。( )

227. DK-1 型电-空制动机电-空制动控制器手柄制动位，压力开关 208 或 209 的膜板破损会造成均衡风缸不减压。( )

228. DK-1 型电-空制动机电-空制动控制器手柄制动位，缓解电-空阀不失电会造成均衡风缸不减压。( )

229. DK-1 型电-空制动机造成制动电-空阀排风口不排风的可能因素有制动电-空阀阀座上缩口风堵堵塞。(　　)

230. DK-1 型电-空制动机造成制动电-空阀排风口不排风的可能因素有制动电-空阀制动位时因故没有失电。(　　)

231. 电-空制动控制器手柄紧急制动位后回运转位，紧急阀电联锁故障会造成列车制动管与均衡风缸均不充风　(　　)

232. DK-1 型电-空制动机列车制动管充风时发生紧急制动，可能是电动放风阀故障导致的。(　　)

233. DK-1 型电-空制动机紧急阀放风阀口关不严，会导致列车制动管充风时发生紧急制动。(　　)

234. DK-1 型电-空制动机常用制动排风速度过快引起电动放风阀动作，而造成紧急制动。(　　)

235. DK-1 型电-空制动机均衡风缸排风过快，会引起紧急制动。(　　)

236. DK-1 型电-空制动机制动缸与列车制动管减压量比例是依靠作用管的容积与分配阀容积室的容积比来设定的。(　　)

237. SS_{4B} 型电力机车操纵节重联阀错置补机位，会造成制动缸压力比不符合要求。(　　)

238. DK-1 型电-空制动机制动后移中立位，缓解电-空阀上阀口不严会造成均衡风缸有较大回风。(　　)

239. DK-1 型电-空制动机制动后移中立位，重联电-空阀误得电会造成均衡风缸有较大回风。(　　)

240. 压力开关芯杆窜风不影响压力开关正常工作。(　　)

241. 压力开关阀杆弯曲变形会引起压力开关不能正常工作。(　　)

242. DK-1 型电-空制动机制动后“中立位”均衡风缸和列车制动管保压状态良好，分配阀 156 塞门开放会造成制动缸压力自动下降。(　　)

243. DK-1 型电-空制动机排风 1 电-空阀上阀口不严密会造成作用管泄漏。(　　)

244. DK-1 型电-空制动机过充压力消除是通过排风 2 电-空阀来消除的。(　　)

245. DK-1 型电-空制动机过充压力消除的时间为 120 ~ 180 s。(　　)

246. DK-1 型电-空制动机电-空制动控制器过充位，过充风缸缩堵丢失会造成无过充作用或过充量不足。(　　)

247. DK-1 型电-空制动机电-空制动控制器过充位，过充柱塞犯卡会造成无过充作用或过充量不足。(　　)

248. DK-1 型电-空制动机电-空制动控制器过充位，均衡风缸和列车制动管追总风压力的原因是重联电-空阀上阀口泄漏。(　　)

249. 中继阀阀盖过充部下方的呼吸孔，如果排风不止时，为过充柱塞的大端 O 形密封圈损坏。(　　)

250. DK-1 型电-空制动机紧急制动，列车制动管压力下降缓慢，说明有总风压力继续向均衡风缸供风。(　　)

251. DK-1 型电-空制动机紧急制动，中继阀的遮断阀故障会使列车制动管压力下降缓慢。(　　)

技师

252. DK-1 型电-空制动机紧急制动，分配阀主阀部上盖的缩堵Ⅲ堵塞，会造成机车制动缸压力增长缓慢。(　　)

253. DK-1 型电-空制动机紧急制动，制动缸塞门处于半开状态会造成机车制动缸压力增长缓慢。(　　)

254. DK-1 型电-空制动机紧急制动，分配阀缓解塞门 156 打开会造成机车制动缸压力增长缓慢。(　　)

255. DK-1 型电-空制动机紧急制动后，单独缓解时制动缸压力缓解不到 0 的原因是分配阀容积室的补风速度大于排风速度。(　　)

256. DK-1 型电-空制动机紧急制动后，单独缓解时，空气制动阀的排风阀开度过小，会使制动缸压力缓解不到 0。(　　)

257. DK-1 型电-空制动机分配阀供给塞门 123 处半开放状态，会造成制动缸缓解缓慢。(　　)

258. DK-1 型电-空制动机分配阀缓解塞门半开，会使电-空制动控制器制动后中立位制动缸不保压。(　　)

259. DK-1 型电-空制动机制动缸塞门 119 处半开放状态，会造成制动缸充风、缓解缓慢。(　　)

260. DK-1 型电-空制动机空气制动阀塞门 127 处半开放状态，会造成制动缸缓解缓慢。(　　)

261. DK-1 型电-空制动机空气制动阀电-空转换扳钮未搬到位，会造成制动缸压力由 0 升至 280 kPa 的时间大于 4 s　(　　)

262. DK-1 型电-空制动机空气位，空气制动阀在缓解位，中立电-空阀故障会造成均衡风缸充风正常，列车制动管不充风。(　　)

263. DK-1 型电-空制动机空气位，空气制动阀在缓解位，均衡风缸充风正常，列车制动管不充风，是由于列车制动管塞门 116 关闭。(　　)

264. DK-1 型电-空制动机空气位操作，列车制动管定压为 500 kPa，均衡风缸由 500 kPa 减至 360 kPa 的时间为 5 ~ 7 s。(　　)

265. DK-1 型电-空制动机空气位操纵，空气制动阀手柄置制动位，空气制动阀排风口上缩堵脱落会造成紧急阀排风。(　　)

266. DK-1 型电-空制动机空气位操纵，空气制动阀手柄置制动位，空气制动阀排风口上缩堵孔径过小会造成紧急阀排风。(　　)

267. SS_{4B} 型电力机车单机试验正常，而挂车后仅列车制动管充风缓慢，可能是尾部车辆列车制动管折角塞门开放引起的。(　　)

268. SS_{4B} 型电力机车单机试验正常，而挂车后大闸制动位或中立位起非常，可能是由于列车充风未满引起的。(　　)

269. SS_{4B} 型电力机车单机试验正常，而挂车后大闸制动位或中立位起非常，可能是由于个别车辆制动机紧急灵敏度过高引起的。(　　)

270. SS_{4B} 型电力机车小闸操纵制动机时，非操纵节机车制动缸压力不变化，且与操纵节机车制动缸压力不符，可能是由于非操纵节机车重联转换阀 93 的工作位置不对引起的。(　　)

271. SS_{4B} 型电力机车非操纵节机车中继阀 104 排风不止，可能是由于操作节机车重联电-空阀故障引起的。(　　)

272. SS_{4B} 型电力机车非操纵节机车中继阀 104 排风不止，可能是由于非操作节机车中继阀排气阀泄漏引起的。(　　)

273. DK-1 型电-空制动机，制动缸上闸后重联阀阀体排气孔排风不止的原因是重联阀重联阀部活塞杆上 O 形圈破损漏风。(　　)

274. DK-1 型电-空制动机，重联阀 93 内转换阀上部或按钮处漏风的原因是重联阀 93 内转换阀柱塞上 O 形圈破损漏风。(　　)

275. DK-1 型电-空制动机电-空位操作，小闸处于运转位，大闸在运转位，作用管压力经排风 2 电-空阀排大气。(　　)

276. DK-1 型电-空制动机电-空位操作，小闸处于运转位，大闸在运转位，总风遮断阀左侧压力经中立电-空阀上阀口排大气。(　　)

277. DK-1 型电-空制动机电-空位操作，小闸处于运转位，大闸在制动位，过充风缸压力经排风 2 电-空阀下阀口排大气。(　　)

278. DK-1 型电-空制动机电-空位操作，小闸处于运转位，大闸在制动位，总风经中立电-空阀下阀口到达总风遮断阀。(　　)

279. DK-1 型电-空制动机电-空位操作，小闸处于运转位，大闸在紧急位，均衡风缸压力经制动电-空阀排大气。(　　)

280. DK-1 型电-空制动机电-空位操作，小闸处于运转位，大闸在紧急位，所有撒砂电-空阀都得电。(　　)

281. DK-1 型电-空制动机电-空位操作，小闸处于运转位，大闸在紧急位，电动放风阀先动作，然后紧急阀动作。(　　)

282. DK-1 型电-空制动机按紧急制动按钮，在任何情况下都分主断路器。(　　)

283. DK-1 型电-空制动机空气制动阀转换柱塞定位装置弹簧自由高度是 32 mm。(　　)

284. DK-1 型电-空制动机空气制动阀排气阀弹簧自由高度是 24.3 mm。(　　)

285. DK-1 型电-空制动机空制动机空气制动阀排风缩堵的孔径为 1 mm。(　　)

286. DK-1 型电-空制动机空制动机空气制动阀顶杆的长度为 135 ± 2 mm。(　　)

287. DK-1 型电-空制动机 109 型分配阀均衡阀弹簧的自由高度为 40 mm。(　　)

288. DK-1 型电-空制动机 109 型分配阀节制阀弹簧的自由高度为 20 mm。(　　)

289. DK-1 型电-空制动机 109 型分配阀稳定弹簧的自由高度为 34.5 mm。(　　)

290. DK-1 型电-空制动机 109 型分配阀安装面缩堵Ⅰ的孔径为 0.8 mm。(　　)

291. DK-1 型电-空制动机 109 型分配阀安全阀座的缩堵Ⅳ孔径为 1.2 mm。(　　)

292. DK-1 型电-空制动机 109 型分配阀局减室的容积为 0.65L。(　　)

293. DK-1 型电-空制动机 109 型分配阀容积室的容积为 1.85L。(　　)

294. DK-1 型电-空制动机 109 型分配阀工作风缸的容积为 10L。(　　)

295. DK-1 型电-空制动机 109 型分配阀的初制动位是制动位的过渡位。(　　)

296. DK-1 型电-空制动机 109 型分配阀的初制动位机车产生制动作用。(　　)

297. DK-1 型电-空制动机 109 型分配阀的初制动位连通了容积室排大气的通路。(　　)

298. DK-1 型电-空制动机 109 型分配阀在制动位与紧急制动位时的动作状态是一样的。(　　)

299. DK-1 型电-空制动机 109 型分配阀在制动位与紧急制动位时分配阀的紧急增压阀所处的位置不相同。(　　)

300. DK-1 型机车电-空制动机遮断阀弹簧的自由高度是 38 mm。(　　)

301. DK-1 型机车电-空制动机遮断阀活塞弹簧的自由高度是 60 mm。(　　)

302. DK-1 型机车电-空制动机双阀口式中继阀排风阀弹簧的自由高度为 36 mm。( )

303. DK-1 型机车电-空制动机双阀口式中继阀供风阀弹簧的自由高度为 38 mm。( )

304. DK-1 型机车电-空制动机中继阀阀体缩堵的孔径为 1.0 mm。( )

305. DK-1 型机车电-空制动机紧急阀放风阀弹簧的自由高度为 50 mm。( )

306. DK-1 型机车电-空制动机紧急阀稳定弹簧的自由高度为 50 mm。( )

307. DK-1 型机车电-空制动机紧急阀紧急室的容积为 1.85 L。( )

308. DK-1 型机车电-空制动机紧急阀活塞杆缩孔Ⅰ的孔径为 1 mm。( )

309. DK-1 型机车电-空制动机紧急阀活塞杆缩孔Ⅱ的孔径为 0.5 mm。( )

310. DK-1 型机车电-空制动机紧急阀活塞杆缩孔Ⅱ是用以在紧急制动后控制紧急室压力空气向列车制动管逆流的速度。( )

311. DK-1 型机车电-空制动机电动放风阀放风阀弹簧的自由高度为 63 mm。( )

312. 制动缸充风后将制动缸活塞推出使闸瓦压紧车轮的过程中，需要克服制动缸弹簧对活塞的背压及相关的摩擦阻力。( )

313. DK-1 型机车电-空制动机根据分配阀的构造和实际试验，确定列车制动管减压 50 kPa 以上就能克服摩擦阻抗。( )

314. 空电联合制动过程中，司机根据运行要求可以随时人工干预空气制动，对列车制动管追加减压或充风缓解。( )

315. 在机车加馈电阻制动故障后,空电联合制动装置将自动实行列车制动管减压。( )

316. DK-1 型电-空制动机设置初制动风缸不仅有利于小减压量时后部车辆制动机的出闸，而且大大缓和了压力回升现象。( )

317. DK-1 型电-空制动机设置了 1 个初制动风缸。( )

318. DK-1 型电-空制动机不同的列车制动管定压所需的列车制动管最小减压量不同。( )

319. DK-1 型电-空制动机初制风缸的选择与列车制动管的最小减压量无关。( )

320. DK-1 型电-空制动机初制风缸的选择与均衡风缸的容积无关。( )

321. SS_{4B} 型电力机车 DK-2 型电-空制动机电-空位操作时，电-空制动控制器在运转位，中继阀膜板破损会造成均衡风缸及列车制动管压力上升缓慢。( )

322. SS_{4B} 型电力机车 DK-2 型电-空制动机，制动高速电-空阀失电时，使均衡风缸压力排入大气。( )

323. SS_{4B} 型电力机车 DK-2 型电-空制动机电-空位操作时，电-空制动控制器手柄运转位，电小闸手柄制动位，制动缸压力高于 300 kPa 的原因是调压阀 53 整定值不符合要求。( )

324. SS_{4B} 型电力机车 DK-2 型电-空制动机电-空位操作时，电-空制动控制器手柄运转位，电小闸手柄制动位，机车制动缸压力不起的原因是塞门 303 关闭。( )

325. 神华交流电力机车 DK-2 型电-空制动机，导线 805 得电时，BCU 的输入板第 9 点灯亮。( )

326. 神华交流电力机车 DK-2 型电-空制动机，缓解电-空阀得电时，BCU 的 PWM 板第 1 点灯常亮。( )

327. 神华交流电力机车 DK-2 型电-空制动机，自动制动控制器制动位，制动电-空阀 257YV 得电，BCU 的 PWM 板第 2 点灯亮，当列车制动管压力完成规定的减压量后灯灭。( )

328. 神华交流电力机车 DK-2 型电-空制动机，导线 806 得电时，BCU 的输入板第 10 点灯亮。(　　)

329. 神华交流电力机车 DK-2 型电-空制动机电-空位操作时，自动制动控制器紧急位，单制高速电-空阀 260YV 得电，BCU 的 PWM 板第 3 点灯亮，当预控风缸压力充至规定的压力时灯灭。(　　)

330. 神华交流电力机车 DK-2 型电-空制动机电-空位操作时，自动制动控制器紧急位，重联电-空阀 259YV 得电，BCU 输出板第 8 点灯亮。(　　)

331. 神华交流电力机车 DK-2 型电-空制动机电-空位操作时，自动制动控制器运转位，单独制动控制器制动位，导线 815 得电，BCU 输入板第 1 点灯亮。(　　)

332. 神华交流电力机车 DK-2 型电-空制动机电-空位操作时，自动制动控制器运转位，单独制动控制器中立位，为机车单独制动前的准备以及单独制动后保压时所使用的位置。(　　)

333. 神华交流电力机车 DK-2 型电-空制动机内重联模式运行时，操纵节制动柜上的重联阀转换按钮置于"本机位"，分配阀缓解塞门 156 置于关闭位。(　　)

334. 神华交流电力机车 DK-2 型电-空制动机外重联模式运行时，两节机车进行以下操作：制动柜重联阀上的转换按钮打到"补机位"，分配阀缓解塞门 156 置于打开位，大闸置"重联"位，小闸置"运转"位，制动锁定后将制动器钥匙手柄取车。(　　)

335. 神华交流电力机车 DK-2 型电-空制动机启动后，操作自动制动控制器、单独制动控制器，制动机没有反应，可能的原因是制动机未解锁。(　　)

336. 神华交流电力机车 DK-2 型电-空制动机解锁成功后，自动制动控制器"运转"位，均衡风缸不充风，可能的原因是塞门 115 处于关闭位。(　　)

337. 车辆制动机的命名是根据三通阀或分配阀的名称来命名的。(　　)

338. 我国客车主要采用了 104、F8 型等制动机。(　　)

339. 车辆偏移量的大小与曲线半径有关，而与车辆长度无关。(　　)

340. 车体越长，车辆偏移量越大。(　　)

341. 车辆制动机必须保证列车在正常速度运行时能够在规定的制动距离内停车。(　　)

342. 要求车辆制动机易于实施制动力的增减，以保证列车平稳地(无冲动)停车。(　　)

343. 车辆制动机制动缸、副风缸水压试验时，不需要防护装置。(　　)

344. 吹扫副风缸时先要关闭截断塞门，副风缸的空气压力越高越好。(　　)

345. 120 型控制阀的主控机构为三压力机构，能与现有的货车制动机很好地混编。(　　)

346. 120 型货车制动机正逐步取代旧有的 GK 型和 103 型货车制动机。(　　)

347. 120 型控制阀的半自动缓解阀由手柄部和活塞部组成。(　　)

348. 120 型控制阀中间体体积比 103 阀大。(　　)

349. 120 型控制阀充气缓解位时，制动缸的压力空气排大气。(　　)

350. 120 型控制阀在列车制动后再缓解时，缓解初期使加速缓解风缸的压力空气与列车制动管连通。(　　)

351. 120 控制阀充气缓解后，在列车制动管缓慢减压时，制动机不发生制动作用的性能，叫作制动机的安定性。(　　)

352. 120 控制阀常用制动位时，紧急室压力空气向副风缸逆流。(　　)

353. 制动安定性是指在列车制动管常用制动减压时制动机不发生紧急制动作用的性

能。(　　)

354. 120 型控制阀处于制动后保压位时，副风缸压力与列车制动管压力达到均衡。(　　)

355. 120 型控制阀紧急制动时，主阀的各部分的作用均与常用制动一样。(　　)

356. 120 型控制阀紧急制动时，使制动缸压力分两个阶段先快后慢地上升。(　　)

357. 120 型控制阀半自动缓解阀仅作为制动缸的通道。(　　)

358. 120 型控制阀半自动缓解阀在平时由于手柄不拉动，手柄部内的两个排气阀关闭，手柄部内无压缩空气。(　　)

359. 车辆轮毂松弛时，应将该车辆的制动机关门。(　　)

360. 装载需关闭自动制动机的危险货物时，须将该车辆的制动机关门。(　　)

361. 列车中对 103 型制动机关门车在关门时，首先关闭该车的截断塞门，然后将副风缸的压力空气经排水塞门排净。(　　)

362. 列车中对 104 型制动机关门车在关门时，首先关闭该车的截断塞门，然后将副风缸的压力空气经排水塞门排净。(　　)

363. 列车制动管泄漏过限，会造成列车自然制动。(　　)

364. 司机操纵不当，使列车过量充风，引起三通阀或分配阀产生自然制动。(　　)

365. 车辆制动装置设有风源系统。(　　)

366. 车辆制动装置设有操纵机构。(　　)

367. JZ-7 型空气制动机自动制动阀操纵全列车的制动、缓解和保压作用。(　　)

368. JZ-7 型空气制动机单独制动阀用来单独操纵机车的制动、缓解和保压作用，与车辆制动机的状态无关。(　　)

369. JZ-7 型空气制动机只具有一次缓解性能。(　　)

370. JZ-7 型空气制动机作用阀具有自动保压的性能。(　　)

371. JZ-7 型空气制动机单独制动阀的调整阀与自动制动阀的调整阀完全相同。(　　)

372. JZ-7 型空气制动机单独制动阀的调整阀与自动制动阀调整阀的不同点是在柱塞与调整阀座间增设了一个弹簧。(　　)

373. JZ-7 型空气制动机单独制动阀在制动区时，单缓柱塞的状态与运转位时相同，无通路。(　　)

374. JZ-7 型空气制动机紧急限压阀的阀套下端通主阀排风口。(　　)

375. JZ-7 型空气制动机紧急限压阀的主要作用是施行紧急制动时，使作用风缸压力进一步得到提高，并限制不超过 450 kPa。(　　)

376. JZ-7 型空气制动机作用阀在保压位，制动缸管路有泄漏时，不能自动补风。(　　)

377. JZ-7 型空气制动机局减止回阀的作用是再制动时能防止局减室的压力空气逆流到列车制动管，避免引起副阀的自然缓解。(　　)

378. JZ-7 型空气制动机局减止回阀在初制动时,使列车制动管产生局部减压作用。(　　)

379. JZ-7 型空气制动机自动制动阀手柄由运转位移到最小减压量位，均衡风缸、列车制动管均减压 50 kPa，制动缸压力为 90 ~ 120 kPa。(　　)

380. JZ-7 型空气制动机自动制动阀手柄移到过量减压位，机车不应发生紧急制动。(　　)

381. JZ-7 型空气制动机自动制动阀手柄由运转位移到紧急位，机车应自动撒砂。(　　)

382. JZ-7 型空气制动机自动制动阀手柄由运转位移到紧急位，均衡风缸压力也应降到 0。(　　)

383. JZ-7 型空气制动机自动制动阀推向紧急制动位后，单独制动阀手柄推于单独缓解位，制动缸压力开始缓解，并逐渐缓解到 0。(　　)

384. 109 分配阀滑阀和节制阀使用的润滑剂为美孚脂。(　　)

385. 109 分配阀解体检修组装前对合格配件进行整洁处理，用洁净绸布擦拭干净后，再用压缩空气吹净残余纤维毛。(　　)

386. SS_{4B} 型机车电-空制动机列车制动管最大减压量为 190 ~ 240 kPa。(　　)

387. SS_{4B} 型机车 DK-2 型电-空制动机远程无线操作时，当机车作为主控机车运行时，制动机操作方法与电-空位操作相同。(　　)

388. SS_{4B} 型机车 DK-2 型电-空制动机远程无线操作时，当机车作为从控机车运行时，从控操纵节机车制动机受主控操纵节机车远程无线同步控制。(　　)

389. SS_{4B} 型机车 DK-2 型电-空制动机单机自检故障代码 E【02】表示均衡风缸压力与列车制动管的压力差值超过 10 kPa。(　　)

390. SS4B 型机车 DK-2 型电-空制动机单机自检故障代码 F【12】表示列车制动管不充风。(　　)

391. 机车段修修程包括小修、辅修。(　　)

392. 在机车或试验台上拆装配件时，首先关闭相应的截断塞门，排净部件及相应管路内的余压后再进行拆卸。(　　)

393. 摘开内部有压力空气的制动软管时，应握紧制动软管连接器慢慢摘开。(　　)

394. 使用砂轮机磨削时，操作者应站在砂轮侧面或斜侧面位置，不可面对砂轮。(　　)

395. 立式钻床使变换主轴转速或自动进给时，不需要停车，可直接进行调整。(　　)

396. 使用螺丝刀要注意刀口的宽度和厚度，必须与螺钉头部的沟槽长度和厚度相符，以免损坏螺钉和螺丝刀。(　　)

397. 成套套筒扳手，是由一套尺寸不等的梅花扳手组成，并配有摇把、手把、带棘轮的手把和直杆等，用于一般扳手难以工作的处所。(　　)

398. 使用测量工具为了减小测量误差，对于重要尺寸最好在同一位置多测量几次取其平均值。(　　)

399. 测量工具应定期检定，及时送检。(　　)

400. 存放测量工具的地方要清洁、干燥，无腐蚀性气体，也不允许把测量工具放在磁场近旁，以免磁化。(　　)

401. 测量工具、测量仪器在存放时，可以和其他工具放在一起。(　　)

三、单项选择题

1. (　　) 是铁路运输服务的优质程度及所要达到的效果。

A. 顾全大局　　B. 热情服务　　C. 服从领导　　D. 团结互助

2. 检修职工在从事作业中，始终按照明文规定的各种行为规则，一丝不苟地完成生产作业的行为，这里面包括：遵章和 (　　) 两层意思。

A. 遵规 B. 敬老 C. 守纪 D. 爱幼

3. 检修职工应爱护铁路一切设施，不仅包含爱护公共财物的含义，而且是自身（ ）应该遵循的准则。

A. 利益关系 B. 职业道德 C. 职业习惯 D. 职业行为

4. 与齿轮传动相比，蜗杆传动（ ）。

A. 传动平稳无噪声 B. 传动比小 C. 造价较低 D. 互换性好

5. 蜗杆传动的一般效率在（ ）。

A. 50%～70% B. 60%～70% C. 70%～80% D. 80%～90%

6. 链传动的传递效率较高，一般可达（ ）。

A. 0.75～0.85 B. 0.95～0.97 C. 0.85～0.87 D. 0.9～0.95

7. 链传动的最大中心距可达（ ）m。

A. 5 B. 8 C. 10 D. 15

8. 链传动中，链和轮磨损较重，用（ ）方法修理。

A. 修轮 B. 修链 C. 链、轮全修 D. 更换链、轮

9. 凸缘式联轴器装配时，首先应在轴上装（ ）。

A. 平键 B. 联轴器 C. 齿轮箱 D. 电动机

10. 如果两轴不平行，通常采用（ ）联轴器。

A. 滑块式 B. 凸缘式 C. 万向节 D. 十字沟槽式

11. 滚动轴承作用于轴承上的合成径向负载与套圈相对静止，通常采用（ ）。

A. 较大的配合 B. 过盈配合 C. 过渡配合 D. 大间隙配合

12. 滚动轴承当转速较高、震动较大时，宜选用（ ）。

A. 较大的配合 B. 过盈配合 C. 过渡配合 D. 间隙配合

13. 当滚动轴承工作环境清洁、低速、要求脂润滑时，宜采用（ ）密封。

A. 毡圈式 B. 迷宫式 C. 挡圈 D. 甩圈

14. 在（ ）场合，滚动轴承采用毡式密封。

A. 高温、油润滑 B. 高速、脂润滑 C. 低温、油润滑 D. 低速、脂润滑

15. 离合器是一种能快速使主、从动轴接合或分开的（ ）。

A. 连接装置 B. 安全装置 C. 定位装置 D. 传动装置

16. 离合器装配的主要技术要求之一是能够传递足够的（ ）。

A. 力矩 B. 弯矩 C. 扭矩 D. 力偶力

17. 普通 V 带的截面为（ ）。

A. 等腰梯形 B. 矩形 C. 三角形 D. 椭圆形

18. 两带轮相对位置的准确要求是两轮中心面（ ）。

A. 重合 B. 平行 C. 垂直 D. 倾斜

19. 轮齿的接触斑点应用（ ）检查。

A. 涂色法 B. 平衡法 C. 百分表测量 D. 直齿测量

20. 一般动力传动齿轮副，不要求很高的运动精度和工作平稳性，但要求接触要求，可用（ ）方法解决。

A. 更换 B. 修理 C. 跑合 D. 金属镀层

21. 齿轮传动中,为增加接触面积,改善啮合质量,在保留原齿轮副的情况下,采取(　　)措施。

A. 刮削　B. 研磨　C. 锉削　D. 加载跑合

22. (　　)是用内、外螺纹组成的螺旋副传递运动和动力的传动装置。

A. 蜗杆传动　B. 螺旋传动　C. 螺杆传动　D. 螺纹传动

23. 螺旋传动主要是把旋转运动变换为(　　)。

A. 直线运动　B. 曲线运动　C. 螺旋运动　D. 点头运动

24. 液压系统中起保护作用的是(　　)。

A. 单向阀　B. 顺序阀　C. 节流阀　D. 溢流阀

25. 大流量的液压系统所使用的换向阀一般为(　　)。

A. 手动换向阀　B. 机动换向阀　C. 电液动换向阀　D. 电磁换向阀

26. 用来测量液压系统中液体压力的压力表所指的压力为(　　)。

A. 绝对压力　B. 相对压力　C. 真空度　D. 表压力

27. 拉伸弹簧是承受(　　)的螺旋弹簧。

A. 轴向压力　B. 轴向拉力　C. 扭力　D. 径向拉力

28. 压缩弹簧是承受(　　)的螺旋弹簧。

A. 径向压力　B. 轴向拉力　C. 扭力　D. 轴向压力

29. 尺寸$\phi 132 \pm 0.2$的公差是(　　)。

A. 0.2　B. 0.3　C. 0.4　D. 0.8

30. (　　)是指设计时确定零件在机器中位置的一些面、线或点。

A. 设计基准　B. 工艺基准　C. 划线基准　D. 加工基准

31. 截平面与圆柱轴线平行时,它与圆柱的截交线为(　　)。

A. 圆形　B. 矩形　C. 三角形　D. 椭圆形

32. 截平面与圆柱轴线倾斜截切时,其截交线为(　　)。

A. 圆形　B. 矩形　C. 菱形　D. 椭圆形

33. 两圆柱正交的相贯线的正面投影为(　　)。

A. 椭圆　B. 圆　C. 单曲线　D. 二次曲线

34. 两圆柱轴线垂直相交为(　　)。

A. 正交　B. 垂交　C. 直交　D. 斜交

35. 外螺纹的小径用(　　)表示。

A. 粗实线　B. 细实线　C. 虚线　D. 不用画

36. 无论是外螺纹还是内螺纹,在剖视图中的剖面线都应画(　　)。

A. 粗实线　B. 细实线　C. 虚线　D. 不用画

37. 实际尺寸减去基本尺寸所得的代数差称为(　　)。

A. 上偏差　B. 下偏差　C. 实际偏差　D. 尺寸公差

38. 俯视图是(　　)投射所得的视图。

A. 由下向上　B. 由左向右　C. 由上向下　D. 由前向后

39. 仰视图是(　　)投射所得的视图。

A. 由下向上　B. 由左向右　C. 由上向下　D. 由前向后

40. 后视图是（　　）投射所得的视图。

A. 由下向上　B. 由左向右　C. 由前向后　D. 由后向前

41. 千分尺的测量精度是（　　）mm。

A. 0.1　B. 0.01　C. 0.2　D. 0.02

42. 鉴定量具时，量具指示的数值与所用基准件的尺寸数值之差叫作（　　）。

A. 测量误差　B. 系统误差　C. 示值误差　D. 偶然误差

43. 用钻头在实心工件上加工孔叫作（　　）。

A. 钻孔　B. 铰孔　C. 扩孔　D. 拉孔

44. 切削用量的选择是指选择切削速度和（　　）。

A. 切削距离　B. 走刀速度　C. 切削力量　D. 走刀量

45. 锉削速度应在（　　）次/min 左右。

A. 30　B. 40　C. 20　D. 50

46. 交叉锉一般用于（　　）。

A. 精锉　B. 细锉　C. 粗锉　D. 以上都对

47. 锉削推锉时要求两手（　　）。

A. 用力变化，保持锉刀平衡　B. 用力相等，保持锉力平衡

C. 推力稳定，保持锉力平衡　D. 压力稳定，保持锉力平衡

48. 钻床（　　）应停车。

A. 变速过程　B. 变速后　C. 变速前　D. 装夹钻头

49. 钻床开动后，操作中允许（　　）。

A. 用棉纱擦钻头　B. 测量工作　C. 手触钻头　D. 钻孔

50. 操作钻床时不能戴（　　）。

A. 帽子　B. 手套　C. 眼镜　D. 口罩

51. 立钻电动机二级保养要按需要拆洗电机，更换（　　）润滑剂。

A. 20 号机油　B. 40 号机油　C. 锂基润滑脂　D. 1 号钙基润滑脂

52. 工件在长 V 形铁中定位，可限制（　　）自由度。

A. 3 个　B. 5 个　C. 4 个　D. 6 个

53. 工件在夹具中定位时，其定位点数多于所限制的 6 个自由度的称为（　　）。

A. 欠定位　B. 过定位　C. 不完全定位　D. 完全定位

54. 攻螺纹前首先钻孔，钻头的直径应比螺纹的（　　）略大些。

A. 小径　B. 中经　C. 大径　D. 直径

55. 攻螺纹时，紫铜或铝合金所使用润滑液是（　　）。

A. 菜子油　B. 机油　C. 乳化液　D. 煤油

56. 攻螺纹时，青铜或黄铜所使用润滑液是（　　）。

A. 菜子油　B. 机油　C. 乳化液　D. 煤油

57. 套螺纹时圆杆直径应略小于螺纹的（　　）。

A. 中经　B. 小径　C. 大径　D. 直径

58. 套螺纹时，合金钢所使用润滑液是（　　）。

A. 菜子油　B. 乳化液　C. 煤油　D. 机油

59. 划线时，划针与划线方向倾斜夹角为（　　）。
A. 45° ~ 65°　B. 55° ~ 75°　C. 35° ~ 65°　D. 45° ~ 75°

60. 样冲尖磨成（　　）夹角，磨时注意防止过热退火。
A. 45° ~ 60°　B. 35° ~ 75°　C. 35° ~ 60°　D. 45° ~ 75°

61. 零件图上用来确定其他点、线、面位置的基准称（　　）。
A. 划线基准　B. 工艺基准　C. 设计基准　D. 加工基准

62. 錾子后角的选取以（　　）为宜。
A. 6° ~ 10°　B. 5° ~ 8°　C. 10° ~ 20°　D. 8° ~ 15°

63. 錾子前刀面与后刀面之间的夹角称为（　　）。
A. 前角　B. 楔角　C. 后角　D. 切削角

64. 精研工件平面时，（　　）能精确地显示工件的不平度误差。
A. 正研法　B. 调头研法　C. 对角研法　D. 顺研法

65. 固定式带螺旋槽的研磨棒适用于（　　）。
A. 粗研磨孔　B. 精研磨孔　C. 半精研磨孔　D. 细研磨孔

66. 当被连接板材厚度相同时，铆钉直径等于板厚的（　　）倍。
A. 1.5　B. 1.2　C. 1.6　D. 1.8

67. 8 mm 以上的钢质铆钉应采用（　　）。
A. 冷铆　B. 热铆　C. 混合铆　D. 以上都不对

68. 孔径尺寸大于（　　）mm 的管子一般采用热弯。
A. 10　B. 8　C. 12　D. 15

69. 弯制直角形工件时，对材料厚度小于（　　）mm，可在台虎钳上进行。
A. 5　B. 10　C. 8　D. 6

70. 起锯角度要小，一般不超过（　　）。
A. 25°　B. 10°　C. 20°　D. 15°

71. 锯削速度一般以每分钟（　　）次为宜。
A. 30 ~ 50　B. 20 ~ 40　C. 40 ~ 50　D. 40 ~ 60

72. 在装配时各配合零件不经修理、选择或调整即可达到装配精度的方法称为（　　）。
A. 分组选配法　B. 互换法　C. 完全互换法　D. 修配法

73. 在同类零件中，选取其中尺寸相当的零件进行装配，以达到配合要求的方法称为（　　）。
A. 分组选配法　B. 互换法　C. 修配法　D. 调整法

74. 互换装配法的实质就是控制零件的（　　）。
A. 加工误差　B. 尺寸公差　C. 形状公差　D. 测量误差

75. 直接选配的装配质量在很大程度上取决于（　　）。
A. 零件的加工精度　B. 工人的技术水平　C. 生产能量大小　D. 设备精度

76. 在钢件表层同时渗入碳原子和氮原子的过程称为（　　）。
A. 渗碳　B. 氮化　C. 氰化　D. 调质

77. 将钢加热到一定温度并在此温度下进行保温，然后缓冷到室温，这一热处理工艺称为（　　）。
A. 回火　B. 淬火　C. 正火　D. 退火

78. 金属材料在受外力时产生显著的变形而不断裂破坏的性能称为（　　）。
A. 塑性　B. 弹性　C. 强度　D. 韧性
79. 金属表面抵抗硬物压入的能力叫（　　）。
A. 强度　B. 硬度　C. 韧度　D. 塑性
80. 共析钢的含碳量为（　　）。
A. 2.11%　B. 4.30%　C. 0.77%　D. 0.55%
81. 共晶白口铸铁的含碳量为（　　）。
A. 2.11%　B. 6.69%　C. 0.77%　D. 4.30%
82. 依据《劳动法》规定，劳动合同可以约定试用期。试用期最长不超过（　　）个月。
A. 12　B. 10　C. 6　D. 3
83. 用人单位自（　　）起即与劳动者建立劳动关系。
A. 用工之日　B. 签订合同之日　C. 上级批准设立之日　D. 劳动者领取工资之日
84.《劳动合同法》调整的劳动关系是一种（　　）。
A. 人身关系　B. 财产关系
C. 人身关系和财产关系相结合的社会关系　D. 经济关系
85.《中华人民共和国安全生产法》自 2002 年（　　）起施行。
A. 10 月 1 日　B. 11 月 1 日　C. 12 月 1 日　D. 9 月 1 日
86. 在国家安全生产管理体制中，工会行使（　　）职能。
A. 国家监察　B. 行政管理　C. 群众监督　D. 安全检查
87. 在铁路运输安全中，问题最突出的是（　　）。
A. 货运安全　B. 客运安全　C. 设备安全　D. 行车安全
88.《中华人民共和国铁路法》自（　　）起施行。
A. 1991 年 5 月 1 日　B. 2004 年 5 月 1 日
C. 2005 年 4 月 1 日　D. 1995 年 9 月 1 日
89. 铁路的标准轨距为（　　）mm。新建国家铁路必须采用标准轨距。
A. 1 524　B. 1 435　C. 1 000　D. 1 354
90. 国家铁路、地方铁路参加国际联运，必须经（　　）批准。
A. 铁路总公司　B. 铁路局　C. 省政府　D. 国务院
91. 每年的 6 月 5 日是（　　）。
A. 世界环境日　B. 地球日　C. 土地日　D. 节约用电日
92. 环境污染损害赔偿提起诉讼的时效期间为（　　）年。
A. 2　B. 1　C. 3　D. 5
93.《铁路安全管理条例》于（　　）经国务院第 18 次常务会议通过。
A. 2013 年 7 月 24 日　B. 1995 年 5 月 24 日
C. 2010 年 4 月 1 日　D. 1991 年 9 月 21 日
94. 任何单位和个人不得擅自在铁路桥梁跨越处河道上下游各（　　）m 范围内围垦造田、拦河筑坝、架设浮桥或者修建其他影响铁路桥梁安全的设施。
A. 2 000　B. 1 500　C. 1 000　D. 500

95. 高速铁路线路路堤坡脚、路堑坡顶或者铁路桥梁外侧起向外各（ ）m 范围内禁止抽取地下水。

A. 180　B. 150　C. 200　D. 220

96. 行人持有长大、飘动等物件通过道口时，不得高举挥动，应与牵引供电设备带电部分保持（ ）m 以上距离。

A. 3　B. 2　C. 4　D. 2.5

97. 在电气化铁路附近施工、冲洗车辆时，保持水流与接触网带电部分有（ ）m 以上距离，防止触电事故发生。

A. 1　B. 2　C. 0.5　D. 2.5

98. 接触网导线折断下垂搭在车辆上或其他物品与接触接网接触时，列检和乘务人员不要进行处理，应保持（ ）m 以上距离同时对现场进行防护，并及时通知有关人员查处。

A. 1　B. 2　C. 5　D. 10

99. 机车（ ）人员是铁路公司对机车行使质量监督、技术认可和合格确认的代表。

A. 检修　B. 乘务　C. 技术　D. 验收

100. 机破应在机车回段后（ ）h 内进行分析，临修要定期组织分析。

A. 72　B. 24　C. 48　D. 12

101. 机车检修“三化”是指程序化、文明化、（ ）。

A. 自动化　B. 机械化　C. 电气化　D. 简单化

102. 造成（ ）的直接经济损失的事故列为重大事故。

A. 1 亿元以上　B. 5 000 万以上 1 亿元以下

C. 1 000 万元以上 5 000 万以下　D. 500 万元以上 1 000 万以下

103. 一般事故的调查期限为（ ）。

A. 10 天　B. 20 天　C. 30 天　D. 60 天

104. 列车制动管的减压速度越往后（ ）。

A. 越高　B. 越低　C. 保持不变　D. 时快时慢

105. 空气波速一般为（ ）m/s。

A. 330　B. 300　C. 280　D. 350

106. 从列车闸瓦压上车轮后到列车停止所走过的距离叫（ ）。

A. 制动距离　B. 空走距离　C. 有效制动距离　D. 距离

107. 从开始实行制动到全列车的闸瓦压上车轮这一瞬间，列车靠惯性力运行所走过的距离称为（ ）。

A. 制动距离　B. 空走距离　C. 有效制动距离　D. 距离

108. 机车单机不分类型，其紧急制动空走时间均按（ ）s 计算。

A. 1.5　B. 2　C. 2.5　D. 3

109. 空气阻力与相对速度的平方成（ ）。

A. 正比　B. 反比　C. 相等　D. 没关系

110. 列车在曲线上运行时的阻力（ ）相同条件下直线上的运行阻力。

A. 小于　B. 大于　C. 等于　D. 以上都不对

111.（ ）指列车制动保压时，人为地将电-空制动控制器手柄由中立位短时间的移至运转位或缓解位，再移回中立位的操纵方法。

A. 二段制动法　B. 一段制动法　C. 大劈叉制动　D. 偷风操纵

112.(　　)是指电-空制动控制器减压的同时，将空气制动阀手柄移至缓解位或下压手柄，这时车辆仍制动而机车制动缓解的操纵方法。

A. 二段制动法　B. 一段制动法　C. 大劈叉制动　D. 偷风操纵

113.(　　)是指减压量小，列车减速慢，制动距离长的制动操纵方法。

A. 长波浪式制动　B. 短波浪式制动　C. 大劈叉制动　D. 偷风操纵

114.(　　)是指减压量大，列车减速快、制动距离短的制动操纵方法。

A. 长波浪式制动　B. 短波浪式制动　C. 大劈叉制动　D. 偷风操纵

115.(　　)是指司机误操作或制动机某部件发生故障，使列车制动管压力超过定压的现象。

A. 回风现象　B. 过充现象　C. 过量供给　D. 超压现象

116. 根据容积和压力的关系可知，机车制动缸的压力与列车制动管减压量的关系为 $P=$(　　)。

A. $3.25r$　B. $2.5r$　C. $2.6r$　D. $3.5r$

117. 装有 120 型分配阀直接作用式制动机的车辆，副风缸与制动缸容积的比为(　　)。

A. 3.25∶1　B. 2.5∶1　C. 2.8∶1　D. 3.5∶1

118. 司机将制动阀手柄置于制动位时，到列车停下来为止所走过的距离叫作(　　)。

A. 空走距离　B. 制动距离　C. 有效制动距离　D. 标准制动距离

119. 列车在拉伸状态下制动，其纵向冲击力比在压缩状态下(　　)。

A. 小很多　B. 小一些　C. 大一些　D. 大很多

120. 由于闸瓦摩擦系数随列车速度的降低而增大，故在闸瓦压力相同的条件下，低速时制动冲击力(　　)。

A. 更小　B. 更大　C. 不变　D. 以上都不对

121. DK-1 型电-空制动机，在设计初制动时，考虑到最初列车制动管减压量的要求，列车制动管定压为 500 kPa 时，列车制动管最小有效减压量选取(　　)kPa。

A. 36　B. 40　C. 50　D. 56

122. DK-1 型电-空制动机，列车制动管定压为 600 kPa 时，列车制动管最大有效减压量选取(　　)kPa。

A. 140　B. 190　C. 150　D. 170

123. 从第一辆车制动缸压力上升到最大值的瞬间起，到最后一辆车的制动缸压力上升到最大值为止称为(　　)。

A. 第一制动阶段　B. 第二制动阶段　C. 第三制动阶段　D. 第四制动阶段

124. 从司机扳动制动阀手柄至制动位时开始，到最后一辆车制动缸压力开始上升的瞬间为止称为(　　)。

A. 第一制动阶段　B. 第二制动阶段　C. 第三制动阶段　D. 第四制动阶段

125. 空气管路系统中对于所选用的管子，其管子伤口伤痕深度为管壁厚的(　　)以上者必须剔除。

A. 5%　B. 10%　C. 15%　D. 20%

126. 空气管路系统中对于所选用的管子，其管子表面凹入达管子直径的(　　)以上者必须剔除。

A. 5% B. 10% C. 15% D. 20%

127. 空气管路系统中对于管子弯曲加工时，允许椭圆度为（ ）。

A. 5% B. 10% C. 15% D. 20%

128. 管子与橡胶密封管接头连接时，必须插入至管接头体的圆锥根部内（ ）mm 以上。

A. 3 B. 4 C. 5 D. 10

129. 管子与管接头、配件的螺纹连接时，一旦需用密封填料时，必须离管端大于（ ）mm 处开始顺时针方向缠绕。

A. 5 B. 8 C. 10 D. 15

130. SS_{4B} 型电力机车列车制动管的管径为（ ）。

A. Dg35 mm B. Dg25 mm C. Dg30 mm D. Dg32 mm

131. SS_{4B} 型电力机车制动缸管的管径为（ ）。

A. Dg30 mm B. Dg25 mm C. Dg20 mm D. Dg33 mm

132. 不考虑有实际影响因素存在时的轮轨间黏着系数称为（ ）。

A. 实际黏着系数 B. 理想黏着系数 C. 计算黏着系数 D. 以上都不对

133. 发生空转，机车的牵引力将（ ）。

A. 下降 B. 升高 C. 急剧下降 D. 不变

134. 机车的牵引力大于轮轨间的黏着力时，将会产生（ ）。

A. 滑行 B. 空转 C. 不影响 D. 以上都不对

135. 机车的制动力大于轮轨间的黏着力时，将会产生（ ）。

A. 滑行 B. 空转 C. 不影响 D. 以上都不对

136. 滑行时轮轨间黏着状态被破坏，使列车制动力（ ）。

A. 下降 B. 升高 C. 不变 D. 逐渐减小

137.（ ）是确保总风管路不超压的安全设施。

A. 压力控制器 B. 止回阀 C. 逆流止回阀 D. 高压安全阀

138. 空气中实际所含有的水汽密度与同温度时饱和水汽密度的百分比叫作（ ）。

A. 湿度 B. 绝对湿度 C. 相对湿度 D. 湿度率

139. 当湿空气在一定压力下冷却到某一温度时，水分开始从湿空气中析出，这个温度就称为（ ）。

A. 熔点 B. 露点 C. 分离点 D. 凝结点

140. 当温度不变时，湿度与压力的变化（ ）。

A. 成正比 B. 成反比 C. 没关系 D. 以上都不对

141. DJKG-A 型空气干燥塔在空压机泵风时，电动排泄阀排风口排风不止的原因是（ ）。

A. 电-空阀断线 B. 排泄阀口被异物垫住

C. 排泄阀活塞密封圈破损 D. 止回阀胶垫损坏

142. DJKG-A 型空气干燥塔在再生阶段电动排泄阀不排风的原因是（ ）。

A. 止回阀胶垫损坏 B. 排泄阀口被异物垫住

C. 排泄阀活塞密封圈破损

D. 电动排泄阀内活塞杆与活塞、排气阀的固定螺母松动、脱落

143. 螺杆空气压缩机的工作循环分为吸气、(　　)和排气三个过程。

A. 冷却　B. 喷油　C. 润滑　D. 压缩

144. 螺杆空气压机进气止回阀关闭不及时会造成(　　)。

A. 空气过滤器中有油　B. 压缩空气中有油

C. 空压机不能建立　D. 压力开关断开

145. 螺杆空气压机最小压力阀有泄漏会造成(　　)。

A. 空气过滤器中有油　B. 安全阀排气

C. 空压机不能建立　D. 压缩空气中有油

146. 环境温度低于设计规定会造成螺杆空气压缩机(　　)。

A. 空气过滤器中有油　B. 温度开关断开

C. 空压机不能建立　D. 压缩空气中有油

147. 逆流止回阀的阀芯底部中央处以及圆柱面靠近底部位置二处，钻出三个(　　)mm 圆孔。

A. 5　B. 6　C. 7　D. 8

148. 总风缸的试验压力按标准规定为工作压力加(　　)kPa 的水压试验。

A. 300　B. 200　C. 400　D. 500

149. 对于各机务段运用机车的总风缸，检查和清洗应不少于每年(　　)次。

A. 1　B. 2　C. 3　D. 4

150. SS_{4B}型电力机车压缩机工作时，总风缸压力上升缓慢，且总风缸表显示的压缩机组的启动、停止和高压安全阀的动作值不符合要求的原因是(　　)。

A. 总风表损坏　B. 逆流止回阀错装为普通止回阀

C. 逆流止回阀装反　D. 压力控制器失效

151. SS_{4B}型电力机车造成本务车受电弓升不起的原因，下列说法正确的是(　　)。

A. 调压阀 52 调整压力过高　B. 调压阀 51 调整压力低

C. 门联锁阀 37 或 38 卡滞　D. 另一节车风压继电器 516KF 故障

152. SS_{4B}型电力机车造成本务车受电弓升不起的原因，下列说法错误的是(　　)。

A. 车顶门没关好　B. 门联锁阀 37 或 38 卡滞

C. 升弓管路泄漏严重　D. 另一节车风压继电器 516KF 故障

153. 打开控制风缸前膜板塞门 97 后，辅助风缸压力上升的原因是(　　)。

A. 止回阀 106 窜风　B. 止回阀 108 窜风

C. 止回阀 109 窜风　D. 止回阀 107 窜风

154. 辅助压缩机打风时，应将控制风缸前(　　)关闭。

A. 塞门 140　B. 塞门 97　C. 塞门 139　D. 塞门 145

155. 辅助压缩机打风时，控制管路系统上(　　)窜风，会造成其打风慢。

A. 止回阀 106　B. 止回阀 107　C. 止回阀 108　D. 止回阀 109

156. 正常运用时，辅助风缸压力与总风压力一致的原因是(　　)窜风。

A. 止回阀 106　B. 止回阀 107　C. 止回阀 108　D. 止回阀 109

157. 利用酸溶液去除钢铁表面上的氧化皮和锈蚀物的方法称为(　　)。

A. 除锈　B. 酸化　C. 磷化　D. 酸洗

技师

158. 工件浸入磷化液在表面沉积形成一层不溶于水的结晶型磷酸盐转换膜的过程称之为（　　）。

A. 磷洗　B. 酸化　C. 磷化　D. 酸洗

159. 青铜粉末冶金过滤元件的过滤精度为（　　）μm。

A. 30　B. 50　C. 40　D. 60

160. 球芯折角塞门手把处漏风的原因是（　　）。

A. 球芯缺油　B. 球芯表面偏磨　C. 密封垫圈失效　D. 阀体内卡脏

161. 球芯塞门修竣后，储存期超过 6 个月的，须经（　　）后可装车使用。

A. 检查员　B. 试验合格　C. 验收员　D. 试验人员

162. 折角塞门试验风压须达到（　　）kPa。

A. 1 000　B. 800　C. 500　D. 600

163. 折角塞门通以定压空气，涂肥皂水保压（　　）min 须无鼓泡。

A. 1　B. 2　C. 3　D. 5

164. 管接头连接方式有螺纹及（　　）连接两种方式。

A. 管卡　B. 卡套　C. 焊接　D. 过渡

165. 球面活接头密封副形状主要由接头体、球面活接头和（　　）组成。

A. 橡胶环　B. 外套螺母　C. 平垫圈　D. 弹性圈

166. 风缸各部腐蚀深度超过原型厚度（　　）者更换。

A. 10%　B. 20%　C. 30%　D. 40%

167. 风缸吊架弯曲变形时调修，裂纹腐蚀超过（　　）者更换。

A. 10%　B. 15%　C. 20%　D. 25%

168. 制动主管两端各安设一段补助管，其长度为（　　）mm。

A. 250 ~ 300　B. 300 ~ 350　C. 200 ~ 250　D. 200 ~ 300

169. 机车列车软管的水压试验的压力为（　　）kPa。

A. 600　B. 800　C. 1000　D. 1200

170. 产生制动原力的部件是（　　）。

A. 制动传动装置　B. 闸瓦装置　C. 制动缸　D. 闸瓦间隙调整器

171.（　　）用于调整闸瓦与车轮踏面间的工作角度。

A. 制动传动装置　B. 闸瓦装置　C. 制动缸　D. 闸瓦间隙调整器

172. SS_{4B} 型电力机车装有（　　）手制动机。

A. 链条式　B. 螺旋式　C. 棘轮式　D. 涡轮蜗杆式

173. 目前我国客车上一般采用（　　）手制动机。

A. 链条式　B. 螺旋式　C. 棘轮式　D. 涡轮蜗杆式

174. 经焊接的客车手制动链条须做（　　）。

A. 10 kN 的拉力试验　B. 14.7 kN 的拉力试验

C. 大于 10 kN 的拉力试验　D. 小于 14.7 kN 的拉力试验

175. SS_{4B} 型电力机车闸瓦间隙调整装置的棘轮转动一齿，闸瓦移动（　　）mm。

A. 0.22　B. 0.21　C. 0.2　D. 0.25

176. ST1-600 型闸调器采用杠杆控制式结构安装在车辆上时，闸调器应安装在（　　）。

A. 二位上拉杆　　B. 一位上拉杆
C. 制动杠杆连接拉杆处　　D. 两上拉杆之间处
177. STl-600 型闸调器装上车后，其螺杆在制动时伸长值 L 的控制主要取决于（　　）。
A. 控制杆头与调整器的间距 A 值的大小
B. 制动缸活塞行程大小
C. 调整器体的转动位置
D. 对车辆各拉杆长度的调整控制
178. SFH-2 型防滑器可适应的车速范围为（　　）km/h。
A. 5～200　B. 10～200　C. 5～100　D. 20～100
179. 电子防滑器自断电功能试验试验时，单车试验器须置于（　　）。
A. 常用制动位　B. 保压位　C. 紧急制动位　D. 缓解位
180. 盘形制动的闸片与制动盘之间的摩擦系数与（　　）的变化曲线基本近似。
A. 列车运行阻力系数　　B. 列车制动减速
C. 轮轨间黏着系数　　D. 列车惰行规律
181. H300 型制动盘材质采用（　　）。
A. 高合金铸铁　B. 高磷铸铁　C. 中磷铸铁　D. 低合金特种铸铁
182. 闸瓦压力增大，闸瓦摩擦系数（　　）。
A. 增大　B. 减小　C. 不变　D. 以上都不对
183. 列车速度减低，闸瓦摩擦系数（　　）。
A. 增大　B. 减小　C. 不变　D. 以上都不对
184. 闸瓦温度增高，闸瓦摩擦系数（　　）。
A. 增大　B. 减小　C. 不变　D. 以上都不对
185. 闸瓦摩擦表面的材质硬度提高，摩擦系数（　　）。
A. 增大　B. 减小　C. 不变　D. 以上都不对
186. 制动缸活塞行程过长，会使（　　）容积增大。
A. 副风缸　B. 缓解风缸　C. 制动缸　D. 工作风缸
187. 制动缸活塞行程过长，会使制动力（　　）。
A. 不变　B. 没关系　C. 上升　D. 下降
188. 一块闸瓦产生的制动力等于闸瓦压力与是的（　　）乘积。
A. 摩擦力　B. 制动效率　C. 制动率　D. 摩擦系数
189. 闸瓦产生的制动力（　　）闸瓦与车轮踏面之间的摩擦力。
A. 大于　B. 等于　C. 小于　D. 没关系
190. 列车中制动缸内壁有拉伤严重，可能会造成（　　）。
A. 制动缸不制动　B. 制动缸不缓解　C. 自然制动　D. 以上都不对
191. 制动缸皮碗直径过大，可能会造成（　　）。
A. 制动缸不制动　B. 制动缸不缓解　C. 自然制动　D. 自然缓解
192. 神华交流机车 JPXZ-1A 型盘形制动器的制动阻力为（　　）N。
A. 1 500　B. 1 000　C. 1 200　D. 800

193. 神华交流机车 JPXZ-2A 型盘形制动器的最大活塞行程为（　　）mm。

A. 18　　B. 24　　C. 21　　D. 25

194. 神华交流机车 JPXZ-1A 型盘形制动器缓解时，闸片与制动盘双侧间隙之和为（　　）mm。

A. 1 ~ 2　　B. 4 ~ 6　　C. 3 ~ 5　　D. 2 ~ 4

195. 神华交流机车 JPXZ-1A 型盘形制动器合成闸片的最小厚度不小于（　　）mm。

A. 10　　B. 8　　C. 12　　D. 6

196. 神华交流机车 JPXZ-1A 型盘形制动器粉末冶金闸片的最小厚度不小于（　　）mm。

A. 20　　B. 10　　C. 15　　D. 24

197. 对机车全面检查修理，恢复机车的基本质量状态为（　　）。

A. 小修　　B. 辅修　　C. 大修　　D. 中修

198. 对于摩擦耦件的耦合面和转轴部位，应选用（　　）较为合适。

A. 普通凡士林　　B. 医用凡士林　　C. 201 甲基硅油润滑　　D. 锂基脂

199. 阀类部件的弹簧自由高度大于 25 mm，其塑性变形量不大于（　　）mm。

A. 3　　B. 4　　C. 2　　D. 5

200. 阀类部件的弹簧自由高度小于 25 mm，其塑性变形量不大于（　　）mm。

A. 3　　B. 4　　C. 2　　D. 5

201. 阀类部件各柱塞与衬套间配合间隙不大于（　　）mm。

A. 0.2　　B. 0.15　　C. 0.18　　D. 0.12

202. DK-1 型电-空制动机发生过量供给时，列车制动管需要减压时，累计减压量不应超过（　　）kPa。

A. 170　　B. 140　　C. 200　　D. 230

203. SS_{4B} 型电力机车紧急放风阀电联锁 95SA 故障时，可断开钮子开关（　　）来切除。

A. 463QS　　B. 464QS　　C. 465QS　　D. 466QS

204. DK-1 型电-空制动机，大闸运转位，（　　）故障会造成均衡风缸和列车制动管不充风。

A. 缓解电-空阀　　B. 中立电-空阀　　C. 中继阀　　D. 制动电-空阀

205. DK-1 型电-空制动机，大闸运转位，（　　）故障会造成均衡风缸充风，列车制动管不充风。

A. 缓解电-空阀　　B. 中立电-空阀　　C. 重联电-空阀　　D. 制动电-空阀

206. 电-空制动控制器在运转位，塞门（　　）关闭，会造成均衡风缸充风正常，列车制动管不充风。

A. 112　　B. 113　　C. 114　　D. 115

207. DK-1 型电-空制动机紧急阀阀口关不严漏泄，可关闭塞门（　　）。

A. 115　　B. 116　　C. 117　　D. 114

208. DK-1 型电-空制动机电动放风阀阀口关不严漏泄，可关闭塞门（　　）。

A. 115　　B. 116　　C. 117　　D. 114

209. DK-1 型电-空制动机（　　），会造成均衡风缸与列车制动管窜通。

A. 重联电-空阀下阀口不严　　B. 重联电-空阀上阀口不严

C. 缓解电-空阀下阀口不严　　D. 缓解电-空阀上阀口不严

210. DK-1 型电-空制动机均衡风缸与列车制动管窜通的原因，下列说法错误的是(　　)。

A. 重联电-空阀下阀口不严　　B. 重联电-空阀上阀口不严

C. 中继阀膜板破损　　D. 重联电-空阀犯卡

211. DK-1 型电-空制动机关闭塞门（　　），会造成机车紧急制动时列车制动管不排风。

A. 115　B. 116　C. 117　D. 114

212. 可以使 DK-1 型电-空制动机发生紧急制动作用的方法，下列说法错误的是（　　）。

A. 大闸紧急位　B. 拉手动放风阀　C. 机车超速　D. 紧急阀故障

213. DK-1 型电-空制动机制动后中立位(　　)，会造成均衡风缸和列车制动管自行减压。

A. 制动电-空阀上阀口泄漏　　B. 中继阀膜板破损

C. 制动电-空阀下阀口泄漏　　D. 空气气制动阀转换柱塞第一道 O 形圈泄漏

214. DK-1 型电-空制动机制动后中立位，造成均衡风缸和列车制动管自行减压的原因，下列说法错误的是（　　）。

A. 制动电-空阀泄漏　　B. 缓解电-空阀泄漏

C. 中继阀泄漏　　D. 重联阀泄漏

215. DK-1 型电-空制动机电-空制动控制器制动位，均衡风缸不减压的原因，下列说法错误的是（　　）。

A. 缓解电-空阀卡在吸合位　　B. 缓解电-空阀卡在释放位

C. 压力开关 208 膜板破损　　D. 压力开关 209 膜板破损

216. DK-1 型电-空制动机电-空制动控制器制动位，均衡风缸和列车制动管只有 40 ~ 60 kPa 的初制动减压量的原因，下面说法错误的是（　　）。

A. 制动电-空阀阀座上缩口风堵堵塞　　B. 制动电-空阀没有失电

C. 压力开关 208 故障　　D. 压力开关 209 故障

217. DK-1 型电-空制动机电-空制动控制器制动位，均衡风缸和列车制动管只有 40 ~ 60 kPa 的初制动减压量的原因，下面说法正确的是（　　）。

A. 制动电-空阀阀座上缩口风堵堵塞　　B. 缓解电-空阀卡在吸合位

C. 初制风缸堵塞　　D. 压力开关 209 故障

218. 电-空制动控制器手柄紧急制动位后回运转位，列车制动管与均衡风缸均不充风的原因，下列说法错误的是（　　）。

A. 操纵不当，在紧急位或重联位停顿时间不够　　B. 缓解电-空阀故障

C. 压力开关 208 故障　　D. 紧急阀电联锁故障

219. 电-空制动控制器手柄紧急制动位后回运转位，列车制动管与均衡风缸均不充风的原因，下列说法正确的是（　　）。

A. 制动电-空阀故障　　B. 压力开关 208 故障

C. 压力开关 209 故障　　D. 紧急阀电联锁故障

220. DK-1 型电-空制动机列车制动管充风时产生紧急制动的原因，下列说法正确的是(　　)。

A. 电动放风阀故障　　B. 紧急阀活塞组装螺母松脱

C. 紧急阀活塞杆缩孔堵塞　　D. 紧急阀放风阀口未关严

221. DK-1 型电-空制动机列车制动管充风时产生紧急制动的原因，下列说法错误的是(　　)。

A. 紧急阀放风阀口未关严　　B. 紧急阀活塞组装螺母松脱

C. 紧急活塞顶端 O 形密封圈破损　　D. 紧急活塞顶端 O 形密封圈脱落

222. DK-1 型电-空制动机常用制动时引起紧急制动的原因，下列说法正确的是（　　）。

A. 紧急阀的缩孔Ⅲ半堵　　B. 紧急阀的缩孔Ⅰ半堵

C. 紧急阀膜板破损　　D. 紧急阀活塞组装螺母松脱

223. DK-1 型电-空制动机常用制动时，（　　）会引起紧急制动。

A. 紧急阀的缩孔Ⅲ半堵　　B. 紧急阀膜板破损

C. 紧急阀活塞组装螺母松脱　　D. 制动电-空阀排风缩孔过大

224. SS_{4B} 型电力机车大闸、小闸操纵制动机时，（　　）会造成操纵节机车制动缸压力变化慢，且压力比不符要求。

A. 平均管泄漏　　B. 非操纵节重联阀工作位置不对

C. 操纵节重联阀工作位置不对　　D. 以上都不对

225. DK-1 型电-空制动机电-空制动控制器制动位时，造成制动缸压力与列车制动管减压量不成 1∶2.5 的比例关系的原因，下列说法错误的是（　　）。

A. 局减室泄漏　　B. 分配阀主阀膜板破损

C. 工作风缸管路泄漏　　D. 分配阀座垫不严

226. DK-1 型电-空制动机制动后移中立位，（　　）会造成均衡风缸有较大回风。

A. 缓解电-空阀上阀口不严　　B. 压力开关 209 膜板破损

C. 重联电-空阀上阀口不严　　D. 制动电-空阀故障

227. DK-1 型电-空制动机制动后移中立位，造成均衡风缸有较大回风原因，下列说法错误的是（　　）。

A. 缓解电-空阀下阀口不严　　B. 压力开关 209 膜板破损

C. 压力开关 208 膜板破损　　D. 重联电-空阀上阀口不严

228. DK-1 型电-空制动机初制动形成后，（　　）会造成均衡风缸迅速恢复定压。

A. 中继阀故障　　B. 压力开关 208 故障

C. 压力开关 209 故障　　D. 重联电-空阀故障

229. DK-1 型电-空制动机大闸制动后“中立位”，均衡风缸和列车制动管保压状态良好，（　　）会造成制动缸压力自动下降。

A. 分配阀安全阀泄漏　　B. 排风 1 电-空阀上阀口泄漏

C. 分配阀 156 塞门开放　　D. 制动缸表泄漏

230. DK-1 型电-空制动机大闸制动后“中立位”，均衡风缸和列车制动管保压状态良好，造成制动缸压力自动下降的原因，下列说法错误的是（　　）。

A. 分配阀安全阀泄漏　　B. 分配阀安全阀阀座泄漏

C. 排风 1 电-空阀泄漏　　D. 分配阀 156 塞门开放

231. DK-1 型电-空制动机过充压力消除慢的原因，下列说法错误的是（　　）。

A. 过充风缸缩堵堵塞　　B. 过充电-空阀上阀口泄漏

C. 过充电-空阀下阀口泄漏　　D. 过充风缸缩堵孔径小

232. DK-1 型电-空制动机电-空制动控制器过充位，造成无过充作用或过充量不足的原因，下列说法错误的是（　　）。

A. 过充风缸缩堵丢失　　B. 过充风缸排水堵松脱

C. 排风 2 电-空阀下阀口泄漏　　D. 排风 2 电-空阀上阀口泄漏

233. DK-1 型电-空制动机过充位，均衡风缸和列车制动管追总风压力的原因，下列说法正确的是（　　）。

A. 重联电-空阀下阀口泄漏　　B. 重联电-空阀上阀口泄漏

C. 过充柱塞大 O 形圈破损　　D. 过充柱塞小端 O 形圈破损

234. DK-1 型电-空制动机紧急制动，列车制动管压力下降缓慢的原因，下列说法正确的是（　　）。

A. 重联电-空阀故障　　B. 中立电-空阀故障

C. 缓解电-空阀故障　　D. 制动电-空阀故障

235. DK-1 型电-空制动机紧急制动，列车制动管压力下降缓慢的原因，下列说法不正确的是（　　）。

A. 中立电-空阀不得电　　B. 中立电-空阀故障

C. 缓解电-空阀故障　　D. 遮断阀故障

236. DK-1 型电-空制动机紧急制动，（　　）会造成机车制动缸压力增长缓慢。

A. 分配阀缓解塞门 156 打开　　B. 分配阀主阀膜板破损

C. 分配阀主阀部上盖的缩堵Ⅲ堵塞　　D. 以上都不对

237. DK-1 型电-空制动机紧急制动，造成机车制动缸压力增长缓慢的原因，下列说法错误的是（　　）。

A. 分配阀紧急增压部不工作　　B. 制动缸塞门开放不到位

C. 分配阀主阀部上盖的缩堵Ⅲ堵塞　　D. 分配阀缓解塞门 156 打开

238. DK-1 型电-空制动机紧急制动，单独缓解时制动缸压力缓解不到 0 的原因，下列说法不正确的是（　　）。

A. 分配阀主阀部上盖的缩堵Ⅱ孔径过大　　B. 空气制动阀的排气阀开度过小

C. 分配阀主阀部上盖的缩堵Ⅲ孔径过大　　D. 分配阀紧急增压部故障

239. DK-1 型电-空制动机电-空控制器在运转位，空气制动阀手柄在制动位，机车制动缸压力不启，将空气制动阀手柄置“缓解位”若无排风声，为操纵端（　　）在关闭位。

A. 分配阀供给塞门　　B. 空气制动阀塞门

C. 制动缸塞门　　D. 以上都不对

240. DK-1 型电-空制动机电-空控制器在运转位，空气制动阀手柄在中立位，制动缸压力自动上升至 300 kPa，是由于空气制动阀的（　　）造成的。

A. 定位柱塞密封圈状态不良　　B. 转换柱塞密封圈状态不良

C. 作用柱塞密封圈状态不良　　D. 分配阀故障

241. DK-1 型电-空制动机空气位操作，空气制动阀在缓解位，均衡风缸充风正常，列车制动管不充风的原因，下列说法正确的是（　　）。

A. 空气制动阀故障　　B. 塞门 117 关闭

C. 塞门 116 关闭　　D. 总风遮断阀故障

242. DK-1 型电-空制动机空气位操作，空气制动阀在缓解位，均衡风缸充风正常，列车制动管不充风的原因，下列说法错误的是（　　）。

A. 空气制动阀故障　　B. 中立电-空阀故障

C. 塞门 115 关闭　　　　　D. 总风遮断阀故障

243. SS_{4B} 型电力机车非操纵节机车中继阀 104 排风不止的原因，下列说法正确的是（　　）。

A. 非操作节机车均衡风缸泄漏　　　B. 非操作节机车制动机失电

C. 非操作节机车缓解电-空阀故障　　D. 操纵节机车重联电-空阀故障

244. SS_{4B} 型电力机车非操纵节机车中继阀 104 排风不止的原因，下列说法错误的是（　　）。

A. 非操作节机车均衡风缸泄漏　　　B. 非操作节机车制动机失电

C. 非操作节机车处于空气位　　　　D. 非操纵节机车重联电-空阀故障

245. DK-1 型电-空制动机制动缸上闸后重联转换阀阀体排气孔排风不的原因，是重联转换阀内（　　）上 O 形圈破损漏风。

A. 遮断阀活塞杆　　B. 转换阀柱塞　　C. 重联阀活塞杆　　D. 以上都不对

246. DK-1 型电-空制动机，重联转换阀 93 内转换阀上部或按钮处漏风的原因，是重联转换阀 93 内（　　）上 O 形圈破损漏风。

A. 遮断阀活塞杆　　B. 转换阀柱塞　　C. 重联阀活塞杆　　D. 以上都不对

247. DK-1 型电-空制动机小闸处于运转位，大闸在运转位，初制风缸压力经（　　）排入大气。

A. 缓解电-空阀上阀口　　　B. 排风 1 电-空阀上阀口

C. 排风 2 电-空阀上阀口　　D. 制动电-空阀上阀口

248. DK-1 型电-空制动机小闸处于运转位，大闸在运转位，作用管压力经（　　）排入大气。

A. 排风 2 电-空阀上阀口　　B. 排风 1 电-空阀上阀口

C. 排风 1 电-空阀下阀口　　D. 排风 2 电-空阀下阀口

249. DK-1 型电-空制动机小闸处于运转位，大闸在制动位，过充风缸压力经（　　）排入大气。

A. 排风 2 电-空阀上阀口　　B. 排风 1 电-空阀上阀口

C. 排风 2 电-空阀下阀口　　D. 以上都不对

250. DK-1 型电-空制动机司机将大闸放紧急位或其他原因产生紧急制动作用，机车（　　）时，自动分断主断路器。

A. 无级位　　B. 有级位　　C. 任何情况下　　D. 以上都不对

251. DK-1 型电-空制动机空气制动阀作用柱塞弹簧自由高度为（　　）mm。

A. 40　　B. 42　　C. 44　　D. 45

252. DK-1 型电-空制动机空制动机空气制动阀定位柱塞弹簧自由高度为（　　）mm。

A. 40　　B. 42　　C. 43　　D. 41

253. DK-1 型电-空制动机空气制动阀转换柱塞定位装置弹簧自由高度为（　　）mm。

A. 30　　B. 28.5　　C. 32　　D. 29

254. DK-1 型电-空制动机空气制动阀排气阀弹簧自由高度为（　　）mm。

A. 24　　B. 24.3　　C. 24.5　　D. 25

255. DK-1 型电-空制动机空制动机空气制动阀排风缩堵的孔径为（　　）mm。

A. 0.5　　B. 0.8　　C. 1　　D. 1.2

256. DK-1 型电-空制动机空制动机空气制动阀顶杆的长度为（　　）mm。
A. 130 ± 1　　B. 130 ± 2　　C. 135 ± 1　　D. 135 ± 2

257. DK-1 型电-空制动机 109 型分配阀均衡阀弹簧的自由高度为（　　）mm。
A. 53　　B. 45　　C. 38　　D. 40

258. DK-1 型电-空制动机 109 型分配阀节制阀弹簧的自由高度为（　　）mm。
A. 12　　B. 14　　C. 16　　D. 18

259. DK-1 型电-空制动机 109 型分配阀稳定弹簧的自由高度为（　　）mm。
A. 34　　B. 34.5　　C. 33　　D. 35.5

260. DK-1 型电-空制动机 110 型分配阀增压阀弹簧的自由高度为（　　）mm　。
A. 53　　B. 40　　C. 50　　D. 43

261. DK-1 型电-空制动机 109 型分配阀主阀盖处供风缩堵Ⅲ的孔径为（　　）mm。
A. 0.5　　B. 0.6　　C. 0.8　　D. 1

262. DK-1 型电-空制动机 109 型分配阀均衡部内腔缩堵Ⅱ的孔径为（　　）mm。
A. 0.5　　B. 1　　C. 1.2　　D. 0.8

263. DK-1 型电-空制动机 109 型分配阀安装面缩堵Ⅰ的孔径为（　　）mm。
A. 0.5　　B. 0.8　　C. 1　　D. 1.2

264. DK-1 型电-空制动机 109 型分配阀安全阀座的缩堵Ⅳ孔径为（　　）mm。
A. 0.5　　B. 0.8　　C. 1　　D. 1.2

265. DK-1 型电-空制动机 109 型分配阀局减室的容积为（　　）L。
A. 0.6　　B. 1.2　　C. 0.65　　D. 0.85

266. DK-1 型电-空制动机 109 型分配阀容积室的容积为（　　）L。
A. 1.8　　B. 1.85　　C. 1.9　　D. 1.95

267. DK-1 型电-空制动机 109 型分配阀工作风缸的容积为（　　）L。
A. 8　　B. 9　　C. 10　　D. 11

268. DK-1 型电-空制动机 109 型分配阀在初制动位时，开通了（　　）的通路。
A. 列车制动管与工作风缸　　B. 工作风缸与容积室　　C. 列车制动管与局减室
D. 总风与制动缸

269. DK-1 型电-空制动机 109 型分配阀在初制动位时，开通了（　　）的通路。
A. 列车制动管与工作风缸　　B. 工作风缸与容积室
C. 总风与制动缸　　D. 容积室排大气

270. DK-1 型电-空制动机 109 型分配阀在制动位时，开通了（　　）的通路。
A. 列车制动管与局减室　　B. 工作风缸与容积室
C. 列车制动管与容积室　　D. 列车制动管与工作风缸

271. DK-1 型电-空制动机 109 型分配阀在制动位时，开通了（　　）的通路。
A. 总风与制动缸　　B. 总风与容积室
C. 列车制动管与容积室　　D. 列车制动管与工作风缸

272. DK-1 型电-空制动机 109 型分配阀在紧急制动位时，与制动的不同是连通了（　　）的通路。

A. 总风与制动缸　　B. 列车制动管与容积室

C. 总风与容积室　　D. 列车制动管与工作风缸

273. DK-1 型机车电-空制动机遮断阀弹簧的自由高度是（　　）mm。

A. 36　B. 38　C. 40　D. 37.5

274. DK-1 型机车电-空制动机遮断阀活塞弹簧的自由高度是（　　）mm。

A. 63　B. 70　C. 65　D. 60

275. DK-1 型机车电-空制动机双阀口式中继阀排风阀弹簧的自由高度为（　　）mm。

A. 36　B. 40　C. 37　D. 38

276. DK-1 型机车电-空制动机双阀口式中继阀供风阀弹簧的自由高度为（　　）mm。

A. 38　B. 35　C. 29　D. 28

277. DK-1 型机车电-空制动机中继阀阀体缩堵的孔径为（　　）mm。

A. 0.5　B. 0.6　C. 1　D. 1.2

278. DK-1 型机车电-空制动机紧急阀放风阀弹簧的自由高度为（　　）mm。

A. 40　B. 45　C. 50　D. 48

279. DK-1 型机车电-空制动机紧急阀稳定弹簧的自由高度为（　　）mm。

A. 40　B. 45　C. 50　D. 48

280. DK-1 型机车电-空制动机紧急阀紧急室的容积为（　　）L。

A. 1.5　B. 1.85　C. 1.65　D. 1.55

281. DK-1 型机车电-空制动机紧急阀活塞杆缩孔Ⅰ的孔径为（　　）mm。

A. 0.5　B. 1　C. 1.8　D. 1.5

282. DK-1 型机车电-空制动机紧急阀活塞杆缩孔Ⅱ的孔径为（　　）mm。

A. 0.5　B. 1　C. 1.8　D. 1.2

283. DK-1 型机车电-空制动机紧急阀活塞杆缩孔Ⅲ的孔径为（　　）mm。

A. 0.5　B. 1　C. 1.8　D. 0.2

284. DK-1 型机车电-空制动机紧急阀活塞杆缩孔（　　）是用以控制紧急室压力空气向列车制动管逆流的速度。

A. Ⅰ　B. Ⅱ　C. Ⅲ　D. 以上都不对

285. DK-1 型机车电-空制动机紧急阀活塞杆缩孔（　　）是用以控制紧急制动后，控制紧急室压力空气排入大气的时间。

A. Ⅰ　B. Ⅱ　C. Ⅲ　D. 以上都不对

286. DK-1 型机车电-空制动机紧急阀活塞杆缩孔（　　）是用以控制列车制动管压力空气向紧急室的充气速度。

A. Ⅰ　B. Ⅱ　C. Ⅲ　D. 以上都不对

287. DK-1 型机车电-空制动机电动放风阀放风阀弹簧的自由高度为（　　）mm。

A. 56　B. 63　C. 60　D. 58

288. DK-1 型机车电-空制动机根据分配阀的构造和实际试验，确定列车制动管减压（　　）kPa 以上就能克服摩擦阻抗。

A. 40　B. 50　C. 60　D. 30

289. 车辆制动机列车制动管必须减压（　　）kPa 以上才能产生制动作用。

A. 40.5　　B. 41.5　　C. 42　　D. 42.5

290. 车辆制动机，制动缸弹簧对活塞的背压以及各种摩擦等阻力相当于（　　）kPa。

A. 30　　B. 40　　C. 35　　D. 45

291. 车辆制动机由于制动缸最初是真空，制动时必须先进入（　　）kPa 的压力空气，同时克服弹簧对活塞的背压以及各种摩擦等阻力，才能产生有效的制动作用。

A. 50　　B. 300　　C. 100　　D. 200

292. SS_{4B} 型电力机车 DK-1 型电-空制动机空电联合制动是通过开关（　　）控制的。

A. 463QS　　B. 464QS　　C. 465QS　　D. 466QS

293. SS_{4B} 型电力机车 DK-1 型电-空制动机空电联合制动转换开关置Ⅰ位为（　　）。

A. 切除　　B. 自动缓解空气制动　　C. 手动缓解空气制动　　D. 以上都不对

294. SS_{4B} 型电力机车 DK-1 型电-空制动机空电联合制动转换开关置Ⅱ位为（　　）。

A. 切除　　B. 自动缓解空气制动　　C. 手动缓解空气制动　　D. 以上都不对

295. DK-1 型电-空制动机初制风缸容积的选择应随列车制动管定压的增大而（　　）。

A. 减小　　B. 增大　　C. 不变　　D. 没关系

296. DK-1 型电-空制动机初制风缸容积的选择应随列车制动管定压的减小而（　　）。

A. 减小　　B. 增大　　C. 不变　　D. 没关系

297. 已知均衡风缸的容积为 5.7 L，列车制动管定压为 500 kPa，最小减压量为 50 kPa，则初制风缸的容积为（　　）L。

A. 0.75　　B. 0.53　　C. 0.85　　D. 0.63

298. 已知均衡风缸的容积为 5.7 L，列车制动管定压为为 600 kPa，选择 40 kPa 的最小减压量，则初制风缸的容积为（　　）L。

A. 0.22　　B. 0.31　　C. 0.41　　D. 0.52

299. DK-1 型电-空制动机当列车制动管定压为 500 kPa 时，初制风缸容积选择为（　　）L。

A. 0.75　　B. 0.56　　C. 0.66　　D. 0.76

300. DK-1 型电-空制动机当列车制动管定压为 600 kPa 时，初制风缸容积选择为（　　）L。

A. 0.36　　B. 0.46　　C. 0.25　　D. 0，35

301. SS_{4B} 型电力机车 DK-2 型电-空制动机电-空位操作时，电-空制动控制器在运转位，均衡风缸及列车制动管压力上升缓慢的原因，下列说法错误的是（　　）。

A. 中继阀膜板破损　　B. 重联电-空阀下阀口泄漏

C. 重联电-空阀上阀口泄漏　　D. 缓解高速电-空阀阀口堵塞

302. SS_{4B} 型电力机车 DK-2 型电-空制动机电-空位操作时，电-空制动控制器手柄制动位，均衡风缸不减压的原因，下列说法错误的是（　　）。

A. 缓解高速电-空阀得电　　B. 均衡风缸排风缩堵堵塞

C. 制动高速电-空阀不得电　　D. 制动高速电-空阀得电

303. SS_{4B} 型电力机车 DK-2 型电-空制动机电-空位操作时，电-空制动控制器手柄运转位，电小闸手柄制动位，机车制动缸压力不上升的原因，下列说法错误的是（　　）。

A. 塞门 127 关闭　　B. 塞门 303 关闭　　C. 塞门 119 关闭　　D. 塞门 123 关闭

304. SS_{4B}型电力机车 DK-2 型电-空制动机电-空位操作时，电-空制动控制器手柄运转位，电小闸手柄制动位，机车制动缸压力上升缓慢的原因，下列说法正确的是（　　）。

A. 塞门 127 半开　　B. 调压阀 53 供气量不足

C. 调压阀 303 供气不足　　D. 以上都不对

305. 神华交流电力机车 DK-2 型电-空制动机，导线 814 得电时，BCU 的输入板第（　　）点灯亮。

A. 1　B. 2　C. 3　D. 4

306. 神华交流电力机车 DK-2 型电-空制动机，保护电-空阀 263YV 得电时，BCU 输出板第（　　）点灯亮。

A. 5　B. 3　C. 4　D. 2

307. 神华交流电力机车 DK-2 型电-空制动机，（　　）得电时，BCU 输出板第 7 点灯亮。

A. 排 2 电-空阀 256YV　　B. 切换电-空阀 262YV

C. 缓解高速电-空阀 258YV　　D. 单缓高速电-空阀 261YV

308. 神华交流电力机车 DK-2 型电-空制动机，过充电-空阀电-空 252YV 得电时，BCU 输出板第（　　）点灯亮。

A. 8　B. 5　C. 7　D. 6

309. 神华交流电力机车 DK-2 型电-空制动机电-空位操作时，自动制动控制器制动位，中立电-空阀 253YV 得电，BCU 输出板第（　　）点灯亮。

A. 3　B. 2　C. 4　D. 5

310. 神华交流电力机车 DK-2 型电-空制动机电-空位操作时，自动制动控制器制动位，排 2 电-空阀 256YV 得电，BCU 输出板第（　　）点灯亮。

A. 2　B. 3　C. 5　D. 4

311. 神华交流电力机车 DK-2 型电-空制动机，导线 807 得电时，BCU 的输入板第（　　）点灯亮。

A. 6　B. 7　C. 8　D. 9

312. 神华交流电力机车 DK-2 型电-空制动机电-空位操作时，自动制动控制器紧急位，导线（　　）得电，使 BCU 输入板第 5 点灯亮。

A. 804　B. 806　C. 821　D. 814

313. 神华交流电力机车 DK-2 型电-空制动机电-空位操作时，自动制动控制器紧急位，紧急电-空阀得电，使 BCU 输出板第（　　）点灯亮。

A. 1　B. 3　C. 2　D. 4

技师

314. 神华交流电力机车 DK-2 型电-空制动机电-空位操作时，自动制动控制器运转位，单独制动控制器制动位，导线 815 得电，BCU 输入板第（　　）点灯亮。

A. 1　B. 3　C. 2　D. 5

315. 神华交流电力机车 DK-2 型电-空制动机电-空位操作时，自动制动控制器运转位，单独制动控制器中立位，导线（　　）得电，BCU 输入板第 3 点灯亮。

A. 803　B. 807　C. 813　D. 815

316. 神华交流电力机车 DK-2 型电-空制动机电-空位操作时，自动制动控制器运转位，单独制动控制器中立位，下列说法错误的是（　　）。

A. 导线 803 得电　B. 导线 807 得电　C. 导线 813 得电　D. 导线 814 得电

317. 神华交流电力机车 DK-2 型电-空制动机电-空位操作时，自动制动控制器运转位，单独制动控制器缓解位，导线（　　）得电，BCU 输入板第 4 点灯亮。

A. 813　B. 807　C. 809　D. 815

318. 神华交流电力机车 DK-2 型电-空制动机电-空位操作时，自动制动控制器运转位，单独制动控制器缓解位，单缓电-空阀 246YV 得电，BCU 输出板第（　　）点灯亮。

A. 10　B. 12　C. 9　D. 6

319. 神华交流电力机车 DK-2 型电-空制动机无动力回送时，制动缸最高压力不超过（　　）kPa。

A. 200　B. 250　C. 300　D. 220

320. 神华交流电力机车 DK-2 型电-空制动机解锁成功后，自动制动控制器"运转"位，均衡风缸充风正常但列车制动管不充风的原因，下列说法错误的是（　　）。

A. 塞门 157 关闭　B. 塞门 115 关闭

C. 列车制动管遮断阀故障　D. 总风遮断阀故障

321. 神华交流电力机车 DK-2 型电-空制动机解锁成功后，自动制动控制器"运转"位，均衡风缸不充风的原因，下列说法错误的是（　　）。

A. 缓解高速电-空阀故障　B. 塞门 157 关闭

C. 转换阀 153 置于空气位　D. 均衡风缸传感器故障

322. 车辆制动的基础制动装置采用（　　）。

A. 拉杆传动　B. 杠杆及拉杆传动　C. 杠杆传动　D. 风动传动

323. 车辆空气制动机的基本作用是（　　）。

A. 充气、制动、保压和缓解　B. 制动和缓解

C. 制动安全、可靠和灵活　D. 充气缓解和减压制动

324. 做车辆空气制动装置单车漏泄试验时，首先应做（　　）。

A. 全车漏泄试验　B. 主管漏泄试验

C. 软管连接器漏泄试验　D. 制动缸及副风缸漏泄试验

325. 车辆空气制动装置做单车漏泄试验时，做主管漏泄试验应保压（　　）。

A. 30 s　B. 45 s　C. 1 min　D. 2 min

326. 曲线半径越小，车辆偏移量（　　）。

A. 越大　B. 越小　C. 不变　D. 没关系

327. 曲线半径越大，车辆偏移量（　　）。

A. 越大　B. 越小　C. 不变　D. 没关系

328. 车体越长，车辆偏移量（　　）。

A. 越小　B. 没关系　C. 不变　D. 越大

329. 车体越短，车辆偏移量（　　）。

A. 越小　B. 没关系　C. 不变　D. 越大

330. 车辆制动机应具备的条件，下列说法错误的是（　　）。

A. 保证列车在规定的制动距离内停车　B. 结构简单可靠，便于制造与检修

C. 制动波速尽可能慢　　D. 缓解波速要高

331. 吹扫副风缸时先要关闭截断塞门，副风缸的空气压力不得超过（　　）kPa。

A. 100　B. 200　C. 300　D. 400

332. 调整车辆制动机制动杠杆与拉杆销孔时，应使用（　　）拨对销孔，严禁用手指伸入销孔内。

A. 钳子　B. 木棍　C. 螺丝刀　D. 小撬棍

333. 120 型货车制动机在主阀作用部的滑阀上增设一个ϕ0.2 的呼吸孔，使分配阀在常用制动保压时，沟通列车制动管与（　　），配合具有自动补风作用的机车制动机工作，使其具备压力保持功能。

A. 副风缸　B. 制动缸　C. 缓解风缸　D. 降压风缸

334. 120 型控制阀的主控机构为（　　）机构。

A. 二压力　B. 三压力　C. 二、三压力混合　D. 以上都不对

335. 120 型控制阀主阀的（　　）用于根据列车制动管增压速度的不同，控制主活塞下移的幅度，使制动机产生不同的充气缓解作用。

A. 局减部　B. 作用部　C. 减速部　D. 充气部

336. 120 型控制阀主阀的（　　）是利用列车制动管与压力风缸的压力差，产生充气、局减、制动、保压、缓解等作用的机构。

A. 局减部　B. 作用部　C. 减速部　D. 充气部

337. 120 型控制阀充气缓解位时，下列说法错误的是（　　）。

A. 列车制动管的压力空气通副风缸　B. 列车制动管的压力空气通紧急室

C. 制动缸的压力空气通加速缓解风缸　D. 制动缸的压力空气通大气

338. 120 型控制阀充气缓解位时：制动缸的压力空气→紧急二段阀→（　　）→滑阀与座的缓解通路→加速缓解阀→大气。

A. 减速部　B. 作用部　C. 局减阀　D. 半自动缓解阀

339. 120 型控制阀的稳定性是通过压力风缸压力空气向（　　）逆流来实现的。

A. 列车制动管　B. 副风缸　C. 加速缓解风缸　D. 制动缸

340. 120 型控制阀常用制动位时，第二阶段局减空气通路：列车制动管的压力空气→滑阀与座的二局减通路→局减阀→半自动缓解阀→（　　）→制动缸。

A. 减速部　B. 紧急二段阀　C. 作用部　D. 紧急阀

341. 120 型控制阀常用制动位时，制动空气通路：副风缸的压力空气→滑阀与座的制动通路→（　　）→紧急二段阀→制动缸。

A. 减速部　B. 局减阀　C. 半自动缓解阀　D. 紧急阀

342. 120 型控制阀在制动后保压状态时，（　　）通过眼孔与列车制动管沟通。

A. 紧急室　B. 加速缓解风缸　C. 制动缸　D. 副风缸

343. 120 型控制阀在紧急制动位时，由于紧急二段阀的作用，制动缸压力先跃升（　　）kPa。

A. 120 ~ 150　B. 100 ~ 140　C. 150 ~ 200　D. 180 ~ 200

344. 120 型控制阀在紧急制动位时，由于紧急二段阀的作用，制动缸压力先跃升 120 ~ 150 kPa，然后，经（　　）s 时间缓慢升至 400 kPa。

A. 6 ~ 8　　B. 8 ~ 10　　C. 8 ~ 12　　D. 10 ~ 12

345. 一直拉动 120 型控制阀半自动缓解阀手柄，下列说法错误的是（　　）。

A. 使副风缸压力排入大气直至排完

B. 使列车制动管压力排入大气直至排完

C. 使加速缓解风缸压力排入大气直至排完

D. 使制动缸压力排入大气直至排完

346. 货物列车中连续连挂关门车不得超过（　　）辆。

A. 1　　B. 2　　C. 3　　D. 4

347. 货物列车中（　　）不得为关门车。

A. 最后一辆　　B. 最后第二辆　　C. 最后第三辆　　D. 最后第四辆

348. 货物关门车不得挂于机车后部（　　）辆车之内。

A. 1　　B. 2　　C. 3　　D. 4

349. 制动缸漏风沟堵塞，会造成（　　）。

A. 制动缸不制动　　B. 制动缸不缓解　　C. 自然制动　　D. 自然缓解

350. 机车制动机系统与车辆制动装置的主要差别，下列说法错误的是（　　）。

A. 机车制动系统设有风源系统，车辆制动装置则无

B. 车辆是一种动力设备，既要牵引列车，又可单独运行；机车则可单独运行

C. 机车制动系统设有操纵机构，车辆制动装置则无

D. 机车是一种动力设备，既要牵引列车，又可单独运行；车辆则可单独运行

351. JZ-7 型空气制动阀分配阀的常用限压阀在列车制动管定压为 500 kPa 时，常用限压阀的限压值为（　　）kPa。

A. 300 ~ 320　　B. 320 ~ 340　　C. 340 ~ 360　　D. 360 ~ 400

352. JZ-7 型空气制动阀分配阀的常用限压阀在列车制动管定压为 600 kPa 时，常用限压阀的限压值为（　　）kPa。

A. 360 ~ 400　　B. 420 ~ 440　　C. 400 ~ 420　　D. 430 ~ 450

353. JZ-7 型空气制动机的自动制动阀在过量减压量位时，可使均衡风缸减压（　　）kPa。

A. 240 ~ 260　　B. 190 ~ 230　　C. 210 ~ 240　　D. 190 ~ 240

354. JZ-7 型空气制动机分配阀的（　　）具有局减作用。

A. 作用阀　　B. 局减阀　　C. 主阀部　　D. 副阀部

355. JZ-7 型空气制动机单独制动阀的调整阀主要用来控制（　　）的充风或排气，并通过变向阀使作用阀相应动作，从而控制机车单独制动和缓解。

A. 中均管　　B. 单独缓解管　　C. 单独作用管　　D. 制动缸管

356. JZ-7 型空气制动机单独制动阀在制动区时，将总风缸的压力空气与（　　）连通。

A. 中均管　　B. 单独缓解管　　C. 单独作用管　　D. 制动缸管

357. JZ-7 型空气制动机紧急限压阀的柱塞活塞大直径下部通（　　）。

A. 列车制动管　　B. 作用风缸　　C. 主阀排气口　　D. 均衡管

358. JZ-7 型空气制动机紧急限压阀的柱塞活塞小直径下部通（　　）。

A. 列车制动管　　B. 作用风缸　　C. 主阀排气口　　D. 均衡管

359. JZ-7 型空气制动机紧急限压阀有（　　）种状态。

A. 1　B. 2　C. 3　D. 4

360. JZ-7 型空气制动机作用阀的作用活塞下侧为（　　）压力。

A. 制动缸　B. 总风管　C. 作用管　D. 工作风缸

361. JZ-7 型空气制动机自动制动阀手柄由运转位移到最小减压量位，均衡风缸、列车制动管均减压 50 kPa，保压 1 min，列车制动管泄漏量检查，新车不超过（　　）kPa。

A. 5　B. 10　C. 15　D. 20

362. JZ-7 型空气制动机自动制动阀手柄由运转位移到最小减压量位，均衡风缸、列车制动管均减压 50 kPa，保压 1 min，列车制动管泄漏量检查，修程车不超过（　　）kPa。

A. 5　B. 10　C. 15　D. 20

363. JZ-7 型空气制动机自动制动阀手柄从常用全制动位移回运转位，制动缸自最高压力缓解至 35 kPa 的时间为（　　）s。

A. 5 ~ 8　B. 6 ~ 7　C. 7 ~ 9　D. 6 ~ 8

364. JZ-7 型空气制动机自动制动阀手柄移到过量减压位，均衡风缸和列车制动管均应减压（　　）kPa。

A. 190 ~ 240　B. 210 ~ 290　C. 240 ~ 260　D. 260 ~ 290

365. JZ-7 型空气制动机自动制动阀手柄移到过量减压位，制动缸压力为（　　）kPa。

A. 420 ~ 450　B. 340 ~ 360　C. 400 ~ 430　D. 360 ~ 400

366. JZ-7 型空气制动机自动制动阀手柄移到过充位，均衡风缸为定压，列车制动管压力比均衡风缸高（　　）kPa。

A. 20 ~ 30　B. 20 ~ 40　C. 40 ~ 50　D. 30 ~ 40

367. JZ-7 型空气制动机过充风缸缩堵孔径为（　　）mm。

A. 0.5　B. 0.8　C. 1　D. 1.2

368. JZ-7 型空气制动机自动制动阀手柄由运转位移到紧急位，列车制动管压力由定压下降到 0 的时间小于（　　）s

A. 4　B. 3　C. 5　D. 2

369. JZ-7 型空气制动机自动制动阀手柄由运转位移到紧急位，制动缸升至最高压力的时间为（　　）s。

A. 4 ~ 5　B. 3 ~ 5　C. 4 ~ 7　D. 5 ~ 8

370. JZ-7 型空气制动机自动制动阀手柄由运转位移到紧急位，制动缸最高压力为（　　）kPa。

A. 440 ~ 460　B. 400 ~ 420　C. 380 ~ 420　D. 420 ~ 450

371. JZ-7 型空气制动机自动制动阀推向紧急制动位后，单独制动阀手柄推于单独缓解位，制动缸压力经过（　　）s 后开始缓解。

A. 12 ~ 15　B. 10 ~ 15　C. 15 ~ 20　D. 15 ~ 18

372. JZ-7 型空气制动机自动制动阀推向紧急制动位后，单独制动阀手柄推于单独缓解位，制动缸压力经过 10 ~ 15 s 后开始缓解，并于（　　）s 后缓解到 0。

A. 20 ~ 23　B. 23 ~ 25　C. 25 ~ 28　D. 28 ~ 30

373. 109 分配阀滑阀和节制阀使用 201 甲基硅油，其黏度为（　　）Pa · S 为好。

A. 250 ~ 300　　B. 200 ~ 250　　C. 300 ~ 350　　D. 350 ~ 400

374. 109 分配阀制动灵敏度试验，要求列车制动管由定压减压 40 kPa，列车制动管减压（　　）kPa 前作用管压力应上升。

A. 15　　B. 40　　C. 30　　D. 20

375. SS_{4B} 型机车电-空制动机电-空制动控制器手柄由紧急位移到运转位，规定列车制动管定压为 500 kPa 时，列车制动管压力由 0 升至 480 kPa 的时间不大于（　　）s。

A. 8　　B. 9　　C. 10　　D. 11

376. SS_{4B} 型机车电-空制动机电-空制动控制器手柄由运转位移到制动位，规定列车制动管定压为 500 kPa 时，列车制动管压减压 140 kPa 的时间为（　　）s。

A. 4 ~ 6　　B. 5 ~ 8　　C. 5 ~ 7　　D. 6 ~ 8

377. SS_{4B} 型机车 DK-2 型电-空制动机单机自检故障代码（　　）表示制动缸不缓解。

A. C【22】　　B. C【25】　　C. E【19】　　D. E【26】

378. SS_{4B} 型机车 DK-2 型电-空制动机单机自检故障代码（　　），表示闸缸不单制。

A. F【12】　　B. F【10】　　C. C【11】　　D. C【13】

379. SS_{4B} 型机车 DK-2 型电-空制动机单机自检故障代码（　　），表示 5 s 后闸缸的压力值小于 400 kPa。

A. F【04】　　B. E【05】　　C. C【06】　　D. C【07】

380. 对机车关键部件和易损易耗零部件检查修理，有针对性地恢复机车运行可靠性为（　　）。

A. 小修　　B. 辅修　　C. 大修　　D. 中修

381. 对机车主要部件检查修理，恢复其可靠使用的质量状态为（　　）。

A. 小修　　B. 辅修　　C. 大修　　D. 中修

382. 对机车例行检查，做故障诊断，按状态修理为（　　）。

A. 小修　　B. 辅修　　C. 大修　　D. 中修

383. 砂轮机的托板与砂轮的距离，一般应保持在（　　）mm 之内，过大则可能造成磨削件被砂轮轧入而发生事故。

A. 5　　B. 2　　C. 3　　D. 4

384. 使用砂轮机时，长度小于（　　）mm 的较小工件磨削时，应用手虎钳或其他工具牢固夹住，不得用手直接握持工件。

A. 20　　B. 40　　C. 30　　D. 50

385. 台式钻床最大钻孔直径一般为（　　）mm。

A. 10　　B. 12　　C. 15　　D. 20

386. 整体扳手用得最广泛的是（　　），它只要转过 30°就能调换方向，容易在狭窄的地方工作。

A. 正方形扳手　　B. 单头扳手　　C. 梅花扳手　　D. 六角形扳手

387. 电钻使用前，须先空转（　　）min，检查传动部分运转是否正常。

A. 1　　B. 2　　C. 3　　D. 4

388. 电磨头使用前，须先空转（　　）min，检查旋转声音是否正常。

A. 1 ~ 2　　B. 2 ~ 5　　C. 5　　D. 2 ~ 3

389. 使用测量工具为了减小测量误差，对于重要尺寸最好在同一位置多测量几次取其（　　）。

A. 中间值　　B. 平均值　　C. 最大值　　D. 最小值

390. 对于有电气装置的测量工具或测量仪器，使用时应注意（　　），千万不能搞错。

A. 电流　　B. 电阻　　C. 电压　　D. 功率

四、多项选择题

1. 铁路职工应以主人翁姿态积极参与经营管理，增强市场营销的意识，（　　）地组织货物运输。

A. 安全　　B. 快速　　C. 经济　　D. 便利　　E. 准时

2. 铁路运输生产既要职工按照分工和要求，尽职尽责地做好检修职工的本职工作，又要在统一领导下，（　　）。

A. 互相帮助　　B. 突出个人　　C. 亲密无间　　D. 主动配合　　E. 密切合作

3. 圆柱蜗杆按螺旋面形状的不同可分为（　　）。

A. 渐开线蜗杆　　B. 渐近线蜗杆　　C. 阿基米德蜗杆　　D. 法向直廓蜗杆
E. 以上都对

4. 按用途不同，链传动可分为（　　）。

A. 起重链　　B. 传动链　　C. 连接链　　D. 牵引链　　E. 以上都对

5. 滚动轴承由（　　）基本元件组成。

A. 内圈　　B. 外圈　　C. 圆柱体　　D. 保持架　　E. 滚动体

6. 滚动轴承非接触式密封包括（　　）。

A. 毡圈式密封　　B. 油沟密封　　C. 甩油密封　　D. 橡胶油封
E. 迷宫密封

7. 滚动轴承接触式密封包括（　　）。

A. 毡圈式密封　　B. 油沟密封　　C. 甩油密封　　D. 橡胶油封
E. 迷宫密封

8. 离合器的齿形常用的有（　　）。

A. 三角形　　B. 梯形　　C. 管形　　D. 锯齿形　　E. 矩形

9. 普通 V 带的失效形式有（　　）。

A. 带的疲劳破损　　B. 带在轮上打滑　　C. 带的老化　　D. 带的工作面磨损
E. 带的过热

10. 按齿轮的齿向不同，齿轮传动分为（　　）。

A. 直齿圆柱齿轮传动　　B. 斜齿圆柱齿轮传动　　C. 人字齿圆柱齿轮传动
D. 直齿锥齿轮传动　　E. 齿条传动

11. 齿轮传动失效的形式有（　　）。

A. 轮齿折断　　B. 齿面点蚀　　C. 齿面胶合　　D. 齿面磨损　　E. 齿面过热

12. 常用的螺旋传动有（　　）。
A. 普通螺旋传动　B. 差动螺旋传动　C. 螺纹螺旋传动　D. 滚珠螺旋传动
E. 蜗杆螺旋传动

13. 液压元件包括（　　）。
A. 动力元件　B. 执行元件　C. 控制元件　D. 传动元件　E. 辅助元件

14. 常见的弹簧有（　　）。
A. 螺旋弹簧　B. 碟形弹簧　C. 环形弹簧　D. 平面涡卷弹簧　E. 板弹簧

15. 千分尺按用途的不同，可分为（　　）。
A. 外径千分尺　B. 内径千分尺　C. 深度千分尺　D. 螺纹千分尺
E. 以上都对

16. 测量误差分为（　　）。
A. 设备误差　B. 系统误差　C. 偶然误差　D. 疏忽误差　E. 视值误差

17. 常用钻孔机械有（　　）。
A. 手电钻　B. 手风钻　C. 台式钻床　D. 立式钻床　E. 摇臂钻床

18. 钻头的切削速度的大小与（　　）因素有关。
A. 工件材料　B. 钻头直径　C. 钻头材料　D. 冷却液的使用
E. 走刀量的大小

19. 平面锉削基本有（　　）。
A. 顺向锉　B. 来回锉　C. 交叉锉　D. 推锉　E. 以上都对

20. 钻床根据其结构和适用范围的不同，可分为（　　）。
A. 台式钻床　B. 立式钻床　C. 摇臂钻床　D. 卧式钻床　E. 以上都对

21. 圆板牙由（　　）组成。
A. 铰手　B. 切削部分　C. 校准部分　D. 排屑孔　E. 板牙架

22. 划线工具按用途可分为（　　）。
A. 基准工具　B. 测量工具　C. 绘划工具　D. 辅助工具　E. 效验工具

23. 錾削时錾子的握法有（　　）。
A. 正握法　B. 平握法　C. 反握法　D. 立握法　E. 横握法

24. 固定铆接可分为（　　）。
A. 强固铆接　B. 紧密铆接　C. 普通铆接　D. 强密铆接　E. 以上都对

25. 矫正根据变形的类型常采用（　　）。
A. 扭转法　B. 弯曲法　C. 延展法　D. 伸张法　E. 以上都对

26. 造成锯齿崩裂的原因有（　　）。
A. 锯条选择不当　B. 锯条安装过紧　C. 起锯角度太大
D. 锯削中遇到材料组织缺陷　E. 锯薄壁工件采用方法不对

27. 平面刮削分（　　）步骤进行。
A. 粗刮　B. 细刮　C. 精刮　D. 刮花　E. 以上都对

28. 零件清洗时使用的清洗液有（　　）。
A. 汽油　B. 煤油　C. 机油　D. 柴油　E. 化学清洗液

29. 金属材料所受外力的形式可分为（ ）。

A. 压缩 B. 扭转 C. 拉伸 D. 剪切 E. 弯曲

30. 列车运行中的空气阻力与（ ）有关。

A. 列车长度 B. 列车最大截面积 C. 列车速度 D. 空气密度

E. 列车表面形状有关

31. 根据列车制动过程中各制动缸压力的变化及分布情况，整个制动过程可划分为（ ）。

A. 第一制动阶段 B. 第二制动阶段 C. 第三制动阶段

D. 第四制动阶段 E. 第五制动阶段

32. 影响黏着系数的因素有（ ）。

A. 机车速度的高低 B. 机车牵引力 C. 轴重分配不均

D. 运行中轴重增减或减载 E. 轮轨间的滑动

33. DJKG-A 型空气干燥塔再生作用结束后，总风缸不保压且电动排泄阀排风不止的原因是（ ）。

A. 止回阀被异物垫住 B. 止回阀被卡 C. 排泄阀口被异物垫住或阀垫破损

D. 止回阀胶垫损坏 E. 排泄阀活塞密封圈破损

34. 螺杆压缩机润滑油系统由（ ）组成。

A. 油细分离器 B. 油冷却器 C. 温控阀 D. 压力开关 E. 油过滤器

35. 螺杆压缩机空气过滤器中有油的故障原因有（ ）。

A. 进气阀开启不到位 B. 进气止回阀关闭不及时 C. 回油单向阀失效

D. 空气中含油过多，放空时进入进气区 E. 油细分离器有故障

36. 螺杆压缩机压缩空气中有油的故障原因有（ ）

A. 油细分离器有故障 B. 回油管堵塞 C. 油面过低 D. 油位过高

E. 油过滤器故障

37. 螺杆压缩机部分或全部不能供风，运行时间延长的故障原因有（ ）。

A. 空滤器芯太脏或堵死 B. 进气阀关闭不及时 C. 空压机系统严重漏气

D. 空压机螺杆间隙过大 E. 进气阀打不开

38. 总风缸容积的选择与（ ）有关。

A. 制动距离 B. 压缩机的排风量 C. 机车所牵引的列车长度

D. 车辆制动机充风性能 E. 制动波速

39. 压缩机工作时，总风表无压力上升显示的原因有（ ）。

A. 总风表损坏 B. 错关总风缸塞门 C. 干燥器冻结

D. 压缩机排风管上止回阀卡滞或装反 E. 干燥器止回阀损坏

40. 电力机车司机室辅助风缸电测压力表不显示或显示错误的原因有（ ）。

A. 机车 24 V 电源故障 B. 机车 48 V 电源故障 C. 压力传感器 202 故障

D. 压力传感器 201BP 故障 E. 电测压力表故障

41. 主断路器风缸内积水过多的原因有（ ）。

A. 机车空气干燥器切除使用 B. 机车空气干燥器失效

C. 主断风缸没有定期排水 D. 主断风缸前分水滤气器失效 E. 以上都对

42. 单体式过滤元件的主要特点是（　　）。

A. 流量小　B. 流量大　C. 压差小　D. 压差大　E. 过滤精度高

43. 橡胶密封式管接头由（　　）组成。

A. 接头体　B. 外套螺母　C. 橡胶环　D. 平垫圈　E. 弹性环

44. 基础制动装置由（　　）组成。

A. 制动缸　B. 制动传动装置　C. 闸瓦装置　D. 闸瓦间隙调整器

E. 手制动

45. 制动缸主要由（　　）等组成。

A. 缸体　B. 活塞　C. 活塞杆　D. 缓解弹簧　E. 制动弹簧

46. 手制动机的种类有（　　）等。

A. 链条式　B. 棘轮式　C. 螺旋式　D. FSW 型　E. NSW 型

47. 盘形制动的优点有（　　）。

A. 减轻车轮踏面热负荷　B. 减少车辆踏面磨耗　C. 制动平稳

D. 噪音小　E. 制动效率高

48. DK-1 型电-空制动机故障一般可分为（　　）。

A. 控制电路故障　B. 阀类部件故障　C. 管路及连接部分故障

D. 操纵不当造成的故障　E. 以上都对

49. 机车检修分为（　　）。

A. 辅修　B. 小修　C. 整备　D. 中修　E. 大修

50. 电-空制动控制器在运转位，三针一致，列车制动管发生过量供给的原因有（　　）。

A. 检查电-空阀 255YV 的下阀口泄漏　B. 检查电-空阀 255YV 的上阀口泄漏

C. 操纵端的充气按钮作用不良　D. 调压阀 55 故障　E. 中继阀故障

51. 电-空制动控制器在运转位，均衡风缸充风正常，列车制动管不充风的原因有（　　）。

A. 塞门 157 关闭　B. 遮断阀故障　C. 中继阀故障　D. 重联电-空阀故障

E. 中立电-空阀故障

52. 电-空制动控制器在运转位，列车制动管表针来回摆动，总风压力下降快，有较大的排风声的原因有（　　）。

A. 风表故障　B. 紧急阀阀口未关严　C. 列车制动管泄漏量大

D. 电动放风阀阀口未关严　E. 中继阀的排气阀关闭不严

53. DK-1 型电-空制动机紧急制动时，列车制动管不排风的原因有（　　）。

A. 紧急阀故障　B. 电动放风阀故障　C. 塞门 116 关闭

D. 紧急电-空阀故障或不得电　E. 塞门 117 关闭

54. DK-1 型电-空制动机制动后移中立位，均衡风缸和列车制动管自行减压的原因可能是（　　）。

A. 制动电-空阀失电　B. 缓解电-空阀得电　C. 制动电-空阀泄漏

D. 均衡管系泄漏　E. 以上都对

55. DK-1 型电-空制动机电-空制动控制器制动位，均衡风缸不减压的原因有（　　）。

A. 缓解电-空阀故障　B. 制动电-空阀故障　C. 压力开关 208 膜板破损

D. 压力开关 209 膜板破损　E. 以上都对

56. DK-1 型电-空制动机电-空制动控制器制动位，均衡风缸和列车制动管只有 40 ~ 60 kPa 的初制动减压量的原因有（　　）。

A. 制动电-空阀本身故障，不能开放排风口　　B. 制动电-空阀阀座上缩口风堵堵塞

C. 压力开关 209 故障　　D. 制动电-空阀制动位时因故没有失电

E. 压力开关 208 故障

57. DK-1 型电-空制动机常用制动时引起紧急制动的原因有（　　）。

A. 紧急阀膜板破损　　B. 紧急阀的缩孔Ⅰ半堵　　C. 紧急阀的缩孔Ⅲ半堵

D. 缓解电-空阀排风缩孔过大　　E. 制动电-空阀排风缩孔过大

58. DK-1 型电-空制动机电-空制动控制器制动位时，造成制动缸压力与列车制动管减压量不成 1∶2.5 的比例关系的原因有（　　）。

A. 分配阀座垫不严　　B. 分配阀主阀膜板破损　　C. 工作风缸管路泄漏

D. 分配阀 156 塞门开放　　E. 分配阀阀座裂损

59. DK-1 型电-空制动机制动后移中立位，造成均衡风缸有回风的原因有（　　）。

A. 缓解电-空阀下阀口不严　　B. 压力开关 209 膜板破损

C. 压力开关 208 膜板破损　　D. 重联电-空阀下阀口不严　　E. 中继阀膜板破损

60. DK-1 型电-空制动机引起压力开关 209 不能正常工作的因素有（　　）。

A. 膜板破损　　B. 微动开关故障　　C. 阀杆弯曲变形卡劲　　D. 芯杆窜风

E. 油垢堵塞连接过孔

61. DK-1 型电-空制动机电-空制动控制器手柄置制动后“中立位”，均衡风缸和列车制动管保压状态良好，造成制动缸压力自动下降的原因有（　　）。

A. 分配阀安全阀泄漏　　B. 制动缸表泄漏　　C. 排风 1 电-空阀泄漏

D. 分配阀 156 塞门开放　　E. 单缓阀泄漏

62. DK-1 型电-空制动机过充压力消除慢的原因，下列说法正确的是（　　）。

A. 过充风缸缩堵堵塞　　B. 过充电-空阀上阀口泄漏

C. 过充电-空阀下阀口泄漏　　D. 过充风缸缩堵孔径小　　E. 中继阀故障

63. DK-1 型电-空制动机电-空制动控制器手柄置过充位，造成无过充作用或过充量不足的原因，下列说法正确的是（　　）。

A. 过充风缸缩堵丢失　　B. 过充风缸排水堵丢失　　C. 过充柱塞盖密封垫破损

D. 排风 2 电-空阀泄漏　　E. 过充风缸缩堵孔径小

64. DK-1 型电-空制动机手柄置过充位，均衡风缸和列车制动管追总风压力的原因，下列说法正确的是（　　）。

A. 重联电-空阀下阀口泄漏　　B. 重联电-空阀上阀口泄漏

C. 过充柱塞大 O 形圈破损　　D. 中继阀膜板破损

E. 过充柱塞大小端 O 形圈破损

65. DK-1 型电-空制动机紧急制动，造成机车制动缸压力增长缓慢的原因，下列说法错误的是（　　）。

A. 分配阀紧急增压部不工作　　B. 制动缸塞门开放不到位

C. 分配阀主阀部上盖的缩堵堵Ⅲ堵塞　　D. 分配阀缓解塞门 156 打开

E. 以上都对

66. DK-1 型电-空制动机紧急制动，单独缓解时制动缸压力缓解不到 0 的原因，下列说法正确的是（ ）。

A. 分配阀主阀部上盖的缩堵Ⅲ孔径过小 B. 空气制动阀的排气阀开度过小

C. 分配阀主阀部上盖的缩堵Ⅲ孔径过大 D. 分配阀紧急增压部故障

E. 空气制动阀的排气阀开度过大

67. DK-1 型电-空制动机电-空控制器手柄置运转位，空气制动阀手柄制动位，制动缸压力低于 300 kPa 的原因有（ ）。

A. 排风 1 电-空阀卡在吸合位 B. 操纵端调压阀 53 整定值低于 300 kPa

C. 分配阀缓解塞门 156 打开 D. 排风 1 电-空阀得电 E. 以上都对

68. DK-1 型电-空制动机电-空控制器手柄置运转位，空气制动阀手柄制动位，制动缸压力由 0 升至 280 kPa 的时间大于 4 s 的原因有（ ）。

A. 分配阀供给塞门开放不到位 B. 制动缸塞门开放不到位

C. 空气制动阀转换板钮未搬到位 D. 空气制动阀塞门半开 E. 以上都对

69. DK-1 型电-空制动机电-空控制器手柄置运转位，空气制动阀手柄由制动位回中立位，制动缸压力自动下降的原因，下列说法正确的是（ ）。

A. 分配阀缓解塞门 156 处于半开或泄漏 B. 分配阀安全阀泄漏

C. 排风 1 电-空阀泄漏 D. 空气制动阀单缓阀泄漏 E. 作用管泄漏

70. SS_{4B} 型电力机车单机试验正常，而挂车后大闸制动位或中立位启非常的原因，下列说法正确的是（ ）。

A. 尾部车辆列车制动管折角塞门未关 B. 列车充风未满

C. 个别车辆制动机紧急灵敏度过高 D. 列车制动管泄漏严重 E. 以上都对

71. DK-1 型电-空制动机电-空位操作，小闸处于运转位，大闸在紧急位，电-空阀得电的有（ ）。

A. 紧急电-空阀 B. 制动电-空阀 C. 中立电-空阀 D. 重联电-空阀

E. 撒砂电-空阀

72. DK-1 型电-空制动机初制风缸容积的选择与（ ）有关。

A. 均衡风缸容积 B. 列车制动管的最小减压量 C. 均衡风缸的压力

D. 列车制动管的最大减压量 E. 以上都对

73. SS_{4B} 型电力机车 DK-2 型电-空制动机电-空位操作时，电-空制动控制器在运转位，均衡风缸及列车制动管压力上升缓慢的原因，下列说法正确的是（ ）。

A. 中继阀膜板破损 B. 重联电-空阀下阀口泄漏 C. 重联电-空阀上阀口泄漏

D. 缓解高速电-空阀阀口堵塞 E. 均衡风缸充风缩堵堵塞

74. SS_{4B} 型电力机车 DK-2 型电-空制动机电-空位操作时，电-空制动控制器手柄制动位，均衡风缸不减压的原因，下列说法正确的是（ ）。

A. 缓解高速电-空阀得电 B. 均衡风缸排风缩堵堵塞

C. 制动高速电-空阀不得电 D. 制动高速电-空阀得电

E. 制动高速电-空阀阀口堵塞

75. SS_{4B}型电力机车 DK-2 型电-空制动机电-空位操作时，电-空制动控制器手柄运转位，电小闸手柄制动位，机车制动缸压力不上升的原因，下列说法正确的是（ ）。

A. 塞门 127 关闭 B. 塞门 303 关闭 C. 塞门 119 关闭 D. 塞门 123 关闭

E. 单制电-空阀不得电

76. 神华交流电力机车 DK-2 型电-空制动机电-空位操作时，自动制动控制器在运转位，单独制动控制器在运转位，下列说法正确的是（ ）。

A. 保护电-空阀 263YV 得电 B. 排 2 电-空阀 256YV 得电

C. 切换电-空阀 262YV 得电 D. 缓解高速电-空阀 258YV 得电

E. 单缓高速电-空阀 261YV 得电

77. 神华交流电力机车 DK-2 型电-空制动机电-空位操作时，自动制动控制器在过充位，下列说法正确的是（ ）。

A. 保护电-空阀 263YV 得电 B. 排 2 电-空阀 256YV 得电

C. 切换电-空阀 262YV 得电 D. 缓解高速电-空阀 258YV 得电

E. 过充电-空阀 252YV 得电

78. 神华交流电力机车 DK-2 型电-空制动机电-空位操作时，自动制动控制器制动位，单独制动控制器在运转位，下列说法正确的是（ ）。

A. 保护电-空阀 263YV 得电 B. 排 2 电-空阀 256YV 得电

C. 切换电-空阀 262YV 得电 D. 制动高速电-空阀 257YV 得电

E. 中立电-空阀 253YV 得电

79. 神华交流电力机车 DK-2 型电-空制动机电-空位操作时，自动制动控制器中立位，单独制动控制器在运转位，下列说法正确的是（ ）。

A. 保护电-空阀 263YV 得电 B. 排 2 电-空阀 256YV 得电

C. 切换电-空阀 262YV 得电 D. 制动高速电-空阀 257YV 得电

E. 中立电-空阀 253YV 得电

80. 神华交流电力机车 DK-2 型电-空制动机电-空位操作时，电-空制动控制器紧急位，单独制动控制器在运转位，下列说法正确的是（ ）。

A. 紧急电-空阀 264YV 得电 B. 遮断电-空阀 255YV 得电

C. 重联电-空阀 259YV 得电 D. 制动高速电-空阀 257YV 得电

E. 中立电-空阀 253YV 得电

技师

81. 120 型控制阀主阀由（ ）等组成。

A. 作用部 B. 减速部 C. 局减阀 D. 加速缓解阀 E. 紧急二段阀

82. 120 型控制阀有（ ）等作用位置。

A. 充气缓解 B. 减速充气缓解 C. 常用制动 D. 制动保压

E. 紧急制动

83. JZ-7 型空气制动机紧急限压阀的工作状态有（ ）。

A. 缓解状态 B. 制动状态 C. 限压状态 D. 缓解进行状态

E. 保压状态

五、简答题

1. 简述蜗杆传动的特点。
2. 简述链传动的特点。
3. 简述摩擦式离合器的优缺点。
4. 简述齿轮传动的特点及失效形式。
5. 简述螺旋传动的优缺点。
6. 简述液压传动液压油的选择原则。
7. 简述弹簧的用途。
8. 简述千分尺的使用方法。
9. 简述钻孔切削用量的选择。
10. 简述锉削工件表面粗糙度达不到要求的原因。
11. 简述攻螺纹操作注意事项。
12. 简述套螺纹的操作要点。
13. 简述立体划线的划线基准的选择原则。
14. 简述錾削表面凸凹不平的原因。
15. 简述研磨平面成凸形或孔口扩大的原因。
16. 简述锯削时造成锯条折断的原因。
17. 简述制定装配工艺规程的内容。
18. 简述制动时影响空气波速的因素。
19. 简述影响制动空走时间和制动空走距离的因素。
20. 简述曲线附加阻力及其产生的主要原因。
21. 简述过量供给及危害。
22. 简述产生列车制动纵向动力作用的主要原因。
23. 简述制动缸的最大和最小有效减压量。
24. 简述空气管路所选用的管子，当具有什么缺陷时，必须剔除。
25. 简述空气管路所选用的管子弯曲加工时，不允许有哪些缺陷。
26. 简述机车动轮发生空转的原因。
27. 简述滑行的定义及造成滑行的原因。
28. 简述机车滑行的危害。
29. 简述螺杆压缩机润滑油系统的流程。
30. 简述螺杆压缩机不能建立压力的原因。
31. 简述螺杆压缩机压缩空气中有油的原因。
32. 简述逆流止回阀的功用。
33. 简述止回阀的阀芯表面上有一道类似螺纹的沟槽的主要作用。
34. 简述总风缸的试验。
35. 简述总风缸排水塞门排出水或白粉末状物质的原因。
36. 简述 SS_{4B} 型机车受电弓升不起的原因。
37. 简述打开膜板塞门 97 后，控制风缸压力下降很快的原因。
38. 简述辅助压缩机泵风慢的原因。

39. 简述机车车辆风管路安装前为什么要进行酸洗磷化处理。
40. 简述球芯折角塞门与锥芯折角塞门相比有何优点。
41. 简述球芯折角塞门的试验过程。
42. 简述空气管路在选择管接头时应考虑的因素。
43. 简述制动缸的作用及动作原理。
44. 简述 SS_{4B} 型电力机车手制动装置组装完毕后的检查内容。
45. 简述闸瓦间隙自动调整器的作用。
46. 简述闸瓦间隙自动调整器拉杆在制动时伸长后不能复原的原因及其调整方法。
47. 简述影响车轮与闸瓦间摩擦系数的因素。
48. 简述制动力与闸瓦压力的关系。
49. 简述制动缸缓解不良的原因。
50. 简述神华交流机车 JPXZ-2A 型盘形制动器蓄能停放部分的手动缓解过程。
51. 简述神华交流机车 JPXZ-1A 型盘形制动器人为调整的方法。
52. 简述神华交流机车 JPXZ-1A 型盘形制动器更换闸片的方法。
53. 简述阀类部件的主要故障有那些。
54. 简述制动机配件拆装时的注意事项。
55. 简述气动部件润滑油脂必须具备的特点。
56. 简述电-空制动机在空气位操作时如何施行紧急制动。
57. 简述电-空制动控制器在运转位，均衡风缸有压力，列车制动管无压力的原因及处理方法。
58. 简述电-空制动控制器在运转位，均衡风缸有压力和列车制动管压力上升缓慢的原因及处理方法。
59. 简述电-空制动控制器在紧急制动位，列车制动管不排风的原因及处理方法。
60. 简述电-空制动控制器手柄制动位，均衡风缸不减压的原因及处理办法。
61. 电-空制动控制器手柄紧急制动位后回运转位，列车制动管与均衡风缸均不充风的原因是什么？如何判断？
62. 简述 DK-1 型电-空制动机制动后移中立位，均衡风缸有较大回风的原因。
63. 简述 DK-1 型电-空制动机初制动形成后，均衡风缸迅速恢复定压的原因。
64. 简述 DK-1 型电-空制动机过充压力消除慢的主要原因。
65. 简述 DK-1 型电-空制动机电-空制动控制器过充位，无过充作用或过充量不足的原因。
66. 简述 DK-1 型电-空制动机紧急制动时，列车制动管压力下降缓慢的原因。
67. 简述 DK-1 型电-空制动机紧急制动时，单独缓解制动缸压力降不到 0 的原因。
68. 简述 DK-1 型电-空制动机电-空控制器在运转位，空气制动阀手柄由制动位回中立位，制动缸压力自动下降的原因。
69. 简述 DK-1 型电-空制动机电-空控制器在运转位，空气制动阀手柄制动位，制动缸压力不起的原因。
70. 简述 DK-1 型电-空制动空气位操纵，空气制动阀在缓解位，均衡风缸充风正常，列车制动管不充风的原因。
71. 简述 DK-1 型电-空制动机空气位操纵，空气制动阀手柄置“制动位”，引起紧急阀排风的原因。

72. 简述 SS_{4B} 型电力机车. 单机试验正常，而挂车后仅列车制动管充风缓慢的原因。

73. 简述 SS_{4B} 型电力机车小闸操纵制动机时，非操纵节机车制动缸压力不变化，且与操纵节机车制动缸压力不符的原因。

74. 简述 SS_{4B} 型电力机车非操纵节机车中继阀 104 排风不止的原因。

75. 简述 SS_{4B} 型电力机车 DK-1 型电-空制动机与主断路器的配合作用。

76. 简述 DK-1 型电-空制动机紧急阀活塞杆上三个缩孔的作用。

77. 简述 DK-1 型机车电-空制动机设初制风缸的原因。

78. 简述 SS_{4B} 型电力机车 DK-2 型电-空制动机电-空位操作时，电-空制动控制器在运转位，均衡风缸及列车制动管压力上升缓慢的原因。

79. 简述 SS_{4B} 型电力机车 DK-2 型电-空制动机电-空位操作时，电-空制动控制器手柄制动位，均衡风缸不减压的原因。

80. 简述 SS_{4B} 型电力机车 DK-2 型电-空制动机电-空位操作时，电-空制动控制器手柄运转位，电小闸手柄制动位，机车制动缸压力不上升的原因。

81. 简述神华交流电力机车 DK-2 型电-空制动机后备制动操作的注意事项。

82. 简述神华交流电力机车 DK-2 型电-空制动机，ATP 或 CCU 发出惩罚制动，制动机施加惩罚制动后，列车制动管无法缓解至定压的原因及处理方法。

83. 简述神华交流电力机车 DK-2 型电-空制动机，制动机解锁成功后，自动制动控制器“运转”位，均衡风缸不充风的原因。

84. 简述神华交流电力机车 DK-2 型电-空制动机，制动机解锁成功后，自动制动控制器“运转”位，均衡风缸充风正常，列车制动管不充风的原因。

85. 简述车辆偏移量的影响因素及其对车辆运行的影响。

86. 简述 120 型控制阀在充气缓解位的作用原理。

87. 简述 120 型控制阀在减速充气缓解位的作用原理。

88. 简述 120 型控制阀在常用制动位的作用原理。

89. 简述 120 型控制阀在紧急制动位的作用原理。

90. 简述 120 型控制阀在施行紧急制动后使用半自动缓解阀缓解制动机的作用原理。

91. 简述关门车及车辆制动机在什么情况下应关门。

92. 简述列车产生自然制动的原因。

93. 简述机车制动系统与车辆制动装置有何主要的差别。

94. 简述 JZ-7 型空气制动机单独制动阀在制动区时的作用原理。

95. 简述 JZ-7 型空气制动机紧急限压阀的组成及作用。

96. 简述 JZ-7 型空气制动局部减压止回阀的作用。

97. 简述 SS_{4B} 型电力机车 DK-1 型电-空制动机阶段制动性能及最大减压量试验。

98. 简述 SS_{4B} 型电力机车 DK-2 型电-空制动机的单机自检的操作方法。

99. 简述 SS_{4B} 型电力机车 DK-2 型电-空制动机的单机自检观察完毕后，消除 BUC 显示“BCU.”的方法。

100. 简述机车制动机检修中的安全注意事项。

101. 简述立式钻床的使用与维护保养。

102. 简述活动扳手的使用方法及注意事项。

六、绘图题

1. 根据图 4-1 所示主、左视图，作俯视图。
2. 分析图 4-2 所示圆柱的截交线，补全其三面投影。

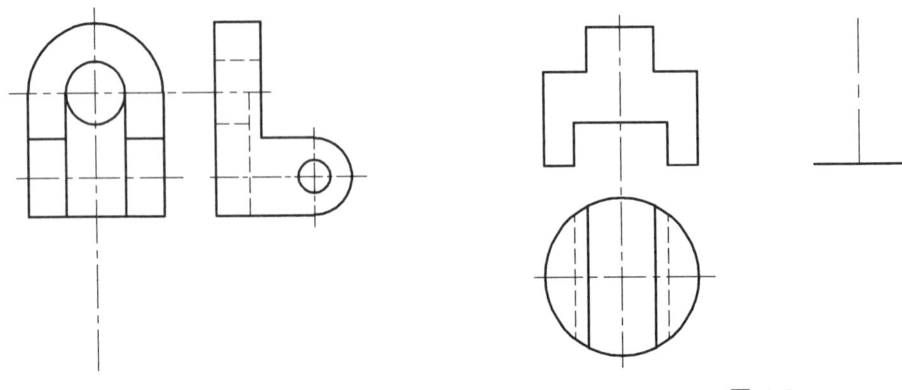

图 4-1　　图 4-2

3. 补画组合体视图 4-3 中缺漏的图线。
4. 根据图 4-4 所示主、俯视图，作左视图。

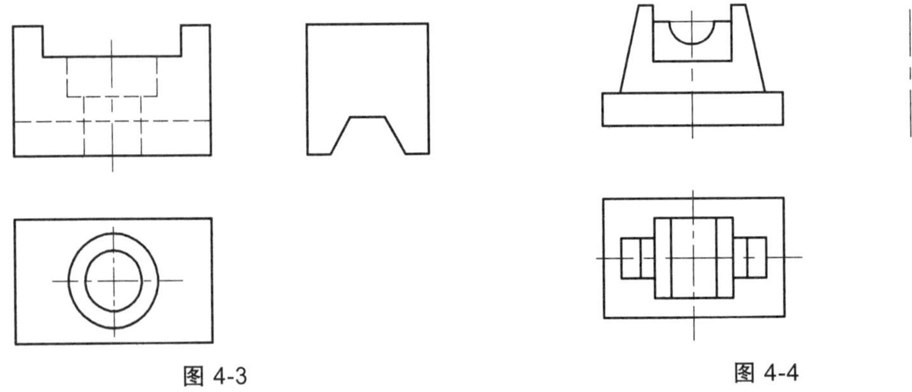

图 4-3　　图 4-4

5. 读懂图图 4-5 所示的两视图，补画第三视图。
6. 求作图图 4-6 所示相贯体的相贯线。

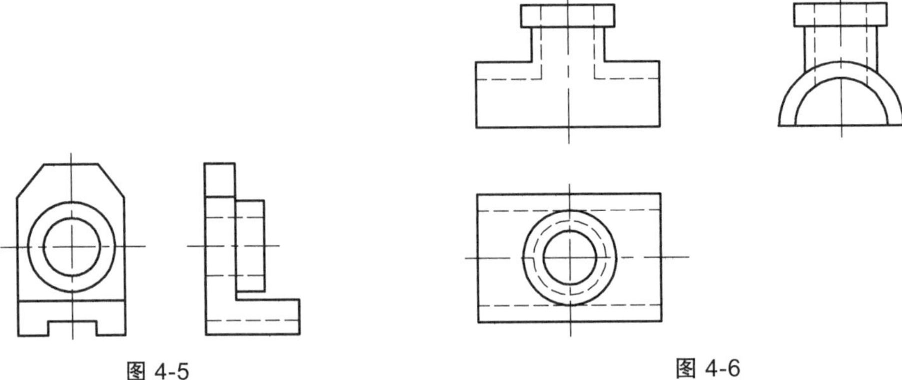

图 4-5　　图 4-6

7. 根据图 4-7 所示几何体的轴测图画其三视图。

8. 根据图 4-8 所示几何体的轴测图画其三视图。

9. 根据图 4-9 所示几何体的轴测图画其三视图。

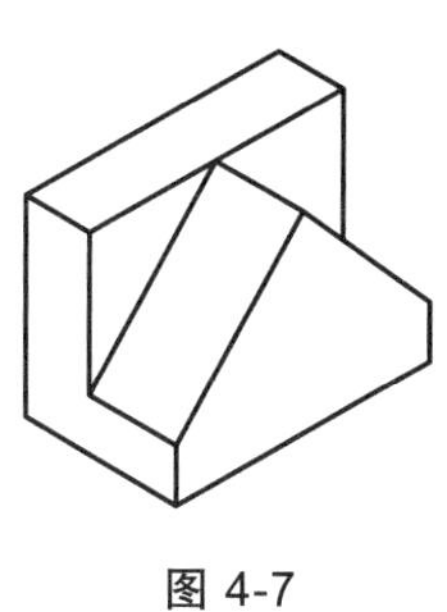

图 4-7

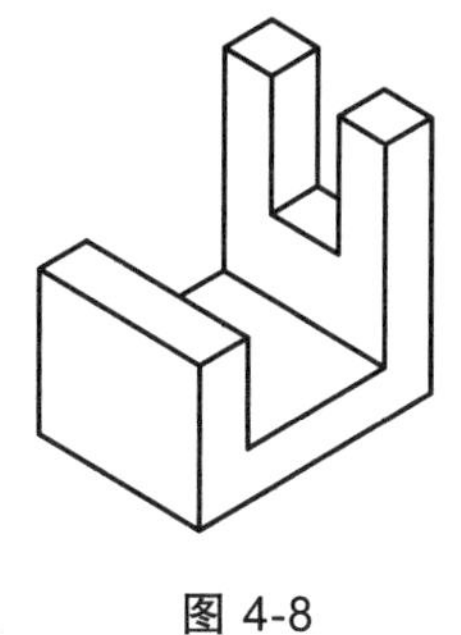

图 4-8

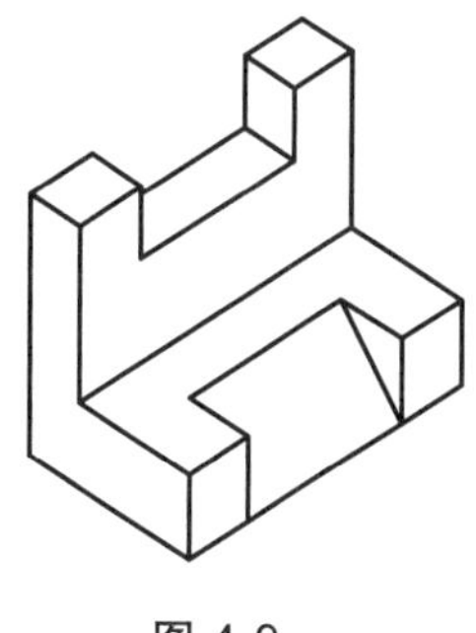

图 4-9

10. 根据图 4-10 所示几何体的轴测图画其三视图。

11. 根据图 4-11 所示几何体的轴测图画其三视图。

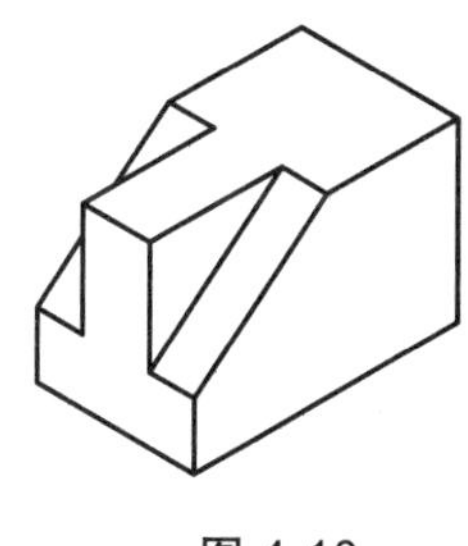

图 4-10

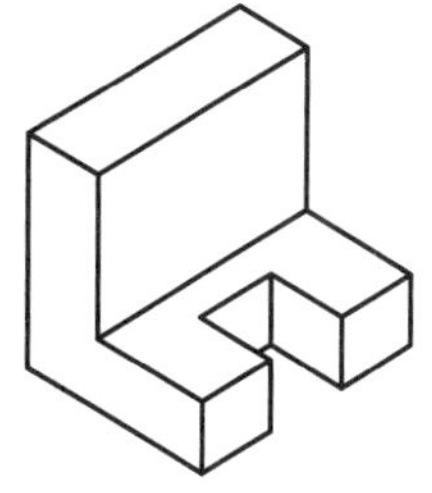

图 4-11

12. 绘出 SS_{4B} 型电力机车风源系统原理图。

13. 绘出 SS_{4B} 型电力机车控制管路系统原理图。

14. 绘出神华号交流电力机车风源系统原理图。

15. 绘出神华号交流电力机车控制管路系统原理图。

16. 绘出 DK-1 型电-空制动机各部件相互关系图。

17. 绘出 DK-1 型电-空制动机初制风缸的作用原理图。

18. 绘出神华号交流电力机车 DK-2 型电-空制动机结构框图。

19. 绘出 SS_{4B} 型电力机车电-空制动控制器触头闭合表。

20. 绘出空气制动阀在不同工况下的各个位置的气路、电路关系图。

七、计算题

1. 已知一标准直齿圆柱齿轮，其齿数 $z_1 = 39$，齿顶圆直径 $d_a = 107.5$ mm，欲配制一齿轮与其啮合，要求中心距 $a = 116.25$ mm。试求这对齿轮的分度圆直径 d_1，d_2，模数 m 和所配制齿轮的齿数 z_2。

2. 有一直齿圆柱齿轮，模数 $m = 3$ mm，齿数 $z = 24$，求各部尺寸。

3. 有一斜齿圆柱齿轮，齿数 $z = 20$，分度圆直径 $d = 103$ mm，螺旋角$\beta = 13°50'$，求齿轮各部尺寸。（注：$\cos 13°50' = 0.971$）

4. 要在中碳钢件上攻深 20 mm 的 M8 的螺纹，试求钻底孔的直径及钻孔深度。

5. 已知某车辆空车自重 $Q = 40$ t，允许制动率$\theta = 70\%$，制动缸活塞直径 $D = 356$ mm，紧急制动时的制动缸压力 $P = 400$ kPa，基础制动装置传动效率$\eta = 0.9$，请计算该制动杠杆倍率。

6. 一列货物列车，其编组辆数为 $n = 60$ 辆，换算制动率$\theta = 0.3$，在 10%的坡道（直线）下坡运行时，实行紧急制动，试求初速为 60 km/h 的制动空走时间和制动空走距离。

7. JZ-7C 型机车空气制动机中的 F6 型分配阀，设有压力室和作用室，为保证制动缸压力（即作用室压力）与列车管的减压量（即压力室减压量）之比值为 2.5：1，已知作用管为长 15 m 的 10×1.5 无缝钢管，压力室容积 $V_e = 9$ L，试计算作用风缸应有多大的容积？（提示：运用气态方程 $PV = RT$，其中温度 T 假定不变。）

8. 机车牵引 12 辆客车，机车总风缸总容量为 1 200 L，车辆列车制动管的容积为 26 L，副风缸的容积为 94 L，试计算在施行减压 140 kPa 制动后，空气压缩机不参与工作，机车总风缸所贮存的压力空气（$P_0 = 850$ kPa）是否能对列车进行全缓解？

9. 以 GK 型车辆制动机为例，在列车制动管定压为 600 kPa 时，试计算列车制动管最大有效减压量。

10. 计算机车列车制动管的最大有效减压量。

11. 已知：环境温度为 -10 °C，相对湿度$\rho = 70\%$，总风缸额定压力为 900 kPa，总风缸内温升为 20 °C，牵引列车平均耗气量为 $Q = 120\ \text{m}^3/\text{h}$。求总风缸中 1 h 析出的水分。（$-10$ °C 时的水汽密度为 $2.22\ \text{g/m}^3$，10 °C 时的水汽密度为 9.4g/m^3）

12. 空气干燥器的再生耗气率定义是：再生耗气量与通过干燥器的总风量之比的百分数。现机车测试干燥器的再生耗气率的方法是：测出在开通和切除干燥器的不同情况下，将总风缸压力由 750 kPa 充至 900 kPa 的充风时间，然后再算出再生耗气率。试求：（1）根据定义推导出再生耗气率η与充风时间（t_1，t_2）的关系式；（2）已测得某机车开通装置的充风时间 $t_1 = 40$ s，切除装置的充风时间 $t_2 = 34$ s，装置的再生耗气率是多少？

13. 已知东风 4B 型内燃机车装有两台排气量为 $2.4\ \text{m}^3/\text{min}$ 的 NPT5 型空压机，两个容积均为 625 L 的总风缸，总风缸管系的容积约 30 L。试求空压机充风时，总风缸压力由 0 升到 900 kPa，以及由 750 kPa 升到 900 kPa 所需的时间。

14. 已知某链条式手制动机的手轮直径 $D = 400$ mm，两手的转动力 $P = 500$ N。手制动轴链绕手制动轴的中心半径 $r = 40$ mm，车辆传动杠杆倍率 $N = 7.5$，传动效率 = 90%，请计算该手制动机轴链的拉力 Q 及车辆闸瓦压力 $\sum K$ 各为多少？

15. 已知 DK-1 型机车电-空制动机均衡风缸容积为 5.7 L，计算两个初制风缸的容积。

16. 已知某车辆的车体长度 $L = 17\ 000$ mm，车辆定距 $S = 12\ 000$ mm，转向架固定轴距 $S_1 = 1\ 750$ mm，计算该车辆通过 $R = 300$ m 曲线时，其车体中部及端部的偏移量各为多少。

八、论述题

1. 试述攻螺纹时螺纹烂牙产生的原因。
2. 试述套螺纹时螺纹烂牙产生的原因。
3. 为获得理想的研磨效果，常见的研磨运动轨迹有哪些？有何特点？
4. 试述装配的工艺过程。
5. 试述列车制动过程中，制动阶段的划分及其性质。
6. 试述管子装配的质量要求。
7. 试述机车动轮发生空转的危害及处理方法。
8. 试述机车滑行的危害及如何防止。
9. 试述螺杆压缩机的工作原理。
10. 试述螺杆压缩机不能建立压力的原因及对策。
11. 试述压缩机组工作时，总风缸压力上升慢的原因及处理方法。
12. 试述风缸检修的要求。
13. 试述基础制动装置的组成及各部分的作用。
14. 试述手制动机及其用途。
15. 试述闸瓦间隙自动调整器作用不良的主要原因。
16. 试述盘形制动与闸瓦制动相比的优缺点。
17. 试述调整制动缸活塞行程的原因。
18. 试述制动缸活塞的检修内容。
19. 试述制动缸常见的故障及原因。
20. 试述神华交流机车 JPXZ-2A 型盘形制动器蓄能停放部分的工作原理。
21. 试述 DK-1 型电-空制动机的故障分类。
22. 试述 DK-1 型电-空制动机的部件检查质量标准。
23. 试述运行中当列车制动管压力已过量至 900 kPa 时，如何操纵消除过量供给。
24. 试述电-空位操作时，电-空制动控制器在运转位，均衡风缸及列车制动管无压力的原因及处理方法。
25. 试述 DK-1 型电-空制动机列车制动管充风时发生紧急制动的原因及处理。
26. 试述 DK-1 型电-空制动机常用制动时引起紧急制动的原因及检查处理。
27. 试述 DK-1 型电-空制动机电-空制动控制器制动位时，造成制动缸压力与列车制动管减压量不成 1∶2.5 的比例关系的原因及检查处理。
28. 试述 DK-1 型电-空制动机电-空制动机制动后移中立位，均衡风缸有较大回风的原因及检查处理方法。
29. 试述 DK-1 型电-空制动机制动后“中立位”均衡风缸和列车制动管保压状态良好，制动缸压力自动下降的原因及检查处理方法。
30. 试述 DK-1 型电-空制动机过充位，均衡风缸和列车制动管追总风压力的原因及检查处理。
31. 试述 DK-1 型电-空制动机紧急制动，制动缸压力增长缓慢的原因及判断与处理方法。
32. 试述 SS_{4B} 型电力机车 DK-1 型电-空制动机小闸处于运转位，大闸在运转位的综合作用。

33. 试述 SS_{4B} 型电力机车 DK-1 型电-空制动机小闸处于运转位,大闸在制动位的综合作用。

34. 试述 SS_{4B} 型电力机车 DK-1 型电-空制动机小闸处于运转位,大闸在紧急位的综合作用。

35. 试述规定列车制动管的最小减压量不低于 50 kPa 的原因。

36. 试述神华交流电力机车 DK-2 型电-空制动机电-空位操作时,自动制动控制器在运转位,单独制动控制器在运转位的综合作用。

37. 试述神华交流电力机车 DK-2 型电-空制动机电-空位操作时,自动制动控制器在制动位,单独制动控制器在运转位的综合作用。

38. 试述神华交流电力机车 DK-2 型电-空制动机电-空位操作时,自动制动控制器紧急位,单独制动控制器运转位的综合作用。

39. 试述神华交流电力机车 DK-2 型电-空制动机电-空位操作时,自动制动控制器运转位,单独制动控制器制动位的综合作用。

40. 试述神华交流电力机车 DK-2 型电-空制动机电-空位操作时,自动制动控制器运转位,单独制动控制器缓解位的综合作用。

41. 试述神华交流电力机车 DK-2 型电-空制动机无动力回送的操作步骤。

42. 试述车辆制动机主要应具备的条件。

43. 试述列车产生自然制动的原因及危害和防止方法。

44. 试述 JZ-7 型空气制动机的组成及主要部件的作用。

45. 试述 109 分配阀主要零部件的检修。

46. 试述 SS_{4B} 型机车 DK-2 型电-空制动机远程无线操作时,机车作为从控运行的操作方法。

47. 试述机车制动机中修作业范围及技术要求。

48. 试述砂轮机的使用注意事项。

49. 试述使用测量工具的注意事项。

50. 试述维护测量工具的注意事项。

【理论知识答案】

一、填空题

1. 热情服务
2. 运输
3. 新设备
4. 佩戴标志
5. 胶合和磨损
6. 轮齿折断
7. 链传动
8. 链断裂
9. 挠性联轴器
10. 传递扭矩
11. 基轴制
12. 基孔制
13. 润滑剂
14. 杂质
15. 橡胶油封
16. 分合灵敏
17. 传动装置
18. 侧齿式离合器
19. 120°
20. 中心距
21. 传动比
22. $i = n_1/n_2 = z_2/z_1$
23. $L = nS$
24. 螺杆位移
25. 液压控制阀
26. 液压能
27. 换向阀
28. 弹簧系数
29. 空气弹簧
30. 轴向尺寸
31. ϕ131.8
32. 两条素线
33. 截交线
34. 封闭
35. 相贯线
36. 空间曲线
37. 粗实线
38. 钻孔深度
39. 最小条件法
40. 斜视图
41. 由前向后
42. 由左向右
43. 孔径
44. 深度游标卡尺
45. 百分表
46. 主切削运动
47. 进给运动
48. 推锉
49. 周向摆动
50. 12
51. 攻螺纹
52. 进给
53. V 形铁
54. 角铁
55. 螺距
56. 螺纹小径
57. 挤压
58. 板牙
59. 样板划线法
60. 工件直接翻转法
61. 借料
62. 60° ~ 70°
63. 30° ~ 50°
64. 硬度
65. 冷却
66. 表面粗糙度
67. 混合
68. 热
69. 弯曲法
70. 中性层
71. 锯缝歪斜
72. 锯齿崩裂
73. 存油条件
74. 手
75. 总装配
76. 装配精度
77. 正火
78. 渗碳
79. 韧度
80. 断面收缩率
81. 铁素体
82. 珠光体
83. 财产关系
84. 两
85. 安全第一
86. 违章指挥
87. 1 435
88. 1 000
89. 生态环境
90. 120
91. 200
92. 4.5
93. 2
94. 三化
95. 机务段
96. 机统-28
97. 30
98. 重大
99. 温度

100. 330
101. 闸瓦压力
102. 制动传动效率
103. 机车制动率
104. 空走距离
105. 制动空走时间
106. 附加阻力
107. 曲线附加阻力
108. 反比
109. 偷风
110. 大劈叉制动
111. 长
112. 匀速减速运行
113. 短
114. 不易过热
115. 过量供给
116. 自然制动
117. 作用风缸
118. 3.25：1
119. 有效制动距离
120. 列车制动距离
121. 制动波速
122. 大
123. 50
124. 过量
125. 四
126. 最大
127. 四
128. 10%
129. 20%
130. 10%
131. 5
132. 密封胶
133. 5
134. 管径
135. 32
136. 25
137. 理论黏着系数
138. 计算黏着系数
139. 轮周黏着力
140. 下降
141. 轮箍弛缓
142. 滑行
143. 踏面擦伤
144. 下降
145. 逆流止回阀
146. 撒砂装置
147. 冻结法
148. 露点
149. 绝对
150. 饱和
151. 水汽压强
152. 止回阀
153. 电动排泄阀
154. 压缩
155. 润滑油系统
156. 润滑油
157. 安全阀
158. 油
159. 温度开关
160. 阀芯
161. 6
162. 贮存
163. 压缩机的排风能力
164. 细长形
165. 逆流止回阀
166. 压力控制器
167. 逆流止回阀
168. 总风折角塞门
169. 升不起
170. 止回阀 106 窜风
171. 压力传感器 201
172. 108
173. 97
174. 止回阀 106 窜风
175. 分水滤气器
176. 失效
177. 酸洗
178. 磷化
179. 组合式
180. 青铜粉末冶金
181. 压力损失加大
182. 小
183. 开关
184. 600
185. 15
186. 焊接
187. 外套螺母
188. 600
189. 25%
190. 柔性
191. 基础制动装置
192. 杠杆原理
193. 手制动机
194. 蜗轮蜗杆式
195. 闸瓦间隙调整装置
196. 最大间隙
197. 位移
198. 零点漂移
199. 热负荷
200. 疲劳剥离
201. 减小
202. 制动缸
203. 下降
204. 制动力
205. 摩擦力
206. 摩擦系数
207. 焊修
208. 制动缸油
209. 制动后自然缓解
210. 窜风
211. 缓解不良
212. 有效行程
213. 非自锁
214. 3
215. 8
216. 阀类部件

技师

217. 堵塞
218. 拿牢轻放
219. 密封套
220. 气动部件
221. 质量第一
222. 无腐蚀性
223. 油膜
224. 解体检修
225. 工序
226. 破口、老化
227. 剥离掉块
228. 开放手动放风塞门
229. 下
230. 140
231. 均衡风缸、列车制动管
232. 转换阀 153 置空气位
233. 列车制动管不充风
234. 中继阀
235. 均衡风缸
236. 电动放风阀
237. 膜板破损
238. 均衡风缸
239. 转换
240. 缓解电-空阀、制动电-空阀
241. 手动放风阀
242. 制动电-空阀
243. 压力开关 208
244. 缓解电-空阀
245. 过快
246. 破损
247. 螺母
248. 紧急阀
249. 工作风缸
250. 泄漏
251. 膜板破损
252. 压力开关 209
253. 作用管
254. 下
255. 过充风缸缩堵
256. 缩堵堵塞
257. 过充压力
258. 失电
259. 活塞左侧
260. 列车制动管
261. 列车制动管
262. 3
263. 5
264. 容积室
265. 缩堵Ⅲ
266. 紧急增压阀
267. 空气制动阀
268. 制动缸
269. 4
270. 不大于 5
271. 作用柱塞
272. 总风遮断阀（或中立电-空阀）
273. 排风缩堵
274. 排风速度过快
275. 自锁
276. 遮断阀活塞杆
277. 转换阀柱塞
278. 排风 2 电-空阀
279. 制动电-空阀
280. 中立电-空阀
281. 下阀口
282. 上阀口
283. 总风遮断阀
284. 列车制动管
285. 有级位
286. 45
287. 43
288. 1
289. 135 ± 1
290. 40
291. 14
292. 34.5
293. 53
294. 0.8
295. 0.8
296. 0.8
297. 1
298. 0.6
299. 局部减压
300. 1.85
301. 11
302. 标准参量
303. 上移
304. 不产生
305. 主阀部
306. 紧急增压阀
307. 38
308. 63
309. 38
310. 29
311. 0.8
312. 48
313. 50
314. 1.5
315. 1.8
316. 列车制动管向紧急室
317. 1.0
318. 58
319. 40
320. 41.5
321. 准恒速加馈电阻制动
322. 最小减压量
323. 减小
324. 0.56
325. 0.36
326. 0.36、0.2
327. 均衡风缸和列车制动管
328. 均衡风缸充风
329. 均衡风缸排风

330. 作用管充风
331. 作用管排风
332. 814
333. 10
334. 814
335. 6
336. 2
337. 806
338. 821
339. 8
340. 813 815
341. 813
342. 809 814
343. 后备制动模式
344. 单缓按钮
345. 保护电-空阀263YV
346. 分配阀或三通阀
347. 分配阀或三通阀
348. 列车制动管
349. 曲线半径
350. 愈大
351. 自动停车
352. 制动波速
353. 200
354. 排风
355. 加速缓解阀
356. 先导阀
357. 紧急阀
358. 主阀
359. 后部
360. 前部
361. 局减室
362. 制动缸
363. 关门车
364. 副风缸
365. 漏风沟
366. 自然制动
367. 分配阀
368. 作用阀
369. 自动制动阀
370. 二、三
371. 过充位
372. 一次缓解
373. 调整弹簧
374. 单独作用管
375. 主制动位
376. 单独作用管
377. 紧急限压阀
378. 列车制动管
379. 作用风缸
380. 分配阀
381. 局部减压
382. 120
383. 240 ~ 260
384. 201 甲基硅油
385. 五步闸
386. 八步闸
387. 17
388. 制动缸
389. 中修
390. 大修
391. 二年检
392. 监护
393. 切断控制电源
394. 氧化铝
395. 碳化硅
396. 长条形
397. 用力过猛
398. 测量面
399. 运动
400. 测量面
401. 光学镜面

二、判断题

1. √
2. ×
3. √
4. √
5. ×
6. √
7. ×
8. √
9. √
10. √
11. ×
12. √
13. ×
14. √
15. √
16. ×
17. √
18. √
19. ×
20. √
21. ×
22. √
23. √
24. ×
25. √
26. √
27. √
28. √
29. ×
30. √
31. ×
32. √
33. √
34. √
35. √
36. ×
37. ×
38. √
39. √
40. ×
41. ×
42. √
43. ×
44. √
45. √
46. ×
47. ×
48. ×
49. ×
50. √
51. ×
52. √
53. ×
54. √
55. √
56. √
57. ×
58. ×
59. ×
60. √
61. √
62. √
63. √
64. ×
65. √
66. ×
67. √
68. ×
69. √
70. ×
71. ×
72. √

73. ×
74. ×
75. √
76. ×
77. √
78. ×
79. √
80. √
81. √
82. ×
83. √
84. ×
85. √
86. √
87. ×
88. √
89. √
90. √
91. ×
92. √
93. √
94. √
95. ×
96. √
97. ×
98. √
99. √
100. ×
101. √
102. √
103. √
104. √
105. ×
106. ×
107. ×
108. ×
109. √
110. ×
111. ×
112. √
113. √
114. √
115. ×
116. √
117. √
118. ×
119. √
120. √
121. ×
122. √
123. √
124. ×
125. √
126. √
127. ×
128. √
129. √
130. √
131. ×
132. √
133. √
134. √
135. ×
136. ×
137. ×
138. √
139. √
140. ×
141. √
142. √
143. ×
144. ×
145. √
146. ×
147. √
148. √
149. ×
150. ×
151. √
152. ×
153. √
154. ×
155. √
156. ×
157. ×
158. √
159. ×
160. ×
161. √
162. ×
163. ×
164. ×
165. √
166. ×
167. √
168. √
169. ×
170. ×
171. √
172. ×
173. √
174. ×
175. √
176. √
177. √
178. ×
179. √
180. √
181. √
182. ×
183. ×
184. √
185. ×
186. ×
187. ×
188. √
189. ×
190. √
191. √
192. ×
193. ×
194. √
195. ×
196. ×
197. √
198. √
199. √
200. √
201. √
202. ×
203. √
204. √
205. √
206. √
207. √
208. ×
209. ×
210. √
211. √
212. ×
213. ×
214. √
215. ×
216. ×
217. ×
218. ×
219. √
220. ×
221. √
222. √
223. ×
224. √
225. √
226. ×
227. √
228. √
229. √
230. √
231. √
232. √
233. √
234. ×
235. √
236. ×
237. √
238. ×
239. √
240. ×
241. √
242. ×
243. ×
244. ×
245. √
246. √
247. √
248. ×
249. ×
250. ×
251. √
252. √
253. √
254. ×
255. √
256. √
257. ×
258. ×
259. √
260. ×
261. √
262. √
263. ×
264. √
265. √
266. ×
267. √
268. √
269. √
270. √
271. ×
272. √
273. ×
274. √
275. ×
276. √
277. ×
278. √
279. ×
280. ×
281. √
282. √
283. ×
284. √
285. √
286. ×
287. √
288. ×
289. √
290. √
291. ×
292. ×
293. √
294. ×
295. √
296. ×
297. √
298. ×
299. √
300. √
301. ×
302. ×
303. ×
304. √
305. ×
306. √

307. ×	323. ×	339. ×	355. ×	371. ×	387. √
308. ×	324. √	340. √	356. √	372. √	388. √
309. √	325. ×	341. √	357. √	373. √	389. √
310. ×	326. ×	342. √	358. ×	374. √	390. ×
311. ×	327. √	343. ×	359. √	375. √	391. ×
312. √	328. ×	344. ×	360. √	376. ×	392. √
313. ×	329. √	345. ×	361. ×	377. √	393. ×
314. √	330. ×	346. √	362. ×	378. √	394. √
315. √	331. √	347. √	363. √	379. ×	395. ×
316. √	332. √	348. ×	364. √	380. √	396. √
317. ×	333. ×	349. √	365. ×	381. √	397. √
318. √	334. ×	350. √	366. ×	382. ×	398. √
319. ×	335. √	351. ×	367. √	383. ×	399. √
320. ×	336. ×	352. ×	368. √	384. ×	400. √
321. √	337. √	353. √	369. ×	385. √	401. ×
322. ×	338. √	354. √	370. √	386. ×	

三、单项选择题

1. B	21. D	41. B	61. C	81. D	101. B
2. C	22. B	42. C	62. B	82. C	102. B
3. D	23. A	43. A	63. B	83. A	103. A
4. A	24. D	44. D	64. C	84. C	104. B
5. C	25. C	45. B	65. A	85. B	105. A
6. B	26. A	46. C	66. D	86. C	106. C
7. D	27. B	47. A	67. B	87. D	107. B
8. D	28. D	48. D	68. C	88. A	108. C
9. A	29. C	49. D	69. A	89. B	109. A
10. C	30. A	50. B	70. D	90. D	110. B
11. C	31. B	51. D	71. B	91. A	111. D
12. B	32. D	52. C	72. C	92. D	112. C
13. A	33. D	53. B	73. A	93. A	113. A
14. D	34. A	54. A	74. A	94. C	114. B
15. D	35. B	55. D	75. B	95. C	115. C
16. C	36. A	56. A	76. C	96. B	116. B
17. A	37. C	57. C	77. D	97. B	117. A
18. A	38. C	58. B	78. A	98. D	118. B
19. A	39. A	59. D	79. B	99. D	119. D
20. C	40. D	60. A	80. C	100. A	120. B

121. C
122. D
123. C
124. A
125. B
126. D
127. B
128. C
129. A
130. D
131. C
132. B
133. C
134. B
135. A
136. A
137. D
138. C
139. B
140. A
141. B
142. C
143. D
144. A
145. C
146. C
147. B
148. D
149. A
150. C
151. C
152. D
153. A
154. B
155. C
156. A
157. D
158. C
159. B
160. C
161. B
162. D
163. A
164. C
165. B
166. D
167. D
168. A
169. C
170. C
171. B
172. A
173. D
174. B
175. C
176. B
177. D
178. A
179. C
180. C
181. D
182. B
183. A
184. B
185. B
186. C
187. D
188. D
189. B
190. A
191. B
192. A
193. C
194. D
195. B
196. A
197. C
198. C
199. A
200. C
201. D
202. B
203. B
204. A
205. B
206. D
207. B
208. C
209. A
210. B
211. C
212. D
213. A
214. D
215. B
216. D
217. A
218. C
219. D
220. B
221. A
222. B
223. D
224. C
225. A
226. B
227. D
228. C
229. A
230. D
231. B
232. C
233. A
234. B
235. C
236. C
237. D
238. A
239. B
240. C
241. D
242. A
243. B
244. A
245. A
246. B
247. D
248. C
249. A
250. B
251. D
252. C
253. A
254. B
255. C
256. C
257. D
258. B
259. B
260. A
261. C
262. D
263. B
264. C
265. A
266. B
267. D
268. C
269. D
270. B
271. A
272. C
273. B
274. A
275. D
276. C
277. C
278. D
279. C
280. A
281. C
282. A
283. B
284. A
285. C
286. B
287. D
288. A
289. B
290. C
291. C
292. D
293. B
294. C
295. A
296. B
297. D
298. C
299. B
300. A
301. C
302. D
303. A
304. C
305. B
306. D
307. B
308. A
309. C
310. B
311. D
312. C
313. A
314. A
315. C
316. D
317. C
318. A
319. B
320. A
321. D
322. B
323. A
324. B
325. C
326. A
327. B
328. D
329. A
330. C
331. B
332. D
333. A
334. A
335. C
336. B
337. C
338. D
339. A
340. B
341. C
342. D
343. A
344. C
345. B
346. B
347. A
348. C
349. C
350. B
351. C
352. B
353. A
354. D

355. C	361. B	367. A	373. A	379. B	385. B
356. C	362. D	368. B	374. D	380. A	386. C
357. A	363. A	369. C	375. B	381. D	387. A
358. B	364. C	370. D	376. C	382. B	388. D
359. D	365. B	371. B	377. D	383. C	389. B
360. C	366. D	372. C	378. A	384. D	390. C

四、多项选择题

1. ABCD	22. ABCD	43. ABCDE	64. ACD
2. ADE	23. ACD	44. ABCD	65. ABC
3. ACD	24. ABD	45. ABCD	66. BCD
4. ABD	25. ABCDE	46. ABCDE	67. ABCDE
5. ABDE	26. ABCDE	47. ABCDE	68. ABCDE
6. BCE	27. ABCDE	48. ABCDE	69. ABCDE
7. AD	28. ABDE	49. ABDE	70. ABCDE
8. BDE	29. ABCDE	50. ACD	71. ABCDE
9. ABD	30. BCDE	51. BCE	72. ABC
10. ABCDE	31. ABCD	52. BCDE	73. ABDE
11. ABCD	32. ABCDE	53. BDE	74. ABCE
12. ABD	33. ABD	54. ACD	75. BCDE
13. ABCE	34. ABCE	55. ACD	76. ACDE
14. ABCDE	35. BCDE	56. ABDE	77. ACDE
15. ABCDE	36. ABD	57. BE	78. ABCDE
16. BCD	37. ACDE	58. ABCE	79. ACE
17. ABCDE	38. BCD	59. ABCDE	80. ABCDE
18. ABCDE	39. ABCDE	60. ABCDE	81. ABCDE
19. ACE	40. ADE	61. ACE	82. ABCDE
20. ABC	41. ABCDE	62. ACDE	83. ABCD
21. BCD	42. ADE	63. ABCD	

五、简答题

1. 答：（1）承载能力较大；（2）传动比大且准确；（3）传动平稳无噪声；（4）具有自锁作用；（5）传动效率较低；（6）不能任意互相啮合。

2. 答：链传动与带传动、齿轮传动相比，具有下列特点：（1）与齿轮传动比较，它可以在两轴中心距较大的情况下传递运动和动力；（2）能在低速、重载和高温条件下及尘土飞扬的不良环境中工作；（3）与带传动比较，它能保证准确的平均传动比，传递功率较大，且作用在轴和轴承上的力较小；（4）传递效率较高，一般可达 0.95 ~ 0.97；（5）链条的铰链磨损后，使得节距变大，造成脱落现象；（6）安装和维护要求较高。

3. 答：摩擦式离合器的优缺点：（1）可在任何转速下接合；（2）接合和分离过程平稳；（3）可用改变摩擦面上压紧力的方法调节所传递的转矩；（4）过载打滑，可保护主要零件不致破坏；（5）结构复杂，外廓尺寸较大，发热较大，磨损较快，产生滑动时两轴不能同步运转。

4. 答：齿轮传动的特点：齿轮传递的功率和速度范围很大；传动比恒定，传动平稳、准确可靠；传动效率高，寿命长。并且齿轮的种类较多，能满足各种传动形式的需要。

齿轮传动的失效形式：轮齿折断、齿面点蚀、齿面胶合、面磨损。

5. 答：螺旋传动具有结构简单，工作连续，平稳，承载能力大，传动精度高等优点。其缺点是由于螺纹之间产生较大的相对滑动，因而磨损大，效率低。

6. 答：在选择液压传动用油时，要根据工作要求和液压油有关性质决定，一般常从以下几方面考虑：（1）黏度适当，并且黏度随温度的变化值要小；（2）化学稳定性好；（3）质地纯净不含杂质；（4）燃点高，凝点低。

7. 答：弹簧的主要用途有：（1）控制运动，即使零件之间保持接触，以控制机器的运动，如凸轮机构、阀门、离合器中的弹簧；（2）缓冲和吸振，即吸收振动及缓和冲击能量，如车辆中的缓冲弹簧；（3）储存能量，如钟表中的发条；（4）测量载荷，如弹簧秤、测力器中的弹簧。

8. 答：千分尺的使用方法：（1）千分尺在使用前要擦净测量面，并转动棘轮，使两测量面接触，检查有无间隙，套管刻线是否对准零位，如没有对准，须加以调整，25 mm 以上规格应用专用校对棒校零位。（2）要把被测量零件的毛刺去掉并擦拭干净。（3）在测量时，最好用双手操作千分尺，在两测量面将要接近零件表面时，就不要再直接旋转活动套管而要转动棘轮。当棘轮发出“卡、卡”声音时，就表示两测量面已和零件表面接触。（4）读取尺寸时，最好不从零件上取下千分尺读数，因为这样容易使千分尺量面磨损，失去精度。在读尺寸时，要防止在固定套管上多读了半格或少读了半格。

9. 答：切削用量的选择是指选择切削速度和走刀量。切削速度的大小与工件材料、钻头直径、钻头材料、冷却液的使用以及走刀量的大小等因素有关。

一般来说，用小钻头钻孔时，转速应快些，走刀量要小些；用大钻头钻孔时，转速要慢些，走刀量要适当大些。钻硬材料时，转速要慢些，走刀量要小些；钻软材料时，转速要快些，走刀量要大些。若用小钻头钻硬材料时，可以适当地减慢速度。

10. 答：锉削工件表面粗糙度达不到要求的原因：（1）锉刀齿纹选用不当；（2）锉纹中间嵌有锉屑未及时清除；（3）粗精锉削加工余量选用不合适；（4）直角边锉削时未选用光边锉刀。

11. 答：攻螺纹操作注意事项：（1）头锥攻入底孔后，继续攻入时，旋转阻力是均匀的。攻丝必须依头锥、二锥、三锥的顺序攻削至标准尺寸。头锥攻过后，先用手将二锥旋入，再装上铰杠攻丝。以同样办法攻三锥。（2）底孔直径要合适。如孔径过大，则造成牙型不全，可能成为废品；孔径过小不好攻，易折断丝锥。（3）退出丝锥时，避免单手急速拨转扳手，要靠惯性自转退出，以免失控损坏丝锥和工件。（4）用可调活动扳手攻螺纹时，要一只手掌握丝锥方向又给以压力，另一只手旋转扳手，以避免把丝锥扳歪，保证切削工作顺利进行。

12. 答：套螺纹是用板牙进行外螺纹加工，套削时，工件装夹要端正、牢固，套削端伸出钳口部分不宜过长；工件端部应倒角 15° ~ 20°，倒角处小端直径应小于螺纹小径，应在板牙切入螺柱两圈之前，校正板牙端面与圆柱轴线的垂直度，切入 3 ~ 4 圈后应停止对板牙施加压力。套螺纹过程中要不断逆转铰杠断屑，并清除之。

13. 答：立体划线的划线基准的选择原则：（1）尽量与设计基准重合；（2）对称形状的工件，应以对称中心线为基准；（3）有孔或凸台的工件，应以主要孔或凸台的中心线为基准；（4）未加工的毛坯件，应以主要的、面积较大的不加工面为基准；（5）加工过的工件，应以加工后的较大表面为基准。

14. 答：錾削表面凸凹不平的原因：（1）錾子刃口不锋利；（2）錾子掌握不正，左右偏摆；（3）錾削时后角过大或时大时小；（4）锤击力不均匀。

15. 答：研磨平面成凸形或孔口扩大的原因：（1）研磨剂涂得太厚；（2）研磨运动不平稳，研具晃动；（3）平面研具工作面平面度差选用不当；（4）研磨棒伸出孔口太长；（5）孔口多余研磨剂未及时除掉。

16. 答：造成锯条折断的原因：（1）锯条选用不当或起锯角度不当；（2）锯条装夹过紧或过松；（3）工件未夹紧；（4）锯削压力太大或推锯过猛；（5）换上的新锯条在原锯缝中产生卡阻；（6）锯缝歪斜后强行矫正；（7）工件锯断时，锯条撞击其他硬物。

17. 答：制定装配工艺规程的内容：（1）确定装配技术要求；（2）制定检验方法；（3）选择装配所需设备、工具；（4）制定时间定额。

18. 答：制动时影响空气波速的因素很多：车辆列车制动管支管的容积增大，副风缸（或工作风缸）沿充气沟的逆流，三通阀（或分配阀）主活塞被推向列车制动管一侧等，均会降低空气波速；而三通阀（或分配阀）的局部减压可提高空气波速。要想列车前后部的减压速度达到最大限度的一致性，应采用电气控制的电-空制动机。

19. 答：制动空走时间与机车牵引的车辆数、列车制动管减压量以及制动初期列车所处的线路纵断面（较大下坡道）等情况有关（在列车制动初期，列车中各车辆的制动缸压力要经过一段时间自列车前部向列车后部顺序产生并逐渐达到最大值）。

制动空走距离则与制动空走时间和列车制动初速有关。

20. 答：列车在曲线上运行时的阻力大于相同条件下直线上的运行阻力，那么，增大的那部分阻力就是曲线附加阻力。

产生曲线附加阻力的主要原因有：（1）列车运行在曲线地段时，由于内、外轨长度的不同将使车轮相对于钢轨的纵向、横向滑动加剧；（2）机车、车辆在离心力的作用下，轮缘与轨头内侧的摩擦增加；（3）车辆上下心盘之间以及轴承有关部分的摩擦加剧。

21. 答：所谓过量供给是指司机误操作或制动机某部件发生故障，使列车制动管压力超过定压的现象。发生过量供给后，车辆副风缸压力也随之升高，当列车制动管恢复定压或发生漏泄时，虽然司机并未施行减压制动，但列车也会产生自然制动，从而造成轮箍弛缓、晚点等行车事故。

22. 答：产生纵向动力的主要原因有：（1）制动作用沿列车长度方向的不同时性。（2）全列车制动缸的压力都达到指定值以后，单位制动力沿列车长度方向的不均匀分布。（3）各车辆之间的非刚性连接使由于前两种原因产生的纵向动力作用更加剧烈。

23. 答：实际工作表明，制动缸充风后将制动缸活塞推出使闸瓦压紧车轮的过程中，需要克服制动缸弹簧对活塞的背压及相关的摩擦阻力，因此制动缸存在最小有效制动缸压力，那么相对应的存在一个列车制动管最小有效减压量，简称最小有效减压量。

制动缸压力随列车制动管减压量的增加而正比例增加。但当列车制动管减压量增大到一定程度时，副风缸与制动缸的压力将达到平衡状态，此时若列车制动管继续减压，制动缸压力也不会上升，因此，制动缸存在制动缸最大压力值，而相应于制动缸最大压力值的列车制动管减压量则被称为列车制动管最大有效减压量，简称最大有效减压量。

24. 答：对于所选用的管子，当具有下列缺陷之一时，必须剔除：（1）管子内、外表面已腐蚀或有显著变色者；（2）管子伤口伤痕深度为管壁厚的 10%以上者；（3）管子表面凹入达管子直径的 20%以上者。

25. 答：不允许有下列缺陷之一：（1）弯曲部分的内外侧有锯齿形；（2）弯曲部分的内外侧形状不规则；（3）弯曲部分的内侧有扭坏或压坏；（4）弯曲部分的内侧波纹凹凸不平。

26. 答：机车动力装置发出的扭矩经传动装置传递，在各动轮的轮周上形成切线力，依靠轮、轨间黏着作用产生由钢轨作用于各动轮周上的反作用力，从而使列车产生平移运动。当机车动轮轮周上的切线力大于轮、轨间的黏着力时，黏着将被破坏，在轮轨接触点处出现车轮与钢轨间的相对滑动，车轮在驱动力矩的作用下，就会围绕轮轴高速旋转而发生空转。

27. 答：当制动力大于轮、轨间黏着力时，闸瓦抱住车轮使其停止转动，但因机车、车辆的惯性作用，车轮在不能滚动的情况下将继续在钢轨上滑动，这种现象叫作滑行。

造成滑行的原因主要有：（1）因闸瓦压力过高，使制动力大于轮轨间的黏着力；（2）轨面有水、霜、冰、雪、油脂等物，降低了黏着力。

28. 答：发生滑行时的危害：（1）极易造成车轮踏面擦伤；（2）车轮擦伤后继续运行时，将对轨面产生锤击作用，速度越高，锤击作用越大，不但增加了机车、车辆振动，缩短机车部件使用寿命，而且会损伤钢轨和线路。（3）轮轨间黏着状态被破坏，使列车制动力下降，延长了制动距离。

29. 答：有两个回路：（1）主回路：机组启动时，在最小压力阀作用下，优先建立起润滑油循环所需之压力，由于油气室内之压力将润滑油压入温控阀，经油冷却器冷却，油过滤器过滤，通过喷油口射入机体内，然后随压缩空气排到油气室进行粗分。（2）辅助回路：含油压缩空气经油气室粗分后，进入油气分离器进行细分，凝集在其底部的少许润滑油，经回油管、可视回油止回阀进入机体，而后随压缩空气排至油气室。

30. 答：空气压缩机不能建立压力故障原因：（1）最小压力阀有泄漏；（2）进气阀开启不到位（延时太长）；（3）电动机的电压太低；（4）环境温度低于设计规定。

31. 答：压缩空气中有油的原因：（1）油细分离器有故障；（2）回油管堵塞；（3）油位过高；（4）回油单向阀失效。

32. 答：当重联在一起的两节机车或其他重联机车之间断钩分离后，第一总风缸内的压缩空气将很快随拉断的总风软管连接器排入大气，第二总风缸内的压缩空气由于逆流止回阀 50 的作用将缓慢沿逆流小孔排入大气，保证分离机车制动所需风源。同时，逆流止回阀 50 又能保证所有重联在一起的机车总风缸内压缩空气压力一致，而不会由于各机车用风量不同，造成总风缸内压缩空气压力不一致。

33. 答：主要作用是：（1）为了使右侧的压力空气与止阀上部的压力空气沟通。（2）避免由于阀芯上、下运动时，造成阀芯上部压力空气的急剧变化，而影响止阀的动作值；（3）为了阀芯上、下运动时，缓解阀芯对阀、盖的冲击。

34. 答：总风缸的试验压力按标准规定为工作压力加 500 kPa 的水压试验，应在此压力下延续 5 min，然后将试验压力降到工作压力，此时对总风缸进行检查，以 0.4 ~ 0.5 kg 的圆头木锤轻轻敲击，不允许有漏泄或冒汗现象。当焊缝漏泄时，允许铲除重焊，但同一处只容许一次重焊，焊后应重做水压试验，直至合格。

35. 答：原因：（1）电动排泄阀不动作，活性氧化铝呈饱和状态；（2）活性氧化铝的加载弹簧压不紧，使活性氧化铝运动加剧；（3）干燥器短接塞门错开放。

36. 答：受电弓升不起的原因：（1）变压器室、高压室各门以及车顶门没关好；（2）升弓管路上有关塞门错关；（3）门联锁阀 37 或 38 卡滞；（4）保护电-空阀 287YV 或升弓电-空阀 1YV 线圈断线或相应控制电路断线；（5）另一节机车风压继电器 515KF 故障或 515KF 处无风；（6）调压阀 52 调整压力较低；（7）升弓管路泄漏严重；（8）受电弓自身故障。

37. 答：原因有：（1）如果辅助风缸压力上升，则止回阀 106 窜风；（2）止回阀 108 窜风；（3）管路漏泄严重；（4）主断路器排水塞门 168 错误开放。

38. 答：辅助压缩机泵风慢的原因：（1）控制风缸前膜板塞门 97 开放或窜风；（2）控制系统管路上止回阀 108 窜风；（3）辅助风缸排水塞门 169 或主断排水塞门 168 未关闭；（4）管路泄漏严重；（5）蓄电池组电压偏低；（6）辅助压缩机排气量降低。

39. 答：机车车辆风管路所使用的钢管，管子内表面一般附着有氧化皮、锈渣、油垢等脏物。酸洗的目的就是清除这类脏物，得到清洁的表面。另外，机车车辆在运用中，由于压缩空气中存在水分，将引起管道的锈蚀，为了增强钢管的防锈能力，管子酸洗后接着要进行磷化处理，在金属表面覆盖一层磷酸盐薄膜，可保护金属，减轻管壁的锈蚀。

40. 答：球芯折角塞门与锥芯折角塞门相比有以下 4 项优点：（1）球芯折角塞门的通风孔为圆形，其截面积为锥芯塞门的 1.2 倍，且圆形通风孔的空气流通阻力较小。（2）塞门芯两侧各有一个密封性能良好的密封垫。（3）检修较简便，不需研磨，只要更换密封垫或球芯即可。（4）开闭塞门时阻力较小，便于列检及调车作业。

41. 答：球芯折角塞门应按下列 5 项要求进行试验：（1）将塞门置于关闭位，进气端接通风源，风压为 600 kPa。（2）关闭位密封性能试验——将塞门手把置于关闭位，给风后将手把开闭三次后再置于关闭位，用肥皂水检查各结合部、阀体及排气口，均不得漏泄。（3）开放位密封性能试验——将塞门的另一端加上塞堵，将手把移至开放位，给风后将手把开闭三次后置于开放位，用肥皂水检查各结合部、阀体及排气口，均不得漏泄。（4）扭矩试验——转动手把，施加在手把上的力矩应不大于 15 N·m。（5）试验合格后，将阀体内、外水吹干、擦净，保存在于净的室内。

42. 答：在选择管接头时必须考虑：良好的密封性；施工工艺的合理性；维护检修的简易及多次使用能力；互换性及经济性。

技师

43. 答：制动缸又称闸缸，是产生制动原力的部件，它受制动缸压力空气压力变化的控制而进行动作。制动时，分配阀控制压力空气充入制动缸内，将制动缸活塞推出，通过制动传动装置使闸瓦压向车轮踏面，产生制动作用；缓解时，制动缸内的压力空气经分配阀排向大气，缓解弹簧将制动缸活塞推回，通过制动传动装置使闸瓦离开车轮踏面，产生缓解作用。

44. 答：各部件组装完毕后应对下列项目进行检查：（1）转动手轮时，各部件应灵活无卡滞现象；（2）拉杆环应对中竖杠杆；（3）手制动竖杠杆与制动器手轮之间间隙应在 2 ~ 3 mm 之内；（4）各部件摩擦面应注润滑剂。

45. 答：闸瓦间隙自动调整器的作用是：（1）闸瓦磨耗后能及时、准确地自动将制动缸活塞行程调整到规定尺寸范围；（2）由于其自动调整作用，可降低列检人员劳动强度，缩短列车停站技检作业时间，加速车辆周转，提高运输效率。

46. 答：闸瓦间隙自动调整器拉杆在制动时伸长后不能复原的原因是由于制动时制动缸活塞行程太长，在缓解时调整螺母转动不灵活，不能及时跟着前进。在制动试验时，可以在车轮与闸瓦间安装垫板，缩小闸瓦与车轮间隙，在制动后缓解时，即可使拉杆复位，否则应更换闸瓦间隙自动调整器。

47. 答：影响车轮和闸瓦间摩擦系数的因素有：（1）列车运行速度；（2）闸瓦压力；（3）闸瓦温度；（4）闸瓦硬度；（5）闸瓦材质；（6）闸瓦形状和摩擦面大小；（7）空气湿度。

48. 答：一般来说，闸瓦压力大，制动力也大。但闸瓦压力不能过大，否则将会产生“抱死轮”现象，使机车、车辆产生滑行，损伤车轮并延长制动距离。闸瓦产生的制动力等于闸瓦与车轮踏面之间的摩擦力。一块闸瓦产生的制动力等于闸瓦压力与摩擦系数的乘积。闸片产生的制动力，则等于闸片与制动盘之间的摩擦力换算到车轮踏面上的值。

49. 答：制动缸缓解不良原因：（1）皮碗直径大或因皮碗耐油性差，发生膨胀，增大了直径；（2）活塞杆弯曲，使它与制动缸前盖上的活塞杆孔发生抵触；（3）制动缸缺油、生锈，增大了活塞阻力；（4）制动缸内的润滑脂在冬季低温下凝固；（5）缓解弹簧折断或弹力过弱；（6）活塞缓解阻力过大。

50. 答：神华交流机车 JPXZ-2A 型盘形制动器蓄能停放部分的手动缓解过程：机车在停放时要移动而又无司机操纵或机车无风时，只能对停放制动施行手动缓解，只要拉动手柄组成就可进行缓解。当拉动手柄组成时，手柄离开棘轮盘的棘爪，蓄能制动器上的橄榄簧、上弹簧座、棘轮盘等组成的整体发生旋转，非自锁螺纹完全解锁，楔块与蓄能活塞分别向上和向下移动，直至许可极限位置，此时压缩弹簧推动活塞组成回到缓解位置，从而达到缓解制动器的目的。

51. 答：闸片间隙在出厂时已经设定并调整好，可用 3 mm 塞尺检测闸片间隙，正常情况下安装后不须重新设定，JPXZ-1 型制动器具有闸片间隙自动调整功能，能根据闸片磨耗量自动补偿间隙以保证闸片和轮盘间隙在正常范围。如有特殊情况需人为调整闸片间隙，需用口径 27 mm 的扳手旋转制动器螺盖，顺时针旋转会使闸片间隙变大，逆时针旋转会使闸片间隙变小。

52. 答：JPXZ-1A 型制动器更换闸片时需先将闸片间隙调大，然后将闸片托体下部的弯销向外撬动，使闸片挡板打开，闸片就能取出。闸片换装完毕后将闸片挡板向里推，使弯销复原，将螺盖逆时针旋转一圈，再进行制动、缓解操作，循环数次直至闸片间隙复原，完成闸片的更换。

53. 答：在 DK-1 型机车电-空制动机中，阀类部件的故障会直接影响到气路的作用。这类故障大多是在阀类部件内的滑动件上。例如：由于缺少油脂润滑，各种活塞杆和分配阀的滑阀、节制阀会出现卡滞，造成风路不能沟通；由于动作频繁和老化等原因，弹簧件会失效，影响阀类部件的正常动作，橡胶件会出现破损裂纹造成窜风和漏风，使阀类部件不能动作或性能下降；同样阀类部件内的小孔堵塞也会影响动作。

54. 答：制动机配件一般比较精细，拆装时应注意：（1）拆卸及搬运配件时，要拿牢轻放，严禁摔碰与抛掷；（2）拆卸时，应使用配套的标准或专用工具，不得用敲打、铲等野蛮方法拆卸；（3）拆卸内装压力弹簧的零部件时，应防止弹簧弹出伤人；（4）拆卸时，应注意保护螺纹，防止碰伤、夹伤；（5）拆下或组装好的配件，为防止灰尘、污物、铁屑等杂质进入阀口或管座中，应加密封套。

55. 答：润滑油脂的好坏，直接影响气动部件的作用可靠性和使用期限。由于气动部件的密封多采用橡胶件，动作是通过压力差来实现，既要求灵活又动作频繁。所以要求润滑油脂必须具备以下特点：（1）对橡胶件无腐蚀性；（2）油膜保持时间长且不易干涸；（3）润滑性能受温度变化影响小。

56. 答：DK-1 型电-空制动机转空气位操作时，没有紧急制动位，如运行中遇特殊情况，需列车迅速停车时，应将空气制动阀置制动位，由学习司机使用紧急停车按钮或开放 121 塞门。

57. 答：原因：（1）中立电-空阀 253YV 下阀口关闭不严；（2）中继阀的遮断阀卡住，不能复位。

处理：（1）将电-空制动控制器手柄置中立位 2～3 次，看是否能恢复正常，如果不行可关闭 157 塞门，转空气位操纵，然后检查更换中立电-空阀；（2）转空气位操纵后，列车制动管仍无压力，可拆检遮断阀，一时修不好，可抽出遮断阀，维持运行到段检修。

58. 答：原因：（1）中继阀主膜板破损；（2）重联电-空阀 259YV 卡劲漏泄；（3）均衡风缸充风通路因故受阻。

处理：（1）电-空制动控制器手柄置制动位，列车制动管减压缓慢，拆检中继阀。运行中则用手动放风阀 121 施行减压，待停车后拆中继阀，抽出供风阀，维持运行；（2）转空气位操纵正常，则为重联电-空阀 259YV 故障，用空气位操纵，维持运行；（3）检查均衡风缸充风的相关通路。

59. 答：原因：（1）管路系统中，117 塞门或 158 塞门关闭；（2）电动放风阀膜板破；（3）804 线无电或紧急电-空阀 94YV 故障。

处理：（1）检查塞门 117 或 158，恢复开放位；（2）在紧急制动位可听到大的排风声，总风压力下降，但列车制动管压力未见下降，可更换放风阀皮碗；（3）检查紧急电-空阀 94YV 接线，运行中需紧急停车时可使用手动放风塞门 121。

60. 答：原因：（1）压力开关 209 或 208 的膜板破损；（2）缓解电-空阀 258YV 故障；（3）缓解电-空阀 258YV 控制电路故障。

处理：运行中电-空制动控制器手柄置中立位，使用 121 塞门减压，停车后转空气位操作，回段检修。

61. 答：原因：（1）操纵不当，在紧急位或重联位停顿时间不够；（2）紧急放风阀电联锁故障；（3）缓解电-空阀 258YV 故障。

判断：首先考虑操纵是否按要求 15 s 以上再回运转位，若非失误原因，此时可将制动控制柜上的 464QS 放在切除位，若能充风则为紧急阀电联锁故障。如仍不充风，则用手按缓解电-空阀 258YV，如能充风则为该电-空阀故障或接线不良，可转换空气位操纵列车运行。

62. 答：原因：（1）重联电-空阀 259YV 及缓解电-空阀 258YV 的下阀口不严；（2）中继阀膜板破损；（3）压力开关 208 或 209 的膜板破损。

63. 答：原因：（1）压力开关膜板破损；（2）压力开关硬芯窜风；（3）209 压力开关微动开关故障；（4）258YV 的下阀口不严。

64. 答：过充压力的消除，是通过过充风缸上设定的缩口风堵来实现限速自然消除。过充压力消除慢的主要原因有：（1）过充风缸缩堵堵塞或缩堵孔径过小；（2）过充电-空阀下阀口不严密；（3）中继阀故障。

65. 答：原因：（1）过充风缸缩堵丢失或孔径过大；（2）过充风缸排水堵松脱；（3）排风 2 电-空阀泄漏；（4）中继阀过充柱塞犯卡或盖密封垫破损；（5）过充电-空阀未得电或本身故障。

66. 答：原因：（1）中立电-空阀不得电或自身故障；（2）中继阀的遮断阀关不住。

处理方法：检查中立电-空阀是否正常得电吸合。若电-空阀此时得电而不吸合，为电-空阀本身故障，须更换该电-空阀；若电-空阀不得电，说明供电通路中断，应检查隔离开关 463 和相应电路，确认中立电-空阀工作正常时，可断定为中继阀的总风遮断阀因故卡在开放位，应解体检查处理或更换总风遮断阀。

67. 答：造成本故障现象的原因有：（1）由于分配阀的紧急增压阀因故动作受阻，不能及时关闭补风通路；（2）分配阀主阀部上盖的缩堵Ⅲ孔径过大；（3）空气制动阀的排气阀开度过小。

68. 答：原因：（1）分配阀缓解塞门 156 处于半开放位置或塞门故障泄漏；（2）空气制动阀有泄漏现象；（3）分配阀安全阀泄漏；（4）排风 1 电-空阀泄漏；（5）作用管管路、接头有泄漏现象。

69. 答：原因：（1）空气制动阀塞门 127 关闭；（2）分配阀供给塞门 123 或制动缸塞门 119 关闭；（3）调压阀 53 整定值为 0；（4）分配阀故障。

70. 答：原因：（1）中立电-空阀故障；（2）总风遮断阀本身故障，卡死在遮断位；（3）中继阀供气阀故障，不能打开；（4）列车制动管塞门 115 处于关闭位。

71. 答：本故障现象的主要原因是由于空气制动阀排风速度过快，造成列车制动管排风波速加快，引起紧急阀处紧急状态而排风。造成空气制动阀排风速度过快的因素有：（1）空气制动阀排风口上限速缩堵脱落；（2）排风口上限速缩堵孔径大于规定的 1 mm。

72. 答：原因：（1）总风滤尘器 100 不畅通或冻结；（2）尾部车辆列车制动管折角塞门开放；（3）车列中个别分配阀紧急部仍开放或排风口未关死。

73. 答：原因：（1）非操纵节机车（或重联机车）重联转换阀 93 的工作位置不对；（2）操纵节机车或非操纵节机车总风联管塞门 160 未打开；（3）制动平均管塞门未开通；（4）操纵节机车重联转换阀 93 内的遮断阀活塞上下窜风，且阀体上排气孔排风不止；（5）非操纵节机车重联转换阀 93 内的重联阀活塞上下窜风，且重联阀上盖排气口排风不止。

74. 答：原因：（1）非操纵节机车处于空气位，但中继阀列车制动管塞门 115 未关闭；（2）非操纵节机车制动机失电；（3）非操纵节机车中继阀排风阀口被污物垫住，阀口漏风；（4）非操作节机车重联电-空阀 259YV 失电或本身故障。

75. 答：当电-空制动控制器紧急制动位产生紧急制动时，或列车分离、拉车长阀及自动停车动作均能使 804 线得电，若调速手轮不在“0”位，则 568KA 常闭接通 912 线，使主断路器自动跳闸，以切除动力源；若调速手轮在“0”位，也就是无级位时，568KA 吸合常闭联锁断开 912 线的电路，不断主断路器，简化了司机操纵。在按紧急制动按钮时，912 线不经 568KA 而直接由 902 线供电，各种条件下均跳闸。

76. 答：紧急活塞杆的轴向中心孔内，有一个 1.8 mm 限制缩孔 I，用以控制紧急室压力空气向列车制动管的逆流速度；紧急活塞杆上部还设有 0.5 mm 的径向限制缩孔Ⅱ，用以控制列车制动管压力空气向紧急室的充气速度；在紧急活塞杆下部离下端 11 mm 处，钻有 1.0 mm 的径向缩孔Ⅲ，用以在紧急制动后，控制紧急室压力空气排入大气的时间。

77. 答：DK-1 型机车电-空制动机设置初制风缸，为的是在实施最小减压量时，即使电-空制动控制器手柄在制动位短暂停留，也能保证均衡风缸的压力向初制风缸均衡，使列车制动管得到最小有效减压量，并且大大缓和了压力回升现象，并使最小减压量得到控制，减压效果明显。

78. 答：故障原因：(1) 重联电-空阀下阀口不严窜风或阀杆卡住不释放；(2) 中继阀膜板破损；(3) 缓解高速电-空阀阀口堵塞；(4) 均衡风缸充风缩堵堵塞。

79. 答：故障原因：(1) 缓解高速电-空阀不失电或本身故障；(2) 制动高速电-空阀不得电或阀口堵塞；(3) 均衡风缸排风缩堵堵塞。

80. 答：故障原因：(1) 塞门 303 关闭；(2) 塞门 123 或塞门 119 关闭；(3) 单制电-空阀不得电或本身故障；(4) 调压阀 304 整定值为 0。

81. 答：后备制动操作注意事项：(1) 操纵后备制动阀可对全列车进行制动、保压和缓解，单缓机车则要按单缓按钮。(2) 将自动制动控制器和单独制动控制器手把放运转位。(3) 需紧急制动时，可按压紧急按钮或者拉车长阀，并同时将后备制动阀手柄移放制动位。(4) 因列车制动管具有补风作用，后备制动阀减压后放中立位保压时，要注意监视列车速度的变化，防止长时间保压时的车辆制动机自然缓解。尽量采用“短波浪”制动方式。(5) 如果非操纵节机车制动机无电源，还应将非操纵节机车中继阀座下方的中继阀列车制动管塞门 115 关闭。

82. 答：(1) 故障原因：① 惩罚源没有消除；② 制动机惩罚制动未解锁。(2) 处理方法：① 确保惩罚源消除，如果惩罚源一直存在而且机车需要临时动车，可以临时将 BCU 钮 ATP 投入/切除钮子开关置“切除”位，以切除惩罚源。② 如需解除惩罚制动，首先惩罚源必须消除，同时需要将大闸手柄置于“重联”位 3 s，制动机才能完成惩罚制动解锁。

83. 答：故障原因：(1) 转换阀 153 置于空气位；(2) 缓解高速电-空阀未得电或本身故障；(3) 均衡风缸充风缩堵堵塞；(4) 总风塞门 157 关闭；(5) 调压阀 55 整定值为 0。

84. 答：故障原因：(1) 中继阀列车制动管塞门 115 处于关闭位；(2) 中立电-空阀 253YV 或遮断电-空阀 255YV 故障；(3) 总风遮断阀故障；(4) 列车制动管遮断阀故障。

85. 答：车辆偏移量的大小与曲线半径和车辆长度有关，曲线半径愈小或车体愈长，偏移量愈大。

车辆偏移量过大时，有可能超过车辆限界，并使车钩互相摩擦，可引起车钩自动分离以及不能摘钩、挂钩等现象。

86. 答：(1) 初充风：因制动机初充风时，各风缸均无压力空气，列车制动管的压力空气分别充入副风缸、加速缓解风缸和紧急室等处，使之充到定压。(2) 再充风及缓解：列车制动后再缓解时，列车制动管充风增压，除上述初充风的三条气路外，还在再充风初始时沟通了加速缓解风缸至列车制动管气路，使加速缓解风缸的压力空气充入列车制动管，形成列车制动管局部增压作用，加快列车制动管的升压速度，从而起到促使全列车迅速缓解的目的，提高了缓解波速。

在上述各气路工作的同时，制动缸的压力空气排向大气，从而使车辆缓解。

87. 答：列车制动管增压时，前部车辆由于列车制动管压力上升较快，120 型控制阀处于减速充气缓解位，此时列车制动管减速向副风缸充风，向加速缓解风缸充风的速度也减慢，从而使更多的列车制动管压力空气送往列车后部车辆，以确保后部车辆早一点获得增压，从而使列车前后部的缓解时间差缩短，减小列车的纵向动力作用。

88. 答：常用制动状态时，首先形成第一阶段的局部减压作用，沟通列车制动管向局减室降压的气路，以促使主活塞两侧压力差骤增，使主活塞带动滑阀、节制阀进一步上移。随着第一阶段局部减压作用的结束，便形成了第二阶段的局部减压作用，沟通列车制动管向制动缸降压的气路，从而使列车制动管压力进一步降低，进而沟通副风缸向制动缸充风的气路，实现车辆上闸制动。

89. 答：紧急制动时，主阀的各部分的作用，除紧急二段阀外，均与常用制动一样，并且：（1）由于列车制动管压力迅速降低，紧急阀动作，加快列车制动管排风，使列车紧急制动作用更可靠。（2）由于紧急二段阀的作用，制动缸压力先跃升 120 ~ 150 kPa，然后经 8 ~ 12 s 时间缓慢升至 400 kPa，这样减轻了长大货物列车的纵向动力作用。

90. 答：施行紧急制动后使制动机缓解，此时制动机处于制动位。拉动手柄使副风缸或加速缓解风缸的压缩空气进入缓解活塞下部而打开排气阀，使制动缸排气。由于此时制动机处于制动位，所以当副风缸减压时主活塞不会下移，因此缓解活塞下部的压缩空气不能排向大气，使缓解活塞被锁在上部位置不能下移，制动缸的压缩空气能一直排向大气直至排完，即制动缸能自动缓解。

91. 答：车辆上与制动主管（也称列车制动管）相连接的制动支管上的截断塞门被关闭的车辆叫作关门车。

车辆的制动机在下列情况之一下须关门：（1）装载须关闭自动制动机的危险货物时；（2）轮箍或轮毂松弛时；（3）制动机作用不良或基础制动装置发生故障，来不及修复时。

92. 答：原因：（1）三通阀活塞弹簧阻力过小，制动感度过敏，列车制动管轻微漏风时便引起自然制动，使闸瓦长期与踏面接触，严重时擦伤车轮；（2）操纵不当，使列车过量充风，引起作用过于灵敏的三通阀产生制动；（3）制动缸漏风沟堵塞；（4）列车制动管漏泄过限。

93. 答：主要差别在于：（1）制动能源来自机车，因此机车制动系统中必须设有制动能源装置，如风源系统、动力系统等，车辆制动装置则无；（2）列车制动的操纵来自机车，因此机车制动车机必须设有操纵机构，如自动制动阀、单独制动阀，车辆制动装置则无；（3）机车是一种动力设备，既要牵引列车，又可单独运行。因此，要求制动装置可操纵整个列车的制动作用，亦可单独操纵自身的制动作用。

94. 答：当将单阀手柄置于制动区某一位置时，调整阀凸轮便得到一个升程，推动调整阀柱塞向左移动，供气阀在其弹簧力的作用下随同左移，首先推动排气阀弹簧，关闭排气阀口，随之供气阀被顶开，总风缸的压力空气进入单独作用管，经变向阀至作用阀活塞下侧作用阀呈制动位，机车单独制动。单独作用管增压的同时，经缩孔连通的调整阀膜板的右侧同时增压，待其压力增至与调整阀升程量相适应时，可控制调整阀弹簧力使阀座左移，供气口开度逐渐减小直至关闭，此过程中排气阀口仍关闭，单独作用管停止增压。

95. 答：该阀为柱塞活塞止阀结构，主要由调整螺栓、紧急限压弹簧、柱塞活塞、阀套、顶杆、止阀等组成。

紧急限压阀的主要作用有 2 点：其一，施行紧急制动时，使作用风缸压力进一步得到提高，并限制不超过 450 kPa；其二，主阀紧急制动后缓解时，提供一条使作用风缸压力排气的通路，以保证常用限压阀由限压状态自动转换为正常状态，使作用风缸的缓解得以实现。

96. 答：局部减压止回阀的作用是：在初制动时，使列车制动管压力空气经局止阀进入局减室，并由充气阀柱塞上端排出部分压力，使列车制动管局部减压 25 ~ 85 kPa 的压力；在再制动时，局减止回阀在局减室压力及其弹簧力的作用下关闭，可以防止局减室内的压力空气向列车制动管逆流而引起自然缓解。

97. 答：SS_{4B} 型电力机车 DK-1 型电-空制动机阶段制动性能及最大减压量试验：（1）将大闸手把由运转位移出，并将手把在制动位与中立位间移动，施行阶段制动。阶段制动作用应稳定，列车制动管定压 600 kPa 时列车制动管减压量与制动缸压力值：

列车制动管减压量 40 ~ 50 kPa，100 kPa，170 ~ 180 kPa；

制动缸压力 90 ~ 130 kPa，240 ~ 270 kPa，400 ~ 435 kPa。

（2）再将大闸手把置于制动位，列车制动管应获得最大减压量 210 ~ 290 kPa（列车制动管定压 600 kPa）。待压力稳定后，制动缸压力变化不大于 10 kPa/min。

98. 答：制动机单机自检操作方法：（1）将电-空制动控制器、单独制动控制器手把均放运转位；（2）待制动机充风缓解完毕，将制动控制单元 BCU 上四个黑色按键（F1，F2，F3，F4）中的 F1 按压，直到制动控制单元 BCU 上的数码管显示“U00”；（3）将制动控制单元 BCU 上四个黑色按键（F1，F2，F3，F4）中的 F2 或 F4 按压到制动控制单元 BCU 上的数码管显示“U01”；（4）将制动控制单元 BCU 上四个黑色按键（F1，F2， F3， F4）中的 F2 按压住、再按压 F3，直到制动控制单元 BCU 上的数码管显示“d01”。

完成上述操作后，DK-2 型机车电-空制动机将自动进入制动机单机自检，整个制动机单机自检过程中制动控制单元 BCU 上的数码管上会显示各个检查步骤，自检完成后自检功能会自动退出，制动控制单元 BCU 上的数码管显示“BCU”或“BCU. ”。

99. 答：观察完毕后，可以通过制动控制单元 BCU 上的四个黑色按键（F1，F2，F3，F4）消除“BCU.”的显示，操作方法如下：（1）将制动控制单元 BCU 上四个黑色按键（F1，F2，F3，F4）中的 F1 按压，直到制动控制单元 BCU 上的数码管显示“U00”；（2）将制动控制单元 BCU 上四个黑色按键（F1，F2，F3，F4）中的 F2 或 F4 按压到制动控制单元 BCU 上的数码管显示“U04”；（3）将制动控制单元 BCU 上四个黑色按键（F1，F2，F3，F4）中的 F3 按压后，即可让制动控制单元 BCU 上的数码管回到正常显示状态“BCU”。

100. 答：机车制动机检修安全注意事项：（1）在机车或试验台上拆装配件时，首先应关闭相应的截断塞门，排净部件及相应管路内的余压后再进行拆卸。（2）对电器部件或带有电联锁的部件拆装时，必须首先切断控制电源。在拆卸过程中，拆下的导线裸头须进行包扎或甩在与任何金属导体无接触处所，再拆卸其他部件。在分解和拆装插座时应在断电后进行。（3）摘开内部有压力空气的制动软管时，要先关闭两方面的折角塞门，然后握紧制动软管连接器慢慢摘开。（4）给电或给风试验须 2 人以上进行，1 人试验，1 人监护。遇到异常现象时，应首先切断电源或风源，以防事态扩大。

101. 答：立式钻床的使用与维护保养：（1）使用时必须先空转试车，检查有无异常状况，待机床各部分均运转正常后方可进行加工操作。（2）使用时，如不采用自动进给时，必须先脱开自动进给手柄。（3）变换主轴转速或自动进给时，必须在停车后进行调整。（4）机床应按“说明书”的各项规定进行润滑。滤油网要定期清洗，以保持油液的清洁，并经常检查机床润滑系统的供油情况是否正常。（5）床身导轨要经常用细纱布擦净注油，以免研伤。（6）使用完毕后应清扫洁净，上油，并切断电源。

102. 答：活动扳手的使用方法及注意事项：活动扳手，其开口尺寸能在一定范围内调节。使用活动扳手时应让固定钳口受主要作用力，否则会损坏扳手。钳口调整尺寸应适合螺母尺寸，钳口过大会扳坏螺母。活动扳手的把上不能加套管，以免损坏扳手。使用活动扳手时，要根据不同场合、不同位置及尺寸大小采用不同的扳手，辨别反正扣方向。用力大小要适当，用力太大会使螺栓螺纹损坏滑扣、机件变形等。

六、绘图题

1. 答：作俯视图如图 4-12 所示。
2. 答：补全其三面投影如图 4-13 所示。

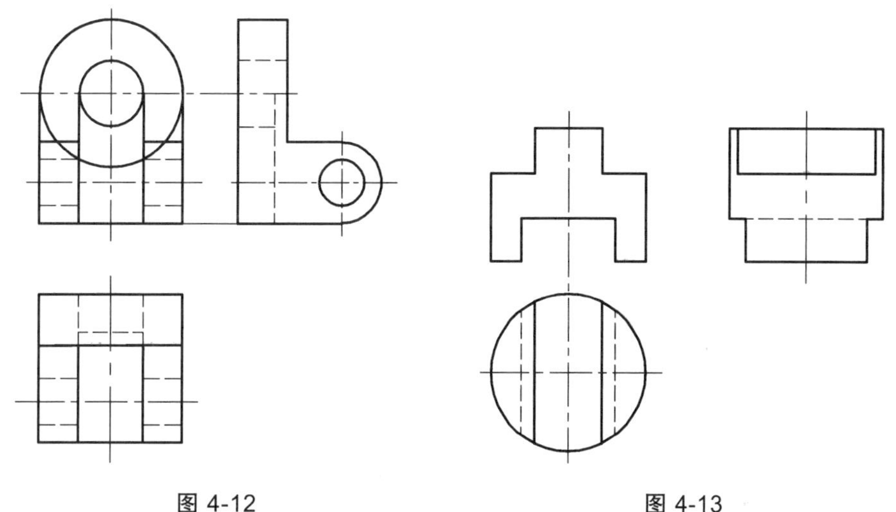

图 4-12　　图 4-13

3. 答：补画组合体视图中缺漏的图线如图 4-14 所示。
4. 答：作左视图如图 4-15 所示。

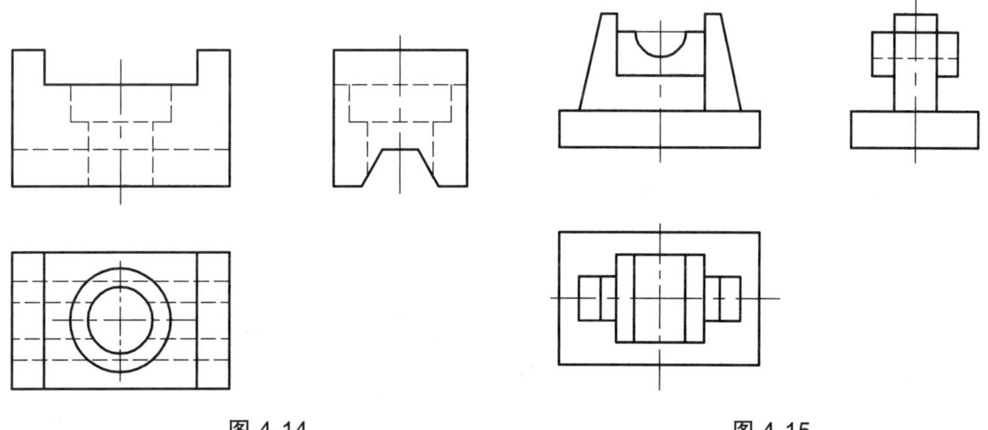

图 4-14　　图 4-15

5. 答：补画第三视图如图 4-16 所示。

6. 答：作相贯体的相贯线如图 4-17 所示。

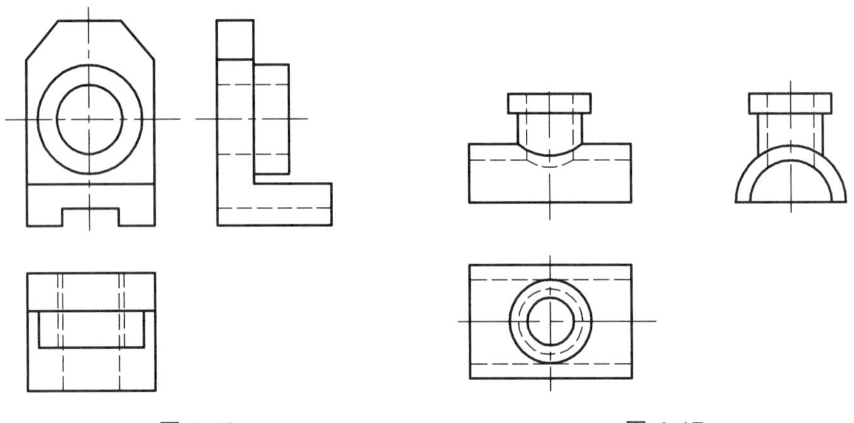

图 4-16　　图 4-17

7. 答：其三视图如图 4-18 所示。

8. 答：其三视图如图 4-19 所示。

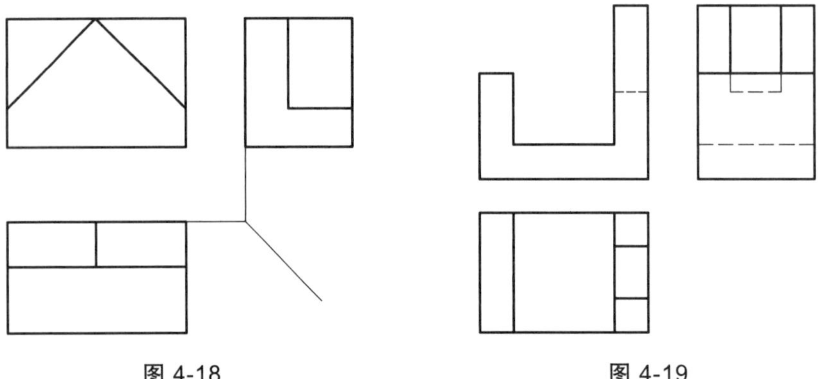

图 4-18　　图 4-19

9. 答：其三视图如图 4-20 所示.

10. 答：其三视图如图 4-21 所示。

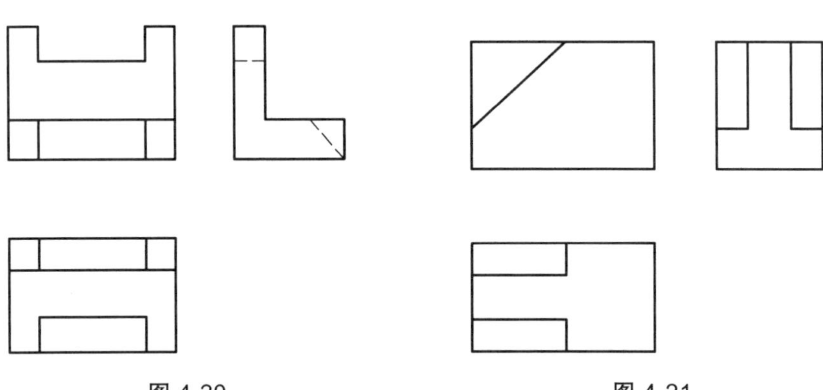

图 4-20　　图 4-21

11. 答：其三视图如图 4-22 所示。

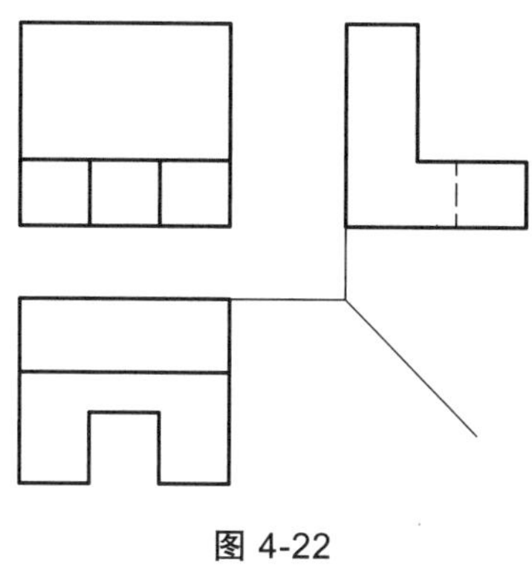

图 4-22

12. 答：SS_{4B} 型电力机车风源系统原理图如图 4-23 所示。

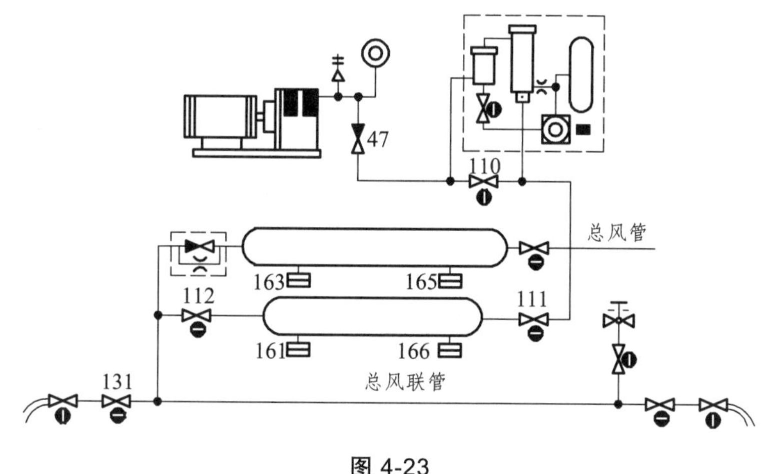

图 4-23

13. 答：SS_{4B} 型电力机车控制管路系统原理图如图 4-24 所示。

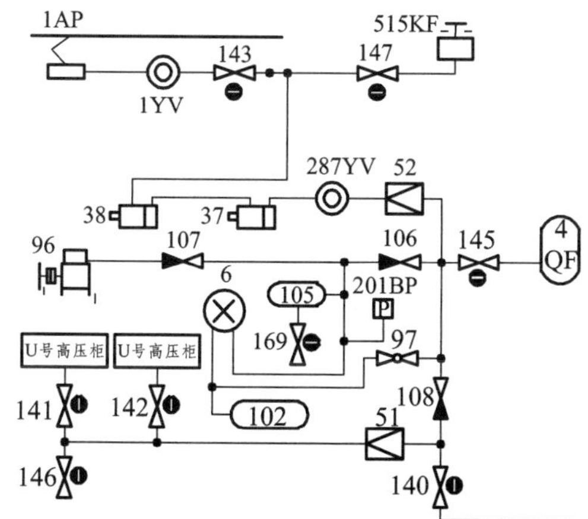

图 4-24

14. 答：神华号交流电力机车风源系统原理图如图 4-25 所示。

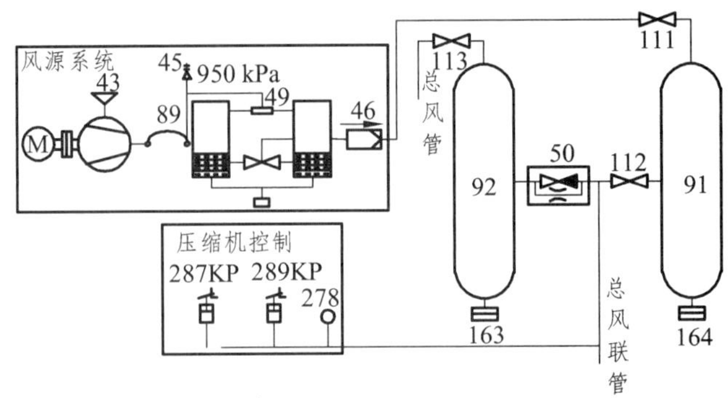

图 4-25

15. 答：神华号交流电力机车控制管路系统原理图如图 4-26 所示。

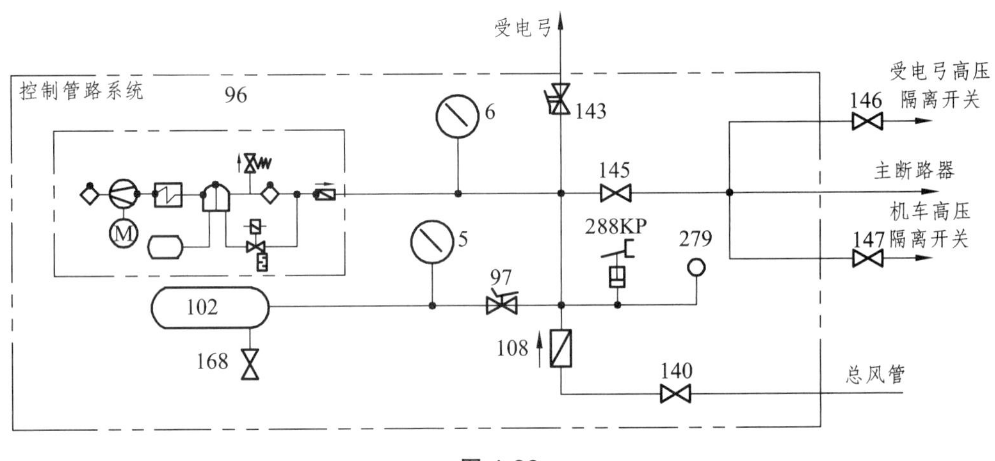

图 4-26

16. 出 DK-1 型电-空制动机各部件相互关系如图 4-27 所示。

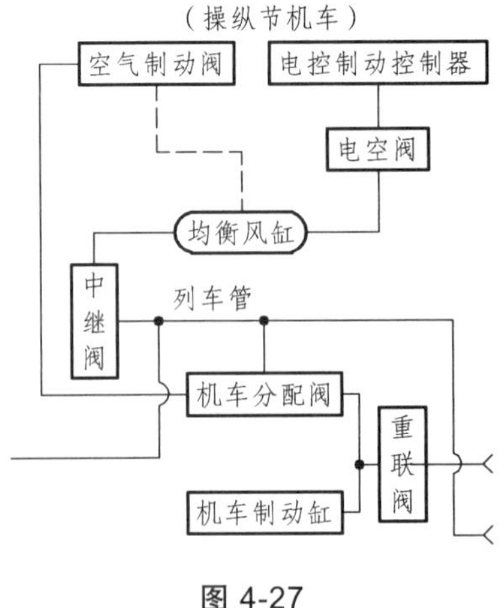

图 4-27

17. 答：DK-1 型电-空制动机初制风缸的作用原理图如图 4-28 所示。

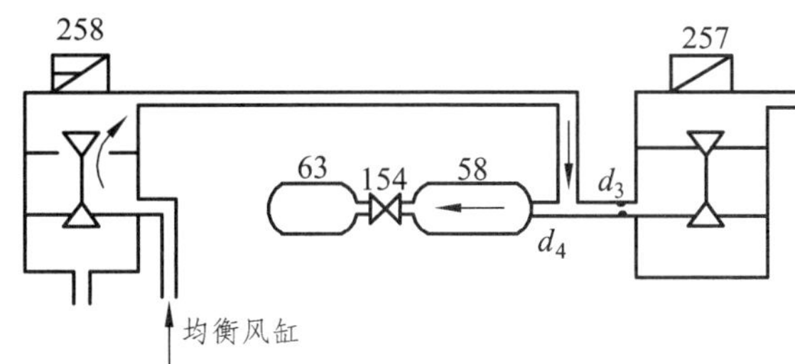

图 4-28

18. 答：神华号交流电力机车 DK-2 型电-空制动机结构框图如图 4-29 所示。

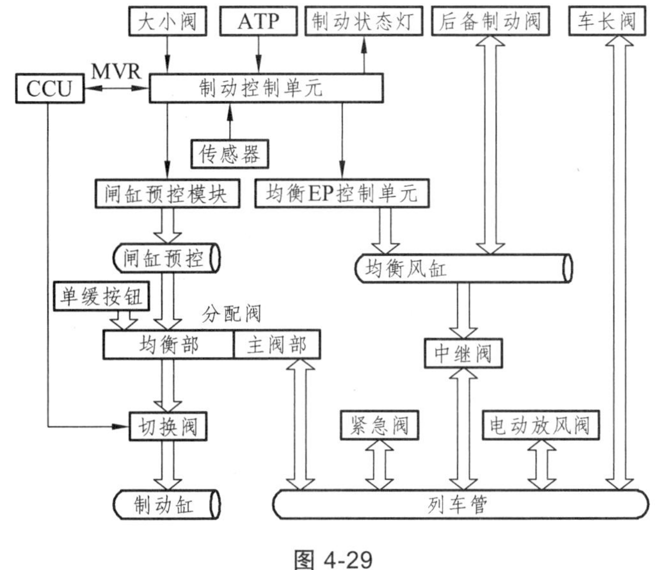

图 4-29

19. 答：SS_{4B} 型电力机车电-空制动控制器触头闭合表图 4-30 所示。

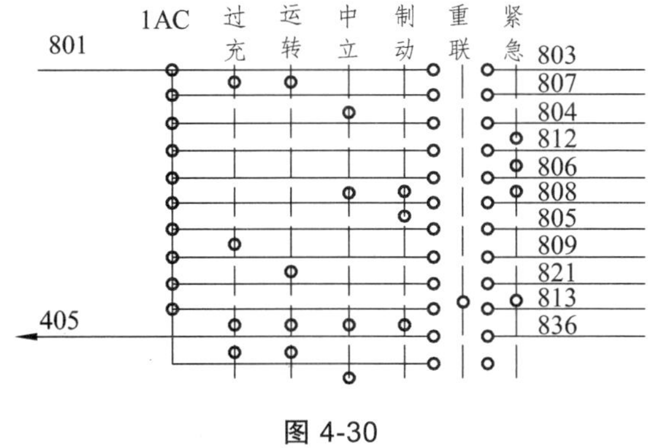

图 4-30

20. 答：空气制动阀在不同工况下的各个位置的气路、电路关系图如图 4-31 所示。

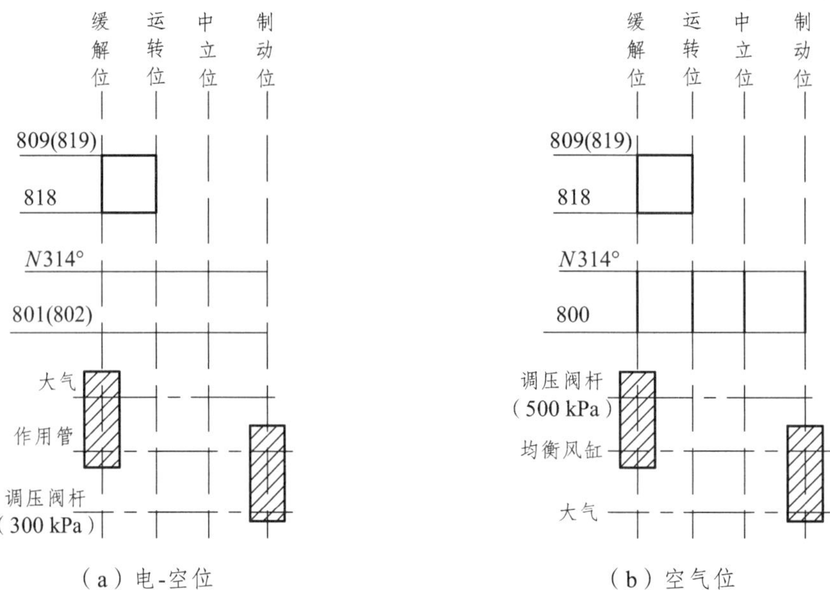

图 4-31

七、计算题

1. 解：（1）根据公式 $d_a = m(z_1 + 2)$ 可得

$m = d_a/(z_1 + 2)$

$= 107.5/(39 + 2) = 107.5/41 = 2.5$（mm）

（2）根据公式 $a = (d_1 + d_2)/2$

$= (mz_1 + mz_2)/2 = m(z_1 + z_2)/2$

则 $z_1 + z_2 = 2a/m = 116.25 \times 2/2.5 = 93$

所以 $z_2 = 93 - 39 = 54$

（3）$d_1 = mz_1 = 2.5 \times 39 = 97.5$（mm）

（4）$d_z = mz_2 = 2.5 \times 54 = 135$（mm）

答：原齿轮分度圆直径 $d_1 = 97.5$ mm；配制齿轮分度圆直径 $d_2 = 135$ mm；两齿轮模数为 $m = 2.5$ mm；配制齿轮的齿数 $z_2 = 54$。

2. 解：已知：$m = 3$ mm，$z = 24$；求：d，h_a，h_f，h，d_a，d_f，t。

$d = mz = 3 \times 24 = 72$（mm）

$d_a = m(z + 2) = 3 \times 26 = 78$（mm）

$d_f = m(z - 2.5) = 3 \times 21.5 = 64.5$（mm）

$h_a = 1 \times m = 3$（mm）

$h_f = 1.25m = 1.25 \times 3 = 3.75$（mm）

$h = h_a + h_f = 3 + 3.75 = 6.75$（mm）

$t = \pi \cdot m = 3.14 \times 3 = 9.42$（mm）

答：其分度圆直径为 72 mm，齿顶圆直径为 78 mm，齿根圆直径为 64.5 mm，齿根高为 3.75 mm，齿顶高为 3 mm，齿全高为 6.75 mm，周节为 9.42 mm。

技师

3. 解：已知：$d = 103$，$z = 20$，$\beta = 13°50'$，$\cos 13°50' = 0.971$；

求：m_n，m_t，p_t，p_n，d_a，d_f，s_n，h_a，h_f，h。

$m_n =（d/z）\cos\beta -（103/20）\times 0.971 = 5.15 \times 0.971 = 5（mm）$

$m_t = d/z = 103/20 = 5.15（mm）$

$p_t = \pi m_t = 3.14 \times 5.15 = 16.18（mm）$

$p_n = \pi m_n = 3.14 \times 5 = 15.7（mm）$

$d_a = d + 2m_n = 103 + 2 \times 5 = 113（mm）$

$d_f = d - 2.5m_n = 103 - 2.5 \times 5 = 90.5（mm）$

$s_n = p_n/2 = 15.7/2 = 7.85（mm）$

$h_a = m_n = 5（mm）$

$h_f = 1.25m_n = 1.25 \times 5 = 6.25（mm）$

$h = 2.25m_n = 2.25 \times 5 = 11.25（mm）$

答：法向模数为 5 mm，端面模数为 5.15 mm，法面齿距为 16.18 mm，端面齿距为 15.7 mm，齿顶圆直径为 113 mm，齿根圆直径为 90.5 mm，齿间齿厚为 7.85 mm，齿顶高为 5 mm，齿根高为 6.25 mm，齿全高为 11.25 mm。

4. 解：（1）求钻底孔直径。

由公式 $D = d -（1.05 \sim 1.1）t$ 得

$$D = d - 1.05t = 8 - 1.05 \times 1.25 = 6.7（mm）$$

（2）求钻孔深度。

由公式 $L = L_0 + 0.7d$ 得

$$L = 20 + 0.7 \times 8 = 20 + 5.6 = 25.6（mm）$$

答：钻底孔直径为 6.7 mm，钻孔深度为 25.6 mm。

5. 解：制动杠杆倍率计算如下：

（1）车辆总闸瓦制动压力为

$$\sum K = Q \times \theta = 40 \times 70\% = 28（t）\approx 280\,000（N）$$

（2）制动缸压力 F 为

$$F = [（\pi d^2）/4] \times P$$

$$= [3.14 \times（0.356^2）/4] \times 400\,000 \approx 39\,795.1（N）$$

（3）制动倍率及杠杆倍率。

制动倍率：　$N =（\sum K）/F = 280\,000/39\,795.1 = 7.036$

制动杠杆倍率：　$N_1 = N/\eta = 7.036/0.9 = 7.82$

答：制动杠杆倍率为 7.82。

6. 解：（1）制动空走时间

$$t_K =（1.5 + 0.18n）（1 - 0.05i_j）$$

式中　n——编制数量，$n = 60$；

i_j——加算坡度值，$i_j = -10$。

所以　$t_k =（1.5 + 0.18 \times 60）[1 - 0.05 \times（-10）]$

$$= 12.3 \times 1.5 = 18.45（s）$$

（2）制动空走距离为

$$S_k = (v_0 \cdot t_k)/3.6$$

式中 v_0——制动初速，$v_0 = 60$ km/h；

t_k——制动空走时间，$t_k = 18.45$ s

所以 $S_k = (60 \times 18.45)/3.6 = 307.5$（m）

答：制动空走时间为 18.45 s，制动空走距离为 307.5 m。

7. 解：作用室的容积 $V_z = V_1 + V_2$

式中 V_1——作用管容积；

V_2——作用风缸容积。

作用管的容积：

$$V_1 = \frac{1}{4}\pi d^2 l = \pi(10 - 1.5 \times 2)^2/(4 \times 1\,000) = 0.58\ (\text{L})$$

式中 l——作用管长度。

根据气态方程 $V_e \times r = V_z \times P_z$，因为 $P_z = 2.5r$，所以：

$$V_z = V_e \times r/P_z = V_e/2.5 = 9/2.5 = 3.6\ (\text{L})$$

作用风缸容积 $V_2 = V_z - V_1 = 3.6 - 0.58 = 3.02$（L）

答：作用风缸的容积应为 3.02 L。

8. 解：（1）车辆列车制动管及副风缸总容量为

$$V_c = (26 + 94) \times 12 = 1\,440\ (\text{L})$$

（2）减压后空气的消耗量为

$$Q_c = 1440 \times 140 = 201\,600\ (\text{kPa} \cdot \text{L})$$

（3）求总风缸的压力下降值。

因为 $\Delta P \times 1\,200 = Q_c$

所以 $\Delta P = 201\,600/1\,200 = 168$（kPa）

（4）总风缸的剩余压力为

$$P_c = P_0 - \Delta P = 850 - 168 = 682\ (\text{kPa})$$

答：通过计算，总风缸的剩余压力 682 kPa 还高于列车制动管的定压（旅客制动列车管定压为 600 kPa），可以对列车进行全缓解。

9. 解：以 GK 型车辆制动机副风缸内的压力空气为研究对象，根据波义耳-马略特定律列方程：

$$p_0' V_f = p_{1^\circ \max}'(V_f + V_z)$$

所以 $$p_{1^\circ \max}' = V_f \times p_0'/(V_f + V_z)$$

或 $$p_{1^\circ \max} = V_f \times p_0'/(V_f + V_z) - 100$$

式中 p_0'——列车制动管定压，绝对压力（kPa）；

$p_{1^\circ \max}'$——制动后制动缸与副风缸的平衡压力，绝对压力（kPa）；

$p_{1^\circ \max}$——制动后制动缸与副风缸的平衡压力，表压力（kPa）；

V_f——副风缸的容积；

V_z——制动缸的容积。

将 $V_f/V_z = 3.25$ 代入上式得：

$$p'_{1^\circ\max} = 0.765 p'_0$$

取制动管定压为 600 kPa（表压力）时，有

$$p'_{1^\circ\max} = 0.765 \times (600 + 100) = 535.5\ (\text{kPa})$$

即

$$p_{1^\circ\max} = 0.727 \times (600 + 100) - 100 \approx 436\ \text{kPa}$$

将 $p_{1^\circ\max} \approx 436$ kPa 代入式 $P_1 = 3.25r - 100$ 中得：

$$r_{\max} = (436 + 100)/3.25 \approx 165\ (\text{kPa})$$

答：列车制动管定压 600 kPa 时，GK 型车辆制动机最大有效减压量为 165 kPa。

10. 解：机车最大有效减压量 $r_{\max}$ 按列车制动管定压 p_1 减去最大有效减压量时，压力室剩余压力与作用室、作用管压力相等的条件计算。

$$p_1 - r_{\max} = 2.5 r_{\max}$$

$$p_1 = (2.5 + 1) r_{\max} = 3.5 r_{\max}$$

$$r_{\max} = p_1/3.5$$

当 $p_1 = 500$ kPa 时，

$$r_{\max} = 500/3.5 = 143\ (\text{kPa})$$

当 $p_1 = 600$ kPa 时，

$$r_{\max} = 600/3.5 = 171\ (\text{kPa})$$

答：机车列车制动管定压为 500 kPa 时，其最大有效减压量为 143 kPa；列车制动管定压为 600 kPa 时，其最大有效减压量为 171 kPa。

11. 解：（1）未压缩前大气中的绝对湿度为

$$\gamma = \gamma_{s(-10)} \times \rho = 2.22 \times 0.7 = 1.55\text{g/m}^3$$

（2）压缩至 900 kPa 后的水汽含量。

根据状态方程

$$\frac{P_1 V_1}{T_1} = \frac{P_2 V_2}{T_2}$$

式中 P_1、P_2——气体的压强；

V_1、V_2——气体占有的体积；

T_1、T_2——气体的绝对温度。

而密度 γ 与体积 V 成反比，所以

$$\frac{V_1}{V_2} = \frac{P_2 T_1}{P_1 T_2} \qquad \frac{\gamma_1}{\gamma_2} = \frac{P_1 T_2}{P_2 T_1}$$

则

$$\gamma_2 = \frac{\gamma_1 P_2 T_2}{P_1 T_2}$$

$$= \frac{1.55 \times 1\,000 \times 263}{100 \times 283} = 14.22\ (\text{g/m}^3)$$

（3）总风缸中单位压缩空气析出的水分为

$$\Delta\gamma = \gamma_2 - \gamma_{s(10)} = 14.22 - 9.4 = 4.82\ (\text{g/m}^3)$$

即总风缸中每立方米中析出水分为 4.82 g。

（4）总风缸中的水析出量。

当空气消耗量 $Q = 120\ \text{m}^3/\text{h}$ 时，每小时在总风缸中析出水分为

$$\Delta\gamma \times Q = 4.82 \times 120 = 578.4\ (\text{g/h})$$

答：当空气消耗量 $Q = 120\ \text{m}^3/\text{h}$ 时，每小时在总风缸中析出水分为 578.4 g。

12. 解：（1）再生耗气率公式推导。

设空气压缩机的排气量为 Q，则

在开通装置情况下，空压机向总风缸的充风量为 $V_1 = Q \cdot t_1$；

在关闭装置情况下，空压机向总风缸的充风量为 $V_2 = Q \cdot t_2$。

但是总风缸的容积和压力范围相同，之所以充风时间不同，是由于一部分压缩空气用于干燥剂再生了，即再生耗量。

所以再生耗气率为：

$$\begin{aligned}\eta &= (V_1 - V_2)/V_1 \times 100\% \\ &= (Q \cdot t_1 - Q \cdot t_2)/(Q \cdot t_1) \times 100\% \\ &= (t_1 - t_2)/t_1 \times 100\%\end{aligned}$$

（2）再生耗气率计算。

已知 $t_1 = 40\ \text{s}$，$t_2 = 34\ \text{s}$，则

$$\begin{aligned}\eta &= (t_1 - t_2)/t_1 \times 100\% \\ &= (40 - 34)/40 \times 100\% = 15\%\end{aligned}$$

答：再生耗气率的计算公式为 $\eta = (t_1 - t_2)/t_1 \times 100\%$；该装置再生耗气率为 15%。

13. 解：（1）总风缸及其管系总容积：

$$V_0 = 625 \times 2 + 30 = 1\ 280\ (\text{L}) = 1.28\ (\text{m}^3)$$

（2）总风缸压力由 0 升至 900 kPa 的充风量：

$$V_1 = p \times V_0 = 9 \times 1.28 = 11.52\ (\text{m}^3)$$

（3）总风缸压力由 0 升至 900 kPa 的充风时间：

$$\begin{aligned}t_1 &= V_1/(Q \times 2) \\ &= 11.25//(2.4 \times 2) = 2.4\ (\text{min}) = 144\ (\text{s})\end{aligned}$$

式中 Q——空压机的额定排气量。

（4）总风缸由 750 ~ 900 kPa 的充风量：

$$V_2 = V_0 \times \Delta p = 1.28 \times (9 - 7.5) = 1.92\ (\text{m}^3)$$

（5）总风缸压力由 750 ~ 900 kPa 的充风时间：

$$\begin{aligned}t &= V_2/(2.4 \times 2) \\ &= 1.92/(2.4 \times 2) = 0.4\ (\text{min}) = 24\ (\text{s})\end{aligned}$$

技师

答：总风缸压力由 0 ~ 900 kPa 的充风时间为 144 s；由 750 ~ 900 kPa 的充风时间为 24 s。

14. 解：（1）计算手制动机轴链拉力 Q。

根据力矩传递平衡式 $P \cdot D/2 = Q \cdot r$ 变换，得

$$Q = P \cdot D/2r$$

所以 $Q = 400 \times 500/(2 \times 40) = 2\ 500\ (\text{N})$

（2）计算车辆闸瓦压力 $\sum K$。

车辆闸瓦压力 $\sum K$ 等于手制动机轴链拉力 Q 乘传动杠杆倍率 N 乘传动效率 ，即

$$\sum K = Q \cdot N \cdot \eta$$

所以　$\sum K = 2\ 500 \times 9.5 \times 90\%$

$= 21\ 375\text{（N）} = 21.375\text{（kN）}$

答：手制动机轴链拉力和车辆闸瓦压力分别为 2 500 N 和 21.375 kN。

15. 解：DK-1 型电-空制动机对应不同的列车制动管压力所需的列车制动管最小有效减压量不同，货运机车规定为 500 kPa，客运机车为 600 kPa。为获得满意的初制动效果，必须采用不同的初制风缸容积。其容积计算如下。

已知均衡风缸的容积为 5.7 L，制动管定压 500 kPa，最小有效减压量为 50 kPa，则：

初制风缸的容积 = 制动管最小减压量 × 均衡风缸容积/均衡风缸均衡前的绝对压力

$= (50 \times 5.7) / (500 - 50) = 0.63\text{（L）}$

当制动管定压为 600 kPa 时，考虑客车制动机的特点，选择 40 kPa 的最小减压量，其均衡风缸均衡前的绝对压力为 560 kPa，代入公式：

初制风缸的容积 = 制动管最小减压量 × 均衡风缸容积/均衡风缸均衡前的绝对压力

$= (40 \times 5.7) / (600 - 40) = 0.41\text{（L）}$

考虑通过制动电-空阀 257Y 排大气的因素和连接管路的容积，最后选择初制风缸的容积：制动管定压 500 kPa 时为 0.56 L，定压为 600 kPa 时为 0.36 L，所以初制风缸设为两个，一个为 0.36 L，另一个为 0.2 L，两个之间用转换阀连接。

16. 解：该车的偏移量：

$$W_m = (S^2 + S_1^2) / (8R)$$
$$= (12\ 000^2 + 1\ 750^2) / (8 \times 300\ 000)$$
$$= 61.3\text{（mm）}$$

车体端部偏移量：

$$W_e = (L^2 - S^2 - S_1^2) / (8R)$$
$$= (17\ 000^2 - 12\ 000^2 - 1\ 750^2) / (8 \times 300\ 000)$$
$$= 59.1\text{（mm）}$$

答：当车辆通过 $R = 300$ m 的曲线时，车体中部和端部的偏移量分别为 61.3 mm 和 59.1 mm。

八、论述题

1. 答：螺纹烂牙产生的原因：（1）螺纹底孔直径小或孔口未倒角；（2）丝锥磨钝或切削刃上黏有积屑瘤；（3）未用合适的切削液；（4）手攻螺纹切入或退出时，铰杠晃动；（5）手攻螺纹时，铰杠未经常逆转断屑；（6）机攻螺纹时，校准部分攻出孔口，退丝锥时造成烂牙；（7）用一锥攻歪螺纹，而用二、三锥攻削时强行矫正；（8）攻盲孔时，丝锥顶住孔底而强行攻削。

2. 答：套螺纹时螺纹烂牙产生的原因：（1）圆杆直径太大；（2）板牙磨钝或有积屑瘤；（3）铰杠掌握不稳，套螺纹时，板牙左右摇摆；（4）未采用合适的切削液；（5）板牙刀刃上存有切屑瘤；（6）强行校正已套歪的板牙或未经常逆转断屑。

3. 答：常见的研磨运动轨迹有四种：（1）直线研磨运动轨迹：不相互交叉，容易直线重叠，使工件难以获得高的粗糙度，可获得较高的几何精度；（2）摆动式直线研磨运动轨迹：

主要用于某些要求直线度、平面度的工件，采用摆动式直线研磨，在左右摆动的同时做直线往复运动；（3）螺旋式研磨运动轨迹：研磨圆柱形工件的端面采用螺旋式研磨运动，可获得较高的表面粗糙度和平整度；（4）8 字形或仿 8 字形研磨运动轨迹：研磨小平面工件，能使相互研磨的面保持均匀接触，既有利于提高工件的研磨质量，又可使研具磨损均匀。

4. 答：装配的工艺过程：（1）准备阶段：① 熟悉装配图样、工艺文件和技术要求，了解产品的结构、零件的作用及相互间的连接关系；② 按照装配工艺规程确定的装配方法、顺序准备所需的工具；③ 对零件进行清洗和清理工作。

（2）装配阶段：比较复杂的产品、工装，其装配工作可分部件装配和总装配两个阶段进行。① 部件装配：在总装之前将两个以上的零件组合在一起或将零件与组合件结合起来而成为 1 个装配单元，称为部件装配。② 总装配：将零件和部件结合成一套完整的产品的过程称为总装配。

（3）调整、检验和试车阶段：① 调整工作，即调整各零件、机构间的相互位置、配合间隙，使各机构工作协调；② 检查，即检验工装的工作精度和几何精度；③ 试车工作，即试验机构或机器运转的灵活性、振动、工作温升、噪声、转速、功率等性能是否符合要求；④ 油漆、涂油和装箱阶段。

5. 答：根据列车制动过程中各车辆制动缸压力的变化，整个制动过程可分为 4 个阶段。（1）第一阶段：从司机将自阀手柄置于制动位起，至最后一辆车制动缸压力开始上升的瞬间为止。在这个阶段，各车辆的制动作用由前向后逐次发生。前部车辆制动力较强、减速度大；后部车辆制动力较弱、减速度小，出现前制后拥，列车产生压缩，即产生从列车的两端向中部挤压的相对运动。第一阶段终了时，列车静压缩力达到最大，车钩缓冲装置弹簧达到静平衡位置。（2）第二阶段：从最后一辆车制动缸压力开始上升起，至第一辆车制动缸压力上升到最大值为止。在这个阶段，各辆车制动缸压力保持第一阶段末已形成的差别而逐渐上升。由于第一阶段列车的压缩是以一定的速度进行的，而且列车压缩力增长较快，在惯性作用下，车钩缓冲装置越过静平衡位置而继续压缩，即开始了动压缩。当列车压缩的相对运动的动能用尽时，动压缩力达到最大值，然后弹簧开始伸张，形成动力振动。其开始的振幅，即动压缩的大小，取决于列车压缩的速度。由于车钩缓冲装置中的摩擦阻尼作用，该振动会很快衰减而消失，但静压缩则仍保持不变。（3）第三阶段：从第一辆车制动缸压力上升到最大值时起，至最后一辆车的制动缸压力升到最大值为止。在这个阶段，各辆车的制动缸的压力逐渐趋于一致，在第一阶段储存在车钩缓冲装置弹簧中的静压缩位能逐渐释放出来，造成由列车中部向两端伸张。这种振动也具有一定的速度，所以也会引起列车纵向冲动。由于车钩缓冲器的摩擦阻尼作用，该振动也会较快衰减和消失。（4）第四阶段：从第三阶段末至列车完全停下或缓解为止。在这个阶段，各辆车的制动缸都给出了最大制动力。如果各车辆单位制动力相同，则车钩间不存在因制动而产生的动作用力。但是，列车单位制动力分配不可能均匀，所以仍将存在这拉伸力和压缩力。当制动力达到最大值时，此作用力也达到最大值。

6. 答：管子装配的质量要求：（1）管子与管接头焊装时，管子必须插入管接头方可施焊。（2）管子与管接头、配件的螺纹连接时，在保证施工质量的前提下，采用密封填料仅是补救性措施，建议采用密封胶。一旦需用密封填料时，必须离管端大于 5 mm 处开始顺时针方向缠绕。（3）管子与橡胶密封管接头连接时，必须插入管接头体的圆锥根部内 5 mm 以上。（4）铸造管件及钻孔管子应作如下处理：对于铸造管件必须将残留型砂清除，在管子钻孔处应随时去除毛刺，避免残留杂质在管路中；（5）管子下料、成形、焊装至装配的全过程，必须保持其清洁度，并做到完成一道工序吹扫一次。在管路装配完后，待接敞口管子或配件的接管孔应选用塞子堵住，以免脏物侵入。

7. 答：空转的危害有：（1）空转发生时，机车牵引力急剧下降，使列车速度降低，容易造成坡停和运缓。（2）空转发生时，轮轨剧烈摩擦，造成车轮踏面和钢轨的非正常磨耗，甚至造成轮箍松弛。（3）内燃、电力机车的牵引电动机高速旋转，会造成电机损伤，甚至造成电机“扫膛”。

防止空转和发生空转时处理办法：（1）正在空转时，应立即降低牵引力，禁止撒砂；（2）挂车前适当撒砂，列车启动前适当压缩车钩；（3）通过道岔群时提手柄不要过急过快，遇有空转预兆时立即降低牵引力；（4）掌握空转发生的规律，进入长大上坡道前，应尽可能提高列车运行速度，充分利用动能闯坡。防止因发生空转而造成坡停。

8. 答：发生滑行时的危害：（1）极易造成车轮踏面擦伤；（2）车轮擦伤后继续运行时，将对轨面产生锤击作用，速度越高，锤击作用越大，不但增加了机车、车辆振动，缩短机车部件使用寿命，而且会损伤钢轨和线路；（3）轮轨间黏着状态被破坏，使列车制动力下降，延长了制动距离。

防止滑行的办法：（1）适当掌握减压量。（2）低速制动时，一次减压量不可过大；机车制动力过大时，可用单阀适当缓解。（3）机车制动机紧急制动位的自动撒砂作用良好；列车发生紧急制动时，应在停车前适当撒砂。

9. 答：螺杆空气压缩主机的工作循环分为吸气、压缩、排气三个过程。（1）吸气过程：随着转子的旋转，转子齿的一端逐渐脱离啮合而形成了齿间容积，这个齿间容积的扩大，在其内部形成一定的真空，而此齿间容积仅与吸气口连通，空气在压差的作用下流入其中。随着转子的旋转，齿间容积达到最大之后，齿间容积不再增加，齿间容积在此位置与吸气口断开，吸气过程结束。（2）压缩过程：随着转子的旋转，齿间容积由于转子齿的啮合而不断减小。被密封在齿间容积的空气所占据的容积也随之减小，导致压力升高，从而实现对空气的压缩过程，压缩过程可一直持续到即将与排气孔口接通之前。同时，大量的润滑油被喷入齿间容积中，与所压缩的空气混合，起到润滑、密封、冷却、降低噪声的作用。（3）排气过程：齿间容积与排气孔口连通后，即开始排气过程。随着齿间容积的不断缩小，具有排气压力的空气逐步通过排气孔口被排出此过程一直持续到齿末端的型线完全啮合。此时齿间容积内的空气通过排气孔口被完全排出，封闭的齿间容积体积将变为零。随着转子的旋转重新开始新的工作循环。

10. 答：不能建立压力的原因：（1）最小压力阀黏滞；（2）冷却器或空气管路不畅通或结冰；（3）安全阀整定错误或有故障；（4）主风缸压力开关设置过高或开关本身故障检查。

空气压缩机不能建立压力的处理方法：（1）检查最小压力阀，必要时更换；（2）调整端部螺杆；（3）检查空压机和机车上的电源；（4）配加热器。

11. 答：压缩机组工作时，总风缸压力上升慢的原因：（1）总风连接软管或总风管接头漏风；（2）总风缸排水阀开放；（3）干燥器电动排泄阀故障；（4）高压安全阀大漏风；（5）压缩机的排气量降低。

处理方法：（1）接好总风连接软管或拧紧管接头，如总风连接软管破损，则更换总风连接软管；（2）关好排水阀；（3）关闭排泄阀塞门；（4）研磨高压安全阀口，或更换高压安全阀；（5）更换压缩机。

12. 答：风缸检修的要求：（1）用木槌敲打各风缸，除去表面锈垢，检查各部腐蚀深度超过原型厚度 40%者更换，裂纹时卸下焊修；（2）风缸焊修时，须按规定开坡口保证焊透，焊缝须无咬边、缺肉、夹渣、气孔等缺陷，焊后施行 900 kPa 水压试验，保持 5 min 不得产生裂纹和渗水现象，并通以 600 kPa 压力空气不得漏泄；（3）各风缸吊架弯曲变形时调修，裂纹腐蚀超过 25%者更换，吊装螺栓须紧固并露扣，各母、弹簧垫圈齐全，垫木损坏者修理或更换；（4）风缸检修后通以 600 kPa 压力空气，开放排水塞门，排出积水和锈垢，并涂刷防锈漆及调和漆各一遍。

13. 答：基础制动装置由制动缸、制动传动装置、闸瓦装置及闸瓦间隙调整装置组成。

制动缸是产生制动原力的部件，它受制动缸压力空气压力变化的控制而进行动作。制动传动装置是应用杠杆原理，将制动缸产生的制动原力放大一定的倍数后均衡地传递给各个闸瓦。闸瓦装置用于安装闸瓦，并调整闸瓦与车轮踏面间的工作角度。闸瓦间隙调整装置用于自动调整闸瓦与车轮踏面之间的间隙，使闸瓦间隙保持在规定的范围内，以确保制动作用的可靠性。

14. 答：手制动机是利用人力操纵产生制动作用的一种装置。其用途：（1）调车作业时，用以调速或停车，提高调车效率，保证调车作业安全；（2）在运行途中，如在坡道上停留时间较长时，使用空气制动机停车后，还应紧固人力制动机，防止空气制动机因制动缸的漏泄发生自然缓解，失去制动作用；（3）在运行途中，一旦空气制动机发生故障，失去作用时，用以代替空气制动机进行应急处理；（4）当车辆停放在有坡度的线路上时，应紧固人力制动机以防车辆发生溜走；（5）在车站或专用线上，停有住人的专用车辆，为防止被大风刮走，可紧固人力制动机。

15. 答：闸瓦间隙自动调整器作用不良的主要原因有：（1）弹簧折损或拉杆上的挡圈折损，轴承断裂，调整螺母和引导螺母拉伤及螺杆拉伤等；（2）润滑脂变质和严重缺油；（3）因为密封不严，使得闸瓦间隙自动调整器体内有大量的尘土，冬季时如水、汽进入器体内而结冰，会造成动作不灵或不动作；（4）零件生锈或过度磨损。

16. 答：盘形制动是采用闸片和制动盘的摩擦来产生制动力的制动装置，其主要优、缺点如下：（1）优点：① 盘形制动装置的传动装置较短小而且简单，有利于减轻车辆自重；② 制动缸及副风缸的容积小，可以节省压力空气；③ 闸瓦不直接磨车轮踏面，可以减少车轮磨耗和车轮的热负荷；④ 采用制动盘有利于散热；⑤ 制动缸安装在转向架上，制动时作用迅速，可提高制动效率；⑥ 采用制动盘和高摩擦系数的合成闸片，使制动稳定，可以减少车辆冲动和噪声，适用于高速列车。（2）缺点：① 制动盘的构造较复杂，因而增加了制造和维修的工作量；② 车轮踏面没有闸瓦的摩擦而容易沾上油污，因而导致轮轨黏着系数降低；③ 车轮踏面易发生疲劳剥离。

17. 答：车辆运用一段时间后，各闸瓦和销子及孔逐渐磨耗。在制动时，制动缸活塞行程会不断增长；活塞行程的长短与制动缸的压力有着密切关系，而制动缸压力的大小，又直接关系到制动力的大小。因为副风缸的容积和空气压力是固定的，当施行制动时，在一定的减压量下，副风缸的降压量即进入制动缸内的风量也是一定的。如果制动缸活塞行程过长，则制动缸容积增大，其压力就会降低，这样就降低了制动力，延长了制动距离，影响了行车安全。反之，如果制动缸活塞行程过短，则制动缸容积减小，其压力强度增高，就会加大制动力，甚至可能造成抱死闸，使车轮滑行擦伤。而且在同一列车中，如果各个车辆制动缸活塞行程长短相差过大，则不但会使制动力的大小相差悬殊，而且还将使制动和缓解时间也不一致，增加列车的冲动，所以需要调整活塞行程。

18. 答：制动缸活塞的检修内容有：（1）分解活塞，检查各部状态不良者修复或更换：① 皮碗裂纹、破损、变形、变质时更换；② 活塞杆弯曲者须调直，有裂纹时焊修；活塞有裂纹者更换；③ 检查缓解弹簧，如有裂纹、折损时应予更换；④ 制动缸漏风沟必须无堵塞现象，堵塞时应沟通。（2）组装活塞时要求：① 组装皮碗时，应使压板均匀压紧皮碗；② 组装后在皮碗周围涂以适量的制动缸油。（3）对制动缸活塞按规定涂打标记：① 制动缸在缓解状态时，在制动缸前盖露出的活塞杆上，沿杆的周围涂以白铅油基准线1根；② 由基准线向内测量，在规定最小行程限度处为起点，沿杆周围涂 1 圈白铅油带，带宽等于最大行程与最小行程之差。

19. 答：制动缸常见的故障：（1）制动缸漏风造成不起制动作用或制动后自然缓解。原因：① 皮碗磨耗、破损或皮碗在活塞上安装不到位造成漏泄。② 皮碗直径小或材质不良，造成气密性差；③ 皮碗在寒冷地区低温情况下硬化收缩或失去气密作用；④ 皮碗压板松动使皮碗窜风或压板螺丝的孔眼窜风；⑤ 制动缸漏泄沟过长，截面积过大；⑥ 制动缸内壁的伤痕或锈蚀；⑦ 制动缸后盖胶垫漏泄；⑧ 制动缸的附属装置漏泄。（2）制动缸缓解不良。原因：① 皮碗直径大或因皮碗耐油性差，发生膨胀，增大了直径；② 制动缸缺油、生锈，增大了活塞阻力；③ 活塞杆弯曲，使它与制动缸前盖上的活塞杆孔发生抵触；④ 制动缸内的润滑脂在冬季低温下凝固；⑤ 缓解弹簧折断或弹力过弱；⑥ 活塞缓解阻力过大。

20. 答：神华交流机车 JPXZ-2A 型盘形制动器蓄能停放部分的工作原理：（1）运行蓄能缓解状态：机车正常运行时，制动器蓄能部分蓄能活塞与楔块都应处在缓解位。当总风缸内的压缩空气向制动器的蓄能缸内充气时，空气推动蓄能活塞，压缩橄榄簧，通过双头丝杆推动楔块向上运动使之处于缓解位置，此时弹簧开始储存能量，蓄能制动处于缓解状态。（2）运行制动状态：机车正常运行时，制动器蓄能部分处在缓解位，总风缸内的压缩空气向制动器气缸体组成充气时，空气推动活塞组成压缩压缩弹簧向左移动，与此同时调整机构组成、四头丝杆、盖组成等同时向左移动，带动夹钳机构从而执行制动，此时，对蓄能制动缸没有任何影响。（3）停放制动状态：机车停放时，制动器蓄能部分应处在制动位。当制动器的蓄能缸内压缩空气被排出时，蓄能活塞在橄榄簧的弹簧力作用下向下移动，同时通过三头丝杆拉动楔块使之处于制动位置，起到蓄能制动作用。（4）手缓解状态：机车在停放时要移动而又无司机操纵或机车无风时，只能对停放制动施行手动缓解，只要拉动手柄组成就可进行缓解。当拉动手柄组成时，手柄离开棘轮盘的棘爪，蓄能制动器上的橄榄簧、上弹簧座、棘轮盘等组成的整体发生旋转，非自锁螺纹完全解锁，楔块与蓄能活塞分别向上和向下移动，直至许可极限位置，此时压缩弹簧推动活塞组成回到缓解位置，从而达到缓解制动器的目的。

21. 答：一般可分为控制电路、阀类部件、管路及连接部分和操作不当这几方面的故障。（1）控制电路故障：DK-1 型机车电-空制动机的操纵系统采用电控方式，因此常会出现一些控制电路故障。例如接线头、插头及插座的虚接和电子元件的虚焊，二极管及压敏电阻的击穿会造成控制功能的错误；而开关接点不良，中间继电器卡位及触头接触不良、线圈断路，电-空阀线圈断路及控制导线断路、短路、接地等则会造成执行部件不动作。（2）阀类部件故障：在 DK-1 型机车电-空制动机中，阀类部件的故障会直接影响到气路的作用。这类故障大多是在阀类部件内的滑动件上。例如：由于缺少油脂润滑，各种活塞杆和分配阀的滑阀、节制阀会出现卡滞，造成风路不能沟通；由于动作频繁和老化等原因，弹簧件会失效，影响阀类部件的正常动作，橡胶件会出现破损裂纹造成窜风和漏风，使阀类部件不能动作或性能下降；同样阀类部件内的小孔堵塞也会影响动作。（3）管路及连接部分故障：这类故障的现象一般比较明显，主要表现在堵塞和泄漏，也有部分阀座内部暗孔内泄引起的窜风。例如，具有排水、滤清作用的部件因为有污物或冬天积水结冰可能会出现堵塞，而风管接头和部件安装座则常会发生泄漏故障。（4）操纵不当造成的故障：如果违反操作方法或操作不当，也会使制动机出现故障。例如，塞门开闭不对，重联阀位置不对，重联机车大闸、小闸手把位置不对等将会使制动机不能正常工作。

22. 答：部件检查质量标准是：（1）橡胶件：各类橡胶膜板、座垫、密封圈等，其工作表面必须光滑，无龟裂、破口、皱皮、气孔、气泡、露布、夹杂，凸凹老化等缺陷。（2）夹芯阀：夹芯阀胶料与金属硬芯结合严紧，无脱胶、松弛、开裂等异状。对接触面压痕不均匀或过深者，允许用细砂布研磨，研磨量不得大于硬芯下胶层的 1/2。（3）弹簧：弹簧无锈蚀、变形、裂损。自由高大于 25 mm 的圆弹簧，塑性变形量不得大于 3 mm；小于 25 mm 的则不得大于 2 mm。（4）柱塞及活塞杆：柱塞及活塞杆无弯曲、变形、裂损。空心活塞杆的缩孔应畅通。缩孔探试须用标准探针进行，严禁使用粗于缩孔径的探针或其他锐器进行疏通。若需更换柱塞及活塞 O 形圈时，应将柱塞上所有 O 形圈同时更换，不允许个更换，严禁同一柱塞阀上使用两种规格的 O 形圈。（5）孔、销、套：各孔、销、套无拉伤、偏磨、段磨等现象，各柱塞与衬套间配合间隙不大于 0.12 mm。（6）阀口：各金属阀口无裂损、剥离掉块等缺陷；橡胶阀口无脱落、变形、裂损、偏压、卡滞等现象。对橡胶阀口接触面不良者，允许用细砂布磨平，研磨后胶口不得低于金属座面，否则须更换胶口。

23. 答：在运行中发生上述故障时，除特殊情况下需要立即停车处理外，一般应维持运行。需要减压时，累计减压量不应超过 140 kPa，要利用线路纵断面采用电阻制动配合使用，直至达到前方站停车，转空气位维持运行。

当列车制动管压力已过量至 900 kPa 时，可分两步进行消除：（1）停车后追加减压至 260 kPa，待全列车排风停止，可将空气制动阀的调压阀调至 700 kPa 再缓解；（2）待全列充满风后，再次施行减压 140 kPa，待全列排风停止，再将空气制动阀的调压阀调整到定压，空气制动阀放缓解位，车辆即可缓解。

24. 答：故障原因：（1）电源开关未闭合；（2）电-空转换按钮和 153 转换阀未在电-空位；（3）紧急放风阀电联锁 95SA 故障；（4）缓解电-空阀 258YV 故障。

判断与处理：（1）闭合电源开关；（2）空气制动阀移置缓解位，电-空转换键打空气位，如均衡风缸有压力上升，为电-空转换按钮在电-空位，将电-空转换键和 153 塞门扳钮置电-空位；（3）断开 464QS 即可充风，维持运行；（4）手按缓解电-空阀 258YV 即能恢复充风时，为 258YV 故障，一时无法修复可转空气位操纵。

25. 答：故障原因：根据紧急阀 95 的结构原理，造成此现象的根本原因是列车制动管向紧急室充风速度过快。导致充风速度过快的因素有二：（1）紧急活塞顶端 O 形密封圈破损或脱落；（2）活塞组装螺母松脱（还未到脱落状态）。

因为紧急活塞顶端O形密封圈破损或螺母松脱，均会造成该系统密封状态破坏，使原缩Ⅱ限速作用丧失，紧急室充风速度增加，列车制动管与紧急室压力不能同步上升，迫使紧急阀处于紧急状态，而导致不应有的紧急制动发生。

检查与处理：将塞门116关闭，卸开紧急阀上盖，检查活塞组装和顶端O形密封圈状态，对状态不良的密封圈予以更换并全部嵌入槽中，紧固松脱螺母，恢复其性能。

26. 答：判断原因：常用制动时引起紧急制动应从两方面考虑，一是因故使常用制动排风速度增快引起紧急阀动作而造成紧急制动；二是常用制动排风速度正常，由于紧急阀故障而导致紧急制动。所以，该故障必须从紧急阀本身和有关限制均衡风缸减压速度的缩口风堵着手处理。

检查与处理：（1）首先解体紧急阀，检查活塞组装状态和活塞中空芯杆内是否有异物残存以及滤网是否油垢杂物过多等。如有不良者须彻底清扫处理；（2）确认制动电-空阀座上和初制动风缸进风口上的缩口风堵，是否符合规定要求，若有不符合要求者，按规定予以更换。

27. 答：判断原因：制动缸与列车制动管减压量比例是依靠工作风缸的容积与分配阀容积室的容积比来设定的。所以造成该故障的根本原因是工作风缸压力经故障通路流失。导致工作风缸压力流失的因素有：（1）由于分配阀座垫不严或阀座裂损及工作风缸管路漏泄而使部分压力流失在大气中；（2）由于分配阀主阀大膜板破损，使工作风缸的部分风压随着列车制动管减压而窜入流失。

检查与处理：（1）首先检查分配阀座垫四周和分配阀安装座以及工作风缸管接头和风堵部位有无外漏现象，若有漏泄应予以处理；（2）如果确认无外漏现象，须解体分配阀主阀部，检查大膜板状态，若膜板损坏应更换膜板，若膜板状态良好，应进一步检查滑阀状态，对不良者予以研磨处理。

28. 答：判断原因：该现象是由于故障通路使列车制动管的压力或总风压力窜入均衡风缸所致。容易引起列车制动管或总风窜入均衡风缸的通路有：（1）重联电-空阀误得电吸合；（2）重联电-空阀及缓解电-空阀的下阀口不严；（3）中继阀104大膜板破损；（4）209或208压力开关上下气室窜风。

检查与处理方法：首先转“空气位”进行试验，如果故障现象依然存在，故障处所为中继阀大膜板破损，须更换膜板处理；若“空气位”试验故障消失，故障范围应缩小在重联电-空阀259的周围，故障查找及处理应按下列步骤进行：（1）转回“电-空位”，制动后“中立位”检查重联电-空阀259。若得电吸合时，应检查相应电路，更换不良电子配件。（2）制动后“中立位”重联电-空阀不得电，手压电-空阀顶部，检查是否因卡滞而不释放或释放不到位。如果手感正常，可将电-空控制器手柄移置“过充位”，并在此位多停留一段时间，若均衡风缸和列车制动管有追踪总风高压现象时，可判定为重联电-空阀259下阀口漏泄。应更换重联电-空阀。（3）将电-空控制器手柄置“紧急位”，待列车制动管和均衡风缸压力排至0后，将手柄移置“中立位”，若均衡风缸压力回升，为209或208压力开关上下气室窜风或缓解电-空阀下阀口漏泄，应更换故障部件。

29. 答：判断原因：鉴于均衡风缸和列车制动管保压状态良好，所以制动缸自动缓解的根本原因是作用管漏泄所致。造成作用管漏泄的因素较多，其主要因素有：（1）排风1电-空阀下阀口不严密；（2）分配阀的安全阀状态不良或容积室泄漏；（3）作用管管路、接头有泄漏现象；（4）空气制动阀泄漏。

检查与处理方法：（1）检查排风1电-空阀的排风口。若有漏泄时，为254下阀口漏泄，可旋下电-空阀下盖，取出下阀口进行研修或更换。若电-空阀254安装座处泄漏，为安装螺栓松动或阀垫损坏，应酌情予以处理。（2）检查分配阀的安全阀和状态和安装情况对状态不良者应予以更换或处理。（3）检查空气制动阀下方排风口，若有泄漏时，为排风阀泄漏。如果漏风在空气制动阀的侧方排风缩堵处时，说明柱塞阀有漏泄现象，更换空气制动阀。（4）检查上述部件状态均良时，须用浓肥皂水逐步刷检作用管的各连接接头是否有漏泄现象，并进行相应的处理。

30. 答：判断原因：根据中继阀的结构及工作原理，此现象的根本原因是总风压力窜入中继阀均衡活塞左侧所致。总风有可能直接窜入均衡活塞左侧的通路有二条：（1）经过充柱塞，使过充风缸内的总风压力空气直接窜入均衡活塞的左侧。（2）重联电-空阀下阀口泄漏，使过充的列车制动管压力，通过该电-空阀的下阀口窜入均衡风缸，进而使列车制动管与均衡风缸压力自然平衡，平衡后列车制动管再次过充升高，均衡风缸压力随之再次升高平衡。如此反复，形成正反馈，最后使列车制动管和均衡风缸压力均达到总风缸的高压值。

检查与处理：（1）确认中继阀阀盖过充部下方的呼吸孔，如果排风不止时，为过充柱塞的大小两个O形密封圈损坏，应同时更换两个密封圈。（2）如果确认中继阀阀盖过充部下方的呼吸孔无排风时，为重联电-空阀259下阀口不严，更换电-空阀。

31. 答：原因：造成“急制”位制动缸增压速度缓慢的因素有：（1）分配阀因故使容积室压力增压缓慢；（2）去往制动缸的通路受阻。（3）重联阀处于补机位。

判断与处理方法：（1）首先确认制动缸截断塞门和分配阀供给塞门的工作位置，该塞门应在开放位。对开放不到位或半开状态，应使及时开放。（2）对于装有重联阀的机车，应检查重联阀的工作位置，操纵端重联阀应置本机位。（3）解体检查分配阀主阀部上盖的缩堵Ⅲ，是否被油垢或异物堵塞，并解体紧急增压部，检查其工作状态，是否存在增压弹簧不符合规定要求或增压阀因被异物卡死而升不起来。如有不正常现象，须酌情予以处理。

32. 答：（1）电路：① 导线899→小闸上的3SA（1）→导线801→大闸1AC→导线803→DKL控制单元→导线837→258YV、256YV，缓解电-空阀258YV和排2电-空阀256YV得电。② 导线899→小闸上的3SA（1）→导线801→大闸1AC→导线809→小闸上的3SA（2）→DKL控制单元→导线863→254YV，排1电-空阀254YV得电。其余各电-空阀与继电器、电动放风阀均失电。（2）气路：① 总风→塞门157→调压阀55→缓解电-空阀258YV下阀日→转换阀153→均衡风缸56；② 作用管（包括分配阀101容积室）→排1电-空阀254YV下阀口→大气；③ 初制风缸58→制动电-空阀257YV上阀口→大气；④ 总风遮断阀左侧压力空气→中立电-空阀253YV上阀口→大气。（3）中继阀：由于均衡风缸压力上升，中继阀104处于缓解充风位。中继阀主活塞在左侧均衡风缸压力作用下带动活塞杆右移，顶动供风阀右移，打开其供风阀口。总风缸的压力空气克服遮断阀弹簧反力使阀左移，打开阀口，总风经遮断阀口、供风阀口进入列车制动管，直到列车制动管压力与均衡风缸压力相等。（4）分配阀：由于列车制动管压力上升，分配阀主阀部处于充风缓解位。列车制动管经开放的充风孔向工作风缸充风，直到工作风缸压力与列车制动管定压相等。同时开通了容积室通分配阀缓解塞门156的通路。增压阀在增压弹簧和列车管压力作用下处于下部关闭位，关闭了总风与容积室的通路。均衡部由于均衡活塞下侧作用管压力已经排 1 电-空阀通大气，制动缸压力使活塞下移，其顶面离开均衡阀，开放活塞杆上端中心孔，制动缸压力空气经开放的中心孔和径向孔以及均衡部大排气口排入大气，机车制动缸缓解。（5）紧急阀：由于列车制动管压力上升，紧急阀 95 处于充气位。列车制动管压力将紧急活塞压紧在上盖上，使活塞顶端的密封圈与阀盖密贴，列车制动管压力空气通过活塞中心的空芯杆垂向缩孔 Ⅰ 和上部的横向缩孔 Ⅱ 向紧急室充风，直到紧急室压力与列车制动管定压相等。（6）重联阀：由于重联阀处于本机位，使得制动缸管与平均管相通。平均管内压力空气通过重联阀到达制动缸管，并随制动缸压力空气一起经分配阀排入大气。

33. 答：（1）电路：① 导线 899→小闸上的 3SA（1）→导线 801→大闸 1AC→导线 806→钮子开关 463QS→导线 835→253YV，中立电-空阀 253 得电。② 导线 899→压力开关 208 上 208SA（当均衡风缸减压量超过 200 kPa 时，压力开关 208 动作）→导线 800→257YV，制动电-空阀 257YV 得电。其余各电-空阀与电动放风阀均失电。

（2）气路：

① 均衡风缸→转换阀 153→缓解电-空阀 258YV 上阀口→阀座缩孔 d3→制动电-空阀 257YV 上阀口→大气

└→管接头缩孔 d4→初制动风缸 58

② 总风→塞门 157→中立电-空阀 253YV 下阀口→中继阀总风遮断阀左侧；

③ 过充风缸→排 2 电-空阀 256YV 上阀口→大气。

（3）中继阀：

由于总风压力空气充至总风遮断阀左侧，遮断阀阀口迅速关闭，切断了列车制动管的风源。同时，如果过充风缸内存在压力空气，将经排 2 电-空阀迅速排入大气，过充柱塞将不起作用，并随中继阀主活塞左移。这时，因主活塞左侧均衡风缸压力降低，主活塞失去平衡而左移，开启排风阀，列车制动管压力空气将经排风阀口通大气，后部车辆全部制动。

（4）分配阀：

由于列车制动管压力下降，分配阀主阀部处于常用制动位。主阀部主活塞向上移动，先是关闭工作风缸充风通路，同时开通局减通路，列车制动管压力空气进入局减室，并经主阀安装面上的缩孔排入大气。接着切除局减通路，开通了工作风缸向容积室充风通路。由于增压阀上部增压弹簧和列车制动管压力仍大于下部容积室压力，增压阀仍处于关闭位。由于均衡部均衡活塞下侧容积室压力上升，活塞上移，活塞顶面接触均衡阀并顶开均衡阀。总风经开放的均衡阀口进入制动缸，制动缸压力上升，机车产生制动作用。

（5）紧急阀：

由于列车制动管按常用制动速率下降，紧急室压力经缩孔 Ⅰ 与列车制动管压力同步下降，紧急活塞悬在中间，紧急阀处于常用制动位。夹心阀在下部弹簧作用下，仍关闭排风阀口。

（6）重联阀：

由于重联阀处于本机位，使得制动缸管与平均管相通。制动缸升压时，平均管也将升压。

34. 答：（1）电路：

① 导线 899→小闸上的 3SA(1)→导线 801→大闸 1AC→导线 804→紧急电-空阀 94YV；

② 导线 899→小闸上的 3SA（1）→导线 801→大闸 1AC→导线 812→两位置转换开关辅

助联锁 107QPF 或 107QPBW→导线 810 或 820→ 251YV、241YV 或 250YV、240YV；

③ 导线 899→小闸上的 3SA（1）→导线 801→大闸 1AC→导线 806→钮子开关 463QS→导线 835→中立电-空阀 253YV；

④ 导线 899→小闸上的 3SA（1）→导线 801→大闸 1AC→导线 821→DKL→重联电-空阀 250YV、中立电-空阀 253YV、制动电-空阀 257YV。

（2）气路：

① 总风→塞门 158→电动放风阀电-空阀 94YV 下阀口→电动放风阀 94 膜板下方；

② 总风→塞门 157→中立电-空阀 253YV 下阀口→总风遮断阀活塞左侧；

③ 均衡风缸 56→转换阀 153→重联电-空阀 259YV 下阀口→列车制动管→大气；

④ 过充风缸→排 2 电-空阀 256YV 上阀口→大气。

（3）电动放风阀：

由于电动放风阀膜板下方已充入总风压力空气，膜板将上凸，并带动顶杆顶开夹芯阀，开通列车制动管通大气的大通路，列车制动管压力空气快速排至零，列车产生紧急制动作用。

（4）紧急阀：

由于列车制动管压力急剧下降，紧急室压力来不及通过缩孔 I 逆流到列车制动管，紧急活塞失去平衡，下移并压下夹芯阀，开放列车制动管排风阀口，进一步加速列车制动管的排风。同时下部电联锁连通断钩保护电路。

（5）中继阀：

由于总风压力空气充至总风遮断阀左侧，遮断阀口迅速关闭，列车制动管的风源被切断。同时由于重联电-空阀已将中继阀主活塞两侧均衡风缸、列车制动管沟通，理论上主活塞两侧压力相等处于平衡状态，双阀口式中继阀锁闭无动作。

（6）分配阀：

由于列车制动管压力急速下降，分配阀主阀部快速到达常用制动位，工作风缸迅速向容积室充风，容积室压力上升。同时增压阀下部容积室压力将超过上部增压弹簧反力，增压阀上移开放总风与容积室的通路，容积室压力继续上升，直至分配阀安全阀动作，容积室压力保持 450 kPa。由于均衡部的均衡活塞下侧容积室压力迅速上升到 450 kPa，活塞将上移，其顶面接触均衡阀并顶开均衡阀。总风进入制动缸，制动缸压力也将迅速上升到 450 kPa，机车产生紧急制动作用。

（7）重联阀：

由于重联阀处于本机位，使得制动缸管与平均管相通，平均管压力也将迅速上升到 450 kPa。

35. 答：列车制动管不论减压多少，根据减压量的比例，制动缸应得到一定的压力，但实际上是有差异的。由于制动系统中，各活塞、节制阀与滑阀移动都会产生摩擦阻抗。假如最初减压量很小，活塞两侧压差小，不能胜过摩擦阻抗，如 109 型分配阀，不能使活塞带动节制阀移动关闭充气孔 g1，就会造成工作风缸的压力空气向制动管逆流。如果连续施行轻微的减压，即使把列车制动管的压力空气减完，也不会产生制动作用。为防止上述现象，初制动时，必须使减压量胜过摩擦阻抗，才能达到制动的目的。根据分配阀的构造和实际试验，确定减压 40 kPa 以上就能克服上述阻力。

在车辆方面，除了考虑摩擦阻抗外，还应注意到制动缸最初是真空，必须先进入 100 kPa

的压力空气，同时活塞的背面还有缓解弹簧，其压力是 35 kPa，所以要有高于 135 kPa 的压力空气进入到制动缸，才能达到制动的目的。根据 $P = 3.25r$ 可知，减压量必须在 41.5 kPa 以上才能产生制动作用。因此运行中初制动要求司机最小减压量不能小于 50 kPa。

36. 答：(1) 电路：

① 主要输入如下：

导线 801→自动制动控制器 11AC→导线 803→BCU；

导线 801→自动制动控制器 11AC→导线 807→BCU；

导线 801→单独制动控制器 1AC→导线 814→BCU；

② 主要输出如下：保护电-空阀 263YV 得电，切换电-空阀 262YV 得电，缓解高速电-空阀 258YV 得电，单缓高速电-空阀 261YV 得电。

(2) 气路：

① 总风→总风塞门 157→调压阀 55→缓解高速电-空阀 258YV→保护电-空阀 263YV→转换阀 153→均衡风缸 56；

② 总风遮断阀 181 左侧压力空气→中立电-空阀 253YV→大气；

③ 列车制动管遮断阀 182 左侧压力空气→遮断电-空阀 255YV→大气；

④ 总风→单制总风塞门 134→切换电-空阀 262YV→切换阀 192；

⑤ 分配阀均衡部压力空气→作用管→切换阀 192→预控风缸一单缓高速电-空阀 261YV→大气。

37. 答：(1) 电路：

① 主要输入如下：

导线 801→自动制动控制器 1AC→导线 806→BCU；

导线 801→单独制动控制器 1AC→导线 814→BCU；

② 主要输出如下：

保护电-空阀 263YV 得电，切换电-空阀 262YV 得电，制动高速电-空阀 257YV 得电，单制高速电-空阀 260YV 得电，排 2 电-空阀 256YV 得电，中立电-空阀 253YV 得电。

(2) 气路：

① 由于缓解高速电-空阀 258YV 失电，其充风阀口关闭，切断了均衡风缸的充风通路。而此时制动高速电-空阀 257YV 得电，使得：均衡风缸压力空气→转换阀 153→制动高速电-空阀 257YV→大气；

② 总风→总风塞门 157→中立电-空阀 253YV→总风遮断阀 181 左侧，切断总风进入中继阀的通路；

③ 列车制动管遮断阀 182 左侧压力空气→遮断电-空阀 255YV→大气；

④ 总风→单制总风塞门 134→切换电-空阀 262YV→切换阀 192；

⑤ 总风→单制总风塞门 134→调压阀 51→单制高速电-空阀 260YV→预控风缸→切换阀 192→作用管→分配阀均衡部。

38. 答：(1) 电路：

① 主要输入如下：

导线 801→自动制动控制器 11AC→导线 804→BCU；

导线 801→自动制动控制器 11AC→导线 806→BCU；

导线 801→自动制动控制器 1AC→导线 821→BCU；

导线 801→单独制动控制器 1AC→导线 814→BCU。

② 主要输出如下：保护电-空阀 263YV 得电，中立电-空阀 253YV 得电，遮断电-空阀 255YV 得电，重联电-空阀 259YV 得电，制动高速电-空阀 257YV 得电，单制高速电-空阀 260YV 得电，排 2 电-空阀 256YV 得电，紧急电-空阀 264YV、265YV 得电。

（2）气路：

① 由于缓解高速电-空阀 258YV 失电，其充风阀口关闭，切断了均衡风缸的充风通路。而此时制动高速电-空阀 257YV 得电，使得：均衡风缸压力空气→转换阀 153→制动高速电-空阀 257YV→大气；

② 由于切换电-空阀 262YV 失电，切断了预控风缸和分配阀均衡部的通路，同时使分配阀容积室和均衡部沟通，紧急制动时分配阀均衡部的压力空气来自容积室而非预控风缸；

③ 总风→总风塞门 157→紧急电-空阀 264YV--板式放风阀 98 膜板下方；

④ 总风→总风塞门 157→紧急电-空阀 265YV--板式放风阀 94 膜板下方；

⑤ 由于列车制动管压力急剧下降，紧急室压力来不及通过缩孔逆流到列车制动管，紧急活塞失去平衡下移并压下夹芯阀，开放列车制动管排风阀口，进一步加速列车制动管的排风。同时带动下部电联锁改变电路；

⑥ 总风→总风塞门 157→中立电-空阀 253YV→总风遮断阀 181 左侧，切断总风进入中继阀的通路；

⑦ 总风→总风塞门 157→遮断电-空阀 255YV→列车制动管遮断阀 182 左侧，切断列车制动管与中继阀间的通路；

⑧ 均衡风缸→转换阀 153→重联电-空阀 259YV→列车制动管（随列车制动管排入大气）；

⑨ 总风→单制总风塞门 134→调压阀 51→单制高速电-空阀 260YV→预控风缸。

39. 答：（1）电路：

① 主要输入如下：

导线 801→自动制动控制器 1AC→导线 803→BCU；

导线 801→自动制动控制器 1AC→导线 807→BCU；

导线 801→单独制动控制器 1AC→导线 813→BCU；

导线 801→单独制动控制器 1AC→导线 815→BCU。

② 主要输出如下：保护电-空阀 263YV 得电；切换电-空阀 262YV 得电；单制高速电-空阀 260YV 得电。

（2）气路：

① 总风→单制总风塞门 134→切换电-空阀 262YV→切换阀 192；

② 总风→单制总风塞门 134→调压阀 51→单制高速电-空阀 260YV→预控风缸→切换阀 192→作用管→分配阀均衡部。

40. 答：（1）电路：

① 主要输入如下：

导线 801→自动制动控制器 1AC→导线 803→BCU；

导线 801→自动制动控制器 1AC→导线 807→BCU；

导线 801→单独制动控制器 1AC→导线 809→BCU；

导线 801→单独制动控制器 1AC→导线 814→BCU。

② 主要输出如下：

常用制动单缓如下：

a. 保护电-空阀 263YV 得电；

b. 切换电-空阀 262YV 得电；

c. 单缓高速电-空阀 261YV 得电。

紧急制动单缓如下：

a. 保护电-空阀 263YV 得电；

b. 切换电-空阀 262YV 得电；

c. 单缓高速电-空阀 261YV 得电；

d. 紧急后的缓解单缓电-空阀 246YV 得电。

（2）气路：

① 常用制动单缓：

a. 总风→单制总风塞门 134→切换电-空阀 262YV→切换阀 192；

b. 分配阀均衡部压力空气→作用管→切换阀 192→预控风缸→单缓高速电-空阀 261YV→大气。

② 紧急制动单缓：

a. 总风→单制总风塞门 134→切换电-空阀 262YV→切换阀 192；

b. 分配阀均衡部压力空气→作用管→切换阀 192→预控风缸→单缓高速电-空阀 261YV→大气；

c. 分配阀均衡部压力空气→作用管→单缓电-空阀 246YV→大气。

41. 答：无火回送操作步骤：

（1）机车已打好铁鞋（采取好防溜措施）；

（2）缓解空气制动，关闭停放制动塞门 177，在车下手动缓解停放制动，检查制动器闸片和制动盘已经分离，确认手动缓解成功；

（3）关闭中继阀列车制动管塞门 115、紧急增压塞门 137、打开无动力安全阀塞门 139、无动力塞门 155、分配阀缓解塞门 156；

（4）制动系统断电，并将大闸置“重联”位，小闸置“运转”位，取出制动器钥匙手柄；

（5）连接牵引机车将无动力机车列车制动管充至定压，观察机车制动缸压力降为 0；

（6）牵引机车实施制动、缓解至少 3 次循环，观察无动力机车制动缸压力变化正常；

（7）测试完成，撤除防溜措施后可以连挂走车。

42. 答：车辆制动机主要应具备的条件：（1）制动机必须保证列车在正常速度运行时能够在规定的制动距离内停车，我国规定运行速度不超过 120 km/h 时，紧急制动距离为 800 m。对于高速列车，其制动距离可作适当延长；（2）列车分离时，制动机能保证分离的两部分车列自动停车；（3）有尽可能快的制动波速，以保证制动作用迅速敏捷；（4）缓解波速也要高，尤其是对于长大列车就更加必要；（5）易于实施制动力的增减，以保证列车平稳地（无冲动）停车；（6）必须保证列车前部和后部车辆的制动与缓解的一致，以避免紧急停车时各车辆之间的剧烈冲动；（7）制动机结构简单可靠，便于制造与检修。

43. 答：（1）原因：

① 三通阀活塞弹簧阻力过小，制动感度过敏，列车制动管轻微漏风时便引起自然制动，使闸瓦长期与踏面接触，严重时擦伤车轮；

② 操纵不当，使列车过量充风，引起作用过于灵敏的三通阀产生制动；

③ 制动缸漏风钩堵塞；

④ 列车制动管漏泄过限。

（2）危害：列车在运行中产生自然制动，将减小牵引力，降低列车运行速度，或造成途中停车等事故。（3）防止方法：

① 严格按工艺要求检修三通阀，司机应按规定操纵列车，自动制动阀手把不能久放在一位充风；

② 列检作业中认真处理管条漏泄。

44. 答：JZ-7型空气制动机系统主要由空气压缩机、总风缸、调压器、制动阀、中继阀、分配阀、作用阀、变向阀、紧急制动阀、无动力装置、油水分离器、附加风缸、双针压力表、管道滤尘器、制动缸及各种塞门等组成。主要部件的作用如下：（1）单独制动阀——单独操纵机车的制动、缓解和保压作用，与车辆制动机的状态无关；（2）自动制动阀——操纵全列车的制动、缓解和保压作用；（3）中继阀——根据自动制动阀控制的均衡风缸压力变化，控制列车制动管的充、排气，以实现列车的制动、缓解和保压作用；（4）分配阀——根据列车制动管的压力变化控制作用阀的充、排气，以实现机车的制动、缓解和保压作用；（5）作用阀——受分配阀和单独制动阀的控制，直接控制机车制动缸的充、排气，以实现机车的制动、缓解和保压的作用。

45. 答：主要零部件的检修：

（1）滑阀：滑阀座的接触面若有拉伤或偏磨、须进行解体研磨消除。首先将滑阀与滑阀弹簧的连接穿销取下，使滑阀与主活塞分离。将偏磨或拉伤的滑阀及阀座置平台上，用研磨膏进行研磨。研磨过程中应不断变换接触面的方向，防止研偏。直至消除贯通拉痕为止。

（2）更换膜板：该分配阀配装有两个膜板。在更换时只需将压帽旋下，即可进行更换。在更换过程中，当膜板取下时即可看见套在活塞杆上的O形密封圈，应对此进行检查，对不良者应予以更换。因该O形密封圈，在不解体膜板时是看不见的，但该O形圈如果密封状态不良，其现象如同膜板破损，所以在检修过程中不可忽视。

（3）夹芯阀：夹芯阀阀面不平整或阀面上压痕过深者，应用细砂纸磨平。夹芯阀芯板下的阀面胶层不足原形1/2者应更换。

（4）用标准钢针疏通各缩孔，严禁使用其他锐器进行探试。因为各缩堵均为铜质材料加工而成，缩孔的大小按其所控制的充或排气速度、流量而设定。若人为使之缩孔扩大，或因疏忽而错装忘装，均会使原设计性能改变，所以在检修过程中要特别注意。

（5）手感检查各铜套、导向杆，无拉伤、段磨、偏磨现象，否则应进行更换。

46. 答：当机车作为主控机车运行时，制动机操作方法与上述电-空位操作相同。当机车作为从控机车运行时，从控操纵节机车制动机受主控操纵节机车远程无线同步控制，应按下述方法操作：（1）从控非操纵节机车电-空制动控制器手把放在重联位、单独制动控制器手把放在运转位分别取出后，置于从控操纵节机车电-空制动控制器的重联位、单独制动控制器的运作位。同时将机车空气制动阀上的电-空转换扳键后移至空气位，从控非操纵节机车空气制动阀手把在运转位取出后，将其置于从控操纵节机车空气制动阀近旁备用；（2）从控操纵节机车重联转换阀 93 打向本机位，其制动控制单元 BCU 上的数码管显示 bcU：从控非操纵节机车重联转换阀 93 打向补机位，其制动控制单元 BCU 上的数码管显示 bcu；（3）开通从控操纵节机车分配阀缓解塞门 156；（4）如果从控非操作节机车制动机处于空气位或处于电-空位但无电-空制动电源，还应将从控非操作节机车中继阀座下方的中继阀列车制动管塞门 115 关闭。

47. 答：机车制动机中修作业范围及技术要求：（1）解体检修制动机系统各阀、各滑阀及座不得拉伤，弹簧无严重锈蚀、断裂及永久变形，橡胶元件无老化、裂损及变形。（2）制动系统各阀检修后须在试验台上试验，性能符合有关规定。（3）DK-1 制动机气阀柜各管路无漏泄，标牌齐全。各继电器、电-空阀、半导体器件、辅助联锁、接插件及布线等的检修按有关专项规定执行。（4）电动放风阀、紧急阀作用可靠，排风延时符合规定。（5）各储风缸无裂纹及严重锈蚀。解体检查分水滤气器、干燥器、滤尘器，更换不良零件及密封垫。（6）塞门转动灵活，开闭位置正确无泄漏。管道安装良好，接头不得松动、泄漏。（7）制动软管、其他软管、连接器无裂损、变形，丝扣完好；制动软管定期进行 600 ~ 700 kPa 风压试验 5 min 无泄漏；然后进行 1 000 kPa 水压试验 2 min 无泄漏，局部不得膨出，外径胀大量不得超过 8 mm。（8）装车后制动机按规定的检查方法进行试验，符合规定。总风缸及管路泄漏不得超限，高压安全阀整定值符合要求。

48. 答：砂轮机使用注意事项：（1）砂轮的旋转方向必须与指示牌上标明的旋转方向相符。（2）启动前，应检查砂轮表面有无裂缝，托板装置是否完好和牢固。（3）启动后，应先空转，观察砂轮的旋转是否平稳，有无异常现象。待砂轮达到正常转速时才能进行磨削。（4）使用时，不能将工件或刀具与砂轮猛撞或施加过大的压力，以防砂轮碎裂。如发现砂轮表面跳动严重，应及时用砂轮修整器进行修整。（5）长度小于 50 mm 的较小工件磨削时，应用手虎钳或其他工具牢固夹住，不得用手直接握持工件。（6）砂轮机的托板与砂轮的距离，一般应保持在 3 mm 之内，过大则可能造成磨削件被砂轮轧入而发生事故。（7）磨削时，操作者应站在砂轮侧面或斜侧面位置，不可面对砂轮。（8）刃磨工具钢刀具和清理工件毛刺时，应使用氧化铝砂轮；刃磨硬质合金刀具则应使用碳化硅砂轮。（9）按规定定期对砂轮机各部件进行检修。（10）使用完毕后，立即切断电源。

49. 答：使用测量工具的注意事项：（1）对不熟悉的测量工具或测量仪器，在使用前必须了解该测量工具或测量仪器的工作原理、性能和读数方法，仔细阅读使用说明书和有关技术资料；（2）杜绝使用不合格的测量工具；（3）测量工具应定期检定，及时送检；（4）对于需在使用前校零的测量工具和测量仪器仪，应在使用前先校零；（5）使用测量工具或测量仪器前应擦净测量工具或测量仪器的测量面；（6）使用精密测量工具或测量仪器时，不能用力过猛；对于有控测力机构的测量工具或测量仪器，在测量时应使用这种机构；（7）不能用测量工具或测量仪器测量运动中的零件；因为在运动中测量不仅容易损坏测量工具或测量仪器，同时也极易发生工伤事故；（8）为了减小测量误差，对于重要尺寸最好在同一位置多测量几次取其平均值；（9）在测量精密零件时，为防止温度引起测量误差，在有条件时，应使测量房间的温度达到要求；（10）为减小测量读数误差，应在光线充足的地方用双眼正视进行测量读数；

50. 答：维护测量工具的注意事项：（1）不要用油石、砂纸等硬的东西擦测量工具或测量仪器的测量面；非计量人员不得随便拆卸测量工具，测量工具的维修应由有资质的计量部门进行；（2）存放测量工具的地方要清洁、干燥，无腐蚀性气体，也不允许把测量工具放在磁场近旁，以免磁化；（3）当手上有汗或潮湿时，不允许用手摸测量工具或测量仪器的测量面，以免测量面锈蚀；（4）对于有光学读数装置的测量工具或测量仪器，不要用手摸光学镜面，以免弄脏镜面而影响测量；（5）对于有电气装置的测量工具或测量仪器，使用时要注意使用的电压，千万不能搞错；（6）测量工具、测量仪器在存放时，不要和其他工具放在一起，以防碰伤损坏；（7）测量工具、测量仪器用完后要擦拭干净，松开紧固装置，在测量面涂上少许防锈油后，存放在专门配备的专用盒中保存好。

【实作技能】

实作 1　开口扳手制作

一、准备通知单

1. 材料准备

序号	名称	规格	数量	备注
1	毛坯	140×60×8（mm）	1 块	45 钢

2. 设备准备

序号	名称	规格	数量	备注
1	划线平台		1 台	
2	方箱		1 个	
3	钳台		1 个	
4	台虎钳		1 个	
5	台式钻床		1 台	

3. 工具、量具、刃具准备

序号	名称	规格	数量	备注
1	游标卡尺	0～150 mm	1 只	精度 0.02
2	刀口形直尺	75 mm	1 只	
3	高度划线尺	0.02 mm	1 只	
4	90°角度尺	63×40 mm	1 只	
5	千分尺	25～50 mm 50～70 mm	各 1 只	
6	钢直尺	150 mm	1 只	
7	刀口直尺	125 mm	1 只	
8	手锯		1 个	
9	半圆形锉	200 mm	1 个	
10	扁锉刀	150 mm、200 mm、 250 mm、300 mm	各 1 个	
11	三角锉	200 mm	1 个	
12	圆形锉	150 mm	1 个	
13	划规		1 个	
14	划针		1 个	
15	手锤		1 把	

续表

序号	名称	规格	数量	备注
16	样冲		1 个	
17	直柄麻花钻	ϕ9 mm	各若干	
18	方锉	200 mm	1 个	
19	毛刷		1 把	
20	软钳口		1 套	

4. 图样

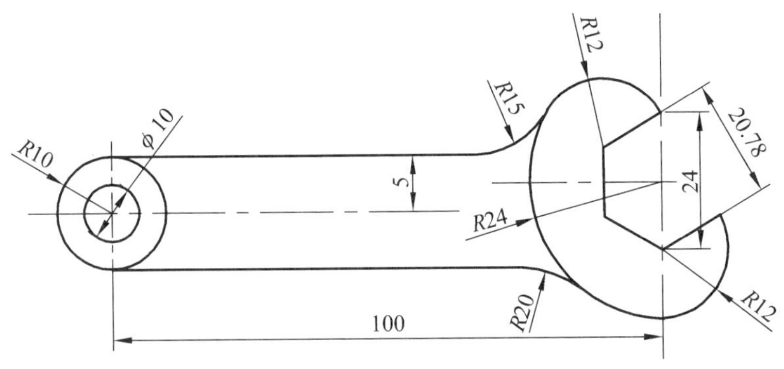

图 4-32

二、考核内容及要求

1. 考核项目：开口扳手制作

2. 分值：100 分

3. 考核时间

（1）准备时间：15 min;

（2）正式操作时间：180 min;

（3）规定时间内全部完成，每超时 1 min，从总分中扣 2 分；总超时，7 min，停止作业。

4. 正确使用工/卡/量具。

三、操作步骤及要求

1. 加工工件：扳手

（1）按照四方形工件加工方法加工外四方形并划线，如图 4-33 所示。

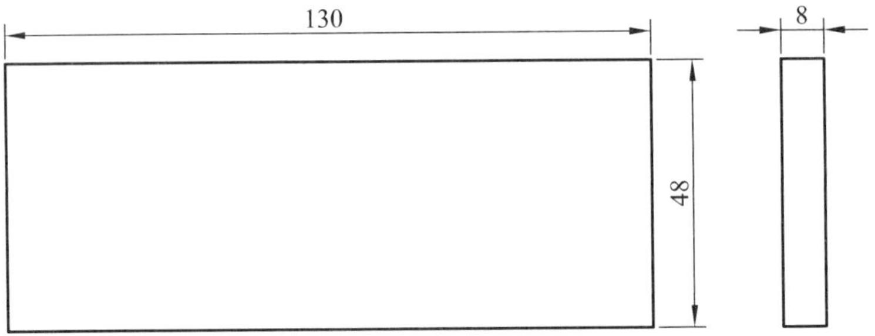

图 4-33 锯割、锉削四方形

（2）落料加工 1、2、3、4、5、6、7、8、9、10 面，如图 4-34 所示。

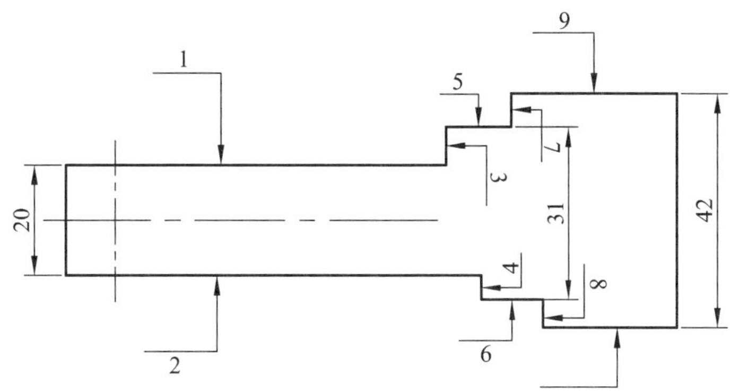

图 4-34　锯割、锉削形面

（3）落料加工出多边形，如图 4-35 所示。

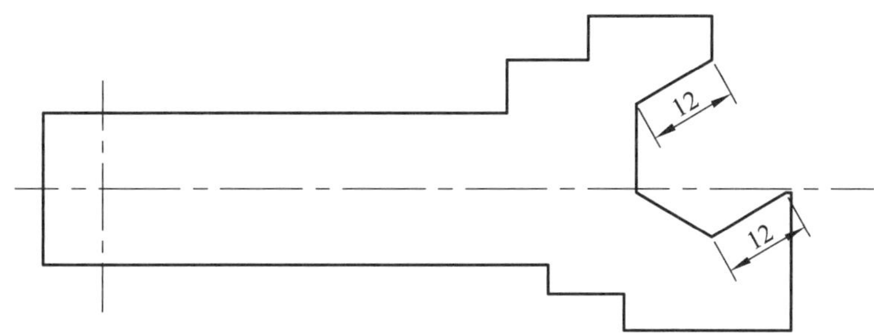

图 4-35　钻孔、锉削

（4）划线确定孔心，打样冲孔。

（5）钻孔：当起钻达到钻孔位置要求后，可压进工件进行钻孔。手动进给钻孔时，进给力不宜过大，以防止钻头发生弯曲，使孔轴线歪斜。一般在钻孔深度达到直径的 3 倍时，一定要退钻排屑，如图 4-36 所示。

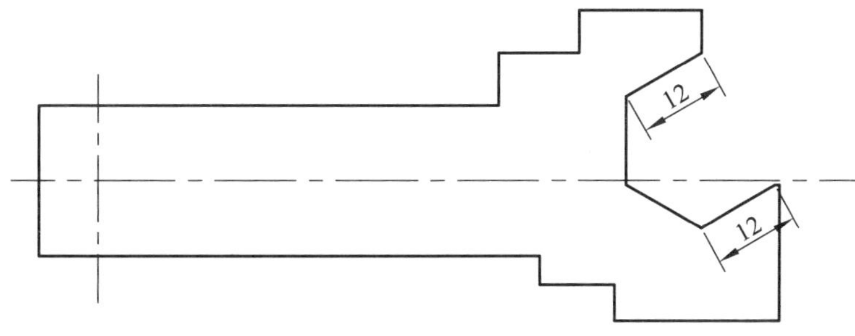

图 4-36　钻孔

（6）锉削外面的圆弧面，锉刀做前进运动的同时，还应绕工件圆弧的中心做摆动。摆动时，右手把锉刀柄部往下压，而左手把锉刀前端向上提，这样锉刀的圆弧面不会出现有棱边的现象，如图 4-37 所示。

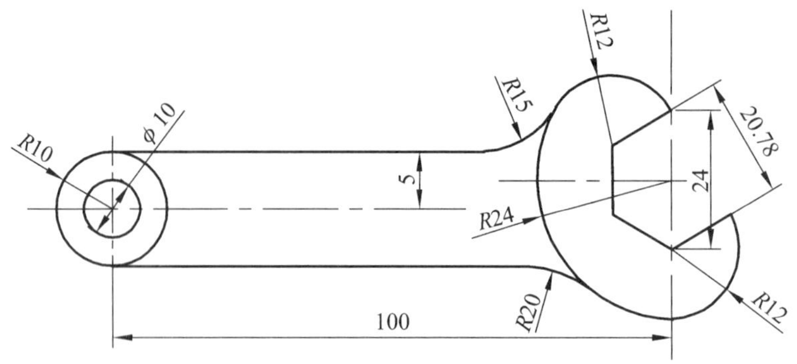

图 4–37　锉削

四、操作安全注意事项

1. 作业应穿戴工作服，做好必要的安全防护措施；

2. 工作场地应确保清洁，无油垢、杂物和障碍物，场地平整，有足够的照明和通风设备；

3. 使用设备时应按照操作规程操作；

4. 遵守钳工安全操作规程。

五、考核评分标准

序号	项目	配分	考核内容及评分标准
1	准备工作	10 分	1. 按规定穿戴劳动保护用品，否则每项扣 5 分
			2. 材料、工具准备齐全，能满足本次考试需求，否则每少一件扣 5 分
2	操作技能	70 分	1. 尺寸精度 R10±1 mm，超差扣 5 分
			2. 尺寸精度 ϕ10±1 mm，超差扣 5 分
			3. 尺寸精度 100±1 mm，超差扣 5 分
			4. 尺寸精度 R15±1 mm，超差扣 5 分
			5. 尺寸精度 R20±1 mm，超差扣 5 分
			6. 尺寸精度 R12±1 mm，超差扣 5 分
			7. 尺寸精度 R24±1 mm，超差扣 5 分
			8. 尺寸精度 24±0.1 mm，超差扣 10 分
			9. 尺寸精度 20.78±0.1 mm，超差扣 10 分
			15. 各倒边处无毛刺、有倒圆，否则每处扣 3 分
			16. 超过时间者，每分钟扣 2 分；总超时，7 min，停止作业
3	工具设备使用	10 分	1. 开工前不检查工、量具及设备，收工时不清理，每处扣 3 分
			2. 工/量具及设备使用不当，每处扣 3 分
			3. 工/量具脱落，每次扣 3 分
			4. 工具、量具使用、保养不当造成损坏失格
4	安全生产及其他	10 分	1. 作业过程中发生人身轻伤及以上事故失格
			2. 违章或违反安全事项，每处扣 5 分
			3. 违反考试纪律或不服从裁判自行中断考试失格
			4. 工作场地不整洁，工件、工具摆放不整齐，每处扣 2 分
总成绩 = 1 + 2 + 3 + 4 =			

实作 2　紧急阀试验及故障检修

一、准备通知单

1. 材料准备

序号	名称	规格	数量	备注
1	紧急阀		1 个	
2	紧急阀合格零件		若干	
3	硅脂		适量	
4	肥皂水		适量	
5	白布		1 张	
6	记名检修本		1 本	
7	中性笔		1 支	

2. 设备准备

序号	名称	规格	数量	备注
1	制动机试验台		1 台	DK-1 型

3. 工具、量具、刃具准备

序号	名称	规格	数量	备注
1	万用表		1 只	
2	常用钳工工具		1 套	
3	通针		1 只	
4	游标卡尺	0 ~ 150 mm	1 只	精度 0.02

二、考核内容及要求

1. 考核项目：紧急阀试验及故障检修

2. 分值：100 分

3. 考核时间

（1）准备时间：5 min；

（2）正式操作时间：40 min；

（3）规定时间内全部完成，每超时 1 min，从总分中扣 2 分；总超时 10 min，停止作业。

4. 按要求填写记名检修记录。

三、操作工序及要求

1. 紧急阀在试验台上进行试验，各项试验数据应符合基本技术要求。

（1）紧急室充气和紧急放风漏泄试验：

① 紧急室压力从 0 升至 580 kPa 的时间为 40 ~ 50 s。

② 用肥皂水检查各部，不许漏泄。

（2）紧急灵敏度及排风试验：

① 列车制动管减压 100 kPa 前应发生紧急排风作用，列车制动管压力降至 40 kPa 的时间应不大于 3 s，其电接点灯亮。

② 紧急室从发生列车制动管紧急排风开始至降到 40 kPa 的时间应为 20 ~ 35 s。

（3）安定试验：列车制动管减压 200 kPa，紧急室压力应尾随列车制动管压力下降，不得发生紧急排风作用。

2. 检查、修理

根据试验时发现的故障，有针对性的检查处理。

3. 选择性试验

对处理的故障进行复试，确认是否修好。

四、操作安全注意事项

1. 检修时应穿戴工作服，做好必要的安全防护措施。

2. 必须按检修规程进行检修。

3. 在试验台上拆装配件时，首先关闭相应的截断塞门，排净部件及相应管路内的余压后再进行拆卸。

4. 拆装电器部件或带有电联锁的部件时，必须首先切断控制电源。

5. 给电或给风试验中须两人以上进行，一人试验，一人监护。遇到异常情况时，应首先切断电源或风源，以防事态扩大。

五、考核评分标准

序号	项目	分数	考核内容及评分标准
1	准备工作	10 分	1. 按规定穿戴劳动保护用品，否则每项扣 5 分
			2. 材料、工具准备齐全，能满足本次考试需求，否则每少一件扣 5 分
2	操作技能	70 分	1. 全部性能试验 漏试验一项扣 8 分；操作不当，每处扣 4 分；故障漏判、错判每件扣 15 分
			2. 检查、修理 根据试验时发现的故障，有针对性地检查处理。发生零配件碰、摔伤一件扣 5 分，落地一次扣 4 分。未将修理、更换的零配件清洗和擦净吹干，每件扣 3 分
			3. 给油、组装 未按规定给油，每处扣 3 分，错装或漏装每处扣 5 分，螺丝松动一颗扣 3 分
			4. 选择性试验 对处理的故障进行复试，确认是否修好。未复试一项扣 10 分。复试发现故障，重新处理每项扣 5 分，故障仍未修复每件扣 10 分
			5. 口述内容有遗漏、错误，每处扣 4 分
			6. 工作中返工，每处扣 10 分
			7. 作业后未按要求恢复、整理，记名检修漏填、错填，每处扣 2 分
			8. 超过时间者超过时间者，每分钟扣 2 分；总超时，10 min，停止作业

续表

序号	项目	分数	考核内容及评分标准
3	工具设备使用	10 分	1. 开工前不检查工/量具及设备，收工时不清理，每处扣 3 分
			2. 工/量具及设备使用不当，每次扣 3 分
			3. 工/量具脱落，每次扣 5 分
			4. 工具、设备损坏失格
4	安全生产及其他	10 分	1. 工作场地不整洁，工件、工具摆放不整齐，每处扣 2 分
			2. 违章或违反安全事项，每处扣 5 分
			3. 违反考试纪律或不服从裁判自行中断考试失格
			4. 作业过程中发生人身轻伤及以上事故失格
总成绩 = 1 + 2 + 3 + 4 =			

实作 3 重联阀试验及故障检修

一、准备通知单

1. 材料准备

序号	名称	规格	数量	备注
1	重联阀		1 个	
2	重联阀合格零件		若干	
3	硅脂		适量	
4	肥皂水		适量	
5	白布		1 张	
6	清洗剂		适量	
7	洗盘		1 个	
8	水砂纸	00	1 张	
9	记名检修本		1 本	
10	中性笔		1 支	

2. 设备准备

序号	名称	规格	数量	备注
1	制动机试验台		1 台	DK-1 型

技师

3. 工具、量具、刃具准备

序号	名称	规格	数量	备注
1	常用钳工工具		1套	
2	挡圈钳		1把	
3	专用扳手		1套	
4	通针		1只	
5	游标卡尺	0～150 mm	1只	精度 0.02
6	钢直尺	150 mm	1只	
7	胶木棒		1个	

二、考核内容及要求

1. 考核项目：重联阀试验及故障检修

2. 分值：100分

3. 考核时间

（1）准备时间：5 min；

（2）正式操作时间：55 min；

（3）规定时间内全部完成，每超时1 min，从总分中扣2分；总超时10 min，停止作业。

4. 按要求填写记名检修记录。

三、操作工序及要求

1. 重联阀在试验台上进行试验，各项试验数据应符合基本技术要求。

试验序号	试验目的	试验方法	技术要求
1	试验准备	重联阀置试验位	
2	本机位通路试验	1. 将重联阀置于本机位，将运转/断钩开关扳钮置运转位，交替按压闸缸充/闸缸排按钮，观察平均管压力变化； 2. 观测作用管压力	1. 平均管应与闸缸同步上升下降； 2. 作用管不应与闸缸同步上升下降
3	本机断钩试验	将运转/断钩开关扳钮置于断钩位： 1. 若平均管和闸缸均有压力，按压平均排按钮，使平均管压力下降，观测闸缸压力变化； 2. 若平均管和闸缸均没有压力，按压闸缸充按钮，使闸缸压力上升，观测平均管压力变化； 3. 在进行上述两个试验步骤时观察作用管压力变化	1. 闸缸压力应不随平均管压力变化； 2. 平均管压力应不随闸缸压力变化； 3. 作用管压力均不发生变化
4	补机位通路实验	重联阀置于补机位，将运转/断钩开关扳钮置于运转位： 1. 交替按压平均充，平均排按钮，观察作用管压力变化； 2. 观测闸缸压力	1. 作用管压力应与平均管压力同步升降； 2. 闸缸压力不与平均管同步升降
5	补机位断钩试验	在平均管及作用管均有压力的情况下，将运转/断钩开关扳钮置于断钩位，按压平均排按钮，使平均管压力下降，观测作用管压力变化	作用管压力应不与平均管同步升降

2. 检查、修理

根据试验时发现的故障，有针对性的检查处理。

3. 选择性试验

对处理的故障进行复试，确认是否修好。

四、安全注意事项

1. 检修时应穿戴工作服，做好必要的安全防护措施。

2. 必须按检修规程进行检修。

3. 在试验台上拆装配件时，首先关闭相应的截断塞门，排净部件及相应管路内的余压后再进行拆卸。

4. 工作场地应确保清洁，无油垢、杂物和障碍物，场地平整，有足够的照明和通风设备。

五、考核评分标准

序号	项目	分数	考核内容及评分标准
1	准备工作	10 分	1. 按规定穿戴劳动保护用品，否则每项扣 5 分
			2. 材料、工具准备齐全，能满足本次考试需求，否则每少一件扣 5 分
2	操作技能	70 分	1. 全部性能试验 漏试验一项扣 8 分；操作不当，每处扣 4 分；故障漏判、错判每件扣 15 分
			2. 检查、修理 根据试验时发现的故障，有针对性地检查处理。发生零配件碰、摔伤一件扣 5 分，落地一次扣 4 分。未将修理、更换的零配件清洗和擦净吹干，每件扣 3 分
			3. 给油、组装 未按规定给油，每处扣 3 分，错装或漏装每处扣 5 分，螺丝松动一颗扣 3 分
			4. 选择性试验 对处理的故障进行复试，确认是否修好。未复试一项扣 10 分。复试发现故障，重新处理每项扣 5 分，故障仍未修复每件扣 10 分
			5. 口述内容有遗漏、错误，每处扣 4 分
			6. 工作中返工，每处扣 10 分
			7. 作业后未按要求恢复、整理；记名检修漏填、错填，每处扣 2 分
			8. 超过时间者，每分钟扣 2 分；总超时，10 min，停止作业
3	工具设备使用	10 分	1. 开工前不检查工/量具及设备，收工时不清理，每处扣 3 分
			2. 工/量具及设备使用不当，每次扣 3 分
			3. 工/量具脱落，每次扣 5 分
			4. 工具、设备损坏失格
4	安全生产及其他	10 分	1. 工作场地不整洁，工件、工具摆放不整齐，每处扣 2 分
			2. 违章或违反安全事项，每处扣 5 分
			3. 违反考试纪律或不服从裁判自行中断考试失格
			4. 作业过程中发生人身轻伤及以上事故失格
总成绩 = 1 + 2 + 3 + 4 =			

实作 4　109 分配阀试验及故障检修

一、准备通知单

1. 材料准备

序号	名称	规格	数量	备注
1	分配阀		1 个	待修
2	分配阀良好配件		若干	
3	硅脂		适量	
4	白布		若干张	
5	肥皂水		适量	
6	清洗剂		适量	
7	清洗盘		1 个	
8	水砂纸	00	1 张	
9	记名检修本		1 本	
10	中性笔		1 支	

2. 设备准备

序号	名称	规格	数量	备注
1	制动机试验台		1 台	DK-1 型

3. 工具、量具、刃具准备

序号	名称	规格	数量	备注
1	呆扳手	46 mm	1 个	
2	呆扳手	22 ~ 24 mm	一个	
3	呆扳手	16 ~ 18	2 个	
4	挡圈钳		1 个	
5	尖嘴钳		1 个	
6	一字螺丝刀		1 个	
7	样冲		1 个	
8	钢针		1 个	
9	油石		1 个	
10	钢板尺	150 mm	1 个	

二、考核内容及要求

1. 考核项目：109 分配阀试验及故障检修

2. 分值：100 分

3. 考核时间

（1）准备时间：5 min；

（2）正式操作时间：90 min；

（3）规定时间内全部完成，每超时 1 min，从总分中扣 2 分；总超时 8 min，停止作业。

4. 按要求填写记名检修记录。

三、操作工序及要求

1. 分配阀安装在试验台上进行试验，各项试验须符合技术要求：

（1）试验准备：总风压力应在 700 kPa 以上，调压阀调到 600 kPa；

（2）充气和充气位试验：手把置充气位，工作风缸压力上升，充至定压：

① 工作风缸风压由零升至 580 kPa 的时间为 60 ~ 80 s；

② 用肥皂水检查结合部及排气口漏泄，允许肥皂水少许鼓泡保持 5 s 内不破。

（3）缓解、制动灵敏度及保压试验：手把移运转位，待工作风缸充至定压后，手把置制动位，减压 40 kPa 后，保压 60 s 然后移缓解，保压时用肥皂水检查各排气口及结合部漏泄；

① 制动灵敏度：应在制动管减压 20 kPa 以前起制动作用；

② 制动保压漏泄：保压时各结合部不得漏泄，排气口允许肥皂水少许鼓泡，且 5 s 内不破灭，保压 60 s 内不得发生自然缓解；

③ 缓解灵敏度：手把运转位，应在 15 s 内开始缓解。

（4）全缓解试验：将工作风缸充至定压后，减压 140 kPa 再保压，到缓解：

① 容积风缸压力从 0 上升至 340 kPa 的时间应小于 6 s；

② 容积风缸压力从 360 kPa 下降至 40 kPa 的时间应小于 6 s；

③ 制动缸压力应尾随容积风缸压力下降，两者压差不超过 25 kPa。

（5）紧急增压试验：待工作风缸充至定压后，将制动管压力空气排尽。当制动管压力降 250 kPa 时，容积风缸压力应继续上升，容积风缸压力从零上升到 400 kPa 的时间应在 9 s 之内。

（6）均衡部保压位漏泄试验：将工作风缸充至定压后再减压，当容积风缸压力上升至 200 ~ 300 kPa 后，保压检查结合部和排气口：

① 制动缸压力应紧随容积风缸压力同时上升，两者压差不超过 10 kPa；

② 各结合部、排气口不漏泄。

（7）自动补风灵敏度试验：使制动缸压力降低 20 kPa 后关闭排风塞门，制动缸压力应恢复至原有压力。

2. 检查、修理

根据试验时发现的故障，有针对性的检查处理。

3. 选择性试验

对处理的故障进行复试，确认是否修好。

四、操作安全注意事项

1. 检修时应穿戴工作服，做好必要的安全防护措施。

2. 必须按检修规程进行检修。

3. 在试验台上拆装配件时，首先关闭相应的截断塞门，排净部件及相应管路内的余压后再进行拆卸。

4. 工作场地应确保清洁，无油垢、杂物和障碍物，场地平整，有足够的照明和通风设备。

五、考核评分标准

序号	项目	分数	考核内容及评分标准
1	准备工作	10 分	1. 按规定穿戴劳动保护用品，否则每项扣 5 分
			2. 材料、工具准备齐全，能满足本次考试需求，否则每少一件扣 5 分
2	操作技能	70 分	1. 全部性能试验 漏试验一项扣 8 分；操作不当，每处扣 4 分；故障漏判、错判每件扣 15 分
			2. 检查、修理 根据试验时发现的故障，有针对性地检查处理。发生零配件碰、摔伤一件扣 5 分，落地一次扣 4 分。未将修理、更换的零配件清洗和擦净吹干，每件扣 3 分
			3. 给油、组装 未按规定给油，每处扣 3 分，错装或漏装每处扣 5 分，螺丝松动一颗扣 3 分
			4. 选择性试验 对处理的故障进行复试，确认是否修好。未复试一项扣 10 分。复试发现故障，重新处理每项扣 5 分，故障仍未修复每件扣 10 分
			5. 口述内容有遗漏、错误，每处扣 4 分
			6. 工作中返工，每处扣 10 分
			7. 作业后未按要求恢复、整理；记名检修漏填、错填，每处扣 2 分
			8. 超过时间者，每分钟扣 2 分；总超时 8 min，停止作业
3	工具设备使用	10 分	1. 开工前不检查工/量具及设备，收工时不清理，每处扣 3 分
			2. 工/量具及设备使用不当，每次扣 3 分
			3. 工/量具脱落，每次扣 5 分
			4. 工具、设备损坏失格
4	安全生产及其他	10 分	1. 工作场地不整洁，工件、工具摆放不整齐，每处扣 2 分
			2. 违章或违反安全事项，每处扣 5 分
			3. 违反考试纪律或不服从裁判自行中断考试失格
			4. 作业过程中发生人身轻伤及以上事故失格
总成绩 = 1 + 2 + 3 + 4 =			

实作 5　中继阀试验及故障检修

一、准备通知单

1. 材料准备

序号	名称	规格	数量	备注
1	中继阀		1 个	
2	中继阀合格零件		若干	
3	硅脂		适量	
4	肥皂水		适量	
5	白布		1 张	
6	水砂纸	00	1 张	
7	记名检修本		1 本	
8	中性笔		1 支	

2. 设备准备

序号	名称	规格	数量	备注
1	制动机试验台		1 台	DK-1 型

3. 工具、量具、刃具准备

序号	名称	规格	数量	备注
1	卡簧钳		1 只	
2	常用钳工工具		1 套	
3	通针		1 只	
4	游标卡尺	0 ~ 150 mm	1 只	精度 0.02
5	钢直尺	150 mm	1 只	

二、考核内容及要求

1. 考核项目：中继阀试验及故障检修

2. 分值：100 分

3. 考核时间

（1）准备时间：5 min；

（2）正式操作时间 40 min；

（3）规定时间内全部完成，每超时 1 min，从总分中扣 2 分；总超时 10 min，停止作业。

4. 按要求填写记名检修记录。

三、操作工序及要求

1. 将中继阀及总风遮断阀安装到 DK-1 型制动机试验台上进行试验，各项指标应符合要求。

（1）遮断性能试验：均衡风缸压力充至 600 kPa，这时列车制动管压力不随均衡风缸压力上升而上升。

（2）充气性能试验：断开遮断，列车制动管压力应快速升至定压。

（3）保压性能试验：使均衡风缸减压 40 ~ 80 kPa，保压 1 min，中继阀排风口不排风现象。

（4）灵敏度试验：在均衡风缸上升或下降的任一时刻，使用锁定键，在数量仪上读出的均衡风缸与列车制动管的压力差值不大于 4 kPa。

（5）过充性能试验：均衡风缸压力为 600 kPa 时，列车制动管压力应比原值高 30 ~ 40 kPa。

2. 检查、修理

根据试验时发现的故障，有针对性的检查处理。

3. 选择性试验

对处理的故障进行复试，确认是否修好。

四、操作安全注意事项

1. 检修时应穿戴工作服，做好必要的安全防护措施。

2. 必须按检修规程进行检修。

3. 在试验台上拆装配件时，首先关闭相应的截断塞门，排净部件及相应管路内的余压后再进行拆卸。

4. 拆装电器部件或带有电联锁的部件时，必须首先切断控制电源。

5. 给电或给风试验中须两人以上进行，一人试验，一人监护。遇到异常情况时，应首先切断电源或风源，以防事态扩大。

五、考核评分标准

序号	项目	分数	考核内容及评分标准
1	准备工作	10 分	1. 按规定穿戴劳动保护用品，否则每项扣 5 分
			2. 材料、工具准备齐全，能满足本次考试需求，否则每少一件扣 5 分
2	操作技能	70 分	1. 全部性能试验 漏试验一项扣 8 分；操作不当，每处扣 4 分；故障漏判、错判每件扣 15 分
			2. 检查、修理 根据试验时发现的故障，有针对性地检查处理。发生零配件碰、摔伤一件扣 5 分，落地一次扣 4 分。未将修理、更换的零配件清洗和擦净吹干，每件扣 3 分
			3. 给油、组装 未按规定给油，每处扣 3 分，错装或漏装每处扣 5 分，螺丝松动一颗扣 3 分
			4. 选择性试验 对处理的故障进行复试，确认是否修好。未复试一项扣 10 分。复试发现故障，重新处理每项扣 5 分，故障仍未修复每件扣 10 分
			5. 口述内容有遗漏、错误，每处扣 4 分
			6. 工作中返工，每处扣 10 分

续表

序号	项目	分数	考核内容及评分标准
2	操作技能	70 分	7. 作业后未按要求恢复、整理；记名检修漏填、错填，每处扣 2 分
			8. 超过时间者，每分钟扣 2 分；总超时 10 min，停止作业
3	工具设备使用	10 分	1. 开工前不检查工/量具及设备，收工时不清理，每处扣 3 分
			2. 工/量具及设备使用不当，每次扣 3 分
			3. 工/量具脱落，每次扣 5 分
			4. 工具、设备损坏失格
4	安全生产及其他	10 分	1. 工作场地不整洁，工件、工具摆放不整齐，每处扣 2 分
			2. 违章或违反安全事项，每处扣 5 分
			3. 违反考试纪律或不服从裁判自行中断考试失格
			4. 作业过程中发生人身轻伤及以上事故失格
总成绩 = 1 + 2 + 3 + 4 =			

实作 6 DK-1 型电-空制动机试验、故障处理及分析

一、准备通知单

1. 考场准备

装有 DK-1 型电-空制动机的 SS_{4B} 电力机车一台（状态良好）。

2. 准备材料

序号	名称	规格	数量	备注
1	DK-1 型制动机易损易耗配件		1 套	
2	绝缘胶带		适量	满足需要
3	短接线		若干	
4	中性笔		1 支	考试自备
5	图纸		1 本	

3. 工具、量具、刃具准备

序号	名称	规格	数量	备注
1	万用表		1 只	
2	常用钳工工具		1 套	
3	十字螺丝刀		1 把	
4	一字螺丝刀		1 把	
5	秒表		1 只	
6	钳工常用工具		1 套	

二、考核内容及要求

1. 考核项目：DK-1 型电-空制动机试验、故障处理及分析

2. 分值：100 分

3. 考核时间

（1）准备时间：10 min；

（2）正式操作时间：50 min；

（3）规定时间内全部完成，每超时 1 min，从总分中扣 2 分；总超时 7 min，停止作业。

4. 按要求填写报活单。

四、操作工序及要求

1. 准备工作

总风升至 750 ~ 900 kPa，闭合蓄电池检查制动机开关，制动屏上各钮子开关在正常工作位，制动风路塞门在正常工作位，列车管定压 600 kPa。

2. DK-1 型机车电-空制动机试验规则（八步闸）

操作程序	电空制动控制器（过充 运转 中立 制动 重联 紧急）	空气制动阀（缓解 运转 中立 制动）	检查方法及要求（列车制动管定压 600 kPa）
一	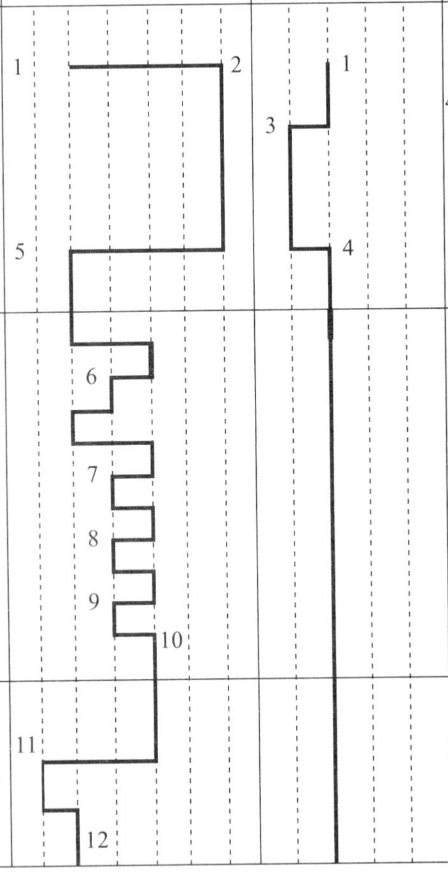 1 2 5	1 3 4	1. 列车制动管、均衡风缸为定压，制动缸压力为零。 2. 列车制动管在 3 s 内降至零，制动缸压力在 5 s 内升至 400 kPa，最高压力为（450±10）kPa，分配阀安全阀喷气，自动撒砂，有牵引级位时自动切除主断路器。 3. 空气制动阀移至缓解位，并下压手把，制动缸压力应缓解至零。 4. 制动缸压力不得回升。 5. 列车制动管压力从 0 升至 580 kPa 的时间<11 s。
二	6 7 8 9 10		6. 列车制动管减压 40 ~ 60 kPa 后保压，均衡风缸、列车制动管的泄漏量分别不大于每分钟 5 kPa 与 10 kPa。 7. 列车制动管减压 40 ~ 50 kPa，制动缸压力为 90 ~ 130 kPa。 8. 列车制动管减压 100 kPa，制动缸压力为 240 ~ 270 kPa。 9. 列车制动管减压 170 kPa，制动缸压力为 400 ~ 435 kPa。 10. 列车制动管最大减压量 210 ~ 290 kPa，制动缸压力变化每分钟不大于 10 kPa。
三	11 12		11. 均衡风缸为定压，列车制动管超过定压 30 ~ 40 kPa，制动缸压力不得缓解。 12. 120 ~ 180 s 过充压力消除，列车制动管恢复定压；制动缸压力应缓解到零。

续表

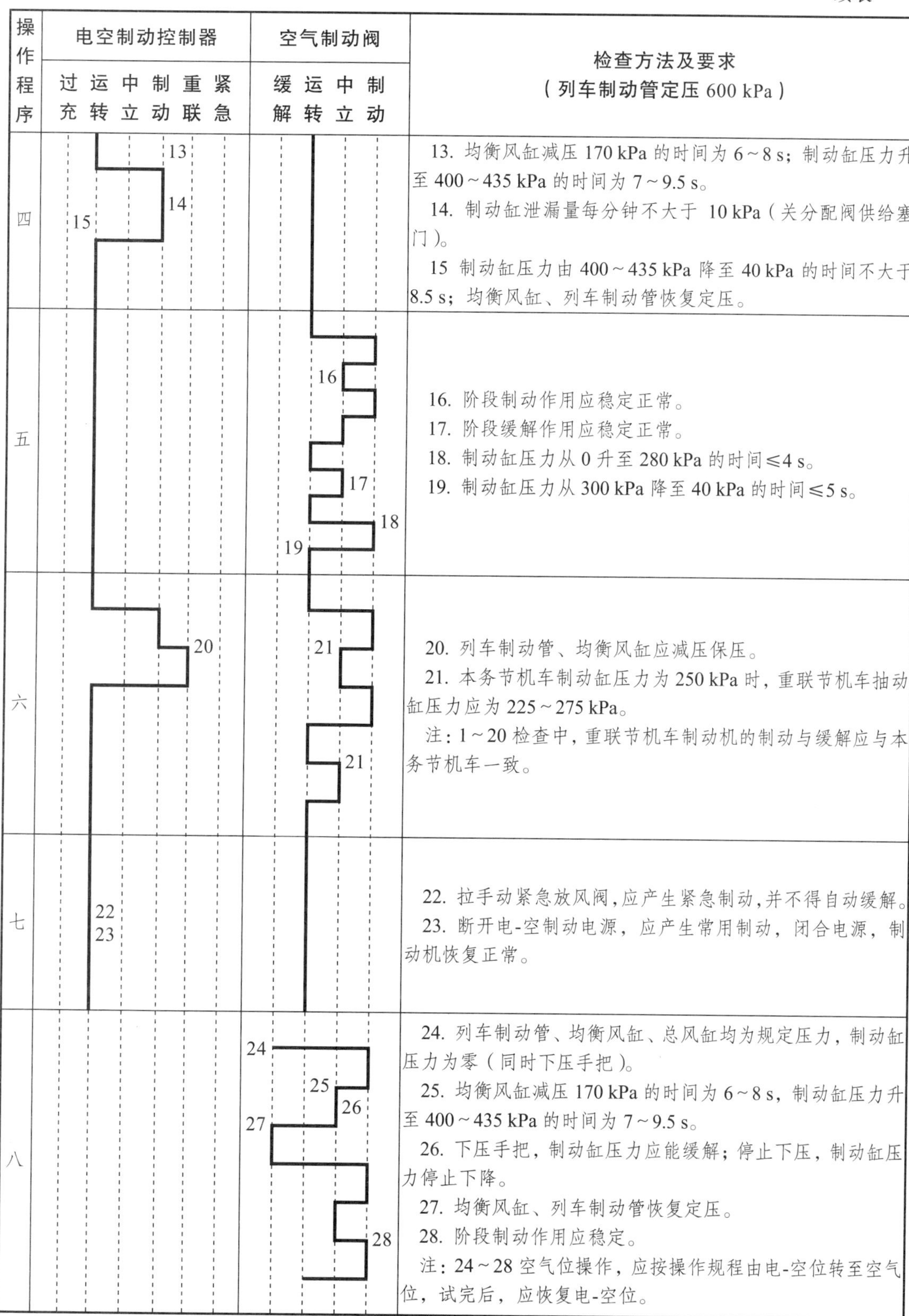

操作程序	电空制动控制器 过充 运转 中立 制动 重联 紧急	空气制动阀 缓解 运转 中立 制动	检查方法及要求 （列车制动管定压 600 kPa）
四	13 14 15		13. 均衡风缸减压 170 kPa 的时间为 6～8 s；制动缸压力升至 400～435 kPa 的时间为 7～9.5 s。 14. 制动缸泄漏量每分钟不大于 10 kPa（关分配阀供给塞门）。 15 制动缸压力由 400～435 kPa 降至 40 kPa 的时间不大于 8.5 s；均衡风缸、列车制动管恢复定压。
五		16 17 18 19	16. 阶段制动作用应稳定正常。 17. 阶段缓解作用应稳定正常。 18. 制动缸压力从 0 升至 280 kPa 的时间≤4 s。 19. 制动缸压力从 300 kPa 降至 40 kPa 的时间≤5 s。
六	20	21 21	20. 列车制动管、均衡风缸应减压保压。 21. 本务节机车制动缸压力为 250 kPa 时，重联节机车抽动缸压力应为 225～275 kPa。 注：1～20 检查中，重联节机车制动机的制动与缓解应与本务节机车一致。
七	22 23		22. 拉手动紧急放风阀，应产生紧急制动，并不得自动缓解。 23. 断开电-空制动电源，应产生常用制动，闭合电源，制动机恢复正常。
八		24 25 26 27 28	24. 列车制动管、均衡风缸、总风缸均为规定压力，制动缸压力为零（同时下压手把）。 25. 均衡风缸减压 170 kPa 的时间为 6～8 s，制动缸压力升至 400～435 kPa 的时间为 7～9.5 s。 26. 下压手把，制动缸压力应能缓解；停止下压，制动缸压力停止下降。 27. 均衡风缸、列车制动管恢复定压。 28. 阶段制动作用应稳定。 注：24～28 空气位操作，应按操作规程由电-空位转至空气位，试完后，应恢复电-空位。

技师

五、操作安全注意事项

1. 检修时应穿戴工作服，做好必要的安全防护措施。

2. 必须按检修规程进行检修。

3. 拆装配件时，首先关闭相应的截断塞门，排净部件及相应管路内的余压后再进行拆卸。

4. 拆装电器部件或带有电联锁的部件时，必须首先切断控制电源。

六、考核评分标准

序号	项目	分数	考核内容及评分标准
1	准备工作	10 分	1. 按规定穿戴劳动保护用品，否则每项扣 5 分
			2. 材料、工具准备齐全，能满足本次考试需求，否则每少一件扣 5 分
2	试验程序	30 分	1. 试验程序错误，每项扣 4 分
			2. 试验方法错误 ，每项扣 4 分
			3. 口述内容有遗漏、错误，每处扣 3 分
			4. 工作中返工，每处扣 10 分
			5. 作业后未按要求恢复、整理，每处扣 3 分
			6. 超过时间者，每分钟扣 2 分；总超时 7 min，停止作业
3	故障处所判断分析	50 分	1
			2
			3
			4
			5
4	工具设备使用	5 分	1. 开工前不检查工/量具及设备，收工时不清理，每处扣 3 分
			2. 工/量具及设备使用不当，每次扣 3 分
			3. 工/量具脱落，每次扣 5 分
			4. 工具、设备损坏失格
5	安全生产及其他	5 分	1. 工作场地不整洁，工件、工具摆放不整齐，每处扣 2 分
			2. 违章或违反安全事项，每处扣 5 分
			3. 违反考试纪律或不服从裁判自行中断考试失格
			4. 作业过程中发生人身轻伤及以上事故失格
总成绩 = 1 + 2 + 3 + 4 + 5 =			

电力机车制动钳工实作报活单

<table>
<tr><th>序号</th><th>考生报活区</th></tr>
<tr><td rowspan="3">故障 1</td><td>故障现象:</td></tr>
<tr><td>处所判断:</td></tr>
<tr><td>故障分析:</td></tr>
<tr><td rowspan="3">故障 2</td><td>故障现象:</td></tr>
<tr><td>处所判断:</td></tr>
<tr><td>故障分析:</td></tr>
<tr><td rowspan="3">故障 3</td><td>故障现象:</td></tr>
<tr><td>处所判断:</td></tr>
<tr><td>故障分析:</td></tr>
<tr><td rowspan="3">故障 4</td><td>故障现象:</td></tr>
<tr><td>处所判断:</td></tr>
<tr><td>故障分析:</td></tr>
<tr><td rowspan="3">故障 5</td><td>故障现象:</td></tr>
<tr><td>处所判断:</td></tr>
<tr><td>故障分析:</td></tr>
</table>

实作7 SS_{4B}型机车DK-2型电-空制动机试验、故障处理及分析

一、准备通知单

1. 考场准备

装有DK-2型电-空制动机的SS_{4B}型电力机车一台（状态良好）。

2. 准备材料

序号	名称	规格	数量	备注
1	DK-2型制动机易损易耗配件		1套	
2	绝缘胶带		适量	满足需要
3	短接线		若干	
4	中性笔		1支	考试自备
5	图纸		1张	

3. 工具、量具、刃具准备

序号	名称	规格	数量	备注
1	万用表		1只	
2	单扳手	5.5～24 mm	1套	
3	十字螺丝刀		1把	
4	一字螺丝刀		1把	
5	秒表		1只	
6	钳工常用工具		1套	

二、考核内容及要求

1. 考核项目：SS_{4B}型机车DK-2型电-空制动机试验、故障处理及分析

2. 分值：100分

3. 考核时间

（1）准备时间：10 min；

（2）正式操作时间：50 min；

（3）规定时间内全部完成，每超时1 min，从总分中扣2分；总超时7 min，停止作业。

4. 按要求填写报活单。

三、操作工序及要求

1. 准备工作：

总风升至750～900 kPa，闭合蓄电池检查制动机开关，制动屏上各钮子开关在正常工作位，制动风路塞门再正常工作位，列车管定压600 kPa。

2. DK-2型机车电-空制动机试验规则（八步闸）

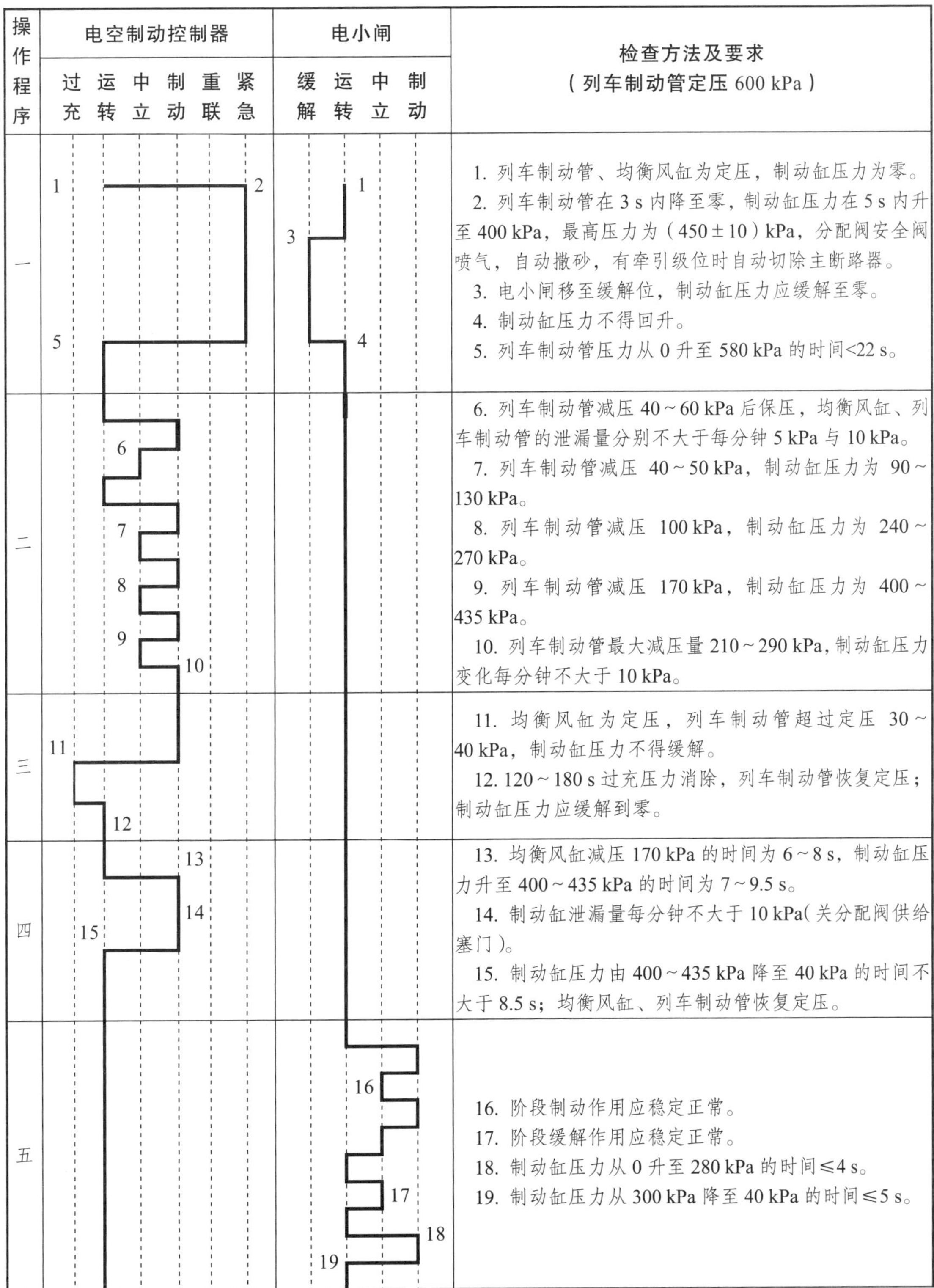

操作程序	电空制动控制器 过充 运转 中立 制动 重联 紧急	电小闸 缓解 运转 中立 制动	检查方法及要求 （列车制动管定压 600 kPa）
一	1　2　5	1　3　4	1. 列车制动管、均衡风缸为定压，制动缸压力为零。 2. 列车制动管在 3 s 内降至零，制动缸压力在 5 s 内升至 400 kPa，最高压力为（450±10）kPa，分配阀安全阀喷气，自动撒砂，有牵引级位时自动切除主断路器。 3. 电小闸移至缓解位，制动缸压力应缓解至零。 4. 制动缸压力不得回升。 5. 列车制动管压力从 0 升至 580 kPa 的时间<22 s。
二	6　7　8　9　10		6. 列车制动管减压 40～60 kPa 后保压，均衡风缸、列车制动管的泄漏量分别不大于每分钟 5 kPa 与 10 kPa。 7. 列车制动管减压 40～50 kPa，制动缸压力为 90～130 kPa。 8. 列车制动管减压 100 kPa，制动缸压力为 240～270 kPa。 9. 列车制动管减压 170 kPa，制动缸压力为 400～435 kPa。 10. 列车制动管最大减压量 210～290 kPa，制动缸压力变化每分钟不大于 10 kPa。
三	11　12		11. 均衡风缸为定压，列车制动管超过定压 30～40 kPa，制动缸压力不得缓解。 12. 120～180 s 过充压力消除，列车制动管恢复定压；制动缸压力应缓解到零。
四	13　14　15		13. 均衡风缸减压 170 kPa 的时间为 6～8 s，制动缸压力升至 400～435 kPa 的时间为 7～9.5 s。 14. 制动缸泄漏量每分钟不大于 10 kPa（关分配阀供给塞门）。 15. 制动缸压力由 400～435 kPa 降至 40 kPa 的时间不大于 8.5 s；均衡风缸、列车制动管恢复定压。
五		16　17　18　19	16. 阶段制动作用应稳定正常。 17. 阶段缓解作用应稳定正常。 18. 制动缸压力从 0 升至 280 kPa 的时间≤4 s。 19. 制动缸压力从 300 kPa 降至 40 kPa 的时间≤5 s。

续表

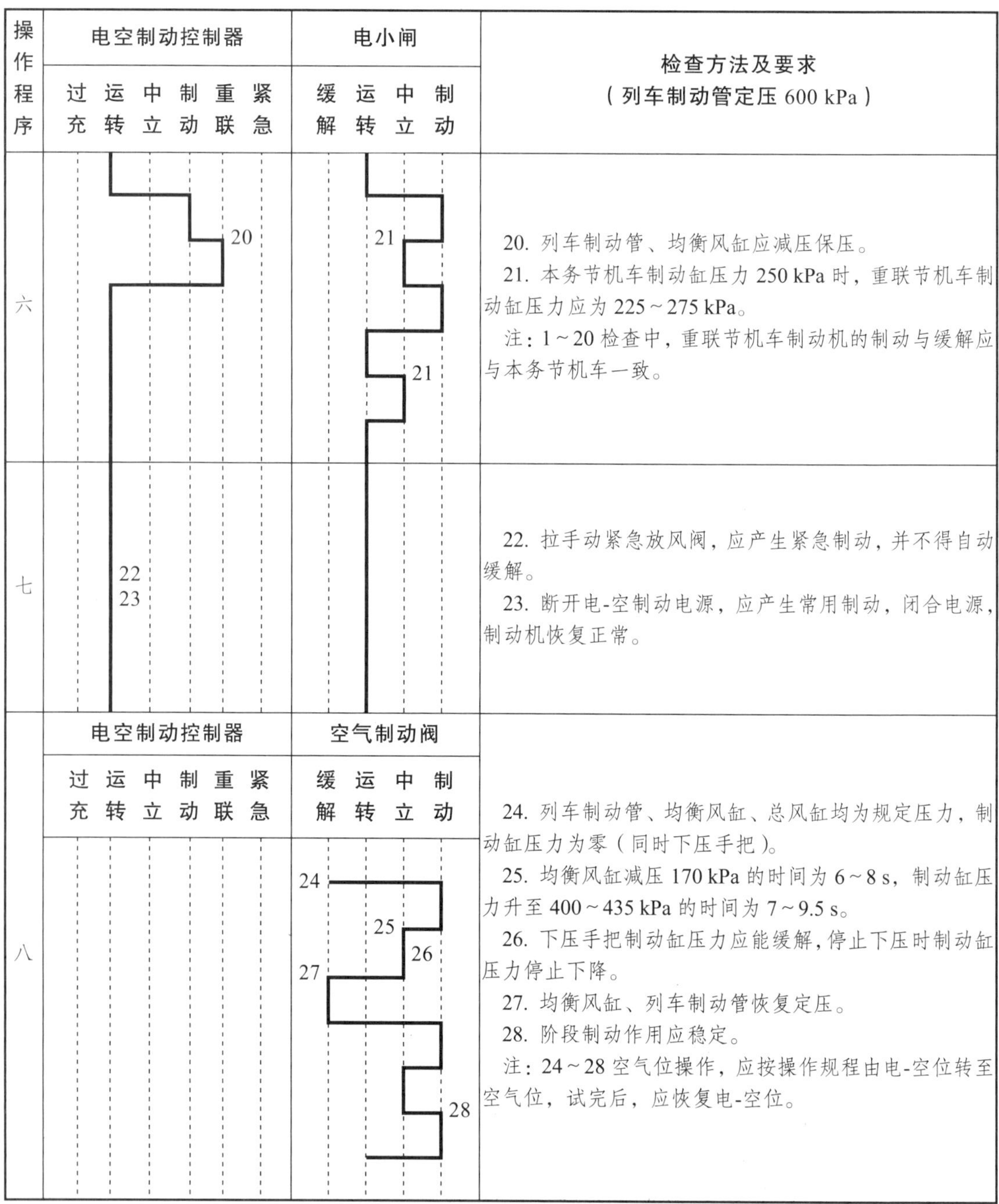

操作程序	电空制动控制器 过充 运转 中立 制动 重联 紧急	电小闸 缓解 运转 中立 制动	检查方法及要求 （列车制动管定压 600 kPa）
六	20	21 21	20. 列车制动管、均衡风缸应减压保压。 21. 本务节机车制动缸压力 250 kPa 时，重联节机车制动缸压力应为 225～275 kPa。 注：1～20 检查中，重联节机车制动机的制动与缓解应与本务节机车一致。
七	22 23		22. 拉手动紧急放风阀，应产生紧急制动，并不得自动缓解。 23. 断开电-空制动电源，应产生常用制动，闭合电源，制动机恢复正常。
八	电空制动控制器 过充 运转 中立 制动 重联 紧急	空气制动阀 缓解 运转 中立 制动 24 25 26 27 28	24. 列车制动管、均衡风缸、总风缸均为规定压力，制动缸压力为零（同时下压手把）。 25. 均衡风缸减压 170 kPa 的时间为 6～8 s，制动缸压力升至 400～435 kPa 的时间为 7～9.5 s。 26. 下压手把制动缸压力应能缓解，停止下压时制动缸压力停止下降。 27. 均衡风缸、列车制动管恢复定压。 28. 阶段制动作用应稳定。 注：24～28 空气位操作，应按操作规程由电-空位转至空气位，试完后，应恢复电-空位。

四、操作安全注意事项

1. 检修时应穿戴工作服，做好必要的安全防护措施。
2. 必须按检修规程进行检修。
3. 拆装配件时，首先关闭相应的截断塞门，排净部件及相应管路内的余压后再进行拆卸。
4. 拆装电器部件或带有电联锁的部件时，必须首先切断控制电源。

技师

五、考核评分标准

序号	项目	分数	考核内容及评分标准
1	准备工作	10分	1. 按规定穿戴劳动保护用品，否则每项扣5分
			2. 材料、工具准备齐全，能满足本次考试需求，否则每少一件扣5分
2	试验程序	30分	1. 试验程序错误，每项扣4分
			2. 试验方法错误，每项扣4分
			3. 口述内容有遗漏、错误，每处扣3分
			4. 工作中返工，每处扣10分
			5. 作业后未按要求恢复、整理，每处扣3分
			6. 超过时间者，每分钟扣2分；总超时7 min，停止作业
3	故障处所判断分析	50分	1
			2
			3
			4
			5
4	工具设备使用	5分	1. 开工前不检查工/量具及设备，收工时不清理，每处扣3分
			2. 工/量具及设备使用不当，每次扣3分
			3. 工/量具脱落，每次扣5分
			4. 工具、设备损坏失格
5	安全生产及其他	5分	1. 工作场地不整洁，工件、工具摆放不整齐，每处扣2分
			2. 违章或违反安全事项，每处扣5分
			3. 违反考试纪律或不服从裁判自行中断考试失格
			4. 作业过程中发生人身轻伤及以上事故失格
总成绩＝1＋2＋3＋4＋5＝			

电力机车制动钳工实作报活单

序号	考生报活区
故障 1	故障现象:
	处所判断:
	故障分析:
故障 2	故障现象:
	处所判断:
	故障分析:
故障 3	故障现象:
	处所判断:
	故障分析:
故障 4	故障现象:
	处所判断:
	故障分析:
故障 5	故障现象:
	处所判断:
	故障分析:

实作 8　神华号 DK-2 型电-空制动机试验、故障处理及分析

一、准备通知单

1. 考场准备

装有 DK-2 型电-空制动机的神华号和谐电力机车一台（状态良好）。

2. 准备材料

序号	名称	规格	数量	备注
1	DK-2 型制动机易损易耗配件		1 套	
2	绝缘胶带		适量	满足需要
3	短接线		若干	
4	圆珠笔		1 支	考试自备
5	原理图		1 张	

3. 工具、量具、刃具准备

序号	名称	规格	数量	备注
1	万用表		1 只	
2	呆扳手	5.5 ~ 24 mm	1 套	
3	十字螺丝刀		1 把	
4	一字螺丝刀		1 把	
5	秒表		1 只	
6	钳工常用工具		1 套	

二、考核内容及要求

1. 考核项目：神华号 DK-2 型电-空制动机试验、故障处理及分析

2. 分值：100 分

3. 考核时间

（1）准备时间 10 min；

（2）正式操作时间 50 min；

（3）规定时间内全部完成，每超时 1 min，从总分中扣 2 分；总超时 7 min，停止作业。

4. 按要求填写报活单。

三、操作工序及要求

1. 准备工作

试验前应将制动机调整到电-空位，电-空位调整方法如下：

（1）将制动机的功能选择开关分别设置在“不补风”“空电联合切除”“定压 600 kPa”“ATP 投入”。

（2）将制动机的电-空转换阀打向“正常位”。

（3）调整单独制动调压阀 51，使其输出压力为 480 kPa；调整紧急增压调压阀 52，使其输出压力为 450 kPa；调整均衡风缸调压阀 55，使其输出压力为 650 kPa。

（4）开通除无火塞门 155、无火安全阀塞门 139、制动缸切换阀总风塞门 161 与非操纵节塞门 156 外的其余各塞门。

（5）闭合电-空制动电源，待操纵台的制动机状态指示灯长亮后（闭合电源后约 40 s 左右），再将电-空制动控制器手柄置于重联位 3 s 后返回运转位，传感器及电-空阀无故障，制动机将被激活。

2. DK-2 型机车电-空制动机试验规则（八步闸）

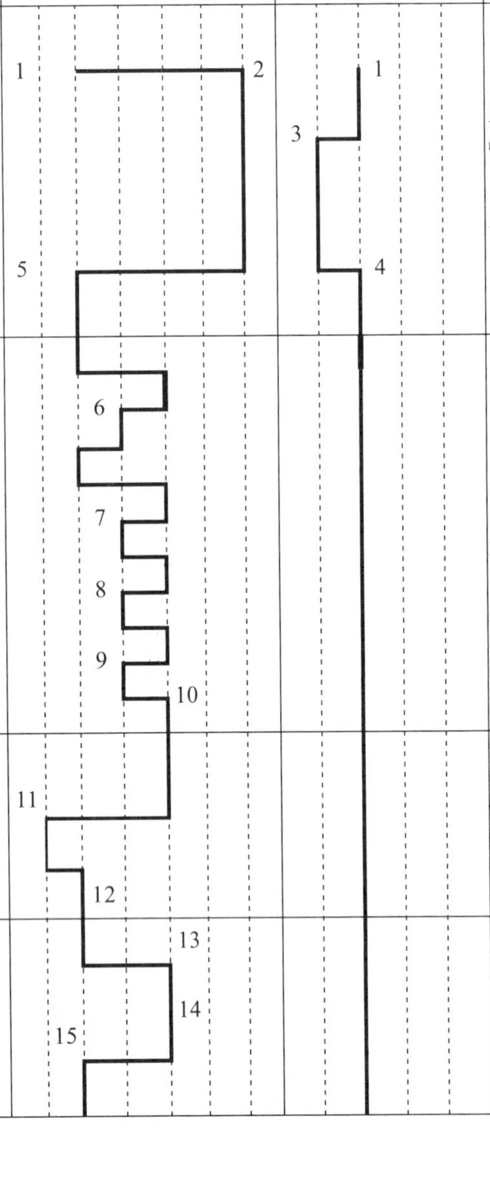

操作程序	自动制动控制器 过充 运转 中立 制动 重联 紧急	单独制动控制器 缓解 运转 中立 制动	检查方法及要求 （列车制动管定压 600 kPa）
一	1 2 5	1 3 4	1. 列车制动管、均衡风缸为定压，制动缸压力为零。 2. 列车制动管在 3 s 内降至零，制动缸压力在 5 s 内升至 400 kPa，最高压力为（450±10）kPa，分配阀安全阀喷气，自动撒砂，有牵引级位时自动切除主断路器。 3. 单独制动控制器移至缓解位，制动缸压力应缓解至零。 4. 制动缸压力不得回升。 5. 列车制动管压力从 0 升至 580 kPa 的时间<22 s。
二	6 7 8 9 10		6. 列车制动管减压 40～60 kPa 后保压，均衡风缸、列车制动管的泄漏量分别不大于每分钟 5 kPa 与 10 kPa。 7. 列车制动管减压 40～50 kPa，制动缸压力为 90～130 kPa。 8. 列车制动管减压 100 kPa，制动缸压力为 240～270 kPa。 9. 列车制动管减压 170 kPa，制动缸压力为 400～435 kPa。 10. 列车制动管最大减压量 210～290 kPa，制动缸压力变化每分钟不大于 10 kPa。
三	11 12		11. 均衡风缸为定压，列车制动管超过定压 30～40 kPa。制动缸压力不得缓解。 12. 120～180 s 过充压力消除，列车制动管恢复定压；制动缸压力应缓解到零。
四	13 14 15		13. 均衡风缸减压 170 kPa 的时间为 6～8 s；制动缸压力升至 400～435 kPa 的时间为 7～9.5 s。 14. 制动缸泄漏量每分钟不大于 10 kPa（关分配阀供给塞门）。 15. 制动缸压力由 400～435 kPa 降至 40 kPa 的时间不大于 8.5 s；均衡风缸、列车制动管恢复定压。

续表

操作程序	自动制动控制器（过充 运转 中立 制动 重联 紧急）	单独制动控制器（缓解 运转 中立 制动）	检查方法及要求（列车制动管定压 600 kPa）
五	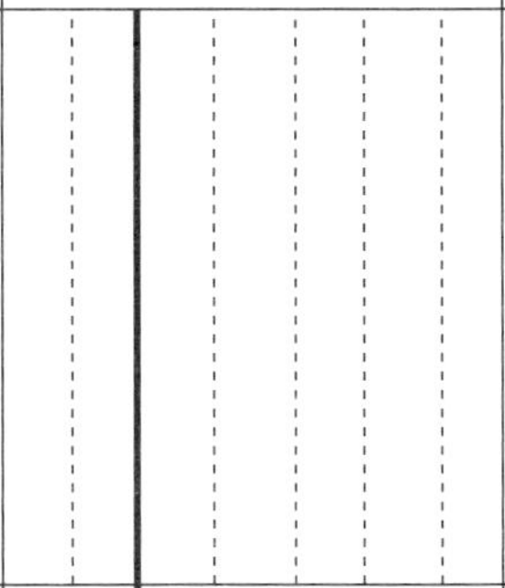 运转	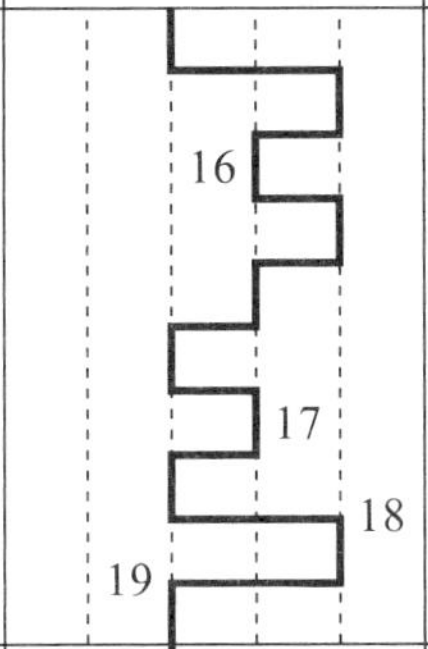 16 17 18 19	16. 阶段制动作用应稳定正常。 17. 阶段缓解作用应稳定正常。 18. 制动缸压力从 0 升至 280 kPa 的时间≤4 s。 19. 制动缸压力从 300 kPa 降至 40 kPa 的时间≤5 s。
六	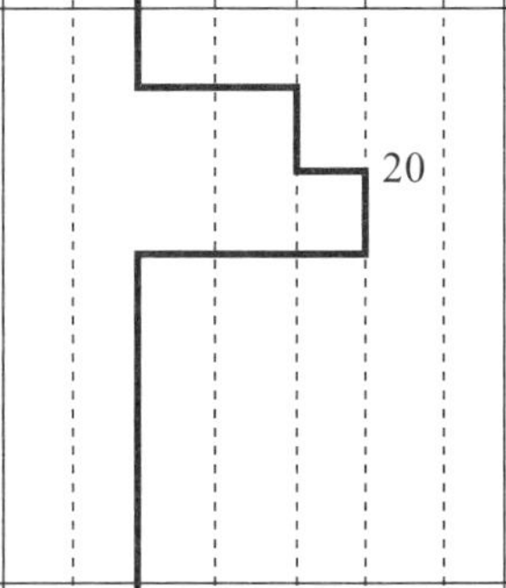 20	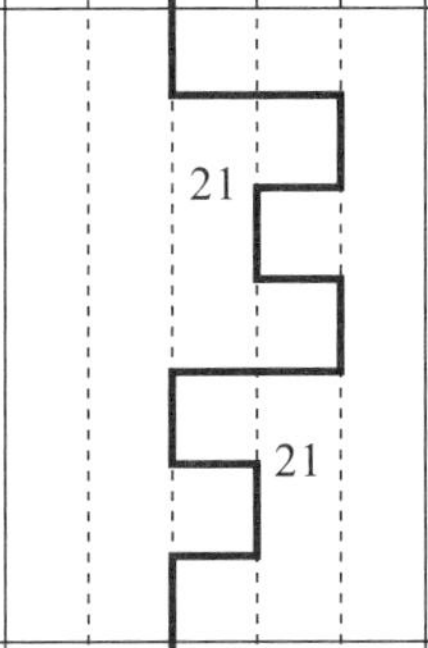 21 21	20. 列车制动管、均衡风缸应减压保压。 21. 本务节机车制动缸压力为 250 kPa 时，重联节机车制动缸压力应为 225～275 kPa。 注：1～20 检查中，重联节机车制动机的制动与缓解应与本务节机车一致。
七	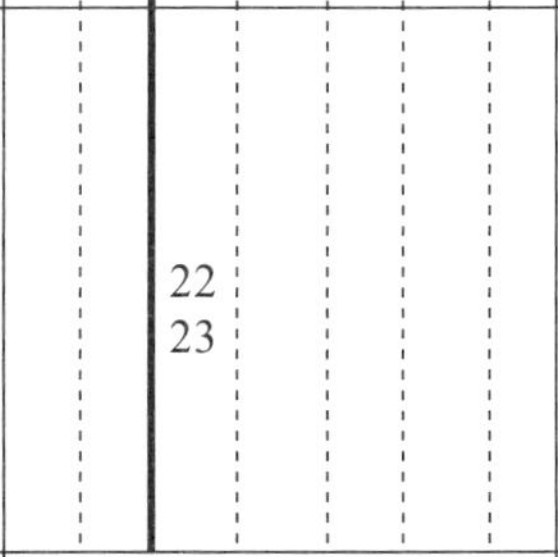 22 23	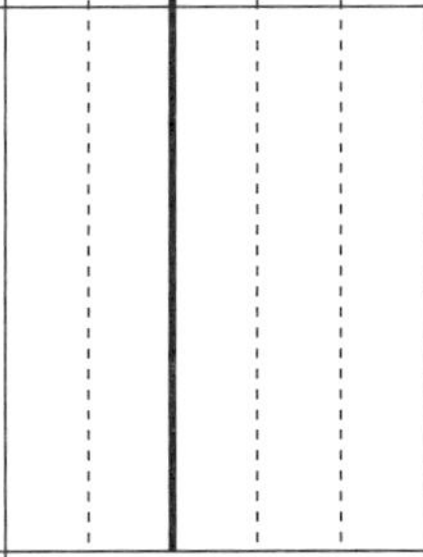 运转	22. 拉手动紧急放风阀，应产生紧急制动，并不得自动缓解。 23. 断开电-空制动电源，应产生常用制动，闭合电源，制动机恢复正常。
八	自动自动控制器（过充 运转 中立 制动 重联 紧急） 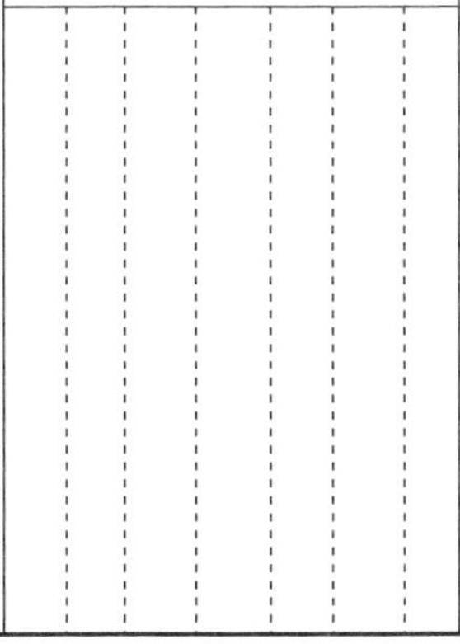	后备制动阀（缓解 中立 制动） 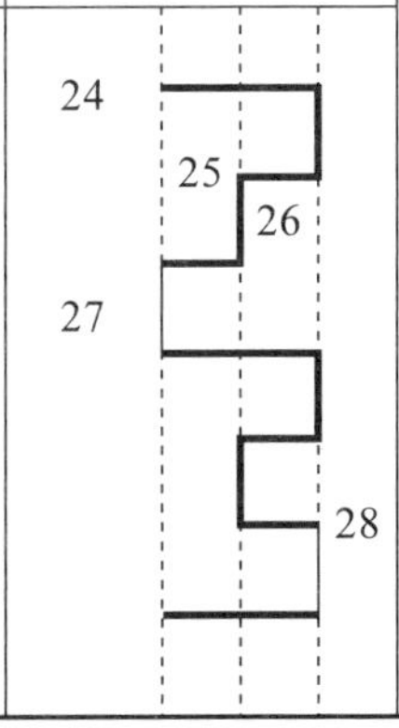 24 25 26 27 28	24. 列车制动管、均衡风缸、总风缸均为规定压力，制动缸压力为零（同时下压单缓按钮）。 25. 均衡风缸减压 170 kPa 的时间为 6～8 s，制动缸压力升至 400～435 kPa 的时间为 7～9.5 s。 26. 下压单缓按钮，制动缸压力应能缓解；停止下压，制动缸压力停止下降。 27. 均衡风缸、列车制动管恢复定压。 28. 阶段制动作用应稳定。 注：24～28 空气位操作，应按操作规程由电-空位转至空气位，试完后，应恢复电-空位。

技师

注：空气位调整方法如下：

① 断开操纵节制动机电源；

② 将操纵节制动柜中电-空转换阀 153 塞门置于“空气位”；

③ 将操纵节后备制动阀处均衡风缸管 127 塞门置于打开位；

④ 调整后备制动调压阀，使其输出压力为列车制动管定压 600 kPa。

调整完毕后，将后备制动阀手柄置于缓解位，各压力值应符合下列要求：

① 总风缸压力为 750 ~ 900 kPa；

② 列车制动管压力为 600 kPa；

③ 制动缸压力为零；

④ 均衡风缸压力为 600 kPa（允许与列车制动管压力差不大于 10 kPa）。

四、操作安全注意事项

1. 检修时应穿戴工作服，做好必要的安全防护措施。

2. 必须按检修规程进行检修。

3. 拆装配件时，首先关闭相应的截断塞门，排净部件及相应管路内的余压后再进行拆卸。

4. 拆装电器部件或带有电联锁的部件时，必须首先切断控制电源。

五、考核评分标准

序号	项目	分数	考核内容及评分标准
1	准备工作	10 分	1. 按规定穿戴劳动保护用品，否则每项扣 5 分
			2. 材料、工具准备齐全，能满足本次考试需求，否则每少一件扣 5 分
2	试验程序	30 分	1. 试验程序错误，每项扣 4 分
			2. 试验方法错误，每项扣 4 分
			3. 口述内容有遗漏、错误，每处扣 3 分
			4. 工作中返工，每处扣 10 分
			5. 作业后未按要求恢复、整理，每处扣 3 分
			6. 超过时间者，每分钟扣 2 分；总超时 7 min，停止作业
3	故障处所判断分析	50 分	1
			2
			3
			4
			5
4	工具设备使用	5 分	1. 开工前不检查工/量具及设备，收工时不清理，每处扣 3 分
			2. 工/量具及设备使用不当，每次扣 3 分
			3. 工/量具脱落，每次扣 5 分
			4. 工具、设备损坏失格
5	安全生产及其他	5 分	1. 工作场地不整洁，工件、工具摆放不整齐，每处扣 2 分
			2. 违章或违反安全事项，每处扣 5 分
			3. 违反考试纪律或不服从裁判自行中断考试失格
			4. 作业过程中发生人身轻伤及以上事故失格
总成绩 = 1 + 2 + 3 + 4 + 5 =			

电力机车制动钳工实作报活单

序号	考生报活区
故障 1	故障现象:
	处所判断:
	故障分析:
故障 2	故障现象:
	处所判断:
	故障分析:
故障 3	故障现象:
	处所判断:
	故障分析:
故障 4	故障现象:
	处所判断:
	故障分析:
故障 5	故障现象:
	处所判断:
	故障分析:

实作 9 撰写论文及答辩

一、准备通知单

1. 考生准备论文若干份（根据考评员人数）。

2. 鉴定站准备论文答辩试卷。

二、考核内容及要求

1. 考核项目：撰写论文及答辩

2. 分值：100 分

3. 考核时间：根据实际情况而定

三、撰写论文要求

1. 论文构成：论文由论点、论据、引证、论证、结论等组成。

2. 论文主题应与所申报职业（工种）的技能紧密结合。

3. 创新性：在铁路系统、省、集团公司或本单位内有创新之处，能体现本人的独到见解，有新观点、新方法、新发现和新结果。

4. 实用性：在铁路系统、省、集团公司或本单位内有一定的实用价值，对解决生产中出现的疑难问题有指导或借鉴价值。

5. 正确性：内容正确。

6. 实际效果：在铁路系统、省、集团公司或本单位内应用有一定的实际效果。

7. 写作表达水平：条理基本清楚，文字表达比较正确。论文论点正确、论据较充分。能用所掌握的专业知识，分析实际工作中遇到的问题，做到有目的、有分析、有措施、有结果。

8. 论文不少于 2500 字。

9. 格式要求：

论文标题：宋体、加粗、小二号字；

著者：宋体、加粗、四号字；

著者的工作单位和通信地址：宋体、五号字；

摘要：宋体、小四号字；

关键词：宋体、小四号字；

正文：仿宋体、四号字；

小标题：仿宋体、加粗、四号字；

参考文献：宋体、小四号字；

行距：1.5 倍行距。

四、论文答辩要求

1. 答辩时先由答辩者宣读论文，时间约为 5 min；

2. 对具体论文（工作总结），主要从论文项目的难度、项目的实用性、项目经济效果、项目的科学性进行评估；

3. 答辩时对论文中提出的结构、原理、定义、原则、公式推导、方法等知识论证的正确性，主要通过提问方式来考核；

4. 对本工种的专业工艺知识，主要考核其熟悉深浅程度并予以确认。

五、评分标准

<table>
<tr><th>序号</th><th>项目</th><th>配分</th><th colspan="2">考核内容及评分标准</th><th>配分</th><th>扣分</th><th>得分</th></tr>
<tr><td rowspan="6">1</td><td rowspan="6">页面内容</td><td rowspan="6">60 分</td><td colspan="2">1. 选题：选题不具有科学性、先进性，不具有推广和应用价值的酌情扣分</td><td>8</td><td></td><td rowspan="6"></td></tr>
<tr><td colspan="2">2. 规范性、逻辑性、条理性：文字表述不规范，语句不通顺，整体结构逻辑性差，层次不清楚的酌情扣分</td><td>7</td><td></td></tr>
<tr><td colspan="2">3. 技术含量：无创新或不具有科学性和领先水平的，酌情扣分</td><td>8</td><td></td></tr>
<tr><td colspan="2">4. 论点、论据：内容不充实，论据不充分的，酌情扣分</td><td>7</td><td></td></tr>
<tr><td colspan="2">5. 综合分析能力：分析不全面， 概括不完整，条例不清晰，逻辑性差，酌情扣分</td><td>15</td><td></td></tr>
<tr><td colspan="2">6. 实用与指导意义：对生产实践不具备应用指导意义的，酌情扣分</td><td>15</td><td></td></tr>
<tr><td rowspan="4">2</td><td rowspan="4">答辩</td><td rowspan="4">40 分</td><td colspan="2">论文报告：基本能简明扼要地阐述论文的主要内容，扣 2～5 分，否则扣 5～10 分</td><td>10</td><td></td><td rowspan="4"></td></tr>
<tr><td rowspan="3">答辩</td><td>能较恰当的回答与论文有关的知识，扣 2～5 分</td><td rowspan="3">30</td><td rowspan="3"></td></tr>
<tr><td>对提出的主要问题一般能回答、无原则错误的扣 5～10 分</td></tr>
<tr><td>主要问题答不出或错误较多，经提示后仍不能正确回答的扣 10～30 分</td></tr>
<tr><td>3</td><td colspan="2">否定项</td><td colspan="3">具有下面情况之一的，视为论文不合格：
（1）不能反映技术水平；（2）观点不正确；（3）关键问题回答错；（4）抄袭、拼凑，网上下载的。</td><td></td><td></td></tr>
<tr><td>总分</td><td colspan="7">100 分</td></tr>
</table>

<table>
<tr><td>姓名</td><td></td><td>准考证号</td><td colspan="2"></td></tr>
<tr><td>职业（工种）</td><td></td><td>等级</td><td colspan="2"></td></tr>
<tr><td>论文标题</td><td colspan="4"></td></tr>
<tr><td rowspan="2">论文
评语</td><td colspan="4"></td></tr>
<tr><td>论文写作得分</td><td></td><td>考评员签名</td><td></td></tr>
<tr><td>答辩
拟题
问题</td><td colspan="4"></td></tr>
<tr><td rowspan="2">答辩
陈述
记录</td><td colspan="4"></td></tr>
<tr><td>答辩得分</td><td></td><td>考评员签名</td><td></td></tr>
<tr><td rowspan="2">考评组负责人签名</td><td rowspan="2" colspan="2"></td><td>综合得分</td><td></td></tr>
<tr><td>日期</td><td></td></tr>
</table>

实作 10　编制制动机配件检修工艺规程

一、准备通知单

1. 考试自带签字笔。
2. 鉴定站准备试卷。

二、考试内容及要求

1. 考试内容：编制制动机配件工艺规程

2. 考试形式：闭卷笔答

3. 考试时间：根据考试内容制定

三、答案

例如：门联锁车下检修工艺如下

1. 解体前检查

外观检查，各部件齐全、无裂损、变形。

2. 解体

（1）卸下缸盖紧固螺栓，取下缸盖。

（2）取下开口销、螺母，依次取出压板、皮碗、弹簧、套、阀杆。

3. 清洗

将解体后的零件，除橡胶件外（包括阀体）置油盘中，用清洗剂清洗。清洗后再用压缩空气吹扫干净。

4. 检修

（1）检查缸体活塞摩擦部不得有拉伤，圆柱度不大于 0.3 mm。

（2）检查阀杆、压板、弹簧应无裂纹。

（3）更换皮碗。

5. 组装

在各摩擦部均匀涂抹一层铁道脂，按解体程序反序组装，各螺杆丝扣完好。

6. 试验

（1）接上风源，充入 500 kPa 风压，在升降压过程中，阀杆伸缩灵活、无卡滞，测量阀杆行程为 23^{+1}_{-2} mm。

（2）充入 500 kPa 风压下，在阀体周围涂抹肥皂液，检查压缩空气无泄漏。

（3）以上试验反复不得少于 5 次。

四、考核评分标准

<table>
<tr><th>项目</th><th colspan="2">考核内容及评分标准</th><th>配分</th><th>扣分</th><th>得分</th></tr>
<tr><td rowspan="6">答案</td><td colspan="2">外观检查配件各部应良好，无裂损，变形，漏检扣 2 分</td><td>2 分</td><td></td><td></td></tr>
<tr><td rowspan="4">检修</td><td>解体：内容要正确，解体顺序层次分明，不可漏拆，否则酌情扣分</td><td>15 分</td><td></td><td rowspan="4"></td></tr>
<tr><td>清洗：清洗金属部件，橡胶件除外，并用压缩空气吹扫干净，否则扣 3 分</td><td>3 分</td><td></td></tr>
<tr><td>检修：检查方法、技术标准正确，否则酌情扣分</td><td>30 分</td><td></td></tr>
<tr><td>组装：要求在摩擦部涂适量润滑脂，按解体程序反序组装，否则酌情扣分</td><td>10 分</td><td></td></tr>
<tr><td>试验</td><td>试验内容正确，相应技术指标准确，不可漏试 ，否则酌情扣分</td><td>40 分</td><td></td><td></td></tr>
<tr><td colspan="2">总分</td><td colspan="4">100 分</td></tr>
</table>

【模拟试卷】

电力机车制动钳工技师理论知识试卷

一、填空题（第 1 ~ 20 题。请将正确答案填入题内空白处。每题 1 分，共 20 分。）

1. 螺旋传动位移距 L 和螺旋传动时的转速 n 之间的关系为____________。

2. 离合器是一种使主、从动轴接合或分开的____________。

3. 平面切割圆柱，当截平面平行于圆柱的轴线时，截交线是圆柱的____________。

4. 过量供给会使列车产生____________现象。

5. 管子与管接头、配件的螺纹连接时，一旦需用密封填料时，必须离管端大于____mm 处开始顺时针方向缠绕。

6. 空气干燥的措施一般有三种：化学法、吸附法和___________。

7. 工件浸入磷化液在表面沉积形成一层不溶于水的结晶型磷酸盐转换膜的过程称之为________。

8. 盘形制动可以大大减轻车轮踏面的___________和机械磨耗。

9. DK-1 型电-空制动机制动缸与列车制动管减压量比例是依靠___________与分配阀容积室的容积比来设定的。

10. DK-1 型电-空制动机排风 1 电-空阀 _________ 阀口泄漏会造成作用管泄漏。

11. DK-1 型电-空制动机空气制动阀作用柱塞弹簧自由高度为_____________mm。

12. DK-1 型电-空制动机 109 型分配阀初制动时机车_____________制动作用。

13. DK-1 型机车电-空制动机紧急阀活塞杆缩孔 I 的孔径为__________mm。。

14. 神华交流电力机车 DK-2 型电-空制动机电-空位操作时，自动制动控制器在运转位，导线 803、807、_________得电。

15. 神华交流电力机车 DK-2 型电-空制动机电-空位操作时，自动制动控制器紧急位，导线 804 得电，BCU 输入板第_______点灯亮。。

16. 神华交流电力机车 DK-2 型电-空制动机的运行模式有内重联模式、外重联模式、_____________、无动力回送。

17. 车辆偏移量的大小与____________和车辆长度有关。

18. 120 型货车制动机紧急阀中增设__________结构，提高了紧急制动波速。

19. JZ-7 型空气制动机___________是受分配阀和单独制动阀的控制，直接控制机车制动缸的充、排气，以实现机车的制动、缓解和保压的作用。

20. SS4B 型机车 DK-2 型电-空制动机单机自检步骤共______步。

二、不定项选择题（第 21 ~ 30 题，每题 2 分，共 20 分。每小题备选答案中，有一个或一个以上符合题意的正确答案，请将相应字母填入题前括号内。每小题全部选对得满分，少选得 1 分，多选，错选，不选均不得分。）

21. 拉伸弹簧是承受（　　）的螺旋弹簧。

A. 轴向压力　　B. 轴向拉力　　C. 扭力　　D. 径向拉力

技师

22. 截平面与圆柱轴线倾斜截切时，其截交线为（　　）。

A. 圆形　B. 矩形　C. 菱形　D. 椭圆形

23. 螺杆压缩机压缩空气中有油的故障原因有（　　）。

A. 油细分离器有故障　B. 回油管堵塞

C. 油面过低　D. 油过滤器故障

24. 孔径尺寸大于（　　）mm 的管子一般采用热弯。

A. 10　B. 8　C. 12　D. 15

25. DK-1 型电-空制动机紧急制动时，列车制动管不排风的原因有（　　）。

A. 紧急阀故障　B. 电动放风阀故障

C. 塞门 116 关闭　D. 紧急电-空阀故障或不得电

26. （　　）是指司机误操作或制动机某部件发生故障，使列车制动管压力超过定压的现象。

A. 回风现象　B. 过充现象　C. 过量供给　D. 超压现象

27. 当湿空气在一定压力下冷却到某一温度时，水分开始从湿空气中析出，这个温度就称为（　　）。

A. 熔点　B. 露点　C. 分离点　D. 凝结点

28. SS4B 型电力机车 DK-2 型电-空制动机电-空位操作时，电-空制动控制器手柄运转位，电小闸手柄制动位，机车制动缸压力不上升的原因，下列说法正确的是（　　）。

A. 塞门 127 关闭　B. 塞门 303 关闭

C. 塞门 119 关闭　D. 单制电-空阀不得电

29. DK-1 型机车电-空制动机紧急阀活塞杆缩孔（　　）是用以控制紧急制动后，控制紧急室压力空气排入大气的时间。

A. Ⅰ　B. Ⅱ　C. Ⅲ　D. Ⅳ

30. 神华交流电力机车 DK-2 型电-空制动机电-空位操作时，自动制动控制器中立位，单独制动控制器在运转位，下列说法正确的是（　　）。

A. 保护电-空阀 263YV 得电　B. 排 2 电-空阀 256YV 得电

C. 切换电-空阀 262YV 得电　D. 制动高速电-空阀 257YV 得电

三、判断题（第 31 ~ 40 题。请将判断结果填入括号中，正确的填“√”，错误的填“×”。每题 1 分，共 10 分。）

（　　）31. 阿基米德蜗杆螺旋面的形成与梯形螺纹的形成相似。

（　　）32. 相贯线是两个立体表面的共有线，不是两相交曲面立体的分界线。

（　　）33. 錾削时的前角是錾子前刀面与基面之间的夹角。

（　　）34. 滑行时轮轨间黏着状态被破坏，使列车制动力下降，延长了制动距离。

（　　）35. 螺杆空气压机进气阀开启不到位会造成空气过滤器中有油。

（　　）36. 列车速度减低，闸瓦摩擦系数减小。

（　　）37. 若需更换柱塞及活塞 O 形圈时，应将柱塞上所有 O 形圈同时更换，不允许个别更换。

（　　）38. 神华交流电力机车 DK-2 型电-空制动机，导线 805 得电时，BCU 的输入板第 9 点灯亮。

（　　）39. 120 型控制阀紧急制动时，使制动缸压力分两个阶段先快后慢地上升。

（　　）40. JZ-7 型空气制动机自动制动阀手柄由运转位移到紧急位，均衡风缸压力也应降到 0。

四、简答题（包括案例分析题、计算题）（第 41 ~ 45 题。每题 4 分，共 20 分。）

41. 简述研磨平面成凸形或孔口扩大的原因。

42. 简述制动力与闸瓦压力的关系。

43. 简述 SS_{4B} 型电力机车小闸操纵制动机时，非操纵节机车制动缸压力不变化，且与操纵节机车制动缸压力不符的原因。

44. 简述 JZ-7 型空气制动机紧急限压阀的组成及作用。

技师

45. 机车牵引 12 辆客车，机车总风缸总容量为 1 200 L，车辆列车制动管的容积为 26 L，副风缸的容积为 94 L，试计算在施行减压 140 kPa 制动后，空气压缩机不参与工作，机车总风缸所贮存的压力空气（P_0 = 850 kPa）是否能对列车进行全缓解？

六、**绘图题**（第 46 ~ 47 题。每题 5 分，共 10 分。）

46. 根据图 4-38 所示的几何体的轴测图画其三视图。

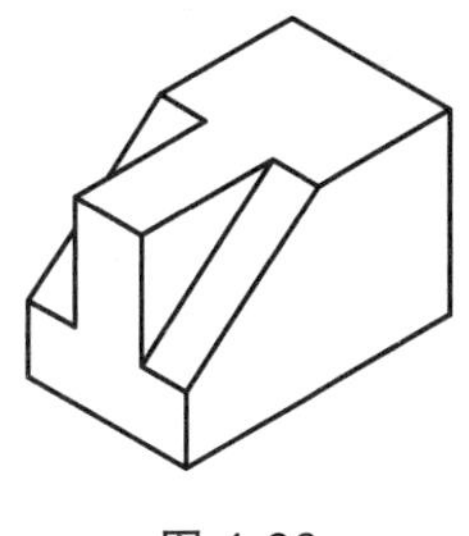

图 4-38

47. 绘出 DK-1 型电-空制动机各部件相互关系图。

七、**论述题**（共 20 分）

48. 试述神华交流电力机车 DK-2 型电-空制动机电-空位操作时，自动制动控制器在制动位，单独制动控制器在运转位的综合作用。

电力机车制动钳工技师理论知识试卷答案

一、填空题

1. L = nS　2. 传动装置　3. 两条素线　4. 自然制动
5. 5　6. 冻结法　7. 磷化　8. 热负荷
9. 工作风缸　10. 下　11. 45　12. 不产生
13. 1.8　14. 814　15. 8　16. 后备制动模式
17. 曲线半径　18. 先导阀　19. 作用阀　20. 17

二. 不定项选择题

21. B　22. D　23. AB　24. C　25. BD
26. C　27. B　28. BCD　29. C　30. AC

三、判断题

31. √　32. ×　33. √　34. √　35. ×
36. ×　37. √　38. ×　39. √　40. ×

四、简答题

41. 答：研磨平面成凸形或孔口扩大的原因：

（1）研磨剂涂得太厚；

（2）研磨运动不平稳，研具晃动；

（3）平面研具工作面平面度差选用不当；

（4）研磨棒伸出孔口太长；

（5）孔口多余研磨剂未及时除掉。

42. 答：一般来说，闸瓦压力大，制动力也大。但闸瓦压力不能过大，否则将会产生“抱死轮”现象，使机车、车辆产生滑行，损伤车轮并延长制动距离。闸瓦产生的制动力等于闸瓦与车轮踏面之间的摩擦力。一块闸瓦产生的制动力等于闸瓦压力与摩擦系数的乘积。闸片产生的制动力，则等于闸片与制动盘之间的摩擦力换算到车轮踏面上的值。

43. 答：原因：

（1）非操纵节机车（或重联机车）重联转换阀 93 的工作位置不对；

（2）操纵节机车或非操纵节机车总风联管塞门 160 未打开；

（3）制动平均管塞门未开通；

（4）操纵节机车重联转换阀 93 内的遮断阀活塞上下窜风，且阀体上排气孔排风不止；

（5）非操纵节机车重联转换阀 93 内的重联阀活塞上下窜风，且重联阀上盖排气口排风不止。

44. 答：该阀为柱塞活塞止阀结构，主要由调整螺栓、紧急限压弹簧、柱塞活塞、阀套、顶杆、止阀等组成。

紧急限压阀的主要作用有 2 点：其一，施行紧急制动时，使作用风缸压力进一步得到提高，并限制不超过 450 kPa；其二，主阀紧急制动后缓解时，提供一条使作用风缸压力排气的通路，以保证常用限压阀由限压状态自动转换为正常状态，使作用风缸的缓解得以实现。

45. 解：（1）车辆列车制动管及副风缸总容量 $V_c = (26 + 94) \times 12 = 1\ 440$（L）

（2）减压后空气的消耗量 $Q_c = 1\ 440 \times 140 = 201\ 600$（kPa·L）

（3）总风缸的压力下降值：因为$\Delta P \times 1\ 200 = Q_c$

所以$\Delta P = 201\ 600/1\ 200 = 168$（kPa）

（4）总风缸的剩余压力 $P_c = P_0 - \Delta P = 850 - 168 = 682$（kPa）

答：通过计算，总风缸的剩余压力 682 kPa 还高于列车制动管的定压（旅客制动列车管定压为 600 kPa），可以对列车进行全缓解。

六、绘图题

46. 答：其三视图如图 4-39 所示。

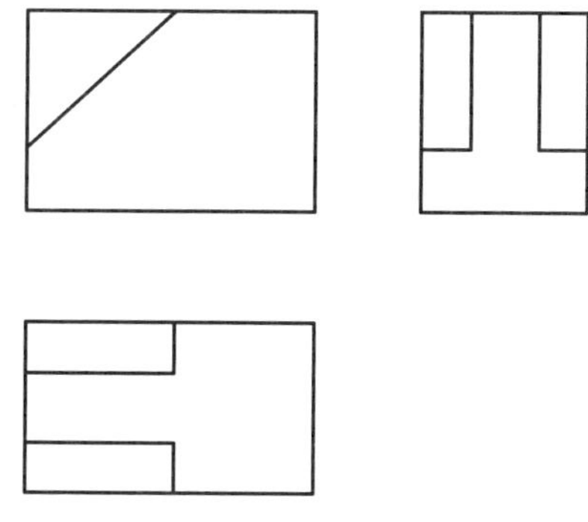

图 4-39

47. 答：DK-1 型电-空制动机各部件相互关系如图 4-40 所示。

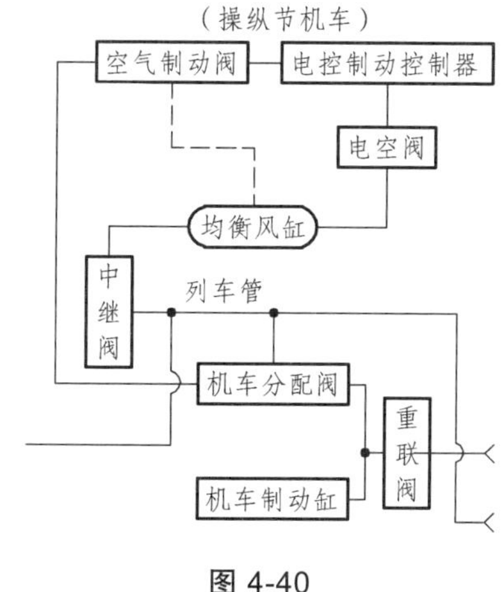

图 4-40

七、论述题

48. 答：（1）电路：

① 主要输入如下：

导线 801→自动制动控制器 1AC→导线 806→BCU；

导线 801→单独制动控制器 1AC→导线 814→BCU；

② 主要输出如下：

保护电-空阀 263YV 得电；　　切换电-空阀 262YV 得电；

制动高速电-空阀 257YV 得电；单制高速电-空阀 260YV 得电；

排 2 电-空阀 256YV 得电；　　中立电-空阀 253YV 得电。

（2）气路：

① 由于缓解高速电-空阀 258YV 失电，其充风阀口关闭，切断了均衡风缸的充风通路。而此时制动高速电-空阀 257YV 得电，使得：均衡风缸压力空气→转换阀 153→制动高速电-空阀 257YV→大气。

② 总风→总风塞门 157→中立电-空阀 253YV→总风遮断阀 181 左侧，切断总风进入中继阀的通路。

③ 列车制动管遮断阀 182 左侧压力空气→遮断电-空阀 255YV→大气。

④ 总风→单制总风塞门 134→切换电-空阀 262YV→切换阀 192。

⑤ 总风→单制总风塞门 134→调压阀 51→单制高速电-空阀 260YV→预控风缸→切换阀 192→作用管→分配阀均衡部。

制动钳工技师技能考试试卷

请各位考生在考试前认真阅读此单，并按要求逐一做好各项准备工作。

考试说明：

1. 电力机车制动钳工技师操作技能考试包含两大项目：（1）技能操作。包含有钳工制作（任选一项）、配件试验（必选一项）、电空制动机试验及故障处理（必选一项）；（2）论文和培训。包含有撰写论文（必选）和技术培训（任选）。考生只有在完成技能操作项目合格后，方可进行论文和培训的考试。考生考试两个项目均合格，方可认为考试合格，单个项目成绩不做保留。

2. 本套试题技能操作项目中，重联阀试验占比为40%，电空制动机试验占比60%。论文和培训项目中，论文撰写及答辩占比100%。

制动钳工技师技能考试评分汇总表

准考证号：__________　姓名：__________　时间：__________　单位：__________

考试项目 / 得分	配件试验（40%）	电空制动机试验（60%）
各项小计分		
考生汇总得分		

第一项目：技能操作

第一小项：配件试验

考核项目：重联阀试验及故障检修

试题编码：605070601ABB00120901X

一、准备通知单

1. 材料准备

序号	名称	规格	数量	备注
1	重联阀		1个	
2	重联阀合格零件		若干	
3	硅脂		适量	
4	肥皂水		适量	
5	白布		1张	
6	清洗剂		适量	

技师

续表

序号	名称	规格	数量	备注
7	洗盘		1 个	
8	水砂纸	00	1 张	
9	记名检修本		1 本	
10	中性笔		1 支	

2. 设备准备

序号	名称	规格	数量	备注
1	制动机试验台		1 台	DK-1 型
2	钳工工作台		1 个	

3. 工具、量具、刃具准备

序号	名称	规格	数量	备注
1	常用钳工工具		1 套	
2	挡圈钳		1 把	
3	专用扳手		1 套	
4	通针		1 只	
5	游标卡尺	0 ~ 150 mm	1 只	精度 0.02
6	钢直尺	150 mm	1 只	
7	胶木棒		1 个	

二、考核内容及要求

1. 考核项目：重联阀试验及故障处理

2. 分值：100 分

3. 考核时间

（1）准备时间：5 min；

（2）正式操作时间：55 min；

（3）规定时间内全部完成，每超时 1 min，从总分中扣 2 分；总超时 10 min，停止作业。

4. 按要求填写记名检修记录。

三、操作工序及要求

1. 重联阀在试验台上进行试验，各项试验数据应符合基本技术要求。

试验序号	试验目的	试验方法	技术要求
1	试验准备	重联阀置试验位	
2	本机位通路断钩试验	1. 将重联阀置于本机位，将运转/断钩开关扳钮置运转位，交替按压闸缸充/闸缸排按钮，观察平均管压力变化； 2. 观测作用管压力	1. 平均管应与闸缸同步上升下降； 2. 作用管不应与闸缸同步上升下降
3	本机断钩试验	将运转/断钩开关扳钮置于断钩位： 1. 若平均管和闸缸均有压力，按压平均排按钮，使平均管压力下降，观测闸缸压力变化； 2. 若平均管和闸缸均没有压力，按压闸缸充按钮，使闸缸压力上升，观测平均管压力变化； 3. 在进行上述两个试验步骤时观察作用管压力变化	1. 闸缸压力应不随平均管压力变化； 2. 平均管压力应不随闸缸压力变化； 3. 作用管压力均不发生变化
4	补机位通路实验	重联阀置于补机位，将运转/断钩开关扳钮置于运转位： 1. 交替按压平均充/平均排按钮，观察作用管压力变化； 2. 观测闸缸压力	1. 作用管压力应与平均管压力同步升降； 2. 闸缸压力不与平均管同步升降
5	补机位断钩试验	在平均管及作用管均有压力的情况下，将运转/断钩开关扳钮置于断钩位，按压平均排按钮，使平均管压力下降，观测作用管压力变化	作用管压力应不与平均管同步升降

2. 检查、修理

根据试验时发现的故障，有针对性的检查处理。

3. 选择性试验

对处理的故障进行复试，确认是否修好。

四、安全注意事项

1. 检修时应穿戴工作服，做好必要的安全防护措施；

2. 必须按检修规程进行检修；

3. 在试验台上拆装配件时，首先关闭相应的截断塞门，排净部件及相应管路内的余压后再进行拆卸；

4. 工作场地应确保清洁，无油垢、杂物和障碍物，场地平整，有足够的照明和通风设备。

五、考核评分标准

序号	项目	分数	考核内容及评分标准
1	准备工作	10 分	1. 按规定穿戴劳动保护用品，否则每项扣 5 分
			2. 材料、工具准备齐全，能满足本次考试需求，否则每少一件扣 5 分
2	操作技能	70 分	1. 全部性能试验 漏试验一项扣 8 分；操作不当，每处扣 4 分；故障漏判、错判每件扣 15 分

续表

序号	项目	分数	考核内容及评分标准
2	操作技能	70 分	2. 检查、修理 根据试验时发现的故障，有针对性地检查处理。发生零配件碰、摔伤一件扣 5 分，落地一次扣 4 分。未将修理、更换的零配件清洗和擦净吹干，每件扣 3 分。
			3. 给油、组装 未按规定给油，每处扣 3 分，错装或漏装每处扣 5 分，螺丝松动一颗扣 3 分。
			4. 选择性试验 对处理的故障进行复试，确认是否修好。未复试一项扣 10 分。复试发现故障，重新处理每项扣 5 分，故障仍未修复每件扣 10 分。
			5. 口述内容有遗漏、错误，每处扣 4 分
			6. 工作中返工，每处扣 10 分
			7. 作业后未按要求恢复、整理；记名检修漏填、错填，每处扣 3 分
			8. 超过时间者超过时间者，每分钟扣 2 分；总超时，10 min，停止作业
3	工具设备使用	10 分	1. 开工前不检查工/量具及设备，收工时不清理，每处扣 3 分
			2. 工/量具及设备使用不当，每次扣 3 分
			3. 工/量具脱落，每次扣 5 分
			4. 工具、设备损坏失格
4	安全生产及其他	10 分	1. 工作场地不整洁，工件、工具摆放不整齐，每处扣 2 分
			2. 违章或违反安全事项，每处扣 5 分
			3. 违反考试纪律或不服从裁判自行中断考试失格
			4. 作业过程中发生人身轻伤及以上事故失格
总成绩＝1＋2＋3＋4＝			

六、评分人员要求

1. 热爱本职工作，遵守考评各项规则及要求。

2. 考评人员必须具有技师、高级专业技术职务及以上资格，同时经专门培训，熟悉鉴定工作。

3. 现场由监考、评分人及统计员构成。

4. 评分员须回避考试现场，进入评判室做好准备，依据评分标准打分。

5. 统计员做好分数统计及保密工作，评分表不得有更改。

技师

第二小项：制动机试验

考核项目：SS_{4B}型机车 DK-2 型电-空制动机试验及故障判断分析

试题编码：605070601ACB00120901X

一、准备通知单

1. 考场准备

装有 DK-2 型电-空制动机的 SS_{4B} 型电力机车一台（状态良好）。

2. 准备材料

序号	名称	规格	数量	备注
1	DK-2 型制动机易损易耗配件		1 套	
2	绝缘胶带		适量	满足需要
3	短接线		若干	
4	中性笔		1 支	考试自备
5	图纸		1 张	

3. 工具、量具、刃具准备

序号	名称	规格	数量	备注
1	万用表		1 只	
2	单扳手	5.5 ~ 24 mm	1 套	
3	十字螺丝刀		1 把	
4	一字螺丝刀		1 把	
5	秒表		1 只	
6	钳工常用工具		1 套	

二、考核内容及要求

1. 考核项目：SS_{4B} 型机车 DK-1 型电-空制动机试验及故障判断分析

2. 分值：100 分

3. 考核时间

（1）准备时间：10 min；

（2）正式操作时间：40 min；

（3）规定时间内全部完成，每超时 1 min，从总分中扣 2 分；总超时 7 min，停止作业。

4. 按要求填写报活单。

三、操作工序及要求

1. 准备工作

总风升至 750 ~ 900 kPa，闭合蓄电池检查制动机开关，制动屏上各钮子开关在正常工作位，制动风路塞门再正常工作位，列车管定压 600 kPa。

2. DK-2 型机车电-空制动机试验规则（八步闸）

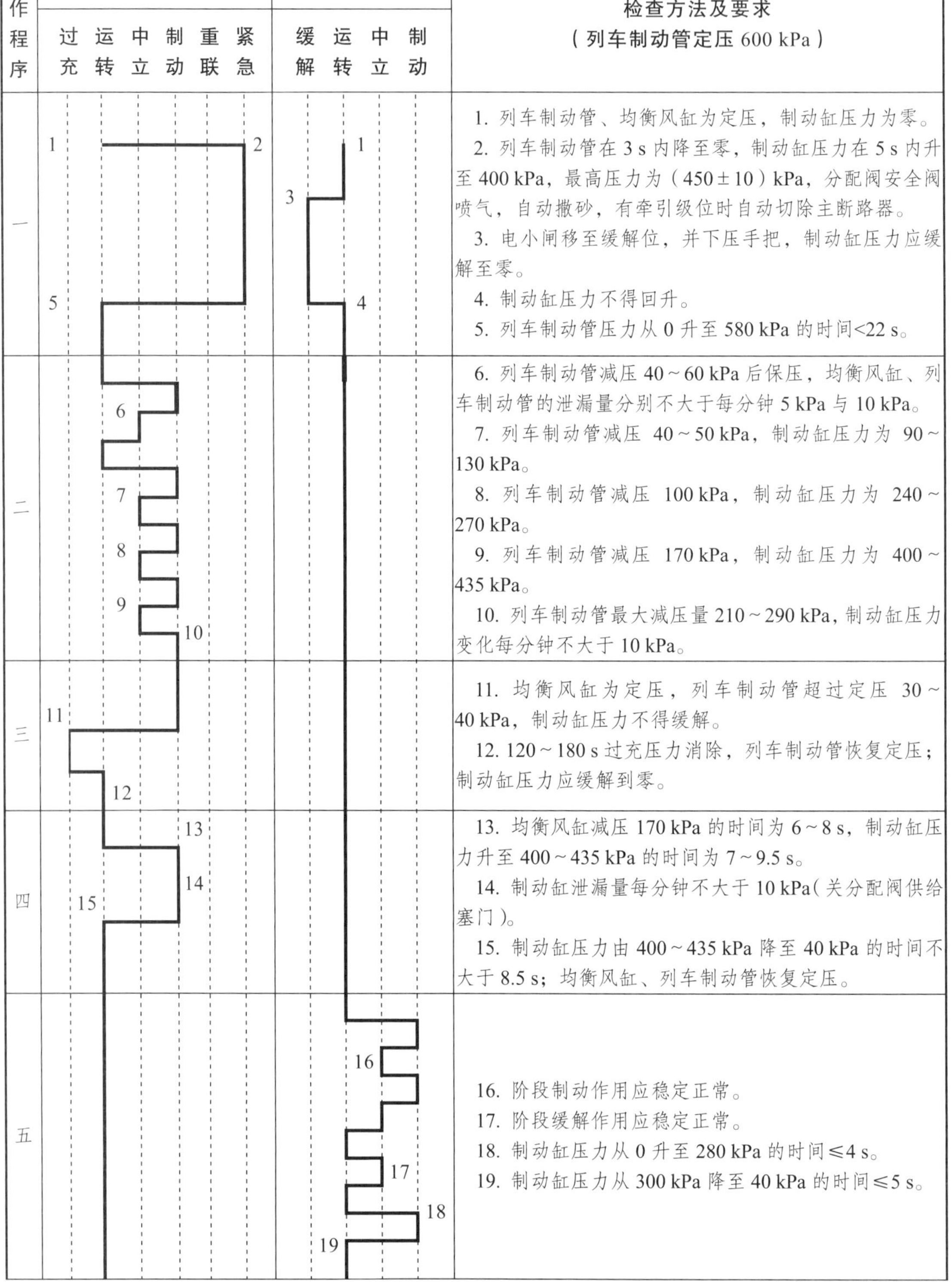

操作程序	电空制动控制器						电小闸				检查方法及要求（列车制动管定压 600 kPa）
	过充	运转	中立	制动	重联	紧急	缓解	运转	中立	制动	
一											1. 列车制动管、均衡风缸为定压，制动缸压力为零。 2. 列车制动管在 3 s 内降至零，制动缸压力在 5 s 内升至 400 kPa，最高压力为（450±10）kPa，分配阀安全阀喷气，自动撒砂，有牵引级位时自动切除主断路器。 3. 电小闸移至缓解位，并下压手把，制动缸压力应缓解至零。 4. 制动缸压力不得回升。 5. 列车制动管压力从 0 升至 580 kPa 的时间<22 s。
二											6. 列车制动管减压 40～60 kPa 后保压，均衡风缸、列车制动管的泄漏量分别不大于每分钟 5 kPa 与 10 kPa。 7. 列车制动管减压 40～50 kPa，制动缸压力为 90～130 kPa。 8. 列车制动管减压 100 kPa，制动缸压力为 240～270 kPa。 9. 列车制动管减压 170 kPa，制动缸压力为 400～435 kPa。 10. 列车制动管最大减压量 210～290 kPa，制动缸压力变化每分钟不大于 10 kPa。
三											11. 均衡风缸为定压，列车制动管超过定压 30～40 kPa，制动缸压力不得缓解。 12. 120～180 s 过充压力消除，列车制动管恢复定压；制动缸压力应缓解到零。
四											13. 均衡风缸减压 170 kPa 的时间为 6～8 s，制动缸压力升至 400～435 kPa 的时间为 7～9.5 s。 14. 制动缸泄漏量每分钟不大于 10 kPa（关分配阀供给塞门）。 15. 制动缸压力由 400～435 kPa 降至 40 kPa 的时间不大于 8.5 s；均衡风缸、列车制动管恢复定压。
五											16. 阶段制动作用应稳定正常。 17. 阶段缓解作用应稳定正常。 18. 制动缸压力从 0 升至 280 kPa 的时间≤4 s。 19. 制动缸压力从 300 kPa 降至 40 kPa 的时间≤5 s。

续表

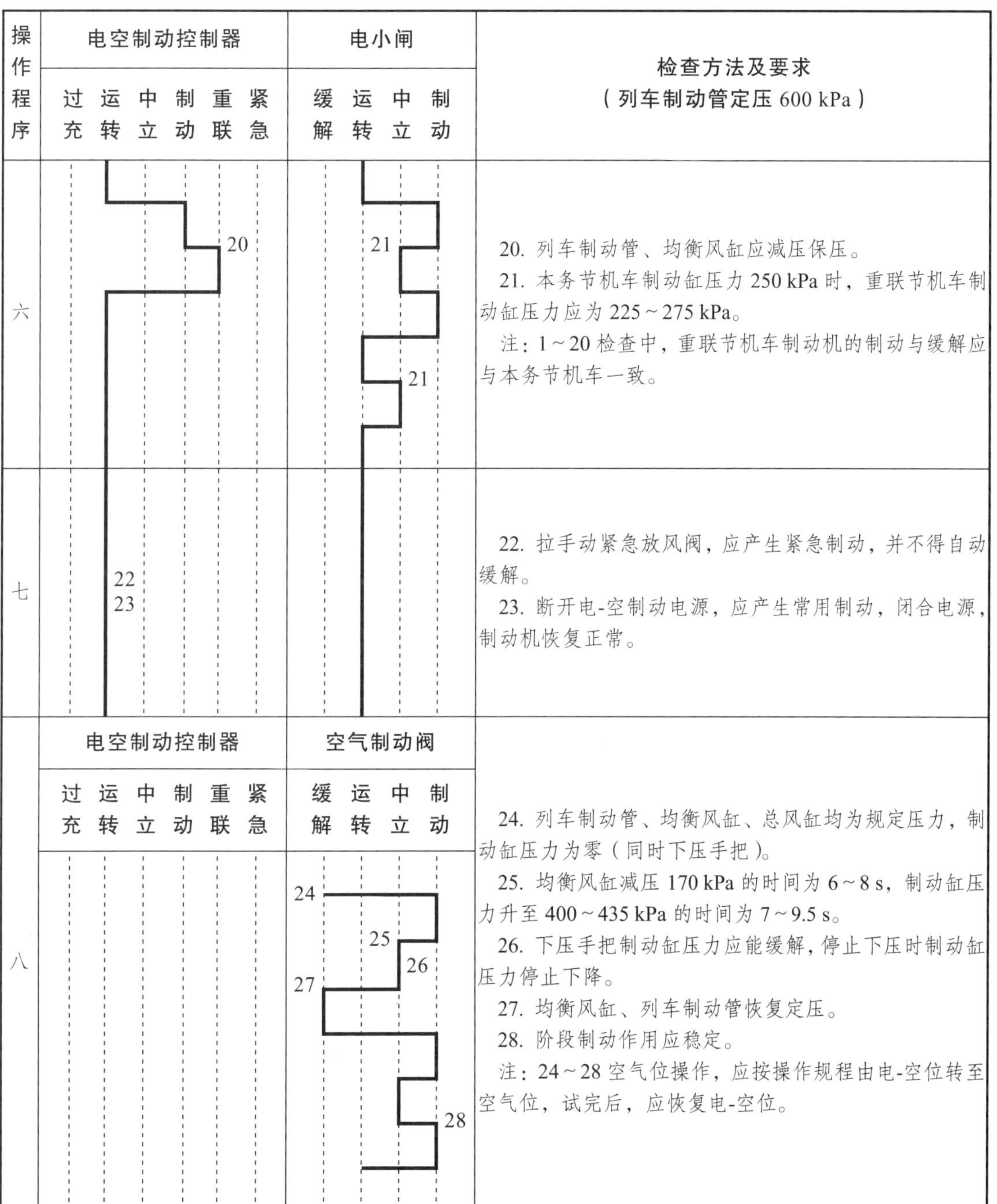

操作程序	电空制动控制器（过充、运转、中立、制动、重联、紧急）	电小闸（缓解、运转、中立、制动）	检查方法及要求（列车制动管定压 600 kPa）
六	20	21 21	20. 列车制动管、均衡风缸应减压保压。 21. 本务节机车制动缸压力 250 kPa 时，重联节机车制动缸压力应为 225～275 kPa。 注：1～20 检查中，重联节机车制动机的制动与缓解应与本务节机车一致。
七	22 23		22. 拉手动紧急放风阀，应产生紧急制动，并不得自动缓解。 23. 断开电-空制动电源，应产生常用制动，闭合电源，制动机恢复正常。
	电空制动控制器（过充、运转、中立、制动、重联、紧急）	空气制动阀（缓解、运转、中立、制动）	
八		24 25 26 27 28	24. 列车制动管、均衡风缸、总风缸均为规定压力，制动缸压力为零（同时下压手把）。 25. 均衡风缸减压 170 kPa 的时间为 6～8 s，制动缸压力升至 400～435 kPa 的时间为 7～9.5 s。 26. 下压手把制动缸压力应能缓解，停止下压时制动缸压力停止下降。 27. 均衡风缸、列车制动管恢复定压。 28. 阶段制动作用应稳定。 注：24～28 空气位操作，应按操作规程由电-空位转至空气位，试完后，应恢复电-空位。

四、操作安全注意事项

1. 检修时应穿戴工作服，做好必要的安全防护措施。
2. 必须按检修规程进行检修。
3. 拆装配件时，首先关闭相应的截断塞门，排净部件及相应管路内的余压后再进行拆卸。
4. 拆装电器部件或带有电联锁的部件时，必须首先切断控制电源。

五、考核评分标准

序号	项目	分数	考核内容及评分标准
1	准备工作	10分	1. 按规定穿戴劳动保护用品，否则每项扣5分
			2. 材料、工具准备齐全，能满足本次考试需求，否则每少一件扣5分
2	试验程序	30分	1. 试验程序错误，每项扣4分
			2. 试验方法错误，每项扣4分
			3. 口述内容有遗漏、错误，每处扣3分
			4. 工作中返工，每处扣10分
			5. 作业后未按要求恢复、整理，每处扣3分
			6. 超过时间者，每分钟扣2分；总超时7 min，停止作业
3	故障处所判断分析	50分	1
			2
			3
			4
			5
4	工具设备使用	5分	1. 开工前不检查工/量具及设备，收工时不清理，每处扣3分
			2. 工/量具及设备使用不当，每次扣3分
			3. 工/量具脱落，每次扣5分
			4. 工具、设备损坏失格
5	安全生产及其他	5分	1. 工作场地不整洁，工件、工具摆放不整齐，每处扣2分
			2. 违章或违反安全事项，每处扣5分
			3. 违反考试纪律或不服从裁判自行中断考试失格
			4. 作业过程中发生人身轻伤及以上事故失格
总成绩＝1＋2＋3＋4＋5＝			

电力机车制动钳工实作报活单

序号	考生报活区
故障 1	故障现象:
	故障判断:
	处所分析:
故障 2	故障现象:
	故障判断:
	处所分析:
故障 3	故障现象:
	故障判断:
	处所分析:
故障 4	故障现象:
	故障判断:
	处所分析:
故障 5	故障现象:
	故障判断:
	处所分析:

六、评分人员要求

1. 热爱本职工作，遵守考评各项规则及要求；

2. 考评人员必须具有技师、高级专业技术职务及以上资格，同时经专门培训，熟悉鉴定工作；

3. 现场由监考、评分人及统计员构成；

4. 评分员须回避考试现场，进入评判室做好准备，依据评分标准打分；

5. 统计员做好分数统计及保密工作，评分表不得有更改。

第二项目：论文和培训

考核项目：撰写论文及答辩

试题编码：605070601AEA00120901X

一、准备通知单

1. 考生准备论文若干份（根据考评员人数）。

2. 鉴定站准备论文答辩试卷。

二、考核内容及要求

1. 考核项目：撰写论文及答辩

2. 分值：100 分

3. 考核时间：根据实际情况而定

三、撰写论文要求

1. 论文构成：论文由论点、论据、引证、论证、结论等组成。

2. 论文主题应与所申报职业（工种）的技能紧密结合。

3. 创新性：在铁路系统、省、集团公司或本单位内有创新之处，能体现本人的独到见解，有新观点、新方法、新发现和新结果。

4. 实用性：在铁路系统、省、集团公司或本单位内有一定的实用价值，对解决生产中出现的疑难问题有指导或借鉴价值。

5. 正确性：内容正确。

6. 实际效果：在铁路系统、省、集团公司或本单位内应用有一定的实际效果。

7. 写作表达水平：条理基本清楚，文字表达比较正确。论文论点正确、论据较充分。能用所掌握的专业知识，分析实际工作中遇到的问题，做到有目的、有分析、有措施、有结果。

8. 论文不少于 2500 字，在刊物发表者，须提交相关的证明材料（复印刊物的封面、目录、刊物发表的正文）。

9. 格式要求：

论文标题：宋体、加粗、小二号字；

著者：宋体、加粗、四号字；

著者的工作单位和通信地址：宋体、五号字；

摘要：宋体、小四号字；

关键词：宋体、小四号字；

正文：仿宋体、四号字；

小标题：仿宋体、加粗、四号字；

参考文献：宋体、小四号字；

行距：1.5 倍行距。

四、论文答辩要求

1. 答辩时先由答辩者宣读论文，时间约为 5 min。

2. 对具体论文（工作总结），主要从论文项目的难度、项目的实用性、项目经济效果、项目的科学性进行评估。

3. 答辩时，对论文中提出的结构、原理、定义、原则、公式推导、方法等知识论证的正确性，主要通过提问方式来考核。

4. 对本工种的专业工艺知识，主要考核其熟悉深浅程度并予以确认。

五、评分标准

<table>
<tr><th>序号</th><th>项目</th><th>配分</th><th colspan="2">考核内容及评分标准</th><th>配分</th><th>扣分</th><th>得分</th></tr>
<tr><td rowspan="6">1</td><td rowspan="6">页面内容</td><td rowspan="6">60 分</td><td colspan="2">1.选题：选题不具有科学性、先进性，不具有推广和应用价值的酌情扣分</td><td>8</td><td></td><td rowspan="6"></td></tr>
<tr><td colspan="2">2. 规范性、逻辑性、条理性：文字表述不规范，语句不通顺，整体结构逻辑性差，层次不清楚的酌情扣分</td><td>7</td><td></td></tr>
<tr><td colspan="2">3. 技术含量：无创新或不具有科学性和领先水平的，酌情扣分</td><td>8</td><td></td></tr>
<tr><td colspan="2">4. 论点、论据：内容不充实，论据不充分的，酌情扣分</td><td>7</td><td></td></tr>
<tr><td colspan="2">5. 综合分析能力：分析不全面， 概括不完整，条例不清晰，逻辑性差，酌情扣分</td><td>15</td><td></td></tr>
<tr><td colspan="2">6. 实用与指导意义：对生产实践不具备应用指导意义的，酌情扣分</td><td>15</td><td></td></tr>
<tr><td rowspan="4">2</td><td rowspan="4">答辩</td><td rowspan="4">40 分</td><td colspan="2">论文报告：基本能简明扼要地阐述论文的主要内容，扣 2～5 分，否则扣 5～10 分</td><td>10</td><td></td><td rowspan="4"></td></tr>
<tr><td rowspan="3">答辩</td><td>能较恰当地回答与论文有关的知识，扣 2～5 分</td><td rowspan="3">30</td><td rowspan="3"></td></tr>
<tr><td>对提出的主要问题一般能回答、无原则错误的扣 5～10 分</td></tr>
<tr><td>主要问题答不出或错误较多，经提示后仍不能正确回答的扣 10～30 分</td></tr>
<tr><td>3</td><td colspan="2">否定项</td><td colspan="3">具有下面情况之一的，视为论文不合格：
（1）不能反映技术水平；（2）观点不正确；（3）关键问题回答错；（4）抄袭、拼凑，网上下载的。</td><td></td><td></td></tr>
<tr><td>总分</td><td colspan="7">100 分</td></tr>
</table>

<table>
<tr><td>姓名</td><td colspan="2"></td><td>准考证号</td><td></td></tr>
<tr><td>论文标题</td><td colspan="4"></td></tr>
<tr><td rowspan="2">论文
评语</td><td colspan="4"></td></tr>
<tr><td>得分</td><td></td><td>考评员签名</td><td></td></tr>
<tr><td>答辩
拟题
问题</td><td colspan="4"></td></tr>
<tr><td rowspan="2">答辩
陈述
记录</td><td colspan="4"></td></tr>
<tr><td>答辩得分</td><td></td><td>考评员签名</td><td></td></tr>
<tr><td rowspan="2">考评组负责人
签名</td><td colspan="2" rowspan="2"></td><td>综合得分</td><td></td></tr>
<tr><td>日期</td><td></td></tr>
</table>

注：1. 答辩组评委打分的平均成绩在 60 分以上为合格；

2. 答辩“评语”由答辩组提问人员根据答辩实际情况如实填写；

3. 答辩“结论”由答辩组组长填写：85 分以上优秀、75 分～85 分良好、60～74 分合格、60 分以下不合格。

六、评分人员要求

1. 热爱本职工作，遵守考评各项规则及要求；

2. 考评人员必须具有技师、高级专业技术职务及以上资格，同时经专门培训，熟悉鉴定工作；

3. 现场由监考、评分人及统计员构成；

4. 评分员须回避考试现场，进入评判室做好准备，依据评分标准打分；

5. 统计员做好分数统计及保密工作，评分表不得有更改。

参考文献

[1] 刘华伟. SS_{4B}型电力机车制动钳工学习指导. 成都：西南交通大学出版社，2013.

[2] 中华人民共和国铁路法（修正版）. 北京：中国法制出版社，2015.

[3] 《技规》条文说明编写组. 铁路技术管理规程. 北京：中国铁道出版社，2014.

[4] 刘友梅. 韶山 4B 型电力机车. 北京：中国铁道出版社，1999.

[5] 刘豫湘. DK-1 型电空制动机与电力机车空气管路系统. 北京：中国铁道出版社，2009.

[6] 那利和. 电力机车制动机. 北京：中国铁道出版社，2007.

[7] 铁路职工岗位培训教材编审委员会. 制动钳工（机车）. 北京：中国铁道出版社，2013.

[8] 铁道部科技教育司、铁道部劳动和卫生司、铁道部人才服务中心组织编写. 制动钳工. 北京：中国铁道出版社，2001.

[9] 杨伟军. 电力机车专业综合技能实训. 北京：中国铁道出版社，2003.

[10] 铁路金工课程编写组. 金属工艺学. 北京：中国铁道出版社，2004.

[11] 刘永田. 机械制图基础. 北京：北京航空航天大学出版社，2009.